한 번에 합격!
해커스 감정평가사 합격 시스템

강사력
업계 최고수준 교수진

교재
해커스=교재 절대공식

관리시스템
해커스만의 1:1 관리

취약 부분 즉시 해결!
교수님 질문게시판

언제 어디서나 공부!
PC&모바일 수강 서비스

해커스만의
단기합격 커리큘럼

**초밀착 학습관리
& 1:1 성적관리**

수강생들이 증명하는 놀라운 강의력!

기초부터 자세하게 알려주십니다.
다양한 예시와 문제풀이를 통해서
알기 쉽게 정리해주십니다.

- 오*영 수강생 -

듣기만 해도 이해되고 재밌고 쉬웠고
따로 공부하지 않았는데
강의만으로도 저절로 외워졌습니다.

- 윤*정 수강생 -

해커스 감정평가사
여지훈
감정평가실무

2차 기출문제집

PREFACE

감정평가사의 길을 걷고 있는 모든 분들의 합격을 진심으로 기원합니다.

드디어 올해 2025년의 해커스 감정평가실무 시리즈의 마지막 퍼즐인 《2026 해커스 감정평가사 2차 여지훈 감정평가실무 기출문제집》을 출간하게 되었습니다. 본서를 기다려주신 많은 수험생분들의 성원에 감사드리며, 본서가 감정평가사시험 합격에 밑거름이 되길 바랍니다.

본서는 실제 출제된 문제와 그 해답을 실어놓은 기출문제집입니다. 어떠한 시험이든 기출문제에 대한 공부가 중요하다는 점은 모든 분들이 잘 알고 있겠지만, 특히 감정평가사 2차 실무시험에 있어서의 중요성은 훨씬 더 크다고 볼 수 있습니다. 내용공부에 앞서 기출문제 분석의 필요성을 살펴보고, 이에 맞추어 본서가 어떻게 구성되었는지 그 특징을 알고 나면 훨씬 더 효율적인 공부를 할 수 있을 것이라 생각합니다.

[감정평가실무 기출문제 분석의 필요성]

1. 시험범위의 확정

「감정평가 및 감정평가사에 관한 법률」, 「부동산 가격공시에 관한 법률」, 「공익사업을 위한 토지 등의 취득 및 보상에 관한 법률」 및 그 하위 규정과 일반이론이 공식적으로 정해진 시험범위입니다. 하지만 이것만으로는 우리가 어느 내용에서 시작하여 어느 내용까지 공부해야 할지, 각 내용에 대해서 어느 깊이까지 공부해야 할지 구체적으로 정하기는 어렵습니다.

따라서 이미 36회까지 치러진 기출문제를 토대로 횡적인 측면에서 내용의 넓이를 정하고, 종적인 측면에서 내용의 깊이를 정하여, 우리가 감정평가사 시험을 치루기 위한 진정한 시험범위를 가늠해 볼 수 있다는 점에서 기출문제 분석은 반드시 필요한 수험 과정이 되겠습니다.

2. 기출제된 주요 논점 확인 & 출제되지 않은 논점 파악

이미 출제된 문제의 분석은 1차적으로 그리고 표면적으로는 어떤 파트의 문제가 출제되었는지 그 자체가 중요한 확인사항이 됩니다. 2차적으로 보다 심도 있게 기출문제를 살펴본다면, 출제위원의 시각에서 바라보아 어떠한 파트가 특히 중요시되고, 각 파트에서 어떠한 논점을 특별히 깊이 있게 다루었는지 파악할 수 있습니다.

최종적으로 우리가 기출문제를 분석하는 가장 큰 이유 중 하나는 이미 출제된 문제를 통하여 출제되지 않은 파트와 논점을 알 수 있다는 것입니다. 최근 몇 년간 출제되지 않았던 파트와 논점 중 일부는 당장 올해 시험에 출제되어 여러분의 합격 여부를 좌우하게 될 수도 있습니다.

3. 기출문제의 형식 파악 및 최근의 출제경향 분석

출제된 파트와 논점을 공부한 적이 있다고 해서 반드시 문제를 잘 풀고, 좋은 득점을 한다는 보장은 없습니다. 동일한 내용이라도 다른 형식으로 문제가 제시된다면 마치 다른 내용의 문제를 푸는 것처럼 어려움을 겪을 수 있습니다. 따라서 기출문제 분석을 통해 어떠한 형식으로 문제가 나오는지 알고, 그 형식에 익숙해져야 할 필요성이 있습니다.

그리고 이러한 출제형식과 앞서 말씀드린 출제논점의 종류, 깊이는 과거 36회의 시험을 거쳐 오는 동안 지속적으로 변화해왔습니다.

특히 최근의 출제경향은 "내용적"으로는 ① 사회적 이슈 및 현업 실무를 중시하면서도 ② 감정평가의 영역 확대를 위한 이론적이고 실험적 문제 또한 소홀히 하지 않고 출제된다는 점과 "형식적"으로는 ① 계산 부분을 단순화하는 대신 논점과 논리 위주의 문제가 편성되고 ② 분설형 물음과 함께 숫자만 요구하는 것이 아니라 숫자에 대한 근거 및 약술 내용을 함께 요구한다는 점에서, 과거시험과는 전혀 다른 수험전략을 필요로 하게 되었습니다.

[본서의 특징]

1. **제37회 시험을 대비한 2026년 기준시점 문제 & 현행 법령 기준 답안**
   우리는 앞으로 다가올 시험을 잘 치루어야 합니다. 따라서 과거의 지나간 내용을 곱씹는 것보다는 현재의 시험에 맞는 내용을 공부하는 것이 보다 수험생분들께 도움이 될 것이라는 점에서 본서는 ① 문제의 기준시점은 37회 시험에 맞추어 2026년으로 하였으며, ② 답안은 출간일 현재의 법령에 따라 작성하였습니다. 만약 올해의 시험에서 기출된 동일한 논점이 출제된다면, 바로 본서의 답안에 따라 풀이하면 된다고 생각하면 되겠습니다.

2. **실제와 동일한 답안지 형식 위에 작성한 실전형 답안**
   본서의 답안지는 실제 시험과 동일한 형태이며, 목차의 서식, 글자의 크기와 한 줄에 들어가는 글자 수, 문제배점에 따른 답안의 양 등을 이상적인 형태로 맞추었기 때문에 이를 차용하여 실전에서 바로 적용할 수 있도록 하였습니다. 또한 최근의 논점, 논리 중시 출제경향에 맞추어 ① 숫자를 확실하고 간결하게 보여주면서도 ② 논점을 바로 보여주는 목차내용, 논점 목차의 전면 배치화, 논리흐름에 맞는 목차의 배치 및 ③ 법조문과 근거설명, 주석의 활용 등 득점포인트 강조를 주안점으로 답안을 작성하여 실전형 모범답안의 모델로 활용할 수 있도록 작성하였습니다.

본서가 열심히 공부하는 모든 수험생분들께 큰 도움이 되길 바라며, 노력한 만큼 결실을 얻을 수 있도록 모든 수험생분들의 건승을 기원하겠습니다.

마지막으로 본서가 출간될 수 있도록 전심전력으로 애써주신 해커스 교육그룹 임직원 여러분께 진심으로 감사의 말씀을 드리며, 항상 든든한 조력자가 되어주시는 최기성 감정평가사님, 아낌없는 조언을 해주신 세경감정평가법인의 식구들과 동료 평가사분들, 새로운 도전에 큰 도움과 응원을 주신 리북스 진재형 대표님, 그리고 항상 저에게 용기와 희망을 주는 사랑하는 나의 아내와 가족에게 진심으로 감사의 말씀을 드립니다.

2025. 8.

여지훈

목차

감정평가사 시험 안내   6

기출연혁 및 제36회 시험 총평   8

문제편

제10회	감정평가실무 기출	18
제11회	감정평가실무 기출	29
제12회	감정평가실무 기출	40
제13회	감정평가실무 기출	52
제14회	감정평가실무 기출	66
제15회	감정평가실무 기출	78
제16회	감정평가실무 기출	96
제17회	감정평가실무 기출	116
제18회	감정평가실무 기출	133
제19회	감정평가실무 기출	157
제20회	감정평가실무 기출	175
제21회	감정평가실무 기출	190
제22회	감정평가실무 기출	202
제23회	감정평가실무 기출	219
제24회	감정평가실무 기출	233
제25회	감정평가실무 기출	248
제26회	감정평가실무 기출	258
제27회	감정평가실무 기출	277
제28회	감정평가실무 기출	289
제29회	감정평가실무 기출	305
제30회	감정평가실무 기출	319
제31회	감정평가실무 기출	332
제32회	감정평가실무 기출	349
제33회	감정평가실무 기출	371
제34회	감정평가실무 기출	389
제35회	감정평가실무 기출	410
제36회	감정평가실무 기출	423

답안편 (책 속의 책)

제10회	감정평가실무 기출	8
제11회	감정평가실무 기출	14
제12회	감정평가실무 기출	20
제13회	감정평가실무 기출	26
제14회	감정평가실무 기출	32
제15회	감정평가실무 기출	38
제16회	감정평가실무 기출	44
제17회	감정평가실무 기출	50
제18회	감정평가실무 기출	56
제19회	감정평가실무 기출	62
제20회	감정평가실무 기출	68
제21회	감정평가실무 기출	74
제22회	감정평가실무 기출	80
제23회	감정평가실무 기출	86
제24회	감정평가실무 기출	92
제25회	감정평가실무 기출	100
제26회	감정평가실무 기출	106
제27회	감정평가실무 기출	112
제28회	감정평가실무 기출	118
제29회	감정평가실무 기출	124
제30회	감정평가실무 기출	130
제31회	감정평가실무 기출	136
제32회	감정평가실무 기출	142
제33회	감정평가실무 기출	148
제34회	감정평가실무 기출	154
제35회	감정평가실무 기출	160
제36회	감정평가실무 기출	166

감정평가사 시험 안내

1. 응시자격

- 응시자격 제한은 없습니다.
  ※ 단, 최종 합격자 발표일 기준, 감정평가 및 감정평가사에 관한 법률 제12조상 결격사유에 해당하는 사람 또는 같은 법 제16조 제1항에 따른 처분을 받은 날부터 5년이 지나지 아니한 사람은 시험에 응시할 수 없음
- 결격사유(감정평가 및 감정평가사에 관한 법률 제12조, 2023.8.10. 시행)
  - 파산선고를 받은 사람으로서 복권되지 아니한 사람
  - 금고 이상의 실형을 선고받고 그 집행이 종료(집행이 종료된 것으로 보는 경우를 포함한다)되거나 그 집행이 면제된 날부터 3년이 지나지 아니한 사람
  - 금고 이상의 형의 집행유예를 받고 그 유예기간이 만료된 날부터 1년이 지나지 아니한 사람
  - 금고 이상의 형의 선고유예를 받고 그 선고유예기간 중에 있는 사람
  - 제13조에 따라 감정평가사 자격이 취소된 후 3년이 지나지 아니한 사람
  ※ 단, 제39조 제1항 제11호 및 제12호에 따라 자격이 취소된 후 5년이 지나지 아니한 사람은 제외
  - 제39조 제1항 제11호 및 제12호에 따라 자격이 취소된 후 5년이 지나지 아니한 사람

2. 원서접수방법

- Q-Net 감정평가사 홈페이지(http://www.Q-Net.or.kr/site/value)를 통하여 온라인으로 접수합니다.
- 인터넷 원서 접수 시 최근 6개월 이내에 촬영한 사진을 파일로 첨부하여 인터넷 회원가입 후 원서를 접수합니다(단, 기존 Q-Net 회원일 경우는 바로 원서접수 가능).
- 응시수수료*: 40,000원(1차), 40,000원(2차)
  * 제36회 시험기준

3. 시험과목

구분	시험과목
제1차 시험 (6과목)	• 민법: 총칙, 물권에 관한 규정 • 경제학원론 • 부동산학원론 • 감정평가관계법규: 국토의 계획 및 이용에 관한 법률, 건축법, 공간정보의 구축 및 관리 등에 관한 법률 중 지적에 관한 규정, 국유재산법, 도시 및 주거환경정비법, 부동산등기법, 감정평가 및 감정평가사에 관한 법률, 부동산 가격공시에 관한 법률 및 동산·채권 등의 담보에 관한 법률 • 회계학 • 영어: 영어시험성적 제출로 대체
제2차 시험 (3과목)	• 감정평가실무 • 감정평가이론 • 감정평가 및 보상법규: 감정평가 및 감정평가사에 관한 법률, 공익사업을 위한 토지 등의 취득 및 보상에 관한 법률, 부동산 가격공시에 관한 법률

※ 정답은 시험시행일 현재 시행중인 법률, 회계처리기준 등을 적용해야 함
※ 회계학 과목의 경우 한국채택국제회계기준(K-IFRS)만 적용하여 출제
※ 기출제된 문제를 변형·활용하여 출제될 수 있음

4. 공인어학성적
- 제1차 시험 영어 과목은 영어시험성적으로 대체합니다.
- 제1차 시험 응시원서 접수 마감일부터 역산하여 5년이 되는 해의 1월 1일 이후에 실시된 시험에서 취득한 성적으로, 영어시험 시행기관에서 정한 성적의 자체 유효기간이 만료되기 전에 사전등록하여 진위가 확인된 성적에 한해 인정됩니다.
- 기준점수(감정평가 및 감정평가사에 관한 법률 시행령 별표2)

시험명	토플 PBT	토플 IBT	토익	텝스	지텔프	플렉스	토셀	아이엘츠
일반응시자	530	71	700	340	65 (level-2)	625	640 (Advanced)	4.5 (Overall Band Score)
청각장애인*	352	–	350	204	43 (level-2)	375	145 (Advanced)	–

※ 기타 감정평가사 국가자격시험 시행계획 공고문을 참고

5. 시험시간 및 시험방법

구분		시험과목	입실완료	시험시간	시험방법
제1차 시험	1교시	• 민법 • 경제학원론 • 부동산학원론	09:00	09:30~11:30(120분)	과목별 40문항 (객관식 5지택일)
	2교시	• 감정평가관계법규 • 회계학	11:50	12:00~13:20(80분)	
제2차 시험	1교시	감정평가실무	09:00	09:30~11:10(100분)	과목별 4문항 (주관식)
	2교시	감정평가이론	12:10	12:30~14:10(100분)	
	3교시	감정평가 및 보상법규	14:30	14:40~16:20(100분)	

* 장애인 등 응시편의제공으로 시험시간 연장 시 수험인원과 효율적인 시험 집행을 고려하여 시행기관에서 휴식 및 중식 시간을 조정할 수 있습니다.

6. 합격자 결정방법

제1차 시험	• 영어 과목을 제외한 나머지 시험과목에서 과목당 100점을 만점으로 하여 모든 과목 40점 이상이고, 전 과목 평균 60점 이상인 사람 ※ 전년도 1차 시험 합격자 및 감정평가 및 감정평가사에 관한 법률 시행령 제14조에서 정한 기관에서 5년 이상 감정평가와 관련된 업무에 종사한 사람은 1차 시험이 면제됨(경력 산정 기준일 등은 해당연도 Q-Net 감정평가사 시험계획 공고문을 참조)
제2차 시험	• 과목당 100점을 만점으로 하여 모든 과목 40점 이상, 전 과목 평균 60점 이상을 득점한 사람 • 최소합격인원에 미달하는 경우 최소합격인원의 범위에서 모든 과목 40점 이상을 득점한 사람 중에서 전 과목 평균점수가 높은 순으로 합격자를 결정 ※ 동점자로 인하여 최소합격인원을 초과하는 경우에는 동점자 모두를 합격자로 결정하며 이 경우 동점자의 점수는 소수점 이하 둘째 자리까지만 계산하며, 반올림은 하지 아니함

기출연혁 및 제36회 시험 총평

1. 기출연혁

구분	문제1	문제2	문제3	문제4 이상
제1회	토지 감정평가4방법	보상 폐업, 휴업손실	복합부동산 직접환원법	토지 노선가식평가법
제2회	보상 토지, 건물, 기계	비상장주식 자기자본가치법	임대료 임대사례비교법 적산법	(약) 표준지 선정원칙, 평가기준
제3회	보상 토지, 건물 개발이익 배제	토지 거래사례비교법 토지잔여법	보상 휴업손실	• 4번: 도입기계 • 5번(약): 토지이용 계획확인서, 지적도 확인사항, 활용
제4회	담보 토지, 건물	층별효용비율, 지가배분율	토지 (전통적)개발법	(약)순수익 산정 시 유의사항
제5회	일반 토지, 건물	보상 지하사용	DCF법	• 4번(약): 공원구역 토지보상 • 5번(약): 부동산 컨설팅
제6회	택지가액	개발사업 경제적 타당성	도입기계, 국내기계	• 4번(약): 표준지 평가, 개별지산정 • 5번(약): 환매금액
제7회	표준지공시지가 3방법	1) 토지보상 2) 그 밖의 요인 3) 휴업보상	(약) 1) 불법형질변경토지 2) 보상 가격시점 3) 개별요인	(약) 1) 대지면적 등 2) 면적환산
제8회	보상 토지, 지장물	토지 3방법, 건물 원가법	(약) 등고선	(약) 투자 타당성 요구수익률 지가, 임대료상승률
제9회	보상 토지(4방법), 건물	경비내역서 최대가능저당대부액	잔여환원법	• 4번: 지하사용보상 • 5번: 자산재평가
제10회	분양/임대 투자의사결정	DCF법 NPV법, IRR법	감가수정 시장추출법	• 4번: 환매금액 • 5번(약): 타당성 분석, 리츠
제11회	보상 농업손실, 개간비, 불법형질변경토지	보상 지하사용	토지 공시지가기준법 토지잔여법	• 4번(약): 임대사례 교법, 적산법 • 5번(약): 영업손실 보상 수집자료 등
제12회	토지, 건물 일반평가 투자타당성	보상 토지, 지장물	보상 어업손실	• 4번(약): 일단지 • 5번(약): 물적 불일치 • 6번(약): 국공유지 평가기준

회차				
제13회	토지 4방법 건물 원가법	광산, 광업권	담보, 경매	• 4번: 투자의사결정 • 5번(약): GB토지 • 6번(약): 경매평가 • 7번(약): 그 밖의 요인
제14회	복합부동산 3방식 현금등가액 매입타당성	보상 토지, 지장물	(약) 보상 개발이익 배제방법	• 4번: 비상장주식 • 5번(약): 아파트 개별요인
제15회	복합부동산 개별평가 합 DCF법	수익률, 표준편차	(약) 무허가건축물, 가설건축물, 불법형질변경토지	보상 토지, 건축물, 영업손실
제16회	최유효이용 분석	개별평가 합 토지: 지역요인 건물: 내용연수	토지, 건물 목적별 평가 (담보/경매/처분/보상)	• 4번: 농업손실보상 • 5번(약): 감정평가 실무 용어
제17회	부동산 리츠	도시정비 종전, 종후평가 비례율, 청산금	토지사용료	• 4번: 도입기계 • 5번: 지장물보상 • 6번(약): 대지권 미등기
제18회	토지 4방법 건물 원가법	담보 토지, 건물	보상 토지, 지장물, 생활	비상장주식
제19회	보상 토지, 건물, 영업손실	가치다원론 (시장가치, 기초가액, 투자가치)	입목 시장가역산법	• 4번(약): 대여시설 • 5번(약): 표준지 개발이익
제20회	담보 토지, 공장 시점별 평가	투자의사 결정 요소구성법, 표준편차	NPL 예상현금흐름 재개발예정지역 복합부동산 평가	(약) 표준주택 선정기준 공정가치, 하천구역 편입토지평가
제21회	담보/보상 토지, 건물 감정평가서 작성	1) 잔여지 손실보상 2) (약)영업손실 수집자료 등	도시정비 비례율 유리한 조합원	• 4번: 최대 매수 가능가액 • 5번: 범위, 평균, 중위값, 최빈치 및 적정가격
제22회	숙박시설 3방식 내용연수	도시정비 무상양여·귀속	일조침해 가치하락분	• 4번(약): 분양가 적정성 • 5번(약): 컨설팅 보고서 고려요인 • 6번(약): 부적정 담보평가
제23회	DCF법 NPV, IRR 거래예정금액	감정평가서 심사	개발부담금 (개시시점지가, 종료시점지가)	(약) 개발이익 배제방법 EBITDA

제24회	골프장 평가 투자의사결정	도시정비 현금청산 컨설팅	미보상용지	경매평가 예상낙찰가
제25회	도시정비 공유지	환매권 상실 손해배상액	토지 한정가치 건물 원가계산, 정률법	1) (약)기초자료 성격 2) 임대권 평가
제26회	구분소유 부동산 3방식 층별효용지수	보상 구분지상권	보상 적용공시지가 선택 불법형질변경토지 농업손실	경매 토지, 건물 제시 외 건물
제27회	복합부동산 3방식 투자자문	투자수익률, 매매가격 직접환원법 임대차 수익률	기계기구 정상가동기계 과잉유휴기계	보상 일부편입 영업손실
제28회	보상 미지급용지 사실상사도 예정공도	토양오염 가치하락분	적산법 연도별 기대이율	아파트 거래사례비교법 대쌍비교분석
제29회	보상 지하사용	구분소유 부동산 임대료 적산법, 임대사례비교법	선박 해체처분가액	총수익승수법
제30회	기업가치 특허권 영업권	토지보상 개발손실 배제 공원 저촉 감가율	개발계획 타당성 엘우드법	사정보정률 환원율의 차이
제31회	구분소유 부동산 3방식 영업권	DCF법 할인율,최종환원율	소송 사실상의 사도, 예정공도	보상 일부편입 영업손실
제32회	복합부동산 3방식 (&렌트프리)	적산법 기대이율,필요제경비	보상 개간비 용도지역 둘 토지	보상 잔여건축물
제33회	보상 토지 주거용 건축물 관상수,생활,축산업	거래사례 사정보정	장기임차권	권리금
제34회	복합부동산 3방식 (&건부감가)	가로주택정비사업 종전·종후자산 청산금	간이타당성 분석	잔여지 가치하락분
제35회	보상 토지(적공&지변율) 건물(원가법)	건물 경제적 내용연수	환지예정지	(약) 영업권
제36회	건축중단 건축물등	기업가치 &영업권	환매권 손해배상액	(약) 분묘기지권

2. 제36회(2025년) 시험 총평

모두 고생 많으셨습니다. 지난 1년간 최선을 다해 달려왔으니, 답을 많이 맞추고 혹은 조금 덜 맞추고를 떠나서 편한 마음으로 합격자 발표를 기다리셨으면 합니다! :)

(1) 전반적인 난이도: 중

전반적인 난이도는 무난하였으며, 마지막 문제가 약술로서 2년차 전업수험생 기준으로 충분히 완주할 수 있는 난이도였습니다. 다만, 1번 문제에서는 물음3번의 시장동향 및 투자분석 약술이 쉽지 않았던 점, 2번 문제에서는 세율 적용 등 세부적인 변수 확정이 다소 어려웠던 점, 4번 문제에서는 다소 낯설 수 있는 분묘기지권 성립요건과 함께 감정평가 실무기준상 준용할 수 있는 평가기준을 떠올리기가 쉽지 않았다는 점에서 변별력이 있었을 것이라 봅니다.

반면, 1번 문제에서의 물음1과 물음2, 3번 문제의 경우에는 숫자까지 맞출 수 있도록 평이하게 출제되었다는 점에서 약간의 실수로도 점수 편차가 날 수 있는 위험이 있으며, 2번 문제의 경우에는 FCFF모형 DCF법을 통한 기업가치평가의 연습을 평소에 꾸준하게 했느냐에 따라서 기본적인 내용이었으나 점수 격차가 날 수 있는 파트였다고 생각합니다.

(2) 문제별 논점

1) 건축중단 건축물등: 난이도 중상

특A급으로 꼽았던 문제가 나왔습니다. 건축중단 건축물의 평가는 스터디 마지막 기수에서도 연습했던 내용으로서 물음1은 토지와 건축중단된 건축물(+개발 완료 전제 건축물)을 개별평가액 합으로 구하는 내용이었습니다. 유의할 것은 감정평가액이 아닌 적정 "매수가격"으로서 철거비 등도 포함해야 하며, 개발 완료 전제 매수가격은 2가지 가격을 모두 보여주고 보다 저렴한 것을 선택하여 "적정" 매수가격을 결정하는 것이 주요 논점이었습니다.

이와 함께 물음1에서 구한 매수가격을 투자비용으로, 물음2에서 구한 수익가격을 투자수익으로 보아 물음3에서 연계하여 서술하는 것이 논리적 흐름이었으며, 지가변동률 등 감정평가에 활용한 자료와 함께 통계분석 내용까지 포괄하여 꼼꼼한 서술을 요구하는 문제였습니다.

물음3은 ① NPV 등 투자분석지표의 "변화"를 산식으로 보여주는 것과 함께 ② 주어진 "2가지 자본환원표를 활용"해야 하는 점에서 본 예시답안은 각 이자율을 적용한 구체적인 수치까지 보여주었으나 실제 시험에서는 이 정도 수준까지 구사하는 것은 매우 어려웠을 것이라 생각되며, 일반적인 약술 형태로서 주어진 자료를 활용해 풍부하게 설명만 했다면 충분할 풀이였다고 판단됩니다.

▶ 출제 적중 문제

- GS스터디 3기1주1번 건축중단 건축물등 경매평가&경매컨설팅
- GS스터디 3기1주4번 건축중단 건축물등 약술 등

감정평가실무

※ 공통유의사항
1. 각 문제는 해답 산정시 산식과 도출과정을 반드시 기재
2. 단가는 개별 문제에서 제시하는 바에 따르되, 없는 경우 관련 규정에 따름
3. 그 밖의 요인 보정치는 소수점 셋째자리 이하 절사

【문제 1】 당신은 법원의 신뢰를 받는 경매전문 감정평가사임과 동시에 (주)Y경매컨설팅의 수석 경매컨설턴트이다. 주어진 자료에 근거하여 아래 물음에 답하시오. (40점)

물음 1) 법원 제시목록 및 실지조사 사항에 근거하여 대상물건의 경매감정평가액을 제시하오. (25점)

물음 2) 경매컨설팅 고객 A씨에게 적절한 컨설팅을 행하시오. (15점)

< 자료 1 > 법원 제시목록

1. 토지
인천광역시 N구 K동 58-1 외 3필지
58-1 대 600㎡
58-2 대 600㎡
58-3 대 580㎡
58-4 대 620㎡

2. 건물
설계도서상 건축계획은 철근콘크리트조 및 철골조 슬래브지붕 21층 건물(지하 6층)
지하층 7,000㎡, 지상층 17,800㎡, 연면적 24,800㎡임

3. 감정사항
위 감정목적물인 토지 및 건축 구조물에 대하여 현재 상태의 가치평가
(토지가치와 건물가치를 구분표시 할 것)

2025년 대비 GS 3기 감정평가실무 여지훈 평가사 [1회차]
해커스 감정평가사
1

< 자료 2 > 실지조사 사항

1. 토지
1) 위치 및 부근의 상황, 교통상황
대상은 인천광역시 N구 K동 소재 T백화점 인근 노선에 위치하고 있으며, T백화점 주변지역은 경제, 문화, 금융시설들이 집중되어 있는 지역임. 대상에 접한 도로를 따라 다수의 노선버스가 운행하고 있으며, 인천지하철 1호선 T역과 근접하여 접근성이 양호함

2) 이용상태
대상은 현재 오피스 건물을 신축하다 공사 중단된 상태로서 지하 6층, 지상 3층 규모의 건축구조물이 소재하고 있으며, 인근지역 내 표준적 이용상황은 1,500~2,000㎡ 내외의 판매시설 부지, 2,000~2,500㎡ 내외의 업무시설 부지임

3) 토지이용계획관계 및 공법상 제한상태
일반상업지역, 중심지미관지구, 지구단위계획구역

4) 기타
대상토지들은 광대로변에 지번 순서대로 일렬로 접한 정형토지로서, 합필과 분필이 자유롭게 이루질 수 있는 것으로 확인됨

2. 건축구조물
1) 공사 진척사항 및 공사개요
(1) 건물규모
건축계획: 지하 6층, 지상 21층 1개동
현재상태: 지하 6층, 지상 3층 바닥까지 골조공사 완료

(2) 공정률: 전체 공정률 30%
토목공사(100%), 건축공사(21%), 기계공사(0.6%), 전기공사(7%)

2025년 대비 GS 3기 감정평가실무 여지훈 평가사 [1회차]
해커스 감정평가사
2

2) 공사 진행상황
2020.06.01 건축허가
2020.06.17 토목공사 도급계약 체결
2020.07.11 착공계제출
2021.02.28 본공사(건축,기계,전기) 도급계약 체결
2022.03.31 건축 설계변경 허가
2024.07.01 지하6층, 지상3층 바닥골조공사 완료 후 공사 중단
2025.07 관리업체에 위탁하여 현장관리 중

3) 시설물 현황
(1) 시설물이 방치되어 관리상태가 매우 불량하여 공사 중단 후의 경과연수에 2년을 가산하는 것이 타당하며, 건축을 계속하기 위해서는 추가적으로 400,000,000원 규모의 건물 내·외벽 공사가 필요한 것으로 판단됨

(2) 해당 건물의 지상1층에는 건축법상 요구되는 재해방지시설이 설치되어 있지 않아 향상 사용승인이 불가할 것으로 예상되어 구조변경 등을 통하여 동 시설을 설치해야 하며, 기준시점 현재 건물을 신축할 경우 설치비용은 300,000,000원이 소요되나 현재 상태에서 이를 설치할 경우 1,020,000,000원이 소요되는 것으로 조사되었음

(3) 대상건물이 장기간 방치됨으로 인한 스티그마(Stigma)로 매년 220,000,000원의 가능총수익 감소가 예상되며, 수익 감소분 전체가 건물에 귀속됨

< 자료 3 > 인근지역 표준지공시지가 (공시기준일: 2025. 01. 01)

일련번호	소재지 지번	면적(㎡)	지목	이용상황	용도지역	도로상황	형상지세	공시지가(원/㎡)
1	N구 K동 250-1	2,250	대	업무용	일반상업	중로한면	사다리형 평지	3,930,000
2	N구 K동 258-2	1,600	대	상업용	일반상업	광대한면	세장형 평지	4,900,000
3	N구 K동 52-3	2,500	대	업무용	일반상업	광대한면	가장형 평지	4,730,000
4	N구 K동 69-1	1,900	대	상업용	일반상업	광대한면	사다리형 완경사	4,060,000

※ 상기 표준지의 현실화율은 100%임

2025년 대비 GS 3기 감정평가실무 여지훈 평가사 [1회차]
해커스 감정평가사
3

< 자료 5 > 공사비 등

1. 건물신축단가표(한국부동산원 발행, 철근콘크리트조 2급, 2025. 01. 01 기준)

용도	항목	단가(원/㎡)	내용연수
오피스	건축공사(토목공사포함)	1,250,000	50년
	전기설비공사	120,000	
	기계설비공사	280,000	
	계	1,650,000	
오피스텔	건축공사(토목공사포함)	1,200,000	50년
	전기설비공사	200,000	
	기계설비공사	300,000	
	계	1,700,000	

2. 대상건물 전체투입 기준 건축공사비 (단위: 천원)

항목	도급금액
토목	5,600,000
건축	28,300,000
기계	1,900,000
전기	1,100,000
계	37,000,000

※ 철거 전문업체에 문의한 결과 폐재가치를 고려한 철거비는 10억원으로 조사되었음

< 자료 6 > 인근지역 임대사례

1. 토지
인천시 N구 K동 120번지
일반상업지역, 오피스텔, 대, 1,200㎡, 중로한면

2. 건물
지하 3층, 지상 10층, 철근콘크리트조 건물로 연면적 13,000㎡이고, 층별 면적은 동일함

3. 임대개시시점: 2025년 1월 1일 (사용승인과 동시, 2년간)

2025년 대비 GS 3기 감정평가실무 여지훈 평가사 [1회차]
해커스 감정평가사
5

2) 기업가치 & 영업권: 난이도 중상

기업가치와 연계된 전형적인 영업권 문제로서, 물음1에서 FCFF모형 DCF법으로 기업가치를 "최대한 꼼꼼하게" 구하고, 물음2에서는 영업투하자본을 "정확하게" 구하는 것이 필요하였습니다.

물음1에서는 숫자까지 맞출 수 있는 할인율은 먼저 적시하고 숫자를 맞추기 어려운 FCFF는 뒤로 보내는 전략이 필요했으며 ① 문제에서 주어진대로 재무상태표상 자본구조 비율을 그대로 적용(토지 시가 반영 X) ② 개인영업으로서 소득세율(법인세율 X) 적용 & 대표자 급여 포함이 작은 논점이었습니다.

물음2에서는 영업자산에 투자자산을 제외하고 토지 시가를 반영하며, 영업부채에는 차입금을 제외한다는 기본적인 내용만 침착하게 적용했다면 영업투하자본의 숫자까지 맞출 수 있는 부분이었습니다.

▶ 출제 적중 문제

- GS스터디 2기 3주1번 공장&영업권, GS스터디 2기 4주3번 기업가치
- GS스터디 3기 2주1번 지식재산권 2방식, 해커스 감정평가실무 문제편 중급 CH5-6 영업권 등

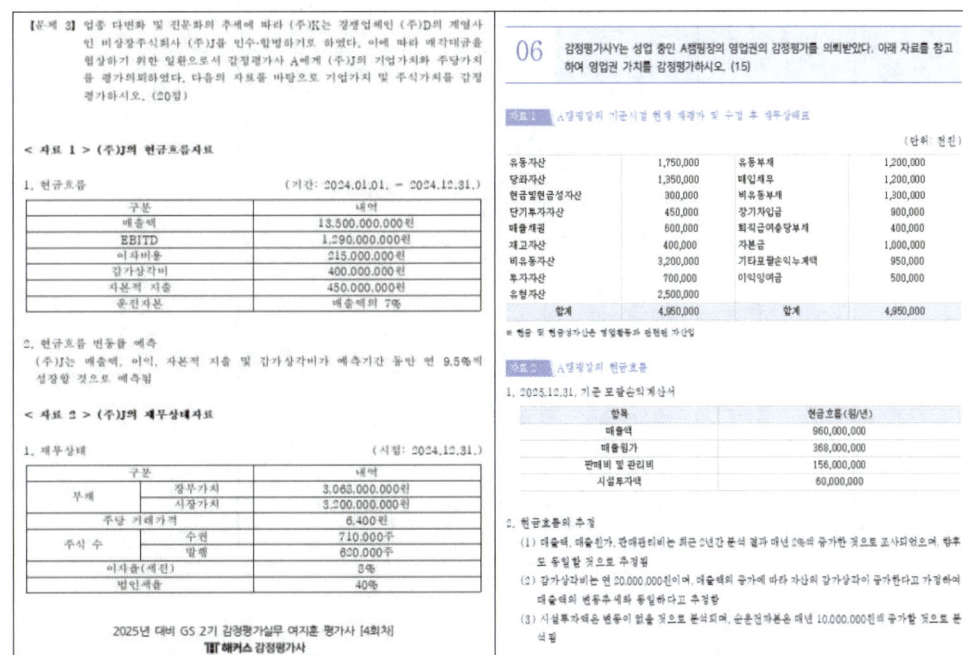

▶ 출제 적중 자료
• 2025년 36회 대비 끝장특강(최종정리특강)

구분	세분류	주요 수정사항
기업체 영업권	일반	• 영업권 성립요건(초과수익의 존재, 초과수익의 이전가능성, 이전 이후 초과수익의 계속성)에 대한 검토를 하여야 함 • 의뢰된 감정평가 대상 영업권이 특허권, 상표권 등 식별 가능한 무형자산을 제외한 협의의 영업권인지 또는 광의의 영업권인지 확인 • 「감정평가에 관한 규칙」 제12조 타방법에 의한 합리성 검토가 물건의 특성 등으로 인해 곤란하거나 불필요한 경우 생략사유를 언급하며, 「감정평가 실무기준」 기재시 개정된 내용을 기재 • 영업권의 대상이 되는 회사에 대한 개요는 사업 특성 등을 충분히 반영할 수 있도록 사업체 개요, 인력, 조직, 제품, 매출처, 재무현황 등을 상세히 기재
	수익, 비용 등의 추정	• 매출액, 매출원가, 판관비, 순운전자본 증감 등의 추정은 과거 매출 및 비용실적, 실현가능한 사업계획 등에 비추어 합리적 • 비용 추정 시 개인사업장의 경우 적정 대표자 급여가 반영되어야 하며, 일정 금액 또는 매출액 대비 일정률로 표시 • 세금의 계산은 기준시점의 업태, 즉 법인 또는 개인사업장에 따라 해당세율을 적용하되 오산이 없도록 유의
	할인율	• 할인율 추정의 기초자료가 되는 각종 금리지표, 주가수익률, 배당수익률 등은 기준시점에 적합한 자료를 인용하며, 재무관리 이론에 비추어 합리적으로 적용 • 자기자본비율, 타인자본비율의 결정은 목표 자본구조를 기준으로 하되, 과거 재무구조를 기초로 향후 차입계획 등을 반영하여 산출 • 할인율의 결정은 해당기업이 상장, 비상장 및 해당 업종의 리스크 등을 감안했을 때 적정 범주에 해당하는지 확인
	투하자본	• 제시 재무상태표가 대상 회사를 충실히 반영하고 누락항목은 없는지 검토, 예를 들어 개인사업장 중 부동산 임차사업장 경우에 임차보증금, 부동산을 제외한 기타의 유형자산 등이 누락되었는지 확인 • 투하자본 산정 시 실무기준상 영업자산에서 영업부채를 차감하는 방법으로 산출하고 있으며, 이는 영업관련 순운전자본과 영업관련 비유동자산으로도 산출 가능하므로 적정 순운전자본 산출 및 유형자산에 대한 시가 등 검토가 이루어져야 함
	기타	• 감정평가액 결정 시 거래관행이 있는 영업권의 경우 거래관행에 비추어 감정평가액이 적정한지 확인 • 법인세와 소득세 세율(누진공제액) 최신 개정 내용 참조하여 평가 • 대상 권리의 성격이 저작권(유튜브 등), 공정심사실 2024-01701, 2024.12.06. 참조), 상가권리금(약국 등) 여부 확인

3) 환매권 손해배상액: 난이도 하

환매권 손해배상액을 구하기 위해서 환매권 상실 당시 감정평가액과 인근 유사 토지 지가변동률을 구하는 문제였습니다.
① 환매권 상실 당시 감정평가액은 해당 공익사업의 영향을 반영한 가치를 구해야 하는 반면 ② 인근 유사 토지 지가변동률의 표본지 선정은 해당 공익사업의 영향을 받지 않은 표준지를 선택하는 점만 잘 숙지하고 있었다면 정확한 숫자까지 맞출 수 있었던 문제였습니다.

▶ 출제 적중 문제
- GS스터디 3기 3주 3번 환매권 손해배상액, 해커스 문제편 초급 CH10-9 환매권 등

4) (약술) 분묘기지권 소재 토지: 난이도 중

분묘기지권의 성립 요건과 이러한 분묘기지권이 성립되어 있는 토지의 감정평가기준을 답변하는 문제로서, 물음1의 성립 요건 3가지를 모두 쓰는 것은 다소 어려웠으나 유사한 내용으로 적당히 썼다면 수험생 간 격차는 크지 않았을 것이라고 봅니다.

물음2의 토지 감정평가기준은 분묘기지권과 관련된 판례(2017다22807) 및 질의회신이 있으나 이 판례와 질의회신에서 구체적인 감정평가방법(기준)은 언급하지 않아 이 판례과 질의회신 내용을 쓰는 것이 주된 답이 되는 것은 어렵다고 보며, 분묘기지권이 지상권과 유사하다는 점 & 분묘 자체가 토지의 정착물로서 제시 외 건물과 유사하다는 점만 잘 캐치했다면 감정평가 실무기준상의 규정을 준용하여 평가 가능하다는 내용으로 서술하는 것이 가장 올바른 답안이 되겠습니다.

해커스 감정평가사
ca.Hackers.com

해커스 감정평가사
여지훈 감정평가실무
2차 기출문제집

문제편

제10회 감정평가실무 기출

> **공통 유의사항**
> 1. 각 문제는 해답 산정 시 산식과 도출과정을 반드시 기재
> 2. 단가는 관련 규정에서 정하고 있는 사항을 제외하고 천원미만은 절사, 그 밖의 요인 보정치는 소수점 셋째자리 이하 절사

01

갑은 주거지역 내 토지를 매입하여 빌라를 건축할 준비를 진행하고 있다. 다음 물음에 대하여 답하시오. (40점)

(1) 본 토지의 2026년 9월 1일 현재의 가액을 구하시오.

(2) 본 빌라를 분양할 경우와 임대할 경우를 비교하여 투자우위를 판단하고 의사결정과정을 기술하시오.

자료 1 기준일자

기준시점과 의사결정시점은 2026년 9월 1일을 기준으로 한다.

자료 2 대상토지에 관한 내용

1. 토지면적: 3,000㎡
2. 매입일자: 2025.6.1
3. 건축부지: 2,500㎡
4. 대상토지 중 일부(500㎡)는 도시계획시설도로에 저촉되어 기부채납하기로 하였음.

자료 3 비교표준지의 공시지가

2026.1.1 기준: 610,000원/㎡

자료 4 지가변동률

기간		주거지역	상업지역	공업지역	녹지지역
'25년	1/4분기	-0.68	-0.45	-0.22	-0.60
	2/4분기	-0.20	-0.36	-0.24	-0.32
	3/4분기	-0.24	-0.34	0.00	-0.28
	4/4분기	-0.51	-0.62	-0.02	-0.46
'26년	1/4분기	0.75	0.70	0.41	0.56
	2/4분기	0.48	0.64	0.26	0.32

자료 5 거래사례 자료

1. 거래사례(A)
   (1) 토지 1,500㎡ 건물 철근콘크리트조 슬라브지붕 2층 1,200㎡
   (2) 거래가격: 1,200,000,000원
   (3) 사례부동산은 최유효이용에 미달되므로 시장가치에 비해 10%의 건부감가가 필요한 것으로 판단되었음.
   (4) 거래당시 토지와 건물의 가격 구성비는 2 : 1로 조사되었음.
   (5) 거래대금 지급조건은 계약 시(2025.9.1) 계약금으로 20%, 2개월 후 중도금 30%, 다시 1개월 후 잔금 50% 지급으로 하였음.

2. 거래사례(B)
   (1) 토지 1,200㎡
   (2) 거래일자: 2026.1.1.
   (3) 명목상 거래가격은 900,000,000원이었고 그 중 1/3은 저당대부금으로 대체하였음.
   (4) 저당대부금은 거래시점 이후 3년 동안 매년 말 일정액을 균등상환하고, 저당이자는 매월 말 미상환 저당잔금에 대하여 지불하는 조건이었음.

자료 6 요인비교

구분	건축예정지	사례지(A)	사례지(B)	비교표준지
지역요인	100	95	104	102
개별요인	100	112	125	106

자료 7 빌라 건축계획

1. 대상토지에 철근콘크리트조 경사슬라브지붕 구조로 지하 1층 지상 9층의 빌라를 건축함.
2. 건축면적: 연 6,500㎡
3. 건축호수: 18세대(1세대당 280㎡)
4. 건축공사비는 준비시점('26년 9월 1일) 당시 @1,200,000원/㎡이 소요될 것으로 예측되었으며, 건축공사착수시 30%, 착수시점부터 3개월 후 30%, 공사완료시 40%를 지불하기로 하였음.

5. 공사 스케줄

구분 \ 월	2026년				2027년							
	9월	10월	11월	12월	1월	2월	3월	4월	5월	6월	7월	8월
준비	←——	——	——→									
건축공사				←——	——	——	——	——	——	——	——	——→
판매					←——	——	——	——	——	——	——	——→

자료 8 빌라 분양계획

1. 분양가격 및 분양수입: 분양가격은 세대당 650,000,000원으로 결정하고 판매 착수 시 20%, 판매 착수로부터 3개월이 경과된 때 30%, 공사완료 시 50%의 분양수입이 되는 것으로 함.
2. 판매비와 일반관리비는 분양판매금액의 10%를 계상하되, 판매 착수 시 1/2, 공사완료 시 1/2을 지불하는 것으로 함.

자료 9 빌라 임대계획

본 빌라는 완공과 동시에 임대 완료되고 상당기간(최소한 1년 이상)동안 공실은 발생하지 않을 것으로 예상되고 있다.

1. 임대료수입
    (1) 월 지급임대료: 세대별 3,000,000원(월말 지불)
    (2) 보증금: 세대별 250,000,000원

2. 필요제경비
    (1) 유지수선비: 건물가액의 0.7%
    (2) 관리비: 연 지급임대료의 2%
    (3) 제세공과: 토지가액의 0.4%와 건물가액의 0.5%
    (4) 손해보험료: 건물가액의 0.15%로 하되 그 중 50%는 비소멸성으로 함.
        (비소멸성 보험의 만료기간은 5년)
    (5) 대손준비금: 실질임대료의 1%

3. 기타
   (1) 임대순수익 산출은 계산의 편의상 DCF분석을 활용하지 않고 수익환원은 직선법을 활용할 것.
   (2) 임대료수입과 비용발생은 연간 단위로 하고, 매월 지급임대료에 대한 이자는 고려하지 아니함.

자료 10 각종 이자율, 이율 및 수익률

1. 시장이자율: 연 12%
2. 상각 전 환원율: 토지 5%, 건물 9%, 토지·건물 7%
3. 저당대부이자율: 연 14.4%
4. 보험만기 약정이자율: 연 6%
5. 보증금 운용이율: 연 8%
6. 기대수익률: 10%

자료 11 계산단계별 단수처리

1. 계산은 소수점이하 넷째자리에서 사사오입한다.
2. 지가변동률은 소수점이하 다섯째자리까지 선택한다.
3. 각 단계의 모든 현금의 계산은 1,000원 이하의 금액은 절사한다.
4. 기간계산은 월단위로 한다.
5. 선정이 가능한 사례는 모두 활용하도록 한다.

자료 12 복리현가율표와 복리종가율표

1. 복리현가율표 $\dfrac{1}{(1+r)^n}$

n \ r	0.010	0.020	0.030	0.060	0.100	0.120	0.144
1	0.990	0.980	0.971	0.943	0.909	0.893	0.764
2	0.980	0.961	0.943	0.890	0.826	0.797	0.668
3	0.971	0.942	0.915	0.840	0.751	0.712	0.584
4	0.961	0.924	0.888	0.792	0.683	0.636	0.510
5	0.951	0.906	0.863	0.747	0.621	0.567	0.446
6	0.942	0.888	0.837	0.705	0.564	0.507	0.390
7	0.933	0.871	0.813	0.665	0.513	0.452	0.341
8	0.923	0.853	0.789	0.627	0.467	0.404	0.298
9	0.914	0.837	0.766	0.592	0.424	0.361	0.260
10	0.905	0.820	0.744	0.558	0.386	0.322	0.228
11	0.896	0.804	0.722	0.527	0.350	0.287	0.199
12	0.887	0.788	0.701	0.497	0.319	0.257	0.174
13	0.879	0.773	0.681	0.469	0.290	0.229	0.152
14	0.870	0.758	0.661	0.442	0.263	0.205	0.133
15	0.861	0.743	0.642	0.417	0.239	0.183	0.116
16	0.853	0.728	0.623	0.394	0.218	0.163	0.102
17	0.844	0.714	0.605	0.371	0.198	0.146	0.089
18	0.836	0.700	0.587	0.350	0.180	0.130	0.078
19	0.828	0.686	0.570	0.331	0.164	0.116	0.068
20	0.820	0.673	0.554	0.312	0.149	0.104	0.059
21	0.811	0.660	0.538	0.294	0.135	0.093	0.052
22	0.803	0.647	0.522	0.278	0.123	0.083	0.045
23	0.795	0.634	0.507	0.262	0.112	0.074	0.040
24	0.788	0.622	0.492	0.247	0.102	0.066	0.008
36	0.699	0.490	0.345	0.123	0.032	0.017	0.002
48	0.620	0.387	0.242	0.061	0.010	0.004	0.000
60	0.550	0.305	0.170	0.030	0.003	0.001	0.000
72	0.488	0.240	0.119	0.015	0.001	0.000	0.000
84	0.434	0.189	0.083	0.007	0.000	0.000	0.000

2. 복리종가율표 $(1+r)^n$

n\r	0.01	0.02	0.03	0.06	0.1	0.12	0.144
1	1.010	1.020	1.030	1.060	1.100	1.120	1.144
2	1.020	1.040	1.061	1.124	1.210	1.254	1.309
3	1.030	1.061	1.093	1.191	1.331	1.405	1.497
4	1.041	1.082	1.126	1.262	1.464	1.574	1.713
5	1.051	1.104	1.159	1.338	1.611	1.762	1.959
6	1.062	1.126	1.194	1.419	1.772	1.974	2.242
7	1.072	1.149	1.230	1.504	1.949	2.211	2.564
8	1.083	1.172	1.267	1.594	2.144	2.476	2.934
9	1.094	1.195	1.305	1.689	2.358	2.773	3.356
10	1.105	1.219	1.344	1.791	2.594	3.106	3.839
11	1.116	1.243	1.384	1.898	2.853	3.479	4.392
12	1.127	1.268	1.426	2.012	3.138	3.896	5.025
13	1.138	1.294	1.469	2.133	3.452	4.363	5.748
14	1.149	1.319	1.513	2.261	3.797	4.887	6.576
15	1.161	1.346	1.558	2.397	4.177	5.474	7.523
16	1.173	1.373	1.605	2.540	4.595	6.130	8.606
17	1.184	1.400	1.653	2.693	5.054	6.866	9.846
18	1.196	1.428	1.702	2.854	5.560	7.690	11.263
19	1.208	1.457	1.754	3.026	6.116	8.613	12.885
20	1.220	1.486	1.806	3.207	6.727	9.646	14.741
21	1.232	1.516	1.860	3.400	7.400	10.804	16.863
22	1.245	1.546	1.916	3.604	8.140	12.100	19.292
23	1.257	1.577	1.974	3.820	8.594	13.552	22.070
24	1.270	1.608	2.033	4.049	9.850	15.179	25.248
36	1.431	2.040	2.898	8.147			
48	1.612	2.587	4.132	16.394			
60	1.817	3.281	5.892	32.988			
72	2.047	4.161	8.400	66.387			
84	2.307	5.277	11.976	133.565			

02

부동산개발 사업자 "甲"은 2026년 6월 30일 토지구획정리사업을 완료하고 아래 자료와 같이 분양계획을 수립하였다. 다음 물음에 대하여 답하시오. (25점)

(1) 이 토지의 2026년 7월 1일 현재의 할인현금흐름분석표(Discounted Cash Flow Table)를 작성하고 현재가치(Present Value)를 구하시오.

(2) 이 토지에 대하여 "甲"이 추계한 현재가치가 적정한 것으로 보고 위 시점에서 이 토지를 "乙"이 3억원에 일괄 구입하였을 경우 "乙"의 투자에 따른 순현재가치(Net Present Value)를 구하시오.(이 때, "乙"의 기대(요구)수익률은 "甲"의 기대수익률과 동일한 것으로 한다)

(3) "내부수익률(Internal Rate of Return)"과 "순현재가치(Net Present Value)에 부응하는 기대(요구)수익률"과의 상관관계를 설명하시오.

(4) 내부수익률과 순현재가치의 투자지표를 활용하여 위 (2)에서 "乙"이 결정한 투자결과의 타당성을 분석하시오.

자료 1

획지(Lot) 수는 40개이며 각 획지의 면적은 660㎡이고 위치별 가격격차는 없는 것으로 한다.

자료 2

이 구획정리지구는 도로포장, 상하수도설비, 전기 및 전화의 인입과 가스파이프의 설치 등 모든 편의시설이 완료된 상태이고, 획지는 1년 동안 4차에 걸쳐서 분양할 예정이며 매 분기말 흡수율은 25%로 예상하고 있다.

자료 3

첫 매각시점(1분기)의 매각가격은 획지당 10,000,000원으로 결정하였으며 이후 매 분기마다 5%씩 상향조정하기로 하였다.

자료 4

토지매각에 따른 부대비용(마케팅비용)은 총 매각가격의 5%이고, 판매를 위한 사무소 유지비용은 분기당 5,000,000원으로 예상하였다.

자료 5

토지매각에 따르는 세금은 획지당 1,000,000원으로, 일반관리비는 매 분기당 매각되는 획지당 200,000원으로 예상하고 있으며, 세금과 일반관리비는 분기 말에 지급할 예정이다.

자료 6

기업자 이윤은 고려하지 않기로 하였고 할인율(Discount Rate)은 기대수익률로 하되 연 12%로 하기로 결정하였다.

자료 7 계산시 유의사항

1. 소수점 이하는 4자리에서 사사오입함.
2. 각 단계에 있어 모든 현금의 계산은 1,000원 이하를 절사함.

03 감정평가시점의 발생감가상각(Accrued Depreciation)은 거래사례비교법으로도 계산이 가능하다. 다음 물음에 대하여 답하시오. (15점)

(1) 거래사례비교법에 의한 발생감가액 산출방법을 설명하시오.
(2) 다음 자료를 참고로 하여 대상부동산 중 건물의 연간감가액과 연간감가율을 거래사례비교법으로 구하시오.

자료 1

감정평가사 S씨는 2026년 6월 1일 주거용 부동산에 대한 감정의뢰를 받고 사례조사를 한 결과 유사지역 안에 소재한 동 유형의 거래사례를 수집하였다.

자료 2 사례부동산

1. 소재지: B동 175번지
2. 거래일자: 2026.5.1
3. 거래가격: 540,000,000원
4. 토지면적: 360㎡
5. 건물면적: 300㎡
6. 구축물면적: 80㎡
7. 기타: 도로접면은 세로각지, 향은 남향임

자료 3 지가변동률

1. 2025년 4/4분기: -5%
2. 2026년 1/4분기: -2%

자료 4

본 토지의 2025년 1월 1일 기준 개별공시지가는 750,000원/㎡이고 2026년 1월 1일 기준 개별공시지가는 확정되지 않았다. 또한 사례부동산의 토지규모 및 건축면적 등은 대상부동산과 매우 유사하나 가로조건만 대상부동산이 약 5%정도 불리한 것으로 조사되었다.

자료 5

사례부동산의 토지가액은 700,000원/㎡으로 평가하여 거래하였고 현재시점에서 상각자산의 총 재조달원가는 420,000,000원으로 파악되었다. 재조달원가 중 구축물에 귀속되는 부분은 10%정도인데 거래시 구축물은 재조달원가의 50%를 잔존가치로 인정한 것으로 조사되었다.

자료 6

사례부동산은 대상부동산과 동일한 건축업자가 2016년 4월 1일 동시에 준공하였으며, 현재의 관리상태 등 제반현상은 양호한 편이다.

04

○○도는 지방도 확포장공사를 위하여 ××리 5번지 토지 중 300㎡(5-1번지)를 협의 취득하였으나 노선변경으로 인하여 동부지의 일부 100㎡(5-2번지)가 도로사업에 필요하지 않게 되었다. 이에 종전 토지소유자가 환매권을 행사하여 환매가격 협의를 하게 되었다. 이 토지에 대하여 종전토지소유자가 부담하여야 할 환매금액을 2026년 8월 22일 기준으로 구하시오. (10점)

자료 1 협의취득내용

1. 협의취득: 2021.4.1
2. 협의취득가격: @100,000/㎡

자료 2 비교표준지 공시지가 변동 추이

년도	'21.1.1	'22.1.1	'23.1.1	'24.1.1	'25.1.1	'26.1.1
공시지가(원/㎡)	90,000	100,000	110,000	115,000	110,000	121,000

자료 3 지가변동률 추이

대상토지가 속하고 있는 지역의 지가변동률은 다음과 같다.

년도	'21년	'22년	'23년	'24년	'25년	'26년 1/4분기	'26년 2/4분기
지가변동률(%)	5.0	2.0	3.0	0.6	-5.0	0.3	1.2

자료 4

인근에 소재하는 토지의 가격자료는 다음과 같으며, 아래의 사례자료는 적정한 가치를 반영하고 있다.

1. #7번지: 2021.4.1 거래 @100,000/㎡
2. #7번지: 2022.1.1 거래 @110,000/㎡
3. #2번지: 2025.4.1 거래 @150,000/㎡
4. #2번지: 2026.8.1 거래 @160,000/㎡

자료 5

환매 당시의 평가에 적용할 비교표준지 자료 2는 당해 지방도 확포장공사와 관계없는 인근유사지역에 소재하고 있다.

자료 6 대상토지의 현황

구분	모지번	편입지번	지목	용도지역	접면도로	형상
협의취득시	5	5-1	전	자연녹지	맹지	부정형
환매시	5-2	-	전	자연녹지	소로한면	부정형

자료 7 비교표준지 및 인근토지의 현황

구분	지목	용도지역	접면도로	형상
비교표준지	전	자연녹지	맹지	부정형
#7번지	전	자연녹지	맹지	부정형
#2번지	전	자연녹지	소로한면	부정형

자료 8 토지가격비준표

	소로한면	세로한면	맹지
소로한면	1.0	0.94	0.8
세로한면	1.06	1.0	0.85
맹지	1.25	1.17	1.0

---

05 다음을 설명하시오. (10점)

(1) Feasibility Study(Feasibility Analysis)

(2) Real Estate Investment Trusts

제11회 감정평가실무 기출

> **공통 유의사항**
> 1. 각 문제는 해답 산정 시 산식과 도출과정을 반드시 기재
> 2. 단가는 관련 규정에서 정하고 있는 사항을 제외하고 천원미만은 절사, 그 밖의 요인 보정치는 소수점 셋째자리 이하 절사

01 감정평가사 K씨는 중앙토지수용위원회로부터 ○○택지개발사업지구에 편입된 토지 및 농업손실보상에 대한 재결평가를 의뢰받고 실지조사를 완료하였다. 주어진 자료를 활용하고 보상관련 법규의 제 규정을 참작하여 다음 물음에 답하시오. (30점)

(1) 토지조서의 일련번호(1 ~ 4) 토지에 대한 농업손실보상액을 산정하시오.

(2) 농업손실보상의 대상에 대하여 설명하시오.

(3) 토지조서의 일련번호(5) 토지의 현재 경작자에게 개간비를 보상할 수 있는지 여부를 개간비 보상의 취지와 관련하여 설명하고, 개간비 보상 대상인 토지의 보상금 산정방법에 대하여 설명하시오.

(4) 토지조서의 일련번호(6) 토지의 현실이용상황 판단을 공익사업을위한토지등의취득및보상에관한법률 제27조 규정에 의한 토지조서의 효력 및 공익사업을위한토지등의취득및보상에관한법률 제70조 제2항 규정에 의한 현황평가주의와 관련하여 설명하시오.

자료 1 감정평가 의뢰내역

① 사업명: ○○택지개발사업
② 시행자: △△공사
③ 택지개발지구 지정·고시일: 2024.12.5
④ 택지개발계획 승인·고시일: 2024.12.5
⑤ 택지개발사업실시계획 승인·고시일: 2026.8.20
⑥ 가격시점: 2026.6.20

자료 2 토지조서

일련번호	소재지 지번	지목	면적(㎡) 공부	면적(㎡) 편입	실제이용상황	비고 (재배작물)
1	S시 L동 14	전	500	500	전	마늘
2	S시 L동 15	전	500	500	과수원	배
3	S시 L동 16	전	500	500	전	인삼
4	S시 L동 17	전	500	500	과수원	복숭아
5	S시 L동 산13	임야	500	500	전	-
6	S시 L동 산12	임야	500	500	임야	-

자료 3 농축산물표준소득표 [S시가 속한 도(道)의 것임]

작목명	농축산물소득자료(기준: 10a) 조수입(원)	경영비(원)	자가노력비(원)	소득(원)	비고
마늘	2,576,000	611,000	376,000	1,965,000	년 1기작
백합	14,448,000	8,740,000	1,475,000	5,708,000	년 1기작
배	3,930,000	1,405,000	975,000	2,525,000	년 1기작
인삼	8,132,000	3,260,000	1,235,000	4,872,000	4년 1기작
복숭아	2,860,000	801,000	907,000	2,059,000	년 1기작

자료 4

전국연간농가평균 단위경작면적당 농작물총수입: 1,056원/㎡
도별연간농가평균 단위경작면적당 농작물총수입: 1,148원/㎡ (S시가 속한 도의 것임)

자료 5 실지조사 내용

① 토지조서의 일련번호(1) 토지는 2025년 5월까지는 마늘을 재배하였으나 2025년 7월부터는 백합을 재배하고 있음.
② 토지조서의 일련번호(2) 토지의 배나무는 2021년초에 식재되었으나 현재 미성과수목으로 수확시기 이전인 상태임.
③ 토지조서의 일련번호(4) 토지의 복숭아나무는 과수목 보상으로 500,000원이 이미 지급되었음.
④ 토지조서의 일련번호(5) 토지는 국유지로서 2016년에 A가 허가를 득하여 개간한 후 2023년까지 경작하였으나 이후 현재까지는 B가 점용허가를 득하여 경작하고 있음.
⑤ 토지조서의 일련번호(6) 토지는 토지대장상 지목은 임야이나 현황은 축대로 조성된 평탄한 나지이며, 사업시행자는 공부상 지목과 현실이용상황이 상이하여 불법형질변경토지로 처리하였으나, 토지소유자는 현황평가해 줄 것을 요구하고 있음.

02

감정평가사 K씨는 S시장으로부터 도시철도건설공사와 관련하여 지하부분 사용에 따른 감정평가를 의뢰받고 사전조사 및 실지조사를 한 후 다음과 같이 자료를 정리하였다. 주어진 자료를 활용하여 다음 물음에 답하시오. (25점)

(1) 대상토지의 지하사용료 평가를 위한 토지의 기초가액을 구하고 지하부분 사용에 따른 보상평가액을 구하시오.

(2) 비교표준지의 선정기준과 대상의 기초가액 결정 시 적용한 비교표준지의 선정이유를 설명하시오.

(3) 지하사용료의 평가시 입체이용저해율의 산정에 있어 최유효건물층수 결정 시 참작할 사항을 설명하시오.

(4) 지하사용료의 평가시 입체이용저해율의 산정에 있어 저해층수를 설명하고 본건의 저해 층수를 결정한 후 그 이유를 기술하시오.

자료 1 감정평가 대상물건

① 소재지: S시 K구 D동 257번지
② 지목 및 면적: 대, 500㎡
③ 이용상황 및 도로교통: 나지, 소로한면
④ 도시계획사항: 일반상업지역, 도시철도에 저촉함
⑤ 가격시점: 2026.8.1

자료 2 감정평가 대상토지에 대한 관련자료

① 감정평가의뢰 내용은 관련공부의 내용과 일치함.
② 대상토지의 주위환경은 노선상가지대임.
③ 감정평가 대상토지는 지하 18m에 지하철이 통과하고 있어 하중제한으로 지하2층, 지상8층 건물의 건축만 가능함.
④ 대상지역의 지역분류는 11 ~ 15층 건물이 최유효이용으로 판단되는 지역임.
⑤ 대상토지의 지반구조는 풍화토(PD-2) 패턴임.
⑥ 대상토지의 토피는 18m임.
⑦ 대상지역에 소재하는 건물은 상층부 일정층까지 임대료수준에 차이를 보이고 있음.
⑧ 대상토지의 최유효이용은 지하2층, 지상15층 건물로 판단됨.

자료 3 　 인근의 표준지공시지가 현황

(공시기준일: 2026.1.1)

일련번호	소재지	면적(㎡)	지목	이용상황	용도지역	주위환경	도로교통	형상 지세	공시지가(원/㎡)
1	S시 K구 D동 150	450	전	단독주택	일반주거	정비된 주택지대	중로한면	가장형 평지	1,850,000
2	S시 K구 D동 229	490	대	상업나지	일반상업	노선상가지대	소로한면	부정형 평지	2,540,000
3	S시 K구 D동 333	510	대	업무용	일반주거	미성숙상가지대	광대세각	부정형 평지	2,400,000

자료 4 　 거래사례 자료

① 토지: S시 K구 A동 230번지, 대 600㎡
② 건물: 철근콘크리트조 슬라브지붕 5층, 근린생활시설 연면적 2,460㎡ (지층 360㎡, 1층 ~ 5층 각 420㎡)
③ 거래가격: 3,530,000,000원
④ 거래시점: 2026.4.1
⑤ 도시계획사항: 일반상업지역
⑥ 건물사용승인일은 2023.8.1이고, 내용연수는 60년임
⑦ 본 거래사례는 최유효이용으로 판단됨

자료 5 　 건설사례 자료

① 토지: S시 K구 A동 230번지, 대 400㎡
② 건물: 철근콘크리트조 슬라브지붕 5층, 근린생활시설 연면적 2,400㎡(지층 ~ 5층 각 400㎡)
③ 건축공사비: 900,000원/㎡
④ 본 건물은 가격시점 현재 사용승인된 건설사례로서 표준적이고 객관적임
⑤ 건설사례건물과 거래사례건물의 개별적인 제요인은 대등함

자료 6 　 지가변동률

① 용도지역별

행정구역	평균	주거지역	상업지역	공업지역	녹지지역	비도시지역	비고
K구	0.74	0.54	1.27	-	0.54	-	1/4분기
	0.93	0.62	1.75	-	0.61	-	2/4분기

② 이용상황별

행정구역	전	답	대		임야	공장용지	기타	비고
			주거용	상업용				
K구	0.59	-	0.52	0.94	-	-	0.43	1/4분기
	0.73	-	0.43	1.31	-	-	0.58	2/4분기

자료 7 건축비지수

시점	건축비지수
2024.8.1	100
2025.8.1	104
2026.8.1	116

자료 8 지역요인 및 개별요인의 비교

① 지역요인의 비교

동일수급권 내의 유사지역으로 동일한 것으로 판단됨

② 개별요인의 비교

구분	대상지	표준지1	표준지2	표준지3	거래사례
평점	100	110	100	122	95

자료 9 입체이용률배분표

해당지역 이용률구분	고층시가지	중층시가지	저층시가지	주택지	농지·임지
용적률	800% 이상	550~750%	200~500%	100% 내외	100% 이하
건축물 등 이용률(α)	0.8	0.75	0.75	0.7	0.8
지하이용률(β)	0.15	0.10	0.10	0.15	0.10
기타이용률(γ)	0.05	0.15	0.15	0.15	0.10
(γ)의 상하 배분비율	1:1 -2:1	1:1 -3:1	1:1 -3:1	1:1 -3:1	1:1 -4:1

주: 이용저해심도가 높은 터널 토피 20m 이하의 경우에는 (γ)의 상하배분율은 최고치를 적용한다.

자료 10 층별 효용비율표

층별	고층 및 중층시가지		저층시가지				주택지
	A형	B형	A형	B형	A형	B형	
20	35	43					
19	35	43					
18	35	43					
17	35	43					
16	35	43					
15	35	43					
14	35	43					
13	35	43					
12	35	43					
11	35	43					
10	35	43					
9	35	43	42	51			
8	35	43	42	51			
7	35	43	42	51			
6	35	43	42	51			
5	35	43	42	51	36	100	
4	40	43	45	51	38	100	
3	46	43	50	51	42	100	
2	58	43	60	51	54	100	100
지상1	100	100	100	100	100	100	100
지하1	44	43	44	44	46	48	-
2	35	35	-	-	-	-	-

주: 1. 이 표의 지수는 건물가치의 입체분포와 토지가치의 입체분포가 같은 것을 전제로 한 것이다.
2. A형은 상층부 일정층까지 임대료수준에 차이를 보이는 유형이며, B형은 2층 이상이 동일한 임대료수준을 나타내는 유형이다.

자료 11 건축가능층수기준표

① 터널: 풍화토(PD-2) 패턴(단위: 층)

건축구분 \ 토피(m)	10	15	20	25
지상	12	15	18	22
지하	1	2	2	3

② 개착(단위: 층)

건축구분 \ 토피(m)	5	10	15	20
지상	7	12	19	19
지하	1	2	2	2

자료 12 심도별 지하이용저해율표

한계심도(M)	40m		35m		30m			20m	
체감률(%) \ 토피심도(m)	P	$\beta \times P$ $0.15 \times P$	P	$\beta \times P$ $0.10 \times P$	P	$\beta \times P$ $0.10 \times P$	$0.15 \times P$	P	$\beta \times P$ $0.10 \times P$
0 ~ 5 미만	1.000	0.150	1.000	0.100	1.000	1.000	0.150	1.000	0.100
5 ~ 10 미만	0.875	0.131	0.857	0.086	0.833	0.833	0.125	0.750	0.075
10 ~ 15 미만	0.750	0.113	0.714	0.071	0.667	0.667	0.100	0.500	0.050
15 ~ 20 미만	0.625	0.094	0.571	0.057	0.500	0.500	0.075	0.250	0.025
20 ~ 25 미만	0.500	0.075	0.429	0.043	0.333	0.333	0.050		
25 ~ 30 미만	0.375	0.056	0.286	0.029	0.167	0.017	0.025		
30 ~ 35 미만	0.250	0.038	0.143	0.014					
35 ~ 40 미만	0.125	0.019							

주: 1. 지가형성에 잠재적 영향을 미치는 토지이용의 한계심도는 토지이용의 상황, 지질, 지표면하중의 영향 등을 고려하여 40m, 35m, 30m, 20m로 구분한다.
  2. 토피심도의 구분은 5m로 하고, 심도별지하이용효율은 일정한 것으로 본다.

자료 13 기타사항

① 지가변동률은 백분율로서 소수점이하 셋째자리에서 반올림하고, 2/4분기 이후 지가변동률은 전 분기 변동률을 추정 적용하되 일할 계산함.
② 가액 산정 시 천원 미만은 절사함.
③ 감가수정은 만년감가이며 감가수정방법은 정액법을 사용함.
④ 입체이용저해율은 소수점 셋째자리에서 반올림함.
⑤ 기타사항은 감정평가실무기준 및 일반평가이론에 의함.

03
주어진 다음 자료(1 ~ 6)를 활용하여 아래 부동산의 비준가액과 수익가액을 산정한 후 감정평가액을 결정하시오. (20점)

자료 1 감정평가 대상물건

① 소재지: X시 A동 200번지
② 지목 및 면적: 대, 350㎡
③ 이용상황 및 도로교통: 나지, 중로한면
④ 도시계획사항: 일반상업지역
⑤ 감정평가 목적: 일반거래
⑥ 기준가치: 시장가치
⑦ 기준시점: 2026.8.1

자료 2 인근의 표준지공시지가 현황(공시기준일: 2026.1.1)

일련번호	소재지	면적(㎡)	지목	이용상황	용도지역	도로교통	공시지가(원/㎡)
1	X시 A동 180	360	대	상업나지	일반상업	중로한면	600,000
2	X시 A동 317	450	대	주거기타	자연녹지	소로한면	250,000
3	X시 B동 125	1,250	대	단독주택	일반주거	세로(가)	300,000
4	X시 B동 150	330	대	상업용	일반상업	중로한면	650,000

자료 3 임대사례

① 토지: X시 A동 100번지, 대 320㎡, 일반상업지역, 중로한면
② 건물: 연와조 슬라브지붕 3층, 연면적 576㎡
③ 임대시점: 2026.8.1
④ 임대내역

층	구분	전유면적(㎡)	보증금(원/㎡)	월지급임대료(원/㎡)	비고
3		169	500,000	2,400	-
2		169	600,000	3,000	-
1		150	2,000,000	20,000	-

⑤ 필요제경비(연간)

　　유지관리비: 3,000,000원

　　제세공과금: 1,100,000원

　　대손준비비: 1,600,000원

　　공실손실상당액: 800,000원

⑥ 건축시점: 2025.1.1

　　건축단가: 500,000원/㎡(표준적 건축비), <주체부분: 부대설비 = 80: 20>

　　내용년수: 주체부분 40년, 부대설비 20년

⑦ 본 임대사례는 최유효이용으로 판단됨

자료 4　지가변동률 및 건축비변동률

구분 기간	X시 상업지역 지가변동률(%)	건축비변동률(%)
2025.1.1. ~ 12.31	5.20	7.0
2026.1.1. ~ 3.31	3.20	1.8
2026.4.1. ~ 6.30	4.00	1.5

주: 2026년 3/4분기 변동률은 아직 고시되지 않아 직전분기 변동률을 활용하여 일할 계산함

자료 5　지역요인 및 개별요인의 비교

① 지역요인의 비교

　　B동이 A동보다 5% 우세함

② 개별요인의 비교

대상지	표준지1	표준지2	표준지3	표준지4	임대사례
100	90	60	70	95	95

자료 6　참고자료

① 보증금 운용이율: 연 8%

② 토지의 환원율: 연 12%

③ 건물의 상각 후 세공제전 환원율: 연 15%

04

감정평가사 K씨는 P은행으로부터 △△지점의 임대차를 위한 임대료평가를 의뢰받았다. 연간 실질임대료를 임대사례비교법 및 적산법으로 평가하고 이를 참작하여 임대부분(1층)의 시장임대료를 결정하시오. (15점)

자료 1 감정평가 대상물건의 내역

① 토지: A시 Y동 15번지, 대 800㎡
② 건물: 철근콘크리트조 슬라브지붕 5층, 사무실, 연면적 1,900㎡
　　　　전유면적: 1층 ~ 5층 각 292㎡
③ 임대부분: 1층 292㎡(전유면적)
④ 토지와 건물은 최유효이용으로 판단됨
⑤ 기준시점: 2026.8.1
⑥ 기준가치: 시장가치
⑦ 도시계획사항: 일반상업지역
⑧ 건물사용승인일: 2026.4.1

자료 2 임대사례

① 소재지: A시 Y동 30소재, ○○은행 ○○지점
② 임대면적: 철근콘크리트조 슬라브지붕 6층 중 1층 300㎡(전유면적)
③ 임대내역: 임대보증금은 750,000,000원이며 필요제경비는 별도로 지불하나 월임대료는 지불하지 않음
④ 임대사례의 분석
　본 임대사례는 은행에서 직접 임차한 사례로 시장임대료로 판단됨
⑤ 대상과 임대사례의 비교
　대상과 임대사례는 인근지역에 소재하나 접근조건에서 대상이 약 10% 열세함
⑥ 임대시점: 2025.6.1

자료 3 임대료 관련자료

① A시의 임대료지수
　2025.6.1: 100
　2026.6.1: 112
② 필요제경비: 순임대료의 10%
③ 보증금 운용이율: 연 10%
④ 기대이율: 연 8%

자료 4 대상물건의 가액산정자료

① 비교표준지 현황(공시기준일:2026.1.1)

소재지	면적(㎡)	지목	이용상황	용도지역	주위환경	도로교통	형상지세	공시지가(원/㎡)
A시 Y동 25	750	대	상업용	일반상업	노선상가지대	광대소각	제형평지	2,500,000

② 지가변동률

2026.1.1부터 기준시점까지의 지가변동률은 -5%임

③ 지역요인의 비교

대상과 표준지는 인근지역에 소재하여 지역격차 없음

④ 개별요인의 비교

대상과 표준지는 용도지역, 이용상황, 도로조건 등 제반 개별요인 대등함

⑤ 본 건물의 건축비는 600,000원/㎡이며, 적정한 것으로 판단됨

자료 5 A의 층별효용비율표

층별	저층시가지
5	45
4	49
3	56
2	68
지상1	100
지하1	47
2	-

05 영업손실 보상평가 시 수집할 자료와 조사사항을 설명하시오. (10점)

제12회 감정평가실무 기출

> **공통 유의사항**
> 1. 각 문제는 해답 산정 시 산식과 도출과정을 반드시 기재
> 2. 단가는 관련 규정에서 정하고 있는 사항을 제외하고 천원미만은 절사, 그 밖의 요인 보정치는 소수점 셋째자리 이하 절사

01

"갑"은 A빌딩을 매입하고자 한다. 다음 물음에 답하시오. (40점)

(1) A빌딩의 2026년 8월 26일을 기준시점으로 하는 감정평가액을 구하시오.

(2) (1)에서 구한 감정평가액으로 "갑"이 A빌딩을 매입하여 5년간 임대한 후 매각하고자 하는 경우의 투자타당성을 검토하시오.

자료 1 | A빌딩의 개요

1. 토지상황
    - 지목: 대
    - 면적: 1,000㎡
    - 용도지역: 일반주거지역
    - 접면도로: 소로한면

2. 건물상황
    - 용도: 업무시설 및 근린생활시설
    - 구조: 철근콘크리트조 슬라브지붕 5층
    - 연면적: 3,000㎡
    - 신축일자: 2020.9.26

자료 2 | 비교표준지의 현황

지목	면적(㎡)	이용상황	용도지역	접면도로	공시지가(㎡)	공시기준일
대	879	상업용	일반주거	중로한면	1,050,000	2026.1.1

자료 3 토지에 대한 사례자료

아래의 사례는 인근지역에 소재하고 있으며 적정한 것으로 판단됨.

구분	사례의 종류	사례시점	면적 (m²)	용도 지역	이용 상황	접면도로	사례금액(원)	비고
사례 (1)	매매	2026.4.1	800	일반 주거	상업용	폭 12m	3,300,000,000	건물B가 소재함.
사례 (2)	경매 평가	2026.1.10	1,000	일반 주거	상업용	폭 10m	3,100,000,000	건물C가 소재함. 2026.7.1. 평가금액의 90%에 낙찰됨.
사례 (3)	보상	2026.5.1	100	일반 주거	도로	폭 8m의 도로 내에 소재함	45,000,000	미지급용지에 대한 보상임. 종전 공익사업(2026.1.5. 완공)에 편입될 당시의 이용상황은 "전"이고 맹지상태였음.

자료 4 건물에 대한 자료

건물명	구조	연면적 (m²)	개별요인 (신축단가 기준)	신축일자	신축단가 (원/m²)	비고
A	철근콘크리트조 슬래브지붕5층	3,000	104	2020.9.26	-	3%의 기능적 감가 요인이 있음
B	철근콘크리트조 슬래브지붕4층	3,000	98	2026.2.1	800,000	최근 신축한 건물로서 최유효이용상태임
C	철근콘크리트조 슬래브지붕5층	3,000	95	2021.6.29	-	5%의 기능적 감가와 5%의 경제적 감가요인이 있음

자료 5 토지특성에 따른 격차율

1. 이용상황

구분	상업업무	주거용	전
상업업무	1.00	0.90	0.66
주거용	1.11	1.00	0.73
전	1.52	1.37	1.00

2. 접면도로

구분	중로한면	소로한면	세로한면	맹지
중로한면	1.00	0.89	0.77	0.62
소로한면	1.13	1.00	0.87	0.70
세로한면	1.29	1.15	1.00	0.80
맹지	1.62	1.43	1.25	1.00

자료 6 A빌딩의 현행 임대료 등의 내역

층별	임대면적 (㎡)	전유면적 (㎡)	보증금 (㎡당)	월지급임대료 (㎡당)	월관리비 (㎡당)	비고
1층	400	250	100,000	10,000	6,000	
2층	600	300	70,000	7,000	6,000	
3층	600	300	50,000	5,000	6,000	
4층	600	300	50,000	5,000	6,000	280㎡는 현재 공실 상태임
5층	600	300	50,000	5,000	6,000	
합계	2,800	1,450				

자료 7 인근 빌딩의 임대료수준 등

- 인근 빌딩의 적정한 보증금과 월지급임대료 수준은 A빌딩의 1.1배 수준이고 최근의 임대료 변동추이가 향후에도 계속될 것으로 예측됨.
- A빌딩의 월관리비는 인근 빌딩의 수준과 유사하고, 현행 수준이 향후 5년간 유지될 것을 전제로 함.
- 인근 빌딩의 적정 공실률(대손 포함)은 5%로 조사되고 있으며, 이는 향후에도 지속될 것을 전제로 분석함.
- 제반 운영경비는 월 관리비의 83% 수준임.
- 철근콘크리트조 슬래브지붕 사무실에 적용하는 내용연수는 50년으로 함.
- 영업소득세율: 과세표준 20%

자료 8 지가변동률 및 임대료지수

1. 지가변동률(단위: %)

구분	주거지역	상업용	전
2026년 1/4분기	2.74	3.09	2.38
2026년 2/4분기	1.52	1.06	1.44

2. 임대료지수

월별	임대료지수	월별	임대료지수
2025. 12.	100.00	2026. 4.	101.80
2026. 1.	100.80	2026. 5.	101.50
2026. 2.	101.20	2026. 6.	101.80
2026. 3.	101.70	2026. 7.	102.00

자료 9 보증금운용이율 등

- 보증금 운용이율: 연 10%
- 환원율(Capitalization rate): 연 8%
- 요구수익률: 연 10%
- 저당대출이자율: 연 8%
- 보증금을 월세로 전환할 경우에 적용하는 이율은 통상적으로 연15%인 것으로 조사되었음.

자료 10 복리현가율표

n \ r	8%	9%	10%	11%	12%	13%	14%
1	0.926	0.917	0.909	0.901	0.893	0.885	0.877
2	0.857	0.842	0.826	0.812	0.797	0.783	0.769
3	0.794	0.772	0.751	0.731	0.712	0.693	0.675
4	0.735	0.708	0.683	0.659	0.636	0.613	0.592
5	0.681	0.650	0.621	0.593	0.567	0.543	0.519

자료 11 기타

- "갑"은 A빌딩의 현행 임대보증금을 그대로 인수하고, 매입 후 즉시 인근빌딩의 임대료수준으로 재계약할 예정임.
- "갑"은 A빌딩의 매수시 12억원을 저당대출금으로 충당하고 저당대출 원금은 빌딩 매각시 일시에 상환할 예정임.
- 2026년 8월 26일 현재의 가액을 소득접근법으로 구하는 경우에는 1차연도의 총수익을 기준으로 하여 환원대상 수익을 직접환원법(direct capitalization method)으로 환원함.
- 5년 후의 매각금액을 구하는 경우에는 환원대상 수익을 직접환원법(direct capitalization method)으로 환원함.
- 매입시점으로부터 5년 후 매각시 매각비용은 매각금액의 5%로 함.
- 지가변동률은 백분율로서 소수점 이하 넷째 자리에서 반올림함.
- 각 단계의 가액 산정 시 천원 미만은 반올림하고, 최종 감정평가액은 유효숫자 세자리까지로 함

02

감정평가사 A는 2026.8.20자로 중앙토지수용위원회로부터 평가의뢰를 받고 사전조사 및 실지조사를 통하여 자료 1 내지 자료 8을 수집하였다. 이 자료를 활용하여 다음 물음에 답하시오. (25점)

(1) 가격시점을 정하고 그 이유를 설명하시오.

(2) 대상토지의 평가를 위한 적정한 비교표준지 하나를 선정하고 그 이유를 설명하시오.

(3) 선정된 비교표준지의 연도별 공시지가 중 적정한 것 하나를 선택하고 그 이유를 설명하시오.

(4) 대상토지의 평가를 위한 시점수정률을 구하시오. (백분율로 소수점 넷째자리에서 반올림)

(5) 선정된 비교표준지와 대상토지의 지역요인 및 개별요인을 비교하고 격차율을 구하시오. (백분율로 소수점 둘째자리에서 반올림)

(6) 자료 3을 참고하여 대상토지의 평가를 위한 그 밖의 요인 보정률을 구하고 그 이유를 설명하시오. (백분율로 소수점 둘째자리에서 반올림)

(7) 대상토지의 적정보상평가액을 도출하시오. (단위면적당 가액은 "10원" 단위에서 반올림)

(8) 물건조서상의 무허가건축물이 보상대상으로 된 이유를 설명하고 자료 6을 참고하여 그 적정보상평가액을 구하시오.

(9) 자료 7을 참고하여 관상수의 적정보상평가액을 구하시오.

(10) 자료 8을 참고하여 소유자가 운영하는 영업이 현행 보상 관계법령에서 영업으로 보는지 여부를 검토하고 적정한 보상평가액을 구하시오.

자료 1 감정평가의뢰서

- 사업명: △△ 택지개발사업
- 사업시행자: ○○공사 사장
- 수용재결일자: 2026.7.1
- 감정평가목적: 이의재결
- 감정평가기준: 공익사업을 위한 토지 등의 취득 및 보상에 관한 법률 제70조 등 보상 관계법령의 규정, 판례 기타 평가의 일반이론, 절차 및 방법 등을 준수하여 평가
- 택지개발지구 주민 등 의견청취 공고일: 2024.5.25
- 택지개발지구 지정고시일: 2025.7.10
- 택지개발사업실시계획 승인고시일: 2026.3.20

- 토지조서

소재지	지번	지목	면적(㎡) 공부	면적(㎡) 편입	비고
S시 P구 K동	105	전	1,200	1,200	

- 물건조서

기호	소재지	지번	물건의 종류	구조·규격	수량	비고
1	S시 P구 K동	105	주택 및 점포	벽돌조슬레이트 지붕	150㎡	무허가 건축물
2	S시 P구 K동	105	향나무	H: 3.0m W: 1.2m	50주	
3	S시 P구 K동	105	단풍나무	H: 2.0m R: 5cm	30주	

자료 2 표준지공시지가

일련번호	소재지	면적(㎡)	지목	이용상황	용도지역	도로교통	형상지세	공시지가(원/㎡) 2024.1.1	2025.1.1	2026.1.1
121	S시 P구 K동 115	1,105	전	전	자연녹지	세로(가)	부정형평지	120,000	130,000	145,000
122	S시 P구 K동 150	330	대	주거나지	자연녹지	세로(가)	부정형평지	210,000	230,000	250,000
123	S시 P구 K동 200	250	대	주상용	일반주거	소로한면	세장형평지	330,000	350,000	370,000

※ 위 표준지들은 모두 대상토지의 인근지역에 소재하며, 해당 택지개발사업지구 안에 위치하고 있다. 택지개발사업지구 밖 인근지역에는 비교가능한 적정한 표준지가 없는 것으로 조사되었다.

자료 3 토지에 대한 조사·확인사항

실지조사일(2026.8.26) 현재 감정평가사 A가 토지에 대하여 조사·확인한 사항은 다음과 같다.

- 이용상황: 토지소유자가 2022년 5월경 국토의 계획 및 이용에 관한 법률 제46조의 규정에 의한 토지형질변경 및 농지법 제 36조의 규정에 의한 농지전용허가 등을 받지 아니한 상태에서 성토를 한 후 무허가건축물을 건립하여 일부는 주택 및 간이음식점 부지로 이용하고 있고 나머지는 나지상태로 있다.
- 도시계획사항: S시 도시계획구역에 속하며, 당초 자연녹지지역에 속하였으나 2026.3.20자로 해당 택지개발사업 실시계획승인이 고시됨에 따라 일반주거지역으로 용도지역이 변경되었다.
- 기타사항: 표준지조사사항 및 가격평가의견서 등을 검토하고 실지조사한 결과에 의하면 자료 2의 표준지들의 2024.1.1자 및 2025.1.1자 공시지가에는 해당 공익사업으로 인한 개발이익이 현실화·구체화되지 아니하여 개발이익의 반영은 없었고 오히려 택지개발지구로 지정됨에 따른 행위제한 등으로 공법상 제한이 10% 반영된 것으로 조사되었으며, 2026.1.1자 공시지가에는 해당 공익사업으로 인한 개발이익이 5% 반영된 것으로 조사되었다.

자료 4 시점수정자료

• 지가변동률(국토교통부 조사·공표 "지가동향" 기준)

기간별	구분 행정구역별	지가변동률(%)				
		주거	녹지	전	대 주거용	대 상업용
2024년도 (2024.1.1 ~ 12.31)	S시	2.66	7.44	9.92	2.85	1.58
	S시 P구	4.56	10.20	13.06	5.27	2.49
2025년도 (2025.1.1 ~ 12.31)	S시	0.97	3.43	4.19	0.99	0.89
	S시 P구	2.28	4.83	8.25	2.44	2.02
2026년도 1/4분기 (2026.1.1 ~ 3.31)	S시	0.68	0.58	0.77	0.07	-0.04
	S시 P구	0.00	0.73	1.32	0.06	-0.05
2026년도 2/4분기 (2026.4.1 ~ 6.30)	S시	0.12	0.80	0.71	0.20	0.22
	S시 P구	0.11	1.37	1.26	0.35	0.48

※ 2026. 3/4분기(2026.7.1 ~ 9.30) 지가변동률은 조사·발표되지 아니하였으며, S시는 광역자치단체가 아니다.

• 생산자물가상승률(한국은행 조사 "생산자물가지수" 기준)

2023년 12월 지수	2024년 1월 지수	2024년 12월 지수	2025년 1월 지수
118.5	117.2	119.6	119.5

2025년 12월 지수	2026년 1월 지수	2026년 6월 지수	2026년 7월 지수
121.6	122.2	123.1	123.2

자료 5 개별요인 비교자료

실지조사결과 등에 의하여 자료 2의 표준지들과 대상토지의 개별요인을 비교하여 보면 다음과 같다.

• 일련번호 121 표준지에 비하여 대상토지는 다른 조건은 유사하나, 가로조건에서 2% 우세, 접근조건에서 2% 열세, 획지조건에서 5% 우세로 조사되었다.(대상토지를 자연녹지지역 내 "전"으로 본 경우이다)
• 일련번호 122 표준지에 비하여 대상토지는 다른 조건은 유사하나, 접근조건에서 5% 열세, 환경조건에서 3% 열세, 획지조건에서 7% 열세, 행정적조건에서 15% 열세로 조사되었다.(대상토지를 자연녹지지역 내 "대"로 본 경우이다.)
• 일련번호 123 표준지에 비하여 대상토지는 다른 조건은 유사하나, 가로조건 5% 열세, 접근조건 5% 열세, 환경조건 2% 열세, 획지조건 15% 열세, 행정적 조건 20% 열세로 조사되었다.(대상토지를 일반주거지역 내 "대"로 본 경우이다.)

자료 6 건물에 대한 조사사항

- 건물은 택지개발지구 지정 이전에 토지소유자가 건축한 무허가건축물(2022.6.30)로서 그 재조달원가는 400,000원/㎡, 경제적 내용연수는 20년, 잔존가치는 없는 것으로 조사되었다.

- 건물은 이전 가능한 것으로 판단되며, 이전에 소요되는 통상비용(이전비)은 다음과 같이 조사되었다.
    - 해체비: 6,000,000원
    - 운반비: 2,000,000원
    - 정지비: 1,500,000원
    - 재건축비: 33,000,000원
    - 보충자재비: 4,000,000원
    - 부대비용: 5,000,000원
    ※ 재건축비에는 건축 관계법령 개정으로 인한 건축설비 추가설치비용(관련부대비용 포함) 10,000,000원이 포함되어 있는 것으로 조사되었다.

자료 7 관상수에 대한 조사사항

관상수는 이식이 가능한 것으로 조사되었으며, 이식에 소요되는 비용은 다음과 같다.

(단위: 원/주)

수종	규격	굴취비	운반비	상하차비	식재비	재료비	부대비용	수목가격
향나무	H: 3.0m W: 1.2m	9,000	2,000	1,000	25,000	2,000	8,000	50,000
단풍나무	H: 2.0m R: 5cm	6,000	1,000	500	15,000	1,500	6,000	45,000

※ 이식에 따른 고손율은 10%를 적용하는 것이 적정한 것으로 조사되었다.

자료 8 기타 조사사항 등

무허가건축물 일부에는 그 건물소유자가 소규모 식당을 운영하고 있으며, 실지조사시에 영업장소 이전에 따른 휴업 등에 대한 손실보상을 요구하고 있다. 조사된 영업상황은 다음과 같다.

- 영업의 종류: 식품위생법상 일반음식점
- 영업개시일: 2023년 1월
- 영업행위 관련 허가 또는 신고 이행 여부: 소득세법 제168조의 규정에 의한 사업자등록은 되어 있으며, 다른 허가 또는 신고는 없었던 것으로 조사되었다.
- 최근 3년간 연간 평균소득: 33,000,000원
    ※ 최근 3년간 연간 평균소득에는 영업을 하고 있는 소유자 부부의 연간 자기노력비 상당액 12,000,000원이 포함되어 있다.
- 이전시 적정휴업기간: 4월
- 휴업기간 중 고정적 비용 계속지출 예상액(화재보험료 등): 2,000,000원
- 영업시설 및 재고자산 등의 이전비: 3,600,000원
- 재고자산의 이전에 따른 감손상당액: 700,000원

03

대한민국 정부와 중국 정부 간에 한중 어업협정이 체결됨에 따라 조업어장에서 어업활동에 제한을 받는 어업인의 폐업어선 등에 대한 지원사업으로 A호 어선에 대한 폐업지원금 산출 평가를 의뢰 받은 감정평가사 L씨는 지원금 산출에 필요한 자료 1 내지 자료 7을 수집하였다. 이 자료를 활용하여 다음의 물음에 답하시오. (가격시점 2026.8.1.) (10점)

(1) 어선어업(허가어업)의 취소 시 ① 보상평가기준 ② 어선의 감정평가방법 ③ 어선감정평가를 위한 기초자료에 대하여 기술하시오.

(2) 아래의 조사된 자료를 이용하여 A호 어선에 대한 폐업지원금(손실보상액)을 산출하시오.

자료 1 선박의 개요

어선번호	1	어선명칭		A호
어선종류	동력선	선체재질		강
총톤수	79톤	주요치수(M)		길이: 24.51 너비: 6.70 깊이: 2.65
무선설비	SSB 1기	어업종류		근해통발어업
추진기관	디젤기관 1대 (600마력)	형식 CAT3412DIT	제작자 ○○○	제작연월일 '22. 6월
최대승선인원	어선원: 12명 기타의 자: 0명 계: 12명			
선적항	○○시	조선지		○○시
조선자	××조선(주)	진수연월일		'22.7월

자료 2 재조달원가 등

- ○○시에 소재하는 조선소에 어선의 재조달원가를 조사한 결과 강선은 4,500,000원/ton 수준이었음.
- 선박의 주기관의 가격조사를 한 결과 평가대상 선박인 1,800rpm의 고속기관은 마력당 200,000원으로 조사되었음.
- 의장품은 선박 건조시 신품으로 장착하였고 재조달원가는 250,000,000원으로 조사되었음.
- 어구는 2025년 6월에 구입하였으며, 재조달원가는 100,000,000원으로 조사되었음.

자료 3 내용연수 및 잔존가치율

구분	내용연수(년)	잔존가치율(%)
선체(강선)	25	20
기관	20	10
의장	15	10
어구	3	10

자료 4 연도별 어획량

(단위: kg)

2020년	2021년	2022년	2023년	2024년	2025년	2026년
114,000	111,000	112,000	114,000	110,000	112,000	79,000

자료 5 월별 판매 단가

2025년

월	1	2	3	4	5	6	7	8	9	10	11	12
단가(월/kg)	5,000	5,000	5,100	5,200	5,200	5,200	5,300	5,300	5,300	5,200	5,200	5,100

2026년

월	1	2	3	4	5	6	7	8	9	10	11	12
단가(월/kg)	5,300	5,400	5,400	5,400	5,400	5,300	5,300	5,300	-	-	-	-

자료 6 정률표

구분		잔존가치율(10%)		잔존가치율(20%)
경과연수 \ 내용연수	3	15	20	25
1	2/0.464	14/0.858	19/0.891	24/0.938
2	1/0.215	13/0.736	18/0.794	23/0.879
3	0.100	12/0.631	17/0.708	22/0.824
4		11/0.541	16/0.631	21/0.773
5		10/0.464	15/0.562	20/0.725
6		9/0.398	14/0.501	19/0.680
7		8/0.341	13/0.447	18/0.637
8		7/0.293	12/0.398	17/0.598
9		6/0.251	11/0.355	16/0.560
10		5/0.215	10/0.316	15/0.525
11		4/0.185	9/0.282	14/0.493
12		3/0.158	8/0.251	13/0.462
13		2/0.136	7/0.224	12/0.433
14		1/0.117	6/0.200	11/0.406
15		0.100	5/0.178	10/0.381
16			4/0.158	9/0.357
17			3/0.141	8/0.335
18			2/0.126	7/0.314
19			1/0.112	6/0.294
20			0.100	5/0.276
21				4/0.259
22				3/0.243
23				2/0.228
24				1/0.213
25				0.200

자료 7 기타

- A호에 적용할 어업 경비율은 85%로 조사되었음.
- 보상의 원인이 되는 "처분일"은 가격시점과 동일함.
- 선체·기관의 단가, 평균 연간어획량, 평년수익액의 산정 시 1,000단위 미만은 버림.

04 표준지공시지가를 조사 평가함에 있어서 일단지의 개념과 판단기준 및 평가방법 등을 설명하시오. (10점)

05 토지·건물의 담보평가에 있어 대상물건을 실지조사한 결과 물적인 불일치가 있는 경우 그 처리방법을 제시하시오. (10점)

06 국가 또는 지방자치단체가 재개발구역 안의 국공유토지를 사업시행자인 재개발조합에게 사업시행인가일로 3년 이내에 매각하는 경우의 평가기준에 대하여 약술하시오. (5점)

제13회 감정평가실무 기출

> **공통 유의사항**
> 1. 각 문제는 해답 산정 시 산식과 도출과정을 반드시 기재
> 2. 단가는 관련 규정에서 정하고 있는 사항을 제외하고 천원미만은 절사, 그 밖의 요인 보정치는 소수점 셋째자리 이하 절사

01 감정평가사 P는 토지와 건물로 구성된 복합부동산에 대한 감정평가 의뢰를 받고 사전조사 및 실지조사를 한 후 자료 1 ~ 자료 11을 수집하였다. 주어진 자료를 활용하여 순서에 따라 다음 물음에 답하시오. (30점)

1. 실지조사시 확인자료에 대하여 설명하시오.

2. 공시지가를 기준으로 감정평가 할 경우 비교표준지의 선정기준을 설명하고 대상토지의 가액결정에 있어 비교표준지의 선정이유를 설명하시오.

3. 감정평가액을 다음 순서에 따라 구하시오.
   가. 토지가액의 산정
      (1) 공시지가기준법에 의한 가액
      (2) 거래사례비교법에 의한 비준가액
      (3) 수익환원법에 의한 수익가액
      (4) 토지가액의 결정 및 그 이유
   나. 건물가액의 산정
   다. 대상부동산의 토지와 건물가액

자료 1 감정평가의뢰내용

1. 공부내용
   가. 토지: S시 S구 B동 100번지, 대, 2,000㎡
   나. 건물: 철근콘크리트조 슬라브지붕 10층, 점포 및 사무실, 건물연면적 11,200㎡
   다. 소유자: N
2. 기준가치: 시장가치
3. 감정평가목적: 일반거래(매매)
4. 기준시점: 2026.8.25.
5. 감정평가의뢰인: N(소유자)
6. 접수일자: 2026.8.22.
7. 작성일자: 2026.8.26

자료 2 대상부동산에 대한 자료

1. 대상의 용도지역은 일반주거지역이고 기타 공법상 제한사항은 없음.
2. 실지조사결과 토지와 건물 모두 공부와 현황이 일치함.
3. 지목, 이용상황, 도로교통, 형상 및 지세: 대, 상업용, 중로한면, 가장형, 평지
4. 대상물건은 최유효이용상태로 판단됨.
5. 건물은 5년 전 사용승인 되었으며 총공사비가 6,840,000,000원이 투입되었으나, 공사 중에 설계변경이 있어 정상적인 공사비보다 다소 과다한 것으로 조사됨.

자료 3 인근의 표준지공시지가 현황

(공시기준일: 2026.1.1)

일련번호	소재지	면적(㎡)	지목	이용상황	용도지역	도로교통	형상 및 지세	공시지가(원/㎡)
1	S구B동101	2,000	대	상업용	일반상업	중로한면	정방형 평지	3,500,000
2	S구B동105	2,200	대	상업용	일반주거	중로한면	가장형 평지	3,000,000
3	S구B동110	1,800	대	단독주택	일반주거	소로한면	가장형 완경사	2,000,000

자료 4 거래사례

1. 물건 내용
   ① 토지: S시 S구 B동 113번지, 대, 1,980㎡
   ② 건물: 철근콘크리트조 슬라브지붕 7층, 사무실 / 건축연면적 8,100㎡
   ③ 지목, 이용상황, 도로교통, 형상 및 지세: 대, 상업용, 중로한면, 정방형, 평지
2. 거래가격: 11,205,000,000원
3. 거래일자: 2026.4.1

자료 5 임대사례

1. 물건내용
   ① 토지: S시 S구 B동 124번지, 대, 2,100㎡
   ② 건물: 철근콘크리트조 슬라브지붕 8층, 점포 및 사무실, 건축연면적 9,200㎡
   ③ 지목, 이용상황, 도로교통, 형상 및 지세: 대, 상업용, 소로한면, 정방형, 완경사

2. 최근 1년간 수지상황

필요제경비(연간)		임대수입(연간 및 월간)	
감가상각비	218,459,520원		
유지관리비	50,000,000원		
제세공과금	80,000,000원	보증금운용익(연간)	100,000,000원
손해보험료	20,000,000원	월임대료 수입	85,000,000원
대손준비금	20,000,000원	주차장수입(월간)	15,000,000원
장기차입금이자	50,000,000원		
소득세	100,000,000원		

※ 주1) 본건 사례물건은 100% 임대중임.
　주2) 손해보험료는 전액 소멸성임.

자료 6 건설사례

1. 수집된 건설사례는 표준적인 자료로 인정됨.
2. 기타사항은 자료 8을 참고하시오.

자료 7 지가변동률 및 건축비지수

1. 지가변동률(S시 S구)
   가. 용도지역별

(단위: %)

구분	주거지역	상업지역	공업지역	녹지지역	관리지역
2026년 1/4분기	2.54	1.24	4.24	3.20	1.20
2026년 2/4분기	3.00	2.36	1.24	2.40	3.26

나. 지목별

(단위: %)

구분	전	답	대		임야	공장용지	기타
			주거용	상업용			
2026년 1/4분기	3.12	2.98	3.02	1.26	2.46	3.96	2.24
2026년 2/4분기	2.34	2.46	3.12	2.46	3.12	2.12	2.21

2. 건축비지수

연월일	2020.4.25	2021.8.24	2024.4.25	2026.4.1	2026.8.25
건축비지수	100	105	120	125	130

자료 8 대상 및 사례건물 개요

항목 \ 건물	대상건물	거래사례	임대사례	건설사례
사용승인일	2021.8.24	2024.4.25	2021.4.25	2026.8.25
건축연면적	11,200㎡	8,100㎡	9,200㎡	9,300㎡
부지면적	2,000㎡	1,980㎡	2,100㎡	2,050㎡
시공정도	보통	보통	보통	보통
기준시점현재 잔존내용연수				
주체부분	45	48	45	50
부대설비	10	13	10	15
도시계획사항	일반주거지역	일반주거지역	일반주거지역	일반주거지역
건물과 부지와의 관계	최유효이용	최유효이용	최유효이용	최유효이용
기준시점 현재 신축단가의 개별요인 평점	98	100	97	100

※ 주1) 주체부분과 부대설비부분의 가액비율은 75 : 25
　주2) 감가수정은 정액법에 의함.
　주3) 건설사례의 재조달원가는 720,000원/㎡임.

자료 9 토지에 대한 지역요인 평점

구분	대상물건	거래사례	임대사례
평점	100	102	85

자료 10 토지특성에 따른 격차율

1. 도로접면

구분	중로한면	소로한면	세로가
중로한면	1.00	0.83	0.69
소로한면	1.20	1.00	0.83
세로가	1.44	1.20	1.00

2. 형상

구분	가장형	정방형	부정형
가장형	1.00	0.91	0.83
정방형	1.10	1.00	0.91
부정형	1.21	1.10	1.00

3. 지세

구분	평지	완경사
평지	1.00	0.77
완경사	1.30	1.00

자료 11 기타사항

1. 2026년 2/4분기 이후의 지가변동률은 2026년 2/4분기 지가변동률을 유추 적용한다.
2. 지가변동률은 감정평가실무기준에 의거 소수점 넷째자리에서 반올림한다.
3. 토지단가는 감정평가실무기준에 의거 100,000원 단위 이상일 때 유효숫자 셋째자리, 그 미만은 둘째자리까지 표시함을 원칙으로 하되 반올림한다.
4. 건물단가는 천원미만을 절사한다.
5. S시 S구의 일반주거지역 상업용에 적용되는 토지의 환원율: 연 10%
6. 건물의 환원율(상각 후 세공제전): 연 12%
7. 건물의 내용연수 만료시 잔가율: 0%
8. 건물의 감가는 만년감가를 한다.
9. 기타사항은 감정평가실무기준 및 일반감정평가이론에 따른다.

02

감정평가사 K는 A기업으로부터 적정시설을 보유하고 정상적으로 가동 중인 석탄광산에 대한 감정평가를 의뢰받고 사전조사 및 현장조사를 한 후 다음과 같이 자료를 정리하였다. 주어진 자료를 활용하여 다음 물음에 답하시오. (15점)

1. 광산의 감정평가액과 광업권의 감정평가액을 구하시오.
2. 광산의 감정평가시 사전조사 및 실지조사 할 사항을 설명하시오.
3. 광산의 감정평가시 사용하고 있는 환원율과 축적이율을 비교 설명하시오.

자료 1 연간수지상황

사업수익		소요경비	
정광판매수입		채광비	500,000,000원
		선광제련비	350,000,000원
		일반관리비, 경비 및 판매비	총매출액의 10%
월간생산량	50,000t	운영자금이자	150,000,000원
판매단가	5,000원/t	감가상각비	
		• 건물	30,000,000원
		• 기계기구	70,000,000원

※ 감정평가대상 광산의 연간수지는 장래에도 지속될 것이 예상됨.

자료 2 자산명세서

자산항목	자산별 가액
토지	1,000,000,000원
건물	750,000,000원
기계장치	1,200,000,000원
차량운반구	150,000,000원
기타 상각자산	200,000,000원
합계	3,300,000,000원

자료 3 광산 관련자료

1. 매장광량 - 확정광량: 5,500,000t 추정광량: 8,000,000t

2. 가채율

구분	일반광산	석탄광산
확정광량	90%	70%
추정광량	70%	42%

3. 투자비(장래소요기업비)
   적정생산량을 가행최종연도까지 유지하기 위한 제반 광산설비에 대한 장래 총 투자소요액의 현가로서 장래소요기업비의 현가총액은 1,450,000,000원임

4. 각종이율 - 환원율: 16%, 축적이율: 10%

5. 기타자료
   ① 가액 산정 시 천원 미만은 절사함
   ② 생산량은 전량 판매됨
   ③ 가행연수(n) 산정 시 연 미만은 절사함

03

감정평가사 A는 다음과 같은 조건으로 감정평가의뢰를 받았다. 주어진 자료를 활용하여 각각의 감정평가액을 구하시오. (20점)

1. 2025.3.31 기준시점의 담보감정평가액: 자료 1 ~ 자료 4
   가. 담보감정평가액을 구하시오.
   나. 담보 감정평가 시 적정성 검토방법을 약술하시오.
2. 2026.3.31 기준시점의 경매감정평가액: 자료 5 ~ 자료 8
   가. 경매감정평가액을 구하시오. 단, 제시외건물이 토지와 일괄 경매되는 조건
   나. 제시외건물이 타인 소유인 것으로 상정하여 대상토지(토지대장등본상 C시 S읍 C리 121번지)의 경매감정평가액을 구하시오.

Ⅰ. 2025.3.31 기준시점의 자료

자료 1 감정평가 의뢰내용

1. 소재지: C시 S읍 C리 121번지, 답, 360㎡
2. 도시계획사항: 도시지역(미지정)
3. 감정평가목적: 담보

자료 2 사전조사사항

1. 등기사항전부증명서 및 토지대장등본 확인사항: 답, 360㎡

2. 인근의 표준지공시지가 현황

(공시기준일: 2025.1.1)

일련번호	소재지	지목	면적(㎡)	용도지역	이용상황	도로교통	공시지가 (원/㎡)
1	C시 126-2	대	500	미지정	상업용	소로한면	40,000
2	C시 119	답	400	미지정	답	세로(불)	18,000
3	C시 226	답	365	자연녹지	답	세로(가)	20,000

3. 지가변동률(C시)

(단위: %)

용도지역	주거지역	상업지역	녹지지역	관리지역	농림지역
2025년 1/4분기	-0.80	-2.00	0.00	1.05	0.95

4. 본 토지 및 유사물건 감정평가사례: 없음.

자료 3 실지조사 사항

1. 지적도 및 이용상태(지적선: 실선)

노폭 5m의 포장도로			
120번지	121번지	현황 도로 부분	122번지
131번지	132번지		133번지

실지조사결과 본 토지 중 50㎡는 현황도로로 이용중이고 현황도로 부분과 C시 S읍 C리 122번지 사이의 토지 10㎡부분은 단독효용성이 희박한 것으로 조사되었음.

2. 거래사례

일련번호	소재지	지목	면적(㎡)	거래가격	거래일자	용도지역
1	C리 126-2	전	500	12,000,000	2025.2.1	미지정
2	C리 125	답	400	6,000,000	2025.1.9	미지정

가. 거래사례1은 외지인이 1년 이내에 음식점을 신축할 목적으로 시장가치 보다 21% 고가로 매입하였음.
나. 거래사례2는 친척간의 거래로 시장가치보다 저가로 거래되었음.

자료 4 기타자료

1. 지역요인: 동일함
2. 개별요인 평점

구분	대상토지	표준지(1)	표준지(2)	표준지(3)	거래사례(1)	거래사례(2)
평점	100	160	90	100	90	110

※ 단, 대상토지의 평점은 현황도로 및 단독효용성 희박부분 외의 토지를 기준함.
3. 지가변동률은 감정평가실무기준에 의거 소수점 넷째자리에서 반올림함.
4. 토지단가는 감정평가실무기준에 의거 100,000원 단위 이상일 경우 유효숫자 셋째자리, 그 미만은 둘째자리까지 표시함을 원칙으로 하되 반올림함.

II. 2026.3.31 기준시점의 자료

자료 5 감정평가의뢰내용

1. 소재지: C시 S읍 C리 121번지, 답, 350㎡
2. 도시계획사항: 자연녹지지역
3. 감정평가목적: 경매

자료 6 사전조사사항

1. 등기사항전부증명서 확인사항: 답, 350㎡
2. 토지대장등본 확인사항: 토지대장등본을 확인한 바 C시 S읍 C리 121번지의 토지이동사항은 아래와 같고 소유자는 관련 등기사항전부증명서상의 소유자와 동일함.

이동 전	이동 후	비고
답, 360㎡	답, 350㎡	2025.11.1에 답, 10㎡가 분할되어 C시 S읍 C리 122번지와 합병(등기 정리 완료)
답, 350㎡	답, 300㎡	2025.12.1에 답, 50㎡가 분할되어 C시 S읍 C리 121-1번지로 분할

3. 해당 토지 용도지역은 2025.12.1에 확정·변경되었음.
4. 인근의 표준지공시지가 현황

(공시기준일: 2026.1.1)

일련번호	소재지	지목	면적(㎡)	용도지역	이용상황	도로교통	공시지가(원/㎡)
1	C시 126-2	대	500	자연녹지	상업용	소로한면	40,000
2	C시 119	답	400	자연녹지	답	세로(불)	20,000
3	C시 226	답	365	자연녹지	답	세로(가)	22,000

5. 지가변동률(C시)

(단위: %)

용도지역	주거지역	상업지역	녹지지역	관리지역	농림지역
2026년 1/4분기	1.00	0.80	2.00	2.05	1.75

자료 7 실지조사사항

1. 지적도 및 이용상태(지적선: 실선)

	노폭 5m의 포장도로		
120번지	121번지 (ㄱ)	121-1번지	122번지
131번지	132번지	132-1번지	133번지

가. 현황도로인 C시 S읍 C리 121-1번지는 C시에서 농로를 개설하기 위해 직권분할 하였으며, 보상감정평가는 이루어졌으나 보상금은 미수령 상태인 것으로 조사되었음.

나. 지적도상 C시 S읍 C리 121번지는 부지조성을 공정률 20%정도 진행하다 중단된 상태로 현재까지 지출된 비용은 3,000,000원(제시외건물과는 무관함)이고 이는 적정한 것으로 조사되었음.

2. 제시외건물에 관한 사항

가. 본 토지상에 기호 (ㄱ)인 제시외건물이 소재하고 있으며 소유자는 알 수 없었음.

나. 구조, 용도, 면적: 경량철골조, 판넬지붕, 간이숙소, 30㎡

다. 신축시점: 탐문결과 2026.1.1에 신축된 것으로 조사됨.

3. 보상선례: 대상토지의 정상적인 거래시세 및 기타사항 등을 종합 참작한 적정 시장가치로 분석되었으며, 공도 등으로 이용되는 대상토지는 보상평가 기준에 의거 감정평가한 것으로 조사되었음.

소재지	지목	면적(㎡)	이용상태	기준시점	보상단가(원/㎡)
C시 S읍 C리 121-1번지	답	50	도로	2026.3.31	8,500

※ 보상선례를 기준한 단가는 백원 미만을 절사함.

자료 8 기타사항

1. 대상토지에 적용되는 건폐율은 60%임.
2. 토지의 지역요인: 동일함.
3. 토지의 개별요인

구분	대상토지	표준지(1)	표준지(2)	표준지(3)
평점	100	160	90	100

※ 단, 대상토지의 평점은 현황도로 및 단독효용성 희박부분 외의 토지를 기준함.

4. 경량철골조, 판넬지붕, 간이창고건물의 2026.3.31기준 표준적인 신축가격은 150,000원/㎡이며 간이숙소에 설치하는 난방, 위생설비 등의 설비 단가는 30,000원/㎡임.(내용연수는 30년)

5. 본 지역 관할법원에서는 토지와 제시외건물의 소유자가 상이하여 일괄경매가 되지 않을 경우의 토지가액을 별도로 감정평가 해줄 것을 요구하고 있음. 이 경우 해당부분의 토지에 지상권이 설정된 정도의 제한을 감안(30%)하여 감정평가 하는 것이 일반적임.

04

투자자 P는 감정평가사 K에게 부동산투자에 대한 자문을 구하였다. 감정평가사 K는 적절한 자산포트폴리오 구성을 위하여 150,000,000원 규모의 부동산에 향후 3년간 투자하는 것이 적정하다고 자문하고 2026.7.1에 투자부동산을 추천하였다. 다음 부동산의 투자수익률을 산정하고 투자의사결정을 하시오. 단, 부동산은 감정평가액에 매입하는 것으로 가정하고 거래비용은 무시하며 투자수익률은 아래공식을 활용한다. (15점)

$$r_n = \frac{NOI_n}{V_n} + \frac{V_{n+1} - V_n}{V_n}$$

r_n: n년의 연간 투자수익률
NOI_n: n년의 연간 순영업소득
V_n: 기초자산가치
V_{n+1}: 기말자산가치

Ⅰ. A부동산에 관한 자료

자료 1   A 부동산의 개요

1. 토지: C시 D구 E동 50번지, 200㎡, 일반주거지역
2. 건물: 각층 바닥면적 100㎡, 3층, 상업용
3. 기타사항: 토지와 건물은 해당 지역의 표준적이용과 유사하며 최유효이용상태에 있는 것으로 분석되었음.

자료 2   A 부동산의 수익자료(2025.7.1 ~ 2026.6.30)

1. 2층 임대료: 매월 5,000원/㎡, 임대면적은 바닥면적의 90%이며 이는 모든 층에 동일함.
2. 기타수익: 주차장 임대료는 연간 3,000,000원이 발생하고 있음.
3. 운영경비(OE): 유효총수익(EGI)의 40%

자료 3   A 부동산의 가격자료

A부동산의 적정한 감정평가선례가 있으며 기준시점은 2026.6.30이고 감정평가액은 150,000,000원이다.

자료 4   기타자료

1. C시 일반주거지역 내 상업용부동산의 순영업소득(NOI)과 부동산가치는 향후 5년간 매년 2%씩 상승하는 것으로 추정되었으며 그 모형은 신뢰할 만한 것임.
2. 시장의 전형적인 공실률: 3%
3. 대상부동산과 유사한 상업용부동산의 층별효용비는 아래와 같음.

구분	1층	2층	3층
층별효용비	100	80	70

Ⅱ. B 부동산에 관한 자료

자료 5 B 부동산의 개요

1. 토지: F시 G구 E동 120번지, 100㎡, 일반상업지역
2. 건물: 연면적 200㎡, 3층, 상업용, 2025.7.1 신축
3. 기타사항: 토지와 건물은 해당 지역의 표준적이용과 유사하며 최유효이용상태에 있는 것으로 분석되었음.

자료 6 B 부동산의 수익자료(2025.7.1 ~ 2026.6.30)

B 부동산의 순영업소득(NOI)은 10,500,000원이고 해당 시장의 표준적인 수익을 실현하고 있는 것으로 조사되었음.

자료 7 B 부동산의 토지감정평가자료

나지상태였던 본 토지에 대한 감정평가선례(기준시점: 2025.7.1)는 300,000원/㎡이고, 2025.7.1 ~ 2026.7.1간의 지가변동률(2% 상승)로 보정한 가액을 기준시점 현재의 공시지가 및 거래사례 등을 기준한 가액과 비교 검토한바 적정한 것으로 판단됨.

자료 8 B 부동산의 건물감정평가자료

1. 본 건물의 2026.7.1 감정평가액은 유사거래사례로부터 회귀분석모형을 구축하여 도출하는 것으로 함.
   회귀모형 y = a + bx

   회귀상수 (a) = $\dfrac{\sum y \cdot \sum x^2 - \sum x \cdot \sum xy}{n \sum x^2 - (\sum x)^2}$

   회귀계수 (b) = $\dfrac{n \sum xy - \sum x \cdot \sum y}{n \sum x^2 - (\sum x)^2}$

2. 유사거래사례자료
   가. 사례건물은 대상건물과 경과연수 요인을 제외한 제반요인이 거의 동일하며, 건물가액과 경과연수 간에는 선형관계가 있고 다른 요인의 건물가액 영향은 무시함.
   나. 건물거래사례자료

사례	거래가격에서 적절하게 보정된 기준시점의 건물가액(원/㎡)	기준시점 현재의 경과연수
1	580,000	3
2	500,000	10
3	520,000	7
4	560,000	5
5	600,000	0

   ※ 구축한 모형의 R2(결정계수)값은 충분히 유의하여 모형채택이 가능하다고 봄.

자료 9 기타자료

F시 상업지역내 상업용부동산의 순영업소득(NOI)과 부동산가치는 향후 5년간 매년 4%씩 상승하는 것으로 추정되었으며 그 모형은 신뢰할 만한 것임.

---

05 개발제한구역 안 토지의 감정평가를 설명하시오. (10점)

---

06 감정평가사 P는 S법원으로부터 경매감정평가를 의뢰받고 사전조사 및 실지조사를 한 후 감정평가서를 작성하였다. 이 경우 감정평가액 산출근거 및 결정의견에 기재할 핵심적인 사항을 약술하시오. (5점)

---

07 보상선례 등을 적용하여 그 밖의 요인 보정률을 산출하는 방법과 보상선례의 참작에 대하여 약술하시오. (5점)

제14회 감정평가실무 기출

> **공통 유의사항**
> 1. 각 문제는 해답 산정 시 산식과 도출과정을 반드시 기재
> 2. 단가는 관련 규정에서 정하고 있는 사항을 제외하고 천원미만은 절사, 그 밖의 요인 보정치는 소수점 셋째자리 이하 절사

01

감정평가사 홍길동은 의뢰인 벽계수씨로부터 부동산 매입타당성 검토를 의뢰받고 사전조사와 실지조사를 통하여 자료 1 ~ 자료 2를 수집하였다. 주어진 자료를 활용하여 다음 물음에 답하시오. (40점)

(1) 감정평가 3방식을 적용하여 대상부동산의 시장가치를 구하시오.

(2) 대상부동산에 대하여 ○○은행에서 제시하는 조건의 저당대출을 받을 경우 cash equivalence(금융조건을 고려한 대상부동산의 가치)를 구하시오.

(3) 저당대출을 받을 경우의 대상부동산에 대한 매입타당성 여부를 검토하고 그 이유를 설명하시오.

자료 1 대상부동산의 기본자료

1. 소재지: A시 B구 C동 100번지

2. 토지
   지목: 대, 면적: 600㎡

3. 건물
   - 구조 및 용도: 철근콘크리트조 슬라브 지붕 7층 점포 및 사무실(상업용), 건축연면적: 3,200㎡
   - 건물은 2021.8.31에 사용승인 되었으며, 총공사비는 2,000,000,000원이 투입되었으나 시공회사와 건축주의 분쟁으로 정상적인 공사비보다 다소 과다한 것으로 조사됨.
   - 건물의 물리적 내용연수는 55년이며 경제적 내용연수는 50년으로 판단됨.

4. 토지이용계획확인서상의 도시계획사항
   - 일반상업지역, 도시계획도로에 접함

5. 임대수지내역

임대수입(연간)		필요제경비(연간)	
보증금 운용이익	50,000,000원	장기차입금이자	15,000,000원
지급임대료	384,000,000원	유지관리비	8,000,000원
		제세공과(토지,건물)	2,500,000원
		손해보험료(소멸성)	1,000,000원
		대손준비금	10,000,000원
		감가상각비	직접 산정할 것

6. 대상부동산에 대한 저당대출 조건
   가. 벽계수씨는 저당대출을 받는 조건으로 3,900,000,000원에 대상부동산의 매수 제안을 받았음.
   나. 저당대출 조건
      1) 대출금액: 감정평가액의 60%
      2) 대출이자율: 6%/년
      3) 대출기한: 30년(만기까지 존속)
      4) 상환방법: 매년 원리금 균등분할상환
      5) 시장이자율: 12%/년

7. 가격조사완료일: 2026.8.25

8. 조사결과 대상부동산의 임대수지는 인근수준 대비 적정하며 앞으로도 현 수준을 유지할 것으로 파악됨.

자료 2 인근의 표준지공시지가 현황

(공시기준일: 2026.1.1)

일련번호	소재지	면적(㎡)	지목	이용상황	용도지역	주위환경	도로교통	형상지세	공시지가(원/㎡)
1	A시B구 C동103	500	대	상업용	일반상업	상가지대	중로한면	정방형 평지	3,800,000
2	A시B구 C동107	550	대	상업용	일반주거	주택 및 상가지대	중로한면	가로장방형 평지	2,900,000
3	A시B구 C동109	600	대	단독주택	일반주거	주택 및 상가지대	소로한면	정방형 평지	2,200,000

자료 3 거래사례(㉮)

1. 물건내용
   가. 토지: A시 B구 D동 98 대 580㎡, 일반상업지역
   나. 건물: 철근콘크리트조 슬라브 지붕 2층 점포 및 사무실, 건축연면적 700㎡

2. 거래가격: 2,100,000,000원

3. 거래일자: 2025.4.1

4. 기타사항
   가. 위 건물은 1993년에 사용승인 된 노후 건물로 최유효이용상태에 미달하여 매입 직후 철거되고 실지조사일 현재 6층 건물을 신축중임.
   나. 계약당시 매수인은 건물의 잔재(폐재)가치를 20,000,000원, 건물의 철거 및 잔재처리비를 50,000,000원으로 예상하고 이를 매입하였음.
   다. 건축업자가 건물신축 후 분양을 위해 신속한 명도조건으로 시장가치보다 5% 높게 매매한 것임.

자료 4 거래사례(㉯)

1. 물건내용
   가. 토지: A시 B구 D동 113 대 500㎡, 일반상업지역
   나. 건물: 철근콘크리트조 슬라브 지붕 6층 점포 및 사무실, 건축연면적 2,500㎡

2. 거래가격: 4,150,000,000원

3. 거래일자: 2025.8.31

4. 기타사항: 본 거래사례는 대상부동산에 비해 개별요인(수량요소 포함)에서 5% 우세하며, 이 부동산의 과거 1년간 가격상승률은 10%임.

자료 5 임대사례(㉰)

1. 물건내용
   가. 토지: A시 B구 D동 115 대 550㎡, 일반상업지역
   나. 건물: 철근콘크리트조 슬라브 지붕 6층 점포 및 사무실, 건축연면적 2,700㎡

2. 임대시점 및 기간: 2025.1.1부터 2년간

3. 임대수지 내역
   가. 총 임대수입(연간): 430,000,000원
   나. 필요제경비: 총 임대수입의 20%임(감가상각비 포함)

4. 기타
   본 사례물건은 100% 임대 중임.

자료 6 건설사례(㉱)

1. 인근지역에서 대상물건과 시공재료·구조 등 제반 물적 사항이 유사한 상업용 건물의 건설사례를 조사한 결과 기준시점 현재 표준적인 건축비용은 평당 2,500,000원으로 파악되었음.
2. 기타사항은 자료 7을 참고할 것.

자료 7 대상 및 사례건물 개요

항목 \ 건물	대상건물	거래사례(㉯)	임대사례(㉰)	건설사례
사용승인일자	2021.8.31	2024.3.31	2023.6.30	2026.8.31
대지면적	600㎡	500㎡	550㎡	520㎡
건축연면적	3,200㎡	2,500㎡	2,700㎡	2,200㎡
시공정도	보통	보통	보통	보통
기준시점 현재 잔존내용연수	45	48	47	50
도시계획사항	일반상업지역	일반상업지역	일반상업지역	일반상업지역
건물과 부지와의 관계	최유효이용	최유효이용	최유효이용	최유효이용
기준시점 현재 재조달원가 (신축단가)의 개별요인 평점	98	96	100	100 (2,500,000원/평)

※ 감가수정은 정액법에 의하며 만년 감가함.(잔가율 = 0%)

자료 8 지역요인 비교

비교표준지	대상물건	거래사례(㉮)	거래사례(㉯)	임대사례(㉰)
100	100	102	105	110

자료 9 개별요인 비교

비교표준지	대상물건	거래사례(㉮)	거래사례(㉯)	임대사례(㉰)
100	90	100	-	100

자료 10 지가변동률, 임대료지수, 건축비지수

1. 지가변동률

   <A시 B구> (단위: %)

구분	주거지역	상업지역	대 주거용	대 상업용	기타
2025년1/4분기	5.12	3.12	5.10	5.50	3.12
2025년2/4분기	2.35	3.26	2.20	3.30	1.56
2025년3/4분기	9.01	7.91	7.0	10.10	5.95
2025년4/4분기	6.23	3.28	5.30	7.15	2.01
2026년1/4분기	2.25	2.50	2.80	3.10	2.10
2026년2/4분기	2.00	2.20	2.12	2.15	1.60

2. 임대료지수

연월일	2024.1.1	2025.1.1	2025.7.1	2026.1.1	2026.8.31
임대료지수	100	110	115	120	127

3. 건축비지수

연월일	2024.1.1	2025.1.1	2025.7.1	2026.1.1	2026.8.31
건축비지수	100	129	133	137	141

자료 11 보증금운용이율 및 환원율

보증금운용이율	B구 상업지역 상업용토지의 환원율	상각 후 세공제 전 건물 환원율
5%/년	8%/년	10%/년

자료 12 　복리현가계수, 연금현가계수, 저당상수

(r = 연이율, n = 년)

1. 복리현가계수 $\left(\dfrac{1}{(1+r)^n}\right)$

n \ r	0.06	0.12
1	0.9433	0.8928
30	0.1741	0.3337
60	0.0303	0.0011

2. 연금현가계수 $\left(\dfrac{1-(1+r)^{-n}}{r}\right)$

n \ r	0.06	0.12
1	0.9433	0.8928
30	13.7648	8.0551
60	16.1614	8.3240

3. 저당상수 $\left(\dfrac{r}{1-(1+r)^{-n}}\right)$

n \ r	0.06	0.12
1	1.0600	1.1200
30	0.0726	0.1241
60	0.0618	0.1201

자료 13 　기타

1. 지가변동률은 백분율로서 소수점이하 넷째자리에서 반올림함.
2. 토지 및 건물의 단가와 금액은 천원미만을 절사함.
3. 토지에 귀속하는 순수익의 시점수정은 임대료지수를 활용할 것.
4. 기준시점은 의뢰인이 제시한 2026.8.31임.

02

감정평가사 J는 K씨로부터 ○○천 정비사업과 관련하여 보상목적의 감정평가를 의뢰받았다. 주어진 자료를 활용하고 보상 관련법규의 제 규정을 참작하여 세목별 보상가액을 구하시오. (시점수정치는 백분율로서 소수점이하 넷째자리에서, 격차율은 소수점이하 셋째자리에서 반올림하고 단가는 십원 단위에서 반올림 하시오, 35점)

자료 1 감정평가 의뢰내역

① 사업명: ○○천 정비사업
② 시행자: K 시장
③ 하천공사실시계획 수립·고시일: 2026.5.1
④ 가격시점: 협의성립예정일(2026.8.28)

자료 2 토지조서

일련번호	소재지 지번	지목	면적(m²) 공부	면적(m²) 편입	실제 이용상황	소유자	관계인 성명	관계인 권리내역
1	K시P구 I동 151	답	2,200	300	전	A	-	
2	K시P구 I동 152	전	800	150	전	A	한국전력공사	구분지상권
3	K시P구 I동 153	전	200	120	전	B	-	
4	K시P구 I동 154	대	400	100	관리사 및 전	C	○○농협	근저당권
5	K시P구 I동 155	전	2,500	40	도로	D	-	

자료 3 물건조서

일련번호	소재지 지번	물건의 종류	구조, 규격	수량(m²)	소유자	비고
1	K시P구 I동151	비닐하우스	철파이프, 비닐 6.0m × 5.0m	30.0	A	일부편입
2	K시P구 I동151	비닐하우스	철파이프, 비닐 6.0m × 5.0m	30.0	A	일부편입
3	K시P구 I동153	관리사	조립식판넬 철파이프 보온덮개 3.0m × 15m	45.0	C	일부편입

자료 4 표준지공시지가 자료

일련번호	소재지 지번	면적 (㎡)	지목	이용상황	용도지역	도로교통	형상지세	공시지가(원/㎡) 2025.1.1	공시지가(원/㎡) 2026.1.1
가	K시 P구 I동 101	350	대	주거나지	개발제한 자연녹지	세로(가)	사다리형 평지	120,000	150,000
나	K시 P구 I동 159	1,000	답	전	개발제한 자연녹지	세로(불)	부정형 평지	45,000	58,000
다	K시 P구 I동 301	650	잡종지	전기타	개발제한 자연녹지	중로한면	부정형 평지	100,000	120,000
라	K시 P구 M동 20	400	대	단독	개발제한 자연녹지	세로(가)	사다리형 평지	180,000	210,000
마	K시 P구 M동 150	1,200	전	전	개발제한 자연녹지	세로(가)	부정형 평지	40,000	50,000

※ I동과 M동은 유사지역임.

자료 5 시점수정 자료

• 지가변동률(국토교통부 조사발표『지가동향』, K시 P구)

(단위: %)

지가 \ 구분	P구 평균	녹지지역	전	답	대(주거용)
2024.4.1 ~ 12.31	0.62	0.66	0.32	0.24	0.99
2025.1.1 ~ 12.31	20.68	23.28	24.27	23.61	19.02
2025.7.1 ~ 12.31	14.14	15.04	16.23	16.22	13.13
2026.1.1 ~ 3.31	1.36	1.17	1.33	0.0	1.99
2026.4.1 ~ 6.30	1.13	1.95	2.28	0.79	1.02
2026.1.1 ~ 6.30	2.51	3.14	3.64	0.79	3.03

※ 2026년 3/4분기 지가변동률은 조사·발표되지 않았음.

• 생산자물가상승률(한국은행조사,『생산자물가지수』기준)

(2015 = 100)

2024.3	2024.4	2024.12	2025.12	2026.1	2026.7
122.9	123.2	120.8	126.4	127.7	128.8

자료 6 | 토지특성에 따른 격차율 자료

- 대상토지는 개발제한구역내 "전" 지대에 소재하는 토지로서 비교표준지 대비 지목·접면도로 이외의 요인은 유사함

지목		대	전	답
	대	1.0	0.80	0.78
	전	1.25	1.0	0.98
	답	1.28	1.02	1.0

접면도로		소로한면	세로(가)	세로(불)
	소로한면	1.0	0.97	0.92
	세로(가)	1.03	1.0	0.95
	세로(불)	1.08	1.05	1.0

자료 7 | 토지에 대한 조사·확인 자료

실지조사일 현재 감정평가사 J가 토지에 대해 조사·확인한 자료는 다음과 같음.

1) 주위환경

   인근지대는 채소 등 농작물을 재배하는 근교농경지대임.

2) 토지이용 및 접면도로 상태

일련번호	구분 이용상황	접면도로	비고
1	하우스 작물 재배	세로(가)	
2	노지 채소 재배	세로(불)	
3	전(휴경지)	세로(가)	
4	관리사 및 파 재배	세로(가)	
5	현황 도로	세로(가)	

3) 토지에 대한 기타사항

   ① 본 토지 일대는 광역도시계획수립지침에 의한 환경보전가치가 2등급지 내지 3등급지인 것으로 확인됨.

   ② 일련번호2 토지의 구분지상권 설정사항에 대하여 한국전력공사에 문의한 결과 다음과 같은 내용을 통보 받음.

송전선로 명칭	송전선로부지 면적	구분지상권 내역	
		설정시기	보상금액
○○ 구간 35KV	200㎡	2024.4.1	2,400,000원

   일련번호2 토지의 송전선로부지 면적 중 해당사업에 편입된 부분은 80㎡임.

   ③ 일련번호3 토지는 2025.11.20 농업용창고 신축허가(철골조, 100㎡)를 적법하게 받은 상태이며 가격시점 현재 동일 종류의 허가를 받는데 소요되는 비용은 5,000원/㎡인 것으로 조사됨.

   - 본 토지 일대에서 농업용 창고 신축허가를 받은 상태의 "전"은 그렇지 아니한 "전"보다 약 15% 정도 높게 거래되는 것이 일반적임.

④ 일련번호4 토지의 ○○농협 근저당권 설정액은 45,000,000원임.
   • 본 토지는 개발제한구역지정 당시부터 지목이 "대"임.
   • 본 토지를 대지로 조성하는데 소요되는 적정비용은 12,000원/㎡인 것으로 조사됨.
⑤ 일련번호5 토지는 새마을사업에 의하여 도로부지를 편입된 것으로 편입당시 지적도 및 현황도를 확인한 바 접면도로는 세로(불)이며, 좁고 긴 토지로 약 10%의 추가 감가 요인이 있는 것으로 조사됨.

자료 8 지장물에 대한 자료

① 일련번호1, 일련번호2 비닐하우스는 이전이 가능한 것으로 판단되고 이전에 소요되는 통상비용은 5,000원/㎡이며 잔여부분의 보수비는 50,000원/동으로 조사됨.
② 본 건물 중 일련번호3 관리사(2021.5.30 신축, 무허가)는 이전이 가능하고 재조달원가는 180,000원/㎡이며 경제적 내용연수는 20년, 잔존가치는 없음.
   • 본건 중 일련번호3 건물은 구조상 편입부분을 철거한 경우 잔여부분의 보수가 사실상 불가능할 것으로 판단되며 전체면적은 97.5㎡임.
   • 관리사 전체의 이전에 소요되는 통상비용

(단위: 원)

해체·운반비	정지비	재건축비	부대비용
2,700,000	500,000	10,500,000	1,800,000

※ 재건축비에는 보충자재비 1,500,000원 및 연탄난로를 유류난로로 교체하는데 소요되는 추가비용 1,000,000원이 포함되어 있음.

자료 9 송전선로부지 공중사용에 따른 사용료 평가시 적용되는 감가율 산정자료

• 입체이용배분율표
(공중부분 사용에 따른 토지의 이용이 입체적으로 저해되는 정도)

해당지역 이용률구분 \ 용적률	고층시가지	중층시가지	저층시가지	주택지	농지·임지
	800% 이상	550~750%	200~500%	100% 내외	100% 이하
건물 등 이용률(α)	0.8	0.75	0.75	0.7	0.8
지하부분 이용률(β)	0.15	0.10	0.10	0.15	0.10
그 밖의 이용률(γ)	0.05	0.15	0.15	0.15	0.10
γ의 상하 배분비율	1:1~2:1	1:1~3:1	1:1~3:1	1:1~3:1	1:1~4:1

※ γ의 상하배분비는 최고치를 적용함

- 감정평가사 J는 송전선로 건설로 인한 송전선로부지의 공중부분 사용에 따른 사용료 평가시 입체이용저해 외에 토지의 경제적가치가 감소되는 정도에 대한 적용보정률을 다음과 같이 판단함.

추가보정률	쾌적성저해요인	시장성저해요인	기타저해요인
16%	4%	8%	4%

※ 감정평가사 J는 추가보정률 외에 영구사용에 따른 보정률을 4% 추가하는 것이 타당하다고 판단함.

자료 10 그 밖의 요인 보정자료

1. 거래사례

소재지 지번	지목	이용상황	면적(㎡)	금액(원)	거래시점	비고
M시 P구 I동 140	답	전	1,200	91,200,000	2026.4.1	1) 거래내용에 대해 조사한 바 마을 주민 간의 정상적 거래로 판단됨 2) 대상토지(일련번호1)는 사례 대비 개별요인 3% 열세임

2. 보상사례

소재지 지번	지목	이용상황	편입면적(㎡)	금액(원)	가격시점	사업명
M시 P구 H동 130	전	전	100	7,500,000	2025.7.1	○○도로공사

※ 대상토지(일련번호1)는 보상사례와 비교할 때 개별요인에서 5% 열세임.
※ I동은 H동보다 지역요인에서 10% 열세임.

03 보상평가시 개발이익의 배제방법에 관하여 구체적으로 기술하시오. (10점)

04

아래의 자료를 이용하여 2025.12.31자 비상장회사인 ○○주식회사의 영업권의 가치를 평가하시오. (10점)

자료 1 수정 후 잔액시산표

계정과목	금액(원)	계정과목	금액(원)
현금예금	380,000,000	외상매입금	1,950,000,000
유가증권	530,000,000	차입금	9,500,000,000
외상매출금	1,100,000,000	대손충당금	210,000,000
이월상품	2,000,000,000	퇴직급여충당금	2,120,000,000
토지	8,500,000,000	감가상각충당금(건물)	650,000,000
건물	6,500,000,000	감가상각충당금	1,876,000,000
기계기구	3,500,000,000	(기계기구)	
판매관리비	1,157,000,000	자본금	3,400,000,000
매입	2,900,000,000	매출	6,861,000,000
계	26,567,000,000	계	26,567,000,000

자료 2

- 동종업종의 정상수익률은 영업권을 제외한 순자산의 10%임.
- 초과수익은 영업이익기준이며 장래초과수익은 제반여건을 고려할 때 향후 3년간 지속될 것으로 판단됨.
- 시장할인율은 연 9%임.
- 평가금액은 백만원 단위까지 산정.

05

○○아파트 단지 내 동일평형 아파트가 층·향·위치 등의 차이에 따라 서로 다른 가격으로 거래되고 있다. 그 가격격차 발생요인을 약술하시오. 단, 단지 내 아파트의 외부요인 및 건물요인은 동일한 것으로 본다. (5점)

제15회 감정평가실무 기출

> **공통 유의사항**
> 1. 각 문제는 해답 산정 시 산식과 도출과정을 반드시 기재
> 2. 단가는 관련 규정에서 정하고 있는 사항을 제외하고 천원미만은 절사, 그 밖의 요인 보정치는 소수점 셋째자리 이하 절사

01 감정평가사 K씨는 복합부동산에 대한 감정평가를 의뢰받고 사전조사와 실지조사를 통해 다음과 같은 자료를 수집하였다. 주어진 자료를 활용하여 다음 물음에 답하시오. (40점)

(1) 토지와 건물 각각의 가액을 산출하여 복합부동산의 가액을 구하시오.

(2) 할인현금흐름분석법(DCF법)에 의하여 토지와 건물의 일괄평가액을 구하시오.

(3) 합리성 검토 및 시산가액의 조정을 통한 감정평가액 결정 시 각 감정평가방법에 내재되어 있는 특징을 통하여 가치결정의견을 제시하고, 복합부동산의 일괄평가에 확대 적용할 수 있는 기법 및 유의사항을 서술하시오.

자료 1 대상물건 개요

1. 토지
    1) 소재지: S시 K구 A동 100번지
    2) 용도지역: 일반상업지역
    3) 토지특성: 대, 820㎡, 가로장방형, 평지, 소로한면

2. 건물: 철근콘크리트조 슬라브지붕 지하1층 지상5층

	면적(㎡)	이용상황
지하 1층	287	점포 및 주차장
지상 1층	574	점포
2층	574	점포
3층	574	병원
4층	574	병원
5층	574	학원
계	3,157	

3. 조사기간: 2026년 8월 24일 ~ 2026년 9월 1일

4. 감정평가목적: 일반거래 (매매참고용)

자료 2 표준지공시지가 내역

(S시 K구)

번호	소재지 지번	면적(㎡)	지목	이용상황	용도지역	도로교통	형상지세	공시지가 (원/㎡)
1	A동 80	89	대	상업용	일반상업	중로한면	사다리평지	3,200,000
2	A동 90	800	대	상업용	일반상업	세로(가)	정방형평지	2,100,000
3	B동 70	120	대	주상용	준주거	세로(가)	정방형평지	2,100,000
4	B동 75-1	750	대	주상용	준주거	소로한면	가장형평지	1,800,000
5	B동 90-2	900	대	상업용	일반상업	세로(가)	사다리평지	2,500,000

※ 2번 표준지는 일부(30%)가 도시계획시설(도로)에 저촉되고 있음.

자료 3 거래사례

1. 거래사례 1
    1) 토지: S시 K구 B동 200번지, 대, 750㎡, 일반상업지역, 사다리, 평지, 소로한면
    2) 건물: 위 지상 조적조 기와지붕 단층 창고, 면적 180㎡
    3) 거래일자: 2026년 6월 1일
    4) 거래금액, 거래조건 등
        ① 채권최고액을 7억 5천만원으로 하는 근저당권이 설정되어 있으며, 매수인이 미상환 대부액 4억원을 인수하는 조건으로 18억 3천만원을 현금으로 지급함.
        ② 저당대출조건
            • 대출기간: 2024.6.1 ~ 2034.5.31
            • 원리금 상환방법: 매년 원리금 균등상환
    5) 기타사항
        거래 당시 지상에 소재하는 창고의 철거에 따른 비용 12,000,000원은 매도인이 철거 용역회사에 지불하기로 함.

2. 거래사례 2
    1) 토지: S시 K구 C동 150번지, 대, 900㎡, 일반상업지역, 정방형, 평지, 세로(가)
    2) 건물: 위 지상 철근콘크리트조 슬라브지붕 상업용 건물 (지하1층, 지상5층), 지하층 315㎡, 지상층 연면적 3,150㎡
    3) 거래가격: 48억원
    4) 거래일자: 2025년 10월 5일
    5) 기타사항: 매도자의 급한 사정으로 약 5% 저가로 거래되었음.

3. 거래사례 3
   1) 토지: S시 K구 C동 250번지, 대, 780㎡, 일반상업지역, 세장형, 평지, 소로한면
   2) 거래가격: 23억 5천만원
   3) 거래일자: 2024년 8월 1일
   4) 기타사항: 별도의 사정보정 요인이 없는 정상적인 거래임.

4. 거래사례 4
   1) 토지: S시 K구 D동 240번지, 대, 750㎡, 일반상업지역, 사다리, 평지, 중로한면
   2) 거래가격: 16억원
   3) 거래일자: 2026년 5월 10일
   4) 기타사항: 별도의 사정요인이 없는 정상적인 거래임.

자료 4 조성사례

1. 소재지 등: S시 K구 B동 50번지, 대, 700㎡, 일반상업지역, 세로장방형, 평지, 소로한면

2. 조성 전 토지매입가격
   2,000,000원/㎡(토지 매입시 지상에 철거를 요하는 조적조 슬라브지붕 2층 건물 연면적 240㎡가 소재하여 이를 매수자가 철거하는 조건으로 거래하였으며, 매입당시 예상 철거비는 50,000원/㎡, 예상 폐재가치는 5,000,000원이었으나 실제 철거비는 60,000원/㎡, 실제 폐재가치는 4,000,000원이 발생된 것으로 조사됨)

3. 조성공사비: 4억5천만원 (매분기초에 균등분할지급)

4. 일반관리비: 조성공사비 상당액의 10% (완공시 일괄 지급)

5. 적정이윤: 조성공사비 상당액과 일반관리비 합계액의 8% (완공시 일괄 지급)

6. 공사일정 등
   1) 조성 전 토지 매입시점: 2024년 8월 1일
   2) 착공시점: 2025년 1월 1일
   3) 완공시점: 2026년 1월 1일
   4) 토지매입비는 착공시의 조성원가로 함.

자료 5 최근 임대사례

1. 토지
   1) 소재지: S시 K구 D동 70번지
   2) 용도지역: 일반상업지역
   3) 토지특성: 대, 920㎡, 사다리, 평지, 소로한면

2. 건물
   철근콘크리트조 슬라브지붕 지하1층 지상6층, 상업용 건물 연면적 3,400㎡

3. 임대수입자료
   1) 보증금: 3,000,000,000원
   2) 지급임대료: 660,000,000원(3년분이며 임대개시시점에 일시불로 지불하는 조건임)

4. 운영경비자료
   1) 손해보험료: 30,000,000원(3년분이며 일시불로 기초에 지불하고, 그 중 40%는 비소멸성이며 보험만료기간은 3년임)
   2) 공조공과: 20,000,000원/년
   3) 공실손실상당액: 2,500,000원/월
   4) 유지관리비: 50,000,000원/년

5. 자본회수기간
   1) 임대사례 인근지역에서 표본 추출하여 분석한 표준적인 상업용부동산의 자본회수기간은 다음과 같음.

표본	자본회수기간 (년)
가	9.9
나	9.7
다	10.3
라	10.0
마	10.2
바	9.6

   2) 위 자본회수기간은 상각 전 순수익을 기준으로 한 자료임.

자료 6 지가변동률 등

1. 지가변동률

	평균	용도지역별(%)				이용상황별(%)						
		주거	상업	공업	녹지	전	답	대		임야	공장용지	기타
								주거	상업			
2023년	2.10	1.87	1.76	2.73	1.28	2.93	3.28	1.36	1.02	2.02	2.63	2.04
2024년	1.84	2.15	1.71	1.19	0.27	3.05	2.65	1.54	1.15	2.44	1.76	1.91
2025년	3.88	4.20	3.30	4.00	3.20	5.10	5.60	3.40	2.70	3.10	2.73	1.80
2026년 1/4분기	1.21	1.20	1.36	0.50	0.84	1.92	1.50	0.70	0.71	0.42	0.77	0.30
2026년 2/4분기	1.12	1.15	1.22	0.60	0.76	1.58	0.52	1.21	1.37	0.59	0.92	1.27

주) 2026년 3/4분기 지가변동률은 미고시 상태임.

2. 생산자물가지수

시점	2024.1	2025.1	2026.1	2026.7
지수	130	132	139	141

3. 건축비지수

시점	2024.1	2025.1	2026.1	2026.7
지수	102	109	114	117

자료 7 지역요인 비교 자료

1. K구 같은 동의 사례는 지역요인이 동일함.
2. K구 A동과 B동은 인근지역으로서 지역요인 동일하나, A동 또는 B동을 기준으로 한 C동과 D동은 동일수급권내 유사지역으로서 지역요인이 상이하고 그 격차를 알 수 없음.
3. 건물의 경우에는 지역격차를 별도로 고려하지 아니함.

자료 8 개별요인 비교 자료

1. 도로접면

	광대한면	중로한면	소로한면	세로(가)
광대한면	1.00	0.93	0.86	0.83
중로한면	1.07	1.00	0.92	0.89
소로한면	1.16	1.09	1.00	0.96
세로(가)	1.20	1.12	1.04	1.00

2. 형상

	정방형	가로장방형	세로장방형	사다리형	부정형	자루형
정방형	1.00	1.05	0.99	0.98	0.95	0.90
가로장방형	0.95	1.00	0.94	0.93	0.90	0.86
세로장방형	1.01	1.06	1.00	0.99	0.96	0.91
사다리형	1.02	1.08	1.01	1.00	0.97	0.92
부정형	1.05	1.11	1.04	1.03	1.00	0.95
자루형	1.11	1.16	1.10	1.09	1.05	1.00

3. 지세

	평지	완경사	급경사	고지	저지
평점	1.00	0.97	0.92	0.90	0.96

자료 9 표준건축비 등

1. 표준건축비와 내용연수

	목조	조적조	철골조	철근콘크리트조
지상층의 표준건축비(원/평)	1,800,000	2,000,000	1,700,000	2,500,000
물리적 내용연수	60	60	60	100
경제적 내용연수	45	45	40	50

※ 지하층의 표준건축비(재조달원가)는 지상층의 70% 수준임.

2. 건물의 개별격차 등

	거래사례2 건물	임대사례 건물	대상 건물
사용승인일자	2024.5.10	2023.12.5	2023.10.20
개별요인비교	97	105	100

※ 건물개별요인은 지하층과 지상층을 포함한 것이고, 잔가율은 미반영된 것임.

자료 10 대상부동산의 임대자료

1. 대상부동산은 현재 최유효이용상태이고, 대상부동산은 조사한 결과 최근에 계약 갱신된 4층(병원)의 임대자료가 포착되었으며 이는 적정한 것으로 판단됨.

2. 4층 임대자료
   1) 4층 전체의 연간 지급임대료는 165,000원/㎡이며, 해당 지역의 일반적인 공실률은 3% 수준임.
   2) 부가사용료 및 공익비는 적정수준이며 지급임대료와는 별도로 징수하고 있음.

3. 4층 각종 지출내역
   지난 1년간 소유자가 4층 부분에 지출한 내역은 다음과 같고, 향후에도 동일한 수준에서 지출될 것으로 조사됨.
   1) 부가물 설치비: 10,000,000원
   2) 수도료: 50,000원/월
   3) 전기료: 150,000원/월
   4) 연료비: 200,000원/월
   5) 소유자급여: 1,500,000원/월
   6) 손해보험료: 3,000,000원/년 (보험료 중 2,500,000원은 비소멸성)
   7) 소득세: 2,500,000원/년
   8) 수선비: 1,500,000원/년
   9) 건물관리자 급여: 1,300,000원/월
   10) 저당이자: 2,500,000원/월
   11) 기타 운영경비: 1,000,000원/월

자료 11 층별효용비 등

1. 저층시가지에 있어 대상과 유사한 건물의 층별효용비는 다음과 같음. 이는 건물가치와 토지가치의 입체분포가 같은 것을 전제로 한 것임.

	지상1층	지상2층	지상3층	지상4층	지상5층
효용비	100	60	42	38	36

2. 임대면적과 층별면적은 동일한 것으로 하고, 지하층은 별도로 고려하지 아니함.

자료 12 수익변동자료 등

1. 순수익은 향후 5년간 매년 5%씩 상승하다 6년차부터는 매년 2%씩 상승할 것으로 추정되며, 이는 적정한 것으로 판단됨.
2. 시장가치 도출을 위하여 보유기간을 5년으로 상정함.

자료 13 시장이자율 등

1. 보증금 및 지급임대료 운용이율: 연 10%
2. 시장이자율: 연 8% (분기당 2% 별도 적용 가능)
3. 자본수익률: 8%
4. 저당대부이자율: 연 6%
5. 보험만기 약정이자율: 연 4%
6. 5년 후 재매도시 적용할 환원율: 12%

자료 14 기타유의사항

1. 환원율, 수익률, 이자율, 시점수정치 등의 산정 시 백분율로 소수점 셋째자리에서 반올림할 것.
2. 지역요인 및 개별요인 격차율은 백분율로 소수점 둘째자리에서 반올림할 것.
3. 각 단계의 가액 산정 시 천원 미만은 반올림하고, 최종 감정평가액은 유효숫자 네 자리까지로 함.
4. 주어진 자료를 충분히 활용하여 가격을 산출하되, 문(1)에 대하여는 자료 2 ~ 자료 9를, 문(2)에 대하여는 자료 10 ~ 자료 12를 주로 활용하고, 자료 13은 공통으로 활용할 것.
5. 비교표준지, 거래사례 등의 선정 시와 각 단계의 시산가액 결정 시에는 그 논리적 근거를 명기할 것.

자료 15 복리증가율표 등

1. 복리증가율표

$(1+r)^n$

n	r = 2%	r = 4%	r = 6%	r = 8%	r = 10%
1	1.020	1.040	1.060	1.080	1.100
2	1.040	1.082	1.124	1.166	1.210
3	1.061	1.125	1.191	1.260	1.331
4	1.082	1.170	1.262	1.360	1.464
5	1.104	1.217	1.338	1.469	1.611
6	1.126	1.265	1.419	1.587	1.772
7	1.149	1.316	1.504	1.714	1.949
8	1.172	1.369	1.594	1.851	2.144
9	1.195	1.423	1.689	1.999	2.358
10	1.219	1.480	1.791	2.159	2.594

2. 복리현가율표

$$\frac{1}{(1+r)^n}$$

n	r = 2%	r = 4%	r = 6%	r = 8%	r = 10%
1	0.980	0.962	0.943	0.926	0.909
2	0.961	0.925	0.890	0.857	0.826
3	0.942	0.889	0.840	0.794	0.751
4	0.924	0.855	0.792	0.735	0.683
5	0.906	0.822	0.747	0.681	0.621
6	0.888	0.790	0.705	0.630	0.564
7	0.871	0.760	0.665	0.583	0.513
8	0.853	0.731	0.627	0.540	0.467
9	0.837	0.703	0.592	0.500	0.424
10	0.820	0.676	0.558	0.463	0.386

3. 복리연금현가율표

$$\frac{(1+r)^n - 1}{r \times (1+r)^n}$$

n	r = 2%	r = 4%	r = 6%	r = 8%	r = 10%
1	0.980	0.962	0.943	0.926	0.909
2	1.942	1.886	1.833	1.783	1.736
3	2.884	2.775	2.673	2.577	2.487
4	3.808	3.630	3.465	3.312	3.170
5	4.713	4.452	4.212	3.993	3.791
6	5.601	5.242	4.917	4.623	4.355
7	6.472	6.002	5.582	5.206	4.868
8	7.325	6.733	6.210	5.747	5.335
9	8.162	7.435	6.802	6.247	5.759
10	8.983	8.111	7.360	6.710	6.145

4. 연부상환율표

$$\frac{r \times (1+r)^n}{(1+r)^n - 1}$$

n	r = 2%	r = 4%	r = 6%	r = 8%	r = 10%
1	1.020	1.040	1.060	1.080	1.100
2	0.515	0.530	0.545	0.561	0.576
3	0.347	0.360	0.374	0.388	0.402
4	0.263	0.275	0.289	0.302	0.315
5	0.212	0.225	0.237	0.250	0.264
6	0.179	0.191	0.203	0.216	0.230
7	0.155	0.167	0.179	0.192	0.205
8	0.137	0.149	0.161	0.174	0.187
9	0.123	0.134	0.147	0.160	0.174
10	0.111	0.123	0.136	0.149	0.163

5. 복리연금증가율표

$$\frac{(1+r)^n - 1}{r}$$

n	r = 2%	r = 4%	r = 6%	r = 8%	r = 10%
1	1.000	1.000	1.000	1.000	1.000
2	2.020	2.040	2.060	2.080	2.100
3	3.060	3.122	3.184	3.246	3.310
4	4.122	4.246	4.375	4.506	4.641
5	5.204	5.416	5.637	5.857	6.105
6	6.308	6.633	6.975	7.336	7.716
7	7.434	7.898	8.394	8.923	9.487
8	8.583	9.214	9.897	10.637	11.486
9	9.755	10.583	11.491	12.488	13.579
10	10.950	12.006	13.181	14.487	15.937

6. 상환기금률표

$$\frac{r}{(1+r)^n - 1}$$

n	r=2%	r=4%	r=6%	r=8%	r=10%
1	1.000	1.000	1.000	1.000	1.000
2	0.495	0.490	0.485	0.481	0.476
3	0.327	0.320	0.314	0.308	0.302
4	0.243	0.235	0.229	0.222	0.215
5	0.192	0.185	0.177	0.170	0.164
6	0.159	0.151	0.143	0.136	0.130
7	0.135	0.127	0.119	0.112	0.105
8	0.117	0.109	0.101	0.094	0.087
9	0.103	0.094	0.087	0.080	0.074
10	0.091	0.083	0.076	0.069	0.063

02

부동산에 투자를 고려하고 있는 투자자가 당신에게 자문을 요청하였다. 투자자가 자문을 의뢰한 부동산은 상업용으로 인근유사지역의 부동산 A, B, C 3건이다. 부동산 A, B, C는 동일한 가격으로 매입할 수 있고 투자자가 투자할 수 있는 현금보유액은 450,000,000원이며 나머지 부족분은 K은행으로부터 대출받아 연간 저당지불액 255,000,000원으로 해결할 계획이라고 한다. 부동산 A를 조사한 결과 첫해의 예상 수익자료를 아래와 같이 얻을 수 있었다.

조사항목 \ 시나리오	비관적으로 보는 경우	일반적으로 보는 경우	낙관적으로 보는 경우
가능총수익(PGI)	500,000,000원	530,000,000원	560,000,000원
공실률(Vacancy)	8%	6%	5%
운영경비비율(OER)	42%	38%	35%
확률(Probability)	25%	50%	25%

다음 물음에 답하시오. (25점)

(1) 확률을 고려한 부동산 A의 자기자본환원율(RE: Equity Capitalization Rates)과 부동산 A의 시나리오별 RE에 대한 표준편차를 구하시오. (12점)

- 공식: 표준편차(Standard Deviation) = $\sqrt{\text{분산(Variance)}}$

  분산(Variance) = $\sum_{i=1}^{n} P_i (X_i - \overline{X})^2$

  (P_i: Return을 달성할 확률, $\overline{x}$: 분포의 평균, n: 관측의 수)

(2) 부동산 B와 부동산 C도 같은 방법으로 조사 분석하여 다음과 같은 결과를 얻었다.

	가중평균RE(%)	표준편차(%)
부동산B	11.6	4.5
부동산C	12.5	6.2

어느 부동산에 투자하는 것이 바람직한 선택인지를 위험(Risk)을 고려하여 부동산 상호간을 각각 비교 설명하시오. (5점)

(3) 부동산 A 인근에 공공시설이 들어선다는 소문이 사실로 확인될 경우 부동산 A의 시나리오는 확률이 비관적인 경우 10%, 일반적인 경우 60%, 낙관적인 경우 30%로 수정되어야 한다고 한다. 투자자의 선택에는 어떠한 변화가 일어나는가? (4점)

(4) 국내경기의 후퇴에 따라 가계의 유동성이 축소되고 소비여력이 감소하면서 부동산 A는 당초 예상 수익자료보다 공실률이 각각 3% 포인트씩 증가하고, 운영경비비율(OER)은 각각 1% 포인트씩 감소하는 것으로 분석되었다. 다른 조건이 동일한 상황에서 자기자본환원율(RE)를 산정한 결과 비관적인 경우 1.7%, 일반적인 경우 10.9%, 낙관적인 경우 18.9%로 나타났다. 이 경우 가중평균RE가 10.2%, 표준편차는 6.8%인 동일 수급권 내의 부동산 D(매입조건과 금융조건은 부동산 A와 동일)와 비교하여 투자대안을 검토 하시오. (4점)

03 다음을 설명하시오. (20점)

(1) 무허가건축물 및 그 부지, 무허가건축물에서의 영업손실보상, 무허가건축물과 관련된 생활보상 등에 대해 현행 손실보상 관련법령에서 정하는 처리방법 (10점)

(2) 손실보상평가 시 가설건축물 및 그 부지에 대한 처리의견 (5점)

(3) 손실보상평가 시 불법형질변경토지의 판단기준 및 평가기준 (5점)

04

감정평가사 L씨는 S시장으로부터 도시계획도로에 편입된 토지 및 지장물에 대한 보상감정평가액 산정을 의뢰받았다. 다음의 자료를 활용하고 보상관련 제 규정을 참작하여 다음 물음에 답하시오. (15점)

(1) 토지의 보상감정평가액을 구하시오.

(2) 건축물의 보상감정평가액을 구하시오.

(3) 영업과 관련한 손실보상액을 산정하시오.

자료 1 ┃ 감정평가의뢰 내역

1. 사업의 종류: ○○도시계획도로 개설
2. 도시계획시설 결정고시일: 2025.5.20
3. 도시계획 실시계획의 고시일: 2026.2.5
4. 가격시점: 2026.8.29

자료 2 ┃ 감정평가 의뢰조서

1. 토지조서

기호	소재지	지번	지목	면적(㎡)	용도지역
1	S시 M동	29-5	전	350	자연녹지

2. 지장물조서

기호	소재지	지번	물건의 종류	구조·규격	수량	비고
1	S시 M동	29-5	점포	블록조 스레트 지붕 단층	80㎡	무허가건축물 88년 1월 신축
2	S시 M동	29-5	우리슈퍼	-	1식	영업손실

자료 3 인근지역의 표준지공시지가 현황

기호	소재지	지번	면적(㎡)	지목	이용상황	용도지역	도로교통	형상지세	2025.1.1 공시지가(원/㎡)	2026.1.1 공시지가(원/㎡)
A	S시 M동	47-3	300	전	전	자연녹지	세로(가)	부정형평지	280,000	320,000
B	S시 M동	60-5	375	전	전기타(창고)	자연녹지	소로한면	부정형평지	300,000	350,000
C	S시 M동	100-7	120	대	단독주택	자연녹지	세로(가)	가장형평지	520,000	630,000
D	S시 M동	123-4	150	대	상업용	자연녹지	소로한면	정방형평지	950,000	1,100,000

자료 4 지가변동률

구분	녹지지역(단위: %)
2025년 1/4분기	1.85
2025년 2/4분기	1.04
2025년 3/4분기	0.71
2025년 4/4분기	0.56
2026년 1/4분기	1.98
2026년 2/4분기	2.30
2026년 3/4분기	미고시

자료 5 대상토지 및 보상사례에 대한 조사사항

1. 대상 토지는 무허가건축물(점포) 부지로 이용 중임.
2. 대상 토지는 소로한면에 접하며, 형상은 가로장방형, 지세는 평지임.
3. 인근지역 보상사례
   1) 사업명: ○○도시계획도로 개설
   2) 가격시점: 2025.5.7
   3) 소재지: S시 M동 142-5번지
   4) 지목 및 면적: 대, 600㎡
   5) 용도지역: 자연녹지지역
   6) 토지특성: 상업용, 소로한면에 접하며 형상은 부정형, 지세는 평지임.
   7) 보상단가: 1,250,000원/㎡

자료 6　토지특성에 따른 격차율

1. 도로접면

	중로한면	소로한면	세로(가)	세로(불)
중로한면	1.00	0.85	0.70	0.60
소로한면	1.18	1.00	0.80	0.65
세로(가)	1.43	1.25	1.00	0.76
세로(불)	1.67	1.53	1.32	1.00

2. 형상

	정방형	가로장방형	부정형
정방형	1.00	1.05	0.85
가로장방형	0.95	1.00	0.80
부정형	1.18	1.25	1.00

자료 7　건설사례 등

	건설사례A	건설사례B	대상건물
사용승인일	2026.4.20	-	-
연면적	100㎡	90㎡	80㎡
가격시점 현재의 내용연수	40	35	-
건물개별요인	98	125	100
건축비(신축당시)	39,000,000	45,000,000	27,000,000
적법여부	적법	무허가	무허가

자료 8 건물구조 등

1. 건설사례A, B는 표준적인 건축비로 판단됨.
2. 건설사례A와 대상건물은 동일한 구조이나 건설사례B는 철근콘크리트구조임.
3. 건축비지수는 변동이 없는 것으로 가정함.
4. 대상건물은 소유자의 이해관계인이 건축하여 다소 저가의 건축비로 판명되었음.
5. 대상건물의 이전비용은 건설사례B의 재조달원가의 45%로 산정되었음.
6. 건물의 잔가율은 0%임.

자료 9 영업보상 관련자료

1. 본 건물 소유자가 2015년 5월경부터 슈퍼마켓을 영업해오고 있었음.
2. 본건 점포의 부가가치세 과세표준액 기준 매출액 등
    1) 기간별 매출액

기간	매출액(원)
2022.1.1 ~ 2022.12.31	123,251,000
2023.1.1 ~ 2023.12.31	159,446,000
2024.1.1 ~ 2024.12.31	172,075,000
2025.1.1 ~ 2025.12.31	180,246,000

    2) 표준소득률
       기본: 6.4%, 자가: 7.2%

3. 인근 동종 유사규모업종의 영업이익 수준
   대상을 포함하여 인근지역 내 동종 유사규모업종의 매출액(외형)을 탐문 조사한바 월평균 약 15,000,000 ~ 17,000,000원 수준이고 매출액 대비 영업이익률은 약 10%인 것으로 조사됨.

4. 이전 관련자료
    1) 상품재고액: 5,000,000원
    2) 상품운반비: 1,200,000원
    3) 진열대 등 해체, 운반, 설치비: 850,000원
    4) 진열대 증설비: 300,000원
    5) 상품의 이전에 따른 감손상당액: 상품가액의 10%
    6) 간판: 장부상가격 200,000원, 이전비 350,000원
    7) 현 사업장에 소재하는 상품 등에 대하여 1년간 보험료 200,000원을 2023.12.27자로 지출하였음.

자료 10 기타사항

1) 지가변동률은 백분율로서 소수점 이하 넷째자리에서 반올림함.
2) 가액 산정 시 천원 미만은 반올림함.
3) 토지의 평가 시 인근의 보상평가선례와의 균형을 위해서 적정한 보정이 필요함.
4) 건물의 잔존연수가 5년 미만인 경우 관찰감가를 병용하여 5년으로 적용함.

제16회 감정평가실무 기출

> **공통 유의사항**
> 1. 각 문제는 해답 산정 시 산식과 도출과정을 반드시 기재
> 2. 단가는 관련 규정에서 정하고 있는 사항을 제외하고 천원미만은 절사, 그 밖의 요인 보정치는 소수점 셋째자리 이하 절사

01

해당 부동산 소유자 A씨는 현재의 시장가치를 파악한 후 현 상태대로 매도할 것인지, 아니면 개발업자들로부터 제시받은 여러 개발방안 중의 하나를 선택하여 개발할 것인지를 판단하기 위해 Q감정평가법인에 감정평가를 의뢰하였다. Q감정평가법인에 소속된 S감정평가사는 A씨의 부동산을 평가하기 위해 아래와 같이 관련 자료를 수집·정리하였다. 제시된 자료를 활용하여 아래의 물음에 답하시오. (35점)

(1) A씨가 개발업자들로부터 제시받은 개발방안 자료 및 공통자료를 활용하여 부동산에 대한 개발방안의 타당성 분석을 행하여 최종 개발방안을 제시하되, 분석 및 판단에 대한 근거를 최유효이용과 관련하여 설명하시오.

(2) 부동산의 감정평가자료 및 공통자료를 활용하여 현재 상태의 대상부동산에 대한 가치를 산정하고 (1)에 제시한 개발대안의 가치와 비교하여 대상부동산의 시장가치를 결정하시오.

자료 1 대상부동산 기본자료

1. 소재지: K시 B구 A동 100번지
2. 토지: 대, 500㎡, 소로한면, 세로장방형, 평지
3. 건물: 조적조 슬래브지붕 2층 건물로 면적은 1층 350㎡, 2층 100㎡
4. 이용상황: 1층 전자대리점, 2층 주거용
5. 도시관리계획사항: 일반상업지역
6. 기준시점: 2026년 8월 1일

자료 2   A씨가 개발업자들로부터 제시받은 개발방안 자료

(자료 2-1) 개발계획안 1
1. 건물구조 및 층수: 철근콘크리트조 슬래브지붕 지하1층 지상6층 건물 1개동
2. 면적: 지하 280㎡, 지상 각층 340㎡
3. 이용상황: 업무용
4. 건축계획: 건축허가 및 건축설계기간 2개월, 공사기간 8개월
5. 공사비지급조건: 기준시점 현재의 총건축비를 기준으로 완공시 100% 지급함.
6. 건축 후 임대계획: 건물건축과 동시에 국내유명보험회사의 지역영업본부에 임대할 예정이며 임대조건은 임대보증금 10억원, 월 임대료 2천4백만원, 계약기간은 5년임.
7. 추가조건: 5년 임대 후 보험회사에 채권 3억5천만원과 현금 21억원에 매각함(채권은 한국은행이 2021년 6월 1일 발행한 만기10년, 복리이자율 5%, 만기일시 지급 조건의 채권임).
8. 운영경비: 연간 총임대료의 30%수준

(자료 2-2) 개발계획안 2
1. 건물구조 및 층수: 철골조 슬래브지붕 지하1층 지상6층 건물 4개동
2. 면적: 각동 각층 87.5㎡
3. 이용상황: 상업용
4. 건축계획: 건축허가 및 건축설계기간 2개월, 공사기간 10개월
5. 공사비지급조건: 기준시점 현재의 총건축비를 기준으로 착공부터 완공까지 순차적으로 지급하는 조건임.
6. 건축 후 분양계획: 착공과 동시에 각 동별 대지귀속면적에 따라 지적 분할하여 분양을 시작하며, 매 2개월마다 1동씩 분양될 것으로 예상하고, 분양가액은 동당 5억원임.

(자료 2-3) 개발계획안 3
1. 건물구조 및 층수: 철근콘크리트조 슬래브지붕 지하2층 지상6층 건물 1개동
2. 면적: 지하·지상 각 350㎡
3. 이용상황: 지상1층 대형마트, 지상2층 ~ 6층 소형아파트(각층 7개호)
4. 건축계획: 건축허가 및 건축설계기간 2개월, 공사기간 15개월
5. 공사비지급조건: 기준시점 현재의 총건축비를 기준으로 착공시 50%, 완공시 50%를 지급함.
6. 건축 후 분양계획: 대형마트는 보증금 없이 매월 임대료 1천만원에 임대한 후 10년 뒤 9억원에 임차인에게 매각할 예정이고, 소형아파트는 착공과 동시에 분양을 시작하여 순차적으로 완공시까지 분양이 완료되며, 소형아파트 분양가는 2층 기준 1호당 4천5백만원에 분양할 예정이고, 소형아파트 분양가를 기준한 층별효용비는 다음과 같음.

구분	2층	3층	4층	5층	6층
층별효용비	100	105	105	105	107

(자료 2-4) 개발계획안 4

1. 건물구조 및 층수: 철골조 슬래브지붕 지하2층 지상7층 건물 1개동
2. 면적: 지하 각300㎡, 지상 1층 180㎡, 지상 2층 ~ 7층 각각 320㎡
3. 이용상황: 지하1,2층은 주차장, 지상층은 상업용 복합영화관
4. 건축계획: 건축허가 및 건축설계기간 2개월, 공사기간 12개월
5. 공사비 지급조건: 기준시점 현재의 총건축비를 기준으로 완공시 개발부동산을 담보로 S은행으로부터 전액 대출받아 지급함. 대출조건은 저당기간 10년 기준으로 임대기간 동안 매년 원리금을 균등 분할하여 상환하되, 부동산 처분시에는 잔금을 일시 상환하는 조건임(S은행 대출이자율 8%).
6. 건축 후 임대계획: 국내 유명 복합영화관을 유치할 예정이며, 임대주인 건축주는 유치조건으로 옥상에 가로5m, 세로4m의 대형광고스크린을 건물 완공과 동시에 설치해 주기로 했음(완공시 설치비용 2억원 발생). 임차인은 매월 초에 월1,200만원의 임대료를 지불하되, 영화관 매출액의 10%를 추징 임대료로 지불하여야 함. 영화관의 매출액은 연20억원 수준으로 예상되며, 대상부동산의 관리에 따른 운영경비는 총임대료의 25%수준임. 또한 5년 임대계약 후에는 24억원에 임차인에게 매각하는 조건으로 임대차계약이 가능함.

(자료 2-5) 개발계획안 5

1. 건물구조 및 층수: 철골조 슬래브지붕 지하3층 지상9층 건물 1개동
2. 면적: 지하 각층 350㎡, 지상1층 300㎡, 지상2층 ~ 9층 각각 350㎡
3. 이용상황: 지하1층 ~ 지하3층은 주차장, 지상 각층은 상업용 쇼핑몰(지상1층은 대형점포 1개, 2 ~ 7층은 각층 소형점포 15개)
4. 건축계획: 건축허가 및 건축설계기간 3개월, 공사기간 15개월
5. 공사비 지급조건: 기준시점 현재의 총건축비를 기준으로 착공시 60%, 완공시 40%를 지급함.
6. 건축 후 분양계획: 착공시부터 완공시까지 순차적으로 분양되며, 1층 대형 점포의 분양가액은 7억5천만원, 소형점포의 분양가액은 층별로 차이가 없이 점포당 1억5천만원임.

(자료 2-6) 기타자료

1. 개발안 중 건물을 임대하는 경우는 건물 완공시에 사용승인 및 임대가 완료되는 것으로 가정함.
2. 모든 개발계획안에 있어 지하층 중 1개층은 주차장 설치가 필수적임.
3. 개발계획에 있어 건축허가 및 설계기간이 완료되면 즉시 착공하는 것으로 가정함.
4. 건물은 착공과 동시에 철거하되, ㎡당 60,000원이 소요되고 잔재가치는 없음.
5. 인근지역의 모든 개발안의 자본수익률은 10%임.

자료 3 대상부동산의 감정평가자료

(자료 3-1) 인근 표준지공시지가 자료(2026년 1월 1일)

기호	소재지	면적(㎡)	지목	용도지역	이용상황	도로교통	형상·지세	공시지가(원/㎡)
1	A동 190	500	대	일반상업	상업용	중로한면	세장형·평지	1,400,000
2	A동 250	550	대	중심상업	상업용	세로(가)	사다리·평지	1,850,000
3	B동 80	420	대	일반상업	주상나지	중로한면	가장형·평지	1,150,000
4	B동 150	460	대	일반상업	주상용	세로(가)	정방형·평지	1,300,000
5	B동 300	850	대	일반상업	주상기타	소로한면	자루형·평지	750,000

※ 표준지 기호(1)은 약 20%가 도시계획시설(도로)에 저촉되며, 표준지 기호(5)는 건부감가가 10% 발생되고 있는 토지임.

(자료 3-2) 인근지역 거래사례

1. 거래사례(1)
    1) 사례부동산
        ① 토지: K시 B구 A동 300번지 대, 500㎡, 세로(가), 사다리형, 평지
        ② 건물: 위지상 철근콘크리트조 슬래브지붕 지하1층 지상6층(상업용, 연면적 2,350㎡)
    2) 거래시점: 2026년 6월 15일
    3) 거래가격: 23억원
    4) 도시관리계획사항: 일반상업지역
    5) 기타사항: 해당 사례는 거래당시의 제반 상황이 반영되어 정상적으로 매매가 이루어진 전형적인 거래사례로 조사되었음.

2. 거래사례(2)
    1) 사례부동산
        ① 토지: K시 B구 B동 120번지 대 520㎡, 소로한면, 가로장방형, 평지
        ② 건물: 위지상 조적조 슬래브지붕 2층(주상용, 연면적 400㎡)
    2) 거래가격: 9억원
    3) 거래시점: 2026년 6월 5일
    4) 도시관리계획사항: 일반상업지역
    5) 기타사항: 해당 사례는 거래당시의 제반 상황이 반영된 거래사례임.

3. 토지·건물가격구성비
    현황을 기준으로 사례(1)은 3 : 7, 사례(2)는 7.5 : 2.5인 것으로 조사되었으나, 대상부동산은 파악이 곤란한 상황임.

(자료 3-3) 임대관련 자료

1. 대상부동산의 임대자료

   대상부동산의 1층은 보증금 7억원, 월임대료 500만원에, 2층은 보증금 1억원, 월임대료 50만원에 각각 임대되고 있으며, 소유자는 대상부동산의 관리를 연간임대료의 3%를 지급하는 조건으로 부동산관리회사에 위탁관리하고 있음. 또한 연간임대료의 20%가 유지관리비 등의 비용으로 지출되고 있고, 대상부동산의 토지 및 건물분 재산세 및 소유자급여가 각 연간임대료의 1%임. 이러한 대상부동산의 임대상황은 현황을 기준한 일반적인 수준으로 판단됨.

2. 최유효이용을 기준한 인근 부동산의 1, 2층 최근임대자료

구분	월순임대료(원/㎡)	비고
1층	250,000	
2층	125,000	

3. 대상부동산의 현황을 기준한 자본환원율은 15%임.

(자료 3-4) 대상 및 사례건물상황

구분	대상건물	거래사례(1)	거래사례(2)
사용승인(신축)일자	2016.7.1	2025.4.15	2017.10.30
기준시점현재 잔존내용연수	35	48	36
건물과 부지와의 관계	건부감가	최유효이용	건부감가
건축당시 신축가격	-	-	-

자료 4 공통자료

(자료 4-1) 인근지역의 지역개황 등

대상토지가 속해 있는 인근지역은 지질 및 지반상태가 대부분 연암인 것으로 조사되었고, 최근 임대수요의 상승으로 인한 부동산 개발이 가속화되어 5층 내외의 상업·업무용 건물이 밀집하여 형성된 전형적인 상업지대인 것으로 조사되었음. 또한 상업·업무용 건물의 신축으로 기존 건물들의 임대료는 하락하고 있는 상황이며, 인근지역 주민들을 대상으로 표본조사를 실시한 결과 지역의 급속한 상업지로의 이행이 진행됨에 따라 공개공지 및 근린공원 등의 부족으로 주거지로서의 기능은 대체로 상실된 것으로 조사되었음. 또한 최근 해당 지역의 표준지공시지가를 평가한 담당감정평가사의 K시 B구 지역분석보고서에서도 이러한 지역상황이 재확인되었음.

(자료 4-2) 건축비 및 경제적 내용연수

구분	내용연수	기준시점 기준 건축비(원/㎡)	
		상업·업무용	주상용
철근콘크리트조	50	750,000	800,000
철골조	40	480,000	540,000
조적조	45	600,000	660,000

※ 건축비자료는 지상·지하층(주차장부분 포함) 구분 없이 적용 가능함.

(자료 4-3) K시의 건축 및 도시계획관련 조례

1. 대지의 최소면적: 주거지역 90㎡, 상업지역 150㎡, 공업지역 200㎡, 녹지지역 200㎡, 기타지역 90㎡
2. 건축물의 최고높이: 인근 상업지역은 도시경관조성을 위하여 필요하다고 인정되는 구역으로 지정되어 건축물의 높이를 30m이하로 하되, 이는 광고탑, 송신탑 등과 같은 옥상구조물의 높이를 포함한 것임.
3. 건폐율: 전용주거지역 40%, 제2종일반주거지역 50%, 준주거지역 60%, 중심상업지역 80%, 일반상업지역 70%, 근린상업지역 60%, 유통상업지역 60%
4. 용적율: 전용주거지역 100%, 제2종일반주거지역 150%, 준주거지역 400%, 중심상업지역 1,000%, 일반상업지역 600%, 근린상업지역 600%, 유통상업지역 400%
5. 층고: 3.5m

(자료 4-4) 지반에 따른 건축가능층수

구분	풍화토	풍화암	연암	경암
지상층	3	5	10	15
지하층	1	1	2	3

(자료 4-5) 지가변동률 및 건축비지수

1. 지가변동률(K시 B구, %)

구분		주거지역	상업지역
2025년 누계		3.15	2.14
2026년	3월 (누계)	0.043 (1.045)	0.121 (1.000)
	6월 (누계)	0.165 (2.130)	0.126 (1.540)
	7월 (누계)	0.100 (2.560)	0.075 (1.980)

2. 건축비지수

   건축비지수는 2024년 상승이후 2025년 1월1일부터는 보합세를 유지하고 있음.

(자료 4-6) 개별요인 비교자료

1. 접면도로

비고	중로한면	소로한면	세로(가)
중로한면	1.00	0.93	0.86
소로한면	1.08	1.00	0.93
세로(가)	1.15	1.08	1.00

2. 형상

비고	정방형	가로장방형	세로장방형	사다리형	부정형·자루형
비교치	1.00	1.03	0.95	0.90	0.81

3. 지세

비고	저지	평지	완경사	급경사	고지
비교치	1.00	1.04	0.95	0.89	0.80

4. 인근지역의 표준적인 토지규모는 450㎡ ~ 600㎡임.

(자료 4-7) 기타자료

1. 보증금운용이율 및 지급임대료운용이율: 1%/월
2. 개별요인 비교치는 백분율로서 소수점이하 첫째자리까지, 지가변동률은 소수점이하 셋째자리까지 표시하되, 반올림할 것.
3. 단위가격 결정 시 백원 단위에서 반올림할 것.

02

W씨는 소유부동산을 T주식회사에 출자하기 위해 Q감정평가법인에서 감정평가서를 발급받아 제출하였으나, 일부 주주들이 Q감정평가법인의 감정평가서가 토지 및 건물평가에 문제가 있다고 지적하면서 전체적으로 적정한 시장가치평가가 이루어지지 못했다고 주장하여 T주식회사가 직접 S감정평가법인에 감정평가를 재의뢰하였다. 배정을 받은 담당감정평가사는 사전·실지조사 등을 통하여 아래와 같은 자료를 수집하였다. 주어진 자료를 활용하여 다음의 물음에 답하시오. (30점)

(1) 대상부동산의 토지가액 결정을 위한 지역요인을 분석하고, 비교표준지 선정이유를 설명하시오.

(2) 대상부동산의 건물평가를 위한 경제적 내용연수를 확정하시오.

(3) 대상부동산의 가액을 개별평가원칙(VO = VL + VB)에 의해 결정하시오.

자료 1 대상부동산의 개요

1. 감정평가목적: 일반거래(현물출자를 위한 감정평가)
2. 기준시점: 2026.6.30(소급감정)
3. 조사기간: 2026.8.20 ~ 8.28
4. 주위환경

    대상부동산이 위치하는 지역은 상업지대와 주거지대의 완충적 공간을 형성하고 있으며, 학원, 사무실 등 업무용의 3 ~ 5층 철근콘크리트조 건물이 표준적이용이라고 볼 수 있는 노선상가지대로 1층에는 식당, 슈퍼, 화원 등의 근린생활시설이용이 많으나 공실률이 높아 최근 리모델링을 행하고 있는 건물이 많이 소재한 지역임.

5. 토지

    ① 소재지: D시 H구 N동 1455번지

    ② 지목, 면적, 용도지역: 대, 780㎡, 준주거지역

    ③ 특성: 가로장방형, 평지, 중로한면

6. 건물내역

    ① 사용승인일 및 당시 건물신축단가: 2011.3.30, @321,000원/㎡

    ② 철근콘크리트조 슬래브지붕 5층, 교육관련시설

    ③ 연면적: 1,850㎡

자료 2 시장자료

1. 거래사례A
   (1) 주위환경
   주위환경 및 표준적 이용이 대상부동산이 속해 있는 지역과 유사하나 인근에 30만평 규모의 택지개발이 이루어지고 있으며, 건물상태가 대상부동산이 속해 있는 지역보다 양호함.
   (2) 토지
   ① 소재지: D시 H구 L동 876번지
   ② 지목, 면적, 용도지역: 대, 840㎡, 준주거지역
   ③ 특성: 세로장방형, 평지, 중로한면
   (3) 건물내역
   ① 사용승인일 및 당시 건물신축단가: 2017.6.30, @534,000원/㎡
   ② 철근콘크리트조 슬래브지붕 3층, 사무실
   ③ 연면적: 1,589㎡(기계실 등의 비수익공간이 협소)
   (4) 거래내역
   ① 거래일자: 2026.4.30
   ② 거래금액: 1,360,000,000원
   ③ 거래조건 등: 거래당시 시공사에 견적을 받은 결과 배관시설 교체비용으로 매수자가 35,000,000원을 부담하기로 되어 있었음.

2. 거래사례B
   (1) 주위환경: 표준적 이용이 대상부동산이 속해있는 지역과 유사함.
   (2) 토지
   ① 소재지: D시 H구 M동 1242번지
   ② 지목, 면적, 용도지역: 대, 650㎡, 준주거지역
   ③ 특성: 가로장방형, 평지, 중로각지
   (3) 건물내역
   ① 사용승인일 및 당시 건물신축단가: 2009.3.31, @234,000원/㎡
   ② 철근콘크리트조 슬래브지붕 4층, 사무실
   ③ 연면적: 1,100㎡
   (4) 거래내역
   ① 거래일자: 2026.3.31
   ② 거래금액: 현금지급액 700,000,000원
   ③ 거래조건 등: 매도자가 이용하고 있던 다음과 같은 은행의 대출금을 매수자가 인수하는 조건이며, 5년 전 은행의 대출금은 225,490,000원, 대출이자율 년 7.2%, 10년간 매월 원리금을 균등 분할하여 상환하는 조건이었으나 매수인의 금융신용도가 낮아 이자율이 7.8%로 상승되었다. 다만, 시장이자율은 12%임.

3. 거래사례C
   (1) 주위환경
       표준적 이용이 대상부동산이 속해 있는 지역과 유사하나 접면도로가 다소 좁으며, 대상지역보다 늦게 개발이 완료되어 건물상태가 양호한 지역임.
   (2) 토지
       ① 소재지: D시 H구 P동 48-2번지
       ② 지목, 면적, 용도지역: 대, 960㎡, 준주거지역
       ③ 특성: 사다리형, 평지, 소로한면
   (3) 건물내역
       ① 사용승인일 및 당시 건물신축단가: 2020.6.30, @389,000원/㎡
       ② 철골조 및 일부 철근콘크리트조 슬래브지붕 3층, 사무실 등
       ③ 연면적: 1,671㎡
   (4) 거래내역
       ① 거래일자: 2026.5.1
       ② 거래금액: 현금지급액 1,400,000,000원
       ③ 거래조건 등: 매도자와 매수자는 과거에 거래한 적이 있었으며, 지난 번 거래시 매수자가 도와준 사정으로 매도자는 4%를 할인해준 것으로 확인되었음.

4. 거래사례D
   (1) 주위환경
       주위성숙도 및 표준적 이용이 대상부동산이 속해 있는 지역과 유사하나 대상지역보다 개발이 늦게 완료되어 건물상태가 양호한 지역임.
   (2) 토지
       ① 소재지: D시 H구 O동 232-1번지
       ② 지목, 면적, 용도지역: 대, 725㎡, 준주거지역
       ③ 특성: 정방형, 평지, 중로한면
   (3) 건물내역
       ① 사용승인일 및 당시 건물신축단가: 2020.2.28, @518,000원/㎡
       ② 철근콘크리트조 슬래브지붕 5층, 교육관련시설 등
       ③ 연면적: 1,357㎡
   (4) 거래내역
       ① 거래일자: 2026.5.31
       ② 거래금액: 현금지급액 1,250,000,000원
       ③ 거래조건 등: 본 건물은 임대세대수를 늘리기 위해 불필요한 3개층 칸막이시설을 매수자가 철거하는 조건으로 계약되었으며 예상철거비가 120,000,000원이었던 것으로 조사되었음.

자료 3 표준지공시지가 내역(2026년 1월 1일)

기호	소재지 (D시)	면적 (㎡)	지목	이용상황	용도지역	도로	형상지세	공시지가 (원/㎡)
1	H구L동217	650	대	업무용	준주거	중로한면	가장형평지	610,000
2	H구M동192	890	대	업무용	준주거	소로한면	세장형평지	640,000
3	H구N동181	1,200	대	주상용	3종일주	소로각지	정방형평지	420,000
4	H구O동306	960	대	업무용	준주거	소로한면	사다리평지	650,000
5	H구P동912	780	대	업무용	준주거	중로한면	가장형평지	960,000

자료 4 지가변동률 및 건축비지수

1. 지가변동률(H구, %)

구분	2025년 2/4	2025년 3/4	2025년 4/4	2026년					
				1월	2월	3월	4월	5월	6월
주거지역	0.35	2.36	1.06	0.342	0.468	0.564	1.122	0.260	0.320

2. 건축비 상승지수

   (1) 사용승인일부터 기준시점까지의 상승지수

사례별 구조별	거래사례A (2017.6.30) ~(2026.6.30)	거래사례B (2009.3.31) ~(2026.6.30)	거래사례C (2020.6.30) ~(2026.6.30)	거래사례D (2020.2.28) ~(2026.6.30)	대상부동산 (2011.3.30) ~(2026.6.30)
철근콘크리트조	1.3165	2.8198	-	1.3376	2.2437
철골조	-	-	1.2447	-	-

   (2) 사용승인일부터 거래시점까지의 상승지수

사례별 구조별	거래사례A (2017.6.30) ~(2026.4.30)	거래사례B (2009.3.31) ~(2026.3.31)	거래사례C (2020.6.30) ~(2026.5.1)	거래사례D (2020.2.28) ~(2026.5.31)	대상부동산 (2011.3.30) ~(2026.6.30)
철근콘크리트조	1.3122	2.7928	-	1.3333	2.2437
철골조	-	-	1.2340	-	-

자료 5 지역요인 격차율 산정을 위한 자료

1. 평가대상 인근 및 거래사례 인근의 수익성 부동산을 조사한 결과 건물 바닥면적당 연간 평균 수익과 평균 운영경비에 대한 조사가 다음과 같이 이루어졌으며, 조사지역의 환원율은 동일 또는 유사한 것으로 파악되었음.

구분	L동	M동	N동	O동	P동
PGI(원/㎡)	125,000	148,000	150,000	136,000	154,000
공실률(Vacancy)	10%	12%	12%	6%	5%
운영경비(원/㎡)	46,000	56,000	55,000	47,000	45,000

2. 건물의 경우에는 D시 내에서 지역격차 없이 거래가 이루어지고 있음.
3. 각 동별로 개발 시기 및 생애주기가 상이하여 수익과 경비에서 차이가 있음.
4. 같은 동 내에서는 지역요인이 동일함.

자료 6 개별요인 비교자료

1. 도로(각지는 한면보다 5% 우세)

구분	대로	중로	소로	세로(가)	맹지
비교치	1.10	1.00	0.95	0.78	0.45

2. 형상

구분	정방형	가장형	세장형	부정형	사다리형
비교치	1.00	0.98	0.94	0.84	0.89

3. 지세

구분	저지	평지	완경사	급경사	고지
비교치	0.82	1.00	0.96	0.89	0.87

4. 용도지역
   용도지역이 상이한 경우는 H구 지역특성상 일정한 격차를 파악하기 어려움.

자료 7 기타사항

1. 한국은행은 2026년 6월 15일 기준금리 인하를 발표하였고 H부동산연구원에서 이를 분석한 결과 콜금리 인하가 향후 D시의 토지가격상승에 미치는 영향이 5%인 것으로 분석되었으며, 이는 지가변동률에도 반영되지 않은 것으로 조사되었음.
2. 지가변동률은 백분율로서 소수점 이하 셋째자리까지 표시하되, 반올림할 것.
3. 토지단가 및 건물단가(재조달원가) 산정 시 백원 단위에서 반올림할 것.
4. 지역요인 격차율은 백분율로서 소수점이하 첫째자리까지 표시하되, 반올림할 것.
5. Q감정평가법인의 당초 감정평가액은 다음과 같이 평가하였던 것으로 조사되었음.

> 가. 토지평가
> 　　표준지공시지가 × 시점수정 × 지역요인 × 개별요인 ≒ 단가
> 　　※ 공시지가기준가액이 적정하다고 판단하여 그 밖의 요인은 반영하지 않음.
>
> 나. 건물평가
> 　　재조달원가 × {(내용연수-경과연수) / 내용연수} ≒ 단가
> 　　※ 내용연수는 건물구조에 따라 결정함.

03

실무수습 감정평가사 B씨는 담보평가를 위한 실지조사 후 지도감정평가사 S씨로부터 아래 감정평가 목적별 감정평가액을 산정하여 제출하라는 과제를 부여 받았다. 주어진 자료를 활용하여 동일 부동산에 대한 감정평가 목적별 감정평가액을 결정하시오. (20점)

(1) 대상부동산의 담보감정평가액
(2) 대상부동산의 경매감정평가액
(3) 대상부동산이 국유재산 중 일반재산일 경우 처분목적의 감정평가액
(4) 대상부동산의 공익사업(도시계획시설도로개설공사) 시행을 위한 보상(협의)목적의 감정평가액

자료 1   대상부동산의 기본자료

1. 소재지: A시 B구 C동 108번지
2. 형상 및 지세: 자루형 평지
3. 도시관리계획사항: 제2종일반주거지역, 도시계획시설도로저촉, 문화재보호구역
4. 해당 건축물의 사용승인일은 2019.6.30이며 건물과 토지는 최유효이용 상태에 있는 것으로 조사되었음.
5. 건물의 물리적 내용연수는 50년이며, 경제적 내용연수는 45년으로 판단되었음.
6. 대상부동산은 전체가 도시계획시설도로 및 문화재보호구역에 저촉된 상태임.
7. 해당 구청으로부터 발급받은 지적도상 축척은 1 : 1,200임.
8. 기준시점은 감정평가 목적별로 2026.8.28자임.

자료 2   사전조사내용

1. 토지 관련자료

구분	소재지	지목	면적
토지대장등본	A시 B구 C동 108번지	대	532㎡
토지등기사항전부증명서	A시 B구 C동 108번지	답	150평

2. 건물 관련자료

구분	일반건축물대장등본	건물등기사항전부증명서
소재지	A시 B구 C동 108번지	A시 B구 C동 108번지
구조	철근콘크리트조 슬래브지붕 지하1층 지상5층	철근콘크리트조 슬래브지붕 지하1층 지상5층
지하1층	(주차장) 250㎡	(주차장) 250㎡
1 ~ 4층	(근린생활시설) 각 230㎡	(근린생활시설) 각 230㎡
5층	(단독주택) 210㎡	(단독주택) 180㎡

3. 인근지역의 표준지공시지가

(공시기준일: 2026.1.1)

일련 번호	소재지	면적 (㎡)	지목	이용 상황	용도 지역	주위환경	도로교통	형상지세	공시지가 (원/㎡)
1	A시 B구 C동 107	550	대	주상용	2종 일주	주택 및 상가지대	중로한면	가로장방형 평지	2,000,000

※ 비교시 항목 중 확인내용: 도시계획시설도로 저촉률 20%, 문화재보호구역이 아님.

4. 지가변동률 <A시 B구>

(단위: %)

구분	주거지역	상업지역	대		기타
			주거용	상업용	
2026년 1월	0.512	0.312	0.511	0.552	0.312
2026년 2월	0.235	0.326	0.221	0.331	0.156
2026년 3월	0.901	0.791	0.701	0.101	0.595
2026년 4월	0.623	0.328	0.531	0.715	0.201
2026년 5월	0.225	0.251	0.282	0.312	0.212
2026년 6월	0.237	0.254	0.297	0.323	0.232
2026년 7월	0.237	0.252	0.298	0.324	0.282

5. 생산자물가지수(한국은행조사)

(2020 = 100)

2025.12	2026.1	2026.3	2026.5	2026.6	2026.7
108.4	108.6	109.5	109.6	109.0	109.9

자료 3 실지조사내용

1. 실지조사결과 대상토지 중 약 50㎡는 현황도로(소유자가 스스로 자기토지의 편익증진을 위해 개설하였으나 개설이후 도시계획시설(도로)결정이 이루어졌음)이며, 약 30㎡는 타인이 점유하고 있는 것으로 조사되었고, 일반적으로 도시계획시설도로에 저촉된 부동산은 인근지역의 표준적인 부동산에 비하여 30% 정도 감가되어 거래되는 것으로 조사되었음.

2. 보상사례
   ① 토지: A시 B구 C동 136번지 대 550㎡
   ② 기준시점: 2026.6.1
   ③ 보상단가: @2,300,000원/㎡
   ④ 토지특성: 제2종일반주거지역, 중로한면, 가로장방형, 평지임

3. 건설사례

   인근지역에서 대상건물 및 표준지 지상 건물과 구조 · 시공자재 · 시공정도 등 제반 건축조건이 유사한 주상복합용 건물의 건설사례를 조사한 결과 기준시점 현재의 표준적인 건축비용은 ㎡당 750,000원으로 파악되었음.

4. 제시외 건물에 관한 사항
   ① 대상토지에 소재하는 제시외 건물은 일반건축물대장에 미등재된 상태로서 종물에 해당되는 것으로 판단되며, 대상부동산 소유자의 소유인 것으로 조사되었음.
   ② 구조 · 용도 · 면적: 시멘트벽돌조 슬래브지붕 단층, 화장실 및 창고, 30㎡
   ③ 신축시점: 구두조사결과에 의하면 2019.7.1에 신축된 것으로 보임.
   ④ 기준시점 현재 건축비: 291,000원/㎡
   ⑤ 제시외 건물의 물리적 내용연수는 45년이며, 경제적 내용연수는 40년으로 판단되었음.

자료 4 평가기준, 지역 및 개별요인 등

1. 대상토지는 보상평가선례 대비 현황도로, 타인 점유로 인한 영향을 제외한 개별요인이 10%열세이며, 표준지와 보상선례와의 개별요인 격차는 1.0이고 같은 구 같은 동의 지역요인 격차는 없음.

2. 지도감정평가사가 소속되어 있는 감정평가법인과 대상부동산의 담보 감정평가서 제출처인 금융기관 사이에 체결한 협약서에는 현황도로 및 타인 점유부분은 평가대상면적에서 제외하도록 규정되어 있음.

3. 문화재보호구역 가치하락률

저촉정도	0 ~ 20%	21 ~ 40%	41 ~ 60%	61 ~ 80%	81 ~ 100%
감가율	3%	5%	7%	9%	10%

4. 대상토지 중 타인점유부분은 노후 건물이 소재하여 점유강도가 다소 약한 것으로 판단되며, 이에 따른 가치하락률은 5% 정도인 것으로 판단되었음.

5. 대상부동산이 국유재산 중 일반재산일 경우 지상에 소재하는 제시외 건물의 매각여부는 국유재산법에 따라 처리할 것.

6. 대상부동산을 국유재산의 처분목적으로 감정평가하는 경우 타인점유부분은 건물 철거 후 나지상태로 처분하는 것을 전제로 하고, 도로부분은 분할 후 매각대상에서 제외하는 것으로 할 것.

7. 국유재산을 처분목적으로 감정평가하는 경우 A시 B구청장이 해당 도시관리계획으로 정하여진 목적 이외의 목적으로 처분한다는 취지와 조건을 제시하였음.

8. 대상부동산을 보상목적으로 감정평가 할 경우 실시계획고시일은 2026.3.25이며, 지장물의 이전비는 물건가액을 상회하는 것으로 조사 · 분석되었음.

자료 5 기타참고자료

1. 지가변동률은 백분율로서 소수점이하 넷째자리에서 반올림하여 셋째자리까지 표시하고, 단가는 100만원 단위 이상일 경우에는 유효숫자 넷째자리, 그 미만은 셋째자리까지 표시함을 원칙으로 하되 반올림할 것.
2. 그 밖의 요인 보정치는 소수점이하 셋째자리에서 반올림하여 둘째자리까지 표시할 것.
3. 건물의 감가수정은 정액법에 의함.
4. 토지의 면적을 환산할 경우 소수점이하 첫째자리에서 반올림할 것.

04

○○도 B군은 공익사업에 편입되는 토지 및 지장물에 대하여 감정평가를 하여 손실보상금지급통보를 하였고, 이후 협의가 이루어졌으나 자료 2의 통계자료를 기준으로 ○○도 B군이 직접 산정·통보한 농업손실보상금은 협의가 아직 이루어지지 않고 있다. 사업시행자인 B군은 농작물실제소득인정기준에서 정하는 기관으로부터 발급받은 거래실적 증명서류를 제출받았으나 당초 통보한 금액과 농작물실제소득산정기준에 의한 금액과의 차이가 너무 크고, 현행법령에 따른 농업손실보상대상 여부에도 의문이 있어 사업시행자는 토지 및 지장물 평가를 담당했던 S감정평가법인에 농업손실보상을 추가로 의뢰하였다. 다음 물음에 답하시오. (10점)

(1) ○○도 B군이 산정·통보한 보상액 및 실제소득산정기준에 의한 보상액

(2) 현행 법령에 따른 손실보상 처리방법을 설명하시오.

자료 1 평가대상 관련 조사자료

1. 토지: ○○도 B군 △△리 123번지, 900㎡, 공부상 "전", 관리지역, 부정형평지, 세로(가)
2. 건축물: 위지상 경량철골조 칼라강판지붕 단층 버섯재배사, 333㎡, 본 건축물은 2020.9.12 신축한 신고대상 건축물로 신고 완료하였음.
3. 버섯재배사 내에는 이전 후 재설치가 가능한 버섯재배시설이 있음. 2.5톤 트럭 기준 9대분
4. 보상계획의 공고일: 2026.1.1, 소유자: 홍길동
5. 실제소득인정기준에서 정하는 기관(농협)에서 발급받은 거래실적 자료

기간	출하주	출하처	품목	중량(kg)	평균판매단가(원)	판매금액(원)	발급기관
2024.1.1.~2024.12.31	홍길동	서울청과외 5개소	느타리버섯	6,560	4,300	28,208,000	농협
2025.1.1.~2025.12.31	홍길동	농산물공판장외 8개소	느타리버섯	6,420	5,500	35,310,000	농협

자료 2 통계청 농가경제조사 통계자료(도별 연간 농가평균 단위경작면적당 농작물 총수입)

행정구역	면적기준	2025년 농작물 총수입(원)	2025년 경지면적(㎡)	단위면적당 농작물총수입(원/㎡)	2년기준 농업손실보상액(원/㎡)
○○도	㎡	18,055,000	17,045.19	1,059	2,118

자료 3 지장물 평가에 포함되지 않은 버섯재배용 이전대상시설 이전비자료

구분	운반규모	운반비	인부노임	시설재배치 및 설치(50%)	합계
2.5톤	9대	554,000원	650,000원	602,000원	1,806,000원

자료 4 2025농축산물소득자료집 중 느타리버섯 소득률(기준: 년/100평)

비목별	수량(kg)	단가(원)	금액(원)	비고
조수입	5,620	5,200	29,224000	상품화율: 92.% 연재배회수: 2,6회
경영비	-	-	12,859,000	종균비, 광열비 등
소득			16,365,000	
소득률			56%	

자료 5 농작물실제소득인정기준(국토교통부고시)

제2조(용어의 정의) 이 기준에서 사용하는 용어의 정의는 다음 각호와 같다.

1. "농작물 총수입"이라 함은 전체 편입농지중 영농손실액의 보상대상자가 실제소득을 입증하고자 하는 편입농지에서 실제로 재배한 농작물(다년생식물을 포함한다. 이하 같다)과 같은 종류의 농작물을 재배한 경작농지의 총수입으로서, 공익사업을위한토지등의취득및보상에관한법률(이하 "법"이라 한다) 제15조 제1항 본문의 규정에 의한 보상계획의 공고(동항 단서의 규정에 의하는 경우에는 토지소유자 및 관계인에 대한 보상계획의 통지를 말한다) 또는 법 제22조의 규정에 의한 사업인정의 고시가 있은 날(이하 "사업인정고시일등"이라 한다) 이전 3년간의 연간평균총수입(당해 농작물의 경작자가 경작을 한 기간이 3년 미만인 경우에는 그 경작기간에 한하여 실제소득을 기준으로 산정한다)을 말한다.
2. "경작농지 전체면적"이라 함은 제1호의 규정에 의한 농작물 총수입의 산정대상이 되는 경작농지의 면적을 말한다.

제3조(실제소득의 산정방법) 연간 단위경작면적당 실제소득은 다음의 산식에 의하여 산정한다.

※ 연간 단위경작면적당 실제소득 = 농작물 총수입 ÷ 경작농지 전체면적 × 소득률

제5조(소득률의 적용기준) ① 제3조의 규정에 의한 소득률은 다음 각호의 우선순위에 의하여 적용한다.

1. 농촌진흥청장이 매년 조사·발표하는 농축산물소득자료집(이하 "소득자료집"이라 한다)의 도별 작물별 소득률
2. 제1호의 도별 작물별 소득률에 포함되어 있지 아니한 농작물에 대하여는 유사작목군의 평균소득률, 이 경우 유사작목군은 식량작물·노지채소·시설채소·노지과수·시설과수·특용약용작물·화훼·통계청조사작목 등으로 구분한다.

② 제1항 각호의 규정에 의한 소득자료집은 사업인정고시일등이 속한 연도에 발간된 소득자료집을 말한다. 다만, 사업인정고시일등이 속한 연도에 소득자료집이 발간되지 않은 경우에는 사업인정고시일등 전년도에 발간된 소득자료집을 말한다.

제6조(실제소득금액 산정특례) ① 사업시행자는 제3조에 의하여 산정된 실제소득이 소득자료집의 작목별 평균소득(동일 작물이 없는 경우에는 유사작물군의 평균소득)의 2.0배를 초과할 경우에는 단위면적당 평균생산량의 2배를 판매한 금액으로 한다. 다만, 생산량을 확인할 수 없는 경우에는 평균소득의 2.0배로 한다.

② 별지 1에서 규정하는 단위면적당 평균생산량의 2배를 초과하는 작물과 재배방식에 해당하는 경우에는 제1항에도 불구하고 최대생산량 및 평균생산량을 적용하여 산정한다.

③ 직접 농지의 지력(地力)을 이용하지 아니하고 재배중인 작물을 이전하여 중단없이 계속 영농이 가능하여 단위면적당 실제소득의 4월분에 해당하는 농업손실보상을 하는 작물 및 재배방식은 별지 2와 같다.

〔별지 2〕 이전하여 중단없이 계속 영농이 가능한 작목 및 재배방식
① (버섯) 원목에 버섯종균 파종하여 재배하는 버섯
② (화훼) 화분에 재배하는 화훼작물
③ (육묘) 용기(트레이)에 재배하는 어린묘

05

다음은 감정평가실무에서 일반적으로 사용되는 용어이다. 다음 용어에 대하여 약술하시오.
(5점)

1. 건축법상의 "대지"와 공간정보의 구축 및 관리 등에 관한 법률상의 "대(垈)"

2. 다가구주택과 다세대주택

3. 소재불명, 확인불능

제17회 감정평가실무 기출

> **공통 유의사항**
> 1. 각 문제는 해답 산정 시 산식과 도출과정을 반드시 기재
> 2. 단가는 관련 규정에서 정하고 있는 사항을 제외하고 천원미만은 절사, 그 밖의 요인 보정치는 소수점 셋째자리 이하 절사

01 베스트부동산투자회사는 주식발행과 차입을 통해 회사를 설립하면서 오피스 빌딩 2동을 매입, 임대하여 얻은 소득을 주식소유자에게 배당할 계획이다. 다음 제시 자료를 활용하여 물음에 답하시오. (40점)

(1) 각 오피스 빌딩의 예상 매입금액을 결정하시오.

(2) 매입부동산의 1차년도 현금흐름을 예상하고 1주당 예상 배당수익률을 산정하시오.

(3) 각 오피스 빌딩의 1차년도 지분배당률(equity dividend rate)을 계산하시오.

(4) 2차년도의 현금흐름을 경기상황에 대한 시나리오에 기초하여 예상하고, 주당 배당수익률을 1차년도와 동일한 수준으로 유지한다고 가정할 때 2차년도 기초의 이론적 주당가치를 예상하시오. 이 때 다른 요인은 모두 변동하지 않는다고 가정한다.

자료 1 매입 예정 부동산

구분	대상부동산 A	대상부동산 B
토지면적(㎡)	1,500	1,200
건물연면적(㎡)	6,000	3,600
잔존 경제적 내용연수(년)	50	45
기준시점	2026.8.27	

자료 2 거래사례부동산

구분	사례1	사례2	사례3	사례4
토지면적(㎡)	1,600	1,100	1,450	1,350
건물연면적(㎡)	6,500	3,100	5,800	3,800
잔존경제적 내용연수(년)	48	44	46	43
거래시점	2025.8.27	2026.2.27	2026.5.27	2025.11.27
거래조건	거래대금을 거래 시점 3개월 후부터 매 3개월마다 20%, 30%, 30%, 20%로 분할 지급함	- 대출비율 40% - 시장평균금리보다 2% 낮은 고정금리 - 잔여만기 5년	거래시점에 전액 현금 지급	- 대출비율 80% - 시장평균금리보다 2% 높은 고정금리 - 잔여만기 3년
거래가격(원)	9,900,000,000	5,800,000,000	8,000,000,000	4,800,000,000

자료 3 대상부동산과 사례부동산 기본자료

1. 유사한 시장지역이라고 판단되는 S시 K구에 소재
2. 이용상황: 업무용
3. 도시관리계획: 중심상업지역
4. 인근지역과 유사지역의 전형적인 토지:건물 가치비율은 65:35임.

자료 4 대상부동산과 사례부동산의 요인 비교

구분	대상 A	대상 B	사례 1	사례 2	사례 3	사례 4
지역요인	100	95	105	110	95	90
개별요인	100	100	100	105	105	95

자료 5 시장 이자율 등

1. 시장 할인율: 8%
2. 시장 평균 이자율: 6.5%
3. 시장 평균 대출조건: 만기 5년, 연 1회 이자지급, 만기일시원금상환
4. 인근지역의 지난 1년간 오피스 빌딩 가격 연평균 상승률: 6%

자료 6   부동산 투자회사 설립에 관한 사항

1. 주식발행: 액면가 5,000원, 1,000,000주
2. 오피스 빌딩 매입금액 중 주식발행액으로 부족한 자금은 차입하여 조달
3. 대출조건: 시장 평균 조건
4. 배당가능금액의 95%를 배당 예정
5. 경비비율 - 총수익 기준

구분	운영경비(%)	위탁수수료(%)	기타 관리비용(%)
대상부동산 A	40	5	2.5
대상부동산 B	35	5	2.0

6. 배당가능금액은 순수익에서 지급이자를 차감한 것임.

자료 7   대상부동산 시장임대료

1. 시장임대료는 월세 형태로 건축 연면적 기준으로 징수하며, 관리비 등 다른 부대경비는 지불하지 않음.
2. 대상부동산의 공실률은 모두 0%라고 가정하고, 순수익 산정 시 자연공실률을 고려하지 말 것.
3. 임대사례: 거래사례와 동일한 부동산으로 임대내역 등은 다음과 같음.

구분	대상 A	대상 B	사례 1	사례 2	사례 3	사례 4
공실률(%)	0	0	2	3	5	4
전용률(%)	68	70	60	70	70	80
지하철역과 거리(km)	1.0	1.0	0.7	0.9	1.3	1.2
월임대료(원/㎡)			17,500	17,800	17,100	17,000

4. 인근지역에서 통용되는 시장 월 임대료 산식은 다음과 같음.

구분	공실률차이	전용률차이	지하철역과 거리차이
격차율	0.01	0.03	0.05

※ 월 임대료 = 사례부동산 월 임대료 × (격차율 × 공실률 차이 + 격차율 × 전용률 차이 + 격차율 × 지하철역과 거리 차이)

자료 8   2차년도 경기상황에 대한 시나리오

| 경기상황 | 발생확률 | 임대료 변동률(%) | |
		대상부동산 A	대상부동산 B
호황	0.4	10	8
보통	0.4	5	3
불황	0.2	-3	-2

자료 9 기타

1. 대상 오피스 빌딩의 거래사례비교법에 의한 시산가액은 거래가격을 토지면적당 단가와 건축면적당 단가를 비교단위로 하여 각 오피스 빌딩의 두 시산가액을 평균하여 산정할 것.
2. 매입 대상 부동산의 가액 및 임대료를 구할 때 둘 이상의 사례를 사용하는 경우 각 사례에서 구한 시산가액을 평균하여 결정할 것.
3. 건물 감가상각은 정액법에 의함.
4. 오피스 빌딩의 지분배당률을 구할 때 종합환원율 공식은 원금을 만기에 일시 상환하는 대출관행을 고려해 Ross의 방법을 적용할 것.
5. 각 대상부동산에 대한 지분 및 차입금 투자비율은 동일한 것으로 가정할 것.
6. 배당은 매년 8월 27일 실시한다고 가정할 것.
7. 배당수익률과 지분배당률은 백분율로서 소수점이하 셋째자리에서 반올림하여 둘째자리까지 표시할 것.

02

감정평가사 김씨는 『도시 및 주거환경 정비법』에 의한 A시 B구 C동 XX지구 주택재개발 조합으로부터 조합원 P씨의 권리변환 및 정산을 위한 평가를 의뢰받아 다음 자료를 조사·수집하였다. 이 자료를 활용하여 다음 물음에 답하시오. (25점)

(1) P씨의 종전자산가액을 구하시오.

(2) 조합 전체의 분양예정자산가액을 구하시오.

(3) 비례율, 권리액 등을 산정하여 P씨의 정산금을 구하시오.

자료 1 · P씨 소유 토지와 건물 내용

1. 토지

소재지	지목	면적	용도지역	도로교통	형상지세
A시 B구 C동 250번지	대	120㎡	제2종일반주거지역	세로(가)	사다리형 평지

2. 건물

소재지	구조	면적	신축일자	비고
A시 B구 C동 250번지	블럭조 슬래브지붕	90㎡	1988.2.1	무허가건축물

자료 2 · 재개발사업 계획

1. 사업일정
   1) 재개발구역지정고시일: 2023.7.1
   2) 주택재개발조합설립일: 2024.3.1
   3) 주택재개발사업시행계획인가고시일: 2025.8.1
   4) 관리처분계획인가일: 2026.8.27
   5) 준공인가일: 2027.12.31

2. 건축계획
   철근콘크리트조 슬래브지붕 15층 아파트 2개동
   32평형(전용면적 85㎡), 각층 1-4호, 총 120세대

3. 분양계획

일반분양: 각층 1호 30세대, 분양가는 인근 아파트시세와 비교 결정

조합원분양: 각층 2 - 4호 90세대, 분양가는 350,000,000원으로 동일

분양아파트 층별 및 호별 효용도

층별	1층	2층	3-14층	15층
	100	106	110	104
호별	1호	2호	3호	4호
	100	103	103	100

자료 3 현장조사 기간

1. 종전자산: 2025.12.10 ~ 2026.2.1
2. 분양예정자산: 2026.5.1 ~ 2026.7.1

자료 4 인근지역의 표준지공시지가 자료

일련번호	소재지 지번	면적(㎡)	지목	이용상황	용도지역	도로상황	형상지세	비고
1	A시 B구 C동 119	250	대	단독주택	제2종 일반주거	세로(가)	사다리형 평지	XX주택재개발지구내
2	A시 B구 C동 200	200	대	단독주택	제2종 일반주거	소로한면	세장형 평지	XX주택재개발지구외
3	A시 B구 C동 300	300	대	단독주택	제3종 일반주거	소로한면	사다리형 완경사	XX주택재개발지구외
4	A시 B구 C동 305	200	대	상업용	제2종 일반주거	세로(가)	사다리형 완경사	XX주택재개발지구내

일련번호	공시지가(원/㎡)			
	2023년	2024년	2025년	2026년
1	2,200,000	2,300,000	2,400,000	2,500,000
2	2,000,000	2,100,000	2,200,000	2,300,000
3	1,900,000	2,000,000	2,300,000	2,400,000
4	2,100,000	2,200,000	2,500,000	2,700,000

자료 5 A시 B구 지가변동률

기간	용도지역별(%)			
	주거	상업	공업	녹지
2023.1.1 ~ 2023.7.1				
2023.7.2 ~ 2023.12.31	1.102	1.051	1.200	1.301
2024.1.1 ~ 2024.3.1	1.101	1.022	1.051	1.251
2024.3.2 ~ 2024.12.31	1.120	1.031	1.022	1.301
2025.1.1 ~ 2025.8.1	1.501	2.007	1.032	1.053
2025.8.2 ~ 2025.12.31	2.000	1.054	2.002	1.023
2026.1.1 ~ 2026.2.1	0.500	1.031	0.023	2.005
2026.2.2 ~ 2026.8.27	0.500	2.001	1.054	0.053

자료 6 토지가격비준표

1. 도로상황

	광로	중로	소로	세로(가)	세로(불)	비고
광로	1.00	0.90	0.81	0.73	0.66	각지인 경우 10% 가산
중로	1.11	1.00	0.90	0.81	0.73	
소로	1.23	1.11	1.00	0.90	0.81	
세로(가)	1.36	1.23	1.11	1.00	0.90	
세로(불)	1.51	1.36	1.23	1.11	1.00	

2. 형상

	정방형	장방형	사다리형	부정형
정방형	1.00	0.95	0.85	0.70
장방형	1.05	1.00	0.95	0.75
사다리형	1.17	1.05	1.00	0.85
부정형	1.42	1.33	1.17	1.00

3. 지세

	평지	저지	완경사	급경사	고지
평지	1.00	0.97	0.95	0.85	0.80
저지	1.03	1.00	0.97	0.95	0.85
완경사	1.05	1.03	1.00	0.97	0.95
급경사	1.17	1.05	1.03	1.00	0.97
고지	1.25	1.17	1.05	1.03	1.00

자료 7 건물신축단가 등

구분	블럭조 슬레이트지붕	블럭조 기와지붕	블럭조 슬래브지붕
내용연수(년)	35	40	40
잔존가치율(%)	5	10	10
신축단가(원/㎡)	800,000	850,000	880,000

※ 내용연수가 잔존가치율 미만으로 남은 경우 잔존가치율을 적용함

자료 8 인근지역 아파트 거래사례

소재지	사례물건	평형	건축시점	거래시점	거래가격
A시 B구 C동 201번지	D아파트 10층 1호	32평형 (전용면적 85㎡)	2023.5.6	2026.3.2	350,000,000원

자료 9 아파트 비교요인

1. 도로조건, 접근조건, 획지조건, 환경조건 등의 개별요인은 거래사례 아파트 대비 분양예정 아파트(10층 1호)가 5% 우세
2. 인근 지역 고층아파트의 경과연수별 아파트 시세비율

경과연수	2년 이하	2년 초과 5년 이하	5년 초과 10년 이하	10년 초과 20년 이하	20년 초과
아파트시세비율	100	85	70	65	60

3. 거래시점 이후 3·30 종합부동산대책의 영향으로 인근지역 아파트가격시세는 10% 하락한 것으로 조사됨.

자료 10 기타

1. 추정 총사업비: 사업에 소요되는 총사업비는 230억원으로 추산함.
2. P씨의 종전자산가액은 조합 전체 종전자산가액의 1%에 해당
3. 비례율은 백분율로서 소수점이하 셋째자리에서 반올림하여 둘째자리까지 표시할 것.
4. 물음 (2)의 분양예정자산가액 평가 시, 일반분양분을 포함하여 평가하며, 조합에서는 기준시점으로 2026년 7월 2일을 제시하였음.

03

감정평가사 L씨는 S법원으로부터 토지소유자와 지상 건물소유자간에 발생한 분쟁으로 제기된 소송의 판결을 위한 토지사용료 산정을 의뢰 받았다. 다음 자료를 활용하여 적정 토지사용료를 구하시오. (10점)

자료 1 감정평가의뢰 내용

1. 토지

소재지	지번	지목	면적(㎡)	용도지역
S시 Y동	30	대	600	일반상업지역

2. 건물

소재지	지번	구조	면적(㎡)	용도
S시 Y동	30	철골조 철판지붕 단층	400	아파트 모델하우스

3. 기준시점: 2026.8.27
4. 평가할 사항: 기준시점으로부터 향후 1년간 토지사용료

자료 2 현장조사 내용

1. 평가대상 토지는 광대로에 접하며 세로장방형 평지
2. 인근지역은 노선을 따라 업무용 빌딩, 백화점, 병원 등이 소재 도로후면은 소규모 점포 및 주택 등이 혼재
3. 유사토지의 적정 임대사례를 찾지 못함.
4. 건물은 최근 신축, 건축비용은 3억원

자료 3 인근지역 표준지공시지가 현황(공시기준일 2026.1.1)

일련번호	소재지	지번	면적(㎡)	지목	이용상황	용도지역	도로교통	형상지세	공시지가(원/㎡)
1	S시 Y동	15	550	대	상업나지	일반상업	소로각지	가장형 평지	1,000,000
2	S시 Y동	25	15,000	대	아파트	일반상업	광대한면	세장형 평지	750,000
3	S시 Y동	70	180	대	단독주택	일반상업	소로한면	정방형 평지	700,000
4	S시 Y동	95	750	대	업무용	일반상업	광대소각	가장형 평지	1,400,000

※ 표준지 일련번호 1과 4는 도시계획시설 '도로'에 각각 25%, 30%가 저촉되며, 표준지공시지가 산정 시 적용된 도시계획시설 '도로'의 공법상 제한 감안율은 15%임.

자료 4 S시 지가변동률

기간	용도지역	상업지역(%)
2026년 6월		0.005
누계(2026년 1월 ~ 6월)		1.200

자료 5 개별요인비교

대상토지	표준지 1	표준지 2	표준지 3	표준지 4
100	75	55	50	110

※ 상기 요인비교에 공법상 제한은 고려되지 않았음.

자료 6 기대이율 적용 기준율표

토지용도	(최유효이용)	실제이용상황		
		최유효이용	임시적이용	나지
상업용지	업무·판매시설	7 ~ 10%	4 ~ 6%	3 ~ 4%
	근린생활시설(주택·상가겸용포함)	5 ~ 8%	3 ~ 4%	2 ~ 3%
주거용지	아파트·연립·다세대	4 ~ 7%	2 ~ 4%	1 ~ 2%
	다중·다가구 주택	3 ~ 6%	2 ~ 3%	1 ~ 2%
	일반단독주택	3 ~ 5%	1 ~ 3%	1 ~ 2%
공업용지	아파트형공장	4 ~ 7%	2 ~ 4%	1 ~ 2%
	기타공장	3 ~ 5%	1 ~ 3%	1 ~ 2%
농지	경작여건이 좋고 수익성 있는 순수농경지	3 ~ 4%		
	도시근교 및 기타 농경지	2% 이내		
임지	조림지·유실수단지·죽림지	1.5% 이내		
	자연림지	1% 이내		

자료 7 필요제경비

1. 필요제경비: 종합부동산세 등 조세공과
2. 연간 조세부담액: 기초가액의 0.3%

자료 8 기타

1. 비교표준지 선정 및 기대이율 적용 사유를 충분히 기술할 것.
2. 범위로 된 기대이율의 적용시 범위의 중앙값으로 적용할 것.

04

감정평가사 K씨는 (주)ABC로부터 도입기계에 대한 평가의뢰를 받고 다음과 같은 자료를 수집하였다. 도입기계의 평가액을 구하시오. (10점)

자료 1 감정평가 개요

1. 대상물건: Lathe 1대
2. 기준시점: 2026.8.27
3. 감정평가목적: 공장 및 광업재단 저당법에 의한 담보평가

자료 2 평가기준

1. CIF, 원산지화폐 기준
2. 국내시장가격은 고려하지 않음
3. 대상기계의 내용연수는 15년, 내용연수 만료시 잔가율은 10%

자료 3 외화환산율

적용시점	통화	해당통화당 미(달러)	미$당 해당통화	해당통화당 한국(원)
2024년 7월	JPY	0.9140(100엔당)	109.4081	1,059.02(100엔당)
2024년 8월	JPY	0.9522(100엔당)	105.0198	1,059.05(100엔당)
2026년 8월	JPY	0.8735(100엔당)	114.4877	832.28(100엔당)

자료 4 기계가격보정지수

구분	국명 \ 연도	2025	2024
일반기계	미국	1.0000	1.0606
	영국	1.0000	1.0358
	일본	1.0000	0.9979
전기기계	미국	1.0000	0.9982
	영국	1.0000	0.9954
	일본	1.0000	0.9490

자료 5 수입신고서

수 입 신 고 서

(갑 지)
(보관용)

(USD) 1,177.5200

①신고번호 11797-06-3000149	②신고일 2024/08/01	③세관.과 020-11	⑥입항일 2024/07/26	※ 처리기간 : 3일
④B/L(AWB)번호 EURFLH06803INC		⑤화물관리번호 06KMTCHN094-0021-008	⑦반입일 2024/07/28	⑧징수형태 11

⑨신고자 지평관세사무소(민경대)	⑭통관계획 D 보세구역장치후	⑱원산지증명서 유무 X	⑳총중량 95,487.0 KG
⑩수입자 (주) ABC{ A].	⑮신고구분 A 일반P/L신고	⑲가격신고서 유무 Y	(21)총포장갯수 1 GT
⑪납세의무자 (에이비씨-1-01-1-01-1 /220-04-75312) (주소) 서울 중구 충무로 1가 123 (상호) (주) ABC (성명) 홍길동	⑯거래구분 11 일반형태수입	(22)국내도착항 INC 인천항	(23)운송형태 10-FC
⑫무역대리점	⑰종류 K 일반수입(내수용)	(24)적출국 JP (JAPAN) (25)선기명 (LONG HE(CN)	
⑬공급자 AGEHRA VELVET (CO LTD) JPAGE0002A(JP)	(26)MASTER B/L 번호		(27)운수기관부호

(28)검사(반입)장소 02011123-060039603A (대한통운국제물류)

● 품명 · 규격 (란번호/총란수 : 1/1)

(29)품 명 LATHE FOR REMOVING METAL	(31)상표 NO
(30)거래품명 LATHE	

(32)모델·규격	(33)성분	(34)수량	(35)단가(USD)	(36)금액(USD)
LATHE (NUMERICALLY COINTROLLED)		1 U	100,000	100,000

(37)세번부호	8458.11-0000	(39)순중량	5.000.0 KG	(42)C/S 검사		(44)사후확인기관
(38)과세가격(CIF)	$ 100,000	(40)수 량	1 U	(43)검사변경		
	₩ 117,752,250	(41)환급물량	1.000 GT	(46)원산지표시	JP-Y-Z-N	(47)특수세액

(45)수입요건확인
   (발급서류명)

(48)세종	(49)세율(구분)	(50)감면율	(51)세액	(52)감면분납부호	감면액	* 내국세종부호
관	8.00(A 기가)	50.000	4,710,080	A09500010401	4,710,080	
농	20.00(A)		942,016			
부	10.00(A)		12,340,409			

(53)결제금액(인도조건-통화종류-금액-결제방법)	CIF - SD 100,000 - LS	(55)환 율	1,177.5200
(54)총과세가격 $ 100,000	(56)운임 942,016	(58)가산금액	(63)납부번호 -------------
₩ 117,752,250	(57)보험료 17,662	(59)공제금액	(64)부가가치세과표 123,404,096

(60)세 종	(61)세 액	※관세사기재란	(65)세관기재란
관 세	4,710,080		
특 소 세			
교 통 세			
주 세			
교 육 세			
농 특 세	942,010		
부 가 세	12,340,400		
신고지연가산세	999,999,999,999		
(62)총세액합계	17,992,490	(66)담당자	(67)접수일시	(68)수리일자

자료 6 부대비용

1. 관세, 농어촌특별세, 부가가치세 및 관세감면율: 도입시점과 동일
2. 설치비: 도입가격의 1.5%
3. L/C개설비 등 기타 부대비용: 도입가격의 3%
4. 운임 및 보험료: 도입시점과 동일

자료 7 정률법에 의한 잔존가치율

(잔가율: 10%)

연간감가율	0.206	0.189	0.175	0.162	0.152	0.142	0.134	0.127	0.120	0.114	0.109
내용연수 경과연수	10	11	12	13	14	15	16	17	18	19	20
1	9/0.794	10/0.811	11/0.825	12/0.838	13/0.848	14/0.858	15/0.866	16/0.873	17/0.880	18/0.886	19/0.891
2	8/0.630	9/0.657	10/0.680	11/0.702	12/0.719	13/0.736	14/0.749	15/0.762	16/0.774	17/0.784	18/0.793
3	7/0.500	8/0.533	9/0.561	10/0.588	11/0.609	12/0.631	13/0.649	14/0.665	15/0.681	16/0.695	17/0.707
4	6/0.397	7/0.432	8/0.463	9/0.493	10/0.517	11/0.541	12/0.562	13/0.580	14/0.599	15/0.616	16/0.630
5	5/0.315	6/0.350	7/0.382	8/0.413	9/0.438	10/0.464	11/0.487	12/0.507	13/0.527	14/0.545	15/0.561
6	4/0.250	5/0.284	6/0.315	7/0.346	8/0.371	9/0.398	10/0.421	11/0.442	12/0.464	13/0.483	14/0.500
7	3/0.196	4/0.230	5/0.260	6/0.290	7/0.315	8/0.341	9/0.365	10/0.386	11/0.408	12/0.428	13/0.445
8	2/0.157	3/0.187	4/0.214	5/0.243	6/0.267	7/0.293	8/0.316	9/0.337	10/0.359	11/0.379	12/0.397
9	1/0.125	2/0.151	3/0.177	4/0.203	5/0.226	6/0.251	7/0.273	8/0.294	9/0.316	10/0.336	11/0.353
10	0.1	1/0.123	2/0.146	3/0.170	4/0.192	5/0.215	6/0.237	7/0.257	8/0.278	9/0.298	10/0.315
11		0.1	1/0.120	2/0.143	3/0.163	4/0.185	5/0.205	6/0.224	7/0.245	8/0.264	9/0.280
12			0.1	1/0.119	2/0.138	3/0.158	4/0.177	5/0.195	6/0.215	7/0.233	8/0.250
13				0.1	1/0.117	2/0.136	3/0.154	4/0.171	5/0.189	6/0.207	7/0.223
14					0.1	1/0.117	2/0.133	3/0.149	4/0.167	5/0.183	6/0.198
15						0.1	1/0.115	2/0.130	3/0.146	4/0.162	5/0.117
16							0.1	1/0.113	2/0.129	3/0.144	4/0.157
17								0.1	1/0.113	2/0.127	3/0.140
18									0.1	1/0.113	2/0.125
19										0.1	1/0.111
20											0.1

05
Y시로부터 보상평가 의뢰를 받고 다음과 같은 자료를 수집하였다. 보상평가 관련 제 규정에 의하여 적정 보상평가액을 산정하시오. (10점)

자료 1 감정개요

1. 사업명: 근린공원조성사업
2. 평가대상
   (1) 주택(토지는 시유지)

소재지	지번	건물구조	면적(㎡)	신축일자
Y시 K동	10	목조 기와지붕 단층 (한식구조)	100	2006.1.31

   (2) Y시 K동 12번지 지상 배나무 50주(근원경 10, 수고 4)
3. 사업인정고시일: 2026.2.5
4. 가격시점: 2026.8.27

자료 2 해당 공익사업의 이주대책

1. 해당 공익사업에 편입된 주거용 건물 소유자에 대해 주택입주권 부여
2. 주택입주권 가치: 30,000,000원

자료 3 이전공사비율

공사비내역 구조및 용도	신축공사비 (원/㎡)	이전공사비율				내용 연수
		해체공사	운반공사	보충자재	재축공사	
목조한식지붕틀 한식기와잇기 주택	630,000	0.142	0.030	0.168	0.538	45
목조지붕틀 시멘트기와잇기 주택	549,000	0.114	0.023	0.169	0.589	35
철골조철골지붕틀 칼라피복철판잇기 공장	524,000	0.168	0.014	0.170	0.502	35
통나무구조 풀너치방식 주택	988,000	0.086		0.064	0.277	45
통나무구조 포스트앤빔 주택	943,000	0.094		0.097	0.273	45
스틸하우스 주택	865,000	0.139	0.021	0.212	0.388	40

자료 4   해당 공익사업지구 내 주택 거래사례

1. 사례물건: Y시 K동 15번지 주택(토지는 시유지)
2. 사례건물 내용

건물구조	면적(㎡)	신축일자
목조 기와지붕 단층 (한식구조)	105	2005.12.5

3. 거래가격: 80,000,000원
4. 거래시점: 2026.5.1 (거래이후 인근지역 주택가격 변동은 없음.)
5. 건물개별요인 비교치(면적비교 제외): 0.95

자료 5   이식비 품셈표

규격	굴취		운반	상하차비 (원)	식재		재료비	부대비용	수익액 (원)	수목가격 (원)
H2.0R6	조경공	보통인부	0.008	357	조경공	보통인부	(굴취비 + 식재비)의 10%	전체이식비의 20%	10,000	55,000
	0.11	0.01			0.11	0.07				
H3.0R8	조경공	보통인부	0.015	1,017	조경공	보통인부	(굴취비 + 식재비)의 10%	전체이식비의 20%	15,000	80,000
	0.19	0.02			0.23	0.14				
H4.0R10	조경공	보통인부	0.030	2,000	조경공	보통인부	(굴취비 + 식재비)의 10%	전체이식비의 20%	20,000	120,000
	0.30	0.04			0.40	0.25				

자료 6   수목이식 관련자료

1. 정부노임단가: 조경공 45,000원, 보통인부 30,000원
2. 구역화물자동차운임: 43,000원(4.5t, 30Km내)

자료 7 수종별 이식적기 및 고손율

구분	이식적기	고손율	비고
일반사과	2월 하순 ~ 3월 하순	15% 이하	그 밖의 수종은 유사수종에 준하여 적용
왜성사과	2월 하순 ~ 3월 하순, 11월	20% 이하	
배	2월 하순 ~ 3월 하순, 11월	10% 이하	
복숭아	2월 하순 ~ 3월 하순, 11월	15% 이하	
포도	2월 하순 ~ 3월 하순, 11월	10% 이하	
감귤	6월 장마기, 11월, 12월 하순 ~ 3월 하순	10% 이하	
감	2월 하순 ~ 3월 하순, 11월	20% 이하	
밤	11월 상순 ~ 12월 상순	20% 이하	
자두	2월 하순 ~ 3월 하순, 11월	10% 이하	
호두	2월 하순 ~ 3월 하순, 11월	10% 이하	
살구	2월 하순 ~ 3월 하순, 11월	10% 이하	

06 대지권이 미등기된 구분건물이 경매평가로 의뢰된 경우에 다음에 대하여 약술하시오. (5점)

(1) 평가 처리방법

(2) 1과 같이 평가 처리하는 이유

(3) 감정평가서에 기재해야 할 사항

제18회 감정평가실무 기출

> **공통 유의사항**
> 1. 각 문제는 해답 산정 시 산식과 도출과정을 반드시 기재
> 2. 단가는 관련 규정에서 정하고 있는 사항을 제외하고 천원미만은 절사, 그 밖의 요인 보정치는 소수점 셋째자리 이하 절사

01 감정평가사 甲은 아래 부동산에 대한 평가의뢰를 받고 감정평가액을 산정하고자 한다. 주어진 자료를 활용하여 아래의 물음에 답하시오. (35점)

(1) 표준지공시지가를 기준으로 하여 토지가액을 산정하시오.

(2) 거래사례를 활용하여 토지가액을 산정하시오.

(3) 조성사례를 활용하여 토지가액을 산정하시오.

(4) 임대사례를 활용하여 토지가액을 산정하시오.

(5) 토지가액을 결정하고 원가법을 적용하여 건물가액을 결정한 후 대상 부동산의 감정평가액을 구하시오.

자료 1 대상부동산의 개황

소재지	A시 B구 C동 197번지
감정평가목적	일반거래
기준시점	2026.8.26
토지에 관한사항	• 지역개황: 대상토지는 주간선도로와 연계되는 보조간선도로변에 소재하며, 인근지역은 현재 상권이 잘 형성되어 있는 성숙한 노선상가지대임. • 용도지역: 제3종 일반주거지역 • 접면도로상태: 남측 15m도로에 동측으로 2m정도의 골목길에 양면 접함. • 지목: 대, 면적: 500㎡ • 형상, 고저: 세장형, 평지 • 약 35㎡는 도시계획시설도로에 저촉됨.
건물에 관한사항	• 구조, 면적: 철근콘크리트조 슬래브 지붕 10층 근린생활시설 1,200㎡ • 사용승인일자: 2015.9.20 • 건물증축: 11층 60㎡(구조 - 적벽돌조 슬래브 지붕, 용도-직원숙소) • 증축일자: 2022.5.3 • 건물 총공사비: 670,000,000원(공사비 중 50,000,000원은 기초 터파기공사시 예상치 못한 지반암반 노출로 이를 제거 하는데 소요된 공사비임.) • 부대설비: 냉난방설비, 승강기, 화재탐지설비 • 증축부분을 제외한 기존 건물은 관리상태가 다소 불량하여 3년 정도의 관찰감가를 요함.

자료 2 인근 표준지공시지가(공시기준일: 2026.1.1.)

(단위: 원/㎡)

기호	소재지	지번	면적(㎡)	이용상황	용도지역	도로교통	형상지세	주위환경	공시지가
1	C동	10	510	상업용	3종일주	중로한면	세장형평지	미성숙 상가지대	970,000
2	C동	20	483	업무용	3종일주	중로각지	정방형평지	성숙중인상가 지대	1,030,000
3	C동	30	451	상업나지	3종일주	중로한면	가장형평지	성숙한 노선상가지대	1,100,000
4	C동	40	3,135	상업용	3종일주 근린상업	중로각지	세장형평지	성숙한 노선상가지대	1,050,000
5	C동	80	420	상업나지	3종일주	소로각지	정방형평지	번화한 상가지대	1,000,000

자료 3 지가변동률

- 용도지역별, 이용상황별 지가변동률(단위: %)

구분	상업지역	주거지역	대		기타
			상업용	주거용	
2024년	2.378	3.193	1.154	2.156	3.004
2025년	1.268	2.158	1.487	1.389	1.167
2026년 1월	0.045	0.136	0.327	0.847	0.324
2026년 2월	0.069	0.519	0.423	0.346	0.813
2026년 3월	0.148	0.328	0.238	0.518	0.193
2026년 4월	0.085	0.137	0.327	0.542	0.426
2026년 5월	0.043	0.420	0.109	0.209	0.823
2026년 6월	0.166	0.256	0.178	0.218	0.204

※ 2024년도와 2025년도의 지가는 연중 균등하게 상승하였다.

자료 4 생산자물가지수

2025년 1월	105.3	2025년 7월	107.6	2026년 1월	108.9
2025년 2월	105.8	2025년 8월	107.5	2026년 2월	109.3
2025년 3월	106.7	2025년 9월	107.9	2026년 3월	108.7
2025년 4월	106.3	2025년 10월	108.1	2026년 4월	108.6
2025년 5월	106.9	2025년 11월	108.0	2026년 5월	109.0
2025년 6월	107.3	2025년 12월	108.4	2026년 6월	109.6

자료 5 토지 개별요인

1) 형상별 개별요인 비교표

가장형	정방형	세장형
1.00	0.95	0.93

2) 도시계획도로 저촉여부에 따른 개별요인 비교표

미저촉	저촉
1.00	0.85

자료 6 사례자료

구분	거래사례		조성사례	임대사례
	사례1	사례2	사례1	사례1
용도지역	3종일주	3종일주	3종일주	3종일주
비교치 (대상지/사례지)	1.05	1.25	0.97	0.97
건물구조 등	철근콘크리트조 슬래브지붕 11층	철근콘크리트조 슬래브지붕 20층	-	철근콘크리트조 슬래브지붕 13층
용도	판매시설	사무실		근린생활시설
부대설비	승강기 화재탐지설비 스프링클러 냉난방설비	승강기 화재탐지설비 냉난방설비 스프링클러		승강기 화재탐지설비 스프링클러 냉난방설비 주차타워
내용 연수	주체부분: 40년 부대설비: 20년	주체부분: 40년 부대설비: 20년		주체부분: 40년 부대설비: 20년
사용승인시점	2017.9.27	2022.10.17	2025.1.1	2020.8.5
거래시점	2026.1.13	2025.12.16	2025.7.13	
사례의 특징	거래가격을 분석한 결과 통상적인 건물 감정평가액 보다 10% 높은 금액으로 거래된 것으로 판단됨.	정상거래	토지매입비: 900,000,000원 조성공사비: 400,000,000원 공사비는 착공시점(2023.1.1)에 1/2지급, 2024.1.1에 1/2지급 판매관리비 및 부대비용: 조성공사비의 20% (완공시점에 지급) 토지매입시점: 2022.1.1 착공시점: 2023.1.1 완공시점: 2025.1.1 공사비 등은 표준적이며 시장 이자율은 연 8%를 적용	-
토지 건물의 규모	대지: 505㎡, 건물연면적: 1,232㎡	대지: 1,231㎡ 건물연면적: 2,328㎡	대지: 1,770㎡ 건물연면적: 3,321㎡	대: 550㎡ 건물연면적: 1,200㎡
거래가격	1,234,000,000원	2,860,000,000원	-	-

자료 7 임대사례 내역: 최근 1년간 임대내역 및 필요제경비

(단위: 원)

지출항목(연간)	수입항목(연간)
유지관리비: 6,000,000 제세공과금: 8,000,000 손해보험료: 3,000,000 대손상각액: 15,000,000 공실손실상당액: 2,000,000 장기차입이자: 1,500,000	보증금 운용익: 10,000,000 임대료 수입: 144,000,000 주차료 수입: 14,000,000

※ 손해보험료는 소멸성임.
※ 감가상각비는 별도 계산을 요함.

자료 8 건물신축단가

	재조달원가	내용연수	잔가율
철근콘크리트조	600,000	40년	10%
적벽돌조	510,000	35년	10%

자료 9 건물부대설비 보정단가

부대설비 구분	적용단가	비고
승강기	50,000원/㎡	12층 미만
	60,000원/㎡	12층 이상
화재탐지설비	4,000원/㎡	
스프링클러	6,000원/㎡	
냉난방설비	65,000원/㎡	
주차타워	150,000,000원/식	12층 미만
	180,000,000원/식	12층 이상

자료 10 기타사항

1) 토지의 환원율: 연8%
2) 건물의 상각 후 세공제 전 환원율: 연10%
3) 단가는 백원 단위에서 반올림하여 천원 단위까지 구함.
4) 지가변동률 산정 시 미고시 기간은 직전 월의 변동률을 연장 적용하며, 백분율로 소수점 넷째자리에서 반올림 할 것.
5) 비교표준지 선정 시 도로조건에 유의할 것.

02

감정평가사 K는 H은행 B지점으로부터 담보감정평가를 의뢰받고 사전조사 및 실지조사를 다음과 같은 자료를 수집·정리하였다. 제시된 자료를 활용하여 아래의 물음에 답하시오. (30점)

(1) 담보물건에 대한 평가를 하는 감정평가사와 그가 소속된 감정평가법인등이 준수하여야 할 사항을 5가지 이상 간략히 설명하시오.

(2) 대상부동산의 등기사항전부증명서상 권리내역을 분석하고 H은행이 대출 가능금액을 판단하는데 필요한 사항을 기술하시오.

(3) 감정평가목적을 감안하여 다음 순서에 따라 대상부동산의 감정평가액을 구하시오. (16점)
   (가) 토지가액 산정
   (나) 건물가액 산정
   (다) 대상부동산의 감정평가액

(4) 위 '(3)'의 순서에 따라 작성된 감정평가서를 발송하기 전에 미리 심사(검토)하여야 할 사항을 5가지 이상 기술하시오.

자료 1 감정평가의 기본적 사항

1) 감정평가 의뢰물건: 경기도 A시 B구 C동 321-12 소재 토지 및 건물
2) 감정평가 의뢰일자: 2026.8.20
3) 현장조사일자: 2026.08.23 ~ 2026.08.25
4) 감정평가서 작성일자: 2026.8.26

자료 2 실시조사결과 확인내용

1) 토지: 대상토지 남측에 접한 321-13(잡)은 완충녹지이며 지상에는 3미터 높이의 조경수목이 밀식되어 있음.

2) 건물
   가) 이용상황: 지층-창고, 1층-근린생활시설(소매점), 2층-다가구주택(2가구), 3층-다가구주택(1가구)
   나) 지층 및 1,2층의 면적은 공부와 일치하나, 3층 부분의 실제면적은 60㎡임.
   다) 지상층에는 위생설비가 되어 있고, 2층과 3층에는 도시가스에 의한 개별난방설비가 되어 있음.

3) 임대차 내역: 임대차 내역은 아래와 같이 조사됨.

구분	임대차 내역	비고
지층 및 1층	전체를 소유자가 이용 중임	
2층	201호: 김갑동 (보증금 65,000,000원) 202호: 이을동 (보증금 60,000,000원)	전체 임대
3층	박병동 (보증금 50,000,000원)	전체 임대

자료 3 　인근의 표준지공시지가 현황(공시기준일: 2026.01.01)

일련번호	소재지	면적(㎡)	지목	이용상황	용도지역	도로교통	형상 및 지세	공시지가(원/㎡)
1	C동 313-2	300	대	주·상 복합용지	제1종 일반주거지역	세로한면	가장형 평지	2,000,000
2	C동 320-8	230	대	주·상 복합용지	제1종 일반주거지역	소로각지	가장형 평지	2,250,000
3	C동 321-2	260	대	주·상 복합용지	제1종 일반주거지역	세로한면	가장형 평지	2,150,000
4	C동 350-5	250	대	주거용지	제1종 일반주거지역	소로한면	부정형 평지	1,800,000

자료 4 　지가변동률

구분	상업지역	주거지역	녹지지역
2026년 6월 (1 ~ 6월 누계)	0.015% (1.421%)	0.246% (1.373%)	0.322% (1.537%)

자료 5 　토지에 대한 지역요인 평점

구분	대상토지	표준지
평점	100	100

자료 6 　토지에 대한 개별요인 평점

구분	대상토지	표준지1	표준지2	표준지3	표준지4
평점	100	95	105	96	90

자료 7 　그 밖의 요인자료

1) 인근지역의 평가사례

소재지	감정평가목적	기준시점	평가액(원/㎡)	비 고
B구 C동 318-6	담보	2026.07.29	2,170,000	시장가치로 판단됨.

※ 대상토지와 인근 평가사례의 개별요인은 대등함.

2) 대상토지와 유사한 이용가치를 지닌 인근 토지의 기준시점 현재 적정 지가수준은 2,150,000원/㎡ ~ 2,250,000원/㎡ 정도임.

자료 8 건물 표준단가(기준시점 현재)

분류번호	용도	구조	급수	표준단가 (원/㎡)	내용연수
2-3-5-2	다가구주택	철근콘크리트조 경사슬래브지붕	3	800,000	50년
4-1-5-7	점포 및 상가	철근콘크리트조 경사슬래브지붕	4	600,000	50년

※ 지하부분의 재조달원가는 1층 표준단가의 70%를 적용함.

자료 9 건물 부대설비 보정단가(기준시점 현재)

1) 위생설비: 근린생활시설-20,000원/㎡, 일반주택 및 다가구주택-40,000원/㎡
2) 난방시설(유류 및 도시가스 온수식): 일반주택 및 다가구주택-50,000원/㎡

자료 10 대상부동산의 공부

1) 토지이용계획확인서 내용: 제1종 일반주거지역, 소로2류에 접함
2) 지적도 등본: 1부 첨부
3) 토지등기사항전부증명서 및 건물등기사항전부증명서: 각 1부 첨부
4) 토지대장: 1부 첨부
5) 일반건축물 대장: 1부 첨부

자료 11 유의사항

1) 시점수정치 산정 시 백분율로 소수점 넷째자리에서 반올림할 것.
2) 각 단계의 가액(금액) 산정치 천원 미만은 절사할 것.
3) 건물의 감가수정은 정액법으로 하여 만년감가하고 내용연수 만료시 잔가율은 0%임.
4) 비교표준지 선정 시 도로조건에 유의할 것.
5) 그 밖의 요인 보정 시 산출근거를 제시할 것.

등기부 등본 (말소사항 포함) - 토지

[토지] 경기도 AA시 B구 C동 321-12　　　　　　고유번호 1356-1996-075718

[표 제 부] (토지의 표시)

표시번호	접 수	소 재 지 번	지 목	면 적	등기원인 및 기타사항
1 (전 3)	1995년8월28일	경기도 AA시 B구 C동 321-12	대	215.8㎡	부동산등기법 제177조의 6 제1항의 규정에 의하여 2001년 01월 03일 전산이기

[갑 구] (소유권에 관한 사항)

순위번호	등 기 목 적	접 수	등 기 원 인	권리자 및 기타사항
1 (전 3)	소유권이전	1996년3월20일 제35222호	1993년4월29일 매매	소유자 김○○ 4******-******* AA시 B구 C동 321-12 부동산등기법 제177조의 6 제1항의 규정에 의하여 2001년 01월 03일 전산이기
2	소유권이전	2001년5월28일 제36934호	2001년4월24일 매매	소유자 이○○ 5******-******* AA시 B구 C동 517 PU동 612-1502
3	소유권이전	2002년11월22일 제106947호	2002년9월20일 매매	소유자 박○○ 6******-******* AA시 B구 C동 526 PU동 707-403

문서 하단의 바코드를 스캐너로 확인하거나, 인터넷등기소(http://www.iros.go.kr)의 발급확인 메뉴에서 발급확인번호를 입력하여 위·변조 여부를 확인할 수 있습니다. 발급확인은 발행일부터 3개월까지 5회에 한하여 가능합니다.

발행번호 13520013506197080010960171SMB07575240DH18560011122　　1/2　　발급확인번호 ANKA-HGNJ-7185　　발행일 2007/08/25

[토지] 경기도 A시 B구 C동 321-12

고유번호 1356-1996-075718

【을　구】 (소유권 이외의 권리에 관한 사항)

순위번호	등 기 목 적	접 수	등 기 원 인	권리자 및 기타사항
1	근저당권설정	2007년7월27일 제46678호	2007년7월27일 설정계약	채권최고액 금336,000,000원 채무자 홍길동 경기도 A시 B구 C동 526 P아파트 707-403 근저당권자 K은행 110136-0027690 서울특별시 K구 S동 75 (8지점) 공동담보 건물 경기도 A시 B구 C동 321-12

수수료 1,000원 영수함

이 등본은 부동산 등기부의 내용과 틀림없음을 증명합니다.

서기 2007년 8월 25일

법원행정처 등기정보중앙관리소

전산운영책임관 강한수 (인)

-- 이 하 여 백 --

* 등기부에 기록된 사항이 있는 갑구 또는 을구는 생략함.
* 증명서는 컬러 또는 흑백으로 출력 가능함. / 발행등기소 S지방법원 A시원 B등기소

* 실선으로 그어진 부분은 말소사항을 표시함. * 등기부등기소(http://www.iros.go.kr)의 발급확인 메뉴에서 발급확인번호를 입력하여
본서 하단의 바코드를 스캐너로 확인하거나, 인터넷등기소(http://www.iros.go.kr)의 발급확인 메뉴에서 발급확인번호를 입력하여
위·변조 여부를 확인할 수 있습니다. 발급확인번호를 통한 확인은 발행일부터 3개월까지 5회에 한하여 가능합니다.

발급확인번호 1352001350619700B601096017159B07575752400H3185001112   2/2   발행확인번호 ANKA-HGNJ-7185   발행일 2007/08/25

등기부 등본 (말소사항 포함) - 건물

고유번호 1356-1996-076170

[건물] 경기도 A시 B구 C동 321-12

[표 제 부] (건물의 표시)

표시번호	접 수	소재지번 및 건물번호	건 물 내 역	등기원인 및 기타사항
1 (전 1)	1997년2월14일	경기도 A시 B구 C동 321-12	철근콘크리트조 경사슬라브지붕 주택 및 근린생활시설 지층 106.70㎡ 1층 106.70㎡ 2층 107.48㎡ 3층 107.48㎡	부동산등기법 제177조의 6 제1항의 규정에 의하여 2001년 01월 03일 전산이기

[갑 구] (소유권에 관한 사항)

순위번호	등 기 목 적	접 수	등 기 원 인	권리자 및 기타사항
1 (전 1)	소유권보존	1997년2월14일 제19205호		소유자 김○○ 4******-******* A시 B구 C동 321-12 부동산등기법 제177조의 6 제1항의 규정에 의하여 2001년 01월 03일 전산이기
2	소유권이전	2001년5월28일 제36934호	2001년4월24일 매매	소유자 이○○ 5******-******* A시 B구 C동 517 P아파트 612-1502

1/3

발행일 2007/08/25

[건물] 경기도 A시 B구 C동 321-12 고유번호 1356-1996-076170

순위번호	등 기 목 적	접 수	등 기 원 인	권 리 자 및 기 타 사 항
3	소유권이전	2002년11월22일 제106947호	2002년9월20일 매매	소유자 박○○ 6******-******* A시 B구 C동 526 P아을 707-403

[을 구]   (소유권 이외의 권리에 관한 사항)

순위번호	등 기 목 적	접 수	등 기 원 인	권 리 자 및 기 타 사 항
1	근저당권설정	2007년7월27일 제46678호	2007년7월27일 설정계약	채권최고액 금336,000,000원 채무자 경기도 A시 B구 C동 526 P아을 707-403 근저당권자 IBK은행 110136-0027690 서울특별시 K구 S동 75 (B지점) 공동담보 토지 경기도 A시 B구 C동 321-12

발행번호 13320013506197086010960171SWB0761524D0H2704901112Z   2/3   발급확인번호 ANKA-HQNI-1709   발행일 2007/08/25

[건물] 경기도 A시 B구 C동 321-12

수수료 1,000원 영수함

관할등기소 S지방법원 A지원 B등기소 / 발행등기소 S지방법원 A지원 B등기소

고유번호 1356-1996-076170

이 등본은 부동산 등기부의 내용과 틀림 없음을 증명합니다.

서기 2007년 8월 25일

법원행정처 등기정보중앙관리소

전산운영책임관 강한수

* 실선으로 그어진 부분은 빈 칸임을 표시함. * 등기부에 기록된 사항이 없는 갑구 또는 을구는 생략함.
* 증명서 하단의 바코드를 스캐너로 확인하거나, 인터넷등기소(http://www.iros.go.kr)의 발급확인 메뉴에서 발급확인번호를 입력하여
위·변조 여부를 확인할 수 있습니다. 발급확인번호는 발급일부터 3개월까지 5회에 한하여 가능합니다.

발행번호 13520013506197080010960171SWBC761524DOH4704901112 3/3 발급확인번호 ANKA-HGNI-1709 발행일 2007/08/25

토지대장

고유번호	4113510700-10321-0012				도면번호	26	발급번호	20070817-0192-0001
토지소재	경기도 A시 B구 C동				장번호	1-1	처리시각	15시 22분 00초
지번	321-12	축척	수치		비고		작성자	김소연

토지표시

지목	면적(㎡)	사유
(08) 대	*215.8 (62)1995년8월3일 구획정리완료 --- 이하 여백 ---	2002년11월22일 변동 원인 (03)소유권이전 --- 이하 여백 ---

소유자

변동일자	주소
변동원인	성명 또는 명칭 등록번호
2002년11월22일	526 D마을 707-403
(03)소유권이전	박OO 6******-*******
--- 이하 여백 ---	

등급수정연월일	1995년8월3일 설정					
토지등급(기준수확량등급)	221					
개별공시지가기준일	2002년1월1일	2003년1월1일	2004년1월1일	2005년1월1일	2006년1월1일	2007년1월1일
개별공시지가(원/㎡)	721,000	793,000	1,170,000	1,470,000	1,840,000	2,020,000

토지대장에 의하여 작성한 등본입니다.
2007년 8월 25일

경기도 A시 B구청장

일반건축물대장(갑)

장번호 1-1

고유번호	4113510700-1-03210012				정칭및번호		특이사항	
대지위치	경기도 A시 B구 C동		지번	321-12				
대지면적	215.8㎡	연면적	428.36㎡	지역	일반주거지역(도시설계지역)	지구	구역	
건축면적	107.48㎡	용적률산정용 연면적		주구조	철근콘크리트조	주용도	주택및근린생활시설	층수 지상 3 지하 1
건폐율	49.97%	용적률	149.05%	높이	10.5m	지붕	경사슬라브	부속건축물 동 ㎡

건축물현황

구분	층별	구조	용도	면적(㎡)
주	지1층	철근콘크리트조	근린생활	63.92
주	지1층	철근콘크리트조	대피소	42.78
주	1층	철근콘크리트조	근린생활시설	106.7
주	2층	철근콘크리트조	다가구주택(2가구)	107.48
주	3층	철근콘크리트조	다가구주택(1가구)	107.48
			- 이하 여백 -	

소유자현황

성명(명칭) 주민(법인)등록번호(부동산등기용등록번호)	주소	소유권 지분	변동일자 변동원인
김OO 321-12			1997.02.14 소유권보존
이OO 4******-1*******	517 POI읍 612-1502		2001.05.28 소유권이전
박OO 5******-1*******			
최OO 200	526 POI읍 707-403		2002.11.22 소유권이전
6*****-1*******			
- 이하 여백 -			

이 등(초)본은 건축물대장의 원본내용과 틀림없음을 증명합니다.

2007년 08월 25일

경기도 A시 B구청장

문제편

해커스 감정평가사 **여지훈 감정평가실무** 2차 기출문제집

고유번호	4113510700-1-03210012						
구 분	성명 또는 명칭		주소(등록)번호				
건 축 주	김○○		4******				
설 계 자	세진건축사사무소 박철훈		4****** - ********				
공사감리자	세진건축사사무소 박철훈		4****** - ********				
공사시공자	김○○		4****** - ********				

	변 동 사 항				
변동일자	변동내용 및 원인	변동일자	변동내용 및 원인		
2001.10.11	소유권이전				
2003.01.14	소유권이전				
	- 이하 여백 -				

전 유 부 분				
구 분	용 도	구 조	면적(㎡)	
주	대		34.5㎡	
부	대		㎡	
기계식	3대			
자주식	대			
기계식	대			
승강기	유			
소 방	비상용			
오수정화시설	합병			
인 용	인용			

관련지번		
전번호	2-1	
허가일자	1996.08.08	
착공일자	1996.08.16	
사용승인일자	1996.12.26	

기타기재사항

03

경기도 태평시 남구 춘향동에 사는 K씨는 6년 전 자신의 주택이 근린공원 조성사업에 편입되어 손실보상을 받고 인접지로 이주하였다. 그 후 K씨가 새로 이주한 주택이 다시 ○○공사가 시행하는 택지개발사업지구에 편입되었다. 택지개발사업에 따른 기대심리로 사업지구내의 토지가격이 상당히 상승하였고, 이와는 별도로 2025.12.20일자 정부의 도로사업(서울-태평 고속화도로 건설공사)계획 발표로 인하여 사업지구를 포함한 인근지역의 토지가격이 약 10% 상승하였다. 다음 자료를 활용하여 2026.1.20.자 기준 ○○공사가 K씨에게 지급하여야 할 토지 및 지장물의 총보상금액을 산정하시오. (20점)

자료 1 택지개발사업 개요

1) 택지개발지구 지정고시일: 2024.8.3
2) 택지개발사업 실시계획고시일: 2025.3.8
3) 보상평가 현장조사일: 2026.1.11 ~ 2026.1.20
4) 감정평가서 작성일: 2026.4.1

자료 2 편입대상물건의 상황

1) 토지
    가. 소재지: 태평시 남구 춘향동 71, 대, 500㎡(토지대장상 면적)
    나. 용도지역: 자연녹지지역
    다. 기타제한: 군사시설보호구역, 도시계획시설도로 저촉(저촉비율은 전체면적의 약 15%)
    라. 형상, 고저: 사다리, 완경사
    마. 접면도로상태: 세로한면

2) 지장물

기호	용도	공부	현황	건축연도
1	주택	적벽돌조 슬래브 50㎡	시멘벽돌조 슬래브 45㎡	2009.9.1
2	주택	블록조 기와 18㎡	공부와 동일	2012.7.6
3	축사	-	블록조 슬레이트 155㎡	2015.8.20 무허가

자료 3 표준지공시지가 현황

1) 택지개발사업지구 내 표준지

(단위: 원/㎡)

기호	소재지	지번	면적(㎡)	이용상황	용도지역	도로교통	형상지세	공법상 제한사항	2024	2025	2026
1	춘향동	19	429	전	자연녹지	세로한면	세장형 저지	군사시설 보호구역 도로저촉	130,000	150,000	170,000
2	춘향동	33-1	530	단독	자연녹지	세로각지	부정형 완경사	군사시설 보호구역	160,000	175,000	195,000
3	춘향동	53	501	주거나지	자연녹지	세로한면	세장형 평지	군사시설 보호구역 광장저촉	150,000	180,000	198,000
4	춘향동	69	483	단독	자연녹지	세로(불)	사다리 평지	-	155,000	175,000	187,000

2) 택지개발사업지구 외 표준지

(단위: 원/㎡)

기호	소재지	지번	면적(㎡)	이용상황	용도지역	도로교통	형상지세	공법상 제한사항	2024	2025	2026
5	춘향동	201	853	단독	자연녹지	세로한면	세장형 평지	군사시설 보호구역 도로저촉	145,000	148,000	151,000
6	춘향동	256	428	주거기타(교회)	자연녹지	세로각지	부정형 평지	군사시설 보호구역	150,000	153,000	158,000
7	춘향동	289	360	단독	자연녹지	세로한면	세장형 완경사	군사시설 보호구역 광장저촉	155,000	158,000	161,000
8	춘향동	411	411	주거나지	자연녹지	세로한면	사다리 평지	-	150,000	153,000	155,000

자료 4 지가변동률(단위: %)

구분	행정구역	상업지역	주거지역	녹지지역	공업지역
2024년	태평시 남구	2.845	3.051	2.365	2.197
2025년	태평시 남구	1.425	2.208	3.016	1.511
2026년1월~3월누계	태평시 남구	1.425	1.097	2.333	0.997
2026년 4월	태평시 남구	0.162	0.136	1.231	0.674
2026년 5월	태평시 남구	0.201	0.061	0.337	0.354
2026년 6월	태평시 남구	0.152	0.238	0.601	0.784

자료 5 토지가격 비준표(경기도 태평시)

1) 도시계획시설

미저촉	학교	도로
1.00	0.90	0.85

2) 공법상제한상태

미저촉	군사시설보호구역
1.00	0.75

자료 6 지역요인

각 표준지와 대상지의 지역요인은 동일함.

자료 7 개별요인

1) 접면도로

세로불	세로한면	세로각지
1.00	1.07	1.10

2) 형상

부정형	사다리	세장형	정방형, 가장형
1.00	1.05	1.08	1.10

3) 고저

완경사	평지	저지
1.00	1.05	1.01

자료 8 | 이전공사 항목(재조달원가 대비 비율)

기호	구분	노무비	해체비	이전비	자재비	폐자재 처분익	설치비	재조달원가 (원/㎡)	내용 연수
1	적벽돌조 슬래브주택	0.213	0.157	0.138	0.213	0.086	0.160	680,000	40
2	시멘벽돌조 슬래브 주택	0.207	0.143	0.135	0.208	0.053	0.168	520,000	35
3	블록조 기와주택	0.120	0.153	0.141	0.111	0.065	0.165	480,000	45
4	철골조 슬레이트 축사	0.123	0.137	0.135	0.116	0.031	0.167	120,000	15
5	블록조 슬레이트 축사	0.115	0.145	0.140	0.110	0.014	0.169	150,000	20

자료 9 | 유의사항

1) 지역요인과 개별요인의 비교수치는 각 세항목별로 소수점 셋째자리에서 반올림하여 둘째자리까지 표시한다.
2) 토지 및 지장물 적용단가는 100원 단위에서 반올림하여 1,000원 단위까지 표시한다.
3) 감가수정은 만년감가를 적용한다.

04 다음 자료를 활용하여 ○○주식회사의 2025년 12월 31일 현재 비상장주식의 1주당 가액을 평가하시오. 단, 원미만은 반올림 한다. (15점)

자료 1 | 대상주식 내용

구분	수권주식수	발행주식수	1주의 금액
○○주식회사 비상장주식	500,000주	300,000주	5,000원

자료 2 | 2025.12.31자 ○○주식회사의 재무상태표는 다음과 같다.

(단위: 원)

차변		대변	
과목	금액	과목	금액
현금 예금	550,000,000	외상매입금	400,000,000
유가증권	150,000,000	지급어음	600,000,000
외상매출금	500,000,000	미지급비용	150,000,000
받을어음	800,000,000	단기차입금	2,000,000,000
재고자산	200,000,000	대손충당금	16,000,000
선급비용	50,000,000	건물감가상각충당금	64,800,000
부도어음	100,000,000	기계기구 감가상각충당금	1,606,500,000
토지	945,000,000	퇴직급여충당금	180,000,000
건물	900,000,000	자본금	1,500,000,000
기계기구	3,500,000,000	이익준비금	500,000,000
창업비	20,000,000	당기말처분 이익잉여금	697,700,000
합계	7,715,000,000	합계	7,715,000,000

자료 3 기말 정리사항은 다음과 같다.

1) 유가증권은 130,000,000원으로 평가함.
2) 매출채권 잔액에 대하여 2%를 대손충당금으로 설정함.
3) 재고자산은 변동이 없음.
4) 차입금에 대한 미지급이자가 30,000,000원 있음.
5) 이미 지급한 보험료 중 기간 미경과된 금액이 20,000,000원임.
6) 부도어음을 검토한 결과 50,000,000원은 회수 불가능함.
7) 퇴직금 관련 제 규정에 따라 2025.12.31 현재 퇴직급여충당금을 설정해야 하는 금액은 200,000,000원임.
8) 창업비는 매년 상각하여 왔으며 이번 기에 미상각 잔액 전부를 상각하여야 함.
9) 기준시점 현재 토지의 평가금액은 1,260,000,000원이며, 건물과 기계기구의 평가금액은 자료 4 및 자료 5를 활용하여 구함.

자료 4 건물의 자료

1) 대상건물

구조	연면적	사용승인일	건축비(원/㎡)	건축비 검토결과
철근콘크리트조 슬래브지붕 3층건	1,800㎡	2020.12.31	500,000	건축비는 표준적인 것으로 판단됨.

2) 철근콘크리트구조 건물의 건축비지수

2021.1	2022.1	2023.1	2024.1	2025.1	2026.1
100	107	115	126	135	145

3) 철근콘크리트구조 건물의 경제적 내용연수는 50년이며, 내용연수 만료시 잔가율은 10%임.

자료 5 기계기구의 자료

1) 기준시점 현재 기계기구의 재조달원가 총액은 3,800,000,000원이며 2020년 12월에 모두 신품을 구입하였음. (모든 기계의 경제적 내용연수는 15년이며 감가수정방법은 정률법에 의하고 잔가율은 10%로 함.)

2) 정률법에 의한 잔존가치율표 (잔존가치: 10%)

연간감가율 내용연수 경과연수	0.319 6	0.280 7	0.250 8	0.226 9	0.206 10	0.189 11	0.175 12	0.162 13	0.152 14	0.142 15
1	5/0.681	6/0.720	7/0.750	8/0.774	9/0.794	10/0.811	11/0.825	12/0.838	13/0.848	14/0.858
2	4/0.464	5/0.518	6/0.562	7/0.599	8/0.631	9/0.658	10/0.681	11/0.702	12/0.720	13/0.736
3	3/0.316	4/0.373	5/0.422	6/0.464	7/0.501	8/0.534	9/0.562	10/0.588	11/0.611	12/0.631
4	2/0.215	3/0.268	4/0.422	5/0.539	6/0.398	7/0.433	8/0.464	9/0.492	10/0.518	11/0.541
5	1/0.147	2/0.193	3/0.237	4/0.278	5/0.316	6/0.351	7/0.383	8/0.412	9/0.439	10/0.464
6	0.1	1/0.139	2/0.178	3/0.215	4/0.251	5/0.285	6/0.316	7/0.436	8/0.373	9/0.398
7		0.1	1/133	2/0.167	3/0.200	4/0.231	5/0.261	6/0.289	7/0.316	8/0.341
8			0.1	1/0.129	2/0.158	3/0.187	4/0.215	5/0.242	6/0.268	7/0.293
9				0.1	1/0.126	2/0.152	3/0.178	4/0.203	5/0.228	6/0.251
10					0.1	1/0.126	2/0.152	3/0.178	4/0.193	5/0.215
11						0.1	1/0.121	2/0.143	3/0.164	4/0.185
12							0.1	1/0.119	2/0.139	3/0.158
13								0.1	1/0.118	2/0.136
14									0.1	1/0.117
15										0.1

제19회 감정평가실무 기출

> **공통 유의사항**
> 1. 각 문제는 해답 산정 시 산식과 도출과정을 반드시 기재
> 2. 단가는 관련 규정에서 정하고 있는 사항을 제외하고 천원미만은 절사, 그 밖의 요인 보정치는 소수점 셋째자리 이하 절사

01 감정평가사 L씨는 택지개발지구로 지정·고시된 지역의 보상에 대하여 중앙토지수용위원회로부터 이의재결평가 의뢰를 받았다. 보상 관련법규의 제규정 등을 참작하고 제시된 자료를 활용하여 보상액을 산정하시오. (40점)

(1) 의뢰토지에 대한 가격시점 결정 및 비교표준지 선정사유를 설명하고, 기호 3을 제외한 나머지 토지의 보상감정평가액을 산정하시오.

(2) 건물의 보상감정평가액을 산정하시오.

(3) 자료 8을 활용하여 아래 조건에 따라 영업손실보상액을 산정하되, 구체적인 산출근거를 제시하시오.
   1) 영업허가를 득하고 영업장소가 적법인 경우
   2) 영업허가를 득하고 영업장소가 무허가 건축물인 경우
   3) 무허가 영업이고 영업장소가 적법인 경우
   4) 무허가 영업이고 영업장소가 무허가 건축물인 경우

자료 1 　 사업개요

1. 사업의 종류: ○○택지개발사업
2. 택지개발사업지구 주민 등의 의견청취일: 2024.4.5
3. 택지개발지구 지정·고시일: 2025.10.24
4. 추가 세목고시일: 2026.3.24
5. 협의평가 가격시점: 2026.5.21
6. 재결일: 2026.8.25.
7. 현장조사 완료일: 2026.9.21.
8. 이의재결시점: 2026.10.25
9. 서울시 강남구, 동작구 및 성남시 수정구와 인접하고 있는 서울시 서초구는 해당 공익사업의 영향으로 지가변동률이 높게 나타나고 있음.
10. 해당 사업지구의 용도지역이 기존에는 자연녹지지역(개발제한구역)이었으나 공익사업시행에 따른 절차로서 제2종일반주거지역으로 변경되었음.

자료 2 　 의뢰물건 내용

1. 토지조서

기호	소재지	면적		지목	비고
		공부	편입		
1	서초구 신원동 210	450	350	대	
2	서초구 신원동 221	600	450	대	
3	서초구 신원동 230	2,000	2,000	임야	
4	서초구 신원동 240	900	900	전	

2. 지장물조서

기호	소재지	물건의 종류	구조·규격	수량	비고
가	신원동 210	주택	시멘트벽돌조 슬래브지붕 단층	50㎡	20㎡편입
나	신원동 210	점포	블록조 스레트지붕 단층	40㎡	전부편입
다	신원동 210	나라안경	-	1식	영업권

자료 3 | 인근지역의 표준지공시지가 현황

기호	소재지	면적(㎡)	지목	이용상황	용도지역	도로교통	형상지세	공시지가(원/㎡) 2025년	공시지가(원/㎡) 2026년
A	신원동 125	300	대	단독	제2종일반	소로한면	세장형 평지	900,000	950,000
B	신원동 130	900	전	전	제2종일반	세로(가)	부정형 완경사	600,000	650,000
C	신원동 산15	3,000	임야	토지임야	제2종일반	맹지	부정형 완경사	250,000	280,000
D	신원동 233	450	대	단독	개발제한	세로(가)	가장형 평지	500,000	600,000
E	신원동 245	450	대	주거나지	개발제한	세로(가)	세장형 평지	300,000	350,000
F	신원동 280	1,000	전	전	개발제한	세로(불)	부정형 평지	140,000	180,000
G	신원동 산100	3,000	임야	토지임야	개발제한	맹지	부정형 완경사	12,000	15,000

※ 표준지 A, D는 도시계획도로에 20% 저촉됨.

자료 4 | 시점수정 자료

1. 지가변동률

   1) 서초구, 서울시 평균 용도지역별 지가변동률(단위: %)

구분	서초구		서울시 평균	
	주거지역	녹지지역	주거지역	녹지지역
2025.1.1 ~ 12.31	8.350	10.750	2.350	2.675
2026년 1월	1.100	1.325	0.150	0.235
2026년 2월	1.125	1.355	0.100	0.325
2026년 3월	1.130	1.335	0.125	0.234
2026년 4월	1.145	1.375	0.130	0.235
2026년 5월	1.145	1.375	0.145	0.325
2026년 6월	1.150	1.350	0.125	0.234
2026년 7월	1.100	1.325	0.130	0.225
2026년 8월	1.125	1.355	0.145	0.285

※ 2026년 9월 및 10월의 지가변동률은 미고시된 상태임.

2) 강남구, 동작구, 성남시 수정구 용도지역별 지가변동률(단위: %)

구분	강남구		동작구		성남시 수정구	
	주거지역	녹지지역	주거지역	녹지지역	주거지역	녹지지역
2025.01.01 ~ 12.31	2.350	3.555	2.150	2.750	2.750	2.180
2026.01.01 ~ 06.30	1.125	2.373	1.145	1.504	1.130	1.565
2026년7월	0.230	0.335	0.140	0.235	0.120	0.225
2026년8월	0.245	0.385	0.130	0.275	0.115	0.275

※ 2026년 9월 및 10월의 지가변동률은 미고시된 상태임.

2. 생산자물가상승률

연도	2023.12	2024.01	2024.12	2025.01	2025.12	2026.01
지수	128.8	129.2	130.2	130.5	132.5	132.7
연도	2026.02	2026.03	2026.07	2026.08	2026년 9월과 10월은 추정	
지수	132.8	133.0	133.4	133.5		

자료 5 대상물건 조사사항

1. 토지

구분	내용
위치 및 부근상황	대상물건은 서초구 신원동 속칭 장수리마을 내에 소재하며 부근은 자연부락 내의 단독주택, 농경지, 임야 등으로 형성되어 있음.
교통상황	대상물건 인근까지 차량접근이 가능하고 인근에 시내버스정류장이 소재하여 일반적인 대중교통사정은 보통임.
형태 및 이용상황	기호1) 사다리형의 토지로서 남측 인접필지보다 다소 고지이며 주변은 완만한 경사를 이루고 있으며 주상용 건물부지로 이용 중임. 기호2) 가장형의 토지로서 인접필지와 등고 평탄하며 주거나지로 이용 중임. 기호3) 부정형의 토지로서 서하향의 완경사를 이루고 있으며 전으로 이용 중임. 기호4) 세장형의 토지로서 인접필지와 등고 평탄하며 전으로 이용 중임.
도로상황	기호1) 대상물건 남측과 서측으로 각각 노폭 약 8m, 2m 포장도로에 접하고 있음. 기호2) 대상물건 동측으로 노폭 약 2m 포장도로에 접함. 기호3) 지적도상 맹지이나 대상물건 북측으로 약 2m 농로에 접하고 있음. 기호4) 대상물건 동측으로 노폭 약 4m 포장도로에 접함.
토지이용관계	기호1 ~ 4) 제2종일반주거지역, 택지개발지구, 도시계획도로에 20%정도 저촉됨.
기타 참고사항	기호2) 건축허가를 득하였으나 공사착공 전에 사업부지에 편입됨. 기호3) 2019.03.05에 불법으로 형질변경하여 전으로 이용 중인 것으로 조사됨. 기호4) 사업구역이 확장되면서 추가로 편입됨.

2. 건물
   1) 기초자료

구분		기호 가)	기호 나)	비고
사용승인일자		2007.10.25	1996. 10. 01	
건물 내용연수		45년	40년	
가격시점 현재 재조달원가(원/㎡)		550,000	450,000	
이전비 (원)	해체비	4,000,000	2,000,000	
	운반비	1,500,000	1,200,000	
	정지비	1,200,000	1,000,000	
	재건축비	20,000,000	15,000,000	설비 개량비용 각 5,000,000원 포함
	보충자재비	5,000,000	3,000,000	
	부대비용	5,000,000	3,000,000	

   2) 건물 조사내용
   - 본 건물의 이전비는 전체 건물을 기준으로 한 것임.
   - 기호 가) 건물은 기둥이 없는 구조임.
   - 건물높이는 2m이며 벽면적은 반올림하여 소수점 첫째자리까지 사정함.
   - 건축 보수비용은 400,000원/㎡을 적용함.
   - 화장실은 편입되어 재설치 되어야 하고 위생설비 설치비용은 전체면적을 기준으로 하여 50,000원/㎡을 적용함.
   - 위생설비 이외에는 추가적인 설비공사는 없음.
   - 건물단가는 천원미만은 절사함.
   - 건축허가 관련 비용: 12,000,000원
   - 기호 가) 건물 단면도

   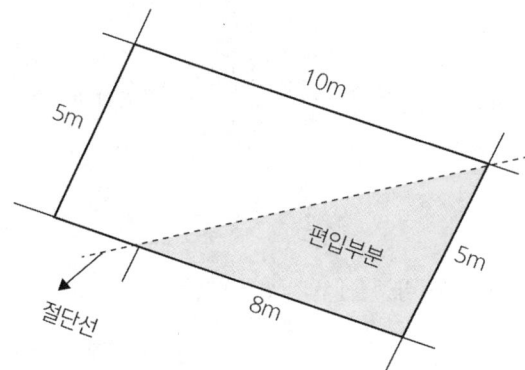

자료 6 요인비교 자료

1. 표준지와 보상사례의 지역요인은 동일함.

2. 이용상황

구분	주거용	주상용
주거용	1.00	1.20
주상용	0.83	1.00

3. 도로접면

구분	소로각지	소로한면	세로가	세로(불)	맹지
소로각지	1.00	0.96	0.86	0.80	0.70
소로한면	1.04	1.00	0.90	0.85	0.75
세로가	1.16	1.05	1.00	0.95	0.83
세로(불)	1.25	1.15	1.11	1.00	0.88
맹지	1.43	1.33	1.20	1.13	1.00

4. 형상

구분	가장형	세장형	사다리형	부정형
가장형	1.00	0.97	0.92	0.85
세장형	1.03	1.00	0.95	0.88
사다리형	1.09	1.05	1.00	0.92
부정형	1.18	1.14	1.08	1.00

5. 지세

구분	평지	완경사
평지	1.00	0.90
완경사	1.11	1.00

6. 도시계획도로(저촉률 20%일 경우 전체 토지에 적용하는 비준율)

구분	비저촉	저촉
비저촉	1.00	0.97
저촉	1.03	1.00

자료 7 보상사례

1. 사업명: ○○ 지구 택지개발사업
2. 가격시점: 2026. 01. 24
3. 소재지: 강남구 세곡동 424-5번지
4. 용도지역: 자연녹지지역(개발제한구역)
5. 그 밖의 요인 보정치 산정을 위한 시점수정치는 1.02100을 적용함
6. 보상단가 등

구분		424-5번지	500번지
지목		대	전
단가(원/㎡)		700,000	240,000
토지특성	이용상황	주상용	전
	도로접면	세로(불)	맹지
	형상	부정형	사다리형
	지세	완경사	완경사
	도시계획도로	저촉	비저촉

자료 8 영업보상관련자료

1. 대상건물의 임차인은 개인사업자로서 2021.12.01부터 안경점을 운영하여 왔음.

2. 영업이익에 관한 자료
   1) 재무제표에 의한 영업이익 산정   (단위: 원)

구분	2022년	2023년	2024년	2025년
매출액	180,000,000	200,000,000	240,000,000	150,000,000
매출원가	87,000,000	95,000,000	113,000,000	65,000,000
판매 및 일반관리비	35,000,000	40,000,000	50,000,000	40,000,000

※ 2025년 매출액은 해당 택지개발지구가 지정·고시됨으로써 매출액이 감소된 것으로 조사됨.

   2) 부가가치세 과세표준액 기준 매출액 등

구분	매출액(원)	표준소득률(%)
2022년	110,000,000	20
2023년	120,000,000	20
2024년	150,000,000	20
2025년	90,000,000	20

   3) 인근동종 유사규모 업종의 영업이익 수준
      대상물건을 포함한 인근지역 내 동종유사규모 업종의 매출액을 탐문 조사한바 연간 200,000,000원 수준이고 매출액 대비 영업이익률은 약30%인 것으로 조사되었음.

3. 이전 관련자료
   1) 상품재고액: 30,000,000원
   2) 상품운반비: 3,000,000원
   3) 영업시설 등의 이전비: 2,000,000원
   4) 상품의 이전에 따른 감손상당액: 상품가액의 10%
   5) 고정적 비용: 임차인은 영업과 관련된 차량에 대한 자동차세 600,000원과 매달 임대료로 500,000원을, 종업원(소득세 원천징수 안함)은 2인으로서 각각 1,200,000원/월을 지급하고 있으며 휴업기간 중에는 1인만 필요함.
   6) 이전광고비 및 개업비 등 부대비용: 2,000,000원

4. 기타자료
   1) 제조부문 보통인부 노임단가: 50,000원/일
   2) 도시근로자 월평균 가계지출비

구분	월평균 가계지출비
2인	2,500,000
3인	3,000,000
4인	3,500,000
5인	4,000,000
6인	4,500,000

   3) 영업이익은 만원 단위에서 반올림하여 사정함.

02

토지소유자 J씨는 C시 D읍 E리 30번지 토지에 대하여 토지등기사항전부증명서를 첨부하여 감정평가사 S씨에게 아래와 같은 조건으로 부동산자문 의뢰를 하였다. 주어진 자료를 활용하여 물음에 답하시오. (35점)

(1) 2026.1.1을 기준시점으로 하여 토지의 시장가치를 평가하시오. (5점)

(2) 2026.1.1을 기준시점으로 하여 적산임료 산정을 위한 토지의 기초가액을 평가하시오. (5점)

(3) 2026.1.1을 기준시점으로 하여 자료 3에 주어진 투자조건 등을 만족하는 토지의 투자가치를 결정하시오. (15점)

(4) 2026.9.21을 기준시점으로 하여 토지의 시장가치를 평가하시오. (5점)

(5) 2026.1.1을 기준시점으로 한 앞의 세 가지 가치를 가치기준(Valuation Bases)에 따라 비교·설명하시오. (5점)

자료 1-1 사전조사사항 Ⅰ

1. 등기사항전부증명서
   1) 토지등기사항전부증명서(의뢰시 첨부서류)

소재지번	지목	면적	기타사항
C시D읍E리 30번지	임야	630㎡	-

   2) 건물등기사항전부증명서

소재지번 및 건물번호	건물내역	기타사항
C시D읍E리 30번지	목조 함석지붕 창고 단층 36㎡	-

2. 토지대장

토지소재	지번	토지표시		
		지목	면적(㎡)	사유
C시D읍E리	30	전	300	2025년 12월 28일 분할되어 본번에 -1을 부함 2025년 12월 30일 임야에서 전으로 등록전환
C시D읍E리	30-1	임야	330	2025년 12월28일 30번지에서 분할

3. 건축물대장등본: C시 D읍 E리 30번지 및 동소 30-1번지는 건물이 등재되어 있지 않음.

4. 토지이용계획확인서: 관리지역, 토지거래계약에 관한 허가구역

5. 지적도

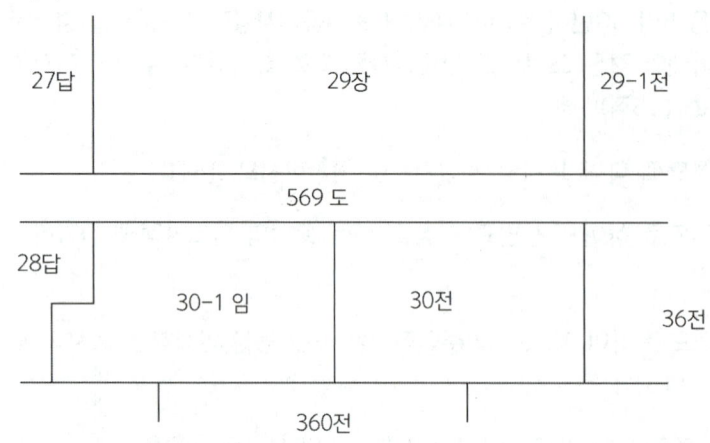

자료 1-2 사전조사사항 II

1. 인근의 비교가능한 표준지공시지가(공시기준일: 2026.1.1)

연번	소재지	면적(㎡)	지목	이용상황	용도지역	도로교통	형상지세	공시지가(원/㎡)
1	C시D읍E리 23	455	전	전	관리	세로(가)	부정형 완경사	62,000
2	C시D읍E리 50	766	답	답	관리	맹지	부정형 평지	51,000
3	C시D읍E리 135	356	대	단독주택	관리	세로(가)	부정형 평지	95,000
4	C시D읍E리 150	420	차	주차장	관리	세로(가)	부정형 평지	68,000
5	C시D읍E리 200	300	대	상업용	관리	소로한면	부정형 평지	190,000
6	C시D읍E리 356	836	임	토지임야	관리	세로(불)	부정형 완경사	43,000
7	C시D읍E리 산12	4,260	임	자연림	관리	세로(가)	부정형 완경사	30,000

2. 지가변동률: 국토교통부장관 발표 자료로 추정한 2026. 01. 01부터 2026. 09. 21까지의 C시 관리지역 지가변동률은 1.000%임.

3. 가격자료 및 기타사항

1) 해당 지역의 공시지가 수준은 적절한 균형을 유지하고 있으며 적정지가를 비교적 잘 반영하고 있으나 2026.3.2 이후 대지에 대한 수요증가로 국지적인 가격변동이 있었음.

2) 실거래가는 일부 포착되었으나 세부내역이 없어 검토가 어려움.

3) 신뢰할만한 평가사례 자료는 다음과 같음.

연번	소재지	면적 (㎡)	지목	이용 상황	용도 지역	감정평가 목적	기준시점	평가액 (원/㎡)
1	C시D읍E리 140	455	대	단독	관리	경매	2026.7.11	140,000
2	C시D읍E리 225	766	대	상업용	관리	경매	2026.6.20	300,000

평가사례 및 기타자료 등을 종합 검토한바 2026. 09. 21 기준 대상토지 평가 시 그 밖의 요인 보정 필요성이 제기되었으며, 분석결과 그 수치는 1.30으로 산정되었음.

자료 2-1 실지조사사항 Ⅰ : 2026.1.1 기준

1. C시D읍E리 30번지

1) 인접토지와 등고 평탄한 토지로 현재 지표위에 부직포를 덮고 주차장 부지로 이용 중이고 유의할 만한 다른 물건은 없었음.

2) 해당 토지는 북측에 인접한 A공장에 일시적으로 주차장부지로 임대 중이라 하며 제시받은 임대차계약서 내용은 아래와 같음.
   - 소재지: C시D읍E리 30번지
   - 당사자: 임대인 J, 임차인 A공장 대표이사 R
   - 임대면적 및 용도: 300㎡, 주차장부지
   - 임대금액: 금--,--원
   - 임대기간: 2026.1.1 ~ 2026.12.31
   - 기타사항: 임대기간은 J씨의 사정에 의해 임의로 종료될 수 있고 이에 따른 부담은 없으며, 임대 종료 시 임차인이 설치한 주차관련 지장물(부직포 등)은 임차인이 제거하기로 함.

2. C시D읍E리 30-1번지

1) 인접토지와 등고 평탄한 부정형 토지로 현재 전으로 이용 중이고 남서측 일부에는 P씨의 종중묘지가 소재하고 있어 이를 확인한바 면적은 30㎡이고 보존가치가 있어 보존묘지로 지정되어 있는 것으로 조사됨.

2) 소유자에 따르면 분할 전(前) 30번지는 수년전에 전으로 개간되었고 농지원부에도 등재되어있다 하며 이는 사실로 확인됨.

3) 이 토지는 이웃에 거주하는 P씨에게 임대 중인 것으로 조사되었으며 제시받은 임대차계약서 내용은 아래와 같음.
   - 소재지: C시D읍E리 30-1번지
   - 당사자: 임대인 J, 임차인 P
   - 임대면적 및 용도: 330㎡, 전

- 임대금액: 금--,--원
- 임대기간: 2026.1.1 ~ 2026.12.31
- 기타사항: 임대계약은 기간 중 J가 임의로 해지할 수 있고 수년간 임대해온 점을 고려하여 별도의 부담은 없도록 함.

자료 2-2 실지조사사항 Ⅱ: 2026.9.21. 기준

1. 실지조사 시 건축공정률이 80%정도인 상업용 건물을 신축 중이었고 부지 조성공사는 완료된 상태였음.

2. 제시받은 건축허가서 내용
   1) 건축구분: 신축
   2) 대지위치: C시D읍E리 30, 동소 30-1
   3) 대지면적: 560㎡
   4) 주용도: 제1종근린생활시설(소매점)
   5) 건축물내역: 경량철골조 판넬지붕, 1층, 연면적 200㎡
   6) 허가번호: 2026-도시건축과-신축허가-5
   7) 허가일자: 2026.6.30
   8) 부속 협의조건: 종전 토지 중 40㎡는 도로로 기부채납하고 사업부지는 사업완료 후 지목변경 하여야 함.

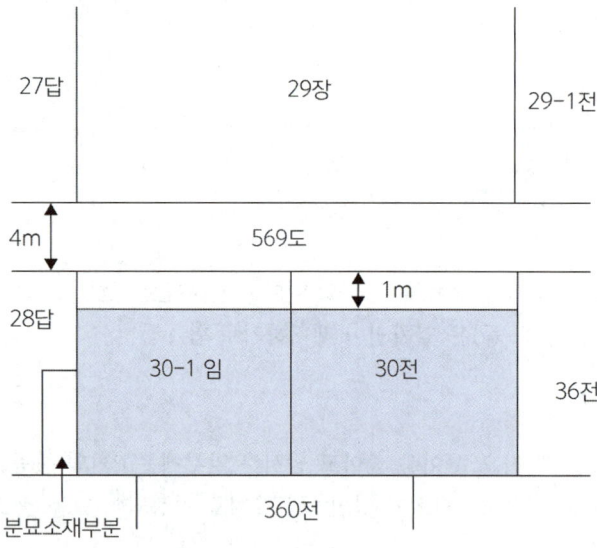

※ 음영부분은 건축허가서상 사업부지임.

자료 3 투자가치를 위한 참고자료

1. 투자조건
   1) 투자대상: 숙박시설(모텔: 객실30개)
   2) 투자조건: 기준시점에서 소득수익률≥15%이면 투자 (단, 소득수익률 = 순수익(NOI)/부동산 평가액(V)으로 하되, 부동산평가액은 공시지가를 기준한 토지가액과 원가법에 의한 건물가액으로 판단하기로 함)

2. 기타 조사자료 및 참고사항
   1) 인근의 숙박업소 조사내역
      인근의 숙박업소에 대하여 규모를 제외한 가치요인 보정 후의 안정화된 수익 자료는 다음 표와 같으며 현재까지는 신뢰할만한 것으로 보인다. 감정평가사 S씨의 선임평가사는 가능총수익(PGI), 객실점유율 등의 자료를 분석하여 적절히 활용할 것을 권고하였다. 추세가 있는 경우에는 회귀분석법(Regression Analysis)을 적용하되, 평가서에 세밀한 계산과정은 기술하지 않아도 무방하다고 조언하였다. (단, 구축모형은 유의하다고 가정하고 회귀계수와 회귀상수는 소수점 둘째자리까지 산정함)

조사시점	규모(객실 수)	PGI/객실·월(천원)	객실점유율(%)
24.12	15	700	75.5
25.2	30	800	82.2
25.3	31	810	81.8
25.5	16	690	74.1
25.6	30	800	80.5
25.8	29	790	80.0
25.10	15	710	72.2
25.12	30	800	78.8

※ 조사시점은 매월 초일을 기준으로, 충당금은 무시함.

   2) 기타수입은 자판기 등의 수익으로 1만원/월·객실을 거둘 수 있을 것으로 본다.
   3) 운영경비(OE)는 제반자료를 분석한바 아래와 같이 의미 있는 결과를 얻을 수 있었다.
      $\hat{y}$=1,200,000원 + 0.4X($\hat{y}$: 운영경비, X: 가능총수익, R^2 = 0.951)

      $$회귀상수(a) = \frac{(\sum y \cdot \sum x^2 - \sum x \cdot \sum xy)}{n\sum x^2 - (\sum x)^2} \qquad 회귀계수(b) = \frac{n\sum xy - \sum x \cdot \sum y}{n\sum x^2 - (\sum x)^2}$$

   4) 환원율은 신뢰할 만하고 의미 있는 시장자료를 분석한 결과 다음과 같이 적용 가능한 결과를 얻을 수 있었다.

구분	지가변동성 낮음	지가변동성 중립	지가변동성 높음
토지환원율	8%	10%	12%
건물환원율	10%	11%	12%
발생확률	10%	40%	50%

5) 건축업자가 제시한 숙박시설의 건물투자비용은 730,000,000원이고 구성항목은 다음과 같으나 건물평가 시 원가법에 의한 건물평가항목으로 인정하기 어려운 것은 조정이 필요하다.

구분		비율(%)	내역
직접 투자비	1. 설계비	4.0	감리비, 설계비용
	2. 기본건축비	25.0	기초 및 골조공사비 등
	3. 내외장공사비	25.0	미장, 창호공사 등
	4. 기계 설비비	18.0	냉난방, 엘리베이터 등
	5. 전기설비비	18.0	전기 및 통신공사비 등
	6. 집기비품	4.0	비품, 소모품 등 동산
	소계	86.0	
간접 투자비	7. 일반관리비	3.0	
	8. 이윤, 기타	5.0	이윤, 건설이자 등
	소계	8.0	
개업비	9. 개업 준비금	4.0	개업 전 인건비, 판촉비 등
	10. 운영자금	2.0	초기운전자금
	소계	6.0	
	총계	100.0	

자료 4 기타 참고사항

1. 지역요인: 동일함.

2. 개별요인: 이용상황이 동일하면 별도의 지목감가는 하지 아니함.

   1) 도로접면

구분	소로한면	세로(가)	세로(불)	맹지
소로한면	1.00	0.93	0.86	0.83
세로(가)	1.07	1.00	0.92	0.89
세로(불)	1.16	1.09	1.00	0.96
맹지	1.20	1.12	1.04	1.00

   2) 형상

구분	정방형	장방형	사다리형	부정형
정방형	1.00	0.99	0.98	0.95
장방형	1.01	1.00	0.99	0.96
사다리형	1.02	1.01	1.00	0.97
부정형	1.05	1.04	1.03	1.00

3) 지세

구분	평지	완경사
평지	1.00	0.97
완경사	1.03	1.00

03

A감정평가사는 ○○청으로부터 아래와 같은 내용의 입목에 대한 감정평가의뢰를 받았다. 제시자료를 검토하여 입목의 취득가액을 결정하시오. (단, 입목의 평가방법은 제시자료에 타당한 합리적이고 보편적인 방법을 선택하여 평가할 것) (15점)

자료 1 · 감정평가 의뢰내역

1. 개요

   1) 감정평가 목적: 조림대부지 내 입목의 취득(매수)
   2) 소재지: ○○○도 ○○군 ○○면 ○○리 산21
   3) 지목: 임야
   4) 면적: 1,050,000㎡

2. 입목현황

임종	임상	수종	혼효율(%)	임령	령급	경급(cm)	수고(m)	ha당 재적(㎥)
천연림 (자연림)	활엽수	참나무 기타 활엽수	70	$\frac{29}{15-45}$	Ⅱ-Ⅴ	$\frac{18}{8-35}$	$\frac{10}{8-18}$	75
	침엽수	소나무						
인공림 (조림)	침엽수	잣나무 낙엽송 리기다소나무	30	$\frac{35}{25-45}$	Ⅲ-Ⅳ	$\frac{20}{10-36}$	$\frac{11}{8-19}$	95

   ※ 참고사항: 1. 조림대부지로서 관리 상태는 양호함.
   2. 경급(cm): $\frac{평균경급}{최저경급 - 최고경급}$

3. 수종별 재적

임종	임상	수종	재적(㎥)	비고
천연림 (자연림)	활엽수	참나무	1,653.80	
		기타활엽수	3,307.50	
	침엽수	소나무	551.30	
	소계		5,512.60	
인공림(조림)	침엽수	잣나무	1,047.40	
		낙엽송	748.10	
		리기다소나무	1,197.00	
	소계		2,992.50	
합계			8,505.10	

자료 2 　 입목평가자료

1. 원목 시장가격(기준시점현재)

등급 기준	흉고직경 (경급)	원목가격(원/㎥)					
		참나무	기타 활엽수	소나무	잣나무	낙엽송	리기다 소나무
상	30cm이상	105,000	100,000	110,000	100,000	105,000	100,000
중	16cm이상	90,000	85,000	95,000	90,000	95,000	90,000
하	16cm미만	85,000	78,000	85,000	80,000	85,000	80,000

※ 용재림 및 기타용도(펄프, 갱목, 목탄 및 목초액의 용도 등)등으로 사용할 수 있는바 일반기준 벌기령은 적용하지 아니하고, 시장가격은 천연림과 인공림(조림)의 구분 없이 형성되고 있음.

2. 조재율

(단위: %)

등급기준	활엽수	침엽수
상	90	90
중	85	85
하	80	80

3. 생산비용

1) 벌목조재비

1일 노임/인		기계상각비 및 연료비	1일 작업량/인
벌목비	조재비		
80,000원	80,000원	30,000원	10.0㎥

2) 산지집재비(소운반 포함)

1일 노임은 80,000원/인 이며 1일 작업량은 10.0㎥/인임.

3) 운반비

구분	1일 노임/인	1일 작업량/인
상하차비	80,000원	10.0㎥
자동차운반비	110,000원	10.0㎥

4) 임도 보수 및 설치비

1일 노임/인	1일 작업량/인	소요임도
90,000원	0.3km	2.1km

5) 잡비: 생산비용의 10%

4. 이자율 및 기업자이윤 등

1) 자본회수기간은 6개월 정도이며 이자율은 금융기관 대출금리 기준 연 7.0%를 적용함.
2) 기업자 이윤은 10%, 산재보험을 포함한 위험률은 5.0%로 적용함.

자료 3 참고사항

1. 일부 수종에서 참나무 시들음병이 발생되어 피해도가 "중"이상인 입목은 평가에서 제외하고 피해도가 "경"이하인 입목은 정상입목 평가액의 90%수준으로 평가함이 적절함.

2. 참나무 시들음병 피해도를 조사한 바, 조사재적 중 "중"이상 입목은 약 50%(826.90㎥), "경"이하 입목은 약 20%(330.80㎥)임.

3. 단가 계산은 원단위는 절사하고 십원 단위까지만 표기 요함.

04 대여시설(리스자산)의 감정평가 시 실지조사 유의사항에 대하여 약술하시오. (5점)

05 표준지의 평가에 있어 개발이익 반영여부에 대하여 약술하시오. (5점)

제20회 감정평가실무 기출

> **공통 유의사항**
> 1. 각 문제는 해답 산정 시 산식과 도출과정을 반드시 기재
> 2. 단가는 관련 규정에서 정하고 있는 사항을 제외하고 천원미만은 절사, 그 밖의 요인 보정치는 소수점 셋째자리 이하 절사

01 자동차부품업체를 운영하고 있는 김갑동 사장은 공장을 증설하기 위하여 임야를 매입하고, 자금마련을 위해 개발단계별로 담보대출을 신청하려 한다. 주어진 조건과 자료를 참고하여 다음 물음에 답하시오. (40점)

(1) 2026.1.1을 기준시점으로 하여 토지를 평가하시오. (5점)

(2) 2026.3.31을 기준시점으로 하여 토지를 평가하시오. (10점)

(3) 2026.9.6을 기준시점으로 하여 공장을 평가하시오. (25점)

자료 1 감정평가의뢰 내역

1) 대상물건
   ① 토지: C시 Y읍 S리 산11번지 중 김갑동 소유지분
   ② 건물: 위 지상 소재 건물

2) 감정평가 목적: 담보

자료 2 2026.1.1 기준시점 관련 사항

1) 사전조사사항
   ① 토지등기사항전부증명서

소재지번	지목	면적	소유자
C시 Y읍 S리 산11	임야	23,955㎡	공유자 지분 3분의 1 김갑동 지분 3분의 1 이갑동 지분 3분의 1 박갑동

   ② 건물등기사항전부증명서 및 건축물대장등본: 해당사항 없음.
   ③ 토지대장등본: 등기와 동일

④ 지적도: 지적 분할 신청 중으로 발급받지 못함.
⑤ 토지이용계획확인서: 계획관리지역, 준보전산지
⑥ 공장신설승인신청서 사본(요약)

소재지번	용도지역	공장용지 면적	제조시설 면적	부대시설 면적
C시 Y읍 S리 산11 (분할 후 11번지)	계획관리지역	7,780㎡	2,000㎡	500㎡

※ 분할 후 11-3번지는 진입도로로 조성할 것이며 토지 가분할 측량성과도와 같이 분할 예정임.

⑦ 토지 가분할 측량성과도

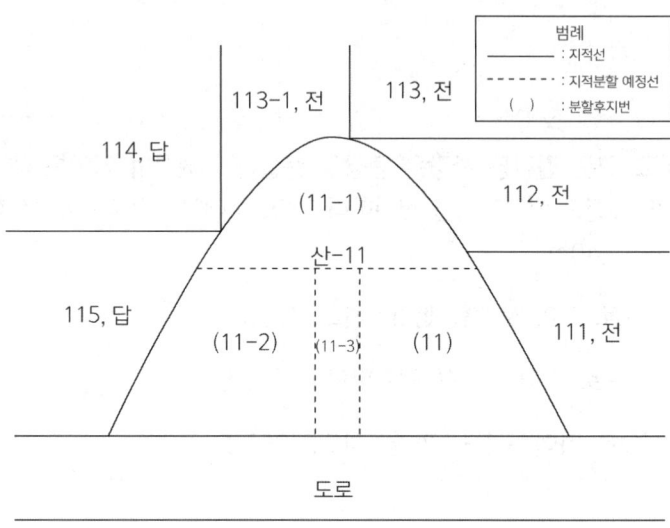

2) 실지조사사항
① 대상토지인 산11번지는 왕복 2차선 국도변에 위치한 남서향 완경사의 임야로 대부분 활잡목인 임지상의 임목은 별도의 평가가치가 없는 것으로 판단되었으며 부근은 국도주변 중소규모 공장 및 농경지대임.
② 대상토지는 토지분할 및 공장신설승인신청서가 곧 수리될 예정인 것으로 탐문되었음.

3) 심사평가사의 심사의견
해당 지역은 2026.1.1 기준으로 관리지역 세분화가 시행되었고 임야의 경우 산지번에서 등록전환, 분할 측량 등의 경우에는 면적이 달라질 수 있음.

자료 3 | 2026.3.31 기준시점 관련 사항

1) 사전조사사항

① 토지등기사항전부증명서: C시 Y읍 S리 산11에서 C시 Y읍 S리 11로 등록전환되고 면적은 23,940㎡로 변경되었으며, 지목과 소유자는 동일함.

② 건물등기사항전부증명서 및 건축물대장등본: 해당사항 없음.

③ 토지대장등본

토지소재	지번	토지표시			소유자
		지목	면적	사유	
C시 Y읍 S리	11	임야	23,940㎡	2026년 3월 1일 산11에서 등록전환	공유자 지분3분의1 김갑동 지분3분의1 이갑동 지분3분의1 박갑동
C시 Y읍 S리	11	임야	7,780㎡	2026년 3월 2일 분할되어 본번에 -1, -2, -3을 부함	김갑동

토지소재	지번	토지표시			소유자
		지목	면적	사유	
C시 Y읍 S리	11-1	임야	7,780㎡	2026년 3월 2일 11번지에서 분할	이갑동

토지소재	지번	토지표시			소유자
		지목	면적	사유	
C시 Y읍 S리	11-2	임야	7,780㎡	2026년 3월 2일 11번지에서 분할	박갑동

토지소재	지번	토지표시			소유자
		지목	면적	사유	
C시 Y읍 S리	11-3	임야	600㎡	2026년 3월 2일 11번지에서 분할	공유자 지분3분의1 김갑동 지분3분의1 이갑동 지분3분의1 박갑동

④ 토지이용계획확인서

토지소재	지번	지목	면적	토지이용계획사항
C시 Y읍 S리	11	임야	7,780㎡	계획관리지역, 준보전산지
C시 Y읍 S리	11-1	임야	7,780㎡	계획관리지역, 준보전산지
C시 Y읍 S리	11-2	임야	7,780㎡	계획관리지역, 준보전산지
C시 Y읍 S리	11-3	임야	600㎡	계획관리지역, 준보전산지

⑤ 지적도 및 기타사항: 토지 가분할 측량성과도와 같이 분할되어 확정되었으며, 공장신설 건은 2026.3.10자로 신청서와 같이 승인되었음.

2) 실지조사사항
   ① 대상토지는 인접토지와 평탄하게 공장부지 조성공사(조경 · 바닥포장 공사는 착수하지 않았음) 및 접면도로 포장공사가 완료되어 있었음.
   ② 실지조사 시 제시받은 공장부지 조성원가 자료는 아래와 같음.

구분	금액(단위: 원)
가설 및 토공사	45,000,000
자재 및 운반비	150,000,000
옹벽공사	30,000,000
조경 · 바닥포장공사	55,000,000
기타 간접제경비 등	72,000,000

   ※ 접면도로 포장비는 포함되어 있지 않고 별도 고려하지 아니함.
   ③ 대상토지의 공장용지부분에 건물신축을 위해 임시사용승인을 받은 경량철골조 철판지붕 단층 작업장(바닥면적: 100㎡)이 소재함.

3) 심사평가사의 심사의견
   ① 제시한 조성공사비의 대부분은 적정하나 자재비가 일시 폭등한 시점에 공사가 이뤄져 자재 및 운반비는 통상적인 공사에 비해 50% 정도 높은 것으로 보이니 가액 검토 시 이를 고려할 것. (단, 기타 간접제경비 등은 제시금액으로 할 것.)
   ② 만약 제시 외 건물의 토지에 대한 영향정도를 파악할 경우 건물의 바닥면적 만큼만 고려할 것.
   ③ 막다른 길이 있는 각지의 도로접면은 한면으로 인식할 것.

자료 4 2026.9.6 기준시점 관련 사항

1) 사전조사사항
   ① 토지등기사항전부증명서 및 토지대장등본: 2026.03.31 토지대장과 동일
   ② 건물등기사항전부증명서: 해당사항 없음.
   ③ 토지이용계획확인서 및 지적도: 종전과 동일
   ④ 건축물대장등본: 소유자는 김갑동임.

대지위치	지번	대지면적	건축면적	사용승인일자
C시 Y읍 S리	11	7,780㎡	2,500㎡	2026.9.6
구분	층별	구조	용도	면적
주1	1	일반철골구조	공장	2,500㎡
주2	1	일반철골구조	사무실	500㎡

   ※ 5일 이내에 토지지목 변경을 조건부로 한 사용승인이었음.

⑤ 기계기구 의뢰목록

구분	기계명	수량	제작 및 구입일자	구입가격(원/대)
1	CNC M/C (수치제어선반)	2	수입신고서 참조	수입신고서 참조
2	선반	3	2026.1.1	50,000,000
3	Air Compressor	1	2025.8.1	12,000,000

2) 실지조사사항

① 공장부지 조성공사는 완료되어 있었음.
② 실지조사 시 제시받은 건물공사비 내역서 자료는 다음과 같음.

구분	공장동(단위: 원)	사무실동(단위: 원)
기초공사	30,000,000	5,000,000
옹벽공사	30,000,000	-
철골 및 철근콘크리트 공사	250,000,000	30,000,000
조적 및 벽체공사	120,000,000	15,000,000
창호 및 지붕공사	100,000,000	13,000,000
미장, 타일, 도장, 위생 및 냉난방공사 등	170,000,000	31,000,000
일반관리비 등(간접경비)	50,000,000	25,000,000
설계, 감리, 전기기본공사	100,000,000	19,000,000
수배전설비(100Kw)	150,000,000	-
크레인설비(20ton)	15,000,000	-

③ 기계장치는 신규 설치되어 정상 가동되고 있으며 도입기계 중 CNC M/C 1대는 향후 증설을 예상하여 도입하였으나 설치하지 않고 보관 중으로 증설 시기는 미정이며, 목록에 포함되지 않은 기계기구의 제작 및 구입일자는 선반과 동일한 것으로 조사되었음.

④ 도입기계 관련 수입신고서(요약)

신고일	입항일	반입일	적출국
2026.2.1	2026.1.5	2026.1.8	JP(JAPAN)
품명	수량	단가(USD)	금액(USD)
CNC M/C	2U	100,000	200,000
과세가격	$200,000	원산지 표시	JP-Y-Z-N
	₩280,304,000		
세종 관 농 부	세율 8.00 20.00 10.00	감면율 50.000	세액 11,212,160 2,242,432 29,375,859
결재금액	CIF-USD200,000	환율	1,401.52

3) 심사평가사의 심사의견

　　업자가 제시한 기계기구 구입가격 및 건물공사비 내역서의 금액은 적정한 것으로 보이나 일부 항목은 건물공사비 산입의 적정성을 재검토하고 특히 기계기구 의뢰목록은 재작성해야 할 것이라는 의견을 제시함.

자료 5 가액결정을 위한 참고자료

1) 표준지공시지가 현황(실지조사일과 감정평가서 작성완료일은 동일하고 공시지가 공시기준일은 매년 1월 1일, 공시일은 매년 3월 1일임)

일련번호	소재지	면적(㎡)	지목	이용상황	용도지역 2025년도	용도지역 2026년도	도로교통	형상지세	공시지가(원/㎡) 2025년도	공시지가(원/㎡) 2026년도
1	C시 Y읍 S리 산20	17,345	임야	임야	관리	계획관리	맹지	부정형 완경사	51,000	50,000
2	C시 Y읍 J리 산17	22,915	임야	임야	관리	보전관리	세로가	부정형 완경사	39,000	38,000
3	C시 Y읍 S리 산107	8,950	공장용지	공업용	관리	계획관리	소로한면	부정형 평지	151,000	150,000
4	C시 Y읍 S리 산55	2,235	잡종지	상업용	관리	계획관리	소로한면	장방형 평지	223,000	220,000

2) 적용할 지가변동률(월말에 해당 월 변동률을 발표한다고 간주, 단위: %)

　① 2025년도

구분	공업지역	관리지역	농림지역	임야	공업용
2025.1.1 ~ 12.31	-1.179	-1.245	-1.377	-1.154	-0.912
2025.12.1 ~ 12.31	-0.179	-0.389	-0.247	-0.169	-0.088

　② 2026년도

구분	공업지역	보전관리	계획관리	임야	공업용
2026.1.1 ~ 3.31	-0.697	-0.765	-0.454	-0.667	-0.546
2026.1.1 ~ 9.6	0.998	0.996	0.997	0.988	0.917

3) 지역요인: 동일함.

4) 개별요인: 이용상황이 동일하면 별도의 지목감가는 하지 아니함.

① 도로접면

구분	소로한면	세로가	세로(불)	맹지
소로한면	1.00	0.93	0.86	0.83
세로가	1.07	1.00	0.92	0.89
세로(불)	1.16	1.09	1.00	0.96
맹지	1.20	1.12	1.04	1.00

② 형상

구분	정방형	장방형	사다리형	부정형
정방형	1.00	0.99	0.98	0.95
장방형	1.01	1.00	0.99	0.96
사다리형	1.02	1.01	1.00	0.97
부정형	1.05	1.04	1.03	1.00

③ 지세

구분	평지	완경사
평지	1.00	0.97
완경사	1.03	1.00

④ 2026.03.31 기준 C시 Y읍 S리 11번지 토지의 성숙도 평점

대상토지	표준지 3	표준지 4	거래사례	평가선례
1.00	1.10	1.10	0.50	0.90

5) 거래사례 및 평가선례

① 거래사례

소재지	지목	면적(㎡)	이용상황	용도지역	도로교통	형상지세	단가(원/㎡)	거래시점
C시 Y읍 S리 산11	임야	7,985	임야	관리	소로한면	부정형 완경사	110,000	2025.12.1

② 평가선례: 유사사례가 많으나 대표적인 것만 제시함.

소재지	지목	면적(㎡)	이용상황	용도지역	도로교통	형상지세	단가(원/㎡)	기준시점
C시 Y읍 S리 산22	임야	7,890	공장예정지	계획관리	소로한면	부정형 완경사	120,000	2026.1.1

③ 심사평가사의 심사의견

수집한 자료들 중 평가선례는 적정하나 거래사례는 개발이익의 상당부분이 매도자에게 귀속된 것으로 보이고 공장예정지인 평가선례는 개별요인에서 성숙도를 보정해야 한다는 의견을 제시함.

6) 원가법에 의한 평가 시 투하자금에 대한 기간이자는 고려하지 아니함.

7) 건물평가자료: 제시자료를 활용하되, 내용연수는 35년을 적용할 것.

8) 기계기구 평가자료
   ① 내용연수는 15년, 최종 잔가율은 10% 적용
   ② 도입기계 관련 자료
      - CIF, 원산지 화폐를 기준하고 국내 시장가격은 고려하지 아니함.
      - 기계가격보정지수: 1.0
      - 외화환산율

적용시점	통화	해당통화당 미(달러)	미(달러)당 해당통화	해당통화당 한국(원)
2026.1	JPY	0.7150(100엔당)	139.8601	1,409.10(100엔당)
2026.2	JPY	0.7532(100엔당)	132.7669	1,425.05(100엔당)
2026.8	JPY	0.7635(100엔당)	130.9758	1,405.22(100엔당)

      - 도입부대비
        설치비는 도입가격의 1.5%, L/C개설비 등 기타 부대비용은 도입가격의 3%를 적용하고 세율, 감면율 등은 도입시점과 동일하게 적용
      - 정률법에 의한 잔존가치율(내용연수는 15년, 최종 잔가율은 10%)

경과연수	1	2	3	4
잔존가치율	0.858	0.736	0.631	0.541

02

투자가 K씨는 다음의 부동산(A, B)중 하나에 투자하려고 한다. 감정평가사인 Y씨는 대상 토지가치의 타당성 검토를 의뢰받았다. 동일한 금액을 투자할 경우 적절한 투자방안을 결정하고 그 이유를 설명하시오. (25점)

자료 1

1) 대상부동산 A
   ① 소재지: ○○시 ○○구 ○○동 ○○번지
   ② 지목: 대
   ③ 면적: 500㎡
   ④ 이용상황: 나지
   ⑤ 도시계획: 일반상업지역

2) 대상부동산 B
   ① 소재지: △△시 △△구 △△동 △△번지
   ② 지목: 대
   ③ 면적: 1,000㎡
   ④ 이용상황: 나지
   ⑤ 도시계획: 일반상업지역

자료 2 A의 투자계획

1) 대상부동산 A에 업무용 건물을 건축하여 임대할 예정으로 연면적 2,000㎡, 지상 5층(각층 동일면적, 지하층 없음)으로 계획 중임.
2) 건물신축비용은 950,000원/㎡임.
3) 예상 지급임대료
   ① 1층: 월 임대료 30,000원/㎡, 월 관리비 9,000원/㎡로 책정됨.
   ② 2, 3층: 월 임대료 15,000원/㎡, 월 관리비 9,000원/㎡로 책정됨.
   ③ 4, 5층: 월 임대료 12,000원/㎡, 월 관리비 9,000원/㎡로 책정됨.
4) 보증금은 월 임대료의 12개월분으로 함. (관리비는 포함하지 않음.)
5) 유사부동산들의 수익률 범위를 조사한 바 그 중 70%는 수익률 12%, 15%는 수익률 13%, 15%는 수익률 11%로 조사됨.

자료 3   B 투자계획

1) 대상부동산 B에 할인점을 건축하여 수수료매장으로 운영할 예정임.
   연면적 2,000㎡, 지상 2층(지하층 없음)으로 계획 중임.
2) 건물신축비용은 700,000원/㎡임.
3) 할인점은 수수료매장으로 운영하여 매출액의 2%를 지급임대료로 받음.
   △△시에 거주하는 가구 수의 40%가 대상할인점을 이용할 것으로 예상되며 △△시는 가구당 평균인구수가 3.5인, 가구당 연간 평균소득은 30,000,000원임. 대상할인점을 이용하는 가구는 평균적으로 소득의 3%를 대상할인점을 통해 물품을 매입할 것으로 조사되었음.
4) 별도의 관리비는 징수하지 아니함.
5) 보증금은 월 지급임대료의 12개월분으로 함.
6) 유사부동산들의 수익률 범위를 조사한 바 그 중 70%는 수익률 12%, 15%는 수익률 14%, 15%는 수익률 10%로 조사됨.

자료 4   기타

1) ○○시 인구규모: 1,000,000명이며 미미하게 증가추세를 보임.
   △△시 인구규모: 300,000명으로 정체 중임.
2) 보증금운용이율은 8%로 적용하며 시장의 무위험이자율은 7%로 적용함.
3) 필요제경비는 대상부동산 A의 경우 관리비 수령액의 80%로 하며, 대상부동산 B의 경우 지급임대료의 30%로 함.
4) 임대가능성, 대손, 공실 등은 고려하지 아니함.
5) 환원율은 무위험이자율에 위험률을 합한 율로 적용하며 위험률의 산정은 유사부동산 수익률범위의 표준편차를 적용함.

03

감정평가사 S씨는 투자자로부터 부실채권(Non Performing Loan) 투자와 관련한 자문을 요청받았다. 부실채권은 해당 부동산과 관련된 담보부채권이다. 주어진 자료를 활용하여 다음 물음에 답하시오. (20점)

(1) 기준시점 현재 대상부동산 가치를 평가하시오. (10점)

(2) 대상부동산의 예상낙찰가를 낙찰가율과 낙찰사례를 통하여 각각 구해 결정하고, 법원의 경매절차 진행시 낙찰을 통해 대상부실채권으로부터 얻을 수 있는 예상현금흐름을 구하시오. (단, 시간적 요인은 고려하지 아니함) (10점)

자료 1 기본적 사항

1) 대상부동산
   ① 토지: A시 B구 C동 77번지, 대, 250㎡, 주거용, 일반상업지역, 세로에 접함, 장방형, 평지
   ② 건물: 위 지상 벽돌조 슬래브지붕 2층건, 연면적 200㎡(1, 2층 각 100㎡)

2) 기준시점: 2026.9.6

3) 개요
   ① 대상부동산이 속한 A시 B구는 구도심 내 일반상업지역인 C동, 아파트가 많이 소재하는 D동, 정비된 주택지대인 E동, 기타 F동 등으로 형성되어 있으며, 대상부동산의 주변은 구도심 내 일반상업지역으로 노변으로는 다소 노후화된 3~4층 규모의 상업용건물이 소재하고 후면으로는 노후화된 주상용 건물, 주거용 건물 등이 혼재하여 있음. 도심지 재개발과 관련하여 사업을 추진 중인 추진위원회는 설립되어 있으나 구체적인 계획은 미정인 상태임.
   ② 대상은 노후화된 2층의 주거용 건물로서 1층에는 소유자가 거주하고 있으며 2층 일부는 임차인이 거주하고 있음.
   ③ 대상 주변의 거래상황은 재개발가능성을 염두에 둔 수요가 다소 있어 매도호가는 다소 상승 중인 것으로 조사되었으며, 거래관행은 대상 주변건물이 대체로 노후화되어 있어 토지면적만을 기준으로 가격이 형성되어 있는 것으로 조사됨.

4) 대상부실채권(NPL)
   상기 대상부동산에 관련된 M은행의 500,000,000원의 담보부채권으로서 2순위로 근저당 설정되어 있음. (미납이자 등은 고려하지 아니함)

자료 2 표준지공시지가 (공시기준일 2026년 1월 1일)

대상과 가장 비교가능성 있는 다음의 표준지를 기준함.

일련번호	소재지	면적(㎡)	지목	이용상황	용도지역	도로교통	형상지세	공시지가(원/㎡)
1	A시 B구 C동 78	260	대	주거용	일반상업	세로	정방형 평지	5,000,000

자료 3 거래사례

1) 토지: C동 100번지, 대, 300㎡, 주거용, 일반상업지역, 소로에 접함, 사다리형, 완경사

2) 건물: 벽돌조 슬래브지붕 2층건, 연면적 200㎡

3) 거래가격: 1,455,000,000원

4) 거래시점: 2026.5.1

5) 기타: 본 거래에 특이사항은 없었던 것으로 판단됨.

자료 4 임대내역 등

1) 대상 1층은 소유자 자가 사용이고, 2층 일부는 임차인에게 임대중이나 정확한 내역은 미상임.

2) 주변 탐문조사 결과 대상을 임대할 경우 1, 2층 각각 보증금 50,000,000원, 월세 1,400,000원에 임대 가능한 것으로 조사됨.

3) 제경비는 임차인 부담으로 필요제경비, 공익비 및 실비초과액 등은 고려하지 아니함.

자료 5 낙찰사례

1) 토지: C동 60번지, 대, 350㎡, 주거용, 일반상업지역, 세로에 접함, 사다리형, 완경사

2) 건물: 벽돌조 슬래브지붕 2층, 연면적 180㎡

3) 경매평가액(최초법사가): 1,600,000,000원

4) 낙찰가: 1,070,000,000원

5) 낙찰시점: 2026.06.01

6) 기타: 경매당시 소유자와 일부 임차인이 거주 중이었고, 권리관계 등 제반사항은 대상과 유사한 것으로 조사되었음.

자료 6 토지개별요인 비교

1) 도로: 세로(95), 소로(100), 중로(105), 광로(115)

2) 형상: 정방형(100), 장방형(100), 기타(95)

3) 지세: 평지(100), 완경사(95)

4) 기타: 토지의 기타 개별요인은 대상부동산과 표준지·사례들이 유사함.

자료 7 건물에 관한 사항

1) 건물개요

구분	대상건물	거래사례	낙찰사례
사용승인일자	1997.1.1	1999.1.1	1998.1.1
대지면적(㎡)	250	300	350
연면적(㎡)	200	200	180
구조	벽돌조 슬래브지붕	벽돌조 슬래브지붕	벽돌조 슬래브지붕

2) 벽돌조 슬래브지붕 건물신축단가(2026.1.1 기준): 700,000(원/㎡)

3) 내용연수 50년, 잔존가치 0%

4) 감가상각은 만년감가함.

자료 8 낙찰가율 자료: 최근 6개월간 A시 B구 낙찰가율

구분	낙찰가율(%)
아파트	80
단독주택	70
연립, 다세대 주택	68
상업용 건물	73
기타	65

자료 9 시점수정 자료

1) 지가변동률
   ① 2026.1.1 ~ 기준시점: 1.00300
   ② 2026.5.1 ~ 기준시점: 1.01000
   ③ 2026.6.1 ~ 기준시점: 1.00700

2) 건축비지수
   2026년 1월 1일 이후 건축비는 보합세임.

자료 10

현금흐름 산정 시 검토할 이해관계는 다음과 같음.

1) 등기부상
   ① 1순위 근저당(I은행): 400,000,000원
   ② 2순위 근저당(M은행: 대상부실채권): 500,000,000원
   ③ 3순위 근저당(N은행): 100,000,000원
   ④ 4순위 근저당(P은행): 50,000,000원

2) 기타
   ① 경매감정평가 수수료 및 경매집행비용: 7,000,000원
   ② 소액임차인: 16,000,000원
   ③ 일반채권: 10,000,000원

자료 11 기타사항

1) 같은 동에서 소재하는 부동산은 동일한 지역요인을 가지는 것으로 조사됨.

2) 보증금운용이율과 적용 환원율은 6%로 함.

3) 근저당과 관련한 미납이자나 채권최고액 등은 고려하지 아니함.

04

다음을 약술하시오. (15점)

(1) 표준주택 중 건물의 선정기준 (5점)

(2) 공정가치 (5점)

(3) 새로이 하천구역에 편입되는 토지의 평가 (5점)

제21회 감정평가실무 기출

> **공통 유의사항**
> 1. 각 문제는 해답 산정 시 산식과 도출과정을 반드시 기재
> 2. 단가는 관련 규정에서 정하고 있는 사항을 제외하고 천원미만은 절사, 그 밖의 요인 보정치는 소수점 셋째자리 이하 절사

01 공정감정평가법인 소속 감정평가사인 김한국씨는 아래 부동산 중 이대한씨 지분에 대해서 한강은행(담보)과 甲구청(보상)으로부터 동시에 평가의뢰를 받고 감정평가액을 구한 후 감정평가서를 작성하고자 한다. 주어진 자료를 활용하여 다음의 물음에 답하시오. (40점)

물음(1) 감정평가 목적별로 이대한씨 소유의 토지와 건물을 평가하시오. (20점)

  1) 감정평가 목적이 담보일 경우

  2) 감정평가 목적이 보상일 경우

물음(2) 감정평가에 관한 규칙 제13조에서 규정하고 있는 필수적 기재사항에 의거 서술식으로 감정평가서를 작성하시오. (단, 감정평가 목적이 보상일 경우에 중복되는 항목은 생략) (20점)

  1) 감정평가 목적이 담보일 경우

  2) 감정평가 목적이 보상일 경우

자료 1 사전조사사항

1) 토지등기사항전부증명서

기호	소재지	지목	면적(㎡)	소유자
1	甲구 乙동 54	대	500	공유자지분 2분의 1 이대한 공유자지분 2분의 1 박조선
2	甲구 乙동 산75	임야	2,550	공유자지분 2분의 1 이대한 공유자지분 2분의 1 박조선

2) 건물등기사항전부증명서

기호	소재지	물건의 종류	구조, 규격	면적(㎡)	소유자
가	甲구 乙동 54	점포	철근콘크리트조 슬라브지붕 단층	80	이대한
나	甲구 乙동 54	주택	시멘트벽돌조 슬라브지붕 단층	70	박조선

3) 토지대장

기호	소재지	지목	면적(㎡)	소유자
1	甲구 乙동 54	대	500	공유자지분 2분의 1 이대한 공유자지분 2분의 1 박조선
2	甲구 乙동 산75	임야	2,800	공유자지분 2분의 1 이대한 공유자지분 2분의 1 박조선

4) 건축물대장

기호	소재지	물건의 종류	구조, 규격	면적(㎡)	소유자
가	甲구 乙동 54	점포	철근콘크리트조 슬라브지붕 단층	80	이대한
나	甲구 乙동 54	주택	시멘트벽돌조 슬라브지붕 단층	70	박조선

5) 甲구청 제시목록
   ① 토지

기호	소재지	면적(㎡)	지목	비고
1	甲구 乙동 54	100	대	소유자: 이대한
2	甲구 乙동 산75	500	임야	공유자지분 2분의 1 이대한 공유자지분 2분의 1 박조선

   ② 건물

기호	소재지	물건의 종류	구조, 규격	면적(㎡)	소유자
가	甲구 乙동 54	점포	철근콘크리트조 슬라브지붕 단층	20	소유자: 이대한
㉠	甲구 乙동 54	창고	시멘트블럭조 슬라브지붕 단층	10	소유자: 이대한

6) 토지이용계획확인서
   ① 기호1: 일반상업지역(250㎡), 제2종일반주거지역(250㎡), 도시계획도로저촉
   ② 기호2: 자연녹지지역

7) 지적도

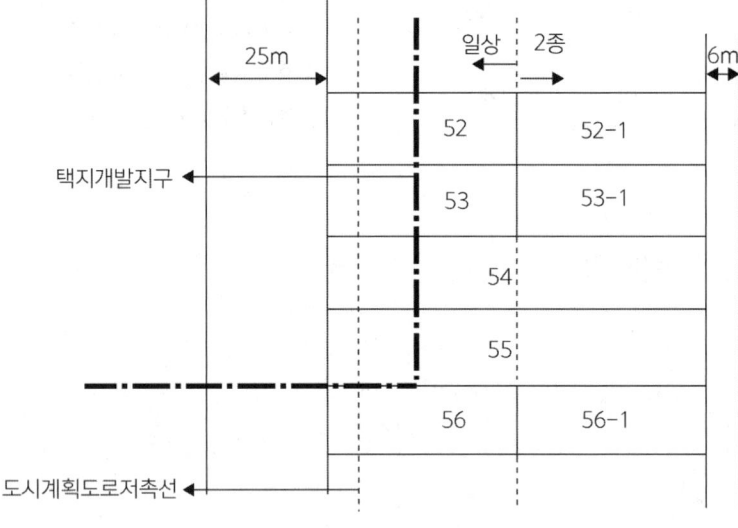

자료 2 │ 실지조사사항

1) 2026.8.30에 실지조사를 하였으나 가격자료수집이 미흡하여 2026. 09. 02에 재조사 완료하였음.

2) 기호1 토지는 인접필지와 대체로 평탄하며, 점포부지(이대한 소유)와 주택부지(박조선 소유)로 이용 중이고, 기호2 토지는 남하향의 완경사 자연림으로서 형상은 부정형이고, 지상에 자연생 활잡목이 자생하고 있으나 경제적 가치는 없는 것으로 판단됨.

3) 기호1 토지의 도로접면은 지적도와 동일하며, 기호2 토지의 도로접면은 세로가에 접하고 있음.

4) 기호1 토지의 지상에 시멘트블럭조 슬라브지붕 단층 창고(이대한 소유: 기호㉠)와 시멘트블럭조 슬라브지붕 단층 창고(박조선 소유: 기호㉡)가 무허가건축물로 존재하고 있으며, 신축년도는 모두 2017. 09. 07에 건축된 것으로 탐문조사 되었고, 이로 인하여 토지에 미치는 영향은 없는 것으로 판단됨.

5) 건물배치도

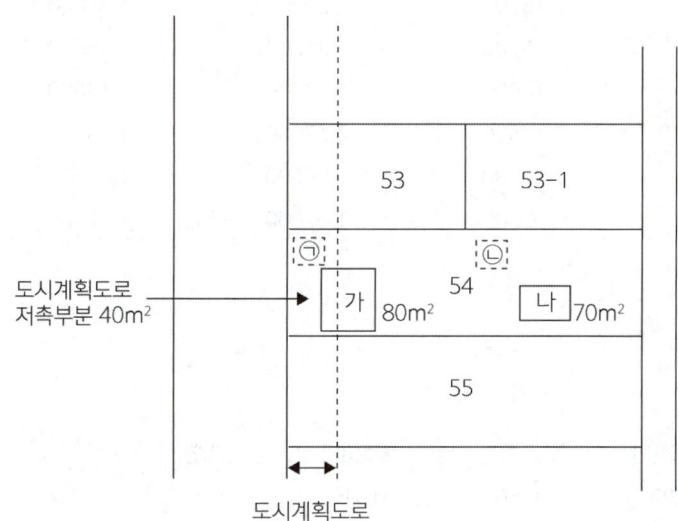

자료 3 · 가액결정을 위한 참고자료

1) 표준지공시지가 현황

기호	소재지	면적(㎡)	지목	이용상황	용도지역	도로교통	형상지세	공시지가(원/㎡) 2024년	2025년	2026년
A	乙동 57	250	대	상업용	일반상업	광대세각	세장형 평지	900,000	980,000	1,100,000
B	乙동 58-1	250	대	단독주택	제2종 일반주거	세로(가)	세장형 평지	380,000	400,000	420,000
C	乙동 산74	3,000	임야	자연림	자연녹지	맹지	부정형 완경사	38,000	45,000	50,000

※ 표준지공시지가는 기타 공법상 제한이 없는 상태임.

2) 지가변동률(甲구)

구분	상업지역	주거지역	녹지지역
2024.1.1 ~ 2026.8.30	1.15100	1.20000	1.25000
2024.1.1 ~ 2026.9.2	1.15500	1.21000	1.25500
2025.1.1 ~ 2026.8.30	1.10000	1.12000	1.13000
2025.1.1 ~ 2026.9.2	1.11500	1.12500	1.13500
2026.1.1 ~ 2026.8.30	1.05000	1.06500	1.07000
2026.1.1 ~ 2026.9.2	1.05500	1.07000	1.07500

3) 지역요인: 동일함.

4) 개별요인

① 도로접면

구분	광대세각	광대한면	소로한면	세로(가)	세로(불)	맹지
광대세각	1.00	0.95	0.86	0.81	0.75	0.72
광대한면	1.05	1.00	0.91	0.85	0.78	0.75
소로한면	1.16	1.10	1.00	0.93	0.86	0.83
세로(가)	1.24	1.18	1.07	1.00	0.92	0.89
세로(불)	1.34	1.28	1.16	1.09	1.00	0.96
맹지	1.39	1.32	1.20	1.12	1.04	1.00

② 형상

구분	정방형	장방형	사다리형	부정형
정방형	1.00	0.99	0.98	0.95
장방형	1.01	1.00	0.99	0.96
사다리형	1.02	1.01	1.00	0.97
부정형	1.05	1.04	1.03	1.00

③ 지세

구분	평지	완경사
평지	1.00	0.97
완경사	1.03	1.00

④ 공법상 제한(도시계획도로 저촉: 토지, 건물 공동사용)

구분	일반	제한
일반	1.00	0.85
제한	1.18	1.00

5) 그 밖의 요인 산정을 위한 자료
① 평가선례

기호	소재지	지목	면적(㎡)	이용상황	용도지역	단가(원/㎡)	기준시점	감정평가목적
A	乙동 59	대	250	상업용	일반상업	1,300,000	2026.1.1	담보
B	乙동 59-1	대	250	단독주택	2종 일반주거	500,000	2026.1.1	담보
C	乙동 60	대	250	상업용	일반상업	1,150,000	2025.1.1	담보
D	乙동 60-1	대	250	단독주택	2종 일반주거	480,000	2025.1.1	담보
E	乙동 110	대	250	상업용	일반상업	1,500,000	2026.1.1	보상
F	乙동 110-1	대	250	단독주택	2종 일반주거	600,000	2026.1.1	보상
G	乙동 111	대	250	상업용	일반상업	1,300,000	2025.1.1	보상
H	乙동 111-1	대	250	단독주택	2종 일반주거	560,000	2025.1.1	보상
I	乙동 112	대	250	상업용	일반상업	1,100,000	2024.1.1	보상
J	乙동 112-1	대	250	단독주택	2종 일반주거	540,000	2024.1.1	보상

② 지가변동률은 상기에서 제시한 자료와 동일하고 대상토지와 평가선례와의 지역요인 및 개별요인은 동일함.
③ 평가선례는 공법상 제한이 없는 상태임.
④ 지목이 '임야'인 표준지공시지가는 지목이 '대'인 표준지공시지가와 그 밖의 요인이 동일함.

자료 4 건물평가 자료

1) 사용승인일자

구분	점포	주택
사용승인일자	2017.9.7.	2017.9.7.

2) 건물 재조달원가(원/㎡)

구분	철근콘크리트조	시멘트벽돌조	시멘트블럭조
주택	1,000,000	900,000	600,000
점포	700,000	550,000	450,000
창고	500,000	400,000	350,000

3) 내용연수

구분	철근콘크리트조	시멘트벽돌조	시멘트블럭조
내용연수	50년	45년	30년

4) 본 건물의 감가수정은 만년감가를 기준으로 함.

5) 창고 전체와 점포 중 20㎡가 도시계획도로에 저촉됨.

6) 본 건물 중 점포 잔여부분 보수비는 건축법상 요구되는 시설개선비 2,000,000원을 포함하여 총 5,000,000원임.(담보감정 시 보수비는 고려하지 아니함)

자료 5 기타참고사항

1) 물음(2) 작성 시 감정평가서 필수적 기재사항 중 감정평가액의 산출근거 및 결정 의견을 목적별로 구체적으로 작성하시오. (단, 물음(1)에서 작성된 가액 산출근거는 생략)

2) 기호1 토지의 지상에 소재하는 이대한 소유의 건물과 박조선 소유의 건물은 합법적인 건축물로서 소유자별로 각각 점유하고 있음.

3) 기준시점에 대해서는 별도로 제시받지 아니함.

4) 보상평가를 위한 사업개요
   ① 사업의 종류: 乙지구 택지개발사업
   ② 택지개발사업 공람·공고일: 2024.12.1
   ③ 택지개발지구 지정·고시일: 2025.9.15

5) 보상액 산정을 위한 참고자료
   ① 택지개발지구 주민 등의 의견청취일 이후 해당 공익사업지구 내 표준지공시지가의 평균변동률이 해당 시·군·구 전체의 표준지공시지가의 평균변동률보다 1.4배 높고 그 변동률 차이는 10%정도임.
   ② 기호1, 2 토지 공히 일부만 택지개발지구에 편입되었으나, 잔여지 손실보상에 대해서는 고려하지 아니함.

6) 감정평가사인 김한국씨는 감정평가서를 최종적으로 2026. 09. 04에 작성·완료하여, 2026. 09. 05에 심사 후 발송하였음.

02

이대한씨는 甲구 乙동에 근린생활시설을 소유하고 있다. 이 건물의 1층은 편의점으로, 2층은 주거용으로 사용되고 있다. 대상토지는 제1종일반주거지역 내 정방형의 대(지목)로서 150㎡중 50㎡가 공익사업인 자동차전용도로 개설사업에 편입되어 보상협의요청서를 받았으나 토지에 대하여는 협의에 응하지 않고 재결의 신청을 청구하였는바, 사업시행자로부터 재결서 정본을 수령하였다. 재결에 불복한 이대한씨는 이의신청과 동시에 잔여지의 손실에 대하여도 손실보상을 청구하기로 하였다. 다음의 자료를 검토, 분석 후 물음에 답하시오. (20점)

물음(1) 잔여지(100㎡)와 관련하여 다음 질문에 답하시오. (10점)

1) 잔여지에 대한 손실보상을 받기 위한 요건을 약술하시오.

2) 잔여지 손실보상의 종류와 각각의 종류에 따른 보상액 산정방법을 설명하되, 자료를 활용하여 산정 가능한 범위 내에서 이대한씨가 청구할 수 있는 손실보상액을 산정하시오.

물음(2) 공정감정평가법인 소속 김한국 감정평가사가 이대한씨의 영업손실보상액을 산정(협의보상)하기 위하여 수집하였을 것으로 판단되는 제반자료 및 조사사항을 "공익사업을 위한 토지 등의 취득 및 보상에 관한 법률" 및 동법 시행규칙, 감정평가실무기준, 보상평가지침 등과 관련하여 설명하시오. (10점)

자료 1 손실보상금 지급내역서 (요약)

소재지	지번	면적	편입면적	단가(원/㎡)	금액(원)
甲구 乙동	123-1	150	50	1,500,000	75,000,000

※ 건물 등 지장물과 영업손실의 보상금은 협의를 위한 보상협의 요청 시 수령하였음.

자료 2 대상 부동산의 상황 등

1) 잔여지 100㎡는 자동차 전용도로가 잔여지의 전면부를 통과하여 맹지가 되어 건축이 불가능한 상태임.

2) 가격조사 결과 공익사업시행 후, 잔여지 매매가능가액은 700,000원/㎡ 내외로 파악되었음.

3) 도로개설공사 완료일: 2026년 9월 5일

4) 본건의 사업인정고시일: 2025년 1월 1일

5) 본 사업으로 인한 인근지역의 지가변동은 없는 것으로 조사되었음.

03
총 3인의 조합원으로 구성된 재개발조합은 분양계획의 조정을 위하여 아래와 같은 자료를 수집하였다. 구체적으로 조합원 부담의 감소를 위하여 분양계획 1안을 2안으로 변경하고자 한다. 이때 각 1안 및 2안의 비례율을 산정하여, 2안으로 변경할 경우 유리한 조합원의 순서를 판별하되, 산출과정 및 그 이유를 설명하시오. (15점)

자료 1 조합원별 종전자산 평가액

1) 김한국: 80,000,000원

2) 이대한: 140,000,000원

3) 박조선: 180,000,000원

자료 2 건축계획 및 사업관련비용 등

1) 단위세대 당 105㎡ 면적의 총 10세대를 건축할 예정이며, 이 중 3세대는 조합원 분양분이고, 7세대는 일반분양 예정임.

2) 본 사업의 진행을 위해서는 기존주택 등의 철거비로 100,000,000원이 소요될 전망이고, 신축공사비로 1,400,000,000원의 지출이 예상됨.

자료 3 분양예정가격

1) 1안: 조합원에 대한 분양예정가격은 단위세대 당 160,000,000원, 일반 분양예정가격은 단위세대 당 200,000,000원임.

2) 2안: 조합원에 대한 분양예정가격은 단위세대 당 140,000,000원, 일반 분양예정가격은 단위세대 당 200,000,000원임.

04
이대한씨는 甲구 乙동에 소재한 구형 단독주택을 구입하여 철거한 후, 다가구주택을 신축하여 임대하고자 한다. 다음의 자료를 활용하여 신축예정 다가구주택의 수익가치를 산정하고, 이 사업으로 인한 요구수익률을 충족시킬 수 있는 구형 단독주택의 최대 매수(지불) 가능가액을 산정하시오. (15점)

자료 1. 신축예정 다가구주택의 개요

1) 총 18개의 단위호로 구성된 철근콘크리트조의 원룸형으로 기존주택 철거비를 포함하여 신축공사비는 총 550,000,000원이 소요될 예정임.

2) 신축 건물의 예상 임대료는 각 단위호당 임대보증금 10,000,000원에 월세 800,000원을 받을 수 있을 것으로 추정되며, 월세 징구에 따른 시간가치는 고려하지 아니함.

3) 임대보증금의 운용이율은 1년 만기 정기예금금리 수준인 연 4%가 적정한 것으로 조사되며, 예상되는 공실손실상당액 및 대손액 등은 가능총수익(PGI)의 8%, 관리 등에 소요되는 제반 경비는 유효총수익(EGI)의 20%로 예상됨.

자료 2. 인근 유사 다가구주택의 거래사례 및 임대자료 (사례 수: 3개)

1) 사례1: 2025년 1월 - 매매금액 2,000,000,000원
   연간 순수익(NOI) 220,000,000원

2) 사례2: 2025년 6월 - 매매금액 2,000,000,000원
   연간 순수익(NOI) 180,000,000원

3) 사례3: 2026년 8월 - 매매금액 1,800,000,000원
   연간 순수익(NOI) 180,000,000원

자료 3. 기타 참고사항

1) 이대한씨는 사업자본의 50%를 차입(타인자본)할 예정임. 차입자금의 연간 금리수준은 10%이며, 자기자본에 대한 요구수익률은 위험을 고려하여 차입자금 금리수준의 2배를 기대하고 있음. 한편, 본 사업에 적용할 종합적인 요구수익률은 물리적 투자결합법을 활용하여 산정할 예정임.

2) 수익가치 산정에 사용할 환원율은 시장추출법에 의하여 산정하되, 수집된 자료 중 가장 최근의 자료에 50%의 가중치를 두고, 나머지 자료는 동일한 비중으로 취급할 예정이고, 환원방법은 직접법에 의함.

05

주어진 자료는 2026년 상반기에 월별로 수집된 실거래 사례의 토지단가(원/㎡)이다. A시 외곽의 동일수급권 내 자연녹지지역의 '답'에 대한 자료로서 용도 및 규모가 유사하며 제반 요인의 차이가 없다. 또한, 대상기간동안 지가변동도 미미하였다. 이 자료에만 의거하여 금년 7월 1일 기준으로 부동산 가격공시에 관한 법률상 언급되는 '성립될 가능성이 가장 높다고 인정되는 가격'을 결정하고자 한다. 다음의 순서에 입각하여 요구하는 값을 모두 구하고, 적정가격을 결정하되, 그 사유를 설명하시오. (10점)

물음(1) 범위(range) 및 평균(mean)의 산정

물음(2) 중위값(median) 및 최빈치(mode)의 산정

물음(3) 적정가격 결정사유의 설명

자료 수집된 토지 가격자료: 총 12개

1) 2026년 1월: 190,000원, 180,000원

2) 2026년 2월: 190,000원, 200,000원

3) 2026년 3월: 238,000원, 190,000원, 210,000원

4) 2026년 4월: 225,000원

5) 2026년 5월: 210,000원, 210,000원

6) 2026년 6월: 195,000원, 210,000원

제22회 감정평가실무 기출

> **공통 유의사항**
> 1. 각 문제는 해답 산정 시 산식과 도출과정을 반드시 기재
> 2. 단가는 관련 규정에서 정하고 있는 사항을 제외하고 천원미만은 절사, 그 밖의 요인 보정치는 소수점 셋째자리 이하 절사

01

감정평가사 甲은 (주)K생명보험으로부터 동 회사가 보유 중인 부동산에 대한 감정평가를 의뢰받아 처리계획을 수립한 후 현장조사를 수행하고 아래와 같이 자료를 수집·분석하였는바, 이를 활용하여 시산가액 조정을 통한 최종 감정평가액을 산출하되, 평가방식 적용 시 필요한 경우 그 판단에 대한 의견을 명기하시오. (40점)

자료 1 기본적 사항

- 감정평가 의뢰 내역

항목	기호	소재지	지목/층	면적(㎡)	용도지역/용도
토지	1	경기도 Y시 B읍 K리 219	잡종지	225.0	계획관리
	2	〃 219-2	잡종지	291.0	〃
	3	〃 219-1	대	975.0	〃
	4	〃 219-3	대	554.0	〃
	5	〃 219-4	도로	105.0	〃
	6	〃 219-5	도로	144.0	〃
건물	가	〃 219-1 〃 219-3	지하1 지상3	1,254.3	근린생활시설 및 숙박시설
	나	〃 219-1 〃 219-3	1	72.24	근린생활시설

- 의뢰인: (주)K생명보험
- 감정평가 목적: 일반거래(매매참고용)
- 제출처: (주)K생명보험
- 목록표시근거: 등기사항전부증명서, 일반건축물관리대장등본
- 기준시점: 2026.9.4
- 조사기간: 2026.8.31 ~ 2026.9.4
- 작성일자: 2026.9.4

자료 2   대상부동산에 관한 기본 자료 및 현장조사 내용

1) 토지
   - 이용상황
     - 기호 (1, 2): 대상 기호 (5, 6) 토지와 경계 구분 없이 대상 (가, 나) 건물의 진출입을 위한 포장도로로 이용 중임.
     - 기호 (3): 현황 숙박시설로 이용 중인 대상 기호 (가) 건물 부지임.
     - 기호 (4): 현황 주택으로 이용 중인 대상 기호 (나) 건물 부지임.
     - 기호 (5, 6): 대상 기호 (1, 2) 토지와 경계 구분 없이 대상 (가, 나) 건물의 진출입을 위한 포장도로로 이용 중임.
   - 접면도로
     - 대상 기호 (2, 6) 토지가 남서측으로 ○○번 국도에 접함.
   - 형상 및 지세
     - 대상 일단의 토지 전체를 기준으로 자루형에 가까운 평지임.

2) 건물
   - 공통사항
     - 사용승인일: 2012.8.29
     - 건폐율 / 용적률: 24.91% / 65.07%
   - 기호 (가)
     - 구조: 철근콘크리트조 슬라브지붕
     - 난방설비, 패키지 에어컨에 의한 냉방설비, 위생 및 급배수설비, 화재탐지 · 경보 및 소화설비 등
     - 이용상황

층	용도	면적	이용상황
지1	근린생활시설	331.55	창고, 보일러실
1	숙박시설	305.23	접수대, 객실 9
2	숙박시설	308.76	객실 10
3	숙박시설	308.76	객실 10

   - 기호 (나)
     - 구조: 연와조 슬라브지붕 단층
     - 면적: 72.24㎡
     - 주요설비: 난방설비, 위생 및 급배수설비 등
     - 이용상황: 주택(방2, 화장실 겸 욕실, 주방 겸 거실)

3) 임대 및 사용현황
   - 2025년부터 乙에게 무상으로 임대 중인 것으로 조사되었음.

4) 본건 평가선례
   - 기준시점: 2021.3.2
   - 감정평가목적: 담보
   - 평가액: 1,402,384,500원

자료 3   경기도 Y시 개황

1) Y시는 경기도 북동측 내륙권, 서울에서 직선거리 약 30km 거리에 위치하며 대체로 산지가 많고 평지가 적음.

2) 도로 및 전철 등 서울로의 대중교통 접근조건이 개선됨에 따라 대규모택지개발사업 시행 및 그로 인하여 인구유입이 지속적으로 증가되어 왔고, 이에 따라 주택이 지속적으로 공급되어 왔음.

3) Y시의 산업별 사업체 수는 제조업, 도소매업, 숙박(음식점)업 순으로 나타났고, 종사인원을 기준으로 할 경우 제조업이 50%정도를 차지하나 대형 할인점 등의 입지에 따른 3차 산업의 발달 등 급격한 도시화로 도소매업의 증가가 두드러진 반면 숙박업은 지속적인 감소세를 나타내고 있음.

4) Y시 토지거래는 2010년대 중반, 시 승격을 전후로 연간 6,500여건에서 연간 16,000여건으로 거래량이 급격히 상승하였으나 2010년대 후반 이후 등락을 보이다 최근에는 연간 10,000여건으로 안정세를 보이고 있음.

자료 4   지역 및 대상부동산 개황

1) 대상은 Y시 B읍 K리 소재 K저수지 북동측 인근에 위치하고 있으며, 인근은 국도 및 지방도변을 따라 숙박시설 및 근린생활시설 등이 산재하고 후면으로 농경지 및 임야 등이 혼재하여 있음.

2) 대상 토지 남서측으로 ○○번 국도에 접하고 있어 대상까지 제반 차량의 진출입이 원활하고, 대상 북서측 인근에 ○○번 국도와 동서로 연결되는 □□번 지방도가 연결되는 삼거리가 소재함.

3) Y시 관내를 연결하는 버스정류장이 대상 남동측 인근에 위치하나, 운행 간격 등에 비추어 대중교통 사정은 다소 불편함.

자료 5 인근지역 분석

1) 대상은 계획관리지역 내 3층 숙박시설(객실 29개)로서, 용도적·기능적 동일성을 기준으로 대상 남서측 인근에 소재한 K저수지 북측의 ○○번 국도변 및 동 국도에 동서로 연결되는 □□번 지방도를 따라 본건 북서측 인근 M저수지에 이르는 지방도변 일대가 대상 부동산의 인근지역으로 판단됨.

2) 인근지역은 K저수지를 중심으로 유원지·낚시터 등의 이용객들을 위한 음식점, 숙박시설, 카페 등이 산재되어 있고, M저수지 주변도 이와 유사한 이용을 보이고 있으며 특히, 숙박시설은 독립적으로 위치하기 보다는 몇 개씩 집단화고 있는 양상을 보이고 있으나, 경기침체 및 유원지·낚시터 등의 이용객의 감소와 더불어 숙박시설이 집단화한 지역으로서의 전반적인 경쟁력 약화 등이 상승 작용하여 영업상황이 악화되어 가고 있으며, 영업을 중지하는 숙박시설이 증가하고 있는 추세임.

3) 인근지역은 ○○번 국도 및 □□번 지방도를 따라 노변 또는 후면에 음식점 또는 숙박시설이 주류를 이루고 있으며, 숙박시설의 경우 3층으로서 객실 30~35개 규모가 일반적 이용임.

4) 토지 가격수준에 대한 탐문 조사결과, ○○번 국도에 접하고 있는 경우 @453,000원/㎡ ~ @600,000원/㎡, 후면지의 경우 @272,000원/㎡ ~ @300,000원/㎡ 수준이고, M저수지에서 동측으로 □□번 지방도에 접하고 있는 경우 @453,000원/㎡ ~ @544,000원/㎡, 후면지의 경우 @211,000원/㎡ ~ @300,000원/㎡ 수준으로 호가되고 있음.

5) 또한, 최근 인근지역에는 영업이 중단된 숙박시설을 노인전문요양원 등 타용도로 전환·이용하려는 목적으로 매물을 찾는 문의가 간혹 있으나 실제 노인전문요양원 등으로 전환·이용된 사례는 없는 것으로 조사되었음.

자료 6 표준지공시지가 및 거래사례

1) 비교표준지 공시지가

소재지	면적(㎡)	지목	이용상황	용도지역	도로교통	형상지세	공시기준일	공시지가	비고
K리 217-1	880.0	대	상업용	계획관리	소로각지	부정형평지	2022.1.1	405,000	대상 남동측 인접, ○○번 국도변
							2023.1.1	455,000	
							2024.1.1	420,000	
							2025.1.1	425,000	
							2026.1.1	430,000	

2) 거래사례

구분		거래사례 #1	거래사례 #2	거래사례 #3	거래사례 #4
소재지		K리 354	K리 419-3	K리 418	K리 381-5
거래금액		481,100,000	903,500,000	685,100,000	850,100,000
거래일자		2024.6.5	2025.1.7	2024.8.20	2026.2.27
토지면적(㎡)		974.0	1,327.0	1,405.0	1,258.0
건물내역	구조	-	철근콘크리트조 슬라브지붕	철근콘크리트조 슬라브지붕	철근콘크리트조 슬라브지붕
	용도	-	숙박시설	숙박시설	숙박시설
	객실 수	-	31	26	34
	층(지상/지하)	-	3/1	5/1	3/1
	연면적(㎡)	-	1,349.74	975.24	2,410.27
	사용승인일	-	2019.12.24	2014.8.15	2017.9.1
비고		-	-	현 영업중단	현 영업중단

자료 7 표준건축비 자료(기준시점 기준)

1) 철근콘크리트조 숙박시설: @1,060,000원/㎡

2) 연와조 단독주택: @850,000원/㎡

자료 8 시점수정 자료

- 2024.1.1. 이후 인근지역 토지시장 및 건축물 신축가격은 큰 변화가 없었던 것으로 조사되어 시점수정은 필요 없음.

자료 9 대상 영업자료 등

1) 매출액: 5,500,000원/월

2) 영업경비
  - 단기내용연수 항목에 대한 대체충당금을 제외한 세금 등 고정비와 인건비, 냉난방비, 공과금 등 변동비에 대한 자료검토 결과 평균 4,500,000원/월 소요됨.

3) 동산항목 가치
  - 기준시점 현재 대상 숙박시설 내 가구, 전자제품 등의 잔존가치는 객실당 @600,000원으로 산정됨.

자료 10 요인비교 자료

1) 토지 개별요인 비교치

표준지	대상 (전체 기준)	거래사례 #1	거래사례 #2	거래사례 #3	거래사례 #4
1.00	0.78	1.15	1.07	0.97	0.95

2) 건물 개별요인 비교치

- 철근콘크리조

표준건축비	대상	거래사례 #2	거래사례 #3	거래사례 #4
1.00	1.00	1.00	1.03	1.00

- 연와조

표준건축비	대상
1.00	1.05

자료 11 각종 이율 등

1) 시장금리 등
   - 국고채(3년): 3.96%/연
   - 회사채(3년, AA-): 6.12%/연
   - 저당이자율(예금은행 가중평균 대출금리): 6.73%/연

2) 숙박시설 지분환원율 등
   - 지분환원율: 12.0%/연
   - 대출비율: 45%

3) 숙박시설 투자수익률 등
   - 투자수익률: 15.0%/연
   - 가치변동: 전형적인 보유기간인 5년 동안 인근지역 숙박시설의 가치는 35% 정도 하락할 것으로 예상

자료 12 기타

1) 원가방식 중 내용연수법 적용 시 내용연수 또는 잔존내용연수 조정이 필요할 경우 거래사례를 활용

2) 비교방식 중 개별요인 비교는 사례의 토지/건물 가치구성비율을 활용하고, 내용연수 만료 시 잔존가치율은 1%를 적용

3) 숙박시설 운영을 위해서는 직원 등의 숙소가 필요함이 일반적인바, 대상 기호 (나) 건물은 무상임차인 乙과 운영을 돕고 있는 그 자녀 1인의 숙소로 사용되어, 숙박시설 용도에 부합하는 것으로 판단

4) 기준시점 현재 건축물의 철거비는 @15,000원/㎡

02

A감정평가법인에 소속된 감정평가사 김정직은 ○○도 ○○시 ○○동 100번지 일대에 소재하는○○ 1-1 주택재개발 정비사업 구역의 사업시행인가 신청을 위한 정비기반시설의 감정평가의뢰를 받았다. 주어진 자료를 활용하여 관련 법규에 따라 주택재개발 정비사업의 시행으로 인하여 용도폐지되는 기존의 정비기반시설 부지와 새로이 설치하는 정비기반시설 예정 부지를 감정평가하시오. (단, 가액의 산정과정과 본건 감정평가에 적용할 비교표준지의 선정이유는 반드시 기술) (20점)

- 감정평가조건
  (1) 본 감정평가의 대상 토지는 관련 제 규정에 따라 가장 적정하다고 판단되는 인근 표준지공시지가를 기준으로 공시기준일로부터 기준시점까지의 지가변동률과 토지의 제반 가치형성요인을 종합 고려하여 시장가치로 감정평가할 것.
  (2) 국가 또는 지방자치단체로부터 사업시행자인 해당 정비사업조합에 무상으로 양여되는 국·공유 정비기반시설 부지는 용도폐지를 전제로 감정평가할 것.
  (3) 사업시행자로부터 사업시행인가권자인 지방자치단체에 무상으로 귀속되는 새로이 설치하는 정비기반시설은 토지의 형질변경 등 그 시설의 설치에 소요되는 비용은 포함하지 않고 실지조사 당시 현재의 현황을 기준으로 감정평가할 것.

자료 1 사업의 개요

1) 정비구역 현황

사업의 종류	구역의 명칭	위치	면적(㎡)	비고
주택재개발 정비사업	○○1-1 주택재개발정비사업구역	○○시 ○○동 100번지 일원	97,600	제2종 일반주거지역

2) 토지이용계획

구분		명칭	면적(㎡)	비율(%)	비고
합계			97,600	100.0	
토지이용계획	정비기반시설 등	소계	24,800	25.4	
		도로	6,700	6.9	확장 및 신설
		공원	18,100	18.5	신설
	획지	소계	72,800	74.6	
		획지1	70,500	72.2	공동주택 및 부대시설
		획지2	2,300	2.4	종교시설

3) 건축 계획

구분		내용
밀도	건폐율	18.20% (공동주택: 15.60%, 부대시설: 2.60%)
	용적률	229.00%
규모		공동주택 22개동 1,550세대 (16층 ~ 22층)

4) 지적개황도(축척 없음)

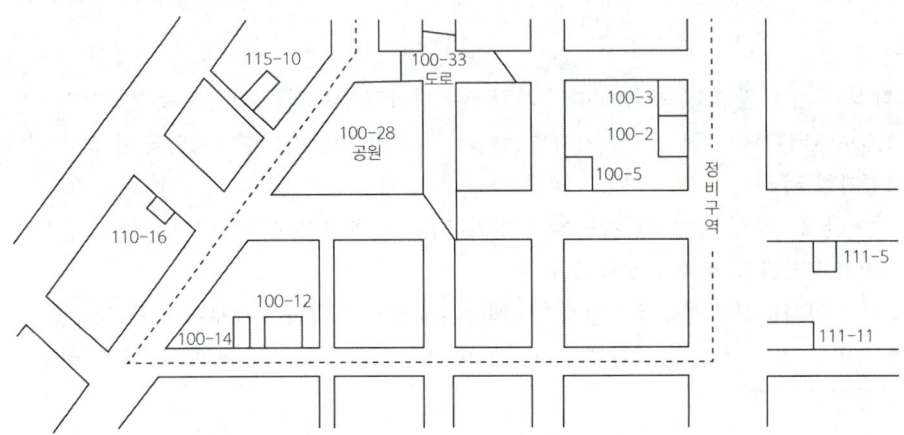

자료 2 기타 참고사항

1) 주택재개발 정비구역 지정 고시일: 2025.2.25
2) 주택재개발 정비조합설립인가 고시일: 2025.11.8
3) 기준시점: 2026.11.30

자료 3 대상토지 목록

1) 용도폐지되는 정비기반시설 부지

일련번호	지번	지목	면적(㎡)	소유자	비고
1	100-28	공원	3,216.0	국 (국토교통부)	현황 도시계획시설 공원
2	100-33	도로	1,303.3	○○시	현황 도시계획시설 도로

2) 새로이 설치되는 정비기반시설 부지

일련번호	지번	지목	면적(㎡)	소유자	비고
3	100-2	대 (상업용)	95.6	박부자	대로 3-1호선 확장 도로 15%저촉
4	100-5	대 (주상용)	91.5	강개발	중로 2-8호선 신설 도로 62%저촉
5	100-14	대 (주거용)	138.7	최토지	근린공원신설 공원 100%저촉

3) 위 대상토지 중 일련번호(1) 100-28번지 공원부지의 용도지역은 제1종일반주거지역이었으나 정비사업의 시행으로 인하여 제2종일반주거지역으로 변경(2025.2.25, 정비구역 지정고시일) 되었음.

자료 4 토지가액 산정에 참고할 자료

1) 인근 표준지공시지가

- 해당 정비사업구역 내 표준지공시지가

일련번호	지번	면적(㎡)	이용상황	용도지역	도로교통	형상지세	공시지가(원/㎡) 2025년	공시지가(원/㎡) 2026년	비고
371	○○동 100-3	541.9	상업용	2종일주	광대소각	정방형 평지	2,240,000	2,350,000	도로 15%저촉
372	○○동 100-5	147.5	주상용	2종일주	소로각지	정방형 평지	1,270,000	1,330,000	도로 62%저촉
373	○○동 100-12	153.9	단독주택	2종일주	세로(가)	가장형 평지	1,130,000	1,180,000	공원 100%저촉

- 해당 정비사업구역 외 표준지공시지가

일련번호	지번	면적(㎡)	이용상황	용도지역	도로교통	형상지세	공시지가(원/㎡) 2025년	공시지가(원/㎡) 2026년	비고
375	○○동 110-16	127.9	주상용	2종일주	소로한면	가장형 평지	1,230,000	1,290,000	
377	○○동 111-5	137.4	단독주택	2종일주	소로한면	세장형 평지	1,120,000	1,170,000	
378	○○동 111-11	600.3	상업용	2종일주	광대세각	세장형 평지	2,800,000	2,900,000	
380	○○동 115-10	109.6	단독주택	1종일주	세로(불)	세장형 평지	950,000	990,000	

2) 지가변동률(○○시)

구분	평균	주거지역	상업지역	공업지역
2025.1.1 ~ 2025.12.31	1.04583	1.04629	1.04475	1.04400
2026.1.1 ~ 2026.8.31	1.01591	1.01584	1.01547	1.01622
2026.8.1 ~ 2026.8.31	1.00173	1.00160	1.00118	1.00191

3) 개별요인

- 도로접면

구분	광대한면	중로한면	소로한면	세로(가)	세로(불)
격차율	1.00	0.92	0.85	0.80	0.75

※ 도로접면이 각지인 경우는 한면에 접하는 경우에 비해 3% 우세함.

- 이용상황

구분	주거용	주상용	상업용
격차율	1.00	1.08	1.15

- 형상

구분	가장형	정방형	세장형	사다리형	부정형
격차율	1.00	0.98	0.96	0.92	0.78

- 도시계획시설 저촉

구분	일반	도로	공원
격차율	1.00	0.85	0.60

03

D건설회사는 총 720세대 규모의 아파트단지 조성사업을 시행하여 입주가 완료되었으나 그 중 12세대는 일반적인 아파트와는 달리 거실 유리창의 일부가 감소되도록 설계되어 입주 후 가치하락액을 산정하여 환불해주기로 하고 환불대상세대 및 환불액 결정을 K감정평가법인에 의뢰하였다. 아래에 제시된 조건과 자료의 범위 내에서 K감정평가법인이 수행해야 할 환불대상세대 결정 및 대상세대의 최종 환불액을 평가하시오. (20점)

자료 1 기본적 사항

1) 환불액 평가의 기준시점은 2026. 08. 01로 한다.

2) 환불액 지급대상세대는 자료 2에 제시된 세대 중 연속일조시간이 2시간 미만이고 총일조시간이 4시간 미만인 세대만을 대상으로 한다.

3) 환불액은 일조시간을 기초로 산정한 가치하락액을 기준으로 결정한다. 이 경우 본 아파트단지에서 일조권가치가 전체가치에서 차지하는 비율은 평형에 관계없이 6%이며 총일조시간(x분)과 해당세대의 가치하락율(y)간의 관계는 다음 산식으로 산정한다.
$y = 0.06 (1 - x / 240)$

4) 환불대상세대 중 1년 이내에 거래사례가 있는 경우에는 거래사례에 의해 산정한 가치하락액과 일조시간을 기준으로 산정한 가치하락액을 비교하여 적은 금액으로 환불액을 결정한다.

자료 2 대상 아파트단지 개요

- 소재지: S시 A구
- 규모: 총 720세대(10개동 × 각동 72세대)
- 층수: 각동 공히 18개층 높이이며 각층별 세대수는 동일하게 건축되었음.
- 동별 현황
  • 101동 ~ 108동: 전세대 85㎡형
  • 109동, 110동: 전세대 110㎡형

자료 3 창면적 감소세대 현황

동번호	해당세대	창면적 감소비율(%)	총 일조시간(분)	연속일조시간(분)
101	301호	45	165	95
	302호	18	265	183
	401호	45	170	98
	402호	18	270	185
102	602호	60	160	93
	702호	25	250	170
109	301호	45	165	125
	302호	18	265	183
	401호	45	170	128
	402호	18	270	185
110	602호	60	160	93
	702호	25	250	170

자료 4 대상 아파트단지의 층별 효용지수

층	1	2	3	4	5	6	7	8	9	10
효용지수(%)	90	94	96	98	99	100	100	100	100	100
층	11	12	13	14	15	16	17	18	-	-
효용지수(%)	100	100	100	100	100	100	100	98		

자료 5 대상 아파트단지의 위치별 효용지수

위치	1호	2호	3호	4호
효용지수(%)	98	100	98	96

자료 6 대상 아파트단지의 면적 타입별 효용지수

면적(㎡)	85	110
효용지수(%)	100	104

자료 7 대상 아파트단지 내 거래사례 자료

1) 창면적 감소가 없는 사례
   - 동, 호수: 107동 503호
   - 거래시점: 2026.6.25
   - 거래가격: 322,000,000원

2) 창면적 감소가 있는 사례
   - 동, 호수: 101동 401호
   - 거래시점: 2026.3.12
   - 거래가격: 305,000,000원

자료 8 인근지역의 아파트가격 변동지수

2026.1.1	2026.2.1	2026.3.1	2026.4.1	2026.5.1	2026.6.1	2026.7.1
113	114	116	116.8	117.8	119	120

자료 9 기타 감정평가조건

1) 각 호별 시장가치 산정에 있어서 개별소유자가 개별 투자한 내부마감재, 구조변경, 추가설비 및 관리상태의 차이 등의 개별적 사항은 고려하지 않는다.

2) 대상 아파트단지 내 각 동별 효용격차는 없는 것으로 가정한다.

04

서울지방법원 민사○○ 단독재판장 판사 한공정은 민사소송사건의 심리를 위하여 다음과 같은 사건의 감정평가를 당신에게 의뢰하였다. 주어진 자료를 검토한 후 판사의 감정요청 사항에 대하여 견해를 간단하게 약술하시오. (10점)

<사건의 개요>

1) 감정평가 목적물
   서울특별시 ○○구 ○○동 1669-1 한라산 오리엔탈 1층 13호 건물 29.00㎡, 대지권 5,500㎡ × 5,500분지 10.60㎡

2) 청구내용
   원고 이대리는 2024.9.20 피고 (주)한라산개발이 시공하여 분양하는 위 목적물을 분양받아 현재 점포를 운영 중에 있으며, 피고는 분양 당시 전·후면 모두 인근 도로와 같은 높이의 평탄한 건축물인 것처럼 광고하였고 이에 원고는 그 중 후면 상가인 위 목적물을 분양 받았다. 그러나 건축물이 완공되어 입주하여 보니 건물의 전면 상가와는 달리 후면의 상가는 인근도로에 비해 약 1.2m 정도 높은 상태로 계단이 설치되어 고객의 통행이 불편한 구조로 되어 있음을 알게 되었고 분양 당시 광고와는 다른 구조로 인하여 실제 영업이익이 기대한 바에 미치지 못할 뿐만 아니라 현재 시점에서 위 목적물의 시가가 분양가에 미치지 못하는 등 손해를 입게 되었음을 주장하면서 이러한 손해를 이유로 2024.9.20 당시 분양가격이 과다하고 따라서 피고가 부당하게 얻은 분양가격의 일부를 반환할 것을 청구하는 소를 제기하였다.

물음(1) 원고의 주장이 타당한지 여부와 분양당시 전면 상가의 분양가격과 비교할 때 후면 상가의 분양가격이 적정한지 여부를 약술하시오. (5점)

물음(2) 분양가격이 적정하였다고 판단한다면 그 근거를 약술하고, 적정하지 않았다고 판단한다면 적정가격 수준은 어느 정도인지를 약술하시오. (5점)

자료 1 분양가격 자료(2024.9.20 당시 1층 상가의 분양자료)

구분	면적(㎡)		분양가격		비고
	전용면적	대지권	금액(원)	단가(원/㎡)	
1층 4호	26.00	9.50	498,000,000	19,154,000	전면
1층 6호	65.00	23.80	1,200,000,000	18,462,000	전면
1층 9호	26.00	9.50	475,000,000	18,269,000	전면
1층 13호	29.00	10.60	425,000,000	14,655,000	후면
1층 14호	29.00	10.60	425,000,000	14,655,000	후면
1층 17호	32.00	11.70	460,000,000	14,375,000	후면

자료 2 실거래가격 자료 및 임대사례

구분	거래사례			임대료(천원)		임대수익률
	금액(천원)	매매일자	상승률	보증금	월임료	
1층 4호	550,000	2026.08.04	10.44%	-	-	자가사용
1층 6호	-	-	-	200,000	2,800	3.97%
1층 9호	-	-	-	55,000	1,150	3.72%
1층 13호	-	-	-	-	-	자가사용
1층 14호	460,000	2025.06.15	8.24%	60,000	1,000	3.81%
1층 17호	500,000	2025.10.31	8.70%	70,000	1,050	3.80%

※ 임대사례는 모두 2024년에 임대되었고 2026년 9월에 갱신되었음.

자료 3 경제동향

구분	지가변동률	주택가격상승률	생산자물가상승률
2024.01.01 ~ 2024.12.31	1.07525	1.0473	1.0435
2025.01.01 ~ 2025.12.31	1.05366	1.0408	1.0459
2026.01.01 ~ 2026.08.31	1.03824	1.0311	1.0330

※ 지가변동률과 주택가격상승률은 ○○구 평균임.

자료 4 상가배치도(축척 없음)

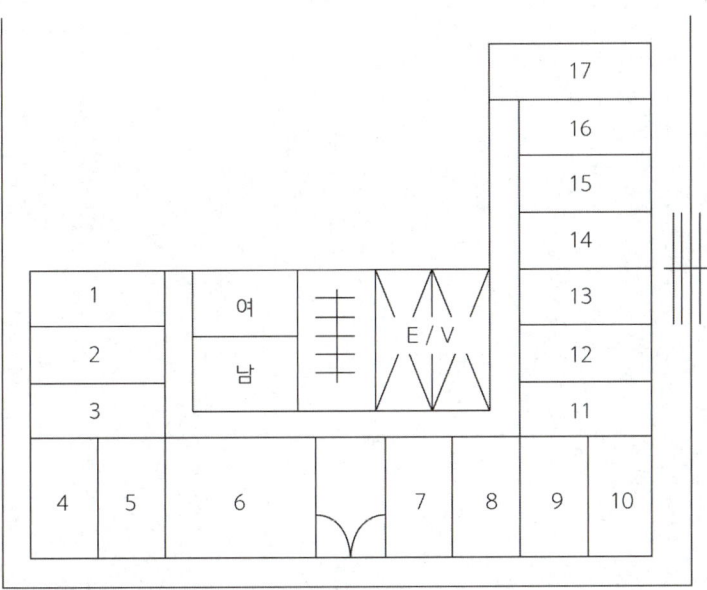

05 A은행은 OOO씨 소유의 상가를 담보로 하여 만기 1년짜리 담보대출을 실행하기 위하여 K감정평가법인에 두 개의 보고서를 요청하였다. 2026.9.4 기준시점으로 시장가치를 평가한 감정평가 보고서와 2027.9.4 기준시점에 예상되는 시장가치에 대한 컨설팅보고서를 제출할 것을 요청하였다. K감정평가법인이 2027.9.4 기준시점의 컨설팅보고서를 작성할 때, 2026.9.4 기준시점의 감정평가보고서 작성 시와는 다르게 추가로 고려하여야 할 요인들 중 5가지만 열거하시오. (5점)

06 부적정하게 평가된 담보감정평가가 국민경제에 미치는 영향에 대하여 약술하고 현실적으로 적정한 담보감정평가를 저해하는 요인을 열거하시오. (5점)

제23회 감정평가실무 기출

> **공통 유의사항**
> 1. 각 문제는 해답 산정 시 산식과 도출과정을 반드시 기재
> 2. 단가는 관련 규정에서 정하고 있는 사항을 제외하고 천원미만은 절사, 그 밖의 요인 보정치는 소수점 셋째자리 이하 절사

01 (주)A감정평가법인 甲감정평가사는 (주)K자산운용으로부터 감정평가 등을 의뢰 받았다. 주어진 자료를 활용하여 다음 물음에 답하시오. (40점)

물음(1) 계약임대료를 기준으로 대상물건을 감정평가하시오. (10점)

물음(2) 시장임대료를 기준으로 대상물건을 감정평가하시오. (15점)

물음(3) 물음(1)의 감정평가액과 거래예정금액, 물음(2)의 감정평가액과 거래예정금액을 이용하여 각각의 순현재가치(NPV ; Net Present Value)와 내부수익률(IRR ; Internal Rate of Return)을 산출하시오. (5점)

물음(4) 벤치마크 투자수익률을 내부수익률로 실현하기 위해 甲감정평가사가 (주)K자산운용에 제시할 대상물건의 거래예정금액을 결정하시오. (10점)

자료 1 대상물건 개요

1. 토지 · 건물 내역

토지	소재지	서울특별시 G구 Y동 ○○빌딩
	지목	대
	면적	2,833㎡
	용도지역	일반상업지역
건물	구조	철골철근콘크리트조 · (철근)콘크리트지붕
	용도	업무시설
	건축면적	1,983.48㎡
	연면적	49,587㎡
	층수	지상 20층/지하 5층
	사용승인	2013.12
	주차	100대
	승강기	승객용 5(H사, 1,150kg, 90m/min, 15인) 비상용 1(H사, 750kg, 90m/min, 10인)

2. 대상물건 거래관련 자료

거래예정금액	275,000,000,000원
거래조건	없음
거래예정시점	2026.9.30
거래예정금액 지급조건	일시불(자기자본: 110,000,000,000원, 타인자본: 165,000,000,000원)
토지건물 배분예정금액	토지: 210,000,000,000원, 건물: 65,000,000,000원
오피스빌딩 하위시장	YS북부

자료 2 시장임대료(Market Rent) 관련 자료

1. 보증금, 연간임대료, 연간관리비, 고정경비 및 변동경비 상승률
   1) 1, 2년차: 5% 또는 소비자물가지수(CPI ; Consumer Price Index) 중 높은 율
   2) 3년차부터 4% 또는 CPI 중 높은 율

2. 공실 및 대손충당금
   1) 가능총수익(PGI ; Potential Gross Income)의 5% 또는 PGI의 CPI
   2) 일반경기의 회복지연으로 창업률이 낮아 공실률은 증가하고 있다. 따라서 대상물건의 감정평가 시 공실 및 대손충당금 비율은 보수적인 측면을 고려하여 적용하여야 할 것으로 판단된다.

3. 보증금운용이율: 연 5%

자료 3 계약임대료(Contract Rent) 관련 자료

1. 보증금, 연간임대료, 연간관리비, 고정경비 및 변동경비 상승률: 5% 또는 CPI 중 낮은 율

2. 공실 및 대손충당금
   1) PGI의 3.5%
   2) 대상물건은 양호한 임차인이 입주하고 있어 오피스빌딩 하위시장의 공실 및 대손충당금 비율에 비해 낮은 상태를 유지하고 있다.

3. 보증금운용이율: 연 5%

자료 4 공통자료

1. 각종지표
   1) 2022년 금융위기 이후 일반경기의 본격적인 상승이 이루어지지 않고 있으며, CPI는 연간 3.5% 상승이 예상된다.
   2) 채권금리 등

구분	국고채(3년)	회사채(3년)	CD(91일)
%	4.34	5.44	2.79

   3) 벤치마크 투자수익률

하위시장	SN북부	SN남부	YS북부	YS남부
투자수익률(%)	6.0	6.2	7.0	6.5

2. 운영경비
   1) 고정경비: 연간관리비의 40%
   2) 변동경비: 연간관리비의 30%
   3) 대체충당금: 2년차에 100,000,000원, 4년차에 150,000,000원 설정 예정

3. 할인율(Discount Rate)
   1) 甲감정평가사는 할인율 결정방법을 (주)A감정평가법인의 감정평가심사위원회(이하 '위원회')에 부의하여 결정하기로 하였다.
   2) 동 위원회는 자본자산평가모델(CAPM ; Capital Asset Pricing Model), 가중평균자본비용(WACC ; Weighted Average Cost of Capital), 국고채금리에 일정률을 가산하여 구하는 방법 등을 종합 검토한 결과 본 감정평가에 적용할 할인율 결정방법은 WACC로 적용하는 것이 타당할 것 같다고 甲감정평가사에게 권고하였고, 甲감정평가사는 이를 수용하였다.
   3) 甲감정평가사가 오피스빌딩 하위시장에서 조사한 자기자본수익률은 6.50%, 타인자본수익률은 5.67%이다.

4) 甲감정평가사가 대상물건과 관련하여 조사한 자기자본수익률은 6.25%, 타인자본수익률은 5.00%이다.
5) IRR, WACC는 소수점 넷째자리 이하 절사한다.

4. 최종환원율(Terminal Cap Rate)
   1) 甲감정평가사는 최종환원율도 위원회에 부의하여 결정하기로 하였다.
   2) 위원회는 향후 오피스빌딩 시장의 가격변동률이 하락될 것으로 예상되어 최종환원율의 결정은 보수적인 입장을 취하는 것이 합리적이라는 판단을 하였다.
   3) 그래서 위원회는 甲감정평가사에게 최종환원율은 결정된 할인율에 0.5%P를 가산하여 적용하는 것이 타당할 것이라는 권고를 하였다. 甲감정평가사도 오피스빌딩 시장이 부동산경기 및 일반경기 침체로 인해 하락할 것으로 판단하여 위원회의 권고안을 받아들이기로 하였다.

5. 보유기간 및 복귀가액
   1) 보유기간은 5년으로 하고, 재매도비용은 공인중개사수수료 및 기타비용 등을 고려할 때 2%로 한다.
   2) 복귀가액 결정을 위한 PGI 등은 5년차의 PGI 등에 연간 임대료, 관리비 등의 상승률을 적용하여 6년차의 순수익(NOI ; Net Operating Income)을 기준으로 결정한다.

6. 할인율과 기별 계수

구분	1기	2기	3기	4기	5기
2.79%	0.973	0.946	0.921	0.896	0.871
4.34%	0.958	0.919	0.880	0.844	0.809
5.00%	0.952	0.907	0.864	0.823	0.784
5.44%	0.948	0.899	0.853	0.809	0.767
5.50%	0.948	0.898	0.852	0.807	0.765
5.80%	0.945	0.893	0.844	0.798	0.754
5.94%	0.944	0.891	0.841	0.794	0.749
6.00%	0.943	0.890	0.840	0.792	0.747
6.50%	0.939	0.882	0.828	0.777	0.730
7.00%	0.935	0.873	0.816	0.763	0.713
7.50%	0.930	0.865	0.805	0.749	0.697
8.00%	0.926	0.857	0.794	0.735	0.681
8.50%	0.922	0.849	0.783	0.722	0.665
9.00%	0.917	0.842	0.772	0.708	0.650
9.50%	0.913	0.834	0.762	0.696	0.635
10.00%	0.909	0.826	0.751	0.683	0.621

7. 임대사례

구분	임대사례 1	임대사례 2	임대사례 3	대상물건
소재지	서울특별시 G구 Y동	서울특별시 G구 Y동	서울특별시 G구 Y동	서울특별시 G구 Y동
건물명	××빌딩	gg빌딩	zz빌딩	oo빌딩
층(지상/지하)	30F/B3	20F/B6	25F/B6	20F/B5
구조	철골철근 콘크리트	철골철근 콘크리트	철골철근 콘크리트	철골철근 콘크리트
건물연면적(㎡)	66,000	46,280	59,985	49,587
토지면적(㎡)	3,333	2,966	3,225	2,833
전용률(%)	53.1	48.4	52.1	49.8
사용승인(년)	2005	2014	2024	2013
오피스빌딩 하위시장	YS북부	YS북부	YS남부	YS북부
보증금(원/㎡)	180,000	210,000	300,000	240,000
월임대료(원/㎡)	18,000	21,000	30,000	24,000
월관리비(원/㎡)	8,000	8,000	11,000	10,000

02

선임심사역인 감정평가사 甲은 KY은행 본점에서 감정평가서 심사업무를 담당하고 있다. 자료 1의 감정평가서를 대상으로 주어진 자료를 활용하여 다음 물음에 답하시오. (단, 심사대상 감정평가서 내용 중 달리 판단할 근거가 없는 경우에는 적정한 것으로 본다)

(30점)

물음(1) 자료 1 감정평가서 중 부적정한 평가내용이 있다면 구체적인 사유와 보완내용을 포함하여 기술하시오. (15점)

물음(2) 자료 1 감정평가서에서 적용하지 않은 다른 방식으로 감정평가액을 검토하시오. (5점)

물음(3) KY은행이 감정평가조건을 요구(동의)하지 않았을 경우의 감정평가액을 구하고 자료 1 감정평가서의 감정평가 개요 중 달라지는 항목을 기술한 후 감정평가명세표를 재작성하시오. (10점)

자료 1 ┃ 심사대상 감정평가서(부분 요약 발췌)

1. 감정평가 개요
   1) 본 감정평가는 K시 H구 A동에 소재하는 부동산에 대한 담보 목적의 감정평가로 감정평가 관련법규에 따라 평가하였습니다.
   2) 본 토지상에 사용승인을 득하고, 일반건축물대장에 등재예정인 건물(명세표상 기호 ㉮ 건물)은 귀 KY은행의 요구에 따라 일반건축물대장에 등재된 것을 전제로 하여 토지와 건물을 평가하였고, 기준시점은 2026년 9월 9일입니다.
   3) 토지는 해당 토지와 유사한 이용가치를 지닌다고 인정되는 표준지공시지가를 기준으로 공시기준일부터 기준시점까지의 지가변동률, 해당 토지의 위치·형상·환경·이용상황 기타 가치형성상의 제요인과 인근 지가수준 등을 종합적으로 참작하여 평가하였습니다.
   4) 건물은 구조, 용도, 부대설비 및 시공 상태 등을 종합 참작하여 원가법으로 평가하였으며, 감가수정은 정액법을 적용하였습니다.

2. 대상물건 현황
   1) 인근지역 현황
   대상부동산은 2000년대 민간이 조성한 소규모 협동화 공장단지 내에 소재하며 동 단지는 약 100,000㎡ 규모로 13개 업체가 입주가능하고 현재의 입주율은 85% 정도입니다. 입주업체는 의료분야의 중소규모 업체가 대부분이며 전체 종업원은 1,200명 정도입니다. 이 단지는 진입로변 국도를 통해 고속도로와 연결되어 교통, 물류 등의 여건이 비교적 양호하며 용수, 전력, 인력수급 등의 여건도 양호한 편입니다.
   2) 대상부동산 현황
   해당 토지는 2차선 포장도로를 통하여 단지 내 도로와 연결되고 있으며, 평탄한 콘크리트지반이 조성된 사다리형태의 상업용지로서 공부상 지목은 잡종지로 경쟁가능성이 없는 독점적인 위치를 가진 적정규모의 토지입니다. 용도지역은 동 단지 전체가 준공업지역이고, 토지의 임대상황은 없으며, 등기사항전부증명서상 소유자는 乙입니다. 일반건축물대장에 소유자 乙로 등재예정인 지상 건물의 현황은 아래와 같습니다.

구조	건축연면적	건물규모	용도
철근콘크리트조 슬래브지붕	300㎡	지상 2층	근린생활시설

3. 감정평가액 산출근거
    1) 토지가액 산출근거
        (1) 비교표준지공시지가: 2026.1.1 공시된 인근지역 내 비교가능한 표준지는 아래와 같으며 이중 제반 여건이 유사한 기호② 표준지를 선정하였습니다.

기호	소재지	면적(㎡)	지목	이용상황	용도지역	도로교통	형상지세	공시지가(원/㎡)
①	A동 57	350	대	상업용	일반공업지역	소로한면	사다리 평지	450,000
②	A동 154	630	장	주상용	준공업지역	소로한면	세장형 평지	420,000
③	A동 322	245	대	단독주택	준공업지역	소로한면	부정형 완경사	400,000

※ 기호① 표준지는 도시계획도로에 5% 저촉됨.

        (2) 지가변동률
            국토교통부장관이 조사 발표한 K시 H구 공업지역의 2026.01.01부터 기준시점까지의 지가변동률은 0.750%입니다.
        (3) 지역요인: 인근지역에 소재하여 지역요인은 동일합니다.
        (4) 개별요인: 대상토지가 비교표준지 ②에 비해 다소 열세합니다.

가로조건	접근조건	환경조건	획지조건	행정적조건	기타조건	격차율
1.00	1.00	1.00	0.99	1.00	1.00	0.99

        (5) 그 밖의 요인
            가. 신뢰성 있고 채택 가능한 평가사례

(단위: ㎡, 원/㎡)

기호	소재지	지목	면적	이용상황	용도지역	평가단가(기준시점)	평가목적	비고(평가기관)
①	A동 159	대	250	상업용	준공업지역	450,000 (2026.1.1)	경매	K법인
②	A동 522	대	250	주상용	준공업지역	504,000 (2026.1.1)	보상평가	K법인

            나. 비교가능하고 신뢰할 만한 최근의 거래사례는 포착하지 못하였으며, 인근 유사토지의 가격수준은 470,000원/㎡ ~ 530,000원/㎡ 입니다.

(6) 토지가액 결정

공시지가(원/㎡)	지가변동률	지역요인	개별요인	그밖의요인	평가단가(원/㎡)
420,000	1.00750	1.00	0.99	1.20	500,000

2) 건물가액 산출근거

(1) 재조달원가: 신축건물이므로 업자가 제시한 적산자료를 활용하여 직접법에 의하여 재조달원가를 구하였습니다.

<표> 적산자료

(단위: 원)

구분	내역	업자제시액	최종사정액
설계비	설계비용, 감리비	13,000,000	12,000,000
기본건축비	기초 및 골조 공사비	54,000,000	54,000,000
옹벽공사비	옹벽 및 배수로 공사	9,000,000	8,000,000
내외장공사비	미장, 창호공사 등	47,000,000	47,000,000
위생 및 냉난방설비비	위생, 냉난방공사 등	22,000,000	22,000,000
전기통신설비비	전기 및 통신공사비 등	16,000,000	16,000,000
조경공사비	토지입구 조경수 등	14,000,000	14,000,000
집기 및 비품비	비품, 소모품 등	8,000,000	8,000,000
일반관리비 등	일반관리비, 이윤 등	15,000,000	14,000,000
총액	-	198,000,000	195,000,000

(2) 평가단가

(단위: 년, 원/㎡)

재조달원가	내용연수	경과연수	산식	평가단가
650,000	50	0	650,000 × 50/50	650,000

4. 감정평가 명세표

기호	소재지	지목 용도	용도지역 및 구조	면적(㎡) 공부	면적(㎡) 사정	감정평가액 단가	감정평가액 평가액	비고
①	K시 H구 A동 103-1	잡종지	준공업 지역	400	400	500,000	200,000,000	현황 "대"
㉮		근린 생활 시설	철근 콘크리트조 슬래브지붕 2층	300	300	650,000	195,000,000	650,000 × 50/50
	합계						395,000,000	

5. 기타 부속내용(지적개황도 관련부분)

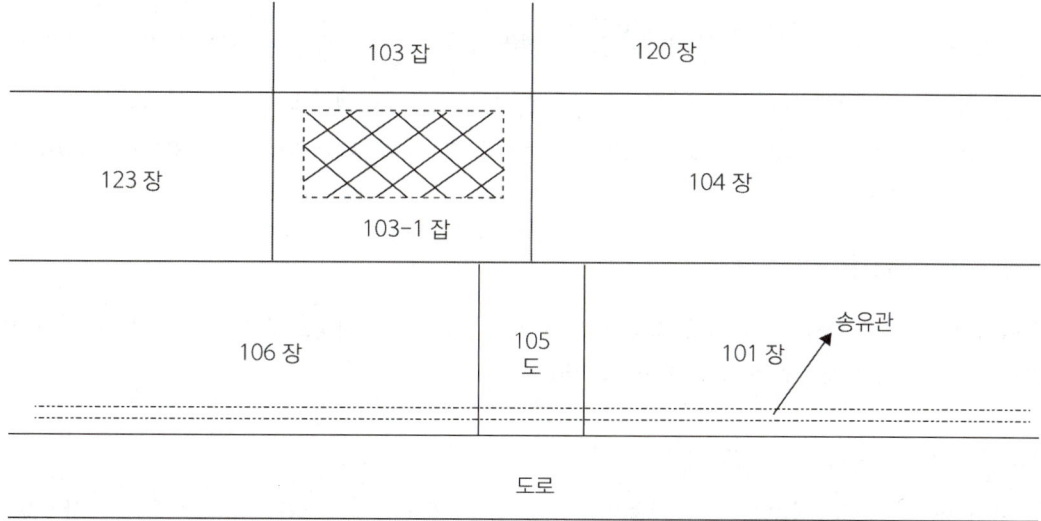

자료 2 | 심사 감정평가사의 조사자료

1. 각종 공적장부 확인자료

    토지 등기사항전부증명서를 확인한 바 103-1번지는 근저당권자 KY은행, 채권최고액은 2억원인 권리관계가 존재하고 있다.

2. 가격조사자료

    1) 경매 낙찰가율 자료(최근 6개월, 단위: %)

지역	공업용	주거용	상업용	평균
H구	70	90	80	80
K시 전체	75	95	85	85

    2) 평가사례 검토자료

    (1) 평가사례 ①: 경매 감정평가서를 열람하여 보니 평가 당시 지상의 부가물을 포함한 평균단가로 평가하였고 지상의 부가물은 조경석 3톤, 조경수 2그루였으나 구체적인 평가액은 알 수 없었다.

    (2) 평가사례 ②: 당시 동 사업의 감정평가에 참여했던 나머지 법인의 자료가 A법인은 505,000원/㎡, B법인은 506,000원/㎡에 평가된 것으로 조사되었다.

    3) 임대사례 조사자료

    (1) 공실 및 대손충당금 비율은 인근지역이 연간 가능총수익의 15%, 대상부동산은 5%가 확실시 된다.

    (2) 운영경비 비율은 모두 유사하나 시장에서 구체적인 내역을 수집하지는 못하였다.

    (3) 대상부동산은 기준시점과 임대시점, 임대면적과 건축연면적이 각각 동일하며 연간 가능총수익은 59,000원/㎡인 것으로 조사되었다.

(단위: ㎡, 원)

기호	소재지	토지면적	임대면적	이용상황	용도지역	연간 가능총수익	부동산가액	임대시점
①	A동 69	333	250	상업용	준공업지역	15,000,000	304,000,000	2026.9.9
②	A동 90	400	300	상업용	준공업지역	20,000,000	345,000,000	2026.9.9

자료 3 기타 관련자료 등

1. KY은행에서는 감정평가업무협약서상 그 밖의 요인의 산출근거를 설시하도록 요구하고 있으며, 감정평가사 임의로 평가조건을 설정할 수 없도록 하고 있다.

2. 개별요인 비교자료(지역요인은 동일함)

대상	표준지 ①	표준지 ②	표준지 ③	평가사례 ①	평가사례 ②
100	105	101	95	91	99

3. 대상물건에 적용할 환원율과 임대료승수(GRM ; Gross Rent Multiplier 또는 EGRM ; Effective Gross Rent Multiplier)는 2개 이상의 적정한 사례자료를 기준으로 산술평균하여 구한다.

4. 해당 지역의 법정지상권 감안비율은 인근 송유관부지 구분지상권의 사용료(지료)가 가치에서 차지하는 비율의 10배 정도가 적정한 것으로 조사되었다.
    1) 송유관이 지나는 105번지의 토지 등기사항전부증명서를 확인한바 지목은 도로, 면적은 180㎡ 소유자는 乙과 丙이 각 1/2씩 소유하고 있었고 지상권자는 DH송유관공사, 사용료는 90,000원이었다.
    2) 지상권 사용료 산정당시의 토지 감정평가액은 250,000원/㎡이었고 송유관이 지나는 부지의 폭은 3m, 길이는 6m 이었다.

03

甲은 본인이 소유하고 있는 토지를 이용하여 공장을 신축하였다. B시청에서는 해당 사업이 개발부담금 부과대상사업에 해당되어 개발부담금을 부과하려고 한다. 주어진 자료를 활용하여 다음 물음에 답하시오. (20점)

물음(1) 30-2번지에 대하여 개시시점지가와 종료시점지가를 산정하시오. (10점)

물음(2) 30-4번지에 대하여 개시시점지가와 종료시점지가를 산정하시오. (5점)

물음(3) 30-5번지에 대하여 개시시점지가(매입가액 기준)와 종료시점지가를 산정하시오. (5점)

자료 1 기본적 사항

1. 개발사업 인가일: 2025.10.1
2. 개발사업 준공인가일: 2026.8.30
3. 사업인가조건: 30-2번지 중 일부(500㎡)를 도로 등으로 기부채납
4. 현장조사 완료일: 2026.9.9

자료 2 대상토지자료

1. 기본내용

일련번호	토지소재	지번	지목	이용상황	면적(㎡)
①	B시 D동	30-2	전	전	3,500
②	B시 D동	30-4	답	답	3,000
③	B시 D동	30-5	답	답	1,000

2. 용도지역: 계획관리지역임.

3. 토지 특성: 일련번호 ①, ②, ③ 토지 특성은 동일함.
   1) 개발 전: 세로(가), 부정형, 완경사
   2) 개발 후: 소로한면, 세장형, 평지

자료 3 가액결정을 위한 참고자료

1. 표준지공시지가 현황

기호	소재지	면적(㎡)	지목	이용상황	용도지역	도로교통	형상지세	공시지가(원/㎡)	
								2025년	2026년
①	D동 32	500	답	답	계획관리지역	세로(가)	세장형 평지	50,000	55,000
②	D동 50-1	1,000	장	공업용	계획관리지역	세로(가)	세장형 평지	200,000	210,000

2. 개별공시지가

일련번호	토지소재	지번	2025년(원/㎡)	2026년(원/㎡)
1	B시 D동	30-2	-	-
2	B시 D동	30-4	45,000	50,000
3	B시 D동	30-5	45,000	50,000

3. 甲은 30-5번지를 경매로 60,000원/㎡에 낙찰 받아 2025.06.10에 소유권 이전을 완료하였다.

4. 지가변동률(%)

구분	A도 평균	B시 평균	B시 계획관리지역
2025.1.1 ~ 2025.6.10	3.1	7.1	5.1
2025.1.1 ~ 2025.10.1	5.5	10.0	7.5
2025.6.10 ~ 2025.10.1	1.0	2.5	1.5
2025.1.1 ~ 2026.8.30	12.5	13.5	12.8
2025.10.1 ~ 2026.8.30	10.0	11.5	11.0
2026.1.1 ~ 2026.8.30	8.5	10.5	9.5
2025.1.1 ~ 2026.9.9	13.5	14.8	13.8
2026.1.1 ~ 2026.9.9	9.8	11.8	10.8
2025.10.1 ~ 2026.9.9	10.8	12.0	11.8

5. 지역요인: 동일함.

6. 개별요인 비교치(토지가격비준표와 동일)

   1) 도로접면

구분	소로한면	세로(가)
소로한면	1.00	0.93
세로(가)	1.07	1.00

   2) 형상

구분	세장형	부정형
세장형	1.00	0.96
부정형	1.04	1.00

   3) 지세

구분	평지	완경사
평지	1.00	0.97
완경사	1.03	1.00

   4) 이용상황

구분	전	답	공업용
전	1.00	0.97	1.33
답	1.03	1.00	1.39
공업용	0.75	0.72	1.00

7. 그 밖의 요인 산정을 위한 자료

   1) 평가사례

기호	소재지	지목	면적(㎡)	이용상황	용도지역	단가(원/㎡)	기준시점
①	D동 33	답	300	답	계획관리지역	65,000	2025.1.1
②	D동 51	장	500	공업용	계획관리지역	240,000	2025.1.1
③	D동 35	전	500	전	계획관리지역	75,000	2026.1.1
④	D동 52	장	1,000	공업용	계획관리지역	270,000	2026.1.1

   2) 지가변동률은 상기에서 제시한 자료와 동일하고 대상토지와 평가사례와의 지역요인 및 개별요인은 동일함.

04 다음의 물음에 답하시오. (10점)

물음(1) 보상평가에서는 일반평가와 달리 개발이익을 배제하고 평가하는 것이 무엇보다 중요하다. 평가과정에서 개발이익을 배제하는 구체적인 방법에 대하여 약술하시오. (5점)

물음(2) 기업가치평가에 있어 잉여현금흐름(FCF; Free Cash Flows) 할인 모형을 적용하는 경우 EBITDA를 구하는 방법을 약술하시오. (5점)

제24회 감정평가실무 기출

> **공통 유의사항**
> 1. 각 문제는 해답 산정 시 산식과 도출과정을 반드시 기재
> 2. 단가는 관련 규정에서 정하고 있는 사항을 제외하고 천원미만은 절사, 그 밖의 요인 보정치는 소수점 셋째자리 이하 절사

01

토지 소유자인 甲법인은 골프장 개발업체인 乙법인과 다음과 같은 계약을 맺었다.

<계약내용>
- 乙법인은 甲법인의 토지를 임차하여 골프장(27홀)으로 개발하여 운영한다.
- 골프장 개발과 관련된 인허가 비용은 甲 법인 부담으로 하고 개발비용은 乙법인 부담으로 한다.
- 乙법인은 골프장 완공일로부터 연간 토지임대료 1,000,000,000원을 甲법인에 매년 초 지급하며 연간 2%씩 임대료를 상승하여 지급한다.
- 골프장 운영과 관련된 제반 유지보수비용, 보험료, 제세공과 등은 운영자 부담으로 한다.
- 계약기간은 완공일로부터 10년이고, 계약기간 만료일 乙법인이 개발한 모든 골프장 시설 등은 甲법인으로 귀속되며, 甲법인은 乙법인의 최초 개발비용의 30% 상당액을 乙법인에 지급한다.

乙법인의 골프장 개발계획은 순조롭게 진행되어 2026.1.1.에 완공하였다. 다음 물음에 답하시오. (35점)

물음(1) 감정평가사 丙씨는 甲법인으로부터 2026.1.1.자 甲법인 소유 토지에 대한 가치 산정을 의뢰 받았다. 주어진 자료를 활용하여 가치를 산정하고 감정평가방법에 대해 서술하시오. (20점)

물음(2) 이러한 계약을 하는 甲법인과 乙법인은 합리적 의사결정을 하는 것인가에 대해 NPV법으로 검토하고 서술하시오. (15점)

자료 1 토지목록(甲법인)

기호	소재지	지번	지목	면적	용도지역
1	A군 B면 C리	200	전	1,000	계획관리
2	A군 B면 C리	200-1	전	2,600	계획관리
3	A군 B면 C리	200-2	전	1,550	계획관리
4	A군 B면 C리	200-3	답	2,350	계획관리
5	A군 B면 C리	200-5	전	1,300	계획관리
6	A군 B면 C리	200-6	전	1,600	계획관리
7	A군 B면 C리	201	전	1,750	계획관리
8	A군 B면 C리	202	답	3,700	계획관리
9	A군 B면 C리	산 100-1	임야	4,500	계획관리
10	A군 B면 C리	산 100-2	임야	1,500,000	계획관리
11	A군 B면 C리	산 100-3	전	900	계획관리
계				1,521,250	계획관리

※ 사업승인면적은 1,450,000㎡이며, 나머지는 산 100-2번지 일부로서 자연림 상태의 원형을 유지하고 있음.

자료 2 표준지공시지가

(2026.1.1.)

일련번호	소재지	지번	면적(㎡)	지목	이용상황	용도지역	도로교통	형상지세	공시지가(원/㎡)
1	A군 D면 E리	14 (××골프장)	201,000 (일단지)	임야	골프장	계획관리	소로한면	부정형 완경사	50,000
2	A군 B면 C리	190	4,627	전	전	계획관리	세로(가)	부정형 완경사	30,000
3	A군 B면 C리	210	1,096	답	답	계획관리	세로(불)	부정형 완경사	20,000
4	A군 B면 C리	산 110	32,000	임야	임야	계획관리	세로(불)	부정형 완경사	12,000

※ 상기 표준지공시지가는 2026.1.1. 고시된 것으로 봄.

자료 3   요인비교

1. 대상 완공된 골프장과 일련번호 1 비교표준지는 제반여건이 유사하나 접근성 등에서 대상이 약2% 우세함.

2. 소지상태로서의 대상은 일련번호 2 ~ 4와 비교시 지목별로 대체로 유사하나 대상 "전"은 표준지 대비 3%, 대상 "답"은 표준지 대비 2%, 대상 "임야"는 표준지 대비 1%씩 각각 우세함.

3. 주변 거래사례나 평가사례를 분석하여 보면 표준지 일련번호 1은 그 밖의 요인보정이 필요 없으나 표준지 일련번호 2,3은 10%, 표준지 일련번호 4는 20% 그 밖의 요인 보정이 필요함.

자료 4   제 비용

1. 인허가 관련비용

인허가 비용	1,500,000,000원
제반 부담금	2,500,000,000원
제세공과	500,000,000원
기타	3,000,000,000원
계	7,500,000,000원

2. 골프장 조성(개발)공사 비용: 홀당 1,400,000,000원

자료 5   주변사례 및 시장동향

주변 유사 골프장의 사례를 보면 연간 9홀 기준으로 20억원의 영업이익이 발생하는 것으로 조사되었으며, 향후 매년 영업이익 증가율은 1% 정도일 것으로 추정됨. 그러나 시장의 수요·공급을 예측하여 보면 연간 9홀 기준으로 22억원이 한계점인 것으로 조사됨.

자료 6   기타

1. 클럽하우스 등 건물은 고려하지 아니함.

2. 인허가 및 개발에 관한 제 비용은 완공일에 투입된 것으로 가정하며, 영업이익의 발생시점은 토지임대료를 지급하는 매년 초에 발생하는 것으로 가정함.

3. 완공 후 제반세금은 고려하지 아니하며 영업이익은 현금유입액으로 봄.

4. 대상 투자에 있어 타인자본은 고려하지 아니함.

5. 현금흐름(cash flow)에 적용된 할인율은 연 7%로 조사되었음.

6. 복귀가액 산정 시 영업이익과 골프장 가치에 적용할 환원율은 연 8%로 조사되었음.

7. 대상 주변 표준지공시지가의 향후 10년 후 예상 상승률은 10% 정도임.

자료 7 시간가치율

1. 현재 가치율(7%)

1기초	2기초	3기초	4기초	5기초	6기초	7기초	8기초	9기초	10기초	10기말
1.000	0.9346	0.8734	0.8163	0.7629	0.7130	0.6663	0.6227	0.5820	0.5439	0.5083

2. 미래 가치율(2%)

1.02^0	1.02^1	1.02^2	1.02^3	1.02^4	1.02^5	1.02^6	1.02^7	1.02^8	1.02^9	1.02^{10}
1.00	1.0200	1.0404	1.0612	1.0824	1.1041	1.1262	1.1487	1.1717	1.1951	1.2190

3. 미래 가치율(1%)

1.01^0	1.01^1	1.01^2	1.01^3	1.01^4	1.01^5	1.01^6	1.01^7	1.01^8	1.01^9	1.01^{10}
1.00	1.0100	1.0201	1.0303	1.0406	1.0510	1.0615	1.0721	1.0829	1.0937	1.1046

02

공기업인 (주)H전력은 서울특별시 동대문구 Y동 45번지에 소재하는 토지, 건물(이하 "대상물건"이라 함)에 대하여 ① 매각하는 방안, ② 보상을 받는 방안, ③ 분양을 받는 방안을 감정평가사 甲에게 검토 요청하였다. 대상물건은 재개발 정비구역 내에 소재하고 있으며 관리처분까지 확정되어, 현재 공실상태이고, 종후자산에 대한 분양계약을 체결하면 바로 철거가 진행될 예정이며, 종후자산은 5년 후인 2031.4.30자로 입주예정이다. 재개발 조합에서는 미계약자에게 2026.7.31 기준시점으로 「공익사업을 위한 토지 등의 취득 및 보상에 관한 법률」에 의거 평가한 후 2026.8.31자로 일시불로 지급하기로 되어있다. 또한, 대상물건은 2026.4.30에 일시불로 80억원에 매입하겠다는 매수희망자가 있다. 다음 물음에 답하시오. (30점)

물음(1) 2026.7.31 기준시점으로 보상평가액 (15점)

물음(2) 2031.4.30(입주시) 기준시점의 현금정산액을 포함한 종후자산 가치 (5점)

물음(3) (주)H전력이 제시한 3가지 방안을 2026.4.30 기준으로 비교 검토한 후 적절한 방안을 제시하고 그 이유를 설명하시오. (10점)

자료 1 대상물건 개요

1. 대상토지
   1) 소재지: 서울특별시 동대문구 Y동 45번지
   2) 지목 및 면적: 대, 820㎡
   3) 용도지역: 일반상업지역, 도시계획도로 일부저촉(20%)
   4) 토지의 특성: 장방형, 완경사, 광대소각

2. 대상건물
   1) 구조: 철근콘크리트조 평옥개지붕
   2) 건물면적: 520㎡
   3) 층수: 지하1층/지상3층
   4) 사용승인일: 1993.9.7
   5) 용도: 업무용
   6) 대상건물은 도시계획도로에 저촉되지 않음.

자료 2 현장조사자료

1. 건물
    1) 공부면적: 520㎡
    2) 실측면적: 650㎡

2. 제시 외 건물
    1) 수위실: 벽돌조 슬래브지붕 단층 10㎡
        수위실은 전체면적이 도시계획도로에 저촉됨.
    2) 창고: 목조 와즙 단층 60㎡
    3) 제시 외 건물들은 1998.10.10 신축된 것으로 조사되었음.

3. 기타 지장물
    1) 벽돌조 담장: 110㎡
    2) 바닥 포장: 아스콘 포장 530㎡
    3) 축대: 철근콘크리트 54㎡
    4) 수목
        (1) 소나무 45년생 3주
        (2) 감나무 25년생 5주
        (3) 대추나무 15년생 5주

자료 3 재개발관련 자료

1. 사업승인일: 2025.4.5

2. 종전자산 평가액
    1) 토지: 7,790,000,000원 (820㎡ × 9,500,000원/㎡)
    2) 건물: 166,400,000원 (520㎡ × 320,000원/㎡)
    3) 합계: 7,956,400,000원
    4) 비례율: 95%

3. 종후자산
    1) (주)H전력은 상가 1층 대지권 290㎡, 건물(전용면적) 720㎡을 분양가능
    2) 종전자산보다 종후자산이 많을 경우에는 입주 시(2031.4.30) 일시불로 차액을 지급하고, 적을 경우에는 입주 시 일시불로 차액을 받을 수 있음.
    3) 상가의 조합원 분양가격은 건물면적(전용면적)기준 1층 @8,000,000원/㎡, 2층 @3,000,000원/㎡, 3층 @1,800,000원/㎡, 지층 @1,300,000원/㎡ 임.

자료 4 표준지공시지가와 지가변동률

1. 인근 표준지 공시지가

기호	소재지	면적(㎡)	지목	이용상황	용도지역	도로교통	형상지세	공시지가(원/㎡)	
								2025년	2026년
①	Y동 26-5	810	대	상업용	일반상업	광대소각	세장형 평지	6,000,000	6,500,000
②	Y동 32-1	302	대	업무용	일반상업	세로(가)	세장형 평지	4,700,000	4,900,000

※ 기호② 표준지는 도시계획도로에 30% 저촉됨.

2. 시점수정 관련자료
   1) 지가변동률(동대문구 상업지역)

2025.1.1 ~ 3.31	2025년 4월	2025년 누계	2026.1.1 ~ 3.31	2026년 3월
0.572%	0.180%	2.240%	0.512%	0.155%

   ※ 2026년 4월 이후 지가변동률은 미고시 되었으므로 2026년 3월 지가변동률을 연장 적용하기로 함.
   2) 동대문구 Y동 일대의 상가는 부동산 경기침체로 2026년 상반기 중 가격변동이 거의 없으므로 시점수정은 없음.
   3) 2026.4.30 ~ 2031.4.30 사이 5년 간의 상가 상승률은 연 2%로 가정함.

자료 5 가격자료

1. 평가사례 및 거래사례
   1) 평가사례

(단위: 원/㎡)

기호	소재지	지목	면적(㎡)	이용상황	용도지역	도로접면	기준시점 감정평가목적	평균단가
A	Y동 24-2	대	330	상업용	일반상업	광대소각	2026.3.5 보상	10,500,000
B	Y동 30-1	대	255	주거용	일반상업	세로(불)	2025.2.10 담보	7,500,000
C	Y동 24-5	대	420	상업용	일반상업	광대소각	2025.4.2 보상	9,500,000

※ 기호 A와 C는 면적의 40%가 도시계획도로에 저촉됨.

2) 거래사례
(단위: 원/㎡)

기호	소재지	지목	면적(㎡)	이용상황	용도지역	도로접면	거래일자	토지기준 거래단가	비고
D	Y동 42-7	대	550	상업용	일반상업	광대소각	2026.3.27	12,000,000	토지단가에 건물가포함
E	Y동 30-7	대	187	주상용	일반상업	세로(가)	2026.2.15	8,000,000	토지단가에 건물가포함

※ 기호 E토지는 지상건물을 포함하여 거래하였으나 노후 건물로 철거예정이며 철거비와 폐자재판매비가 거의 유사함.

3) 상가거래사례
(단위: 천원)

기호	소재지	면적(㎡)	이용상황	용도지역	도로접면	거래일자	거래금액	비고
F	Y동 22	건물(전용) 640 대지권 160	상업용	일반상업	광대소각	2026.1.30	7,040,000	○○단지 내 상가 1층
G	Y동 22	건물(전용) 530 대지권 132	상업용	일반상업	광대소각	2026.2.15	1,060,000	○○단지 내 상가 3층

※ ○○단지는 2025년 신축하여 입주한 아파트단지 내 상가로 대상물건이 소재한 정비구역의 재개발이 완료되면 제반 단지여건이 유사함.

4) 기타 가격자료
   (1) 동 지역은 재개발사업의 사업승인 후 지가가 상당한 폭으로 상승하였음.
   (2) 상가는 조합원 분양가보다 일반분양가가 약 45% 높게 결정되었으며 70% 정도 분양되었음.

2. 대상건물 및 지장물 가격자료
   1) 대상건물
      (1) 재조달원가: 보정단가 포함한 전체면적 기준 @950,000원/㎡
      (2) 내용연수: 철근콘크리트조이므로 50년으로 함.
   2) 제시 외 건물
      (1) 재조달원가: 수위실 @320,000원/㎡, 창고 @600,000원/㎡
      (2) 내용연수: 수위실, 창고 모두 40년으로 함.
   3) 지장물 가격자료
      감가수정 후 적용단가임.
      (1) 벽돌조 담장: @40,000원/㎡
      (2) 아스콘포장 비용: @90,000원/㎡
      (3) 축대 조성비용: @120,000원/㎡

(4) 수목가격자료

수종	단위	취득비	이식비
소나무 45년생	1주	15,000,000원	4,200,000원
감나무 25년생	1주	500,000원	800,000원
대추나무 15년생	1주	200,000원	180,000원

※ 소나무는 고손율이 20%이고, 감나무와 대추나무는 고손율이 15%임.

자료 6 지역요인, 개별요인 비교자료

1. 지역요인

   비교표준지, 대상토지, 평가사례 및 거래사례는 동일지역임.

2. 개별요인 비교

   1) 토지 개별요인 비교

대상토지	표준지①	표준지②	평가사례A	평가사례B	평가사례C	거래사례D	거래사례E
100	100	75	103	74	102	105	79

   2) 상가 개별요인 비교

대상 종후상가	거래사례 F	거래사례 G
100	95	20

   3) 공법상 제한사항

구분	일반	제한
일반	1.0	0.85
제한	1.18	1.0

자료 7 기타자료

1. 일시불 현가화 시 할인율은 연 6%(월 0.5%)를 적용함.

03

종전에 시행된 재개발사업으로 인하여 현재 공원으로 이용 중인 토지가 있다. 소유자는 그 사실을 뒤늦게 발견하고 지방자치단체에 보상을 요청하였다. 지방자치단체는 2026. 4.1을 계약체결일로 하여 보상을 실시하려고 감정평가를 요청하였다. 자료를 참고하여 다음 질문에 답하시오. (20점)

물음(1) 대상토지 평가 시 적용할 비교표준지의 선정 사유를 설명하시오. (5점)

물음(2) 대상토지의 평가 시 고려하여야 하는 지목, 실제용도, 지형, 지세, 면적 등을 정리하시오. (5점)

물음(3) 실무에서는 개별요인 비교치를 가로조건, 접근조건, 환경조건, 획지조건, 행정적 조건, 기타조건 등으로 구분하여 산정하고 있다. 자료가 주어지지 않은 조건은 대등한 것으로 보고, 표준지와 대상토지간의 개별요인 비교치를 실무와 같이 산정하고 산정 사유를 설명하시오. (5점)

물음(4) 제시된 자료에 의해 보상감정평가액을 산정하시오. (5점)

자료 1 종전사업의 개요

1. 사업의 종류: 관악지구 재개발사업

2. 사업인정고시일: 2014.1.1

자료 2 토지조서

기호	소재지	면적(㎡)		지목	비고
		공부	편입		
1	관악동 ○○	1,000	1,000	임야	

자료 3 종전사업에 편입될 당시의 이용상황

1. 의뢰된 토지는 종전의 공익사업에 편입되기 전에는 지목이 임야이고, 1970년경부터 무허가건물부지로 이용되던 10,000㎡의 토지의 일부였으나, 종전의 공익사업으로 9,000㎡는 아파트부지와 도로로 이용 중이고 1,000㎡는 공원으로 이용 중이며, 의뢰된 토지는 공원으로 이용 중인 부분임.

2. 의뢰된 토지는 현재는 중로에 접하는 장방형의 토지이나, 이는 종전의 공익사업의 시행으로 새로운 도로가 개설되었기 때문이며, 분할되기 이전의 토지는 완만한 경사를 이루고 있는 부정형으로 세로에 접하는 토지였음.

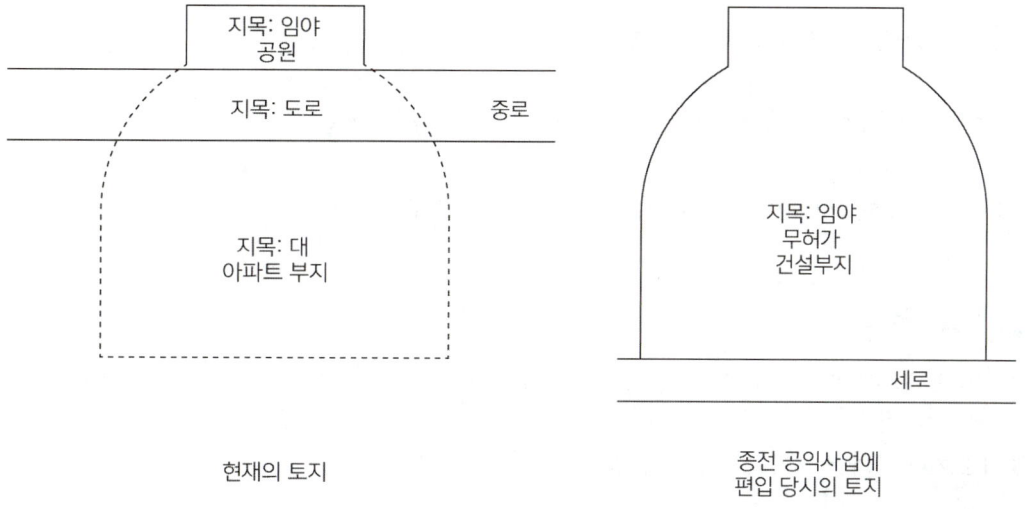

현재의 토지   종전 공익사업에 편입 당시의 토지

3. 종전의 공익사업이 시행되기 이전에는 일반주거지역이었으나, 종전의 공익사업으로 인하여 대상토지만 자연녹지지역으로 용도지역이 변경되었음.

4. 대상토지 주변은 당시 미개발지대로서 남측 근거리의 불량주택지대를 포함하여 재개발사업을 시행하였음.

자료 4 인근의 표준지공시지가 현황

1. 대상토지 인근지역에 소재하며 표준적인 이용상황의 표준지는 다음과 같음.

일련번호	소재지	면적(㎡)	지목	이용상황	용도지역	도로교통	형상지세	공시지가(원/㎡) 2014년	공시지가(원/㎡) 2026년
1	관악동 201	1,000	대	단독	일반주거	소로한면	장방형 평지	600,000	1,000,000
2	관악동 202	1,000	대	단독	자연녹지	소로한면	장방형 평지	200,000	300,000
3	관악동 산1	10,000	임야	자연림	일반주거	세로(가)	부정형 완경사	120,000	200,000
4	관악동 산2	10,000	임야	자연림	자연녹지	세로(가)	부정형 완경사	20,000	30,000

2. 표준지 일련번호 1은 2013년경 구획정리사업(환지방식)으로 개발된 주거지대 내에 소재하며, 당시 감보율이 40%였던 것으로 조사되었음.

자료 5 시점수정자료

1. 2014.1.1에서 2026.4.1까지의 지가변동률은 60%임.

2. 2026.1.1에서 2026.4.1까지의 지가변동률은 0%임.

3. 2013년 12월에서 2026년 3월까지의 생산자물가지수 변동률은 40%임.

4. 2025년 12월에서 2026년 3월까지의 생산자물가지수 변동률은 1%임.

자료 6 각종 격차율

1. 9,000 ~ 10,000㎡의 대지는 1,000㎡ 대지의 85% 수준임.

2. 부정형의 토지는 장방형 토지의 95% 수준임.

3. 대지의 경우 평지는 완경사지의 110% 수준임.

4. 중로에 접하는 토지는 세로에 접하는 토지의 120% 수준임.

5. 소로에 접하는 토지는 세로에 접하는 토지의 105% 수준임.

자료 7 기타

인근의 평가사례, 거래사례 등과 비교 시 비교표준지의 공시지가는 인근지가 수준과 같은 수준으로 판단됨.

04
감정평가사 홍길동 씨는 법원으로부터 시장가치 및 예상낙찰가 산정을 의뢰받았다. 주어진 자료를 참고하여 시장가치 및 예상낙찰가를 구하고, 산출방법에 대해 약술하시오. (15점)

자료 1 대상부동산 개황

1. 소재지: A시 B구 C동 100-1번지 외

2. 토지: 100-1번지, 200㎡, 대, 준주거지역, 정방형, 평지
   100-2번지, 200㎡, 대, 준주거지역, 정방형, 평지
   100-3번지, 200㎡, 대, 준주거지역, 정방형, 평지

3. 건물: 대상토지(100-1,2,3번지) 및 대상 외 토지(100번지: 타인 소유) 4필지 일단의 토지 지상 철근콘크리트조 슬래브지붕 1~4층 각 480㎡(지하층 없음) 근린생활시설(신축년도 2016.9.7)

4. 기준시점: 2026.9.7

자료 2 주위환경 및 시장상황

1. 대상이 속한 A시 B구 C동은 전면 도로변으로 4~6층 근린생활시설이 혼재하며, 후면은 근린생활시설 및 단독, 다가구 등 주상복합지대로 형성되어 있음.

2. 대상 주위의 최근 2년간 가격변동추이는 보합정도이며, 향후 전망도 보합정도이나 용적률이 낮은 오래된 상업용 건물(1970년대 신축)의 경우 개별 또는 합필하여 철거 후 재건축이 진행 중인 필지도 일부 혼재함.

3. 토지소유자와 건물소유자가 다른 경우 건물소유자는 토지의 시장가치에 적정지료를 지불하고 정상적으로 사용·수익할 수 있는 것으로 조사되었으며, 주변의 토지 거래량이나 거래가격도 적정한 것으로 조사됨.

자료 3 지적도

자료 4 표준지공시지가

(2026.1.1)

일련 번호	소재지	면적 (㎡)	지목	용도 지역	이용 상황	도로 교통	형상 지세	공시지가 (원/㎡)
1	C동 99-1	200	대	준주거	상업용	중로 한면	정방형 평지	5,200,000
2	C동 101-1	250	대	준주거	주상용	소로 한면	가장형 평지	3,000,000
3	C동 103	400	임야	준주거	상업용	중로 한면	세장형 완경사	4,000,000

자료 5 개별요인 비교

1. 접면도로

구분	중로각지	중로한면	소로각지	소로한면
비교치	1.05	1.00	0.90	0.85

2. 형상

구분	가로장방형	정방형	세로장방형	부정형
비교치	1.05	1.00	0.95	0.85

3. 지세

구분	평지	저지	완경사	급경사	고저
비교치	1.05	1.00	0.95	0.90	0.85

자료 6 신축단가 등

1. 철근콘크리트조 슬래브지붕(부대설비 포함) @1,400,000원/㎡(2026.1.1)(2026년 이후 건축비 변동은 없는 것으로 함)

2. 물리적 내용연수: 철근콘크리트조 슬래브지붕 50년

3. 잔존가치는 없는 것으로 봄.

자료 7 기타

A시 B구 근린생활시설의 최근 낙찰가율은 75% 정도임.

제25회 감정평가실무 기출

> **공통 유의사항**
> 1. 각 문제는 해답 산정 시 산식과 도출과정을 반드시 기재
> 2. 단가는 관련 규정에서 정하고 있는 사항을 제외하고 천원미만은 절사, 그 밖의 요인 보정치는 소수점 셋째자리 이하 절사

01

K감정평가법인 소속 감정평가사 甲은 서울특별시 A구청장으로부터 B12구역주택재개발정비사업 내에 소재한 공유지의 처분을 위한 감정평가를 의뢰받고 현장조사 및 가격조사를 완료하였는바, 주어진 자료를 기준으로 감정평가액을 구하시오. (30점)

자료 1 감정평가 의뢰내역(요약)

1. 의뢰인: 서울특별시 A구청장

2. 의뢰일자: 2026.9.1

3. 제출기한: 의뢰일로부터 14일 내

4. 의뢰목록

일련번호	소재지	지번	지목	면적(㎡)	용도지역
1	서울특별시 A구 B동	121	대	106.0	2종일주
2	〃	121-2	대	48.0	〃
3	〃	121-3	대	151.0	〃
4	〃	121-5	대	72.0	〃
5	〃	121-7	대	108.0	〃

자료 2 기본적 조사사항

1. 현장조사 및 가격조사완료일자: 2026.9.3 ~ 9.5

2. 조사 내용
    1) 대상 토지는 사업시행인가일 현재 기존 주택지대 내에 소재하는 일단의 "공용주차장"으로 사용되었던 것으로 조사되었음.
    2) 현장조사일 현재 B12구역주택재개발정비사업이 착공된 상태로, 대상의 현황이 변경된 상태로서 주택재개발사업에 편입되어 일단의 사업부지로 이용 중임.
    3) 대상 "공용주차장"은 1997.6.21자로 도시계획시설(주차장) 실시계획 고시되었음.
    4) B12구역주택재개발정비사업 현황(요약)
        (1) 소재지: 서울특별시 A구 B동 178번지 일대
        (2) 사업구역 면적: 65,826㎡
        (3) 택지면적: 42,786㎡
        (4) 사업시행인가고시일: 2023.3.20
        (5) 착공일자: 2025.10.28
        (6) 조합제시 사업비(개량비) 분석 내역(2026년 8월 말 현재)

항목	금액(원)	비고
토목공사비 등	15,682,000,000	-
공통비용	8,560,000,000	토지 및 건물에 공통으로 할당되는 금액으로, 토지비율은 48%임.
합계	24,242,000,000	-

자료 3 표준지공시지가, 거래사례 및 평가사례 등

1. 인근 표준지공시지가 내역

기호	소재지	면적(㎡)	지목	이용상황	용도지역	도로교통	형상지세	공시기준일	공시지가(원/㎡)	비고
①	B동 125-1	89.0	대	단독주택	2종일주	세로(가)	사다리평지	2023.1.1	2,300,000	B12구역 내(대상 남서측 인근)
								2024.1.1	2,380,000	
								2025.1.1	2,460,000	
								2026.1.1	-	
②	B동 132	102.0 (일단지)	대	주거나지	2종일주	광대소각	부정형평지	2023.1.1	-	B12 구역
								2024.1.1	-	
								2025.1.1	-	
								2026.1.1	3,220,000	
③	B동 457	153.0	대	단독주택	2종일주	세로(가)	세장형평지	2023.1.1	2,180,000	대상 북측 인근
								2024.1.1	2,250,000	
								2025.1.1	2,320,000	
								2026.1.1	2,400,000	

2. 거래사례

기호	소재지	거래일자	지목	면적(㎡) 토지	면적(㎡) 건물	용도지역	거래가액(원)
(가)	B동 78-2	2025.8.25	대	92.0	99.5	2종일주	400,000,000
(나)	B동 249	2026.5.20	대	103.0	156.2	2종일주	683,000,000

1) 기호(가): 거래 당시 블록조 단층 주택이 소재하였으나, 거래 후 기존 건물은 철거(철거비와 폐자재 매각금액 동일)되고 현장조사일 현재 다세대주택이 신축되어 있음.
2) 기호(나): 3층 규모의 주상용 건물(철근콘크리트조) 신축 후 바로 거래된 것으로 거래시점 당시 건물 재조달원가는 @1,000,000원/㎡으로 조사됨.

3. 평가사례

기호	소재지	목적	기준시점	지목	면적(㎡)	용도지역	평가액(원/㎡)
㉠	B동 526 외	택지비	2025.9.1	대	32,685.24	2종일주	5,700,000
㉡	B동 144 외	택지비	2024.10.29	대	11,790.57	2종일주	5,160,000

자료 4 지가변동률(서울특별시 A구 주거지역)

기간	변동률(%)
2023.1.1 ~ 2023.3.20	0.096
2023.3.20 ~ 2026.9.5	3.487
2024.10.29 ~ 2026.9.5	1.926
2025.8.25 ~ 2026.9.5	0.999
2025.9.1 ~ 2026.9.5	0.221
2026.5.20 ~ 2026.9.5	0.022
2026.1.1 ~ 2026.9.5	0.057

자료 5 요인비교 자료

1. 지역요인: 대상, 표준지공시지가, 거래사례 및 평가사례는 인근지역에 소재하여 지역요인 대등함.

2. 개별요인

(표준지공시지가: 1.00)

표준지공시지가	대상	거래사례		평가사례	
		(가)	(나)	㉠	㉡
①	1.25	1.15	1.35	1.50	1.35
②	1.00	0.90	1.06	1.18	1.07
③	0.85	0.75	0.87	0.97	0.86

02

서울특별시 A구가 도시계획시설 도로개설사업으로 소유자 甲의 토지를 협의 취득하였으나 이후 해당 토지가 B공사가 시행하는 H택지개발사업에 편입되어 환매권이 발생하였다. 그러나 사업시행자가 원소유자 甲에게 환매권이 발생한 사실을 통지나 공고를 하지 아니하여 결국 환매권이 상실되었다. 이에 원소유자 甲은 환매권 발생 통지의무 해태로 인한 손해배상소송을 제기하였다. 원소유자 甲의 환매권 상실로 인한 손해액을 다음 물음에 따라 구하시오. (30점)

물음(1) 환매권 상실 당시의 토지 평가에 적용할 비교표준지 기호 및 적용공시지가(연도)와 그 선정 이유 (5점)

물음(2) 환매권 상실 당시의 토지 평가금액 (5점)

물음(3) 환매권을 행사하였을 경우 반환하여야 할 환매금액 (15점)

물음(4) 환매권 상실로 인한 손해액 (5점)

자료 1 개요

1. 지급한 보상금액은 토지 56,700,000원, 지장물 5,400,000원이며, 환매 토지의 소유권이전일은 2013. 9. 20이며, 도로개설사업의 폐지·변경고시일은 2014.9.20임.

2. H택지개발사업의 사업인정고시 의제일은 2019.10.27임.

자료 2 토지의 개황

1. 소재지 및 면적: 서울특별시 A구 B동 119번지, 315㎡

2. 도로개설사업 편입 당시: 전, 부정형, 완경사, 맹지

3. 가격조사완료일: 2026.9.20

4. 환매대상토지는 2016년 5월 중에 용도지역이 자연녹지지역에서 제2종일반주거지역으로 변경되었음.

자료 3 표준지 공시지가

1. 인근 표준지공시지가의 특성항목

기호	소재지	지목	면적(㎡)	이용상황	용도지역	도로교통	형상지세
1	A구 B동 16	전	865	전	자연녹지	맹지	부정형 완경사
2	A구 B동 255-1	대	540	단독주택	자연녹지	세로(가)	부정형 평지
3	A구 B동 306	전	306	전	자연녹지	세로(가)	부정형 완경사
4	A구 B동 381-5	전	413	주거나지	2종일주	세로(불)	부정형 완경사
5	A구 B동 651	대	248	단독주택(다가구)	2종일주	세로(가)	가장형 평지
6	A구 C동 381-5	전	243	단독주택	2종일주	세로(가)	사다리 평지

1) 기호 2, 4, 5 표준지공시지가는 도로개설사업에 따른 가격변동이 있는 것으로 조사되었음.
2) 기호 3, 5 표준지공시지가는 2016년 신규표준지임.
3) 기호 6 표준지공시지가는 환매대상토지와 용도지역, 지목 및 이용상황의 변경과정이 유사함.

2. 인근 표준지공시지가의 연도별 공시가격

(단위: 원/㎡)

기호	2013년	2014년	2019년	2020년	2024년	2025년
1	100,000	106,000	137,000	129,000	145,000	158,000
2	200,000	210,000	283,000	270,000	300,000	330,000
3	-	-	170,000	165,000	185,000	202,000
4	270,000	284,000	380,000	370,000	410,000	450,000
5	-	-	530,000	510,000	570,000	620,000
6	360,000	380,000	500,000	490,000	550,000	600,000

자료 4 지가변동률(서울특별시 A구)

기간	변동률(%)	
	주거지역	녹지지역
2013.1.1 ~ 2013.9.20	0.100	0.200
2013.1.1 ~ 2019.10.27	0.300	0.400
2013.1.1 ~ 2024.9.20	3.500	4.500
2019.1.1 ~ 2019.10.27	-0.001	-0.002
2019.1.1 ~ 2024.9.20	5.000	7.000
2024.1.1 ~ 2024.9.20	0.060	0.090

자료 5 지역요인 및 개별요인 비교

1. 대상토지와 표준지공시지가 기호1 ~ 기호6은 인근지역에 위치하므로 지역요인은 대등함.

2. 개별요인 비교치

구분	표준지1	표준지2	표준지3	표준지4	표준지5	표준지6
개별요인 비교치	1.010	1.020	1.030	1.040	1.050	1.060

자료 6 그 밖의 요인 보정치

대상 평가에 적용할 그 밖의 요인 보정치는 표준지공시지가 기호1 ~ 기호6 공히 1.30으로 산정되었음.

자료 7 기타

1. 환매대상 토지는 환매권 상실 당시 H택지개발지구에 편입되어 조성공사 중인바 지적확인이 곤란한 상태이며, 인근의 표준적인 이용상황은 주거용(다가구주택)임.

2. 상기의 B공사는 「공공기관의 운영에 관한 법률」 제5조 제3항 제1호의 공공기관임.

3. 상기의 H택지개발사업은 「공익사업을 위한 토지 등의 취득 및 보상에 관한 법률」 제4조 제5호에 규정된 공익사업이나, 환매권 행사는 제한되지 않는 것으로 봄

03

A획지 소유자는 B획지 소유자의 토지 및 전자공장 1동을 인수하여 자신의 토지와 합병한 후 재가동하고자 한다. 이에 감정평가사 甲에게 토지와 건물의 적정매입금액 산정을 의뢰하였다. 주어진 자료에 의거 B획지에 소재한 토지와 공장의 가액을 다음 물음에 의거하여 산정하시오. (20점)

물음(1) A와 B토지의 합병으로 인한 증분가치를 구하고, B토지의 적정매입금액을 기여도 비율에 의한 차액배분법의 논리로 산정하시오. (합병에 따른 제반 비용은 고려치 아니하기로 함) (10점)

물음(2) B토지 지상의 공장에 대한 적정한 가액을 원가법에 의한 적산가액으로 산정하되, 재조달원가는 소유자 제시자료에 의한 직접법에 따라, 감가수정은 설비의 특성을 고려한 정률법에 의하시오. (10점)

자료 1 토지의 상황

각 획지의 형태는 다음의 그림과 같다. 각각의 토지가치를 파악한 결과 A는 9,000,000,000원, B는 4,000,000,000원으로 판단된다. 이때 A와 B를 합병하면 토지의 가치는 그림의 C획지와 유사해질 것으로 판단되며, C의 가치는 18,000,000,000원으로 조사된다.

획지	면적(㎡)	단가(원/㎡)	가격(원)
A	15,000	600,000	9,000,000,000
B	5,000	800,000	4,000,000,000
C	20,000	900,000	18,000,000,000

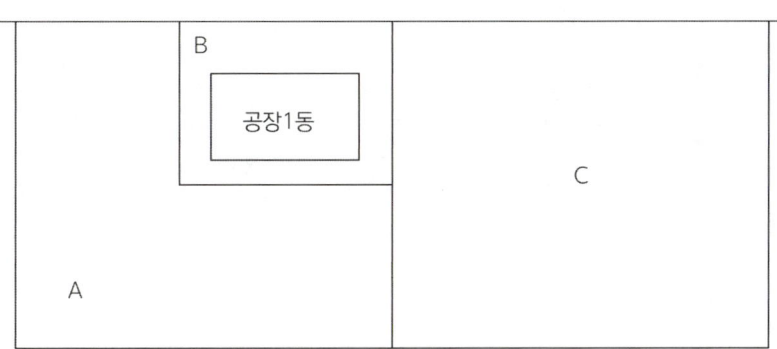

자료 2 공장설비에 관한 상황

1. B획지에는 완공된 지 1년이 경과한 공장설비가 소재한다. 이 공장은 전체가 정밀전자부품제조를 위한 특수한 '클린룸' 설비로 구성된 공장이다.

2. 재조달원가는 소유자 제시자료에 의거 직접법으로 산정하되, 이의 정산은 기획재정부 계약예규 "예정가격작성기준"에 의거 검토할 예정이며, 부가가치세 및 손해보험료는 고려치 아니하기로 하였다.

3. 예정가격작성기준의 적용은 평가대상 설비의 특성상 공사원가계산을 적용하기로 하였고, 참고로 일반관리비율은 5%, 이윤율은 15%를 초과할 수 없도록 되어있는 전문 및 기타공사 규정을 적용하여 이것만을 조정하기로 하였다. 한편, 재료비, 노무비, 경비 등은 세부내역을 토대로 검토한 결과 적정한 수준으로 판명되었다.

4. 본 공장은 정밀설비로 구성되어 내용연수는 20년으로 조사되며, 지난 1년간 사용상 특이사항이 없어 잔존내용연수는 19년으로 하였고, 잔가율은 10%로 조사된다. 또한 감가수정은 정밀공장의 고유특성상 정률법을 적용하기로 하였다.

5. 지난 1년간 유사 공장(설비)신축에 관한 물가상승률(가격보정지수)는 극히 미미하여 적용치 아니하기로 하였다.

자료 3 B획지 소유자 제시 공장의 신축 공사원가계산서(요약)

1. 재료비: 20억원

2. 노무비: 10억원

3. 경비: 10억원

4. 일반관리비: 4억원

5. 이윤: 4억원

6. 합계: 48억원

04

다음 물음에 답하시오. (20점)

물음(1) A국에서 과거 약 20년간 상업용 부동산(A, B, C)과 주식(D)의 연간 평균수익률 추이를 조사한 후, 다음의 표와 같이 정리하였다.

(단위: %)

구분 (자료기호)	작성 기초자료의 성격	기하평균 수익률	산술평균 수익률	표준편차	시계열 상관계수
CREF (A)	매년의 감정평가액 집계	10.8	10.9	2.6	0.43
REITs (B)	리츠의 수익률 집계	14.2	15.7	15.4	0.11
C&S (C)	실거래가격의 통계처리	8.5	8.6	3.0	0.17
S&P 500 (D)	주요주식의 거래가격	12.3	13.5	16.7	-0.10

이 자료의 해석과 관련하여, (1) 기하평균수익률과 산술평균수익률이 상이할 때 무엇을 채택하는 것이 합리적인지, (2) 상기 자료 B와 자료 D는 표준편차가 유사하고, 시계열상관계수도 낮은 경향을 보인 반면 자료A는 표준편차가 가장 낮고, 시계열상관계수가 가장 높은 특징을 보이는 이유를 기초자료의 성격과 관련하여 약술하시오. (10점)

물음(2) 완전소유권의 시장가치는 임대권 가치와 임차권 가치의 합이라 할 때, 연간 시장임대료(순임대료)는 12,000,000원, 연간 계약임대료(순임대료)는 9,000,000원, 계약기간 10년, 계약기간 만료 시 대상 부동산의 완전소유권 시장가치는 120,000,000원이고 계약기간 중 시장가치의 변동은 없는 것으로 예상되는 경우 다음 물음에 답하시오. (10점)

(1) 임대권(賃貸權) 수익률이 9.00%라고 할 경우 대상의 내재된 임차권(賃借權) 수익률은 얼마인가? (5점)

(2) 어떤 경우에 「완전소유권 시장가치 = 임대권 가치 + 임차권 가치」의 등식이 성립하지 않는가? (5점)

제26회 감정평가실무 기출

> **공통 유의사항**
> 1. 각 문제는 해답 산정 시 산식과 도출과정을 반드시 기재
> 2. 단가는 관련 규정에서 정하고 있는 사항을 제외하고 천원미만은 절사, 그 밖의 요인 보정치는 소수점 셋째자리 이하 절사

01 한국OO공사는 보유중인 부동산을 매각하기 위해 김공정 감정평가사에게 일반거래(시가참고) 목적의 감정평가를 의뢰하였다. 관련법규및 이론을 참작하고 제시된 자료를 활용하여 다음의 물음에 답하시오. (40점)

물음(1) 본 감정평가에 적용할 층별효용지수를 산정하시오. (10점)

물음(2) 시산가액 조정을 통해 감정평가액을 구하시오. (30점)

자료 1 기본적 사항

1. 감정평가 의뢰내역

기호	소재지 지번	층	호수	전용면적 (㎡)	공용면적 (㎡)	전체면적 (㎡)
1	서울시 A구 B동 00번지	1층	101	1,350	1,650	3,000
2	〃	2층	201	1,215	1,485	2,700
3	〃	3층	301	1,215	1,485	2,700
4	〃	4층	401	1,100	1,600	2,700
5	〃	5층	501	1,215	1,485	2,700
6	〃	6층	601	900	1,100	2,000
7	〃	지1층	B101	2,250	2,750	5,000

2. 기준시점: 2026.8.20

3. 기준가치: 시장가치

4. 평가목적: 일반거래(시가참고)

자료 2 지역분석 자료

1. 본건이 위치하고 있는 지역은 새롭게 조성된 상업 및 업무지대로 토지 및 업무시설(집합건물)의 평가사례 및 거래사례가 풍부함

2. 기준시점 현재 해당지역의 업무시설가격은 2024년 1분기 대비 소폭 상승하였으나 해당기간동안 업무시설가격은 상승과 하락을 반복하였음

3. 사무실 또는 상가는 층별 각기 다른 가격격차를 보이고 있는데, 고객의 이용에 따른 편의성, 접근성, 수익성 등에 따른 것으로 판단됨. 한편, 지하철역과의 거리에 따른 가격격차도 확인할 수 있었음. 그리고 지하철역과의 거리에 따른 가격격차는 업무용 토지가격에서도 확인할 수 있었음

4. 상기의 지역분석은 탐문조사, 평가사례 및 거래사례 등을 이용하여 분석한 것으로 보다 상세한 해당지역의 가치형성요인을 분석하기 위해 기준시점으로부터 6개월 이내 자료를 이용하여 계량분석을 실시함

자료 3 가치형성요인의 계량분석

1. 헤도닉가격모형을 이용하여 해당지역의 가치형성요인을 분석함

2. 토지만의 거래사례를 이용하여 업무용 토지가격을 종속변수로 한 모형을 추정한 결과 모형의 설명력은 0.875(수정된 R제곱)이고, F-value는 629.430으로 나타남. 다음은 분석내용임
   1) 설명변수로 채택된 업무용토지의 면적은 5% 유의수준에서 5,000㎡ ~ 16,500㎡ 면적의 토지는 5,000㎡ 미만 면적의 토지에 대해 다른 조건이 일정할 때 가격측면에서 약 10% 우세한 것으로 나타났으며 이는 통계적으로 유의함
   2) 설명변수로 채택된 본건과 지하철역과의 거리는 5% 유의수준에서 유의 했는데, 지하철과의 거리가 0.5km ~ 1km인 토지는 0.5km미만의 토지에 대해 다른 조건이 일정할 때 가격측면에서 3% 열세한 것으로 나타났으나 1km 초과 토지는 통계적으로 유의하지 않음

3. 집합건물인 업무시설(사무실)의 거래사례를 이용하여 업무시설가격을 종속변수로 한 모형을 추정한 결과 모형의 설명력은 0.825(수정된 R제곱)이고, F-value는 523.257로 나타남. 다음은 분석내용임
   1) 설명변수로 채택된 층의 경우 본 계량모형상의 1층 가격은 약 3,500,000원/㎡ 정도임. 한편, 다른 조건이 모두 동일한 경우 지하1층은 1% 유의 수준에서 880,000원/㎡ 정도가 1층에 비해 가격이 낮게 나타남. 한편, 2층부터 6층까지는 5% 유의수준에서 2층은 410,000원/㎡, 3층은 295,000원/㎡, 4층은 385,000원/㎡, 5층은 350,000원/㎡, 6층 이상은 400,000원/㎡ 정도가 1층에 비해 가격이 낮게 나타났으며 이는 통계적으로 유의함
   2) 설명변수로 채택된 지하철역까지의 거리 변수는 5% 유의수준에서 유의했고 지하철역에서 멀어질수록 업무시설가격은 하락(-)함

3) 설명변수로 채택된 전용율의 경우 전체면적이 통제된 상태에서 전용면적의 증가는 업무시설가격에 긍정적인(+) 효과를 미쳤고 1% 유의수준에서 유의한 것으로 나타남. 구체적으로 전용율 45% 미만의 업무시설은 전용율 45% 이상의 업무시설에 비해 가격측면에서 약 3% 열세한 것으로 나타남. 한편, 전용면적이 통제된 상태에서 공용면적의 증가는 통계적으로 유의하지 않음

4) 설명변수로 채택된 업무시설의 전체면적은 1% 유의수준에서 4,000㎡ ~ 8,000㎡ 면적의 업무시설은 4,000㎡ 미만 면적의 업무시설에 비해 다른 조건이 일정할 때 가격측면에서 약 5% 열세한 것으로 나타났으며 통계적으로 유의함

자료 4 개별요인분석 자료

1. 대상부동산은 건물전체가 의뢰된 건으로 총 7개의 집합건물로 구성되어있고, 적법한 절차를 걸쳐 완공된 상태임

2. 토지

구분	내용
지목 및 면적	대 / 3,637㎡
위치 및 주위환경	서울시 A구 B동 소재 H백화점 북측인근에 소재하며 인근은 상업 및 업무지대임
도로 및 교통환경	본건 남측으로 지하철 K역(본건과의 거리: 0.62km)이 위치해 있고 동측 및 남측인근에 일반버스정류장이 소재하는 등 교통사항은 양호함
지형, 지세 및 이용 상황	남측 및 서측은 인접도로와 등고평탄한 정방형 토지로 기준 시점 현재 업무시설부지로 이용중임
토지이용 계획사항	도시지역, 준주거지역, 제1종 지구단위계획구역, 대로2류(폭 30M ~ 35M)(접함), 중로2류(폭 15M ~ 20M)(접함)

3. 건물

구분	내용
구조 및 용도	철골철근콘크리트조, 슬래브지붕 / 업무시설
건축면적 및 연면적	2,228㎡ / 20,800㎡
층수 등	• 지상6층(지상1층 ~ 지상6층: 업무시설) • 지하3층(지하1층: 업무시설, 지하2, 3층: 주차장, 기계실, 전기실 등)
사용승인일	2024년 7월 20일
주차 및 부대설비	140대(주차), 엘리베이터 4대, 에스컬레이터 2대, 소화설비, 냉난방설비 등

자료 5 집합건물 거래사례(소재지: 서울시 A구 B동)

기호	지번	층	호수	전용면적 (㎡)	전체면적 (㎡)	거래가격 (원)	용도	거래시점
A	625	3	301	1,350	3,000	8,500,000,000	사무소	2026.1.10
B	670	4	401	1,125	2,500	6,780,000,000	사무소	2026.2.10
C	710	5	501	1,080	2,700	6,350,000,000	연구소	2026.3.10
D	720	지1	B101	2,080	5,200	11,000,000,000	사무소	2026.4.10

1. 지하철역까지의 거리
   - 기호A: 0.55km, 기호B: 0.63km, 기호C: 0.60km, 기호D: 1.80km

2. 용도지역
   - 기호A: 일반상업, 기호B: 준주거, 기호C: 준주거, 기호D: 준주거

3. 가치형성요인의 경우 상기자료 외에는 대상과 사례가 동일함

자료 6 층별효용지수 참고자료

1. 계량분석외 본건에 인접한 유사 건물의 평가사례 및 실무기준해설서상의 층별효용지수 관련 자료는 다음과 같음

층	평가사례1 (2024.3.27)	평가사례2 (2025.9.15)	평가사례3 (2026.7.20)	실무기준해설서 A형	실무기준해설서 B형
지상5층이상	85	87	90	42	51
지상4층	92	87	90	45	51
지상3층	83	87	90	50	51
지상2층	85	87	90	60	51
지상1층	100	100	100	100	100
지하1층	-	-	-	44	44

자료 7 공시지가 표준지

1. 공시기준일: 2026년 1월 1일

2. 인근지역내 공시지가 표준지 내역(소재지: 서울시 A구 B동)

기호	지번	지목	면적(㎡)	이용 상황	용도지역	도로교통	형상지세	공시지가(원/㎡)	지하철역과의 거리
가	630	대	5,179.2	업무용	일반상업	중로각지	세장형평지	3,000,000	0.5km
나	681	대	3,329.2	업무용	준주거	광대소각	정방형평지	3,250,000	1.5km
다	702	대	9,038.0	업무용	준주거	중로각지	정방형평지	2,800,000	0.7km

자료 8 토지거래사례

(소재지: 서울시 A구 B동, 거래시점: 2026년 7월 10일)

기호	지번	지목	면적(㎡)	이용 상황	용도지역	도로교통	형상지세	거래단가(원/㎡)
1	698	대	3,500	업무용	준주거	광대 한면	사다리형 평지	5,800,000

※ 지하철역과의 거리: 0.3km

자료 9 재조달원가 자료(기준시점 기준)

기호	용도	구조	급수	단가(원/㎡)	내용 년수
1	사무실	철골철근콘크리트조 슬래브지붕 (6층이하)	1급	1,540,000	55 (50-60)
2	사무실	철근콘크리트조 슬래브지붕 (6층이하)	1급	1,400,000	55 (50-60)

자료 10 수익관련자료

1. 임대사례[소재지: 서울시 A구 B동, 임대면적: 3,000㎡(전체)]

기호	지번	층	호수	전용율	보증금 (원/㎡)	월임대료 (원/㎡)	월관리비 (원/㎡)	지하철역과의 거리
1	699	1	101	45%	100,000	10,000	6,000	0.63km

2. 임대사례는 기준시점 현재 당해 업무지대의 평균적인 사례임

3. 공실 및 대손충당금: 가능조소득의 10%

4. 영업경비: 연간관리비의 80%

5. 보증금, 월임대료, 월관리비는 전체면적기준임

6. 종합환원이율: 연 4.0%, 보증금운용이율: 연 3.0%

7. 가치형성요인의 경우 상기자료 외에는 대상과 사례가 동일함

자료 11 기타자료

1. 도로접면 격차율

구분	광대한면	중로한면	소로한면	세로(가)	세로(불)
격차율	1.00	0.90	0.88	0.85	0.70

※ 도로접면이 각지인 경우는 한면에 접하는 경우에 비해 1% 우세함

2. 형상 격차율

구분	정방형	가장형	세장형	사다리형	부정형
격차율	1.00	0.99	0.99	0.98	0.90

3. 시점수정 자료
   1) 지가변동률(단위: %)

기간	용도지역	
	주거지역	상업지역
2026.1.1 ~ 2026.7.31(누계)	0.435	0.420
2026.7.1 ~ 2026.7.31(당월)	0.020	0.010

※ 2026년 8월 이후 지가변동률은 미고시 상태이며 2026년 7월 지가변동률과 동일하게 변동하는 것으로 추정함

2) 오피스 자본수익률(단위: %)

기간	2026년 1분기	2026년 2분기
자본수익률	0.35	0.30

※ 2026년 2분기 이후 오피스 자본수익률은 미고시 상태이며 2026년 2분기 오피스 자본수익률과 동일하게 변동하는 것으로 추정함

4. 거래사례 및 임대사례는 모두 정상적인 사례로 판단되며, 토지거래 사례는 그 밖의 요인 보정치 산정에 활용함

5. 건물의 감가수정은 정액법을 적용하며, 가치형성요인과 관련된 보정치는 계량분석내용을 준용하여 적용 가능함

6. 유의수준이란 가설검증시 제1종 오류를 범할 확률의 허용한계, 즉, 오차가능성을 말함

02

감정평가사 김공정은 택지개발사업과 관련하여 보상목적의 감정평가를 의뢰받았다. 관련 법규 및 이론을 참작하고 제시된 자료를 활용하여 다음의 물음에 답하시오. (30점)

물음(1) 자료와 같은 내용의 구분지상권이 설정된 토지가 공익사업에 편입되어 해당 송전선을 철거하는 경우 보상목적의 구분지상권 감정평가방법에 대해 구체적으로 기술하되 각 방법의 장점과 단점도 포함하여 기술하시오. (10점)

물음(2) 주어진 자료를 활용하여 대상물건의 보상액을 구하되, 적용가능한 방법을 모두 활용한 후 시산가액의 조정을 통해 구하시오. (20점)

자료 1 공익사업에 관한 사항

1. 사업명: ○○지구 택지개발사업(공익사업 근거법: 택지개발촉진법)

2. 사업지구면적: 180,000㎡

3. 사업시행자: G지방공사

4. 사업추진일정
   1) 택지개발지구지정·고시일: 2022.9.9
   2) 보상계획공고일: 2023.2.20
   3) 실시계획승인·고시일: 2024.4.4

자료 2 감정평가의 기본적 사항

1. 대상물건: 경기도 A시 B읍 C리 1번지의 구분지상권

2. 감정평가목적: 보상

3. 기준시점: 2026.9.2

자료 3 구분지상권에 관한 사항

1. 구분지상권자: H전력공사

2. 구분지상권의 목적: 154kV 가공 송전선로 건설
   ※ 가공 송전선로: 송전철탑을 통해 공중으로 설치한 송전선로

3. 구분지상권의 범위: 경기도 A시 B읍 C리 1번지 토지 상공 15m에서 30m까지의 공중공간(송전선로부지면적: 300㎡)
   ※ 송전선로부지면적은 구분지상권 설정면적을 말함

4. 구분지상권의 존속기간: 해당 송전선로 존속시까지

5. 구분지상권 설정일: 2021.3.3

6. 당시 보상액(구분지상권 설정대가): 32,000,000원

7. 특약사항: 존속기간 동안 구분지상권 설정대가의 증감은 없음

8. 기타사항: 송전선로가 필지의 중앙을 통과함

자료 4 토지에 관한 사항

1. 소재지: 경기도 A시 B읍 C리 1번지

2. 면적: 300㎡, 지목: 전, 실제 이용상황: 전

3. 접면도로: 폭 6m의 도로와 접함

4. 토지이용계획의 변동사항
    1) 2021.1.1 ~ 2024.4.3: 자연녹지지역
    2) 2024.4.4 ~ 2026.9.2: 일반주거지역(택지개발사업으로 인해 변경)

자료 5 주변지역 현황

1. 구분지상권이 설정된 토지(경기도 A시 B읍 C리 1번지 토지) 주변은 송전선 건설 당시 농지지대에서 주택지대로 전환되는 중이었고(단독주택이 지속적으로 건설되고 있었음), 당시 인근지역에 속한 토지로서 ○○택지개발지구 인근의 지구 밖 토지 대부분은 기준시점 현재 단독주택부지로 이용하고 있음

2. 조사결과 기준시점 현재 ○○택지개발지구와 접한 지구 밖 토지의 표준적 이용은 2층의 단독주택부지이며, 주택의 표준적인 각 층의 층고는 3.5m임

자료 6　표준지 공시지가 자료

기호	소재지 지번	면적(㎡)	지목	이용상황	도로교통	형상지세
가	B읍 C리 10	360	답	과수원	세로(불)	세장형 완경사
나	B읍 C리 250	280	대	주거나지	세로(가)	세장형 평지
다	B읍 D리 500	350	전	과수원	세로(가)	가장형 평지

※ 표준지 '가' ~ '다'는 모두 동일수급권내에 소재함

(계속)

기호	용도지역	공시지가(원/㎡) 공시기준일	공시지가	비고
가	자연녹지	2022.1.1	300,000	○○지구 택지개발사업지구 내의 토지로 도시계획시설 도로에 40% 저촉함
	자연녹지	2024.1.1	380,000	
	일반주거	2026.1.1	480,000	
나	자연녹지	2022.1.1	340,000	○○지구 택지개발사업지구 내의 토지로 가공 송전선으로 인해 구분지상권이 설정되어 있음
	자연녹지	2024.1.1	420,000	
	일반주거	2026.1.1	500,000	
다	자연녹지	2022.1.1	300,000	○○지구 택지개발사업지구 밖의 토지로 가공 송전선으로 인해 구분지상권이 설정되어 있음
	자연녹지	2024.1.1	360,000	
	자연녹지	2026.1.1	500,000	

※ 도시계획시설 도로에 저촉하는 표준지의 경우 해당부분에 대해 20%의 감가율을 적용하여 공시하였음

자료 7　시점수정 자료: 경기도 A시 지가변동률

기간	지가변동률(단위: %)	
	주거지역	녹지지역
2021.1.1 ~ 2021.12.31(누계)	1.103	2.758
2022.1.1 ~ 2022.12.31(누계)	2.154	3.085
2023.1.1 ~ 2023.12.31(누계)	2.060	2.072
2024.1.1 ~ 2024.12.31(누계)	2.058	2.085
2025.1.1 ~ 2025.12.31(누계)	2.064	3.082
2026.1.1 ~ 2026.7.31(누계)	-0.130	-0.120
2026.7.1 ~ 2026.7.31(당월)	0.060	0.072

※ 2026년 8월 이후 지가변동률은 미고시 상태이며 2026년 7월 지가변동률과 동일하게 변동하는 것으로 추정함

자료 8 보상사례 자료

1. 보상물건: 경기도 A시 B읍 D리 500번지[자료 6의 기호 '다' 토지임]의 구분지상권(구분지상권 설정일: 2021.3.3)

2. 보상사유: 도시개발사업(사업인정고시일: 2024.5.1, 사업지구면적: 100,000㎡)에 편입되어 154kV 가공 송전선로 철거

3. 보상액: 37,400,000원

4. 보상액 감정평가시 기준시점: 2026.7.31

5. 구분지상권의 범위: 경기도 A시 B읍 D리 500번지 토지 상공 16m에서 30m까지의 공중공간(송전선로부지면적: 280㎡)

6. 구분지상권의 존속기간: 해당 송전선로 존속시까지

7. 특약사항: 존속기간 동안 구분지상권 설정대가의 증감은 없음

8. 기타사항: 송전선로가 필지의 중앙을 통과함

자료 9 구분지상권의 가치형성요인 비교 자료 등

1. 조사결과 가공 송전선로를 위한 구분지상권의 가치는 해당 부지의 지역요인 및 개별요인, 송전선로로 인한 입체이용저해율 및 추가보정률(쾌적성 저해요인, 시장성 저해요인, 기타 저해요인), 송전선로부지면적에 영향을 받음

2. 조사결과 자료 8의 보상사례와 대상물건은 자료 10 및 자료 11의 내용과 같이 비교치가 산정됨

3. 조사결과 구분지상권의 가치는 지가변동률과 동일하게 변동함

자료 10 지가형성요인 비교 자료

1. 지역요인 비교치: 표준지와 비교한 B읍 C리 1번지의 비교치

표준지 '가'	표준지 '나'	표준지 '다'
1.00	1.00	1.10

※ 비교치는 표준지공시지가의 공시기준일이 상이해도 동일하게 적용함

2. 개별요인 비교치: 표준지와 비교한 B읍 C리 1번지의 비교치

표준지 '가'	표준지 '나'	표준지 '다'
1.10	0.90	1.00

※ 비교치는 표준지공시지가의 공시기준일이 상이해도 동일하게 적용함

3. 그 밖의 요인 보정치
  토지의 감정평가에 적용할 그 밖의 요인 보정치는 공시기준일에 상관없이 표준지 '가' ~ '다' 모두 1.30으로 적용함

자료 11 감가율 산정 자료

1. 건조물의 이격거리
  건조물은 가공전선의 전압 35kV 이하는 3m, 35kV를 초과하는 경우에는 초과하는 10 kV 또는 그 단수마다 15cm를 가산한 수치씩 이격하여야 함

2. 주택지대의 층별효용지수
  1층: 100, 2층: 100

3. 입체이용률 배분표

구분	건물이용률(α)	지하이용률(β)	그밖의이용률(γ)	γ의 상하배분비율
주택지대·택지후보지지대	0.7	0.15	0.15	3 : 1
농지지대	0.8	0.1	0.1	4 : 1

4. 추가보정률 산정기준표

구분	추가보정률 적용범위		상·중·하 구분 기준
	주택지대· 택지후보지지대	농지지대	
쾌적성 저해요인	상: 10.0% 중: 7.5% 하: 5.0%	상: 5.0% 중: 4.0% 하: 3.0%	송전선로의 높이를 기준으로 구분 적용 • 10m 이하: 전압에 관계없이 '상' • 10m 초과 20m 이하: 154kV 이하는 '중', 154 kV 초과는 '상' • 20m 초과: 754kV 이상은 '상', 345kV 이상은 '중', 154kV 이하는 '하'
시장성 저해요인	상: 10.0% 중: 7.0% 하: 4.0%	상: 7.0% 중: 5.0% 하: 3.0%	송전선로부지면적비율 또는 송전선로의 통과위치를 기준으로 구분 적용 • 송전선로부지면적비율이 40%를 초과하거나 송전선로가 필지의 중앙을 통과하는 경우: '상' • 송전선로부지면적비율이 20%를 초과하거나 송전선로가 필지의 측면을 통과하는 경우: '중' • 송전선로부지면적비율이 20% 이하이거나 송전선로가 필지의 모서리를 통과하는 경우: '하'
기타 저해요인	상: 10.0% 중: 6.0% 하: 3.0%	상: 8.0% 중: 5.0% 하: 3.0%	송전선로의 존속기간을 기준으로 구분 적용 • 존속기간이 30년을 초과하는 경우: '상' • 존속기간이 10년을 초과하는 경우: '중' • 존속기간이 10년 이하인 경우: '하'
추가보정률 산정 기준: 각 해당 항목을 가산하여 산정			

자료 12 기타 자료

1. 일시금운용이율(또는 환원율): 연 5.0%

03

감정평가사 김공정씨는 ○○ 택지개발사업지구로 지정고시된 지역의 보상에 대하여 중앙토지수용위원회로부터 이의재결 평가를 의뢰받았다. 관련법규를 참작하고 제시된 자료를 활용하여 다음의 물음에 답하시오. (20점)

물음(1) 토지의 보상액을 감정평가하시오. (10점)

물음(2-1) 관련법규에 의거 농업손실보상대상 여부를 검토하시오. (5점)

물음(2-2) 보상대상자별로 농업손실보상액을 산정하시오. (5점)

자료 1 사업의 개요

사업의 종류 및 명칭	사업시행자	사업 위치 및 면적
○○ 택지개발사업	한국 △△ 공사	K도 P시 A동 및 Y동 일원 245,050㎡

1. 사업추진일정

택지개발사업 주민등의 의견청취 공고일	2024.6.19
택지개발지구지정·고시일	2025.1.2
보상계획공고일	2026.2.5
재결일	2026.8.25
현장조사완료일	2026.9.19
이의재결일	2026.10.5

자료 2 의뢰물건 내용

1. 토지조서

기호	소재지 지번	지목	공부면적(㎡)	편입면적(㎡)	비고(소유자)
1	P시 A동 10	임	1,200	1,200	이대한

2. 물건조서

기호	소재지 지번	물건의 유형	물건의 종류	구조 및 규격	수량	단위
1-1	P시 A동 10	농업손실 보상	당근	-	1	식

자료 3 현장 조사내용

1. 자료 2의 기호(1) 토지는 토지소유자 이대한씨가 산지전용허가를 받지 아니하고 형질변경하여 경작해오다 건강악화로 김민국과 임대차계약서를 작성하고, 2024년 2월부터 김민국씨가 당근을 재배하고 있음

2. 이대한씨와 김민국씨는 모두 해당지역에 거주하는 「농지법」에서 정하는 농민으로, 농업보상에 대한 협의가 성립되지 아니한 상태임

3. 자료 2의 기호(1) 토지는 차량통행이 불가능한 노폭 약 2미터의 비포장도로에 접해 있고, 남서하향의 약 15도의 경사지에 위치한 부정형의 토지임. 한편, 용도지역은 계획관리지역임

자료 4 표준지 공시지가

기호	소재지	면적(㎡)	지목	이용상황	용도지역	도로교통	형상지세	공시지가 (원/㎡) 2024.1.1	2025.1.1	2026.1.1
가	P시 A동 101	1,000	전	전	계획관리	세로(불)	세장형 평지	68,000	74,000	77,000
나	P시 Y동 15	1,000	임	자연림	계획관리	맹지	부정형 완경사	21,000	23,000	24,000
다	P시 A동 산 11	12,000	임	자연림	생산관리	맹지	부정형 급경사	15,000	17,000	18,000

자료 5 시점수정 자료 지가변동률

(P시 계획관리지역, %)

구분	변동률
2024.1.1 ~ 2024.12.31(누계)	4.213
2025.1.1 ~ 2025.12.31(누계)	2.765
2026.1.1 ~ 2026.7.31(누계)	1.175
2026.7.1 ~ 2026.7.31(당월)	0.167

※ 2026년 8월 이후 지가변동률은 미고시 상태이며 2026년 7월 지가변동률과 동일하게 변동하는 것으로 추정함

자료 6 표준지 공시지가 평균변동률(%)

구분	2024년 ~ 2025년	2025년 ~ 2026년	2024년 ~ 2026년
K도	1.54	1.69	3.26
P시	3.51	4.23	7.89

자료 7　지역요인 및 개별요인 비교자료

1. K도 P시 A동 및 Y동은 인근지역임

2. 도로접면 격차율

광대세각	광대한면	소로한면	세로가	세로(불)	맹지
1.00	0.95	0.86	0.81	0.75	0.72

3. 형상 격차율

정방형	장방형	사다리형	부정형
1.00	0.99	0.98	0.95

4. 지세 격차율

평지	완경사
1.00	0.97

자료 8　농업보상 자료

1. 통계청 농가경제조사 통계자료 (도별 연간 농가평균 단위경작면적당 농작물 총수입)

(단위: 원, ㎡)

행정구역	농작물 총수입 (원)	경지면적 (㎡)	농작물총수입/경지면적 (원/㎡)	2년분 농업손실보상액 (원/㎡)
K도	18,855,086	11,086.12	1,701	3,402

2. 실제소득인정기준에서 정하는 기관(농협)에서 발급받은 거래실적 자료

출하주	출하처	품목	중량(kg)	평균판매단가 (원/kg)	판매금액(원)	발급기관	비고
김민국	L마트외 4개소	당근	6,521	1,050	6,847,050	농협	연평균

※ 김민국씨는 P시 A동 10번지 토지에서만 당근을 경작함

3. 농축산물소득자료집 중 작목별 평균소득

(기준 연1기작/1,000㎡)

	수량(kg)	단가(원)	금액(원)	비고
조수입	4,184	832	3,481,088	-
생산비	-	-	1,595,346	종자비, 비료비 등
소득	-	-	1,885,742	소득률 54.2%

자료 9 기타자료

1. 자료 4의 기호(가) ~ (다)는 사업지구 내의 토지로서, 기호(가) ~ (다)의 평균변동률은 사업지구 내 표준지 전체의 평균변동률과 동일함

2. 그 밖의 요인 보정: 대상토지의 인근지역 등의 정상적인 거래사례와 보상사례를 참작한 결과 농경지는 40% 상향보정, 임야는 80% 상향보정, 대지는 20%의 상향보정을 요함

3. 물음(2-1)의 결론과 무관하게 물음(2-2)의 보상액을 산정하도록 함

04
감정평가사 김공정씨는 다음 물건에 대하여 ○○지방법원으로부터 경매 목적의 감정평가를 의뢰받았다. 기준시점을 2026.9.19로 하여 관련법규 및 이론을 참작하고 주어진 자료를 활용하여 감정평가하시오. (10점)

자료 1 법원감정평가 명령서 내용 요약 및 평가대상

1. 기호(1): S시 S구 S동 1210번지, 대, 200㎡, 제2종일반주거지역

2. 기호(가): S시 S구 S동 1210번지 지상 철근콘크리트조 및 벽돌조 슬래브지붕 2층 주택(사용승인일: 2020.12.5, 완공일: 2019.5.5)
   - 1층: 철근콘크리트조 단독주택 100㎡
   - 2층: 벽돌조 단독주택 12㎡ (2023.2.3 증축)

3. 현장조사사항: 기호(1) 토지 지상에는 자료 2 현황도와 같이 법원의 제시목록 외 기호㉠, ㉡이 소재함. 제시목록뿐 아니라 등기사항전부증명서 및 대장에도 등재되어 있지 아니하여 소유권에 대한 재확인이 필요함

4. 유의사항: 제시 외 건물이 있는 경우에는 반드시 그 가액을 평가하고, 제시 외 건물이 경매대상에서 제외되어 그 대지가 소유권의 행사를 제한 받는 경우에는 그 제한을 반영하여 평가함

자료 2 현황도

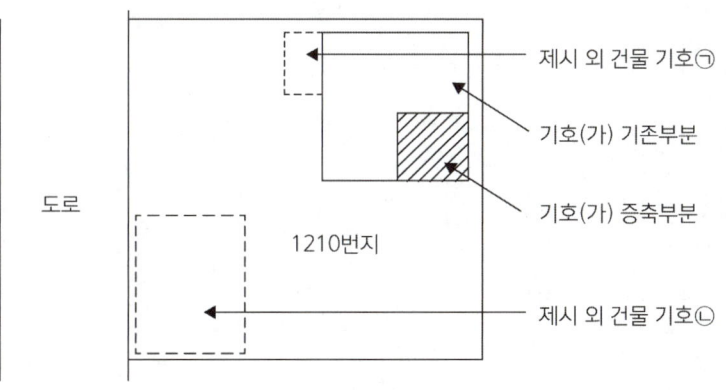

자료 3 건물평가자료

구분	구조	이용상황	재조달원가 (원/㎡)	면적 (㎡)	적용단가 (원/㎡)
기호(가)기존	철근콘크리트조 슬래브지붕	주택(방1, 거실, 주방, 화장실1)	750,000		
기호(가)증축	벽돌조 슬래브지붕	방1	600,000		
제시 외 건물 기호㉠	경량철골조 판넬지붕	보일러실	-	4	100,000
제시 외 건물 기호㉡	벽돌조 슬래브지붕	주택(방1, 주방1, 화장실1)	600,000	48	

※ 철근콘크리트조 내용년수 50년, 벽돌조 내용년수 45년, 잔가율 0%
※ 제시 외 건물 기호㉠은 신축연도가 불명확하여 관찰감가를 병용하여 적용단가를 산정하였으며, 면적은 실측면적임
※ 제시 외 건물 기호㉡은 잔존내용년수가 20년으로 추정됨

자료 4 기타자료

1. 제시 외 건물이 토지에 미치는 영향을 고려하지 아니하고 공시지가 기준으로 평가한 금액은 6,530,000원/㎡임. 제시 외 건물이 토지에 미치는 영향이 있다고 판단될 경우에는 아래사항을 감안하여 평가하기 바람

	전체 토지에 미치는 영향
제시 외 건물 기호㉠	1%
제시 외 건물 기호㉡	12%

제27회 감정평가실무 기출

> **공통 유의사항**
> 1. 각 문제는 해답 산정 시 산식과 도출과정을 반드시 기재
> 2. 단가는 관련 규정에서 정하고 있는 사항을 제외하고 천원미만은 절사, 그 밖의 요인 보정치는 소수점 셋째자리 이하 절사

01

감정평가사 甲은 부동산투자자 乙로부터 대상부동산 투자에 관한 정보의 제공을 의뢰받고, 관련 자료를 수집·분석하여 乙에게 제공하려고 한다. 제시된 자료를 참조하여 다음 물음에 답하시오. (40점)

물음(1) 2026년 7월 1일 기준 대상부동산의 시장가치를 구하되, 비교방식, 수익방식, 건물을 원가법으로 하는 공시지가기준법에 의한 가격을 각각 제시하시오. (25점)

물음(2) 乙이 대상부동산을 2026년 7월 1일 매입하고 3년간 보유한 후 매각한다고 했을 때, 순현재가치(NPV)를 구하고, 乙의 투자계획에 대하여 전문가로서 제시할 의견을 기술하시오. (15점)

자료 1   대상부동산 현황

1. 토지현황
    1) 소재지: S시 T구 W동 500번지, 501번지
    2) 용도지역: 일반상업지역
    3) 토지특성(2필 일단의 토지로서, 부정형의 평지이며, 소로한면에 접함)
        - 500번지: 대, 350㎡, 세로장방형, 평지, 소로한면
        - 501번지: 대, 450㎡, 사다리형, 평지, 소로한면

2. 건물현황
    1) 구조: 철근콘크리트조 슬래브지붕
    2) 사용승인일자: 2015년 5월 1일
    3) 세부현황: 500번지, 501번지 양 지상에 위치함

층별	구 조	면적(㎡)	용 도	비 고
지하1층	철근콘크리트조	260	주차장, 기계실	-
지상1층	철근콘크리트조	520	사무실	P 은행 임차
지상2층	철근콘크리트조	520	사무실	P 은행 임차
지상3층	철근콘크리트조	520	사무실	R 회사 임차
지상4층	철근콘크리트조	520	사무실	R 회사 임차
지상5층	철근콘크리트조	400	사무실	공 실
계		2,740		-

3. 기타현황

현재 대상부동산의 소유자는 丙과 丁이 공동소유(각각 50%)를 하고 있으며, 소유자 丙의 명의로 C은행에 근저당권 5억원이 설정되어 있음

자료 2 표준지 공시지가 현황(공시기준일: 2026.1.1)

기호	소재지 (지번)	면적 (㎡)	지목	이용 상황	용도 지역	주위환경	도로 교통	형상 지세	공시지가 (원/㎡)
1	V동 130	(일단지) 535	대	주상용	일반 상업	후면 상가지대	소로 한면	사다리형 평지	2,700,000
2	V동 150	800	대	상업용	일반 상업	노선 상가지대	소로 한면	가장형 평지	3,400,000
3	W동 485	420	대	상업기타 주차건물	일반 상업	후면 상가지대	세로 (가)	사다리형 평지	2,100,000
4	W동 520	450	대	상업용	일반 상업	노선 상가지대	소로 한면	사다리형 평지	3,000,000

자료 3 평가사례(공시지가기준법 적용시 그 밖의 요인에 적용함)

구분	평가사례 #1	평가사례 #2	평가사례 #3
소재지(지번)	V동 143	W동 504	W동 522
토지현황	대, 450㎡, 소로한면, 부정형, 평지, 일반상업지역	대, 780㎡, 소로한면, 사다리형, 평지, 일반상업지역	대, 350㎡, 세로(가), 가장형, 평지, 일반상업지역
건물현황	철근콘크리트조 슬래브지붕, 상업용, 지하1층 ~ 지상5층, 연면적 3,300㎡	철근콘크리트조 슬래브지붕, 상업용, 지하2층 ~ 지상8층, 연면적 5,200㎡	없음(상업나지)
토지단가	3,600,000원/㎡	3,400,000원/㎡	3,500,000원/㎡
기타사항	기준시점 2026.4.1 일반거래목적의 정상적인 평가사례	기준시점 2026.1.1 일반거래목적의 정상적인 평가사례	기준시점 2026.5.1 담보목적의 정상적인 평가사례

자료 4 거래사례(거래사례비교법에 적용함)

구분	사례 #1	사례 #2	사례 #3
소재지(지번)	V동 135번지	W동 489번지	W동 515번지
토지현황	대, 900㎡, 소로한면, 부정형, 평지, 일반상업지역	대, 550㎡, 세로가, 사다리형, 평지, 일반상업지역	대, 750㎡, 소로한면, 가장형, 평지, 일반상업지역
건물현황	철근콘크리트조 슬래브지붕, 상업용, 지하1층 ~ 지상5층, 연면적 3,200㎡, 2015.5.1 사용승인	없음(상업나지)	철근콘크리트조 슬래브지붕, 상업용, 지상2층, 연면적 800㎡, 1995.1.1 사용승인
거래금액	5,600,000,000원	1,600,000,000원	2,850,000,000원
기타사항	노선상가지대 2026.1.1 거래 정상거래사례 (토지건물가격비중 6:4)	후면상가지대 2026.4.1 거래 정상적인 거래사례	노선상가지대 2026.5.1 거래 철거전제의 정상거래, 매수자의 철거비 부담 (30,000,000원)

자료 5   표준건축비 등

1. 인근지역 상업용건축물(철근콘크리트조 5층 이하)의 표준건축비(부대설비 포함, 지상·지하 건축물에 동일하게 적용)는 770,000원/㎡이며, 건물의 잔존가치는 10%임

자료 6   대상부동산의 임대내역

구분	면적 (㎡)	임차인	임대기간	임대료
지상 1층	520	P 은행	2021.07.01 ~ 2026.06.30	'25년 7월 1일부터 연간가능총소득(PGI) 120,000원/㎡ 적용
지상 2층	520	P 은행	2021.07.01 ~ 2026.06.30	'25년 7월 1일부터 연간가능총소득(PGI) 95,000원/㎡ 적용
지상 3층	520	R 회사	2024.07.01 ~ 2029.06.30	'25년 7월 1일부터 연간가능총소득(PGI) 80,000원/㎡ 적용
지상 4층	520	R 회사	2024.07.01 ~ 2029.06.30	'25년 7월 1일부터 연간가능총소득(PGI) 80,000원/㎡ 적용
지상 5층	400	공실	-	최근 1개월간 공실
계	2,480		-	

※ R회사는 회사 사정상 2026.6.30에 이전할 계획이며, 현재 소유자도 중도 계약해지에 동의하였고, 새로운 임차인을 시장임대료로 즉시 구할 수 있음

자료 7   최근 임대사례

1. 사례물건: V동 138번지 소재 5층
    1) 토지현황: 일반상업지역, 대, 950㎡, 소로한면, 사다리형, 평지
    2) 건물현황: 철근콘크리트조, 지하1층 ~ 지상5층, 연면적 3,200㎡, 상업용

2. 임대상황
    1) 1 ~ 2층 임대사례: G은행 2026.07.01부터 5년 계약
       연간가능총소득(PGI) 1층 160,000원/㎡, 2층 120,000원/㎡
    2) 3 ~ 5층 임대사례: H 회사 2026.07.01부터 5년 계약
       연간가능총소득(PGI) 3 ~ 4층 100,000원/㎡, 5층 90,000원/㎡

자료 8 시점수정 등 관련자료(T구)

1. 지가변동률

구분	일반상업지역
2026.1.1 ~ 2026.5.31(누계)	1.687
2026.4.1 ~ 2026.5.31(누계)	0.654
2026.5.1 ~ 2026.5.31(당월)	0.323

※ 2026년 6월부터 지가변동률 미고시, 2026년 6월 지가변동률은 직전월 자료를 적용하고, 변동률의 계산은 백분율을 기준으로 소수점 넷째자리에서 반올림함

2. 임대동향조사 중 소형부동산의 자본수익률

구분	T구
2026.1.1 ~ 2026.5.31(누계)	2.113
2026.4.1 ~ 2026.5.31(누계)	0.895
2026.5.1 ~ 2026.5.31(당월)	0.356

3. 건축비지수: 2025년 1월 1일 이후 보합세임

자료 9 지역요인, 개별요인 등 품등 비교자료

1. 지역요인 자료

V동과 W동은 S시 T구에 속하며, 간선도로(소로한면)를 두고 맞은편에 위치하고 있음. 최근 V동 남측에 종합유통센터가 개장함에 따라 V동 상권으로 유동인구가 증가하여 V동이 W동에 비해 지역요인이 3% 우세를 보이고 있음

2. 개별요인 자료
   1) 도로접면 격차율

구분	광대세각	광대한면	소로한면	세로(가)	세로(불)	맹지
광대세각	1.00	0.95	0.86	0.81	0.75	0.72
광대한면	1.05	1.00	0.91	0.86	0.78	0.75
소로한면	1.16	1.10	1.00	0.91	0.86	0.83
세로(가)	1.24	1.18	1.07	1.00	0.92	0.89
세로(불)	1.34	1.28	1.16	1.07	1.00	0.96
맹지	1.39	1.32	1.20	1.16	1.04	1.00

2) 형상 격차율

구분	정방형	장방형	사다리형	부정형
정방형	1.00	0.99	0.98	0.95
장방형	1.01	1.00	0.99	0.96
사다리형	1.02	1.01	1.00	0.97
부정형	1.05	1.04	1.03	1.00

※ 가로장방형은 장방형을 적용

3) 환경조건 격차율
   - 대상부동산은 표준지 기호1 보다 5% 우세하며, 표준지 기호3 보다 15%우세함
   - 대상부동산은 평가사례 #1 보다 10% 열세하며, 거래사례 #2 보다 15%우세함

3. 임대사례(V동 138번지)와 대상부동산의 품등 격차율(지역 요인과 개별 요인 포함): 임대사례가 대상부동산 보다 총 10% 우세함

4. 거래사례 #1(V동 135번지)의 건축물과 대상부동산의 건축물은 동일한 등급수준으로 신축되었음

자료 10 수익환원법 적용 자료 및 의뢰인 乙의 부동산 투자계획

1. 환원율 및 할인율
   1) 현재시점 환원율: 시장추출법에 의한 산정

구분	사례 #1	사례 #2	사례 #3
매매가격(원)	3,500,000,000	2,200,000,000	2,400,000,000
순수익(원)	140,000,000	88,000,000	200,000,000
기타	최근사례, 정상거래	최근사례, 정상거래	최근사례, 사정개입

   2) 재매도가치 산정을 위한 환원율: 현재 환원율에 장기위험프리미엄 등을 고려하여 0.5% 가산함
   3) 할인현금흐름분석법에 사용할 할인율: 투자자의 요구수익률

2. 수익환원법 적용
   1) 대상부동산의 시장가치 산정을 위한 수익환원법은 1년차 순영업소득(NOI)을 직접 환원하는 직접환원법을 적용
   2) 수익환원법에 적용되는 수익과 비용은 연간 단위로 산정하고 연말에 인식하는 것을 가정하며, 연간가능총소득(PGI)에는 관리비 등 제반 내역이 합리적으로 포함되어 있다고 전제함
   3) 대상부동산의 수익환원법 적용시, 연간가능총소득(PGI)은 최근 임대사례에서 산출하고, 공실손실상당액, 운영경비 등은 대상부동산을 기준으로 산정함
   4) 연간 가능총소득(PGI)은 매년 5% 상승하고, 공실률은 매년 5%로 예상되며, 운영경비는 각 층별 면적 기준으로 25,000원/㎡이 소요되며, 운영경비는 매년 4% 상승을 적용함

3. 乙의 투자계획
    1) 투자금액: 4,200,000,000원
    2) 요구수익률: 6%
    3) 투자기간: 3년간 보유한 후 매각
    4) 보유기간말 매각시 매각비용: 매각금액의 3%

4. 순현재가치(NPV)의 산정방법
    순현재가치(NPV)는 乙이 투자계획대로 대상부동산을 3년간 보유한 후 매각하는 것을 가정하여 산정하며, 수익환원법 적용 자료와 같이 연간단위로 수익과 비용을 연말에 인식함

02

감정평가사 甲은 임대에 제공되고 있는 상업용 부동산(집합건물)을 시장가치로 매수할 것을 제안받은 잠재적 매수인 乙로부터 상담을 의뢰받았는 바, 제시된 자료를 참조하여 다음 물음에 답하시오. (30점)

물음(1) 의뢰인 乙이 제안을 받아들일 경우, 乙의 투자수익률(거래비용은 고려하지 않음)과 乙의 요구수익률을 충족시키는 매매가격을 구하시오. (10점)

물음(2) 본건 부동산의 완전소유권에 기초한 수익률을 산출하여 직접환원법에 의한 수익가치를 구하시오. (10점)

물음(3) 「완전소유권의 가치 = 임대권의 가치 + 임차권의 가치」라는 등식이 성립하고, 의뢰인 乙의 요구수익률을 충족시키는 매매가격이 적정한 임대권의 가치라 가정한다. 이 경우, 내재된 임차권 수익률을 구하고, 임차권 수익률이 임대권 수익률보다 큰 이유를 설명하시오. (10점)

자료 1 　 기본적 사항

1. 의뢰일(기준시점): 2026년 7월 1일

2. 대상부동산 내역

소재지 지번	층·호수	면적(m²)	임대료(원)		임대차 계약기간
			보증금	지불임료/월	
S시 S구 S동 1000번지	지상2층 201호	100.0	100,000,000	1,500,000	2025.7.1 ~ 2030.6.30

※ 계약내용이나 조건은 전형적인 시장 관행에 따른 것임

자료 2 　 의뢰인 면담 내용 요약

1. 무위험률에 1.20% 가산한 수익률을 요구하며, 이러한 조건은 과거 상업용 부동산(집합건물) 투자수익률과 무위험률의 격차(spread) 추세 및 인근지역의 전형적인 임대용 부동산 투자자의 요구 조건과도 부합함

2. 본건에 투자할 경우, 임대차 계약이 만료되는 시점에 재매도 예정임

자료 3 시장조사 자료

1. 시장임대료(의뢰일 현재): 보증금 @1,100,000원/㎡ 및 지불임료 @16,500원/㎡ 수준이고, 관리비는 별도로 임차인이 지불함

2. 매매사례

기호	소재지 지번	층·호수	면적 (㎡)	계약일	매매금액(원)	비고
1	S시 S구 S동 986번지	지상2층 201호	30.0	2026.6.24	363,000,000	경사지에 위치한바, 주도로기준 1층
2	S시 S구 S동 1021번지	지상2층 205호	210.0	2026.6.19	1,000,000,000	-
3	S시 S구 S동 1004번지	지상2층 207호	92.0	2026.6.20	540,000,000	-

※ 상기 매매사례 모두 최근의 것으로 별도의 시점수정은 불필요함

3. 개별요인

본건	매매사례 #1	매매사례 #2	매매사례 #3
1.00	0.50	0.85	1.03

4. 본건 부동산의 인근지역 내 상업용 부동산(집합건물)의 공급 증가로 본건 임대차계약 만료 시에 5.00%의 시장가치 하락이 예상됨

자료 4 시장금리 등 자료

1. 국고채(3년): 1.390%/년 (최근 3개월 평균)

2. 회사채(장외3년, AA- 등급): 1.943%/년 (최근 3개월 평균)

3. 보증금 운용이율: 2.00%/년

03

감정평가사 甲은 국산 사출기 20대를 보유하고, 플라스틱 제품을 생산하여, 수출 중인 사업체(K사) 전체에 대한 적정한 시장가치의 산정을 의뢰받았다. 토지, 건물 및 구축물, 영업권 등의 무형자산에 대한 가치까지 산정한 후, 최종적으로 사업체의 주 생산설비인 국산 사출기 20대에 대하여 관련 규칙 및 기준에 의거하여 평가하고자 한다. 제시된 자료를 참조하여 평가방법을 결정하고, 다음 물음에 답하시오. (20점)

물음(1) 감정평가서 표준서식상 "감정평가액의 산출근거 및 결정의견"을 최대한 활용하여 제1라인의 적정가격을 제시하시오. (10점)

물음(2) 감정평가서 표준서식상 "감정평가액의 산출근거 및 결정의견"을 최대한 활용하여 제2라인의 적정가격을 제시하시오. (10점)

자료 1 기본사항

1. 의뢰인 및 사업체명: 주식회사 K

2. 기준시점: 2026년 7월 1일

3. 생산라인구성: 제1라인과 제2라인으로 구성되어 있으며, 각 생산라인에 10대씩 설치되어 있으나, 제1라인의 사출기는 생산효율이 높지 아니하고 전용불가능한 과잉유휴설비로 전체를 철거하여 매각할 예정임

자료 2 기계에 관한 사항

1. 제1라인: 2016년 7월 1일 10대 설치가동, 유지보수상태 보통이하

2. 제2라인: 2021년 7월 1일 10대 설치가동, 유지보수상태 양호

자료 3 라인별 취득가격 및 유지보수비 등

1. 라인별 취득가격

구분	제1라인 단위당 취득가격(원)	제2라인 단위당 취득가격(원)
본체	50,000,000	80,000,000
부대설비	20,000,000	30,000,000
설치비	5,000,000	5,000,000
시험운전비	5,000,000	5,000,000
부가가치세	8,000,000	12,000,000

2. 제1라인의 경우, 설치이후 현재까지 단위당 유지보수 등을 위한 수익적 지출에 20,000,000원, 자본적 지출에 20,000,000원이 각각 소요됨

3. 제2라인의 경우, 설치이후 현재까지 단위당 유지보수 등을 위한 수익적 지출에 10,000,000원, 자본적 지출에 10,000,000원이 각각 소요됨

자료 4 내용연수 및 잔가율 등

1. 국내생산의 사출기는 물리적 내용연수가 12년, 경제적 내용연수는 10년 정도인 것으로 조사됨

2. 본 기계의 잔가율은 통상 10%로 조사되고, 감가수정은 관련 법령에서 제시한 원칙적 방법에 따를 예정임

3. 물가변동에 따른 기계가격 보정지수: 취득가격에만 적용
   1) 제1라인은 기준시점까지 10% 상승
   2) 제2라인은 기준시점까지 변동사항이 없음

자료 5 기타자료

1. 제1라인의 유사사양 사출기는 생산효율의 저감으로, 해체 및 포장된 상태에서 동남아 등지에 기계를 수출하는 업자에게 매각가능하며, 단위당 매각가능가격은 잔존가치와 유사한 것으로 조사됨

2. 제1라인의 해체 및 철거와 조립 및 포장 운반 등에 소요되는 단위당 관련 비용은 아래와 같이 조사됨
   1) 해체비: 1,000,000원
   2) 철거비: 1,000,000원
   3) 운반비 등: 1,000,000원
   4) 설치비: 5,000,000원

04

감정평가사 甲은 S시장으로부터 '도시계획시설도로 개설사업'에 일부 편입되는 소규모 봉제공장에 대하여 '영업의 휴업손실'에 대한 보상평가를 의뢰받았다. 한편, 이 공장은 관계법령에 의하면, 일부 편입에 따른 잔여시설 보수 후 재사용이 가능한 경우에 해당되는 바, 제시된 자료를 참조하여 영업장소를 이전하는 경우와 비교하여 보상평가액을 산정하시오.

(10점)

자료 1 공통사항

1. 사업인정고시 의제일: 2025년 7월 1일

2. 본 공장의 가동일: 2020년 7월 1일 (적법한 허가취득)

3. 가격시점: 2026년 7월 1일

4. 사업시행자: S시장

5. 휴업기간 및 잔여시설 보수기간: 4개월

자료 2 조사내용

1. 연간 영업이익: 60,000,000원

2. 영업장소 이전 후 발생하는 영업이익 감소액: 연간 영업이익의 10%

3. 월간 고정적 비용항목: 2,000,000원

4. 전체 이전비 및 감손상당액: 4,000,000원

5. 개업비 등의 부대비용: 1,000,000원

6. 해당시설의 보수비: 18,000,000원

7. 영업규모 축소에 따른 고정자산 등의 매각손실액: 5,000,000원

제28회 감정평가실무 기출

> **공통 유의사항**
> 1. 각 문제는 해답 산정 시 산식과 도출과정을 반드시 기재
> 2. 단가는 관련 규정에서 정하고 있는 사항을 제외하고 천원미만은 절사, 그 밖의 요인 보정치는 소수점 셋째자리 이하 절사

01

감정평가사 김○○은 W시 N구청장으로부터 도시계획시설(도로)사업과 관련하여 토지의 보상평가를 의뢰받았다. 관련 법규 및 이론을 참작하고 제시된 자료를 활용하여 다음 물음에 답하시오. (40점)

물음(1) 미지급용지의 개념 및 평가기준을 기술하고, 대상토지의 감정평가액을 구하시오. (15)

물음(2) 사실상 사도의 개념 및 평가기준을 기술하고, 대상토지의 감정평가액을 구하시오. (15점)

물음(3) 예정공도의 개념 및 평가기준에 대해 기술하고, 대상토지의 감정평가액을 구하시오. (10점)

> **공통자료**

1. 사업의 개요
   1) 사업시행자: W시 N구 M동 100-4번지 일원
   2) 사업의 종류: 도시계획시설(도로)사업(소로2-60호선) 개설공사
   3) 사업시행자: W시 N구청장
   4) 사업의 착수 예정일 및 준공예정일: 인가일 ~ 2028.3.31

2. 사업추진일정

구분	일정
• 도시계획시설(도로)결정일	2019.8.21
• 도시계획시설(도로)사업 실시계획인가고시일	2025.12.15
• 보상계획공고일	2026.3.31
• 현장조사완료일	2026.6.1

※ 보상의뢰서상 가격시점 요구일: 2026.7.1

3. 대상토지의 개요(가격시점 현재)

기호	소재지	편입면적(m²)	지목	현실 이용상황	용도지역	비고(소유자)
1	W시 N구 M동 100-4번지	381	전	도로	준주거지역	홍길동

4. 표준지 공시지가 자료

기호	소재지	면적(m²)	지목	이용상황	용도지역	도로교통	형상지세	공시지가(m²) 2025.1.1	공시지가(m²) 2026.1.1
A	W시 N구 M동 105번지	400	대	주거나지	2종일주	세로(불)	가장형 평지	770,000	860,000
B	W시 N구 M동 103번지	420	대	다세대	준주거	세로(가)	정방형 평지	1,050,000	1,160,000
C	W시 N구 M동 101번지	450	대	주상용	준주거	소로한면	사다리 평지	1,100,000	1,210,000

5. 시점수정자료(W시 N구 주거지역)

구분	지가변동률(%)	비고
2025.1.1 ~ 2025.12.31	3.257	2025년 12월 누계
2026.1.1 ~ 2026.5.31	1.426	2026년 5월 누계
2026.5.1 ~ 2026.5.31	0.431	2026년 5월 변동률

※ 2026년 6월 이후의 지가변동률은 현재 미고시인 상태로 직전월인 2026년 5월 지가변동률을 연장적용하기로 함

6. 개별요인 품등 비교자료

1) 형상

구분	정방형	가장형	세장형	사다리	부정형	자루형
정방형	1.00	1.02	1.00	0.99	0.94	0.89
가장형	0.98	1.00	0.98	0.97	0.92	0.87
세장형	1.00	1.02	1.00	0.99	0.94	0.89
사다리	1.01	1.03	1.01	1.00	0.95	0.90
부정형	1.06	1.09	1.06	1.05	1.00	0.94
자루형	1.12	1.15	1.12	1.11	1.06	1.00

※ 부정형: 삼각형 포함
※ 자루형: 역삼각형 포함

2) 도로접면

구분	중로한면	소로한면	세로(가)	세로(불)	맹지
중로한면	1.00	0.92	0.82	0.78	0.70
소로한면	1.09	1.00	0.89	0.85	0.79
세로(가)	1.22	1.12	1.00	0.95	0.88
세로(불)	1.28	1.18	1.05	1.00	0.93
맹지	1.43	1.27	1.13	1.07	1.00

7. 그 밖의 요인 보정치 산정을 위한 자료
   1) 보상 평가사례

기호	소재지	면적(㎡)	지목	이용상황	용도지역	도로교통	형상지세	단가(원/㎡)	가격시점
ㄱ	W시 N구 M동 200번지	300	대	주거나지	일반상업	소로한면	부정형 평지	2,500,000	2026.1.1
ㄴ	W시 N구 M동 250번지	350	대	다세대	준주거	세로(가)	세장형 평지	1,500,000	2026.1.1
ㄷ	W시 N구 M동 300번지	380	대	주상용	준주거	소로한면	사다리 평지	1,800,000	2026.1.1

   2) 거래사례(토지만의 정상 거래사례임)

기호	소재지	면적(㎡)	지목	이용상황	용도지역	도로교통	형상지세	단가(원/㎡)	거래시점
ㄹ	W시 N구 M동 400번지	400	대	주상나지	2종일주	중로한면	부정형 평지	1,600,000	2026.1.1
ㅁ	W시 N구 M동 420번지	380	대	상업나지	준주거	중로한면	세장형 평지	2,200,000	2026.1.1
ㅂ	W시 N구 M동 500번지	350	대	주거나지	2종일주	세로(가)	사다리 평지	1,000,000	2026.1.1

8. 현장조사내용
   1) 대상토지 주변은 도심지 내 기존 주택지를 중심으로 형성된 소규모 점포주택과 단독주택 및 다세대주택 등이 혼재하는 지역으로 조사되었음
   2) 비교표준지, 보상 평가사례 및 거래사례는 인근지역에 소재하며, 당해 도시계획시설(도로)사업에 따른 개발이익이 포함되어 있지 않은 것으로 조사되었음

9. 대상 토지 주변 지적현황(축척 없음)

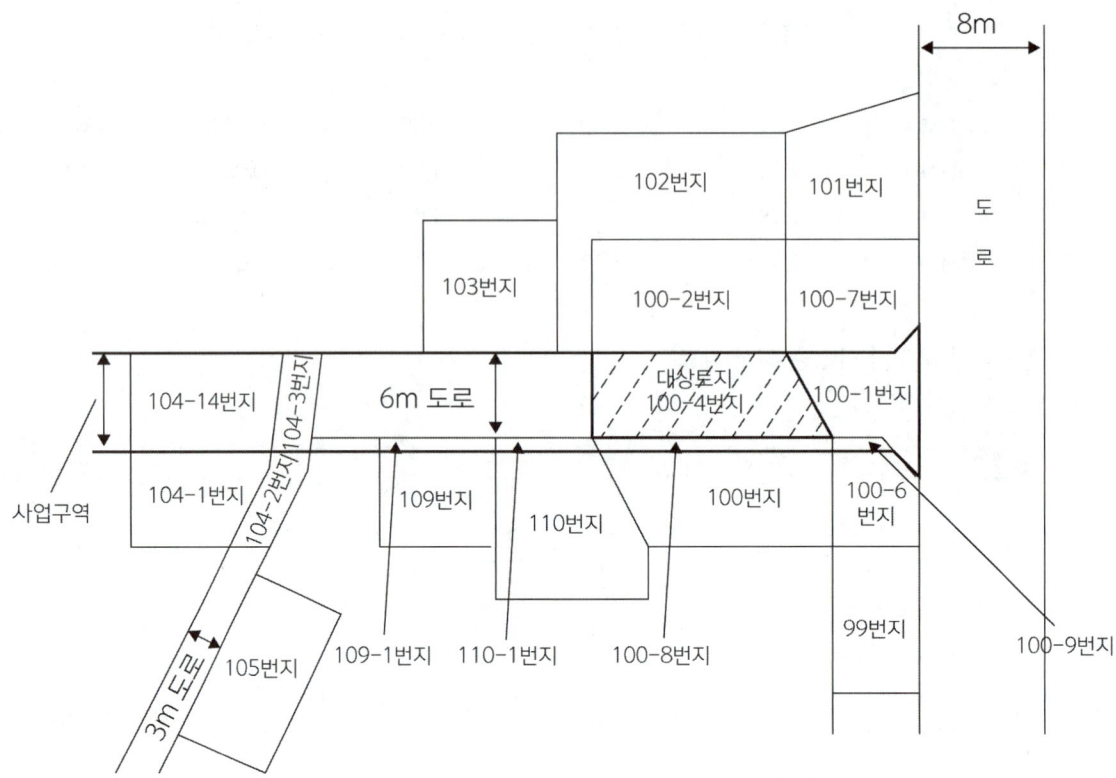

10. <공통 자료> 외에는 아래 각 물음의 자료를 활용하여 기술하되, 물음 1), 물음 2), 물음 3)은 각각 독립적인 사실관계임을 전제함

물음 1   관련 자료

1. 사업시행자인 N구청장은 대상 토지가 미지급용지임을 보상평가의뢰서에 명기하였음

2. 본건 토지는 종전 공익사업의 시행으로 M동 100번지에서 분필된 토지로 현재 도로로 이용중인 사다리형 토지이나, 종전 편입당시에는 부정형, 맹지인 토지였음

3. 본건 토지는 종전 공익사업 시행이전에는 제2종일반주거지역 이었으나, 종전의 공익사업으로 인하여 준주거지역으로 변경되었음

4. 본건 토지의 지목은 종전의 공익사업에 편입되기 전에도 "전" 이었으나, 당시 주변 토지의 표준적 이용상황 등을 고려할 때 종전 편입당시의 이용상황은 주거나지였음을 사업시행자로부터 확인하였음

5. 개별요인 비교 시 도로접면과 형상을 제외한 토지 특성은 모두 동일한 것으로 봄

6. 비교표준지, 보상 평가사례 및 거래사례에는 종전 공익사업에 따른 가치변동이 포함되어 있지 아니함

물음 2 관련 자료

1. 사업시행자인 N구청장은 대상 토지가 사실상 사도임을 보상평가의뢰서에 명기하였음

2. 인접한 M동 100-2번지 소유권자는 대상 토지와 동일한 홍길동이고, 2001년 8월부터 홍길동은 M동 100-2번지의 건축허가를 위하여 대상 토지를 도로로 개설한 것으로 확인이 되었는바, 대상 토지는 M동 100-2번지의 효용증진에 기여하고 있음

3. 대상 토지 평가시 기준이 되는 인근토지 및 인근토지의 토지 특성은 주어진 자료를 활용하여 판단할 것

4. 개별요인 비교시 도로접면과 형상을 제외한 토지 특성은 모두 동일한 것으로 봄

물음 3 관련 자료

1. 사업시행자인 N구청장은 대상 토지가 예정공도임을 보상평가의뢰서에 명기하였음

2. 인접한 M동 100-2번지 소유권자는 대상 토지와 동일한 홍길동이며, 당해 도시계획시설사업 시행절차 등이 없는 상태에서 M동 100-2번지의 건축허가를 위하여 2021년 8월부터 도로로 개설한 후, 사실상 불특정 다수인의 통행에 이용 중임을 사업시행자로부터 확인하였음

3. 인근지역의 표준적인 이용상황은 주어진 자료를 활용하여 판단할 것

4. 개별요인 비교시 도로접면과 형상을 제외한 토지 특성은 모두 동일한 것으로 보며, 당해 도로의 개설로 인한 개발이익은 30%임

5. 주변토지 이용상황

구분	소재지	지목	이용상황	용도지역	비고
가	W시 N구 M동 104-1, 104-14번지	대	단독주택	2종일주	-
나	W시 N구 M동 104-2, 104-3번지	도	도로	2종일주	-
다	W시 N구 M동 109, 109-1번지	대	단독주택	준주거지역	-
라	W시 N구 M동 110, 110-1번지	대	단독주택	준주거지역	-
마	W시 N구 M동 102번지	대	단독주택	준주거지역	-
바	W시 N구 M동 100-2번지	대	다세대	준주거지역	-
사	W시 N구 M동 100, 100-8번지	대	다세대	준주거지역	-
아	W시 N구 M동 100-1번지	전	도로	준주거지역	-
자	W시 N구 M동 100-6, 100-9번지	전	주상나지	준주거지역	-
차	W시 N구 M동 100-7번지	대	주상용	준주거지역	-
카	W시 N구 M동 99번지	대	주상용	준주거지역	-

02

감정평가사 김〇〇은 산업단지 내의 염색공장으로 사용되었던 오염토지에 대하여 시가참고 목적의 감정평가를 의뢰받았다. 관련 법규 및 이론을 참작하고 제시된 자료를 활용하여 다음 물음에 답하시오. (30점)

물음(1) 오염 전의 토지가액을 구하시오. (10점)

물음(2) 오염 후의 토지가액을 구하시오. (15점)

물음(3) 오염된 토지의 스티그마(Stigma) 감정평가 방법을 기술하시오. (5점)

자료 1 대상 토지의 개요

기호	소재지	지목	면적(m²)	용도지역	도로교통	형상 지세
1	서울특별시 A구 가동 99	공장용지	9,999	준공업 지역	중로한면	사다리 평지

자료 2 기본적 사항

1. 감정평가 목적: 시가참고

2. 기준시점: 2026.7.1

3. 현장조사: 2026.3.1. ~ 2026.7.1

4. 대상 토지는 2014년부터 산업단지 내에 공업용으로 사용되었고, 토양오염이 발견되어 최근 오염조사 및 정화전문업체가 시료채취를 하여 오염여부를 조사하였음. 대상 토지는 2019.7.1부터 오염이 시작된 것으로 보이며, 현 상황에서 오염정화에 필요한 기간은 2026.7.1부터 3년이 소요될 것으로 예상됨

    대상 토지가 속한 인근지역은 최근 주택 건축이 늘어나고 있으며, 대상 토지 역시 Y주택건설(주)이 주택부지로 분양하기 위하여 2024.7.1에 29,997,000,000원에 매입하였음(종전 건물의 철거비용 150,000,000원은 종전 소유자가 부담). Y주택건설(주)은 대상 토지를 주택부지로 분양하기 위하여 기초공사를 하던 중 2025.7.1에 토양이 오염된 것을 발견하였고 관련 조사가 진행 중임

자료 3   오염물질 조사사항

구분	오염요인	조사된 오염물질(단위: mg/kg)
대상 토지 일부	공장운영에 따른 배관 부식과 오염물질 누출로 추정됨	트리클로로에틸렌(TCE): 75 테트라클로로에틸렌(PCE): 50 톨루엔: 110 페놀: 50 카드뮴: 110 납: 1,300 6가크롬: 80 비소: 400 수은: 60

- 감정평가사 김○○은 오염조사 및 정화 전문업체의 조사 보고서를 검토한 결과, 대상 토지 일부가 「토양환경보전법 시행규칙」 제1조의5 관련 별표3 토양오염우려기준을 상당히 초과하였다고 판단함
- 향후 오염제거 및 정화공사가 필요하며 이는 합리적이라고 판단함
- 토양오염의 규모는 2,000㎡로 조사됨

자료 4   거래사례 자료

구분	사례1	사례2	사례3
소재지	서울특별시 A구 가동 97	서울특별시 B구 나동 100	서울특별시 C구 다동 101
지목	공장용지	공장용지	공장용지
면적(㎡)	9,000	8,000	7,500
이용상황	공업용	공업용	공업용
도로교통	중로한면	중로한면	중로한면
형상지세	사다리 평지	사다리 평지	사다리 평지
거래시점	2025.9.23	2025.9.14	2025.11.6
거래금액(원)	15,500,000,000 (@1,722,000원/㎡)	12,500,000,000 (@1,562,000원/㎡)	35,000,000,000 (@4,666,000원/㎡)
용도지역	준공업지역	준공업지역	준공업지역
오염여부	오염(TCE, PCE 등, 1,000㎡ 정화필요)	오염(TCE, PCE 등, 500㎡ 정화필요)	토양오염 없음

※ 사례3은 정상적인 거래라고 판단함

자료 5   시점수정 자료(지가변동률)

구분	A구 공업지역	B구 공업지역	C구 공업지역
2025년 9월	-0.041%	0.021%	1.081%
2025년 10월	-0.042%	1.085%	0.752%
2025년 11월	-0.040%	0.024%	0.020%
2025년 12월	-0.044%	1.083%	1.080%
2026년 1월	1.025%	-1.022%	1.500%
2026년 2월	1.124%	0.099%	1.670%
2026년 3월	2.013%	0.077%	1.080%
2026년 4월	-1.012%	-0.044%	1.020%
2026년 5월	0.051%	0.022%	0.750%

※ 2026년 6월 이후의 지가변동률은 현재 미고시인 상태로 직전 월인 2026년 5월 지가변동률을 연장적용 하기로 함

자료 6   기타 참고자료

1. 오염 전의 토지가액은 비교방식을 적용하고, 거래단가를 기준으로 산정함

2. 비교요인표

구분	본건	거래사례1	거래사례2	거래사례3
지역요인 비교	100	100	98	115
개별요인 비교	100	95	85	135

※ 요인 비교에서 본건과 사례의 가치형성요인 사항에는 오염에 대한 비교요인은 고려되지 않았음

3. 토양오염 조사비용 자료
   토양오염의 규모는 2,000㎡로 조사되었고, 관련 토양오염 조사비용으로 토양이 오염된 규모를 기준으로 1,000,000원/㎡을 2026.7.1에 지급함

4. 정화비용 자료
   정화방법은 생물학적 처리, 화학적 처리 및 열처리를 복합적으로 적용할 예정이며, 정화기간은 3년이 소요될 것으로 추정되고 연간 정화비용은 600,000원/㎡이 소요되며 매년 연말에 지급함

5. 정화공사 기간 중 토지이용제약에 따른 임대료손실 자료
   임대료 조사사항은 향후 4년 간 시장임대료를 기준으로 보증금 3,000,000,000원, 연간 임대료는 600,000,000원이며, 정화공사 기간 중 임대료손실이 예상되고, 임대와 관련된 지출비용은 미미함

6. 스티그마 자료(오염 전 토지가액을 기준으로 한 가치감소분)

감가율	오염 전	오염된 상태	정화공사 중	정화공사 후
오염조사 전문업체 보고서 기준	0%	-30%	-10%	-5%
시장조사 자료	0%	-20%	-15%	-10%

※ 정화공사 기간은 3년이며, 스티그마의 존속기간은 공사완료 후 1년까지 예상됨
※ 본건 스티그마 금액을 산정하는 경우에는 현재 '오염된 상태'의 보고서 및 시장조사 자료의 감가율을 기준으로 각각 산정한 후 평균금액을 적용

7. 이율 자료
   1) 보증금은 기간초 지급, 임대료 기간말 지급, 보증금 운용이율은 연 2% 적용함
   2) 시장이자율(할인율) 연 6%, 화폐의 시간가치 고려함
   3) 연복리표(이자율 6% 기준)

기간	일시불 내가계수	연금 내가계수	연금 현가계수
3년	1.191016	3.183600	2.673012
4년	1.262477	4.374616	3.465106

8. 기타
   1) 토양오염 이외의 악취 등 가치감소요인은 없는 것으로 봄
   2) Y주택건설(주) 대표 장○○은 대상토지 오염으로 인하여 30,000,000원의 정신적 손실이 발생함
   3) 종전 소유자(매도인)의 책임사항은 논외로 함
   4) 토지단가는 천원 미만 절사, 물음(1), 물음(2)의 토지가액 및 비용산정 등 금액은 백만원 미만 절사함

03

감정평가사 김○○은 A법원으로부터 소송 참고용 토지 임대료 평가를 의뢰 받고, 관련 법률 등을 검토한 결과 적산법을 적용하여 관련 토지의 임대료를 평가하기로 하였다. 관련 법규 및 이론을 참작하고 제시된 자료를 활용하여 다음 물음에 답하시오. (20점)

물음(1) 본건 토지의 기초가액을 구하시오. (10점)

물음(2) 기대이율 결정이유를 기술하고 본건 토지의 임대료를 구하시오. (10점)

자료 1 법원 감정신청 내용

1. 감정목적물: A시 B구 C동 60-1 대 200㎡

2. 감정사항: 2022.7.1부터 1년간 임대료 및 2026.7.1부터 1년간 임대료를 각각 감정평가 할 것

3. 기준시점: 2022.7.1 및 2026.7.1

자료 2 기본적 사항

1. 대상물건

소재지	지목	면적(㎡)	이용상황	용도지역
A시B구C동 60-1	대	200	단독주택	2종일주

2. 대상물건의 지목, 면적, 이용상황, 용도지역 내역은 2022.1.1 ~ 2026.7.1 현재까지 동일함

자료 3 토지 개황

1. 인근은 단독주택, 다세대 및 다가구 주택, 근린생활시설 등이 혼재되어 있음

2. 본건은 인접 토지 대비 등고 평탄한 세장형 토지임

3. 본건은 북측으로 약 6m의 포장도로에, 동측으로 약 6m의 포장도로에 접해 있음

4. 토지이용계획사항 등: 도시지역, 제2종일반주거지역

5. 상기 1. ~ 4.의 내용은 2022.1.1 ~ 2026.7.1 현재까지 동일함

자료 4 표준지 자료

1. 인근지역내 표준지 내역(소재지 A시 B구 C동, 공시지가는 매년 1월 1일 기준)

기호	지번	지목	면적(㎡)	이용상황	용도지역	도로교통	형상지세	주위환경	공시지가(㎡)				
									2022년	2023년	2024년	2025년	2026년
가	10-1	대	170	단독주택	2종일주	세로(가)	세장형평지	기존주택지대	2,830,000	2,950,000	3,150,000	3,270,000	3,430,000
나	50-1	대	180	단독주택	2종일주	세로(가)	세장형평지	주택 및 상가지대			2,440,000	2,560,000	2,920,000
다	85-1	대	160	주상용	2종일주	소로각지	사다리평지	주택 및 상가지대	3,000,000	3,230,000	3,350,000	3,540,000	3,700,000
라	100	대	210	단독주택	2종일주	소로각지	세장형평지	주택 및 상가지대	2,650,000	2,730,000			

2. 상기 1.에서 공시지가가 표시되지 않은 연도는 해당 토지가 표준지로 선정되지 않은 연도임

자료 5 시점수정자료[지가변동률(A시 B구 주거지역, %)]

구분	변동률
2022.1.1 ~ 2022.6.30(누계)	2.000
2022.7.1 ~ 2022.7.31(당월)	0.350
2026.1.1 ~ 2026.5.31(누계)	1.500
2026.5.1 ~ 2026.5.31(당월)	0.200

※ 2026년 6월 이후의 지가변동률은 현재 미고시인 상태로 직전 월인 2026년 5월 지가변동률을 연장적용 하기로 함

자료 6 인근지역 내 토지거래사례(소재지 A시 B구 C동)

기호	지번	지목	면적(㎡)	이용상황	용도지역	도로교통	형상지세	주위환경	토지단가(원/㎡)	거래시점
1	20-1	대	157	주상용	2종일주	중로각지	가장형 평지	주택 및 상가지대	4,500,000	2022.7.1
2	30-1	대	250	단독주택	2종일주	세로(가)	세장형 평지	주택 및 상가지대	4,000,000	2022.7.1
3	70-1	대	189	단독주택	2종일주	소로한면	세장형 평지	기존 주택지대	5,100,000	2026.6.20
4	80-1	대	210	단독주택	2종일주	소로각지	세장형 평지	주택 및 상가지대	5,400,000	2026.6.10

자료 7 개별요인 비교자료

1. 도로접면 격차율

구분	광대한면	중로한면	소로한면	세로(가)	세로(불)
격차율	1.00	0.90	0.88	0.85	0.70

※ 도로접면이 각지인 경우는 한면에 접하는 경우에 비해 1% 우세함

2. 형상 격차율

구분	정방형	가장형	세장형	사다리	부정형
격차율	1.00	0.90	0.88	0.85	0.70

자료 8 기대이율 관련 자료

1. 참고용 기대이율 적용기준율표 I (2025년 이후 기준)

대분류		소분류		실제이용상황	
				표준적이용	임시적이용
I	주거용	아파트	수도권 및 광역시	1.5% ~ 3.5%	0.5% ~ 2.5%
		연립·다세대		1.5% ~ 5.0%	0.5% ~ 3.0%
		다가구		2.0% ~ 6.0%	1.0% ~ 3.0%
		단독주택		1.0% ~ 4.0%	0.5% ~ 2.0%

2. 참고용 기대이율 적용기준율표 II (2025년 이전 기준)

토지용도		실제이용상황		
		최유효이용	임시적이용	나지
주거용지	아파트, 연립주택, 다세대주택	4 ~ 7%	2 ~ 4%	1 ~ 2%
	다중주택, 다가구주택	3 ~ 6%	2 ~ 3%	1 ~ 2%
	일반단독주택	3 ~ 5%	1 ~ 3%	1 ~ 2%

3. 참고용 CD금리 기준 기대이율표 (모든 연도에 적용가능)

대분류		소분류		실제이용상황	
				표준적이용	임시적이용
I	주거용	아파트	수도권 및 광역시	CD금리 + -1.5% ~ 0.5%	CD금리 + -2.5% ~ -0.5%
		연립·다세대		CD금리 + -1.5% ~ 2.0%	CD금리 + -2.5% ~ 0.0%
		다가구		CD금리 + -1.0% ~ 3.0%	CD금리 + -2.0% ~ 0.0%
		단독주택		CD금리 + -2.0% ~ 1.0%	CD금리 + -2.5% ~ -1.0%

4. 각종 금리 변동상황

구분	국고채수익률(%)	CD유통수익률(%)
2022.7.1	3.10	3.00
2023.7.1	2.70	2.60
2024.7.1	2.30	2.20
2025.7.1	2.10	2.10
2026.7.1	2.00	2.00

5. 기대이율은 국고채수익률 및 CD유통수익률과 밀접한 관계가 있는 것으로 조사됨

6. 상기 1. ~ 3.에서 제시하는 기대이율 범위에서 각각의 중간값 중 하나를 기대이율로 선정하되, 선정된 기대이율은 2%를 초과해야함

자료 9 기타자료

1. 토지임대료와 관련된 필요제경비는 미미하여 고려하지 않음

2. 표준지 공시지가를 기준으로 토지를 평가하는 경우 그 밖의 요인 보정이 필요한 것으로 판단됨

3. 토지거래사례는 그 밖의 요인 보정치 산정에만 활용할 것

4. 토지거래사례는 모두 정상적인 사례로 판단됨

5. A시는 수도권에 위치해 있음

04

감정평가사 김○○은 다음 물건에 대하여 A기업으로부터 일반거래 시가참고용 감정평가를 의뢰받았다. 기준시점을 2026.7.1로 하여 관련 법규 및 이론을 참작하고 제시된 자료를 활용하여 감정평가하시오. (10점)

자료 1 | 대상물건 개요

소재지	A시 B구 C동 100외 2필지			
건물명, 층, 호수	"D타운" 제10동 제17층 제1706호			
용도	아파트		사용승인일	2019.10.10
면적	전유면적(㎡)	공용면적(㎡)	분양면적(㎡)	대지권면적(㎡)
	85	25	110	28.5

자료 2 | 현장조사내용

1. 본건 인근은 아파트, 다세대 및 다가구주택, 상가, 공장 등이 혼재하는 지역임

2. 본건까지 차량출입 가능하고 인근에 노선버스정류장이 위치해 있음

3. 본건은 현재 방 3개, 주방, 거실, 화장실 2개, 발코니로 구성되어 있으며, 위생 및 급·배수설비, 난방설비, 승강기설비, 소화전설비 등이 되어 있음

4. 본건은 발코니가 합법적으로 확장되어 있으며 확장면적은 10㎡임

5. 본건의 관리상태를 상, 중, 하로 나타낼 경우 '하'에 해당함

6. 대상물건이 위치한 동일 아파트단지 내의 거래사례를 분석한 결과, 거래시점, 발코니 확장정도, 관리상태, 층, 향, 동에 따라 가격차이가 존재함

자료 3 | 인근 아파트 거래사례(정상적인 거래로 판단됨)

기호	소재지, 지번, 명칭	동	층	호수	전유면적(㎡)	거래금액(원)	거래시점	관리상태
1	A시 B구 C동 100외 2필지 D타운	제10동	4	406	85	338,750,000	2025.6.10	하
2		제10동	18	1803	85	335,000,000	2025.12.10	하
3		제10동	16	1605	85	350,000,000	2026.3.25	중
4		제15동	8	802	85	338,000,000	2026.7.1	상
5		제15동	8	801	85	345,000,000	2026.7.1	중

자료 4 A시 월별 아파트 매매가격지수

2025년						2026년						
7월	8월	9월	10월	11월	12월	1월	2월	3월	4월	5월	6월	7월
103.4	103.6	103.8	104	104.4	104.4	104.4	104.4	104.5	104.6	104.7	105.0	105.1

자료 5 기타자료

1. 거래사례 중 기호5는 발코니가 합법적으로 10㎡ 확장된 것으로 조사되었고 나머지는 확장되지 않은 것으로 조사됨

2. 본건과 거래사례는 방배치 등 기타 구조 측면에서 모두 동일함

3. 관리상태에 따른 가격격차 정도는 다음과 같음(D타운 전체 적용가능)

하	중	상
100	101	102

4. 층에 따른 가격격차 정도는 다음과 같음(D타운 전체 적용가능)

1층 ~ 3층	4층 ~ 10층	11층 ~ 20층
100	105	108

5. 본건 아파트의 1호 ~ 3호는 남동향이며, 4호 ~ 6호는 남향임

제29회 감정평가실무 기출

> **공통 유의사항**
> 1. 각 문제는 해답 산정 시 산식과 도출과정을 반드시 기재
> 2. 단가는 관련 규정에서 정하고 있는 사항을 제외하고 천원미만은 절사, 그 밖의 요인 보정치는 소수점 셋째자리 이하 절사

01 감정평가사 甲은 철도건설사업과 관련하여 지하공간 사용에 따른 보상목적의 감정평가를 의뢰받았다. 관련 법규 및 감정평가이론을 참작하고 제시된 자료를 활용하여 다음의 물음에 답하시오. (40점)

물음(1) 감정평가사 甲은 대상토지의 지역요인을 분석하여 인근지역, 동일수급권, 유사지역의 범위를 판정하려고 한다. 인근지역의 개념과 판정기준에 대해 설명하고, 제시된 자료를 활용하여 표준지 기호 1과 기호 2, 보상사례 토지에 대해 각각 대상토지와 인근지역의 여부를 판정하시오. (10점)

물음(2) 지하공간 사용에 대한 보상금을 산정하기 위한 대상토지의 적정가격을 감정평가하시오. (15점)

물음(3) 대상토지의 지하공간 사용에 대한 보상금을 산정하시오. (10점)

물음(4) 관련 법규상 지하공간 사용에 대한 보상금을 감정평가하는 기준의 문제점에 대해 설명하시오. (5점)

자료 1 공익사업에 관한 사항

1. 사업명: ○○ ~ ○○간 철도건설사업
2. 사업시행자: ○○공단
3. 사업추진일정
    1) 기본계획의 수립 · 고시일: 2025.2.2
    2) 보상계획 공고일: 2025.8.8
    3) 실시계획승인 · 고시일: 2026.6.6
4. 권원확보방법: 구분지상권 설정

자료 2 감정평가의 기본적 사항

1. 대상물건: 경기도 B시 C동 산1번지의 지하터널 사용부분
2. 구분지상권 설정(예정)면적: 1,200㎡
3. 감정평가목적: 협의보상
4. 가격시점(기준시점): 2026.6.1

자료 3 대상토지에 관한 사항

1. 소재지: 경기도 B시 C동 산1번지
2. 면적: 12,000㎡, 지목: 임야, 실제 이용상황: 자연림
3. 토지이용계획: 자연녹지지역, 도시·군계획시설 공원 저촉(100%)
4. 등기사항증명서의 확인사항: 구분지상권이 설정됨
    1) 구분지상권자: ○○전력공사
    2) 목적: 154kV 가공 송전선로 건설
    3) 범위: 동측 토지 상공 30m에서 60m까지의 공중공간
    4) 구분지상권 설정면적: 1,800㎡, 존속기간: 해당 송전선로 존속시까지
    5) 구분지상권 설정일: 2018.9.9

자료 4 지하공간 사용에 관한 사항

1. 지하시설물의 유형: 지하터널
2. 지하시설물의 크기: 높이 3m, 너비 8m
3. 토피: 대상토지가 완경사로서 위치마다 토피가 다르며, 최소 15m ~ 최대 22m임(사업시행자에게 질의한 결과 평균 토피는 18 m임)
4. 지하시설물 사용기간: 지하터널 존속시까지

자료 5 표준지공시지가 자료

기호	소재지	면적(㎡)	지목	이용상황	용도지역	도로접면	형상지세	공시지가(원/㎡) 2025년	공시지가(원/㎡) 2026년
1	경기도B시 C동 산11	10,000	임야	자연림	자연녹지	맹지	부정형 완경사	62,000	66,000
2	경기도E시 F동 산20	12,500	임야	자연림	자연녹지	세로(불)	세장형 완경사	58,000	60,000

※ 표준지 기호 1은 도시·군계획시설 공원에 100% 저촉함
※ 표준지 기호 2는 도시자연공원구역에 100% 저촉함
※ 도시·군계획시설 공원 또는 도시자연공원구역에 저촉하는 표준지의 경우 해당부분에 대해 공시지가의 감정평가시 40%의 감가율을 적용함
※ 표준지 기호 1과 표준지 기호 2에는 154 kV 가공 송전선로 건설로 인한 구분지상권이 설정되어 있음

자료 6 지가변동률 자료

1. 경기도 B시

구분		지가변동률(단위: %)		
		2025년 (누계)	2026년 (1월~4월 누계)	2026년 4월 (당월)
용도지역별	자연녹지	2.010	0.890	-0.005
이용상황별	임야	2.110	0.990	-0.003

※ 2026년 5월 이후 지가변동률은 미고시상태임

2. 경기도 E시

구분		지가변동률(단위: %)		
		2025년 (누계)	2026년 (1월~4월 누계)	2026년 4월 (당월)
용도지역별	자연녹지	2.120	1.008	0.002
이용상황별	임야	2.450	0.990	-0.002

※ 2026년 5월 이후 지가변동률은 미고시상태임

자료 7 보상사례 자료

1. 소재지: 경기도 E시 F동 산50번지
2. 공익사업의 종류: 송전선로 건설사업(철탑부지)
3. 권원확보방법: 소유권 취득
4. 보상액: 80,000원/㎡
5. 가격시점(기준시점): 2026.5.1
6. 면적: 15,000㎡, 지목: 임야, 실제 이용상황: 자연림
7. 토지이용계획: 자연녹지지역, 도시자연공원구역(100%)
8. 도시자연공원구역에 저촉하는 토지는 보상목적의 감정평가시 40%의 감가율을 적용함

자료 8 토지의 지역요인에 관한 자료

1. 경기도 B시 C동과 E시 F동은 서로 지리적으로 접하고 있음
2. 대상토지, 표준지 기호 1과 기호 2, 보상사례 토지는 서로 대체·경쟁관계가 성립하고 가격(가치)형성에 서로 영향을 미치고 있음
3. 대상토지, 표준지 기호 1과 기호 2, 보상사례 토지는 모두 완경사의 국도주변 야산지대에 속하고, 소나무와 활잡목이 혼재한 자연림지대로서 가격(가치)형성요인 중 지역요인이 같거나 유사하며 가격(가치)수준이 동일함
4. 대상토지와 표준지 기호 1이 속한 B시 C동과 표준지 기호 2와 보상사례 토지가 속한 E시 F동 사이에는 중앙분리대가 있는 왕복 4차선의 국도가 개설되어 있음

자료 9 토지의 위치도

축척없음

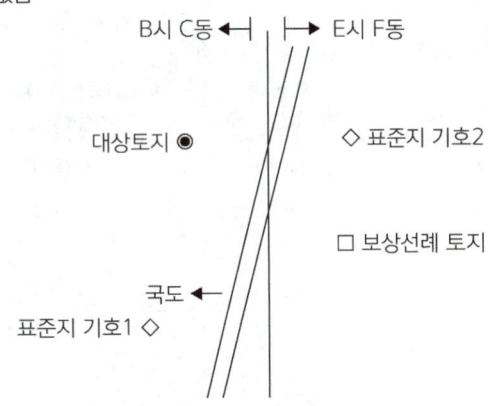

자료 10 토지의 개별요인에 관한 자료

각 토지의 개별요인에 관한 자료는 다음의 표와 같으며, 세항목별 격차율은 감정평가사가 판단할 사항임

구분	대상토지	표준지 기호 1	표준지 기호 2	보상사례 토지
면적	12,000㎡	10,000㎡	12,500㎡	15,000㎡
취락과의 거리	500 m	750 m	750 m	750 m
도로의 상태	폭 3 m	맹지	폭 3 m	맹지
방위	동향	남향	동향	동향
경사도	14°	10°	10°	14°
형상	세장형	부정형	세장형	부정형
용도지역	자연녹지지역	자연녹지지역	자연녹지지역	자연녹지지역
도시·군 계획시설	공원(100%)	공원(100%)	없음	없음
도시자연 공원구역	없음	없음	저촉(100%)	저촉(100%)
구분지상권 (설정면적)	설정(1,800㎡)	설정(1,500㎡)	설정(2,500㎡)	없음

자료 11 구분지상권의 감가율

154kV 가공 송전선으로 인한 구분지상권이 설정된 임야(임지)는 주변의 시장조사 결과 필지별로 송전선로 부지의 면적비율에 따라 다음과 같이 토지가 감가되는 것으로 조사됨

구분	송전선로부지 면적비율		
	10% 미만	10% ~ 20% 미만	20% ~ 30% 미만
토지 감가율	15%	20%	25%

자료 12 입체이용률 배분표

구분	저층시가지	주택지	농지·임지
건물 등 이용률(α)	0.75	0.70	0.80
지하부분 이용률(β)	0.10	0.15	0.10
그 밖의 이용률(γ)	0.15	0.15	0.10
(γ)의 상하배분비율	1 : 1 ~ 3 : 1	1 : 1 ~ 3 : 1	1 : 1 ~ 4 : 1

※ 이용저해심도가 높은 터널 토피 20m 이하의 경우에는 (γ)의 상하배분비율을 최고치를 적용함

자료 13 심도별 지하이용저해율 표

한계심도	30m		20m	
체감률(%) 토피심도(m)	p	$\beta \times p$ $0.15 \times p$	p	$\beta \times p$ $0.10 \times p$
0 ~ 5 미만	1.000	0.150	1.000	0.100
5 ~ 10 미만	0.833	0.125	0.750	0.075
10 ~ 15 미만	0.667	0.100	0.500	0.050
15 ~ 20 미만	0.500	0.075	0.250	0.025
20 ~ 25 미만	0.333	0.050	-	-

※ p는 심도별 지하이용효율

자료 14 한계심도에 관한 사항

1. 한계심도는 주택지는 30m, 농지 및 임지는 20m임
2. 한계심도를 초과하는 경우 보상률은 1.0% 이하임

02

감정평가사 甲은 ○○공사로부터 소유건축물의 일부(1층 101호)에 대해 2026.7.1. 기준시점의 임대료감정평가를 의뢰받았다. 관련 법규와 감정평가이론을 참작하고, 제시된 자료를 활용하여 다음의 물음에 답하시오. (30점)

물음(1) 적산법에 의한 임대료를 산정하시오. (20점)

물음(2) 임대사례비교법에 의한 임대료를 산정하고, 적산법에 의한 임대료와 시산가액조정을 통해 임대료를 결정하시오. (10점)

자료 1 대상물건의 토지 내역

1. 소재지: A광역시 S구 S동 118번지
2. 용도지역: 근린상업지역
3. 대상토지 현황: 대, 350㎡, 광대한면, 부정형, 평지
4. 주위환경: 대로변을 따라 5층 ~ 10층 규모의 금융회사, 사무실 등 상업용 또는 업무용건물이 밀집하여 위치함. 후면은 소로를 따라 저층규모의 주상용건물, 일부 단독주택 등이 혼재하고 있음

자료 2 대상물건의 건물 내역

1. 건물 현황: 건축면적 250㎡, 연면적 1,740㎡
2. 건물구조 등: 철근콘크리트조 슬래브지붕 지하 1층, 지상 6층
3. 사용승인일: 2008.5.8
4. 층별 현황(집합건축물대장)

(단위: ㎡)

층별	용도	바닥면적	전유면적	공유면적	비고
지하1층	업무시설	300	220	80	
1층	업무시설, 소매점	250	188	62	3개 호실
2층	업무시설	250	188	62	
3층	업무시설	240	180	60	
4층	업무시설	240	180	60	
5층	업무시설	240	180	60	
6층	업무시설	220	165	55	

5. 1층 호별 현황(집합건축물대장)

(단위: ㎡)

1층	101호	102호	103호
전유면적	60	55	73

자료 3 표준지공시지가 현황(공시기준일: 2026.1.1)

기호	소재지	지목	면적(㎡)	이용상황	용도지역	도로교통	형상지세	공시지가(원/㎡)	비고
1	S구 S동 9	대	588.0	상업용	근린상업	광대한면	세장형 평지	4,300,000	계획도로 20% 저촉
2	S구 S동 40	대	388.0	주상용	근린상업	중로한면	사다리 평지	3,600,000	
3	S구 S동 261	대	550.0	업무용	3종일주	광대소각	가장형 평지	4,000,000	

자료 4 평가사례

기호	소재지	지목	면적(㎡)	이용상황	용도지역	도로교통	형상지세	토지단가(원/㎡)	기준시점	평가목적
a	S구 S동 249	대	530.0	상업용	근린상업	광대한면	부정형 평지	6,400,000	2026.5.1.	담보
b	S구 S동 253	대	492.0	상업용	근린상업	광대한면	사다리 평지	7,000,000	2025.1.1	일반거래
c	S구 S동 261	대	550.0	업무용	3종일주	광대소각	가장형 평지	6,500,000	2026.1.1	일반거래

※ 사례는 토지의 그 밖의 요인 산정 시 적용하되, 사례 중 담보목적의 평가는 안전성, 환가성 등이 고려된 단가임
※ 그 밖의 요인 보정방법은 표준지 기준 산정방식(비율법)을 적용함

자료 5 임대사례

소재지	임대면적(㎡)	임대보증금(원)	월임대료(원)	임대계약일자
S구 S동 185-28 1층 102호	70	30,000,000	2,750,000 (부가세 10% 포함)	2025.2.2

※ 보증금운용이율은 연 4%로 조사되어 이를 적용함
※ 부가가치세(부가세)는 임차인이 환급받을 수 있음

자료 6 시점수정 자료

1. 지가변동률(A광역시 S구)

기간	지가변동률(%)		비고
	상업지역	주거지역	
2025.1.1 ~ 2025.12.31	1.112	1.238	
2026.1.1 ~ 2026.5.31	1.396	1.574	2026.5.까지 누계
2026.5.1 ~ 2026.5.31	0.227	0.235	2026.5. 당월

※ 2026.6. 이후 지가변동률은 기준시점 현재 고시되지 않아 2026.5. 지가변동률을 연장 추정하여 적용하되, 소수점 넷째자리에서 반올림하여 셋째자리까지 표시함

2. 자본수익률(A광역시)

기간	상업용부동산 자본수익률(%)	비고
2025.1.1 ~ 2025.12.31	2.930	2025년(365일) 누계
2026.1.1 ~ 2026.3.31	0.731	2026년 1분기

※ 자본수익률은 2026년도 2분기 자료가 기준시점 현재 고시되지 않아 2026년도 1분기(90일) 자본수익률을 연장 추정하여 적용하되, 소수점 넷째자리에서 반올림하여 셋째자리까지 표시함

자료 7 가치형성요인 비교자료

1. 접근의 편리성
   대상물건의 토지는 표준지 기호 1) 대비 3%, 표준지 기호 2) 대비 25%, 표준지 기호 3) 대비 5% 각각 우세함

2. 격차율 자료
   1) 토지이용상황

구분	주거용	상업업무용	주상복합용
주거용	1.00	1.30	1.11
상업업무용	0.77	1.00	0.85
주상복합용	0.90	1.17	1.00

2) 형상

구분	정방형	가장형	세장형	사다리형	부정형	자루형
정방형	1.00	1.05	0.99	0.98	0.95	0.90
가장형	0.95	1.00	0.94	0.93	0.90	0.86
세장형	1.01	1.06	1.00	0.99	0.96	0.91
사다리형	1.02	1.07	1.01	1.00	0.97	0.92
부정형	1.05	1.11	1.04	1.03	1.00	0.95
자루형	1.11	1.17	1.10	1.09	1.06	1.00

3) 도시 · 군계획시설

구분	일반	도로	공원
일반	1.00	0.85	0.60
도로	1.18	1.00	0.71
공원	1.67	1.42	1.00

3. 임대사례 개별요인 비교자료

    대상물건의 건물 중 1층 101호는 임대사례 대비 외부요인 25% 열세, 건물요인 10% 열세, 호별요인 9% 열세, 기타요인은 동일함

4. 대상물건, 표준지, 평가사례, 임대사례 등은 모두 지역요인이 같거나 유사하고, 상기 제시자료 외의 개별요인은 모두 대등한 것으로 판단됨

자료 8 재조달원가 자료

1. 투자자 乙은 대상물건의 인근토지에 신축을 통한 투자를 계획하고 있음
2. 건축구조 등: 철근콘크리트조 슬래브지붕 지하 1층, 지상 7층 상업용 건물
3. 건물면적: 지하 1층 300㎡, 지상 1층 180㎡, 지상 2층~7층 각각 250㎡
4. 건축기간: 1년(건축설계 및 허가 2개월, 공사기간 10개월)
5. 공사비 등 투자계획
    1) 기준시점일(2026.7.1) 현재 도급계약금액은 20억원임
    2) 기준시점에 5억원을 지급하고, 건물준공시점에 건물을 담보로 은행에서 잔액을 대출받아 지급함. 대출조건은 대출기간 10년, 대출이자율 연 4%, 매년 원리금 균등분할상환임
    3) 乙은 건물준공 시 5년간 임대예정이고, 5년 임대기간이 종료되는 시점에 임차인에게 해당 건물을 처분하면서 대출잔금을 일시상환하려고 함
    4) 시장이자율은 연 5%임
6. 대상물건 중 건물의 재조달원가는 상기조건을 고려한 건축비의 현가를 산정하여 적용하고, 내용연수는 50년, 감가수정은 정액법을 적용함

7. 자본환원표

1) 이자율 연 4%

기간 (년)	일시불 내가계수	연금 내가계수	감채기금 계수	일시불 현가계수	연금 현가계수	저당상수
1	1.040000	1.000000	1.000000	0.961538	0.961538	1.040000
5	1.216653	5.416323	0.184627	0.821927	4.451822	0.224627
10	1.480244	12.006107	0.083291	0.675564	8.110896	0.123291

2) 이자율 연 5%

기간 (년)	일시불 내가계수	연금 내가계수	감채기금 계수	일시불 현가계수	연금 현가계수	저당상수
1	1.050000	1.000000	1.000000	0.952381	0.952381	1.050000
5	1.276282	5.525631	0.180975	0.783526	4.329477	0.230975
10	1.628895	12.577893	0.079505	0.613913	7.721735	0.129505

자료 9 효용지수자료

1. 층별효용지수

층별	지하 1층	1층	2층	3층	4층	5층 이상
	45	100	52	46	44	42

※ 대상물건의 전유면적 기준 층별효용적수의 합계는 69,166임

2. 호별효용지수

호별	101호	102호	103호
	100	95	90

※ 대상물건의 전유면적 기준 1층 호별효용적수의 합계는 17,795임

자료 10 기타 사항

1. 대상물건은 최유효이용으로 판단됨
2. 임대사례의 임대료는 신규계약된 정상임대료로 판단되며, 감정평가 대상인 1층 101호의 임대료도 연간 실질임대료로 산정함
3. 1층 101호의 기초가액은 층별·호별효용비율에 의한 배분방법을 적용하여 산정함
4. 적산법에 적용되는 기대이율은 5%, 필요제경비는 순임대료(기대수익)의 7%임
5. 요인비교치는 소수점 셋째자리에서 반올림하여 둘째자리까지 표시함
6. 효용비율은 소수점 넷째자리에서 반올림하여 셋째자리까지 표시함

03

베트남 북동해역에서 석유시추용으로 운용되던 플랜트(선박)인 '스타호'는 경제성 저하 및 노후화로 '비운영 폐선'으로의 매각을 추진 중이며, 현재 싱가포르 외항에 정박 중이다. 소유자인 코리아석유공사는 2026.6.30. 기준의 유리한 매각 방식을 결정하기 위한 자문을 감정평가사 甲에게 구하였다. 관련 법규 및 감정평가이론을 참작하고 제시된 자료를 활용하여 다음의 물음에 답하시오. (20점)

물음(1) 해체처분가격의 성격을 약술하고, 전체를 해체처분가격으로 평가할 경우, 산출 가능한 시산가액을 매각처 별로 산정하시오. (10점)

물음(2) 재사용이 가능한 기관 및 저장품은 분리하여 매각할 경우의 전체 시산가액을 산정한 후, 물음(1)과 비교하여 가장 유리한 매각방식을 결정하시오. (10점)

자료 1 '스타호'의 개요

1. 종류: 부선
2. 선질: 강
3. 조선자: 울산조선(주)
4. 진수일: 1998.6.30
5. 길이: 75미터
6. 너비: 60미터
7. 깊이: 8미터
8. 총톤수: 10,000톤
9. 재화중량(dead weight): 13,000톤
10. 경하중량(light weight): 15,000톤
11. 기관: 디젤엔진(2,000hp) 2대 탑재되어 있고, 중량은 총 100톤으로 조사됨
12. 저장품: 선박에 탑재된 수리용 신품의 부속장비로 중량은 총 900톤으로 조사됨

자료 2 가격조사 사항

1. 통상 선박의 해체처분은 정상운영 장비가 포함된 경하중량을 기준으로 거래되는 관행이며, 대형 선박 또는 플랜트의 해체 조선소는 파키스탄 및 한국에 소재함
2. 기준시점 현재 현지 인도조건의 scrap(고철) 매입단가는 파키스탄의 경우 톤당 260,000원 수준이고, 한국의 경우 톤당 240,000원 수준인 것으로 조사됨
3. 한편, 싱가포르 소재 대형선박 및 플랜트 관련 에이전트는 톤당 200,000원 수준에서 즉시 매입의사를 밝히고 있음
4. 본건은 자력항행이 불가능한 부선으로 현지 인도조건에 따른 운송비(보험료 포함)는 파키스탄의 경우 9억원, 한국의 경우 6억원이 소요되는 것으로 조사되고, 싱가포르 현지매각의 경우 매수자가 모든 부대비용을 부담하는 조건임
5. 재사용 가능 부분의 분리매각의 경우, 원매자 탐색 및 분리작업 기간에 4개월이 소요되고, 이에 따른 매월 정박료 및 대기비용으로 월간 2억원의 부담이 예상되나, 분리에 따른 작업 직접비용은 매수자 부담이며, 잔여 scrap(고철)은 싱가포르 현지에서 매각 예정임

자료 3 재조달원가

1. 기준시점에서 기관의 재조달원가는 마력(hp)당 300,000원인 것으로 조사됨
2. 저장품은 미사용품으로 취득가격은 50억원이며, 이를 재조달원가로 할 수 있음
3. 선체 및 의장품은 노후화로 본래용도로의 재사용은 불가능할 것으로 판단함

자료 4 내용연수 및 잔존가치율 등

1. 기관의 내용연수는 20년이고, 잔존가치율은 10%이나, 매년 정기적 유지보수로 경제적 측면의 잔존내용연수가 5년 정도 남아있는 것으로 조사되며, 정률법에 의한 감가수정을 함
2. 저장품의 내용연수는 10년이고, 잔존가치율은 20%이며, 미사용 신품이지만 원매자가 제한되어 있어 잔존가치 정도에서 거래가 가능함

자료 5 정률법에 의한 잔존가치율 표

구분		잔존가치율(10%)	
경과연수	내용연수	15년	20년
1		14/0.858	19/0.891
2		13/0.736	18/0.794
3		12/0.631	17/0.708
4		11/0.541	16/0.631
5		10/0.464	15/0.562
6		9/0.398	14/0.501
7		8/0.341	13/0.447
8		7/0.293	12/0.398
9		6/0.251	11/0.355
10		5/0.215	10/0.316
11		4/0.185	9/0.282
12		3/0.158	8/0.251
13		2/0.136	7/0.224
14		1/0.117	6/0.200
15		0.100	5/0.178
16			4/0.158
17			3/0.141
18			2/0.126
19			1/0.112
20			0.100

04 투자자 甲은 1동의 건물 전체를 주거용으로 임대 중인 '단지형 연립주택' 대하여 아래의 자료 1과 자료 2를 참고하여, 자료 3과 같이 대상부동산의 가치를 산정하였다. 관련 법규 및 감정평가이론을 참작하고, 제시된 자료를 활용하여 다음의 물음에 답하시오. (10점)

물음(1) 자료 3과 같은 甲의 가치산정과정과 결과에 대하여 '조소득승수(gross income multiplier)'를 활용하여 점검하되, 최종 조소득승수는 매매사례 (a)와 (b)를 평균하여 산정하시오. (5점)

물음(2) 甲의 가치산정 논리에 대하여, 물음(1)의 결과에 기초한 평가 검토의견을 작성하시오. (5점)

자료 1 대상부동산의 개요

1. 총 20개호인 각호의 구조는 2개의 룸으로 구획되어 있고 모두 동일함
2. 보증금 없이 각호 당 월 50만원에 전체를 공실없이 임대중임

자료 2 인근의 부동산 매매사례 등

1. 매매사례 (a): 총 20개호인 각호의 구조는 3개의 룸으로 구획되어 있고 모두 동일하며, 보증금 없이 각호 당 월 70만원에 전체를 공실없이 임대중이며, 최근 12억원에 거래되었음
2. 매매사례 (b): 총 20개호인 각호의 구조는 4개의 룸으로 구획되어 있고 모두 동일하며, 보증금 없이 각호 당 월 90만원에 전체를 공실없이 임대중이며, 최근 16억원에 거래되었음

자료 3 甲의 가치산정과정 및 결과

1. 매매사례 (a): 12억원 전체 룸의 수 60개
2. 매매사례 (b): 16억원 전체 룸의 수 80개
3. 룸 당 평균단가: (12억원 + 16억원) / (60룸 + 80룸) = 2,000만원
4. 대상부동산의 시산가치: 2,000만원 × (2룸 × 20개호) = 8억원

제30회 감정평가실무 기출

> **공통 유의사항**
> 1. 각 문제는 해답 산정 시 산식과 도출과정을 반드시 기재
> 2. 단가는 관련 규정에서 정하고 있는 사항을 제외하고 천원미만은 절사, 그 밖의 요인 보정치는 소수점 셋째자리 이하 절사

01

감정평가사 甲은 식료품 제조업을 영위하는 (주)A로부터 일반거래(시가참고)목적의 감정평가를 의뢰받았다. 관련법규 및 이론을 참작하고 제시된 자료를 활용하여 다음의 물음에 답하시오. (단, 기준시점은 2027.1.1.임) (40점)

물음(1) (주)A의 기업가치를 평가하시오. (25점)

물음(2) (주)A의 특허권의 유효 잔존수명을 산출하고, 특허권 가치를 평가하시오. (10점)

물음(3) (주)A의 영업권 가치를 평가하시오. (5점)

자료 1 대상 기업 및 특허권 개요

1. 대상 기업 현황

상호	(주)A
대표자	이○○
설립일자	2019.6.17
사업자번호	514 - 87 - *****
주요제품	과자류

※ 대상 기업은 식료품 제조업을 영위함

2. 특허권 개요

명칭	나선형 ** 코팅 장치
등록번호	11 - 20*****
출원일	2020.5.26
특허권자	(주)A
존속기간 만료일	2040.5.26

자료 2 주요가정

1. 추정기간이란 할인현금수지분석법 적용에 있어 현금흐름을 직접 추정하는 기간으로 대상 기업의 특성 및 시장상황 등을 고려하여 5년(1기~5기)으로 가정함
2. 추정기간이 지난 6기부터는 성장율 0%를 적용하며, 5기의 현금흐름이 지속되는 것으로 가정함
3. 대상 기업의 결산일은 매년 말일이며, 현금흐름은 편의상 기말에 발생하는 것으로 가정함
4. 대상 기업의 현금흐름 추정시 비영업용 자산에 의한 수익, 비용은 제외된 것으로 가정함

자료 3 재무상태표 및 손익계산서 일부 발췌(2026.12.31. 현재)

1. 재무상태표(일부 발췌)

계정과목	금액(원)
자산	
Ⅰ.유동자산	
1.당좌자산	
(1)단기금융상품	700,000,000
(2)그 외	500,000,000
2.재고자산 등	600,000,000
Ⅱ.비유동자산	
1.투자자산	
(1)장기투자자산	300,000,000
2.유형자산	
(1)토지	2,500,000,000
(2)건물	1,000,000,000
(3)기계	800,000,000
부채	
Ⅰ.유동부채	1,100,000,000
Ⅱ.비유동부채	
1.장기차입금	2,500,000,000

※ 대상 기업의 무형자산은 영업권과 특허권만 존재함
※ 대상 기업의 비영업용 항목은 단기금융상품, 장기투자자산임

2. 손익계산서(일부 발췌)

(단위: 원)

구분	2024년	2025년	2026년
매출액	2,000,000,000	2,100,000,000	2,205,000,000
매출원가	1,000,000,000	1,050,000,000	1,102,500,000
매출총이익	1,000,000,000	1,050,000,000	1,102,500,000
판매비와 관리비	200,000,000	210,000,000	220,500,000
영업이익	800,000,000	840,000,000	882,000,000

자료 4 재무제표 관련 추가 자료

1. 추정기간 동안 매출액은 다음에서 산출한 증가율과 동일한 비율로 증가할 것으로 판단됨
   1) 매출액 증가율 결정 방법: 대상 기업의 과거 매출액 평균 증가율(2024년~2026년)과 동종 및 유사업종 매출액 평균 증가율의 산술 평균으로 결정함
   2) 동종 및 유사업종 매출액 증가율

항목	단위	2024년	2025년	2026년
매출액 증가율	%	4.92	4.82	5.24

2. 매출원가는 과거와 동일한 매출원가율을 적용함

3. 판매비와 관리비는 향후에도 과거와 동일하게 매출액의 일정 비율만큼 발생할 것으로 봄

4. 감가상각비는 2026년에는 110,000,000원이며 추정기간 동안 매년 5,000,000원씩 증가됨

5. 향후 예상되는 자본적 지출액은 매출액의 3%가 소요될 것임

6. 순운전자본 증감
   1) 대상 기업의 경우 추정 매출액 증감액에 운전자본 소요율을 곱하여 산출함
   (추정매출액t - 추정매출액t-1) × 운전자본 소요율
   2) 운전자본 소요율은 한국은행 공시 재무정보를 이용한 회전율 등을 고려하여 대상 회사의 자료 등을 기준으로 산출하며, 추정기간 동안 동일하게 적용함

   $$운전자본\ 소요율 = \frac{1}{매출채권회전율} + \frac{1}{재고자산회전율} - \frac{1}{매입채무회전율}$$

구분	매출채권회전율	재고자산회전율	매입채무회전율
회	8	10	20

7. 법인세 산정 시 세율은 22%를 적용함

자료 5   자기자본비용 관련

1. 본 기업의 자본구조는 자기자본비율 40%, 타인자본비율 60%임
2. 자기자본의 기회비용은 자본자산가격평가모델(CAPM법: Capital Asset Pricing Model)에 의함
3. 무위험자산의 수익률(Rf)은 평균 5년 만기 국고채 수익률 등을 고려하여 3.5%, 시장의 기대수익률 (E(Rm))은 12%로 가정함
4. β계수는 최근 3년 유사업종에 속한 기업들의 β계수의 산술평균으로 함

(식료품 제조업)

기준년도	기업베타(β)
2024년	0.9654
2025년	0.9885
2026년	0.9763

자료 6   타인자본비용 관련

대상 기업의 재정상태 및 금융상환 가능성 등을 종합적으로 고려하여 대상 기업의 차입이자율을 7%로 결정함

자료 7   특허권 평가 자료

1. 특허권의 유효 잔존수명은 경제적 수명 잔존기간과 법적 잔존기간을 비교하여 결정하며, 산출된 유효 잔존수명은 연단위로 절사함

2. 특허권의 경제적 수명 잔존기간은 아래의 자료로 산출함
   1) 경제적 수명기간 산출방법: 특허인용수명 × (1 + 영향요인 평점 합계 / 20)
   2) 특허인용수명

IPC	기술명	Q1	Q2(중앙값)	Q3
A23G	과자 등	5	9	13

   ※ 대상 특허의 특성 및 시장상황 등을 종합적으로 고려하여 대상 특허의 경제적 수명기간 산출에 적용할 특허인용수명은 중앙값으로 결정함

3) 기술수명 영향요인 평가표

구분	세부요인	평점				
		-2	-1	0	1	2
기술요인	대체기술 출현가능성				v	
	기술적 우월성				v	
	유사·경쟁기술의 존재(수)			v		
	모방 난이도				v	
	권리 강도			v		
시장요인	시장 집중도 (주도기업 존재)				v	
	시장경쟁의 변화			v		
	시장경쟁강도			v		
	예상 시장점유율				v	
	신제품 출현빈도				v	

3. 특허권은 물음 (1)에서의 "기업의 영업가치"에 해당 특허권의 기술기여도를 곱하는 방식으로 평가함

자료 8 기술기여도 산출 관련 자료

1. 결정방법: 기술기여도는 산업 특성을 반영하는 산업기술요소와 개별기술의 특성을 평가하는 개별기술강도의 곱으로 결정함

2. 산업기술요소

표준산업분류코드		최대무형자산가치비율(%)	기술자산비율(%)	산업기술요소(%)
C10	식료품 제조업	67.5	76.0	51.3
C28	전기장비제조업	90.4	75.3	68.1

※ 산업기술요소(%) = 최대무형자산가치비율(%) × 기술자산비율(%)

3. 개별기술강도

    1) 기술성

구분	평가지표	평점				
		1	2	3	4	5
기술성	혁신성				v	
	파급성				v	
	활용성			v		
	전망성			v		
	차별성(독창성)				v	
	대체성				v	
	모방용이성			v		
	진부화가능성(기술수명)			v		
	권리범위				v	
	권리 안정성				v	

    2) 사업성

구분	평가지표	평점				
		1	2	3	4	5
사업성	수요성				v	
	시장진입성				v	
	생산용이성			v		
	시장점유율 영향			v		
	경제적 수명				v	
	매출 성장성			v		
	파생적 매출			v		
	상용화 요구시간			v		
	상용화 소요자본			v		
	영업 이익성				v	

    3) 개별기술강도

    개별기술강도(%) = (기술성 점수 합산 + 사업성 점수 합산) / 100

자료 9 영업권 평가 자료

1. 영업권은 물음 (1)에서의 "기업의 영업가치(영업관련 기업가치)"에서 영업투하자본을 차감하는 방법으로 평가하되, 물음 (2)에서 평가된 특허권도 차감함
2. 제시된 재무상태표를 기준으로 영업투하자본을 산출함

자료 10 기타

1. 기업가치는 "기업의 영업가치"와 비영업용자산으로 구성됨
2. 연도별 매출액과 "기업의 영업가치", 특허권 평가액, 영업권 평가액은 십만단위에서 반올림함
3. 매출액 증가율을 제외한 모든 율은 백분율로 소수점 이하 셋째자리에서 반올림하여 백분율로 소수점 이하 둘째자리까지 표시함

02

A감정평가법인에 근무 중인 감정평가사 甲은 B도 C시장으로부터 보상목적의 감정평가를 의뢰받아 사전조사 및 현장조사를 마쳤는바, 관련법규 및 이론을 참작하고 제시된 자료를 활용하여 감정평가액을 산출 및 결정하시오. (30점)

자료 1 감정평가 의뢰 내역(요약)

1. 의뢰인: B도 C시장
2. 의뢰일자: 2026.5.10
3. 가격시점: 2026.6.29
4. 공익사업의 명칭: OOO공원 조성사업
5. 의뢰목록(일부 발췌)

일련번호	소재지	지번	지목(실제)	면적(㎡)	용도지역	비고
1	B도 C시 D동	148	전(전)	1,235.0	자연녹지	공원 100%

자료 2 사업개요

1. 사업계획의 개요
   1) 사업명칭: ○○○공원 조성사업
   2) 사업시행자: B도 C시장
   3) 위치: B도 C시 D동 100번지 일원
   4) 사업면적: 1,028,520㎡(1단계 462,800㎡, 2단계 565,720㎡ 중 1단계 사업)
   5) 사업기간: 2025.10.1~2027.12.31

2. 사업추진 주요 경과
   1) 2025.1.10: ○○○공원 조성계획 결정(변경) 공람공고
   2) 2025.5.30: ○○○공원 조성계획 결정(변경) 및 지형도면 고시
   3) 2025.10.1: 보상계획 열람 공고
   4) 2025.12.10: 공익사업 준비를 위한 토지 출입 허가 공고
   5) 2026.5.10: 감정평가 의뢰

자료 3 공시지가 표준지, 매매사례 및 평가사례

1. 사업구역 및 인근의 공시지가 표준지 내역

기호	소재지	면적(㎡)	지목	이용상황	용도지역	도로교통	형상지세	공시기준일	공시지가(원/㎡)	비고
①	D동 121	1,452.0	전	전	자연녹지	맹지	부정형 완경사	2025.1.1	156,000	사업구역 내 (공원 100%)
								2026.1.1	160,000	
②	D동 214-1	2,564.0	과수원	과수원	자연녹지	세로(불)	부정형 완경사	2025.1.1	166,000	사업구역 내 (공원 100%)
								2026.1.1	171,000	
③	D동 산72-4	4,028.0	임야	자연림	자연녹지	맹지	부정형 완경사	2025.1.1	28,000	사업구역 내 (공원 100%)
								2026.1.1	29,000	
④	D동 457	1,321.0	잡종지	전기타	자연녹지	세로(불)	부정형 완경사	2025.1.1	260,000	사업구역 외
								2026.1.1	290,000	

※ 본 사업구역 내에 소재하는 공시지가 표준지는 모두 3개로, 표준지 기호 ①과 ③은 1단계 사업지 내에 그리고 기호 ②는 2단계 사업지 내에 각각 소재함
※ 2025.1.1~2026.1.1 기간 중 B도 C시의 표준지 공시지가 평균변동률은 7.216%임

2. 매매사례

기호	소재지	거래일자	지목	용도지역	면적(㎡)	이용상황	거래가액(원/㎡)	비고
가	D동 137	2025.9.1	전	자연녹지	1,208.0	전	280,000	*
나	D동 648	2025.1.6	전	자연녹지	1,532.0	전기타	360,000	**

* 기호 가: 사업구역 내(공원 100%) 토지로, 본건 토지보다 제반 개별요인 우세함
** 기호 나: 사업구역 외 토지로, 인근의 매매가격 수준 및 평가사례 등에 비추어 정상적인 매매로서 당해 사업으로 인한 영향을 받지 아니한 것으로 판단됨

3. 평가사례

기호	소재지	기준시점	평가목적 (사업명칭)	지목	면적 (㎡)	용도 지역	평가액 (원/㎡)	비고
ㄱ	A동 1207	2026.2.1	보상(△△테마공원 주차장조성사업)	전	2,004.0	자연 녹지	320,000	*
ㄴ	E동 36	2025.4.8	보상(중로 3-XX호 개설공사)	전	1,082.0	자연 녹지	380,000	**

* 기호 ㄱ: 전체 65필지 중 협의체결률은 약 45%로서, 가격조사일 현재 나머지 필지는 수용재결 절차에 있는 것으로 조사됨
** 기호 ㄴ: 본 사업구역이 소재하는 D동과 인근의 E동을 남북으로 연결하는 도로 사업임

자료 4 지가변동률 등

기간	변동률(%)		비고
	평균	녹지	
2025.1.1. ~ 2026.6.29	4.108	4.202	C시
2026.1.1 ~ 2026.6.29	1.403	1.470	C시
2025.10.1 ~ 2026.6.29	2.567	2.718	C시
2025.10.1 ~ 2026.6.29	2.479	2.692	B도
2025.1.6 ~ 2026.6.29	3.549	3.892	C시
2025.4.8 ~ 2026.6.29	3.002	3.112	C시
2025.9.1 ~ 2026.6.29	2.651	2.847	C시
2026.2.1 ~ 2026.6.29	1.082	1.236	C시

※ 생산자물가상승률은 인근지역의 적정한 지가변동을 반영하고 있지 아니하다고 판단하여 검토 생략

자료 5 요인비교 자료

1. 지역요인: 본건 및 공시지가 표준지, 매매사례 및 평가사례는 모두 인근지역에 소재하여 지역요인 대등함

2. 개별요인

(공시지가 표준지: 1.00)

공시지가 표준지	본건 (연번 1)	매매사례		평가사례	
		가	나	ㄱ	ㄴ
①	1.00	1.04	1.08	1.00	1.12
②	0.95	0.98	0.95	0.95	0.95
③	4.00	4.10	4.05	4.00	4.00
④	0.90	0.92	0.97	0.90	1.00

※ 상기 개별요인 비교 자료는 도시계획시설 공원 저촉에 따른 제한을 반영하지 않은 수치이며 인근지역에 대한 매매사례 기타 평가사례 등에 대한 조사 결과, 도시계획시설 공원에 저촉된 것에 비해 저촉되지 아니한 상태로의 가치 상승률은 20%(임야) ~ 80%(대) 수준을 나타내고 있는바, 필요 시 공원 저촉 여부에 따른 추가 요인비교를 행함

03
감정평가사 甲은 부동산개발업자 乙로부터 개발계획의 타당성 검토를 의뢰받았다. 관련법규 및 이론을 참작하고 제시된 자료를 활용하여 개발계획의 타당성을 분석하시오. (20점)

자료 1 개발계획

1. 부동산개발업자 乙은 K구 M동에 소재하는 노후된 상업용 부동산을 매수한 후 기존 건물을 철거하고 업무용건물을 신축하여 일정기간 임대한 후 처분할 계획임
2. 매수 대상 부동산은 적정한 가격으로 매수 가능한 상태이며, 매수 대상 토지와 건물 중 기준시점 현재 건물의 잔존가치는 150,000,000원으로 판단됨
3. 업무용건물의 신축공사 기간은 기준시점으로부터 1년이고, 1년 후 준공과 동시에 임대를 개시하며, 임대개시 5년 후 처분할 계획임
4. 기준시점: 2026.8.1

자료 2 매수 대상 부동산

1. 소재지: K구 M동 300번지
2. 토지: 대, 530㎡, 상업용, 소로한면, 가장형, 평지
3. 건물: 위 지상 벽돌조 슬라브지붕 지상 2층, 상업용, 건축연면적 630㎡
4. 용도지역: 준주거지역

자료 3 표준지 공시지가(공시기준일: 2026.1.1.)

기호	소재지	면적(㎡)	지목	이용상황	용도지역	도로접면	형상지세	공시지가(원/㎡)
1	K구 M동 293	400	대	상업용	준주거지역	세로가	가장형평지	1,760,000
2	K구 M동 307	520	대	상업용	준주거지역	소로한면	가장형평지	1,870,000

자료 4 거래사례 자료

1. 소재지: K구 M동 315번지
2. 토지: 대, 490㎡, 상업나지, 소로한면, 가장형, 평지
3. 건물: 없음(토지만의 거래사례임)
4. 용도지역: 준주거지역
5. 거래금액: 1,150,000,000원
6. 거래시점: 2026.5.1
7. 기타사항: 대상지역의 거래관행은 거래시점에 매매대금을 모두 일시에 지급하는 것이나, 본건 거래사례의 경우 매매대금의 70%를 거래시점에 지급하고 나머지 30%는 1년 후에 지급하는 조건인 것으로 확인되었으며, 그 외의 거래내역은 정상적임

자료 5 시점수정, 지역요인, 개별요인, 그 밖의 요인 자료

1. 시점수정치(지가변동률)
   1) 2026.1.1 ~ 2026.8.1: 1.01752
   2) 2026.5.1 ~ 2026.8.1: 1.00697
2. 지역요인 비교치: 대상 부동산, 표준지, 거래사례 모두 인근지역 내에 소재하여 지역요인은 동일함
3. 개별요인 비교치: 개별요인 비교항목을 검토한 결과 대상 토지는 표준지 기호 1 대비 5% 우세하고, 표준지 기호 2 대비 1% 열세하며, 거래사례 대비 2% 우세한 것으로 격차율이 산정되었음
4. 그 밖의 요인 보정치: 1.25를 적용함

자료 6 건물 신축 관련 자료

1. 구조 및 용도 등: 철근콘크리트조 슬라브지붕, 지하 2층·지상 7층, 업무용
2. 면적: 건축면적 300㎡, 건축연면적 2,700㎡
3. 신축공사기간: 기준시점에 착공하여 1년 후 준공
4. 건축공사비: 900,000원/㎡(건축공사비에는 기존 건물의 철거비 및 기타 제반 부대비용 등이 포함되어 있으며, 착공시점에 30%, 준공시점에 70%를 지급함)

자료 7 임대수익 관련 자료

1. 임대가능면적: 건축연면적의 70%임
2. 순영업소득: 연간 순영업소득은 145,000원/㎡이며, 보유기간 동안 변동 없이 유지 될 것으로 판단됨

자료 8 대출조건 및 기타 자료

1. 대출조건: 대출비율 60%, 이자율 7%, 만기 20년임(매월 원리금 균등상환)
2. 자기자본수익률: 10%
3. 할인율: 8%
4. 임대개시 5년 후 처분할 계획이며, 부동산가치는 임대개시(준공) 이후 매년 2% 상승할 것으로 판단됨
5. 수익환원은 직접환원법에 의함
6. 환원율 계산시 소수점 이하 다섯째자리에서 반올림하여 소수점 이하 넷째자리까지 표시함
7. 각 단계의 가격산정 시 천원미만은 절사함

04 1년 전 임대차계약이 체결되어 있는 오피스텔에 대하여 동 임대차계약을 인수하는 조건으로 매매가 이루어졌다. 매매가는 시장의 전형적인 수익률 5.0%를 기준으로 산출되는 임대권의 가치를 기준으로 결정되었다. 임대차 계약 내용은, 계약기간 5년으로 연간 순임대료(순영업소득)는 2,200만원이고 계약기간 중 임대차조건의 변경이 없다는 내용으로 이루어졌다. 매매계약일 현재 동 오피스텔의 시장 순임대료(순영업소득)는 연간 3,000만원이고, 임대차계약 만료시 재매도 가치는 65,000만원으로 예상되고 있다. 제시된 자료를 활용하여 다음의 물음에 답하시오. (10점)

물음(1) 이 매매사례를 평가에 채택할 경우 사정보정률(백분율로 표시하되, 소수점 이하에서 반올림)을 산출하시오. (5점)

물음(2) 시장가치가 동일할 경우, 계약임대료(순영업소득)에 기한 환원율과 시장임대료(순영업소득)에 기한 환원율과의 차이를 산출하고 이 차이가 의미하는 바가 무엇인지 약술하시오. (5점)

제31회 감정평가실무 기출

> **공통 유의사항**
> 1. 각 문제는 해답 산정 시 산식과 도출과정을 반드시 기재
> 2. 단가는 관련 규정에서 정하고 있는 사항을 제외하고 천원미만은 절사, 그 밖의 요인 보정치는 소수점 셋째자리 이하 절사

01

주식회사A는 주식회사B를 인수합병하는 프로젝트에서 주식회사B의 영업권 가치를 파악하기 위해 감정평가사 甲에게 감정평가를 의뢰하였다. 관련 법규 및 이론을 참작하고 제시된 자료를 활용하여 다음의 물음에 답하시오. (단, 기준시점은 2026.9.19임) (40점)

물음(1) 주식회사B 소유 부동산의 공정가치를 3방식을 적용하여 감정평가하고, 시산가액 조정을 통해 결정하시오. (30점)

물음(2) 「감정평가에 관한 규칙」, 「감정평가 실무기준」에 의거하여 영업권 가치를 감정평가 하시오. (10점)

자료 1 공통사항

1. 단가는 유효숫자 셋째자리까지 표시하되, 넷째자리 이하는 절사함
2. 시산가액과 총액은 백만원 단위까지 표시하되, 십만원 단위이하는 절사함

자료 2 주식회사B 소유 부동산 현황

1. 평가대상(집합건물) 물건

소재지			S시 K구 J동 100-1번지 (S시 K구 OO로 5)		
층	호수	용도	전유면적(㎡)	공용면적(㎡)	계약면적(㎡)
지하1층	B101	근린생활시설	1,200	630	1,830
지상1층	101	근린생활시설	950	500	1,450
지상2층	201	업무시설	1,200	630	1,830
지상3층	301	업무시설	1,200	630	1,830
지상4층	401	업무시설	1,200	630	1,830
지상5층	501	업무시설	1,000	520	1,520

2. 대상 토지 현황

위치 및 주위환경	본 건은 S시 K구 J동 소재 S시청 동측 인근에 위치하고 S시 도심지역에 속하며, 본 건 주위는 각종 업무용 빌딩, 근린생활시설, 공공청사 등이 소재하는 업무지대임
교통상황	본 건까지 차량 진출입 가능하고, 인근에 시내버스 정류장이 소재하며, 지하철 1호선 "OO역", 2호선 "OO역"이 소재하여 제반 교통상황은 양호함
지목 / 면적	대 / 1,800㎡
형상, 지세 및 이용상황	인접지와 등고 평탄한 가장형 토지로서, 업무용 건부지로 이용중임
접면도로	서측으로 폭 약 40m, 남측으로 폭 약 10m 포장도로에 각각 접함
토지이용계획 및 공법상 제한사항	일반상업지역

3. 대상 건물 현황

건물명	B빌딩
주용도	업무시설, 근린생활시설
건축규모	지하2층 / 지상5층
연면적	10,290㎡
호수 / 사용승인일	6개호 / 2006.12.31
구조 및 지붕	철골철근콘크리트조 슬래브지붕
마감재	외벽: 화강석 및 복합판넬 마감 등 내벽: 몰탈 위 페인팅, 타일붙임 및 내부 인테리어 마감 등 창호: 강화 유리창 마감 등
층별 용도 (임대현황 등)	지하2층(1,695㎡): 주차장, 기계실 지하1층(1,695㎡): 근린생활시설(임대: 음식점), 주차장 지상1층(1,150㎡): 근린생활시설(임대: 카페) 지상2층(1,500㎡): 업무시설(임대: W법무법인) 지상3층(1,500㎡): 업무시설(자가사용: 주식회사B) 지상4층(1,500㎡): 업무시설(자가사용: 주식회사B) 지상5층(1,250㎡): 업무시설(자가사용: 주식회사B)

자료 3 비교방식 참고자료

1. 인근지역 집합건물 거래사례(소재지: S시 K구 J동)

기호	지번	층	호수	용도	전유면적 (㎡)	거래가격 (천원)	거래시점	용도지역	사용승인일
1	50	3	301	업무시설	1,000	5,000,000	2026.2.15	준주거	2011.10.31
2	70	1	101	근린생활시설	750	9,750,000	2026.3.20	일반상업	2006.9.15
3	90	2	205	근린생활시설	100	900,000	2025.8.20	일반상업	2009.6.10
4	95	6	601	업무시설	1,050	6,825,000	2026.1.20	일반상업	2008.10.20

※ 상기 거래사례는 정상적인 거래임

2. 지역별 자본수익률

   (1) 집합상가(S시 도심지역)

   (단위: %)

구분	1분기	2분기	3분기	4분기
2025년	0.42	0.75	0.92	0.78
2026년	0.35	0.32	-	-

   (2) 오피스(S시 도심지역)

   (단위: %)

구분	1분기	2분기	3분기	4분기
2025년	0.57	0.92	1.13	0.93
2026년	0.54	0.48	-	-

   (3) 2026년 3분기 이후 자본수익률은 기준시점 현재 발표되지 않아 2026년 2분기 자본수익률을 연장 추정하여 적용하되, 소수점 넷째자리에서 반올림하여 셋째자리까지 표시함

3. 가치형성요인 비교 참고자료
   (1) 선정된 거래사례와 대상 물건은 층별효용을 제외한 가치형성요인은 동일함
   (2) 인근지역 내 대상 물건과 이용상황이 유사한 부동산의 임대료 수준, 평가사례 등을 종합적으로 고려한 결과 다음과 같은 층별효용비를 도출하였음(3방식 공통 적용)

층	용도	효용비
지하1층	근린생활시설	35
지상1층	근린생활시설	100
지상2층~최상층	업무시설	50

자료 4 원가방식 참고자료

1. 표준지 공시지가(공시기준일: 2026.1.1)

기호	소재지	면적(㎡)	지목	이용상황	용도지역	도로접면	형상지세	공시지가(원/㎡)	비고
A	S시 K구 J동 97-1	1,332	대	상업용	일반상업	광대세각	가장형 평지	14,500,000	도로 15%저촉
B	S시 K구 J동 98-1	1,665	대	업무용	준주거	중로한면	가장형 평지	10,200,000	-

※ 표준지 기호A의 도시계획시설(도로)은 장기미집행 도시계획시설로서 2026년 7월 1일자로 해제되었음

2. 인근지역 거래사례(소재지: S시 K구 J동)

기호	지번	용도지역	지목 이용상황	형상 도로조건	토지면적(㎡) / 건물면적(㎡)	거래가격(천원)	거래시점	사용승인일
a	90-1	일반상업	대 상업용	세장형 광대소각	215 / -	4,100,000	2026.3.31	-
b	93-2	일반상업	대 상업용	가장형 광대한면	520 / 3,250	12,500,000	2025.3.31	2001.6.20

a - 매매계약서상 특약사항: 위 매매대금 중 200,000,000원은 지상에 소재하는 무허가 건축물의 거래대금인 것으로 양자 합의함

b
- 기준시점 건물 재조달원가: 1,350,000원/㎡
- 거래시점 건물 재조달원가: 1,300,000원/㎡
- 구조 및 내용년수: 철골철근콘크리트구조 슬래브지붕, 55년

※ 기타 거래조건은 통상적인 것으로 전제함

3. 인근지역 평가사례(소재지: S시 K구 J동)

기호	지번	지목	면적(㎡)	이용상황	용도지역	도로교통	형상지세	토지단가(원/㎡)	기준시점	평가목적
ㄱ	101	대	320	상업용	일반상업	중로한면	가장형 평지	15,500,000	2026.8.1	일반거래
ㄴ	102	대	1,500	업무용	일반상업	광대소각	정방형 평지	19,800,000	2026.1.1	자산재평가
ㄷ	103	대	1,750	업무용	일반상업	광대소각	가장형 평지	21,500,000	2026.5.1	담보

4. 지가변동률(S시 K구)

기간	지가변동률(%)		비고
	상업지역	주거지역	
2025.3.31 ~ 2025.12.31	1.745	2.345	누계치
2026.1.1 ~ 2026.8.31	1.323	1.565	누계치
2026.8.1 ~ 2026.8.31	0.254	0.367	2026.8. 당월

※ 2026.9. 이후 지가변동률은 기준시점 현재 고시되지 않아 2026.08. 지가변동률을 연장 추정하여 적용하되, 소수점 넷째자리에서 반올림하여 셋째자리까지 표시함

5. 지역요인 비교: 대상 부동산, 표준지, 거래사례, 평가전례 모두 인근지역 내에 소재하여 지역요인은 동일함

6. 개별요인 비교 참고자료
   (1) 가로조건

구분	광대한면	중로한면	소로한면	세로(가)	세로(불)
격차율	1.00	0.85	0.80	0.75	0.65

   (2) 획지조건
       1) 형상

구분	정방형	가장형	세장형	사다리	부정형
격차율	1.00	1.02	0.97	0.95	0.90

       2) 접면도로상태

구분	한면	세각	소각
격차율	1.00	1.03	1.05

   (3) 행정적조건
       1) 용도지역

구분	일반상업	준주거
격차율	1.00	0.85

       2) 도시계획시설

구분	일반	도로
격차율	1.00	0.85

   (4) 상기에서 제시되지 않은 개별요인은 대상 부동산, 표준지, 거래사례, 평가전례 모두 동일함
   (5) 항목, 세항목간 및 조건단위 격차율은 상승식으로 산정하되, 조건단위 비교치는 소수점 셋째자리에서 반올림하여 둘째자리까지 표시함

7. 그 밖의 요인 보정: 평가사례 중 가장 적정하다고 판단되는 하나를 선택하되, 그 밖의 요인 보정방법은 표준지 기준 산정방식을 적용함

8. 재조달원가(기준시점)

용도	구조	급수	단가(원/㎡)	내용 년수
근린생활시설	철골철근콘크리트조 슬래브지붕 (6층이하)	1급	1,300,000	55 (50-60)
사무실	철골철근콘크리트조 슬래브지붕 (6층이하)	1급	1,500,000	55 (50-60)

※ 상기 자료는 지상층 기준 단가이고, 지하층은 용도와 상관없이 지상1층 단가의 70%를 적용함

9. 기타사항
   (1) 토지는 공시지가기준법과 거래사례비교법에 의한 시산가액을 산정하여 시산가액조정함
   (2) 공시지가기준법과 거래사례비교법에서 비교표준지 및 사례선정 시 가장 적정하다고 판단되는 하나를 선정하되 그 사유를 적시할 것
   (3) 요인비교치는 소수점 넷째자리에서 반올림하여 셋째자리까지 표시함
   (4) 층별효용비율은 백분율 기준 소수점 둘째자리에서 반올림하여 첫째자리까지 표시함

자료 5 수익방식 참고자료

1. 대상 부동산의 현황 임대료

호수	용도	보증금(원/㎡)	월임대료(원/㎡)	월관리비(원/㎡)
B101	근린생활시설	150,000	15,000	3,000
101	근린생활시설	450,000	45,000	5,000
201	업무시설	190,000	19,000	5,000
301~501	업무시설		자가사용	

※ 상기 임대내역은 계약면적 기준임
※ 현황 임대료는 인근지역 내 평균적인 임대료 수준과 유사한 것으로 조사됨

2. 인근지역 유사 부동산의 표준적 공실 및 대손충당금 비율은 가능총소득(PGI)의 10%임

3. 영업경비: 연간관리비의 75%(감가상각비 미포함)

4. 감정평가사甲은 최근 부동산시장의 동향을 분석한 결과 오피스 대비 상가의 수요가 하락추세이고, 배달문화와 비대면문화의 확산으로 오피스보다 상가의 대출금리가 높게 책정된 상황임. 이러한 상황을 고려하여 시장추출법으로 종합환원율을 결정함

구분	사례1	사례2	사례3
사례 집합건물	X빌딩 101호	Y빌딩 301호	Z빌딩 101호
용도	근린생활시설	업무시설	근린생활시설
계약면적(원/㎡)	1,500	1,800	1,200
연간 순영업소득(NOI)(원)	750,000,000	600,000,000	660,000,000
거래가격(원)	15,000,000,000	12,000,000,000	11,000,000,000
거래시점	2026.3.15	2026.3.25	2026.3.30

※ 사례는 대상 부동산의 인근지역 내 소재함

5. 보증금운용이율: 연 2.0%

자료 6 영업권평가 참고자료

1. 재무상태표

과목	2025.12.31. 현재 금액(원)	2026.9.19. 현재 금액(원)
자산		
Ⅰ.유동자산	40,000,000,000	35,000,000,000
Ⅱ.비유동자산		
1.투자자산	22,000,000,000	21,500,000,000
2.유형자산	20,000,000,000	19,500,000,000
자산총계	82,000,000,000	76,000,000,000
부채		
Ⅰ.유동부채		
1.외상매입금	20,000,000,000	20,000,000,000
2.단기차입금	5,000,000,000	0
Ⅱ.비유동부채		
1.장기차입금	25,000,000,000	25,000,000,000
부채총계	50,000,000,000	45,000,000,000
자본총계	32,000,000,000	31,000,000,000
부채 및 자본총계	82,000,000,000	76,000,000,000

※ 2025년 12월 31일 기준 재무상태표상 자산, 부채, 자본의 규모는 과거 5개년 평균과 유사한 수준임
※ 2026년 9월 19일 기준 재무상태표는 비유동자산을 제외하고 공정가치로 조정되었음
※ 2026년 9월 15일 단기차입금(5,000,000,000원)을 현금으로 상환하였으나, 회사의 통상적인 영업경비 충당을 위해 2026년 9월 30일에 재차입예정임

2. 비영업용자산이 포함된 주식회사B의 기업가치는 70,000,000,000원으로 평가하였음

3. 주식회사B 소유 부동산 중 자가사용 외의 집합건물은 임대수익을 얻기 위해 보유하고 있음

4. 비유동자산은 주식회사B 소유 부동산 외에 다른 자산은 없다고 가정함

5. 대상 기업의 무형자산은 영업권만 존재한다고 가정함

02

감정평가사 甲은 A자산운용사로부터 부동산 펀드에 새로이 편입되는 Z마트(대형할인점) 3개 점포의 금융기관 담보제공 목적 감정평가를 의뢰받았다. 관련 법규 및 이론을 참작하고, 제시된 자료 및 전제조건을 활용하여 다음의 물음에 답하시오. (단, 기준시점은 2026.9.19임) (30점)

물음(1) 대상물건 각 점포에 적용되어야 하는 실무적·이론적으로 타당한 할인율과 재매도환원율을 결정하고, 그 사유를 서술하시오. (단, 할인율과 재매도환원율은 백분율 기준 소수점 둘째자리에서 반올림함) (15점)

물음(2) 결정된 할인율과 재매도환원율을 적용하여 대상물건의 수익환원법 시산가액을 산정한 후 원가법에 의한 시산가액과 비교·검토하고, 각 점포별 시산가액의 균형에 대해 서술하시오. (15점)

자료 1 대상물건 내역 및 원가법 시산가액

해당 자산	소재 지역	규모	용도 지역	사용승인일	원가법 시산가액 (단위: 백만원)
Z마트 a점포	A	대지면적: 3,866㎡ 연면적: 18,500㎡	준주거	2012.5.31	토지: 57,990 (79.8%) 건물: 14,652 (20.2%) 합계: 72,642 (100.0%)
Z마트 b점포	B	대지면적: 6,520㎡ 연면적: 28,000㎡	유통 상업	2017.12.10	토지: 37,816 (59.4%) 건물: 25,872 (40.6%) 합계: 63,688 (100.0%)
Z마트 c점포	C	대지면적: 12,630㎡ 연면적: 43,000㎡	유통 상업	2021.11.15	토지: 17,682 (30.8%) 건물: 39,732 (69.2%) 합계: 57,414 (100.0%)

※ 각 점포의 건물은 관련 법규에서 정하여진 허용 용적률을 전부 사용하여 건축되었음. 원가법 시산가액은 「대·중소기업 상생협력 촉진에 관한 법률」에 의한 사업조정비용 등 무형적 비용을 제외한 금액임

자료 2 전제조건 등

1. 대형할인점 운영기업은 유동성 확보 차원에서 최근 10년간 주요 대형할인점 점포를 매각후 재임차(Sales and Lease Back) 하였으며, 매각후 재임차 된 점포는 수익환원법 가치를 바탕으로 자산운용사에 매매되는 관행이 성립되었음. 자산운용사 및 기타 시장참여자(재무적 투자자 등)는 위험회피자임

2. 해당 펀드는 5년 후 청산을 목적으로 하는 펀드로서, 펀드에 대해 투자하는 금융기관은 펀드 만기에 대상 물건 각 점포별 재매도 가치를 중요하게 생각하는 바, 의뢰된 A자산운용사는 5년 후 재매도 가치가 할인현금수지에 명확히 포함되는 평가모형을 사용하여 줄 것을 감정평가사甲에게 요청하였음

3. 감정평가사甲은 시장관행에 따라 순영업소득(NOI)을 기초로 할인현금수지법(DCF Method)을 적용하기로 하되, 재매도 가치는 내부추계법을 사용하기로 하였음

4. 감정평가사甲이 소속된 D감정평가법인의 심사위원회는 감정평가사甲에게 "Z마트의 경우 재무적 상황이 악화되어 임차계약 연장이 불투명하고, 의뢰인의 목표수익률도 자산별로 상이하므로, 해당 자산이 소속된 지역의 부동산 상황·자산별 특성 및 판매시설 운용추이 등을 종합적으로 검토하여 자산별로 할인율과 재매도환원율을 달리 사용할 것"을 권고하였음

5. 해당 부동산의 임대차 내역: 대상 물건은 Z마트 a, b, c 점포로서, 다음은 매도인 Z마트(임차인)와 매수인 A자산운용사가 설립한 특수목적법인 A사모부동산투자신탁 제1호(임대인) 간에 체결된 임대차 내역을 요약한 표임

해당 자산	소재 지역	연간 임대료(원)	비고
Z마트 a점포	A	3,800,000,000	임대 기간: 2026.9.19 ~ 2036.9.18 기타 임대 조건: ① 대상물건에 대한 운영경비는 임차인이 전부 부담하는 순임대차임 ② 연간 임대료는 1년 단위 임대기간 말 후취조건임 ③ 연간 임대료는 매년 1.5%씩 인상함
Z마트 b점포	B	3,600,000,000	
Z마트 c점포	C	3,500,000,000	

6. 보증금과 임대차기간 동안의 공실 및 기타수입은 없는 것으로 간주하며, 연간 임대료는 순영업소득과 일치함

7. 할인율 및 재매도환원율을 공공기관 통계를 기초로 결정하는 경우 최근의 경제상황을 고려하여 최근 1년 평균치와 최근 5년 평균치의 중앙값을 순영업소득 및 재매도 가치에 적용하며, 자산운용사 제시 자료를 기초로 할인율 및 재매도환원율을 결정하는 경우 타인자본 차입비율(L/V: 65%)을 고려한 가중평균수익률(종합할인율)을 순영업소득 및 재매도 가치에 적용함

8. 해당 부동산 펀드는 유보 없이 배당가능금액 전부를 배당하며, 편의상 부동산 영업경비를 제외한 펀드 운용비용 등은 없는 것을 전제로 함

자료 3 취득 자료 및 조사사항

1. 공공기관에서 발표한 대형 상업용 부동산 수익률 통계는 다음과 같음. 소득수익률 통계는 각 지역에서 여러 개의 표본에 대해 최근 1년 및 5년의 원본가치 대비 순영업소득 비율을 취합한 결과로서, 원본가치는 토지 및 건물을 각각 산정하여 합산하였음

구분	소득수익률 (최근 1년 평균)	투자수익률 (최근 1년 평균)	자본이득률 (최근 1년 평균)
A지역	5.00%	6.50%	1.50%
B지역	4.80%	5.80%	1.00%
C지역	4.70%	5.20%	0.50%

구분	소득수익률 (최근 5년 평균)	투자수익률 (최근 5년 평균)	자본이득률 (최근 5년 평균)
A지역	6.20%	7.70%	1.50%
B지역	6.00%	7.10%	1.10%
C지역	5.60%	6.00%	0.40%

2. A자산운용사가 제시한 해당 펀드의 목표 배당수익률 및 금융기관 대출금리는 다음 표와 같음. 대출금리는 5년간 고정금리이며, 펀드설정기간 동안 원금상환은 없음. 감정평가사甲이 수집한 자료를 통해 검증해 본 결과 해당 자산운용사의 목표수익률은 유사지역 동종 부동산 펀드 목표수익률과 유사한 수준이며, 실현가능성이 매우 높은 것으로 판단됨

해당 자산	초기(초년도) 목표배당수익률 (매각차익 배당 제외)	장기 목표배당수익률 (매각차익 배당 포함)	금융기관 대출금리
Z마트 a점포	6.80%	8.00%	3.50%
Z마트 b점포	7.50%	8.30%	3.50%
Z마트 c점포	7.80%	8.60%	3.50%

3. 감정평가사甲이 분석한 해당 점포 소재지역의 지역분석 내용은 다음과 같음

구분	지역분석 내용
A지역	A지역은 S시의 남쪽에 위치하며, 해당 지역의 배후지는 S시 내에서 상대적으로 고소득 계층이 거주하는 지역으로서, 판매시설의 매출은 상대적으로 견고한 추이를 보이고 있음. A지역의 상업용 부동산 임대료는 과거 타 지역에 비해 상대적으로 낮은 변동성을 보이고 있으며, 장래 이자율·환율·GDP 상승률 등 거시경제지표 변동과 상관계수가 낮을 것으로 예상됨
B지역	B지역은 S시의 서남쪽에 위치하며, 해당 지역의 배후지는 S시 내에서 상대적으로 저소득 계층이 거주하는 지역으로서, 판매시설의 매출은 인근 경공업 경기에 비교적 민감하게 반응하고 있음. B지역의 과거 상업용 부동산 임대료의 변동성은 A지역에 비해 상대적으로 높고 C지역에 비해 상대적으로 낮으며, 장래 B지역 임대료의 이자율·환율·GDP 상승률 등 거시경제지표와의 상관계수도 A지역에 비해 상대적으로 높고 C지역에 비해 상대적으로 낮을 것으로 예상됨
C지역	C지역은 K도 남부에 위치하며, 해당 지역의 배후지는 과거 K도 최고수준 소득 계층이 거주하는 지역이었으나, 최근 조선업의 불황으로 인구변동이 활발히 일어나고 있음. C지역 판매시설의 매출은 인근 조선업 경기에 매우 민감하게 반응하고 있음. C지역 상업용 부동산 임대료는 과거 B지역에 비해 상대적으로 높은 변동성을 보이고 있으며, 장래 이자율·환율·GDP 상승률 등 거시경제지표 변동과 상관계수도 B지역에 비해 상대적으로 높을 것으로 예상됨

자료 4 기타사항

1. 할인현금흐름수지표는 십만원 단위에서 반올림하여, 백만원 단위로 작성할 것
2. 재매도 비용은 매각자문비용 등으로서, 재매도 가치의 1.3%를 적용함
3. 현시점의 기입환원율(Going-in Cap-rate)과 펀드 자산 매각시기의 재매도환원율은 동일한 것으로 간주할 것
4. 할인현금흐름수지표는 회계기간을 고려하지 않고, 기준시점부터 1년 단위로 작성하되, 현재가치율은 백분율 기준 소수점 첫째자리까지 계산하고 표기할 것
5. 각 점포에 대해 체결된 임대계약은 시장임대료 및 해당 점포 소재지 판매시설 부동산 시장 상황을 적절히 반영하고 있음
6. A자산운용사는 대형할인점 운영기업의 경우 최근 소셜커머스 기업의 대형화로 인해 성장이 둔화된 상황이므로, 향후 건물가치가 하락할 수 있다는 점을 고려하여 부동산 매입을 결정하였음. 지역별 할인율을 결정할 때, 건물가치의 운용기간 중 회수율을 고려하여 자산별 적용 할인율의 균형을 검토하여야 함
7. 상기 제시된 모든 수익률은 감가상각비를 비용으로 고려하지 않은 상각전 수익에 대한 원본가치 대비 수익률임
8. 해당 펀드는 대상 점포별로 다른 금융기관의 대출을 이용하고자 하는바, 각 점포별 담보가치의 균형에 유의하여야 함
9. 수익률 산정 및 수익환원법 시산가액 산정에 있어 세금효과는 배제함
10. 물음(2)의 할인현금수지표에는 기간별 순영업소득, 재매도 가액에서 재매도 비용을 공제한 순재매도 가액, 이자지급전 현금흐름, 현재가치율, 할인현금흐름이 포함되어야 함
11. 평가개요 작성은 생략할 것

03

감정평가사甲은 A지방법원 판사乙로부터 도시철도사업과 관련한 토지의 감정평가를 의뢰받았다. 감정평가사甲은 본 소송 과정에서 원고와 피고의 이해관계가 첨예하게 대립하고 있는 점을 확인하고 각자의 입장에서 대상토지를 사전분석해 보기로 하였다. 관련 법규 및 이론을 참작하고 제시된 자료를 활용하여 다음의 물음에 답하시오. (20점)

물음(1) 피고(사업시행자이자 매수인) 입장에서 주장할 것으로 판단되는 대상토지의 이용상황을 관련 법규 등을 근거로 검토한 후, 해당 이용상황에 따른 대상토지를 감정평가 하시오. (10점)

물음(2) 원고(피수용자이자 매도인) 입장에서 주장할 것으로 판단되는 대상토지의 이용상황을 관련 법규 등을 근거로 검토한 후, 해당 이용상황에 따른 대상토지를 감정평가 하시오. (10점)

자료 1 사건 개요

1. 평가의뢰인: A지방법원 판사乙

2. 사건번호: 2026구합○○○○ 손실보상금

3. 원고: 丙

4. 피고: A시

자료 2 기본적 사항

1. 감정평가목적: 소송(감정목적물에 대한 수용 당시의 적정한 보상금 산정)

2. 감정목적물: A구 B구 C동 10-3번지

3. 감정할 사항: 감정목적물에 대한 2025.5.19.을 가격시점으로 한 적정한 시가(보상액)

4. 토지 변동내용
   (1) C동 10번지
       1) 2020.5.24: 건축허가 득함
       2) 2020.12.5: 분할되어 본번에 -1을 부함
       3) 2020.12.12: 건축물 사용승인 득함
       4) 2024.5.19: 분할되어 본번에 -2를 부함
   (2) C동 10-1번지
       1) 2020.12.5: B동 10번지에서 분할
       2) 2020.12.5.: 지목변경
       3) 2024.5.19: 분할되어 본번에 -3를 부함

5. 대로1류(폭20M~25M) 변동내역
   (1) 2014.2.15: A시 도시계획시설(도로) 결정 및 지형도면고시
   (2) 2022.6.9: A시 도시계획시설(도로) 결정(변경) 및 지형도면고시
   (3) 2022.7.15.: 보상계획공고
   (4) 2022.9.30: 도시계획시설(도로) 실시계획인가고시
   (5) 2023.10.31: 사업준공완료

6. 도시철도사업관련
   (1) 2024.5.24: 도시철도 A선 사업계획승인(「도시철도법」 제7조 제1항)

7. 감정평가 관련자료
   (1) 대상토지의 개요

소재지	편입면적(㎡)	지목	이용상황	공법상 제한사항
A시 B구 C동 10-3번지	19	도	도로	준주거지역, 도시철도

   (2) 표준지 공시지가

기호	소재지	면적(㎡)	지목	이용상황	용도지역	도로교통	형상/지세	2022.1.1 (원/㎡)	2024.1.1 (원/㎡)
A	B구 C동 7번지	500	대	단독주택	준주거	세로(가)	사다리/평지	630,000	750,000
B	B구 C동 10번지	550	대	상업용	준주거	광대한면	세장형/평지	1,250,000	1,500,000

   ※ 2024.01.01자 표준지 기호B는 도시계획시설(도시철도)에 30% 저촉됨

   (3) 시점수정치
   1) 2024.1.1 ~ 2025.5.19: 1.09268
   2) 2022.1.1 ~ 2025.5.19: 1.15069

   (4) 개별요인 비교치
   1) 도로접면

구분	광대한면	중로한면	소로한면	세로(가)	세로(불)
광대한면	1.00	0.91	0.85	0.80	0.72
중로한면	1.10	1.00	0.93	0.88	0.80
소로한면	1.18	1.07	1.00	0.94	0.86
세로(가)	1.25	1.14	1.06	1.00	0.91
세로(불)	1.38	1.25	1.17	1.10	1.00

2) 형상

구분	정방형	가장형	세장형	사다리
정방형	1.00	1.02	1.00	0.99
가장형	0.98	1.00	0.98	0.97
세장형	1.00	1.02	1.00	0.99
사다리	1.01	1.03	1.01	1.00

3) 도시계획시설

도시계획시설	일반	도로	도시철도
일반	1.00	0.93	0.85
도로	1.08	1.00	0.92
도시철도	1.18	1.09	1.00

(5) 그 밖의 요인 보정치

1) 표준지 기호A
   ① 2024.1.1 표준지 공시지가: 1.35
   ② 2022.1.1 표준지 공시지가: 1.45

2) 표준지 기호B
   ① 2024.1.1 표준지 공시지가: 1.50
   ② 2022.1.1 표준지 공시지가: 1.65

(6) 시계열 도면 자료(소재지: A시 B구 C동 10번지 일원)

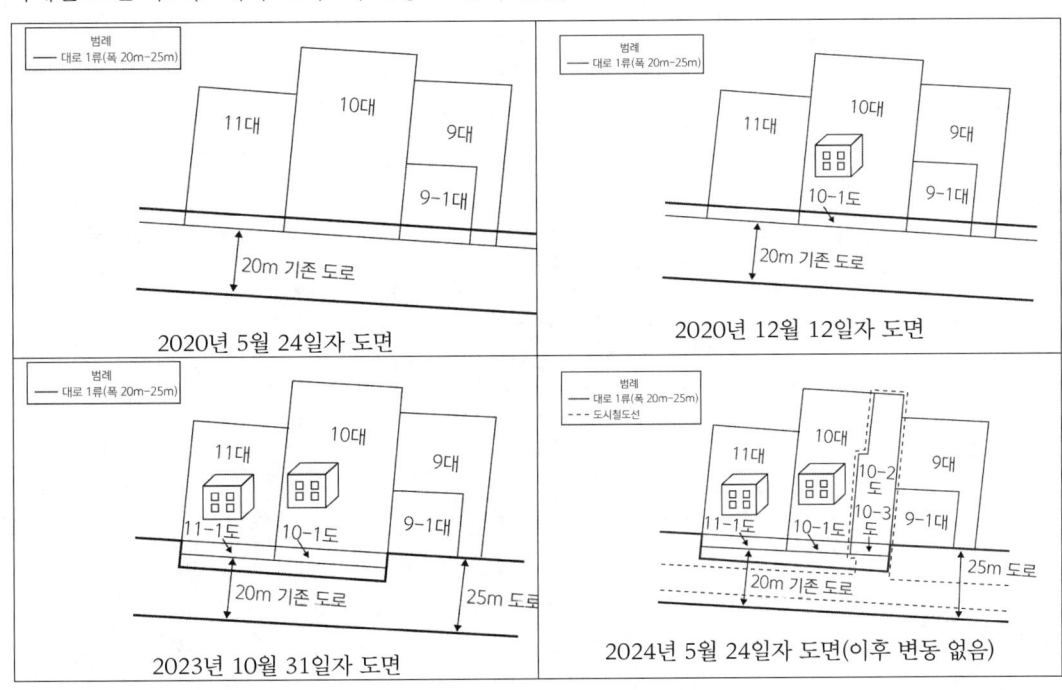

8. 기타 참고자료
    (1) 「도시철도법」 제10조 제2항: 동법 제7조 제1항에 따른 사업계획의 승인과 같은 조 제6항에 따른 고시는 「공익사업을 위한 토지 등의 취득 및 보상에 관한 법률(이하 "토지보상법")」 제20조 제1항 및 제22조에 따른 사업인정 및 사업인정고시로 봄
    (2) 대상 토지는 C동 10번지 건축허가 이전까지 상업나지 상태였으며, 건축허가를 득하는 과정에서 분필되어 현재까지 도로로 이용 중임
    (3) 대상 토지의 수용재결 평가액은 15,390,000원(2개 법인 평균), 이의재결 평가액은 15,770,000원(2개 법인 평균) 임
    (4) C동 10번지, C동 10-1번지, C동 10-2번지, C동 10-3번지는 모두 丙 소유임
    (5) 공시지가기준법으로 평가한 대상 토지의 평가액은 인근 거래사례의 가격수준과 적정한 균형을 이루고 있고, 그 합리성이 인정되는 것으로 봄
    (6) 본 사업은 도시철도 사업으로서 「토지보상법」 제70조 제5항, 동법 시행령 제38조의2 및 동법 시행령 제37조의 검토는 불필요함
    (7) 토지 평가단가는 천원미만은 절사할 것
    (8) 개별요인은 조건 간 상승식으로 산정하되, 각 조건별 비교치는 소수점 셋째자리에서 반올림하여 둘째자리까지 표시하고, 개별요인 비교치는 소수점 넷째자리에서 반올림하여 셋째자리까지 표시함

04

감정평가사 甲은 A시 B구에서 시행하는 도시계획시설 도로 사업에 편입되는 주식회사K의 영업보상(휴업)에 대한 협의를 위한 감정평가를 의뢰받았다. 관련 법규 및 이론을 참작하고 제시된 자료를 활용하여 영업손실 보상액을 감정평가 하시오. (10점)

자료 1 사업의 개요

1. 사업시행지: A시 B구 C동 5-19번지 일원

2. 사업의 종류: 도시계획시설(도로)사업(중로5-24호선) 개설공사

3. 사업시행자: B구청장

4. 사업인정고시일: 2026.1.24

5. 가격시점: 2026.9.19

자료 2 사업 토지 및 영업장 개황

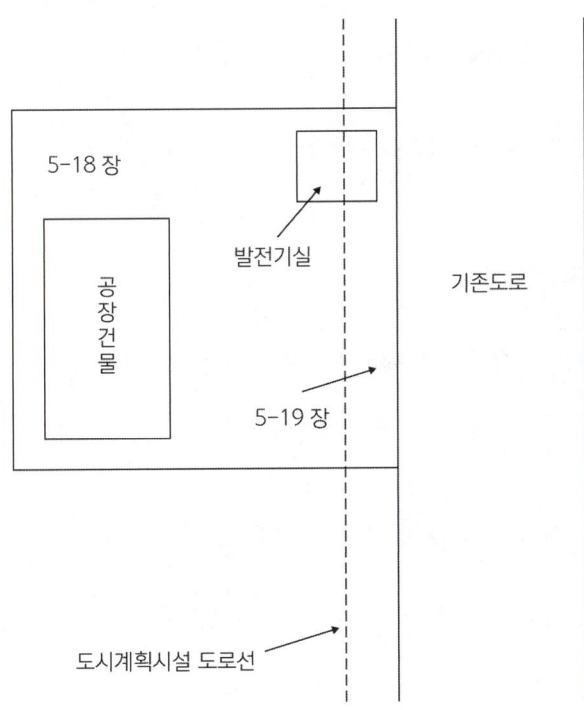

자료 3 관련자료

1. 주식회사K는 2018년 6월경 개업하였으며, 최근 3년의 월평균 영업이익은 다음과 같음

구분	2023년	2024년	2025년
월평균 영업이익	3,650,000원	3,950,000원	4,250,000원

2. 발전기실
   (1) 구조: 벽돌조 슬래브지붕
   (2) 연면적: 9㎡
   (3) 사용승인일: 2018.5.24

자료 4 기타 참고사항

1. 주식회사K는 「공익사업을 위한 토지 등의 취득 및 보상에 관한 법률(이하 "토지보상법")」 시행규칙 제45조의 영업손실의 보상대상 요건은 갖추었음

2. 주식회사K는 발전기실 철거 후 재설치까지 공장가동이 불가능한 상태이며, 발전기실을 동일규모로 새로이 건축하고, 내부에 소재하는 발전기 및 그 부대설비를 이전 재설치 하는데 1개월이 소요될 예정임

3. 벽돌조 슬래브지붕의 발전기실을 신축하는데 통상 1,300,000원/㎡가 소요됨

4. 발전기실 내 발전기 및 그 부대설비를 이전 재설치 하는데 3,500,000원이 소요되며, 시운전 비용 500,000원이 추가 소요됨

5. 도시근로자가구 월평균 가계지출비(3인가구): 4,233,829원

6. 영업규모 축소에 따른 영업용 고정자산, 원재료, 제품 및 상품 등의 매각에 따른 손실은 없음

7. 발전기실은 지장물 조서 목록에 별도로 조사되어 있음

8. 본 영업장의 이전에 따른 휴업보상액(「토지보상법」 제47조 제1항)은 25,000,000원 임

제32회 감정평가실무 기출

> **공통 유의사항**
> 1. 각 문제는 해답 산정 시 산식과 도출과정을 반드시 기재
> 2. 단가는 관련 규정에서 정하고 있는 사항을 제외하고 천원미만은 절사, 그 밖의 요인 보정치는 소수점 셋째자리 이하 절사

01 감정평가사 甲은 S시에 소재하는 대상 부동산에 대하여 일반거래(시가참고) 목적의 감정평가를 의뢰받았다. 관련법규 및 이론을 참작하고 제시된 자료를 활용하여 다음 각 물음에 답하시오. (40점)

물음(1) 토지는 공시지가기준법, 거래사례비교법을 적용하고, 건물은 원가법을 적용하여 대상 부동산의 시산가액을 산정하시오. (18점)

물음(2) 일괄 거래사례비교법에 의한 시산가액을 산정하시오. (7점)

물음(3) 일괄 수익환원법에 의한 시산가액을 산정하시오. (12점)

물음(4) 시산가액 조정을 통하여 감정평가액을 결정하시오. (3점)

자료 1 기본적 사항

1. 기준가치: 시장가치

2. 기준시점: 2026년 8월 7일

3. 대상 물건의 개황
    (1) 토지

소재지 지번	지목	면적 (m²)	용도 지역	이용 상황	도로 접면	형상 지세	주위환경
J구 M동 120	대	1,500	일반상업	업무용	광대세각	가장형 평지	일반 업무지대

(2) 건물
   1) 건물 개황

소재지 지번	구조	층수	면적(㎡)	용도	급수	비고
J구 M동 120	철근콘크리트조	지하4층/지상10층	13,800	업무용	3	허가일: 2020.7.15. 사용승인일: 2021.7.15. (지상9~10층 증축: 2023.7.15)

   2) 건물 세부 내역

구분	면적(㎡)	이용상황	부대설비 내역
지하1층 ~ 지하4층	각 950	주차장, 기계실	전기설비, 소방설비, 승강기설비
지상1층 ~ 지상10층	각 1,000	업무시설	전기설비, 소방설비, 위생설비, 냉난방설비, 승강기설비

자료 2 공시지가표준지

(공시기준일: 2026.1.1.)

기호	소재지 지번	지목	면적(㎡)	용도지역	이용상황	도로접면	형상지세	주위환경	공시지가(원/㎡)
1	J구 M동 60	대	450	3종일주	상업용	중로한면	세장형 평지	후면 상가지대	22,000,000
2	J구 M동 110	대	1,400	일반상업	업무용	광대한면	세장형 평지	일반 업무지대	41,000,000
3	J구 M동 210	대	1,050	일반상업	업무용	소로한면	가장형 평지	후면 상가지대	30,000,000

자료 3 인근지역 평가사례 및 거래사례

1. 평가사례

기호	소재지 지번	지목	면적 (㎡)	용도 지역	이용 상황	도로 접면	형상 지세	기준 시점	토지단가 (원/㎡)	평가 목적
가	J구 M동 75	대	570	3종 일주	상업용	중로 한면	정방형 평지	2026.2.1	38,500,000	담보
나	J구 M동 105	대	1,300	일반 상업	업무용	광대 한면	세장형 평지	2026.3.1	62,000,000	시가 참고
다	J구 M동 115	대	1,200	일반 상업	업무용	광대 한면	가장형 평지	2023.6.1	58,000,000	시가 참고
라	J구 M동 125	대	1,400	일반 상업	업무용	광대 한면	가장형 평지	2026.7.1	61,000,000	자산재 평가
마	J구 M동 195	대	1,360	일반 상업	업무용	소로 한면	가장형 평지	2026.1.1	42,000,000	담보

- 평가사례 기호 가, 마는 후면 상가지대, 기호 나 ~ 라는 일반 업무지대에 위치함

2. 거래사례
   (1) 거래사례 #1
      - 소재지: J구 M동 109
      - 총 거래가격: 67,050,000,000원
      - 거래시점: 2026년 3월 1일
      - 토지: 일반상업, 주상용, 900㎡, 광대한면, 세장형, 평지
      - 건물

구조	급수	연면적(㎡)	허가일 / 사용승인일	부대설비 내역
철근콘크리트조	4	12,500	2022.2.23./ 2023.2.20.	전기설비, 소방설비, 위생설비, 냉난방설비, 승강기설비

      - 기타사항: 일반 업무지대에 위치하며, 정상 거래사례임
   (2) 거래사례 #2
      - 소재지: J구 M동 129
      - 총 거래가격: 98,400,000,000원
      - 거래시점: 2026년 2월 1일
      - 토지: 일반상업, 업무용, 1,600㎡, 광대세각, 세장형, 평지
      - 건물

구조	급수	연면적(㎡)	허가일 / 사용승인일	부대설비 내역
철근콘크리트조	3	5,000	1985.1.20./ 1986.1.25.	전기설비, 소방설비, 위생설비, 냉난방설비

- 기타사항: 일반 업무지대에 위치하는 정상적인 거래사례로, 매수자는 대상 부동산을 매입하여 지하 4층, 지상10층 규모의 업무시설을 신축할 예정임(철거비는 감안하지 않는 것으로 함)
(3) 거래사례 #3
   - 소재지: J구 M동 139
   - 총 거래가격: 99,636,000,000원
   - 거래시점: 2026년 3월 1일
   - 토지: 일반상업, 업무용, 1,500㎡, 광대한면, 가장형, 평지
   - 건물

구조	급수	연면적(㎡)	허가일 / 사용승인일	부대설비 내역
철근콘크리트조	3	13,600	2020.2.16. / 2021.2.19.	전기설비, 소방설비, 위생설비, 냉난방설비, 승강기설비

   - 기타사항: 일반 업무지대에 위치하며, 매도자의 사정으로 인해 급매된 사례임
(4) 거래사례 #4
   - 소재지: J구 M동 209
   - 총 거래가격: 81,940,000,000원
   - 거래시점: 2026년 4월 1일
   - 토지: 일반상업, 업무용, 1,470㎡, 소로한면, 가장형, 평지
   - 건물

구조	급수	연면적(㎡)	허가일 / 사용승인일	부대설비 내역
철근콘크리트조	3	11,000	2023.3.17. / 2024.3.29.	전기설비, 소방설비, 위생설비, 냉난방설비, 승강기설비

   - 기타사항: 후면 상가지대에 위치하며, K사의 펀드운용을 위한 투자목적으로 거래된 정상 거래사례임
(5) 거래사례 #5
   - 소재지: J구 M동 153
   - 총 거래가격: 111,573,000.000원
   - 거래시점: 2025년 10월 1일
   - 토지: 일반상업, 업무용, 1,600㎡, 광대한면, 가장형, 평지
   - 건물

구조	급수	연면적(㎡)	허가일 / 사용승인일	부대설비 내역
철근콘크리트조	3	14,700	2020.8.20. / 2021.9.20.	전기설비, 소방설비, 위생설비, 냉난방설비, 승강기설비

   - 기타사항: 일반 업무지대에 위치하는 정상 거래사례임

(6) 거래사례 #6
- 소재지: J구 M동 163
- 총 거래가격: 102,900,000,000원
- 거래시점: 2025년 9월 1일
- 토지: 일반상업, 업무용, 1,500㎡, 광대한면, 가장형, 평지
- 건물

구조	급수	연면적(㎡)	허가일 / 사용승인일	부대설비 내역
철근콘크리트조	3	14,000	2019.7.16. / 2020.8.19.	전기설비, 소방설비, 위생설비, 냉난방설비, 승강기설비

- 기타사항: 일반 업무지대에 위치하며, 대상 부동산은 구분소유건물로서 매수 후 개별분양 예정임

(7) 거래사례 #7
- 소재지: J구 M동 173
- 총 거래가격: 62,300,000,000원
- 거래시점: 2025년 11월 1일
- 토지: 일반상업, 업무용, 1,800㎡, 광대한면, 가장형, 평지
- 건물

구조	급수	연면적(㎡)	허가일 / 사용승인일	부대설비 내역
철근콘크리트조	4	10,000	2006.9.22. / 2007.11.1.	전기설비, 소방설비, 위생설비, 냉난방설비, 승강기설비

- 기타사항: 일반 업무지대에 위치하며, 인근 중개업소에 탐문조사한 결과 거래에 따른 양도소득세는 매수자가 부담하는 것으로 조사되었음

자료 5 재조달원가 및 감가수정 관련 자료

1. 표준단가

용도	구조	급수	표준단가(원/㎡)	내용연수
업무시설	철근콘크리트조 (6층 ~ 15층 이하)	1	1,400,000	50
업무시설	철근콘크리트조 (6층 ~ 15층 이하)	2	1,300,000	50
업무시설	철근콘크리트조 (6층 ~ 15층 이하)	3	1,200,000	50
업무시설	철근콘크리트조 (6층 ~ 15층 이하)	4	1,100,000	50
업무시설	철근콘크리트조 (6층 ~ 15층 이하)	5	1,000,000	50

- 지상·지하 구분 없이 적용 가능함

2. 부대설비 보정단가

구분	보정단가(원/㎡)
전기설비	10,000
소방설비	10,000
위생설비	50,000
냉난방설비	140,000
승강기 설비	30,000

3. 건물 잔가율은 0%임

4. 건물의 감가수정은 정액법(만년감가)을 적용함

자료 6 시점수정 자료

1. 지가변동률(S시 J구)

구분	주거지역	상업지역
2023.6.1. ~ 2026.6.30.(누계)	12.825	12.846
2025.9.1. ~ 2026.6.30.(누계)	4.057	4.036
2025.10.1. ~ 2026.6.30.(누계)	3.715	3.694
2025.11.1. ~ 2026.6.30.(누계)	3.376	3.355
2025.12.1. ~ 2026.6.30.(누계)	3.018	2.997
2026.1.1. ~ 2026.6.30.(누계)	2.624	2.645
2026.2.1. ~ 2026.6.30.(누계)	2.265	2.285
2026.3.1. ~ 2026.6.30.(누계)	1.827	1.845
2026.4.1. ~ 2026.6.30.(누계)	1.278	1.293
2026.5.1. ~ 2026.6.30.(누계)	0.795	0.806
2026.6.1. ~ 2026.6.30.	0.414	0.420

- 2026년 7월 이후 지가변동률은 미고시 되었음

2. 오피스빌딩 자본수익률(S시 J구)

구분	2025. 3분기	2025. 4분기	2026. 1분기	2026. 2분기
자본수익률(%)	0.42	0.46	0.50	0.54

3. 건축비지수는 동일하다고 가정함

자료 7 지역요인

1. 대상과 공시지가표준지 및 사례는 인근지역에 소재하여 지역요인은 유사함

자료 8 토지 개별요인

1. 가로조건(각지인 경우 가로조건에서 반영하기로 함)

구분	광대한면	광대소각	광대세각	중로한면	중로각지	소로한면	소로각지
광대한면	1.00	1.09	1.05	0.95	0.99	0.85	0.89
광대소각	0.92	1.00	0.96	0.87	0.91	0.78	0.82
광대세각	0.95	1.04	1.00	0.90	0.94	0.81	0.85
중로한면	1.05	1.15	1.11	1.00	1.04	0.89	0.94
중로각지	1.01	1.10	1.06	0.96	1.00	0.86	0.90
소로한면	1.18	1.28	1.24	1.12	1.16	1.00	1.05
소로각지	1.12	1.22	1.18	1.07	1.11	0.96	1.00

2. 접근조건

구분	대상	표준지	평가사례 가	평가사례 나	평가사례 다	평가사례 라	평가사례 마
평점	95	100	93	100	93	100	95

구분	거래사례 #1	거래사례 #2	거래사례 #3	거래사례 #4	거래사례 #5	거래사례 #6	거래사례 #7
평점	93	95	93	100	90	95	93

- 상기의 접근조건 비교치 산정 시 소수점 셋째자리에서 반올림하여 소수점 둘째자리까지 산정함

3. 획지조건

구분	정방형	가장형	세장형	사다리형	부정형
정방형	1.00	1.00	0.98	0.95	0.92
가장형	1.00	1.00	0.98	0.95	0.92
세장형	1.02	1.02	1.00	0.97	0.94
사다리형	1.05	1.05	1.03	1.00	0.97
부정형	1.09	1.09	1.07	1.03	1.00

4. 제시된 조건 외의 조건은 동일함

자료 9 토지, 건물 일괄 개별요인

1. 개별요인

    (1) 대상물건/거래사례 #1

구분	입지적 특성	기능적 특성	물리적 특성
대상물건	102	103	102
거래사례 #1	100	100	100

    (2) 대상물건/거래사례 #2

구분	입지적 특성	기능적 특성	물리적 특성
대상물건	100	105	105
거래사례 #2	100	100	100

    (3) 대상물건/거래사례 #3

구분	입지적 특성	기능적 특성	물리적 특성
대상물건	102	103	102
거래사례 #3	100	100	100

    (4) 대상물건/거래사례 #4

구분	입지적 특성	기능적 특성	물리적 특성
대상물건	95	103	102
거래사례 #4	100	100	100

    (5) 대상물건/거래사례 #5

구분	입지적 특성	기능적 특성	물리적 특성
대상물건	105	102	100
거래사례 #5	100	100	100

    (6) 대상물건/거래사례 #6

구분	입지적 특성	기능적 특성	물리적 특성
대상물건	100	102	100
거래사례 #6	100	100	100

    (7) 대상물건/거래사례 #7

구분	입지적 특성	기능적 특성	물리적 특성
대상물건	102	103	102
거래사례 #7	100	100	100

2. 상기의 개별요인은 상승식으로 계산하며, 제시된 특성 외의 특성은 동일함

자료 10 대상부동산 및 인근지역 임대 현황

1. 대상부동산 임대 현황

구분	임대면적 (m²)	월임대료 (원/m²)	보증금 (원/m²)	월관리비 (원/m²)
지상1층	1,000	47,000	470,000	12,000
지상2층	1,000	공실		
지상3층 ~ 지상5층	3,000	25,000	250,000	12,000
지상6층 ~ 지상7층	2,000	35,000	350,000	12,000
지상8층 ~ 지상9층	2,000	27,000	270,000	12,000
지상10층	1,000	35,000	350,000	12,000

- 지상3 ~ 5층과 지상8 ~ 9층은 각각 특수관계회사가 저가로 임차하고 있음

2. 인근지역의 표준적 임대 현황(최근 자료)

구분	월임대료(원/m²)	보증금(원/m²)	월관리비(원/m²)
지상1층	47,000	470,000	14,000
지상2층 ~ 지상10층(각)	35,000	350,000	14,000

자료 11 수익환원법 적용 자료

1. 인근지역 시장조사 결과 월임대료는 보증금의 10% 수준으로 조사됨

2. 보증금 운용이율은 연 2%임

3. 인근지역 건물의 전형적인 공실률은 5%임

4. 인근지역의 전형적인 운영경비는 관리비수입의 65%임

5. 인근지역에서 매년 1개월의 렌트프리(Rent Free)가 계약조건에 포함되는 것이 일반적인 시장관행임

6. 인근지역 업무시설의 임대료는 전형적인 수준이 형성되어 있으며, 공실률 감소를 위한 유인책으로 임대계약시 랜트프리(Rent Free)를 적극적으로 활용하고 있음

자료 12 환원이율 관련 자료

1. 인근지역 유사부동산 자료(최근)
    (1) 사례 #101
        - 총 거래가격: 151,120,000,000원
        - 토지면적(용도지역): 1,960㎡(일반상업지역)
        - 임대면적: 13,000㎡
        - 임대현황

보증금	관리비	랜트프리 (Rent Free)	가능조소득 (Potential Gross Income)
340,000원/㎡	13,000원/㎡	1개월	7,420,400,000원

        - 기타사항: 경매낙찰사례로, 최초 법사가격은 180,000,000,000원이며, 유치권 행사중임
    (2) 사례 #102
        - 총 거래가격: 125,346,000,000원
        - 토지면적(용도지역): 1,887㎡(일반상업지역)
        - 임대면적: 11,000㎡
        - 임대현황

보증금	관리비	랜트프리 (Rent Free)	가능조소득 (Potential Gross Income)
320,000원/㎡	13,000원/㎡	1개월	6,010,400,000원

        - 기타사항: 장기임차인의 임대재계약으로 저가 임대중 거래된 사례임
    (3) 사례 #103
        - 총 거래가격: 132,960,000,000원
        - 토지면적(용도지역): 1,695㎡(일반상업지역)
        - 임대면적: 12,000㎡
        - 임대현황

보증금	관리비	랜트프리 (Rent Free)	가능조소득 (Potential Gross Income)
350,000원/㎡	14,000원/㎡	1개월	7,140,000,000원

        - 기타사항: 2인이 공유지분으로 소유권이전등기 된 사례임

(4) 사례 #104
   - 총 거래가격: 102,250,000,000원
   - 토지면적(용도지역): 2,070㎡(일반상업지역, 제3종일반주거지역)
   - 임대면적: 10,000㎡
   - 임대현황

보증금	관리비	랜트프리 (Rent Free)	가능조소득 (Potential Gross Income)
300,000원/㎡	14,000원/㎡	1개월	5,340,000,000원

   - 기타사항: 정상 거래된 사례임

2. 환원이율은 백분율로 소수점 둘째자리에서 반올림하여 백분율로 소수점 첫째자리까지 표시함

3. 상기 각 사례의 보증금은 층별 임대면적을 가중평균하여 산정한 금액임

자료 13 │ 기타사항

1. 공시지가표준지 및 사례 선정시 선정 및 제외 사유를 반드시 기재할 것

2. 자료 6을 이용한 시점수정치는 소수점 여섯째자리에서 반올림하여 소수점 다섯째자리까지 표시함

3. 개별요인은 조건간 상승식으로 산정하되, 소수점 넷째자리에서 반올림하여 소수점 셋째자리까지 표시함

4. 그 밖의 요인 보정치를 산정하는 경우 비교표준지를 기준으로 하는 방식을 적용함

5. 공시지가기준법 및 거래사례비교법에 의한 토지 단가와 일괄 거래사례비교법에 의한 건물 면적당 단가는 반올림하여 각각 유효숫자 셋째자리까지 표시하며, 각 평가방법별 시산가액은 천만원 단위에서 반올림하여 억원 단위까지 표시함

6. 일괄 거래사례비교법 적용시 건물 연면적을 기준으로 함

02

소송감정인인 감정평가사 甲은 부당이득반환청구와 관련된 소송에서 토지에 대한 임대료의 감정평가를 의뢰받았다. 본 사건에서 토지 임대료에 대한 감정평가는 이미 다른 감정인에 의하여 완료되어 해당 재판부에 제출된 상황인데, 감정평가 결과에 대하여 피고는 부당함을 주장하였고 이것이 받아들여져 재의뢰가 된 사안이다. 제시된 자료를 활용하여 각 물음에 답하시오. (30점)

물음(1) 감정평가 관련 법령 및 이론에 비추어 피고가 제기한 주장의 타당성 여부 및 그 근거를 약술하시오. (5점)

물음(2) 자료 3 실지조사, 자료수집 및 검토내용에 따라 시장가치에 기초한 기초가격에 적용할 기대이율(필요제경비 불포함)을 산출하시오. (15점)

물음(3) 위 물음(2)에서 산출된 기대이율(시장가치 기준)을 기초로 본건의 연도별 적산임료를 구하시오. (5점)

물음(4) 적산법의 장·단점 및 적용상 유의사항에 대하여 약술하시오. (5점)

자료 1 종전 감정평가 내역(요약)

1. 감정사항: 경기도 K시 H동 104-2 토지(전) 1,652㎡에 대한 2023년 5월 1일부터 2026년 4월 30일까지의 임료

2. 대상물건의 개요
   가. 소재지: 경기도 K시 H동 104-2
   나. 지목 및 이용상황: 전 / 전
   다. 면적: 1,652㎡
   라. 토지 이용계획사항: 자연녹지지역, 개발제한구역
   마. 인근환경: 본건 토지는 서울특별시 북서측에 소재하는 경기도 K시 도심 남동측에 위치하는 근교농경지대에 소재하며, 부근 일대는 대부분 개발제한구역으로 원예농업을 위한 농경지로 이용중임

3. 감정평가액의 산출
   가. 감정평가방식의 적용: 토지에 대한 임대사례가 희박하여 적산법을 적용하되 다른 방식에 의한 검토는 생략함
   나. 기초가격(공시지가기준법 적용)

기간	단가(원/㎡)	면적(㎡)	기초가격(원)
2023.5.1. ~ 2024.4.30.	900,000	1,652	1,486,800,000
2024.5.1. ~ 2025.4.30.	956,000	1,652	1,579,312,000
2025.5.1. ~ 2026.4.30.	1,016,000	1,652	1,678,432,000

다. 기대이율: 1.0%/연(기대이율 적용기준율표 참작)

* 기대이율 적용기준율표(일부 발췌) - 감정평가 실무매뉴얼(임대료 감정평가편)

대분류	소분류		실제이용상황
Ⅱ	농지	도시근교농지	1.0% 이내
		기타농지	1.0% ~ 3.0%

라. 필요제경비: 보유세(재산세 등) 금액이 미미하고 기타 필요제경비가 필요하지 아니한 것으로 판단하여 기대이율에 포함하였음

마. 감정평가액(보증금 없는 상태 기준)

기간	기초가격(원)	기대이율(%)	적산임료(원)
2023.5.1. ~ 2024.4.30.	1,486,800,000	1.0	14,868,000
2024.5.1. ~ 2025.4.30.	1,579,312,000	1.0	15,793,120
2025.5.1. ~ 2026.4.30.	1,678,432,000	1.0	16,784,320
합계	-	-	47,445,440

자료 2 감정평가 결과에 대한 피고의 이의제기 내역

1. 이의제기 요약

    감정평가에 의한 연간 임대료 약 1,582만원(3년 평균)은 인근의 유사한 토지들에 대한 실제 임대료 수준에 비추어 상당히 고가로서 정상적인 수준에서 크게 벗어나 감정평가 결과를 신뢰할 수 없으므로 다른 감정인에 의한 재감정평가를 신청

2. 재감정 신청 증빙자료

    가. 임대차계약서 사본

    ㄱ) 소재지: 경기도 K시 H동 78

    ㄴ) 지목 및 이용상황: 전 / 전

    ㄷ) 면적: 1,998㎡

    ㄹ) 토지이용계획 사항: 자연녹지지역, 개발제한구역

    ㅁ) 주요 계약 내용

계약기간	2023.3.10 ~ 2026.3.9
임대료	9,000,000원/연(보증금 없는 상태 기준)
특약사항	임대차 계약기간 중 상호 합의되는 경우를 제외하고는 계약 조건의 변경은 없는 것으로 하고, 임대료는 계약기간 중 매년 초일에 연간임대료 지급

    나. 공인중개사의 사실확인서 사본: 2023년 기준 본건 및 임대차사례 토지가 소재한 지역의 연간 임대료(보증금이 없는 상태 기준)는 토지면적 약 660㎡ 기준 300만원 수준이고, 최근에는 350만원 내외의 수준임을 확인함

자료 3 실지조사, 자료수집 및 검토내용(요약)

가. 본건 토지는 수도권 도시 근교 개발제한구역 내에 소재하며, 원예농업에 할당된 농지로 대부분 이용중임
나. 원예농업에 할당된 획지 규모는 일반적으로 약 1,600㎡ - 3,300㎡임
다. 2023년 초 기준 인근 원예농업을 위한 농지 임대차에 있어 전형적인 임대차 조건은, 계약기간 3년에 연간 임대료(보증금 없는 상태 기준, 계약기간 중 매년도 초일에 연간임대료 지불)는 @4,500원/㎡ 수준이었고 이후 도시화에 따른 지가 상승 등의 영향으로 지속적으로 상승하여 2026년 5월 이후에는 @5,400원/㎡ 수준을 나타내고 있으며, 이와 같은 인근지역의 임대차시장 상황은 당분간 지속될 것으로 판단됨
라. 본건 및 임대차사례 토지가 속한 지역은 지속적인 도시화의 영향으로 2023년 5월 이후 2026년 4월까지 토지가격은 약 20% 상승하였고 이러한 추세는 향후 지속될 것으로 판단됨
마. 당초 감정평가서 상의 연도별 기초가격은 시장가치에 부합하는 적정한 것으로 판단됨
바. 본건 토지 개별공시지가

공시기준일	개별공시지가(원/㎡)
2023.1.1.	360,000
2024.1.1.	382,000
2025.1.1.	406,000
2026.1.1.	431,000

사. 농지의 재산세율은 0.07%이고 과세표준액은 시가표준액(개별공시지가)의 70%이며, 재산세 부과 시 20%의 지방교육세가 부가됨
아. 본건 및 임대사례토지의 개별요인은 유사하며 공히 인근지역의 일반적·평균적인 수준을 나타내고 있음

03
감정평가사 甲은 중앙토지수용위원회로부터 이의재결평가를 의뢰받았다. 관련 법규 및 이론을 참작하고 제시된 자료를 활용하여 적정보상액을 산정하시오. (20점)

자료 1 사업개요

1. 사업명: OO민자고속화도로사업

2. 사업시행자: OO민자고속화도로 주식회사

3. 사업인정고시(의제)일: 2025년 10월 2일

4. 수용재결일: 2026년 4월 1일

5. 의뢰일: 2026년 8월 6일

자료 2 의뢰목록

1. 토지 목록

일련번호	소재지	지번	지목	이용상황	용도지역	편입면적(㎡)	피수용자
1	A군 B읍 C리	산1	임야	전	자연녹지지역	3,000	A군
2	A군 B읍 C리	산2	임야	자연림	자연녹지지역 보전녹지지역	5,000 × 1/2	乙

2. 지장물 목록

일련번호	소재지	지번	물건종류	규격	수량	피수용자
3	A군 B읍 C리	산1	개간비	개간면적(3,000㎡)	1식	丙

자료 3 인근지역 공시지가표준지(공시기준일: 2025년 1월 1일)

기호	소재지	지번	면적(㎡)	지목	이용상황	용도지역	도로접면	형상지세	공시지가(원/㎡)
A	A군 B읍 C리	10	1,820	전	대	자연녹지지역	세로(가)	세장형 완경사	350,000
B	A군 B읍 C리	20	950	답	전	자연녹지지역	세로(불)	부정형 완경사	120,000
C	A군 B읍 C리	45	8,452	임야	조림	자연녹지지역	세로(불)	부정형 완경사	60,000
D	A군 B읍 C리	산10-1	5,526	임야	자연림	보전녹지지역	맹지	부정형 완경사	35,000
E	A군 B읍 C리	산15	2,570	임야	자연림	자연녹지지역	맹지	부정형 급경사	15,000

자료 4 인근 평가사례 및 매매사례

1. 평가사례(ㄱ)
   - 지목, 이용상황, 면적: 전, 전, 2,570㎡
   - 용도지역: 자연녹지지역
   - 평가목적: 담보
   - 기준시점: 2025년 8월 1일
   - 평가단가: 220,000원/㎡
   - 기타사항: 임야지대 내 적법하게 개간된 전으로 이용 중인 사례임

2. 평가사례(ㄴ)
   - 지목, 이용상황, 면적: 전, 답, 416㎡
   - 용도지역: 자연녹지지역
   - 평가목적: 협의보상
   - 기준시점: 2025년 12월 1일
   - 평가단가: 270,000원/㎡
   - 기타사항: 대상 공익사업에 포함된 협의완료 된 사례임

3. 평가사례(ㄷ)
   - 지목, 이용상황, 면적: 임야, 자연림, 5,470㎡
   - 용도지역: 자연녹지지역
   - 평가목적: 체납처분
   - 기준시점: 2026년 3월 1일
   - 평가단가: 130,000원/㎡
   - 기타사항: 유찰사례로 처분절차 진행중인 사례임

4. 평가사례(ㄹ)
    - 지목, 이용상황, 면적: 임야, 자연림, 1,320㎡
    - 용도지역: 보전녹지지역
    - 평가목적: 협의보상
    - 기준시점: 2025년 9월 1일
    - 평가단가: 75,000원/㎡
    - 기타사항: 임지상에 소재하는 잡목을 포함한 일괄 평가사례임

5. 거래사례(ㅁ)
    - 지목, 이용상황, 면적: 전, 전, 1,560㎡
    - 용도지역: 자연녹지지역
    - 거래시점: 2025년 7월 31일
    - 총 거래가격: 399,360,000원
    - 기타사항: 개인과 법인간의 거래사례임

6. 거래사례(ㅂ)
    - 지목, 이용상황, 면적: 전, 전, 1,906㎡
    - 용도지역: 자연녹지지역
    - 거래시점: 2025년 2월 1일
    - 총 거래가격: 590,860,000원
    - 기타사항: 친족 간의 지분거래사례임

7. 거래사례(ㅅ)
    - 지목, 이용상황, 면적: 임야, 자연림, 3,750㎡
    - 용도지역: 자연녹지지역
    - 거래시점: 2025년 7월 1일
    - 총 거래가격: 562,500,000원
    - 기타사항: 임지상에 소재하는 잣나무(300그루)를 포함한 일괄 거래사례임

8. 거래사례(ㅇ)
    - 지목, 이용상황, 면적: 임야, 자연림, 1,670㎡
    - 용도지역: 보전녹지지역
    - 거래시점: 2026년 3월 1일
    - 총 거래가격: 158,650,000원
    - 기타사항: 최근 지가상승이 반영된 정상거래사례임

자료 5 지가변동률(A군. 녹지지역)

2025년	1월	2월	3월	4월	5월	6월	7월	8월	9월	10월	11월	12월	누계액
변동률	0.092	0.313	0.223	0.252	0.252	0,170	0.363	0.230	0.280	0.223	0.223	0.312	2.972

2026년	1월	2월	3월	4월	5월	6월	7월	8월	9월	10월	11월	12월
변동률	0.282	0.221	0.235	0.310	0.289	0.287	미고시	미고시	미고시	미고시	미고시	미고시

자료 6 요인 격차율

1. 지역요인: 대상과 사례는 인근지역에 소재하여 지역요인은 유사함

2. 개별요인

구분	일련번호 1	일련번호 2
공시지가표준지 A	0.90	0.65
공시지가표준지 B	1.05	0.75
공시지가표준지 C	1.02	1.03
공시지가표준지 D	1.50	1.08
공시지가표준지 E	1.15	1.10

구분	공시지가 표준지 A	공시지가 표준지 B	공시지가 표준지 C	공시지가 표준지 D	공시지가 표준지 E
평가사례(ㄱ)	0.85	0.90	0.55	0.35	0.40
평가사례(ㄴ)	0.90	0.95	0.60	0.40	0.45
평가사례(ㄷ)	0.65	0.70	0.95	0.65	0.70
평가사례(ㄹ)	0.50	0.55	1.30	0.90	0.80
거래사례(ㅁ)	0.88	0.85	0.58	0.38	0.50
거래사례(ㅂ)	0.80	0.78	0.50	0.30	0.43
거래사례(ㅅ)	0.67	0.75	1.25	0.60	0.65
거래사례(ㅇ)	0.55	0.60	1.15	0.88	0.68

자료 7 기타자료

1. 대상은 20만㎡ 미만 공익사업으로 협의와 수용재결 절차가 완료된 상태로 일부 피수용자에 대한 이의재결이 진행중임

2. 일련번호(1), (2)의 지세는 완경사지임

3. 丙은 일련번호(1)을 2023년 10월 2일부터 관계법령에 따라 적법하게 개간하고 현재까지 적법하게 점유하고 있으며, 개간소요비용은 개간당시 250,000,000원이나, 가격시점 기준 300,000,000원이 소요됨

4. 일련번호(2)의 자연녹지지역 비율은 전체의 60%임

5. 인근지역은 잣나무만의 거래가 일반적이며, 1그루당 500,000원에 거래됨

6. 토지단가 산출 시 백 원 단위에서 반올림할 것

04

감정평가사 甲은 공익사업에 편입되는 물건에 대한 협의평가를 의뢰받았다. 관련 법규 및 이론을 참작하고 제시된 자료를 활용하여 적정보상액을 산정하시오. (10점)

자료 1 사업개요

1. 사업종류: OO도시계획도로사업

2. 사업명칭: OO ~ △△도로 확·포장공사

3. 사업기간: 실시계획인가고시일부터 2년 이내

4. 실시계획인가고시일: 2025년 11월 30일

자료 2 감정평가 의뢰내역

1. 가격시점: 2026년 8월 7일

2. 지장물 의뢰목록

일련번호	소재지 지번	물건종류	규격	수량	비고
1	OO동 151-6	조적조 (1, 2층건물/상가)	일부편입	6㎡	보수비 포함평가

자료 3 대상건물 현황

소재지 지번	구조	주용도	층별내역	사용승인일	비고
OO동 151-6	조적조	상가	1층: 100㎡ 2층: 100㎡	2010.11.1.	일부편입으로 인한 벽체보수 면적: 23.79㎡

자료 4 재조달원가 관련 자료 등

1. 표준단가

분류번호	용도	구조	급수	표준단가(원/㎡)	내용연수
4-1-4-3	점포 및 상가	조적조	3	1,060,000	45

2. 부대설비 보정단가

항목	단가	비고
화재탐지설비	20,000원/㎡	연면적 기준
TV공시청설비	3,000원/㎡	연면적 기준
위생·급배수시설, 급탕설비	50,000원/㎡	연면적 기준, 급탕설비 미설치시 80% 적용
소화설비(옥내소화전)	6,000,000원/개	-

3. 보수공사비

항목	시장조사 내역	소유자 제시 내역
벽돌쌓기	800,000원/㎡	15,000,000원
테두리 보공사	1,300,000원	1,500,000원
보일러 보수공사	1,000,000원	2,000,000원
시설개선비	3,000,000원	3,500,000원
기타비용	제비용의 20%	제비용의 20%

자료 5 기타사항

1. 건물의 일부편입으로 인한 철거 시 시공하중에 대한 구조 안정성은 양호한 것으로 조사됨

2. 대상건물은 위생·급배수시설, 화재탐지설비, 옥내소화전(2개)가 설치되어 있음

3. 전체 건물 중 1층(창고) 및 2층(보일러실) 일부가 편입됨

4. 편입면적이 과소하여 보수 후 잔여건축물의 가격감소는 없음

5. 소유자는 건물보수공사 기술자로 소유자 제시 보수공사비 내역은 직접공사 할 경우 공사비임

6. 건물의 감가수정은 정액법(만년감가)을 적용하며, 적용단가 산정 시 백 원 단위에서 반올림함

제33회 감정평가실무 기출

> **공통 유의사항**
> 1. 각 문제는 해답 산정 시 산식과 도출과정을 반드시 기재
> 2. 단가는 관련 규정에서 정하고 있는 사항을 제외하고 천원미만은 절사, 그 밖의 요인 보정치는 소수점 셋째자리 이하 절사

01 감정평가사 甲은 A군수로부터 「도로법」에 따른 도로에 편입되는 토지·지장물 등에 대한 협의보상평가를 의뢰받았다. 관련 법규 및 이론에 의거 제시된 자료를 활용하여 다음의 각 물음에 답하시오. (40점)

물음(1) 대상토지에 대한 보상액을 산정하시오. (단, 시산가액에 대한 합리성 검토는 하지 않음) (10점)

물음(2) 소유자 乙은 아래 자료와 같이 주거용 건축물을 신축하여 현재까지 거주하고 있다. 지장물 중 건축물에 대한 보상액을 산정하시오. (단, 건축물은 이전이 불가능하며, 이주대책 등은 고려하지 않음) (10점)

물음(3) 지장물 중 수목에 대한 보상평가방법을 설명하고, 소나무(관상수)에 대한 보상액을 산정하시오. (6점)

물음(4) 소유자 乙씨 부부(부부와 함께 동거하던 아들 1명은 현재 징집으로 인한 입영 중임)는 주거용 건축물이 공익사업에 편입됨으로 인하여 추가적으로 지급받을 수 있는 보상으로 이주대책, 주거이전비, 이사비 등이 있다. 하지만 사업시행자는 이주대책을 별도로 수립·실시하지 않는다고 한다. 공익사업의 시행으로 주거용 건축물을 제공함에 따라 생활의 근거를 상실하게 된 소유자 乙이 수령할 수 있는 보상액은 각각 얼마인가? (8점)

물음(5) 물건조서의 꿀벌(양봉), 닭(산란계)에 대하여 축산업의 손실에 대한 보상평가를 하려고 한다. 영업손실의 보상대상인 영업의 일반적인 요건은 성립하는 것으로 가정한다. 꿀벌(양봉), 닭(산란계)에 대하여 자료 10을 토대로 축산업 손실보상의 대상여부를 판단하여 보상액을 산정하시오. (6점)

자료 1 평가의뢰 내역 등

1. 사업의 종류: ○○ ~ 간 도로건설공사

2. 도로구역결정고시일: 2025.12.31.

3. 사업시행자: A군수

4. 보상평가의뢰일자: 2026.6.1.

5. 제시된 가격시점: 2026.7.31.

6. 현장조사완료일: 2026.6.30.

7. 토지조서 및 대상토지특성

기호	소재지	지번	지목	현실이용상황	전체면적(㎡)	편입면적(㎡)	용도지역 및 지구	비고 도로교통	비고 형상지세	기타
1	A군 B면 C리	106번지	대	단독주택	330	330	계획관리지역	세로(가)	사다리형 완경사	후면주택지대

※ 토지 소유자: 乙

8. 물건조서 및 대상건축물특성

기호	소재지	지번	물건의 종류	구조 및 규격	수량	비고 사용승인일	등급	내용년수
1	A군 B면 C리	106번지	단독주택	벽돌조 슬래브지붕 1층	88㎡	2021.7.1.	상급	50년
2	A군 B면 C리	106번지	부속창고	벽돌조 슬래브지붕 1층	8㎡	2021.7.1.	중급	45년
3	A군 B면 C리	106번지	야외화장실	벽돌조 슬래브지붕 1층	3㎡	2021.7.1.	중급	45년
4	A군 B면 C리	106번지	소나무(관상수)	H3.5 × W1.5 × R15	1주			
5	A군 B면 C리	106번지	꿀벌(양봉)		30군			
6	A군 B면 C리	106번지	닭(산란계)	70일령 이상	20마리			

※ 물건 소유자: 乙

자료 2 표준지공시지가

기호	소재지	지목	면적(㎡)	이용상황	용도지역	도로교통	형상지세	공시지가(원/㎡)	비고	공시기준일
가	A군 B면 C리 50번지	대	210	주상용	계획관리지역	세로(가)	부정형 평지	400,000	계획도로 저촉 10%	2025.1.1.
나	A군 B면 C리 50번지	대	210	주상용	계획관리지역	세로(가)	부정형 평지	450,000	계획도로 저촉 10%	2026.1.1.
다	A군 B면 C리 65번지	대	300	단독주택	계획관리지역	소로한면	사다리형 평지	300,000	계획도로 저촉 25%	2025.1.1.
라	A군 B면 C리 65번지	대	300	단독주택	계획관리지역	소로한면	사다리형 평지	330,000	계획도로 저촉 25%	2026.1.1.

주 1) 상기 표준지공시지가는 공히 대상토지와 인근지역에 소재함
2) 표준지공시지가 기호 가), 나)는 주택상가혼용지대이고, 표준지공시지가 기호 다), 라)는 주택지대임

자료 3 거래사례

기호	소재지	지목	면적(㎡)	이용상황	용도지역	도로교통	형상지세	거래가액(원/㎡)	거래일자
A	A군 B면 C리 42번지	대	160	상업용	계획관리지역	소로한면	사다리형 평지	700,000	2025.12.1.
B	D군 E면 F리 15번지	대	270	단독주택	계획관리지역	세로(가)	사다리형 완경사	390,000	2025.12.1.

주 1) 거래사례는 대상토지 및 표준지공시지가와 동일수급권 유사지역 또는 인근지역에 소재하며, 공히 지역요인은 대등함
2) 거래사례는 거래당사자 간의 사정이 개입되지 않은 정상적인 거래로 판단됨
3) 거래사례 중 기호 A)는 주택상가혼용지대이고, 기호 B)는 후면 주택지대임

자료 4   지가변동률

기간	A군 계획관리지역 지가변동률(%)	비고
2025.1.1 ~ 2025.12.31(누계)	8.340	2025.12.1 ~ 2025.12.31: 0.150%임
2026.1.1 ~ 2026.5.31(누계)	5.270	
2026.5.1 ~ 2026.5.31	0.132	

기간	D군 계획관리지역 지가변동률(%)	비고
2025.1.1 ~ 2025.12.31(누계)	7.450	2025.12.1 ~ 2025.12.31: 0.130%임
2026.1.1 ~ 2026.5.31(누계)	5.070	
2026.5.1 ~ 2026.5.31	0.145	

주 1) 지가변동률은 용도지역별 지가변동률을 적용하며, 생산자물가지수는 고려하지 않기로 함
    2) 지가변동률은 2026년 6월 이후는 고시되지 않아서 5월 지가변동률을 연장·추정하여 적용함
    3) 지가변동률은 백분율로서 소수점 넷째자리에서 반올림하여 셋째자리까지 표시함

자료 5   토지 가치형성요인 비교자료

1. 접근조건
    1) 대상토지는 표준지 가), 나), 다), 라) 대비 각각 20% 열세함
    2) 표준지 가), 나), 다), 라)는 거래사례 A) 와 대등, 거래사례 B) 대비 20% 우세함

2. 환경조건
    1) 대상토지는 표준지 가), 나) 대비 30%, 표준지 다), 라) 대비 10% 각각 열세함
    2) 표준지 가), 나)는 거래사례 A)와 대등, 거래사례 B) 대비 30% 우세함
    3) 표준지 다), 라)는 거래사례 A) 대비 30% 열세, 거래사례 B) 대비 10% 우세함

3. 기타 격차율 자료
    1) 토지이용상황

구분	주거용	주상용	상업용
주거용	1.00	1.10	1.30
주상용	0.91	1.00	1.18
상업용	0.77	0.85	1.00

    2) 형상

구분	사다리형	부정형
사다리형	1.00	0.95
부정형	1.05	1.00

3) 경사

구분	평지	완경사
평지	1.00	0.91
완경사	1.10	1.00

4) 도로접면

구분	세로가	소로한면
세로가	1.00	1.18
소로한면	0.85	1.00

5) 도시·군계획시설

구분	일반	도로
일반	1.00	0.85
도로	1.18	1.00

※ 도시·군계획시설에 대한 요인비교치는 소수점이하 셋째자리에서 반올림하여 둘째자리까지 표시함

자료 6 | 건축물 재조달원가 관련 자료

1. 표준단가 (단위: 원/㎡)

용도	구조	상급	중급	하급	내용년수
단독주택	벽돌조 슬래브 지붕	1,400,000	1,200,000	1,000,000	50년
창고	벽돌조 슬래브 지붕	400,000	360,000	320,000	45년
화장실	벽돌조 슬래브 지붕	1,300,000	1,100,000	900,000	45년

※ 대상건축물 및 주거용 건축물 거래사례에도 동일하게 적용함

2. 단독주택 부대설비 보정단가 (단위: 원/㎡)

구분	위생·급배수설비	난방설비
보정단가	30,000	70,000

※ 대상건축물 및 주거용 건축물 거래사례에도 동일하게 적용함

자료 7 주거용 건축물 거래사례 자료 등

1. 주거용 건축물 거래사례

소재지	건축물면적 (㎡)	이용 상황	구조	사용승인일	등급	거래가액 거래일자	비고
A군 B면 C리 200 번지	88	단독 주택	벽돌조 슬래브지붕 1층	2021.6.1.	상급	130,000,000원 2026.6.1.	건축물 일체의 거래임
	8	부속 창고	벽돌조 슬래브지붕 1층	2021.6.1.	중급		
	3	야외 화장실	벽돌조 슬래브지붕 1층	2021.6.1.	중급		

주 1) 거래사례는 토지를 수반하지 않은 주거용 건축물만의 거래로서 보상대상 건축물과 유사하여 비교가능성이 높은 것으로 판단됨
 2) 거래사례는 인근지역 내의 거래당사자간의 사정이 개입되지 않은 정상적인 거래로 판단됨

2. 건축물 가치형성요인 비교자료
  가. 대상건축물은 주거용 건축물 거래사례 대비 현상 및 관리상태에서 5% 우세함
  나. 건축비는 연간 6% 증가함
    ※ 건축비 상승률을 고려한 지수는 소수점 셋째자리에서 절사하여 둘째자리까지 표시함
  다. 면적 등 기타 제반 가치형성요인은 대등함

자료 8 수목 보상평가 참고자료

1. 이식에 소요되는 비용은 다음과 같이 조사됨

(단위: 주당)

구분	굴취비	운반비	상하차비	식재비	재료비	부대비용	소계
이식비	70,000	50,000	30,000	130,000	30,000	20,000	330,000

※ 이식은 물리적으로 가능한 것으로 판단됨

2. 수목의 취득가격은 400,000원/주 임

3. 고손율을 적용할 경우 20% 임

4. 감수율을 적용할 경우 이식1차년: 100%, 이식2차년: 80%, 이식3차년: 40% 임

자료 9 이사비 등 보상 관련 참고자료

1. 가구원수에 따른 1년분의 평균생계비는 1인당 15,106,000원 임
   ※ 가구원수에 따른 1년분의 평균생계비 = 농가경제조사통계의 연간 전국평균 가계지출비 ÷ 가구당 전국평균 농가인구

2. 도시근로자가구의 가구원수별 월평균 명목가계지출비

구분	1인 가구	2인 가구	3인 가구
월평균 가계지출비	2,277,700원	3,334,200원	4,665,400원

3. 이사비

주택연면적	이사비	비고
66㎡ ~ 99㎡ 미만	1,540,000원	노임, 차량운임, 포장비 등 포함
99㎡ 이상	1,790,000원	노임, 차량운임, 포장비 등 포함

※ 연면적은 부속건축물을 합한 면적을 적용하기로 함

자료 10 축산업 관련 보상평가 참고자료

1. 축산업의 가축별 기준마리 수

가축	기준마리 수	가축	기준마리 수
소	5마리	닭	200마리
사슴	15마리	토끼	150마리
염소·양	20마리	오리	150마리
꿀벌	20군	돼지	20마리

※ 자료: 「공익사업을 위한 토지 등의 취득 및 보상에 관한 법률 시행규칙」 [별표 3]

2. 꿀벌(양봉)
   가. 축산이익은 최근 3년간의 평균소득을 토대로 연간 240,000원/군 임
   나. 수송비는 5,000원/군 이고, 이전손실은 벌통폐사에 따른 손실, 채밀능력 저하 등으로 인한 손실, 이전시 유실 및 치사에 따른 손실 등을 고려할 때 25,000원/군임(단, 그 외 추가적인 손실은 없는 것으로 함)

3. 닭(산란계)
   가. 축산이익은 최근 3년간의 평균소득을 토대로 연간 3,600원/수 임
   나. 수송비는 200원/수 이고, 이전손실은 산란율 저하로 인한 손실, 폐사율 증가로 인한 손실, 제반 사육경비 등을 고려할 때 1,300원/수 임(단, 그 외 추가적인 손실은 없는 것으로 함)

4. 기타 참고사항
   가. 도시근로자가구 월평균 가계지출비(3인 가구 기준)는 4,665,400원 임
   나. 휴업기간은 4개월로 함
   다. 영업이익감소액은 휴업기간에 해당하는 영업이익의 100분의 20으로 하되, 1천만을 초과하지 못함

자료 11 기타 사항

1. 지역요인비교치 및 개별요인비교치는 소수점 넷째자리에서 반올림하여 셋째자리까지 표시함

2. 그 밖의 요인 보정치는 표준지 기준 산정방식을 적용함

3. 대상토지의 결정단가는 백원단위에서 반올림하여 천원단위까지 표시함

4. 건축물의 감가수정은 정액법으로 하며, 경과연수는 연단위로 산정함

5. 건축물의 단가는 백원단위에서 절사하여 천원단위까지 표시함

02

평가대상 토지는 주거지역의 소로에 접한 나지이다. 감정평가사 甲은 거래사례비교법으로 대상 토지를 평가하기 위하여 인근의 주거지역에서 최근 3년 이내에 거래된 총 4건의 거래관련 사례 등을 아래와 같이 수집하였다. 이들 사례 등에 대하여 거래 당시의 조건 등에 따른 차이를 정상화하기 위한 보정(Adjustments)작업을 한 후, 보정된 토지만의 가격과 단가를 구하고자 한다. (다만, 모든 사례 등은 거래시점과 기준시점의 차이에 따른 가격의 변동은 포착되지 아니하여, 고려하지 아니하기로 함) (30점)

구분	거래 금액 등	토지	건물	거래상황 및 조건	비고
거래사례 (1)	14억원	500㎡	연면적 1,000㎡	공사 중단된 건물을 포함하여 인수	
거래사례 (2)	10억원	500㎡	없음	저당대부액 신규인수	
낙찰사례 (3)	5억원	400㎡	없음	경매에서 수회 유찰 후 낙찰	점유자 및 적치물 소재
평가선례 (4)	10억원	400㎡	없음	낙찰사례(3)의 평가선례	경매목적 평가

물음(1) 상기의 거래사례(1)에 대하여, 자료 1과 자료 2를 활용, 공사 중단된 상태의 건물의 공정률을 추정하고, 토지만의 보정된 거래가격과 단가를 구하시오. (10점)

물음(2) 상기의 거래사례(2)에 대하여, 자료 3과 자료 4를 활용, 저당대부액의 신규 인수 조건을 고려한 저당지불액 및 저당지불액의 현가합(백원단위에서 반올림)을 구한 후, 토지의 보정된 거래가격과 단가를 구하시오. (10점)

물음(3) 상기의 낙찰사례(3)에 대하여, 자료 5를 활용, 토지의 보정된 가격과 단가를 구하되, 낙찰자 입장의 보정된 가격과 평가선례(4)를 활용한 통계적 측면의 보정된 가격을 각각 구한 후, 그 결과를 평균하여 가격과 단가를 구하시오. 또한, 낙찰사례(3)과 평가선례(4)에 대한 가격의 성격 및 보정방식별 특징을 쓰시오. (10점)

자료 1 거래사례(1)에 대한 개요

1. 토지: 면적은 500㎡이고, 토지만의 정상화 보정을 위하여 건물은 공정률을 고려한 원가법으로 평가하고, 전체 거래가격에서 공제하는 방식을 채택하여 산정하기로 하였다.

2. 건물: 철근콘크리트조 슬래브지붕 3층규모의 원룸형 도시형생활주택으로, 연면적은 1,000㎡이고, 최근 공사가 중단된 상태이며, 현상태의 건물과 토지가 총 14억원에 거래되었다.

3. 공사진행 사항
   - 공정률은 최근 발행된 자료 2의 건물신축단가표를 활용하여 간접법으로 산정하며, 신축단가(백원단위에서 반올림)로도 활용할 예정이다.
   - 각 공정별로 철근콘크리트공사, 조적공사, 방수공사 등은 완료되었으나, 대부분의 내부공사가 남은 상태이고, 가설물은 존치된 상태이어서 이를 고려할 때, 가설공사가 90% 진행된 것으로 추정하였다.
   - 기초 및 토공사는 건물 주변의 되메우기 및 정리가 남은 상태로 80% 진행된 것으로 추정하였다.
   - 이외의 공사는 착수되지 아니하였고, 설비부문에 대한 별도의 보정은 고려치 아니하기로 하였다.
   - 설계비는 모두 지급되었고, 감리비는 50%만 지급된 상태이다.
   - 제경비의 처리에 대하여서는 직접적인 공사비(1 ~ 12번 공사)의 집행정도에 따라 그 비율에 의거 추정할 예정이다.

자료 2 건물신축단가표: 공사항목에 따른 법정비율은 고려치 아니한다.

1. 개요

용도	구조	표준단가(㎡)	내용연수(년)
도시형생활주택 (원룸형)	철근콘크리트조 슬래브지붕	1,600,000	50

2. 단위면적(㎡)당 공사비 적산표

구분	주요공사내역	공사비	구성비
01. 가설공사	공통가설, 일반가설	80,000	5.00
02. 기초 및 토공사	터파기, 되메우기, 잔토처리, 잡석다짐	20,000	1.25
03. 철근콘크리트공사	레미콘, 철근가공조립, 합판거푸집, 유로폼	280,000	17.50
04. 조적공사	시멘트벽돌쌓기(0.5B), 치장벽돌쌓기(0.5B)	20,000	1.25
05. 방수공사	도막방수, 우레탄방수	40,000	2.50
06. 미장공사	시멘트모르타르미장	60,000	3.75
07. 타일공사	자기질타일, 포슬란타일, 석재타일	60,000	3.75
08. 창호공사	칼라알루미늄단열바, 강화도어 등	180,000	11.25
09. 유리공사	로이복층유리24mm, 강화유리10mm	20,000	1.25
10. 도장공사	페인트 및 수성페인트(내부), 무늬코트	220,000	13.75
11. 수장공사	압출보온판, 걸레받이, 몰딩, 원목마루	200,000	12.50
12. 기타공사	우편함, 카스토퍼, 맨홀	60,000	3.75
소계		1,240,000	(77.50)
제경비	간접노무비, 산재보험료, 안전관리비, 경비, 일반관리비, 이윤, 건강보험료, 환경보존비	260,000	16.25
건축 공사비 합계		1,500,000	(93.75)
설계비		24,000	1.50
감리비		16,000	1.00
전기기본설비비		60,000	3.75
합계		1,600,000	100%

자료 3 거래사례(2)에 대한 개요

1. 토지: 면적 500㎡이고, 유리한 조건의 신규 저당대부가 설정되어 이의 인수를 전제로 거래가 이루어졌다.

2. 건물: 없음

3. 저당대부 관련사항
   - 본 거래사례(2)는 매수인이 시장이자율보다 낮은 이율로 승계 가능한 신규 설정된 저당대부를 인수하는 조건으로 매매한 것이다.
   - 거래금액은 10억원이며, 대부비율은 70%여서 차액인 30%만이 매도인에게 지불되었다.
   - 저당기간은 20년이고, 저당이자율은 연간 10%이며, 현재의 전형적인 시장이자율은 연간 12%이다.
   - 한편, 저당대부는 만기까지 존속되는 것을 가정하고, 원리금의 지불은 편의상 연단위로 계산하며, 자료 4의 연복리표를 활용한다.

자료 4 연복리표(20년. 소수점 다섯째 자리에서 절사함)

이자율	일시불 내가계수	연금 내가계수	감채기금 계수	일시불 현가계수	연금 현가계수	저당상수
10%	6.7275	57.2749	0.0174	0.1486	8.5135	0.1174
12%	9.6462	72.0524	0.0138	0.1036	7.4694	0.1338

자료 5 낙찰사례(3)에 대한 개요

1. 토지: 면적은 400㎡이고, 별도 명도비용의 발생이 예상된다.

2. 건물: 없음

3. 경매 관련사항
   - 낙찰사례(3)의 가격은 최초의 경매개시 가격의 50%에서 결정되었으며, 평가선례(4)는 낙찰사례 자체를 대상으로 한 경매목적의 평가로 평가액은 10억원이었고, 점유자 및 적치물은 고려치 못한 상태에서 평가가 이루진 것으로 조사된다.
   - 낙찰자는 점유자 및 그 적치물의 상태를 고려(인수조건)하여 입찰에 참여하였고, 이에 따른 명도비용은 약 1억5천만원이 소요될 것으로 예상되며, 기간이자 및 자가노력비는 고려치 아니하였다.
   - 관련 통계에 의하면, 사례가 속한 지역의 해당기간 평균적인 경매의 낙찰률(최초 평가가격 대비 낙찰가격)은 다음과 같이 조사된다.

구분	상업지역	주거지역	녹지지역	지역평균
낙찰률	90%	80%	70%	80%

   - 한편, 낙찰률의 적용은 낙찰사례가 속한 지역이 주거지역이지만, 녹지지역과 연접하기 때문에 녹지지역과 주거지역 낙찰률의 평균을 적용하였다.

03

감정평가사 甲은 토지의 장기임차권을 매입하여 지상에 공장 건물을 신축하여 사업체를 운영하고 있는 사업자 乙로부터 일반거래 목적의 감정평가를 의뢰받았다. 이해관계인은 공정한 자산 가액의 산정을 위하여 복수의 감정평가를 요구하고 있다. 제시된 자료를 활용하여 각 물음에 답하시오. (20점)

물음(1) 대상 토지의 장기임차권 매입금액을 기준으로 한 시산가액을 산정하시오. (6점)

물음(2) 토지의 장기임차권 거래사례 중 감정평가에 활용할 거래사례 하나를 선정하여 그 사유를 설명하고, 이를 기준으로 한 시산가액을 산정하시오. (6점)

물음(3) 산정된 시산가액을 검토하여 감정평가액을 결정하시오. (4점)

물음(4) 복수감정평가의 장단점을 설명하시오. (4점)

자료 1 기본적 사항

1. 기준가치: 시장가치

2. 기준시점: 2026년 7월 16일

3. 대상 물건의 개황

소재지 지번	지목	면적(㎡)	용도 지역	이용 상황	도로접면	형상 지세	주위환경
A시 B동 110	공장용지	2,000	일반 공업 지역	공업용	중로각지	가장형 평지	일반공장 지대

4. 대상 토지의 장기임차권 내용
   1) 계약일: 2015년 1월 1일
   2) 계약기간: 50년 (2015년 1월 1일 ~ 2064년 12월 31일)
   3) 매입금액: 120,000원/㎡
   4) 계약내용: 토지의 장기임차권 매입금액은 계약일에 토지의 소유권자에게 일괄지급하고, 계약기간 50년 동안 토지상에 건물과 공작물의 설치 등 토지를 안정적으로 사용할 수 있으며, 장기임차권 만료일이 경과되면 토지와 건물 등 모든 시설의 소유권은 토지의 소유권자에게 무상으로 반납된다.

자료 2 시점수정 자료

1. 토지의 장기임차권에 대한 변동률이 고시되지 아니하여 당해 시의 공업지역 지가변동률을 적용함

2. 지가변동률

구분	A시 공업지역(%)	비고
2015.1.1. ~ 2015.12.31.	5.001	누계
2016.1.1. ~ 2016.12.31.	6.505	누계
2017.1.1. ~ 2017.12.31.	6.312	누계
2018.1.1. ~ 2018.12.31.	7.322	누계
2019.1.1. ~ 2019.12.31.	8.457	누계
2020.1.1. ~ 2020.12.31.	5.023	누계
2021.1.1. ~ 2021.12.31.	4.505	누계
2022.1.1. ~ 2022.12.31.	3.255	누계
2023.1.1. ~ 2023.12.31.	2.975	누계
2024.1.1. ~ 2024.12.31.	2.523	누계
2025.1.1. ~ 2025.12.31.	2.350	누계
2026.1.1. ~ 2026.5.31.	1.244	누계
2026.5.1. ~ 2026.5.31.	0.198	5월

- 지가변동률은 2026년 6월 이후는 고시되지 않아서 5월 지가변동률을 연장·추정하여 적용함

자료 3 잔존가치율 산정 자료

토지 장기임차권의 상각은 정액법에 따르고, 상각은 월단위 만월 상각을 적용하며, 잔존가치율 산정은 소수점 넷째 자리를 반올림하여 셋째 자리까지 표기한다.

자료 4 토지의 장기임차권 거래사례

대상 토지의 인근지역에 위치하고 확인 가능한 토지의 장기임차권 거래사례는 다음 표와 같으며, 검토 결과 거래가액은 적정한 것으로 판단됨

기호	소재지 지번	지목	면적 (㎡)	용도 지역	이용 상황	도로 접면	형상 지세	단가 (원/㎡)	계약일	계약 기간
가	A시 B동 115	공장 용지	2,800	일반 공업 지역	공업용	광대 한면	가장형 평지	130,000	2015.7.16.	계약일로부터 50년
나	A시 B동 210	공장 용지	3,000	일반 공업 지역	공업용	중로 한면	정방형 평지	280,000	2026.7.1.	계약일로부터 50년
다	A시 B동 220	공장 용지	800	일반 공업 지역	상업용	중로 한면	정방형 평지	450,000	2026.7.1.	계약일로부터 50년
라	A시 B동 230	공장 용지	1,200	준공 업지역	공업용	중로 각지	세장형 평지	360,000	2026.7.5.	계약일로부터 50년

자료 5 토지의 개별요인

1. A시 B동 공업지대 가로조건, 획지조건의 개별요인 비교치는 아래와 같으며, 나머지 개별요인은 대등한 것으로 상정함

2. A시 B동 공업지대의 가로조건

구분	광대한면	중로각지	중로한면
광대한면	1.00	0.97	0.95
중로각지	1.03	1.00	0.98
중로한면	1.05	1.02	1.00

3. A시 B동 공업지대의 획지조건

구분	정방형	가장형	세장형
정방형	1.00	1.01	0.99
가장형	0.99	1.00	0.98
세장형	1.01	1.02	1.00

자료 6 기타 사항

1. 시점수정치인 지가변동률은 백분율로서 소수점 넷째 자리를 반올림하여 셋째 자리까지 표기한다.

2. 단가 산정은 천원 미만 단위에서 반올림하여 천원 단위까지 표기한다.

3. 개별요인 산정은 소수점 넷째 자리를 반올림하여 셋째 자리까지 표기한다.

4. 주어진 자료 이외의 사항은 고려하지 아니한다.

04

부동산을 명도받기 위한 소송을 제기한 임대인 원고에 맞서, 임차인이자 개인사업자인 피고는 「상가건물 임대차보호법」의 권리금 회수기회 보호 등의 규정을 들어 원고로부터 권리금의 지급을 요청하는 '감정신청서'를 법원에 제출하였다. 재판장은 피고의 감정신청을 받아들여 감정평가사 甲에게 권리금에 대한 감정평가를 의뢰하였다. 제시된 자료를 활용하여 대상 사업체의 권리금을 산정하시오. (단, 권리금은 시설권리금, 영업권리금, 바닥권리금으로 구분하여 제시할 것) (10점)

자료 1 기본적 사항

1. 기준가치: 시장가치

2. 기준시점: 2026년 7월 16일

3. 대상 사업체의 개황
    1) 소재지: C시 D동 120
    2) 업종: 커피숍
    3) 개업일: 2021년 1월 1일
    4) 면적: 120㎡

자료 2 시설권리금 자료

1. 시설권리금 대상인 유형재산은 인테리어뿐이며, 사업자는 개업일 당시 인테리어비용 600,000원/㎡ 소요되었다는 자료를 제출하였고, 제반 상황을 고려할 때 비용은 적정한 것으로 판단됨

2. 기준시점의 재조달원가는 개업일 당시 비용에 건축공사비지수를 적용하여 산정하며, 조사된 건축공사비지수는 다음 표와 같다.

구분	2021년 1월	2026년 7월
건축공사비지수	112	147

- 건축공사비 변동률 산정은 일할계산하지 않고, 해당 월에 고시된 건축공사비지수를 적용하며, 소수점 넷째 자리를 반올림하여 셋째 자리까지 표기함

3. 단가 산정은 천원 단위 미만에서 반올림하여 천원 단위까지 표기함

4. 감가수정은 정액법에 따르고, 총내용연수는 동종 업의 인테리어 수명 주기를 고려하여 10년으로 하며, 연 단위 만년감가를 적용함

자료 3 영업권리금 자료

1. 영업권리금 산정을 위한 영업이익은 기준시점 이전 3년의 평균영업이익인 연간 23,000,000원으로 하였음

2. 개인사업자로서 영업이익에서 공제해야하는 비용은 자가인건비 상당액으로 기준시점 이전 3년 평균인 연간 19,000,000원으로 하였으며, 감가상각비는 고려하지 않음

3. 무형재산 귀속 영업이익은 브랜드를 선호하는 업종의 특성을 고려할 때, 50%를 적용하는 것이 타당한 것으로 판단됨

4. 인근지역 브랜드 커피숍 증가로 기준시점 이후 영업이익은 동일할 것으로 추정함

5. 할인기간은 5년으로 하고, 기준시점 이후 5년간 추정된 영업이익에 대응하는 할인율은 아래 표와 같음

구분	1년	2년	3년	4년	5년
할인율	0.899	0.808	0.726	0.653	0.587

자료 4 바닥권리금 자료

대상 사업체가 속한 상권은 위치와 업종, 가로의 상태에 따라 일부 바닥권리금이 형성되는 상가가 있으나, 시설권리금과 영업권리금을 받을 수 있는 상가는 별도의 바닥권리금이 없는 것으로 조사됨

제34회 감정평가실무 기출

> **공통 유의사항**
> 1. 각 문제는 해답 산정 시 산식과 도출과정을 반드시 기재
> 2. 단가는 관련 규정에서 정하고 있는 사항을 제외하고 천원미만은 절사, 그 밖의 요인 보정치는 소수점 셋째자리 이하 절사

01 감정평가사 甲은 ㈜A자산운용으로부터 현황 부동산(이하 '대상부동산') 및 최유효이용 상정 부동산(이하 '최유효이용 부동산')에 대해 감정평가를 의뢰받았다. 제시된 자료를 활용하여 다음 물음에 답하시오. (40점)

물음(1) 공시지가기준법 및 원가법으로 대상부동산을 감정평가하시오. (5점)

물음(2) 거래사례비교법으로 대상부동산을 감정평가하시오. (5점)

물음(3) 수익환원법(직접환원법)으로 대상부동산을 감정평가하시오. (5점)

물음(4) 물음(1)~물음(3)의 시산가액을 기준으로 대상부동산의 감정평가액을 결정하시오. (5점)

물음(5) 할인현금흐름분석법을 적용하여 최유효이용 부동산을 감정평가하시오. (15점)

물음(6) 최유효이용에 미달하는 부분의 가치를 구하시오. (5점)

자료 1 대상부동산 및 최유효이용 부동산 개요

1. 기준가치: 시장가치

2. 기준시점: 2026.7.15.

3. 대상부동산 개요
   1) 토지

소재지	지목	면적(㎡)	용도지역	이용상황	도로접면	형상지세	주위환경
K구 S동 100	대	800	일반상업	업무용	광대소각	세장형 평지	업무지대

   2) 건물

소재지	구조	층수	연면적(㎡)	용도	급수	비고
K구 S동 100	철근 콘크리트조	지하2층/지상5층	2,700	업무용	3	사용승인일: 1988.7.10

4. 최유효이용 부동산 개요
   1) 토지

소재지	지목	면적(㎡)	용도지역	이용상황	도로접면	형상지세	주위환경
K구 S동 100	대	800	일반상업	업무용	광대소각	세장형 평지	업무지대

   2) 건물

소재지	구조	층수	연면적(㎡)	용도	급수	비고
K구 S동 100	철골철근 콘크리트조	지하5층/지상18층	9,600	업무용	1	사용승인 예정일: 2028.7.15

자료 2 표준지공시지가

(공시기준일: 2026.1.1.)

기호	소재지	지목	면적(㎡)	이용상황	용도지역	도로교통	형상지세	공시지가(원/㎡)
1	K구 S동 90	대	900	상업용	일반상업	중로한면	정방형 평지	54,000,000
2	K구 S동 120	대	850	업무용	일반상업 3종일주	광대한면	부정형 평지	80,000,000
3	K구 S동 140	대	1,200	업무용	근린상업	광대세각	정방형 평지	90,000,000
4	K구 S동 160	대	1,000	업무용	중심상업	광대소각	정방형 평지	100,000,000
5	K구 S동 190	대	900	업무용	일반상업	광대소각	정방형 평지	90,000,000
6	S구 R동 150	대	1,250	업무용	중심상업	광대세각	정방형 평지	95,000,000
7	S구 R동 200	대	700	상업용	일반상업	중로각지	정방형 평지	68,000,000

주1) S구 R동은 K구 S동과 동일수급권 내 유사지역에 소재함.
주2) 기호 1, 7은 노선 상가지대, 기호 2~6은 업무지대에 소재함.
주3) 일반상업과 근린상업, 일반상업과 중심상업, 근린상업과 중심상업은 지역격차가 있음.
주4) 기호 2의 3종일주 면적은 30%임.

자료 3 인근지역 평가사례 및 거래사례

1. 평가사례(평가목적: 일반거래)

기호	소재지	지목	면적(㎡)	용도지역	이용상황	도로접면	형상지세	기준시점	토지단가(원/㎡)
가	K구 S동 80	대	770	일반상업	상업용	중로한면	정방형 평지	2025.2.1.	55,500,000
나	K구 S동 115	대	3,000	일반상업 3종일주	업무용	광대한면	세장형 평지	2026.3.3.	85,000,000
다	K구 S동 185	대	2,000	일반상업	상업용	광대한면	가장형 평지	2023.6.1.	80,000,000
라	K구 S동 200	대	850	일반상업	업무용	광대한면	세장형 평지	2026.7.1.	90,000,000
마	K구 S동 250	대	1,360	일반상업	업무용	중로한면	가장형 평지	2024.1.1.	52,000,000

※ 기호 나 3종일주에 속하는 면적은 미미하여 일반상업으로 판단함.

2. 거래사례
    1) 거래사례 #1
        - 소재지: K구 S동 70
        - 총 거래가격: 45,000,000,000원
        - 거래시점: 2026.4.1.
        - 토지: 일반상업, 상업용, 750㎡, 중로한면, 세장형, 평지
        - 건물

구조	급수	연면적(㎡)	사용승인일	부대설비 내역
철근콘크리트조	2	3,000	2019.02.20.	대상건물과 유사함

        - 기타사항: 노선 상가지대에 위치하며, 정상 거래사례임.
    2) 거래사례 #2
        - 소재지: K구 S동 380
        - 총 거래가격: 71,400,000,000원
        - 거래시점: 2026.2.1.
        - 토지: 일반상업, 업무용, 840㎡, 광대세각, 세장형, 평지
        - 건물

구조	급수	연면적(㎡)	사용승인일	부대설비 내역
철근콘크리트조	3	2,500	1987.1.25.	대상건물과 유사함

        - 기타사항: 업무지대에 소재하며, 정상 거래사례임.
    3) 거래사례 #3
        - 소재지: K구 S동 355
        - 총 거래가격: 48,750,000,000원
        - 거래시점: 2026.5.1.
        - 토지: 일반상업, 업무용, 650㎡, 광대소각, 부정형, 평지
        - 건물

구조	급수	연면적(㎡)	사용승인일	부대설비 내역
철근콘크리트조	4	2,000	1982.2.19.	대상건물과 유사함

        - 기타사항: 업무지대에 위치하며, 건물 노후화로 총 거래가격에 건부감가가 포함되어 있는 사례임.
    4) 거래사례 #4
        - 소재지: K구 S동 60
        - 총 거래가격: 47,740,000,000원
        - 거래시점: 2026.4.1.
        - 토지: 일반상업, 업무용, 770㎡, 중로한면, 가장형, 평지
        - 건물

구조	급수	연면적(㎡)	사용승인일	부대설비 내역
철근콘크리트조	4	2,500	1986.3.29.	대상건물과 유사함

        - 기타사항: 노선 상가지대에 위치하며, 정상 거래사례임.

자료 4 시점수정 관련 자료

1. 지가변동률(S시 K구)

구분	주거지역(%)	상업지역(%)
2023.6.1. ~ 2026.7.15.(누계)	15.345	16.565
2024.1.1. ~ 2026.7.15.(누계)	11.050	12.115
2025.2.1. ~ 2026.7.15.(누계)	7.585	7.885
2026.1.1. ~ 2026.6.30.(누계)	1.270	1.295
2026.2.1. ~ 2026.7.15.(누계)	1.150	1.165
2026.3.3. ~ 2026.7.15.(누계)	1.020	1.035
2026.4.1. ~ 2026.7.15.(누계)	1.050	1.070
2026.5.1. ~ 2026.7.15.(누계)	1.010	1.020
2026.6.1. ~ 2026.6.30.	0.100	0.150

※ 2026년 7월 이후 지가변동률은 미고시 되었음.

2. 오피스빌딩 자본수익률 (S시 K구)

구분	2025년 3분기	2025년 4분기	2026년 1분기	2026년 2분기
자본수익률(%)	0.22	0.26	0.20	0.24

3. 건축비지수는 변동이 없다고 가정함.

자료 5 지역요인 관련 자료

1. 대상부동산과 동일한 구(區)에 소재하는 표준지공시지가, 평가사례 및 거래사례는 지역요인이 동일함.

2. 다른 구(區)에 소재하는 표준지공시지가, 평가사례 및 거래사례는 지역요인의 비교가 필요함.

자료 6 개별요인 관련 자료

1. 가로조건(각지인 경우 가로조건에서 반영함)

구분	광대한면	광대소각	광대세각	중로한면	중로각지	소로한면	소로각지
광대한면	1.00	1.10	1.06	0.96	0.98	0.86	0.90
광대소각	0.93	1.00	0.97	0.88	0.92	0.79	0.83
광대세각	0.96	1.05	1.00	0.91	0.95	0.82	0.86
중로한면	1.06	1.16	1.12	1.00	1.05	0.90	0.95
중로각지	1.02	1.11	1.07	0.97	1.00	0.87	0.91
소로한면	1.19	1.29	1.25	1.13	1.17	1.00	1.05
소로각지	1.13	1.23	1.19	1.08	1.12	0.97	1.00

2. 획지조건

구분	정방형	가장형	세장형	사다리형	부정형
정방형	1.00	1.00	0.97	0.93	0.91
가장형	1.00	1.00	0.97	0.93	0.91
세장형	1.02	1.02	1.00	0.95	0.93
사다리형	1.06	1.06	1.04	1.00	0.96
부정형	1.10	1.10	1.08	1.04	1.00

3. 상기 제시된 조건 이외의 다른 조건은 동일함.

자료 7 토지, 건물 일괄 거래사례비교법 적용 개별요인 관련 자료

1. 개별요인

   1) 대상물건 / 거래사례 #1

구분	입지적 특성	기능적 특성	물리적 특성
대상물건	115	100	95
거래사례 #1	100	100	100

   2) 대상물건 / 거래사례 #2

구분	입지적 특성	기능적 특성	물리적 특성
대상물건	104	100	100
거래사례 #2	100	100	100

3) 대상물건 / 거래사례 #3

구분	입지적 특성	기능적 특성	물리적 특성
대상물건	100	100	105
거래사례 #3	100	100	100

4) 대상물건 / 거래사례 #4

구분	입지적 특성	기능적 특성	물리적 특성
대상물건	115	100	105
거래사례 #4	100	100	100

2. 토지, 건물 일괄 개별요인은 상승식으로 계산하되 소수점 셋째자리에서 반올림하여 둘째자리까지 표기하고, 제시된 특성 이외의 특성은 동일함.

자료 8 재조달원가 및 감가수정 관련 자료

1. 표준단가

용도	구조	급수	표준단가(원/㎡)	내용연수(년)
업무시설	철근콘크리트조 (5층~15층 이하)	1	2,000,000	50
업무시설	철골철근콘크리트조 (10층~20층 이하)	1	2,300,000	55
업무시설	철근콘크리트조 (5층~15층 이하)	2	1,700,000	50
업무시설	철골철근콘크리트조 (10층~20층 이하)	2	2,000,000	55
업무시설	철근콘크리트조 (5층~15층 이하)	3	1,500,000	50
업무시설	철근콘크리트조 (5층~15층 이하)	4	1,300,000	50
업무시설	철근콘크리트조 (5층~15층 이하)	5	1,200,000	50

2. 부대설비 보정단가는 상기 표준단가에 포함되었음.

3. 건물 잔가율은 0%임.

4. 건물의 감가수정은 정액법(만년감가)을 적용함.

5. 최유효이용 건물의 건축비는 표준단가를 적용함.

자료 9. 대상부동산 및 최유효이용 부동산의 시장임대료 관련 자료

1. 대상부동산 관련 시장임대료

구분	임대사례 1	임대사례 2	임대사례 3	대상부동산
소재지	S시 K구 S동	S시 K구 S동	S시 K구 S동	S시 K구 S동 100
건물명	가 빌딩	나 빌딩	다 빌딩	OO 빌딩
층(지상/지하)	17F/B3	5F/B2	5F/B2	5F/B2
구조	철골철근 콘크리트	철근 콘크리트	철근 콘크리트	철근 콘크리트
건물연면적(㎡)	10,000	2,800	2,600	2,700
토지면적(㎡)	900	850	750	800
용적률(%)	800	230	210	220
용도지역	일반상업	일반상업	일반상업	일반상업
사용승인(년)	2025	1989	1990	1988
오피스빌딩 하위시장	B북부	B북부	B남부	B북부
보증금(원/㎡)	300,000	270,000	260,000	250,000
월임대료(원/㎡)	30,000	27,000	26,000	25,000
월관리비(원/㎡)	15,000	12,000	11,000	12,000
비고	시장임대료	시장임대료	시장임대료	계약임대료

주1) 오피스빌딩 하위시장이 다른 경우 그 격차는 자료 10을 기준으로 보정해야 함.
주2) 시장임대료 및 계약임대료는 기준시점에서 조사된 임대료이며, 연면적을 기준으로 함.

2. 최유효이용 부동산 관련 시장임대료

구분	임대사례 4	임대사례 5	임대사례 6	최유효이용 부동산
소재지	S시 K구 S동	S시 K구 S동	S시 K구 S동	S시 K구 S동 100
건물명	라 빌딩	마 빌딩	바 빌딩	OO 빌딩
층(지상/지하)	19F/B5	17F/B5	18F/B5	18F/B5
구조	철골철근 콘크리트	철골철근 콘크리트	철골철근 콘크리트	철골철근 콘크리트
건물연면적(㎡)	10,000	9,000	12,000	9,600
토지면적(㎡)	950	850	1,000	800
용적률(%)	799	780	800	800
용도지역	일반상업	일반상업	일반상업	일반상업
사용승인(년)	2024	2025	2021	(2028)
오피스빌딩 하위시장	B남부	B북부	B북부	B북부
보증금(원/㎡)	270,000	300,000	290,000	-
월임대료(원/㎡)	27,000	30,000	29,000	-
월관리비(원/㎡)	14,000	15,000	15,000	-
비고	시장임대료	시장임대료	시장임대료	-

주1) 오피스빌딩 하위시장이 다른 경우 그 격차는 자료 10을 기준으로 보정해야 함.
주2) 시장임대료는 기준시점에서 조사된 최유효이용 부동산 관련 시장임대료이며, 연면적을 기준으로 함.

자료 10 수익환원법 적용 관련 자료

1. 오피스빌딩 하위시장의 격차를 보정하는 자료는 조사가 불가능함.

2. 렌트프리(Rent Free)는 없음.

3. 임대사례와 대상부동산 및 최유효이용 부동산의 개별요인은 동일함.

4. 직접환원법 및 할인현금흐름분석법에 적용할 조건은 다음과 같음.
   1) 환원율은 투자결합법으로 산출한 결과 연 4.5%임.
   2) 보증금 운용수익률은 연 3%, 공실손실상당액 및 대손충당금은 가능총수익의 5%, 보증금·연간 임대료·연간 관리비 상승률은 연 2%, 할인율은 시장에서 발표된 부동산투자수익률 및 물가상승률을 고려할 때 연 5%임.
   3) 직접환원법에 적용할 운영경비는 연간 관리비 중 70%, 할인현금흐름분석법에 적용할 운영경비는 연간 관리비 중 60%임.

4) 복귀가액은 내부추계법을 적용하며, 재매도비용은 2%임.
5) 대상부동산이 속한 B북부 오피스빌딩 하위시장은 최유효이용 부동산이 사용승인 된 후 인근지역에 GTX-A 노선 역이 신설 예정이고, C그룹 본사의 오피스빌딩이 신축되는 등 개발호재로 인해 복귀가액 산정을 위한 최종환원율은 할인율에서 0.5%p를 공제하여 적용하는 것이 타당한 것으로 조사됨.
6) 할인현금흐름분석법은 최유효이용 부동산을 5년 보유 후 6년차에 매도하는 것으로 가정함.
7) 할인율 및 기별 현재가치 계수는 다음과 같음.

구분	1기	2기	3기	4기	5기	6기
4.0%	0.961	0.924	0.889	0.854	0.821	0.790
4.5%	0.956	0.915	0.876	0.838	0.802	0.767
5.0%	0.952	0.907	0.863	0.822	0.783	0.746
5.5%	0.947	0.898	0.851	0.807	0.765	0.725

자료 11 기타 자료

1. 표준지공시지가 및 사례 선정 시 선정사유를 반드시 기재

2. 개별요인은 상승식으로 산출하되, 소수점 셋째자리에서 반올림하여 둘째자리까지 표기

3. 그 밖의 요인 보정치는 "표준지 기준 산정방식"을 적용

4. 각 감정평가방법의 시산가액은 천만원 단위 이하에서 절사하여 억원 단위로 표기

5. 최유효이용에 미달하는 거래사례의 총 거래가격은 토지 면적을 기준으로 거래되어 시점수정은 자료 4 시점수정 관련 자료를 적용

6. 할인현금흐름분석법의 현금흐름표는 1~6년 차를 모두 기재

7. 대상부동산의 감정평가액은 공시지가기준법 및 원가법 시산가액의 40%, 거래사례비교법 시산가액의 30%, 수익환원법 시산가액의 30%로 적용하여 조정 및 결정

8. 대상부동산 건물의 철거비는 고려하지 않음.

02

감정평가사 甲은 ○○가로주택정비사업의 관리처분계획수립을 위한 종전자산 및 종후자산 감정평가를 의뢰받았다. 관련 법규 및 이론에 의거 제시된 자료를 활용하여 다음 물음에 답하시오. (30점)

물음(1) 종전자산을 감정평가하시오. (20점)

물음(2) 가로주택정비사업에 따른 조합원 F의 분담금(또는 환급금)을 구하시오. (5점)

물음(3) 가로주택정비사업의 관리처분계획 수립을 위한 종전자산 감정평가와 종후자산 감정평가 업무수행 시 유의사항을 비교하여 설명하시오. (5점)

자료 1 공통사항

1. 비교사례 선정 시 선정사유 및 제외사유를 기재

2. 요인비교치는 상승식으로 산출하되, 소수점 셋째자리에서 반올림하여 둘째자리까지 표기

3. 감정평가액은 십만원 단위에서 반올림하여 백만원 단위까지 표기

4. 조합원 F는 종후자산(아파트) 중 101동 5층 502호를 분양받을 예정

5. 비례율 산정 시 소수점 셋째자리에서 반올림하여 둘째자리까지 표기

자료 2 사업추진 경과

- 2025.9.15.: 조합설립인가
- 2025.12.15.: 감정평가법인 약정 체결
- 2026.2.15.: 건축심의 신청
- 2026.3.15.: 건축심의 조건부 의결
- 2026.5.15.: 건축심의 결과 통지서 수령
- 2026.6.15.: 종전자산 현장조사 실시
- 2026.7.15.: 종전자산 현장조사 완료

자료 3 종전자산 평가목록

1. 종전자산 건축물 현황

소재지	평가동 1-1번지	평가동 1-2번지
건물명	○○빌라 가동	○○빌라 나동
구조	연와조 스라브지붕 3층	연와조 스라브지붕 3층
주용도	다세대주택	다세대주택
사용승인일	1988.1.2.	1988.1.7
건축면적/연면적	73.2㎡ / 219.6㎡	74.4㎡ / 223.2㎡
세대수	6	6
향	남향	동향
형태	계단식	계단식

2. 토지 등 소유자 명부

| 연번 | 부번 | 조합원 | 물건내역 ||| 권리내역 |||| 비고 |
||||동|층|호|토지(㎡)||건축물(㎡)|||
						지목	지분	구조	전유	공용	
1	1	A	가	1	101	대	24.6	연와조	32.2	4.4	
2	1	B	가	1	102	대	12.3	연와조	16.1	2.2	공유
2	2	C	가	1	102	대	12.3	연와조	16.1	2.2	공유
3	1	D	가	2	201	대	24.6	연와조	32.2	4.4	
4	1	E	가	2	202	대	24.6	연와조	32.2	4.4	
5	1	F	가	3	301	대	24.6	연와조	32.2	4.4	
6	1	G	가	3	302	대	12.3	연와조	16.1	2.2	공유
6	2	H	가	3	302	대	12.3	연와조	16.1	2.2	공유
7	1	I	나	1	101	대	25.2	연와조	32.8	4.4	
8	1	J	나	1	102	대	12.6	연와조	16.4	2.2	공유
8	2	K	나	1	102	대	12.6	연와조	16.4	2.2	공유
9	1	L	나	2	201	대	25.2	연와조	32.8	4.4	
10	1	M	나	2	202	대	25.2	연와조	32.8	4.4	
11	1	N	나	3	301	대	25.2	연와조	32.8	4.4	
12	1	O	나	3	302	대	25.2	연와조	32.8	4.4	

자료 4 거래사례

1. 거래사례(1)
   1) 소재지: 평가동 1-1번지 ○○빌라 가동 1층 102호 (사용승인일: 1988.1.2.)
   2) 거래시점: 2023.3.10.
   3) 거래금액: 300,000,000원
   4) 건물내역: 전유(32.2㎡), 공용(4.4㎡), 소유권대지권(24.6㎡), 남향, 계단식
   5) 기타사항: 당해 정비사업에 따른 개발이익이 포함되지 않은 정상거래사례임.

2. 거래사례(2)
   1) 소재지: 평가동 1-2번지 ○○빌라 나동 2층 202호 (사용승인일: 1988.1.7.)
   2) 거래시점: 2025.10.10.
   3) 거래금액: 450,000,000원
   4) 건물내역: 전유(32.8㎡), 공용(4.4㎡), 소유권대지권(25.2㎡), 동향, 계단식
   5) 기타사항: 인테리어비용이 포함된 거래로 사업구역 내 가장 최근 거래사례임.

3. 거래사례(3)
   1) 소재지: 평가동 6번지 일동빌라 2층 202호(사용승인일: 1985.4.20.)
   2) 거래시점: 2026.3.20.
   3) 거래금액: 300,000,000원
   4) 건물내역: 전유(29.5㎡), 공용(4.05㎡), 소유권대지권(22.5㎡), 서향, 복도식
   5) 기타사항: 2인이 공유로 매수한 정상거래사례임.

4. 거래사례(4)
   1) 소재지: 평가동 5번지 이동빌라 1층 101호(사용승인일: 1991.2.10.)
   2) 거래시점: 2026.4.28.
   3) 거래금액: 350,000,000원
   4) 건물내역: 전유(30㎡), 공용(3.05㎡), 소유권대지권(10㎡), 남향, 계단식
   5) 기타사항: 사례는 △△가로주택정비사업을 위한 추진위원회가 구성되어 있음.

5. 거래사례(5)
   1) 소재지: 평가동 7번지 삼동빌라 2층 204호(사용승인일: 1990.3.16.)
   2) 거래시점: 2026.7.10.
   3) 거래금액: 500,000,000원
   4) 건물내역: 전유(33.5㎡), 공용(5.5㎡), 소유권대지권(25.5㎡), 동향, 복도식
   5) 기타사항: 법인이 소유한 물건으로 정상거래사례임.

자료 5 시점수정 자료

거래사례(1)	거래사례(2)	거래사례(3)	거래사례(4)	거래사례(5)
1.05131	0.96353	0.99209	0.99702	0.98722

자료 6 지역요인 자료

평가대상과 거래사례는 인근지역에 소재하여 지역요인은 대등함.

자료 7 가치형성요인 자료

1. 외부요인

거래사례(1)	거래사례(2)	거래사례(3)	거래사례(4)	거래사례(5)
1.00	1.00	1.05	1.10	0.95

2. 내부요인

거래사례(1)	거래사례(2)	거래사례(3)	거래사례(4)	거래사례(5)
1.00	1.00	0.97	1.00	1.02

3. 호별요인

   1) 층별 효용비율

구분	지하1층	1층	2층	3층	4층
지하1층	1.00	1.11	1.17	1.14	1.09
1층	0.90	1.00	1.05	1.03	0.98
2층	0.86	0.95	1.00	0.98	0.93
3층	0.87	0.97	1.02	1.00	0.95
4층	0.92	1.02	1.07	1.05	1.00

   2) 향별 효용비율

구분	동향	서향	남향	북향
동향	1.00	0.98	1.02	0.95
서향	1.02	1.00	1.04	0.97
남향	0.98	0.96	1.00	0.93
북향	1.05	1.03	1.07	1.00

3) 형태별 효용비율

구분	계단식	복도식
계단식	1.00	0.95
복도식	1.05	1.00

4) 주거환경 영향지수

주거환경 영향지수는 전문기관이 수행한 다음 자료를 적용

구분	일조지수	조망지수	소음지수	사생활 침해지수	주거환경 영향지수
명부 연번 1	0.97	0.95	0.99	1.01	0.92
명부 연번 2	0.98	0.95	0.99	1.01	0.93
명부 연번 3	0.98	0.96	1.00	1.01	0.95
명부 연번 4	0.98	0.96	1.01	1.01	0.96
명부 연번 5	0.98	0.97	1.01	1.02	0.98
명부 연번 6	0.99	0.97	1.01	1.02	0.99
명부 연번 7	0.98	0.97	0.98	1.01	0.94
명부 연번 8	0.98	0.97	0.99	1.01	0.95
명부 연번 9	0.99	0.97	0.99	1.02	0.97
명부 연번 10	0.99	1.00	0.99	1.02	1.00
명부 연번 11	1.01	1.00	0.99	1.02	1.02
명부 연번 12	1.01	1.00	0.99	1.05	1.05
거래사례(3)	0.98	0.99	1.02	0.98	0.97
거래사례(4)	0.97	0.97	0.99	1.01	0.94
거래사례(5)	0.99	1.01	0.99	0.99	0.98

4. 기타요인

제시된 자료 이외 기타 가격에 영향을 미치는 요인은 없음.

자료 8 종후자산(아파트) 감정평가액

구분	동	층	호	타입	전유 (㎡)	공용 (㎡)	공급 (㎡)	감정평가액 (원)
1	101	2	201	40A	40.11	12.3	52.41	422,000,000
2	101	3	301	40A	40.11	12.3	52.41	426,000,000
3	101	4	401	40A	40.11	12.3	52.41	439,000,000
4	101	5	501	40A	40.11	12.3	52.41	454,000,000
5	101	6	601	40A	40.11	12.3	52.41	472,000,000
6	101	7	701	40A	40.11	12.3	52.41	491,000,000
7	101	8	801	40A	40.11	12.3	52.41	516,000,000
8	101	9	901	40A	40.11	12.3	52.41	539,000,000
9	101	2	202	40B	40.11	12.3	52.41	425,000,000
10	101	3	302	40B	40.11	12.3	52.41	429,000,000
11	101	4	402	40B	40.11	12.3	52.41	442,000,000
12	101	5	502	40B	40.11	12.3	52.41	457,000,000
13	101	6	602	40B	40.11	12.3	52.41	476,000,000
14	101	7	702	40B	40.11	12.3	52.41	495,000,000
15	101	8	802	40B	40.11	12.3	52.41	519,000,000
16	101	9	902	40B	40.11	12.3	52.41	543,000,000
17	101	2	203	40C	40.11	12.3	52.41	424,000,000
18	101	3	303	40C	40.11	12.3	52.41	428,000,000
19	101	4	403	40C	40.11	12.3	52.41	441,000,000
20	101	5	503	40C	40.11	12.3	52.41	456,000,000
21	101	6	603	40C	40.11	12.3	52.41	475,000,000
22	101	7	703	40C	40.11	12.3	52.41	494,000,000
23	101	8	803	40C	40.11	12.3	52.41	518,000,000
24	101	9	903	40C	40.11	12.3	52.41	542,000,000
합계					962.64	295.2	1,257.84	11,323,000,000

자료 9 | 정비사업비 관련 제시자료

	항목	금액(원)	귀속
토지	원가산입 종전자산가액	물음 1) 적용	토지
	시유지 매입비	210,000,000	토지
	측량 및 지질조사 등	110,000,000	토지
	취득세 및 등록세 등	155,000,000	토지
건축비	직접공사비	4,520,000,000	건물
	간접공사비(인입비, 부담금 등)	25,000,000	건물
	설계비, 감리비 등	300,000,000	건물
부대경비	외주용역비(정비사업, 감정평가 등)	150,000,000	공통
	회계감사비, 신탁등기비, 보존등기비 등	265,000,000	공통
	이주정착금, 예비비 등	500,000,000	공통
금융비용	대출수수료	150,000,000	공통
	조합원이주이자	100,000,000	공통
	사업비이자 등	150,000,000	공통
	합계(원가산입 종전자산가액 제외)	6,635,000,000	-

03

감정평가사 甲은 수도권 북동부 소재 A택지개발지구 내에 분양중인 상업용지 개발과 관련된 자문을 의뢰받았다. 제시된 자료를 활용하여 다음 물음에 답하시오. (20점)

물음(1) 해당 토지의 개발이 가능한 임대료(Feasibility Rent)를 구하고, 그 결과를 바탕으로 현재의 개발 타당성을 판단하시오. (10점)

물음(2) 현재 개발이 타당하지 않다면, 개발사업에 소요되는 기간을 고려할 경우 얼마 후 사업에 착수하는 것이 타당한지 그 시기를 구하시오. (10점)

자료 1 기본적 사항

1. 토지면적: 3,000㎡

2. 용적률: 250%

3. 토지 분양가격(부대비용 포함): @6,000,000원/㎡

4. 건축비(부대비용 포함): @1,800,000원/㎡

5. 건물 전용률: 60%

자료 2 시장조사 내용 요약

1. 시장임대료(전유면적 기준): 보증금 @400,000원/㎡, 월임료 @40,000원/㎡ (전환율: 연 9.0%)

2. 운영경비
   1) 연간 조세공과(보유세 등): 토지가격 및 건물가격의 0.25%
   2) 연간 보험료: 건물가격의 0.2%
   3) 변동비용: 유효총수익(EGI)의 5.0%
   4) 건물설비 중 엘리베이터(현재 재조달원가 1.2억원)는 내용연수 12년으로 내용연수 만료 시에 신품으로 대체하여야 함.

3. 공실률: 6.0%

4. 할인율: 연 7.0%

자료 3 시장전망 요약

1. 최근 금리 상승 등에 따른 영향으로 향후 토지 분양가격 및 건축비, 인근지역의 상업용 부동산가격은 보합세를 보일 것으로 예상됨.

2. 개발 착수 후 사용승인까지는 9개월이 소요될 것으로 예상되며, 개발기간 중의 제반비용(금융비용 등)은 고려하지 않음.

3. 향후 주변 신축 아파트의 지속적인 입주로 상업시설공간에 대한 안정적인 수요가 있어 사용승인과 더불어 현재 공실률 수준의 임대가 가능할 것으로 예상되며, 시장임대료는 연 5.0%, 운영경비(엘리베이터 가격 포함)는 연 2.0% 상승할 것으로 예상됨.

04 다음과 같이 도로개설사업에 편입되고 남은 토지(잔여지)가 있다. 잔여지손실보상 기준을 약술하고, 적정한 보상액을 구하시오. (10점)

자료 1 기본적 사항

1. 토지면적: 2,000㎡ (편입면적: 1,700㎡)

2. 토지특성: 소로한면 / 세장형 / 평지

3. 편입토지 보상평가액(평균): @600,000원/㎡

자료 2 토지특성 자료

1. 도로접면

구분	소로한면	세로(가)	세로(불)	맹지
소로한면	1.00	0.90	0.80	0.65
세로(가)	1.10	1.00	0.89	0.72
세로(불)	1.25	1.12	1.00	0.81
맹지	1.53	1.38	1.23	1.00

2. 형상

구분	가장(정방)형	세장형	사다리형	부정형
가장(정방형)	1.00	0.98	0.97	0.92
세장형	1.02	1.00	0.99	0.94
사다리형	1.03	1.01	1.00	0.95
부정형	1.08	1.06	1.05	1.00

3. 고저

구분	평지	완경사	급경사	저지
평지	1.00	0.98	0.92	0.90
완경사	1.02	1.00	0.94	0.92
급경사	1.08	1.06	1.00	0.98
저지	1.11	1.08	1.02	1.00

자료 3 기타 자료

1. 잔여지 특성: 맹지 / 부정형 / 저지

2. 잔여지는 도로사업의 시행으로 맹지가 됨은 물론 일반적인 경우와는 달리 기존의 마을과 단절되어 마을과 연결되는 통로의 개설이 필요한 상태로 사업시행자도 이를 인정하고 있음.

3. 마을과 잔여지를 연결하는 통로[세로(가)]의 개설 비용: 150,000,000원/식(제반 부대비용을 포함)

제35회 감정평가실무 기출

> **공통 유의사항**
> 1. 각 문제는 해답 산정 시 산식과 도출과정을 반드시 기재
> 2. 단가는 관련 규정에서 정하고 있는 사항을 제외하고 천원미만은 절사, 그 밖의 요인 보정치는 소수점 셋째자리 이하 절사

01

감정평가사 甲은 중앙토지수용위원회로부터 수용재결평가를 의뢰받았다. 관련 법규 및 이론을 참고하고, 제시된 자료를 활용하여 다음의 각 물음에 답하시오. (40점)

물음(1) 대상토지의 감정평가에서 자료 4의 연도별 표준지공시지가 중 적정한 비교표준지의 공시기준일을 정하고 그 근거를 제시하시오. (10점)

물음(2) 대상토지의 감정평가에서 적용할 지가변동률은 첫째, 비교표준지가 소재하는 해당 시·군·구의 용도지역별 지가변동률, 둘째, 해당 공익사업과 관계없는 인근 시·군·구의 용도지역별 지가변동률 중 어느 것인지를 결정하고 그 근거를 제시하시오. (10점)

물음(3) 대상토지에 대하여 시산가액에 대한 합리성 검토는 생략하고 보상평가액을 산정하시오. (10점)

물음(4) 대상지장물인 건물에 대한 보상평가액을 자료 10과 자료 11을 참고하여 산정하시오. (10점)

자료 1 평가개요

1. 의뢰인: 중앙토지수용위원회위원장

2. 사업시행자: ○○공사

3. 평가목적: 수용재결

4. 평가의뢰일자: 2026.6.1.
   제시된 가격시점(재결일): 2026.7.1.
   사업인정고시일: 2017.12.30.

자료 2 사업개요

1. 사업명: ○○산업단지 재생사업지구 기반시설공사

2. 사업시행지의 위치: A광역시 B구 C동 10번지 일원

3. 사업의 규모: 500,000㎡

4. 사업추진 경위
   - 2011.9.30.: 재생사업 우선사업지구 선정(국토교통부)
   - 2012.2.25.: ○○산업단지 재생계획 수립용역 착수
   - 2015.12.30.: 재생사업지구 지정(재생계획) 및 지형도면 고시
   - 2017.12.30.: 재생사업지구 지정(재생계획) 변경, 재생시행계획 승인 고시 및 지형도면 고시

자료 3 의뢰목록

1. 대상토지 목록

일련번호	소재지	지목	이용상황	전체면적(㎡)	편입면적(㎡)	용도지역	도로교통	형상지세	주위환경	피수용자
1	B구 C동 10	공장용지	공업용	990	990	일반공업	소로한면	사다리형 평지	기존 공장지대	乙

2. 지장물 목록

일련번호	소재지	물건의 종류	구조 및 규격	수량(㎡)	사용승인일	등급	내용년수(년)	피수용자
가	B구 C동 10	공장	철골조 철골지붕틀 샌드위치판넬 잇기	660	2014.3.2.	중급	40	乙

자료 4 사업지구내 표준지공시지가 현황

기호		1	2	3	4	5
소재지		B구 C동 70	B구 C동 100	B구 C동 200	B구 C동 300	B구 C동 400
면적(㎡)		850	450	600	290	1,800
지목		공장용지	대	공장용지	공장용지	대
이용상황		공업용	주상용	공업용	공업용	공업용
용도지역		일반공업	일반공업	일반공업	일반공업	일반공업
도로교통		소로각지	중로한면	소로한면	세로(가)	중로한면
형상 지세		세장형 평지	세장형 평지	부정형 평지	세장형 평지	가장형 평지
연도별 표준지 공시지가 (원/㎡)	2015.1.1.	700,000	900,000	690,000	610,000	850,000
	2016.1.1.	770,000	970,000	760,000	680,000	920,000
	2017.1.1.	850,000	1,030,000	840,000	750,000	990,000
	2026.1.1.	1,230,000	1,550,000	1,200,000	1,000,000	1,500,000

주1) 주위환경은 공히 기존공장지대임
주2) 대상토지와 지리적으로 인접한 정도는 기호 1, 2, 3, 4, 5번의 순서임

자료 5 A광역시 B구 전체 표준지공시지가의 평균변동률

구분	2016년/2015년	2017년/2015년	2026년/2015년	2026년/2017년
	3.523%	7.179%	12.055%	11.412%

자료 6 지가변동률 현황

1. A광역시

구분	기간	지가변동률(%)
A광역시 공업지역	2015.12.30. ~ 2026.7.1.	12.321(1.12321)
	2017.12.30. ~ 2026.7.1.	10.850(1.10850)

2. A광역시 B구

구분	기간	지가변동률(%)
B구 공업지역	2015.1.1. ~ 2015.12.29.	3.795(1.03795)
	2015.12.30. ~ 2026.7.1.	36.158(1.36158)
	2016.1.1. ~ 2017.12.29.	3.662(1.03662)
	2017.12.30. ~ 2026.7.1.	19.450(1.19450)
	2026.1.1. ~ 2026.7.1.	0.225(1.00225)

3. A광역시 B구와 인접한 인근 시·군·구

구분	기간	지가변동률(%)
C구 공업지역	2015.12.30. ~ 2026.7.1.	29.092(1.29092)
	2016.12.30. ~ 2026.7.1.	25.350(1.25350)
	2026.1.1. ~ 2026.7.1.	2.358(1.02358)

구분	기간	지가변동률(%)
D구 공업지역	2015.12.30. ~ 2026.7.1.	15.355(1.15355)
	2017.12.30. ~ 2026.7.1.	13.270(1.13270)
	2026.1.1. ~ 2026.7.1.	2.032(1.02032)

구분	기간	지가변동률(%)
E구 공업지역	2015.12.30. ~ 2026.7.1.	17.266(1.17266)
	2016.12.30. ~ 2026.7.1.	15.850(1.15850)
	2026.1.1. ~ 2026.7.1.	1.985(1.01985)

주1) 해당월의 지가변동률이 미고시된 경우에는 직전월의 지가변동률을 연장하여 적용함
주2) 생산자물가지수는 고려하지 않기로 함

자료 7 거래사례 현황

기호	소재지	지목	면적(㎡)	이용상황	용도지역	도로교통	형상지세	거래가액(원/㎡)	거래시점
가	B구 C동 30	780	공장용지	공업용	일반공업	소로한면	사다리평지	1,600,000	2015.2.18.
나	B구 D동 55	950	공장용지	공업용	일반공업	소로각지	세장형평지	2,400,000	2017.5.6.

주1) 기호 가)는 인근지역의 기존공장지대이고, 매수자가 양도소득세를 부담하는 조건으로 거래된 사례로 조사되며, 2015.2.18. ~ 2026.7.1.의 공업지역 지가변동률은 38.456%임
주2) 기호 나)는 인근지역의 기존공장지대이고, 특수관계인간의 거래로서 고가로 거래된 사례로 조사되며, 2017.5.6. ~ 2026.7.1.의 공업지역 지가변동률은 20.795%임

자료 8 평가사례 현황

기호	소재지	면적(㎡)	지목	이용상황	용도지역	도로교통	형상지세	보상가액(원/㎡)	가격시점	평가목적
다	B구 C동 330	880	공장용지	공업용	일반공업	소로한면	사다리 평지	2,600,000	2023.12.25.	협의보상
라	D구 F동 100	1,100	공장용지	공업용	일반공업	소로한면	세장형 평지	1,400,000	2024.5.30.	협의보상
마	E구 G동 180	1,050	공장용지	공업용	일반공업	소로한면	사다리 평지	1,800,000	2024.7.25.	담보

주1) 기호 다)는 인근지역의 기존공장지대로 OO산업단지 재생사업지구 기반시설공사에 편입되어 협의보상이 완료된 사례이고, 2023.12.25. ~ 2026.7.1.의 공업지역 지가변동률은 3.456%임

주2) 기호 라)는 동일수급권 유사지역의 기존공장지대로 OO관리소 건설공사에 편입되어 협의보상이 완료된 사례이고, 해당 공익사업의 시행에 따른 가격의 변동이 반영되어 있지 않다고 인정되며, 2024.5.30. ~ 2026.7.1.의 공업지역 지가변동률은 2.495%임

주3) 기호 마)는 동일수급권 유사지역의 기존공장지대에 위치하며, 담보목적의 평가사례로서 2024.7.25. ~ 2026.7.1.의 공업지역 지가변동률은 2.793%임

자료 9 가치형성요인 비교자료

- 지역요인 격차율

비교표준지가 있는 지역의 표준적인 획지의 최유효이용과 사례가 있는 지역의 표준적인 획지의 최유효이용을 판정하여 비교함. B구 C동(비교표준지 소재)은 D구 F동(사례 소재)과 지역요인을 비교하였을 때 가로의 계통 및 연속성 등에서 5%정도 우세하며, 산업도로 등과의 접근의 용이성에서 20%정도 우세한 것으로 나타남. 그 외 지역 간 지역요인은 상호 대등한 것으로 판단됨

- 개별요인 격차율

토지용도		주거용	상업업무	주상복합	공업용
	주거용	1.00	1.43	1.20	0.98
	상업업무	0.70	1.00	0.84	0.69
	주상복합	0.83	1.19	1.00	0.82
	공업용	1.02	1.46	1.22	1.00

형상		정방형	(가로·세로)장방형	사다리형	부정형
	정방형	1.00	1.00	0.98	0.95
	(가로·세로)장방형	1.00	1.00	0.98	0.95
	사다리형	1.02	1.02	1.00	0.97
	부정형	1.05	1.05	1.03	1.00

도로 접면		중로한면	중로각지	소로한면	소로각지	세로(가)	세각(가)
	중로한면	1.00	1.06	0.89	0.94	0.84	0.88
	중로각지	0.94	1.00	0.84	0.88	0.79	0.83
	소로한면	1.12	1.19	1.00	1.05	0.94	0.99
	소로각지	1.07	1.14	0.95	1.00	0.90	0.94
	세로(가)	1.19	1.27	1.06	1.12	1.00	1.05
	세각(가)	1.13	1.21	1.01	1.06	0.95	1.00

주) 격차율 자료를 이용한 요인 비교치 산정은 상승식을 적용할 것

자료 10 건물 재조달원가 자료

- 재생사업지구 인근에 대상건물과 유사하게 신축예정인 공장건물이 있다. 아래의 "공장건물 신축개요"와 "자본환원표"를 참고하여 산정한 재조달원가를 대상건물의 재조달원가로 적용할 것

- 공장건물 신축개요

구분		내용	비고
도급금액		630,000,000원	
건축연면적		700㎡	
건축구조		철골조 철골지붕틀 샌드위치판넬잇기	
건축공사계약일 및 공사기간		2026.7.1.부터 1년간	
도급금액 지급일정	계약금	계약 시 도급금액의 10%	소유자는 잔금을 준공시점에 건물을 담보로 대출 받아 지급할 예정임
	중도금	6개월 후 도급금액의 20%	
	잔금	준공시점에 도급금액의 70%	
대출조건		대출이율 연 5.0%, 10년간 매월 원리금균등분할상환	
시장조건		시장이자율 연 6.0%	
상환계획		대출을 받고 4년 후의 시점에 미상환잔액을 일시에 상환하려고 함	

- 자본환원표
  □ 이자율 연 5.0%

기간(월)	일시불 내가계수	연금 내가계수	감채기금 계수	일시불 현가계수	연금 현가계수	저당상수
6개월	1.025262	6.062848	0.164939	0.975361	5.913463	0.169106
12개월	1.051162	12.278855	0.081441	0.951328	11.681222	0.085607
48개월	1.220895	53.014885	0.018863	0.819071	43.422956	0.023029
60개월	1.283359	68.006083	0.014705	0.779205	52.990706	0.018871
72개월	1.349018	83.764259	0.011938	0.741280	62.092777	0.016105
120개월	1.647009	155.282279	0.006440	0.607161	94.281350	0.010607

  □ 이자율 연 6.0%

기간(월)	일시불 내가계수	연금 내가계수	감채기금 계수	일시불 현가계수	연금 현가계수	저당상수
6개월	1.030378	6.075502	0.164595	0.970518	5.896384	0.169595
12개월	1.061678	12.335562	0.081066	0.941905	11.618932	0.086066
48개월	1.270489	54.097832	0.018485	0.787098	42.580318	0.023485
60개월	1.348850	69.770031	0.014333	0.741372	51.725561	0.019333
72개월	1.432044	86.408856	0.011573	0.698302	60.339514	0.016573
120개월	1.819397	163.879347	0.006102	0.549633	90.073453	0.011102

자료 11 건물의 감가수정 자료

- 대상건물의 감가수정액은 아래의 내용을 모두 참작하여 적용할 것
- 대상건물에 대하여 시간의 경과, 노후화 등에 따른 물리적 감가수정은 정액법을 적용하고, 경과연수는 연단위로 산정하며, 잔가율 등은 고려하지 아니함
- 대상건물은 건축당시 층고가 낮게 설계되어 정상적인 임대료 대비 월임대료는 50원/㎡ 낮은 실정이다. 이러한 문제에 관하여 조임대료승수(GRM: Gross Rent Multiplier)를 활용하여 감가수정액을 산정하며, GRM은 12를 적용하기로 함
- 대상건물은 인접한 혐오시설에 기인한 악취 등으로 인하여 정상적인 임대료 대비 월임대료는 100원/㎡ 낮은 실정이다. 이 문제로 인한 임대료손실액 중 건물부분이 20%를 차지하는 것으로 판단된다. 환원율은 연 6%를 적용하기로 함

자료 12 기타 사항

1. 공시지가변동률 산정 시 백분율로서 소수점 셋째자리에서 반올림하여 둘째자리까지 표시함

2. 지가변동률 산정 시 백분율로서 소수점 넷째자리에서 반올림하여 셋째자리까지 표시함

3. 지역요인비교치 및 개별요인비교치는 소수점 넷째자리에서 반올림하여 셋째자리까지 표시함

4. 그 밖의 요인 보정치는 표준지 기준 산정방식을 적용할 것

5. 대상토지의 결정단가는 백원단위에서 반올림하여 천원단위까지 표시함

6. 대상건물의 재조달원가 및 감가수정액 등은 백원단위에서 절사하여 천원단위까지 표시함

02

상업용부동산의 감정평가에 대하여 주어진 자료를 바탕으로 물음에 답하시오. (30점)

물음(1) 시산가액 조정기준(reconciliation criteria)을 설명하고, 이와 관련지어 본건 시산가액 조정을 통한 감정평가액 결정의 적정성에 대한 의견을 기술하시오. (10점)

물음(2) 주어진 자료 상 본건에 적용한 환원율이 부적정할 가능성이 있는 사유에 대하여 설명하고, 제시된 자료 외에 추가적으로 부적정한 원인이 될 수 있는 사유를 기술하시오. (10점)

물음(3) 인근지역의 시장상황에 비추어 적정하다고 판단되는 환원율을 산출하고, 이를 기초로 산출된 수익방식에 의한 시산가액이 대상부동산의 적정한 감정평가액(시장가치)일 경우 본건 건물의 유효잔존내용연수를 구하시오. (내용연수 만료 시 잔존가치와 철거비는 없음) (10점)

자료 감정평가 요약

1. 기본적 사항
   - 소재지: S시 S구 B동 157
   - 토지: 3종일반주거지역, 대, 500㎡
   - 건물: 연와조 슬래브지붕, 지하1층 지상2층, 연면적 900㎡, 사용승인일 1996.7.13.
   - 평가목적: 일반거래(시가참고)
   - 기준시점: 2026.7.13.
   - 기준가치: 시장가치

2. 인근지역 및 본건 개황
   1) 인근지역 개황
      - 본건의 인근지역은 S시 부도심 서측의 N로(중로)에 접하고 있는 노선상가지대로, 최근 개통된 터널로 S시 부도심의 간선도로와 동서로 연결되었음
      - 인근지역의 부동산은 그동안 낮은 상업성으로 인해 저밀도로 이용되고 있었는데, 터널의 개통과 함께 경과연수가 오래된 건물들부터 철거 후 신축 또는 대수선을 수반한 증축이 일어나고 있어 지역의 변모와 함께 부동산 거래량이 증가하는 양상을 나타내고 있음
      - 인근지역 시장조사 결과, 유사부동산에 대한 투자수익률은 8.00%이고 순임료(NOI)와 부동산가격이 매년 3.00% 상승할 것으로 예상됨
   2) 대상 부동산 개황
      - 본건 토지는 N로에 북측으로 접하고 있는 가장형 평지임
      - 본건 건물은 30년 경과된 지하1층 지상2층 연와조 슬래브지붕으로, 신축 후 양호한 관리 및 소매판매점 용도에 비추어 시간의 경과에 따른 감가 외에 기능적 감가는 없는 것으로 판단됨

3. 원가방식에 의한 시산가액 산출
   1) 토지가치의 산출
      - 공시지가기준법에 의한 토지가치: @18,000,000원/㎡
      - 거래사례비교법에 의한 토지가치: @18,200,000원/㎡
      - 거래사례비교법에 의하여 충분히 지지되는 공시지가기준법에 의한 토지가치로 결정
      - @18,000,000원/㎡ × 500㎡ = 9,000,000,000원
   2) 건물가치의 산출
      - 재조달원가: @1,500,000원/㎡(표준건축비에 따른 적정한 수준)
      - 감가수정(정액법): @1,500,000원/㎡ × 30년 / 45년 = @1,000,000원/㎡
      - 건물가치: (@1,500,000원/㎡ - @1,000,000원/㎡) × 900㎡ = 450,000,000원
   3) 원가방식에 의한 시산가액
      - 토지가치: 9,000,000,000원
      - 건물가치: 450,000,000원
      - 합계: 9,450,000,000원

4. 수익방식에 의한 시산가액 산출
   1) 계약임대료: @42,500원/㎡, 월(순임료)
   2) 계약내용: 본건 부동산 전체를 할인마트에 장기임대 중으로 최근에 시장임대료 수준으로 계약임대료를 갱신하였는바, 잔존 임대차기간은 7년임
   3) 순영업소득: @42,500원/㎡ × 900㎡ × 12 = 459,000,000원
   4) 환원율의 산출

매매사례	매매가격(원)	순영업소득(원)(NOI)	환원율(Ro)	토지가격(원)	건물가격(원)
1	8,500,000,000	488,000,000	5.74%	5,400,000,000	3,100,000,000
2	5,300,000,000	300,000,000	5.66%	3,200,000,000	2,100,000,000
3	14,000,000,000	798,000,000	5.70%	8,700,000,000	5,300,000,000

   ※ 상기 매매사례는 모두 3종일반주거지역에 속하고 매매가격, 토지 및 건물가격, 순영업소득 등은 모두 정상적인 최근 사례임

   최근 본건 인근에 소재하는 상기 매매사례의 매매가격과 순영업소득을 기초로 산출된 환원율이 유사한 수준을 나타내고 있어 신뢰성이 있다고 판단되어 본건 평가에 적용할 환원율을 5.70%로 결정함
   5) 수익방식에 의한 시산가액
      459,000,000원 / 5.70% ≒ 8,052,000,000원

5. 시산가액의 조정 및 감정평가액 결정
    - 원가방식에 의한 시산가액은 거래사례비교법에 의하여 충분히 지지되는 공시지가기준법에 의하여 산출된 시산가액에 정액법에 의하여 감가수정한 건물가치를 합산하여 산출하였음
    - 수익방식에 의한 시산가액은 최근 시장임대료 수준으로 갱신된 계약임대료를 기초로 산출된 순영업소득에 인근의 정상적인 매매사례의 순영업소득과 매매가격에 기초하여 산출된 환원율 5.66% ~ 5.74%를 고려하여 환원율 5.70%를 적용하여 산출하였음
    - 이와 같이 원가방식 및 수익방식에 적용한 자료 등이 모두 기준시점 현재 인근의 시장상황을 반영하고 있는바, 각 감정평가방식에 특별한 문제가 없는 것으로 판단됨
    - 따라서 양 시산가액의 평균액을 최종 감정평가액 8,751,000,000원으로 결정함

03

도시개발사업이 시행 중인 구역 내의 토지 기호(1) 및 기호(2)에 대하여 해당 '토지대장'과 '환지확정처분조서'에 근거하여 자료 1과 같이 정리하였다. 자료 2의 가격자료를 참고하여 다음 물음에 답하시오. (20점)

물음(1) 청산금이 정산(교부 또는 납부)된 상태를 전제로 기호(1) 및 기호(2) 토지의 과도 또는 부족면적을 판정하여 사정면적을 확정하고, 청산금의 정산상태를 고려한 현재의 가격을 각각 추정하여 면적의 차이를 분석하시오. (10점)

물음(2) 청산금이 미정산된 상태를 전제로 기호(1) 및 기호(2) 토지의 과도 또는 부족면적을 판정하여 사정면적을 확정하고, 청산금의 미정산 상태를 고려한 현재의 가격을 각각 추정하여 면적의 차이를 분석하시오. (10점)

자료 1　토지의 상황

구분	종전토지 (토지대장기준)				종후의 환지예정지				과도면적 (㎡)	부족면적 (㎡)
	소재지	지번	지목	면적 (㎡)	BL	LT	권리면적 (㎡)	환지면적 (㎡)		
기호(1)	A시 B동	10번지	전	600	35	13	420	460	-	-
기호(2)	A시 B동	20번지	답	1,200	35	14	840	800	-	-

자료 2　가격자료

1. A시 B동에서 기호(1) 및 기호(2)와 유사한 지목 '전'과 '답' 등의 농경지 가격은 100,000원/㎡수준에 형성되어 있다.

2. A시 B동에서 도시개발사업이 기 완료된 기호(1) 및 기호(2)와 유사한 환지된 토지의 가격은 200,000원/㎡ 수준에 형성되어 있다.

3. 본 도시개발사업과 관련한 교부 또는 납부(징수) 청산금의 단위면적 당 가격은 도시개발사업 완료 후 가격과 유사한 200,000원/㎡수준이다.

4. 현재의 시점은 사업의 종료가 임박한 추상적 시점으로 시점차이에 대한 보정의 필요성은 없는 것으로 조사되고, 기호(1)과 기호(2)의 소유자는 상이하여 상계처리대상이 아니다.

04 영업권에 대하여 "대상기업이 같은 업종의 다른 기업과 비교하여 초과수익을 확보할 수 있는 능력으로서 경제적 가치가 있다고 인정되는 권리"로 정의할 때, 영업권이 존재하기 위한 초과수익과 관련된 다음 물음에 답하시오. (10점)

물음(1) 영업권이 존재하기 위한 초과수익이 갖추어야 할 요건을 나열하시오. (5점)

물음(2) 초과수익을 "현재수익에서 정상수익을 차감한 값"으로 정의할 때, 정상수익(또는 정상수익률)을 산정하는 제반 방법을 기술하시오. (5점)

제36회 감정평가실무 기출

> **공통 유의사항**
> 1. 각 문제는 해답 산정 시 산식과 도출과정을 반드시 기재
> 2. 단가는 관련 규정에서 정하고 있는 사항을 제외하고 천원미만은 절사, 그 밖의 요인 보정치는 소수점 셋째자리 이하 절사

01

감정평가사 甲은 고객으로부터 건축공사가 중단된 부동산과 관련한 감정평가 및 관련 자문을 의뢰받았다. 관련 법규와 이론에 따라, 제시된 자료를 활용하여 다음 물음에 답하시오. (40점)

물음(1) 자료 1~10을 활용하여 대상부동산에 대한 현재 상태대로의 적정 매수가격(2026.7.12. 시점)과 개발을 완료할 경우의 적정 매수가격(2027.7.12. 시점)을 제시하시오. (20점)

물음(2) 개발을 완료할 경우의 적정 수익가격을 구하시오. (10점)

물음(3) 주어진 자료에 따른 향후 시장동향을 기술하고, 이에 따른 수익성지수(PI), 내부수익률(IRR), 순현재가치(NPV)의 변화를 해당 구조식(산식)을 활용하여 설명하시오. (10점)

자료 1 기본적 사항 확정

1. 기준가치: 시장가치

2. 기준시점
   1) 2026.7.12. (현재시점)
   2) 2027.7.12. (개발완료시점)

3. 대상부동산의 개요
   1) 토지

소재지	지목	면적(㎡)	용도지역	이용상황	도로접면	형상지세	주위환경
K시 H구 A동 100	대	1,000	일반상업	업무용	광대한면	가장형 평지	업무지대

2) 건물: 지하3층, 지상7층으로 설계된 건물로, 현재 지하층 공사는 완료되었으나 지상층은 5층까지 주요 구조부 공사 중 중단상태임

소재지	구조	층	면적(㎡)	용도
K시 H구 A동 100	철근콘크리트조 슬래브지붕	지상1 ~ 7층	각층 800	업무용
		지하1 ~ 3층	각층 800	주차장, 창고

4. 표준지, 거래사례, 평가선례, 임대사례의 선정은 가장 비교성이 높은 것 하나만 선정하기로 함

자료 2 공사중단 건물과 관련한 조사자료

1. 기성공사 내역

(단위: 천원)

구분	설계안 공사비	설계안 구성비(%)	기성공사 공사비	기성공사 공정률(%)
01. 가설공사	1,000,000	6.25	800,000	80
02. 기초 및 토공사	400,000	2.50	400,000	100
03. 철근콘크리트공사	2,800,000	17.50	2,240,000	80
04. 조적공사	200,000	1.25	160,000	80
05. 방수공사	400,000	2.50	320,000	80
06. 미장공사	600,000	3.75	180,000	30
07. 타일공사	600,000	3.75	180,000	30
08. 창호공사	1,800,000	11.25	540,000	30
09. 유리공사	400,000	2.50	120,000	30
10. 도장공사	2,000,000	12.50	600,000	30
11. 수장공사	1,600,000	10.00	480,000	30
12. 기타공사	600,000	3.75	480,000	80
소계	12,400,000	(77.50)	6,500,000	(52.41)
제경비	2,600,000	16.25	2,080,000	80
건축 공사비 합계	15,000,000	(93.75)	8,580,000	(57.20)
설계비	240,000	1.50	240,000	100
감리비	160,000	1.00	80,000	50
전기기본설비비	600,000	3.75	600,000	100
총 공사비 합계	16,000,000	100	9,500,000	(59.37)

주) 동 공사비 내역서는 적정한 것으로 판단되어 2026년 7월 12일자 제조달원가로 적용할 수 있으며, 건축공사비와 공정률은 층별로 동일(기초공사 및 토공사는 공통비용)한 것으로 가정함

2. 공사중단에 따른 감가비용 등 관련 조사자료

기성공사 중 공사중단에 따른 일부 물리적, 기능적 감가에 따른 비용은 기성건축공사비의 5% 정도로 추정되며 이는 적정한 것으로 조사되었고 건축허가사항과의 상이점 및 구조안전진단 결과 등에서 문제점이 발견되지는 않았으며, 이 경우 토지에 대한 별도 감가는 불필요함

자료 3 향후 개발방안 관련 조사자료

1. 기존 건축물 추가공사 방안

1년이 소요되는 추가공사를 진행할 경우의 공사완료시점 재조달원가는 원자재비 및 금리 인상 등의 시장여건 변화를 반영하되, 설계안을 기준하여 미성 건축공사비의 20% 증가요인으로 보정하는 것이 적정한 것으로 조사되었고, 정상적인 사용승인을 득하는데도 문제가 없을 것으로 조사됨

2. 기존 건축물 철거 후 신축방안

매수인이 부담할 철거비용은 기성 건축공사비의 10%가 적정한 수준이며, 신축시 신자재 및 신공법 도입으로 총 공사기간은 1년으로 동일하나, 총 공사비는 설계안 대비 25% 증가요인이 있고 이는 적정한 것으로 조사되었고, 정상적인 사용승인을 득하는데도 문제가 없을 것으로 조사됨

자료 4 표준지 공시지가 자료

1. 표준지 공시지가

(공시기준일: 2026.1.1.)

기호	소재지	지목	면적 (㎡)	이용상황	용도지역	도로접면	형상지세	공시지가 (원/㎡)
1	H구 A동 88	대	1,000	업무용	근린상업	광대세각	정방형 평지	6,600,000
2	H구 A동 102	대	750	업무용	일반상업 근린상업	광대한면	부정형 평지	6,000,000
3	H구 A동 147	대	900	상업용	일반상업	중로한면	정방형 평지	4,500,000
4	H구 A동 180	대	1,200	업무용	중심상업	광대소각	정방형 평지	10,000,000
5	H구 A동 196	대	900	업무용	일반상업	광대소각	정방형 평지	7,000,000

2. 표준지 조사자료

기호 3 표준지는 위치를 확인한 바 주변 상업지대 토지였음

자료 5 평가선례 자료[평가목적[일반거래(시가참고용)]]

기호	소재지	지목	면적(㎡)	용도지역	이용상황	도로접면	형상지세	기준시점	토지단가(원/㎡)
a	H구A동 123	대	1,500	일반상업	업무용	광대한면	세장형 평지	2025.1.1.	8,500,000
b	H구A동 188	대	1,300	일반상업	상업용	광대한면	가장형 평지	2024.1.1.	8,000,000
c	H구A동 215	대	950	중심상업	업무용	광대한면	세장형 평지	2022.1.1.	9,000,000

자료 6 거래사례 자료

1. 거래사례

기호	소재지	지목	면적(㎡)	용도지역	이용상황	도로접면	형상지세	거래시점	토지단가(원/㎡)
가	H구A동 87	대	290	일반상업	업무용	중로한면	정방형 평지	2025.01.01.	5,550,000
나	H구A동 125	대	3,000	일반상업 3종일주	업무용	광대한면	세장형 평지	2026.01.01.	8,500,000
다	H구A동 190	대	2,000	일반상업	업무용	광대한면	가장형 평지	2024.01.01.	8,000,000
라	H구A동 220	대	950	일반상업	업무용	광대한면	세장형 평지	2022.01.01.	9,000,000
마	H구A동 363	대	1,160	일반상업	업무용	광대한면	가장형 평지	2026.01.01.	8,500,000

2. 거래사례 조사자료
   1) 기호 가 거래사례는 위치를 확인한 바 후면 상업지대 토지였음
   2) 기호 다 거래사례는 등기사항전부증명서를 확인한 바 미등재상태였음

자료 7   시점수정 자료: 지가변동률(K시 H구)

(단위: %)

구분	주거지역	상업지역
2022.1.1. ~ 2026.6.30.(누계)	2.624	2.645
2023.1.1. ~ 2026.6.30.(누계)	2.265	2.285
2024.1.1. ~ 2026.6.30.(누계)	1.827	1.845
2025.1.1. ~ 2026.6.30.(누계)	1.278	1.293
2026.1.1. ~ 2026.6.30.(누계)	0.795	0.806
2026.6.1. ~ 2026.6.30.	0.000	0.000

주) 2026년 7월 이후 지가변동률은 미고시 되었음

자료 8   토지 지역요인

대상, 표준지, 평가선례 및 거래사례는 인근지역에 소재하여 지역요인은 대등함

자료 9   토지 개별요인

1. 가로조건(각지인 경우 가로조건에서 반영하기로 함)

구분	광대한면	광대소각	광대세각	중로한면	중로각지	소로한면	소로각지
광대한면	1.00	1.09	1.05	0.95	0.99	0.85	0.89
광대소각	0.92	1.00	0.96	0.87	0.91	0.78	0.82
광대세각	0.95	1.04	1.00	0.90	0.94	0.81	0.85
중로한면	1.05	1.15	1.11	1.00	1.04	0.89	0.94
중로각지	1.01	1.10	1.06	0.96	1.00	0.86	0.90
소로한면	1.18	1.28	1.24	1.12	1.16	1.00	1.05
소로각지	1.12	1.22	1.18	1.07	1.11	0.96	1.00

2. 획지조건

구분	정방형	가장형	세장형	사다리형	부정형
정방형	1.00	1.00	0.98	0.95	0.92
가장형	1.00	1.00	0.98	0.95	0.92
세장형	1.02	1.02	1.00	0.97	0.94
사다리형	1.05	1.05	1.03	1.00	0.97
부정형	1.09	1.09	1.07	1.03	1.00

자료 10 기타 사항

1. 제시된 이외의 조건은 동일한 것으로 가정함

2. 지역요인비교치 및 개별요인비교치는 소수점 넷째자리에서 반올림하여 셋째자리까지 표시함

3. 그 밖의 요인 보정치는 표준지 기준 산정방식을 적용하고 소수점 셋째자리 이하는 절사함

4. 대상토지의 결정단가는 백원단위에서 반올림하여 천원단위까지 표시함

자료 11 업무용빌딩 수익 관련자료

1. 업무용빌딩 소득수익률(K시 H구)

구분	2025.3분기	2025.4분기	2026.1분기	2026.2분기
소득수익률(%)	3.4	3.3	3.2	3.2

주) 소득수익률 = $\dfrac{NOI}{V_0}$ (NOI: 순영업소득, V_0: 분기초 자산가액)

2. 업무용빌딩 영업경비율(K시 H구)

구분	2025.3분기	2025.4분기	2026.1분기	2026.2분기
영업경비율(%)	48	49	50	50

3. 임대사례 자료

구분	대상물건	임대사례 1	임대사례 2	임대사례 3	임대사례 4
소재지	H구 A동	H구 A동	H구 A동	H구 B동	H구 B동
오피스 권역	KG서부 권역	KG서부 권역	KG서부 권역	KG서부 권역	KG동부 권역
용도지역	일반상업	일반상업	일반상업	일반상업	일반상업
층(지상/지하)	7F/B3	18F/B3	9F/B3	8F/B3	25F/B6
구조	철근 콘크리트	철골철근 콘크리트	철근 콘크리트	철근 콘크리트	철골철근 콘크리트
건물연면적(㎡)	8,000	45,000	8,500	9,000	59,000
토지면적(㎡)	1,000	3,300	1,260	1,200	3,200
사용승인(년)	2027.7.12.	2021.7.12.	2011.7.12.	2026.7.12.	2016.7.12.
연간실질임대료 (원/㎡)	-	221,000	185,000	213,000	252,000
임대(계약)시점	2027.7.12.	2026.7.12.	2026.7.12.	2026.7.12.	2026.7.12.

주) 임대면적은 건물연면적으로 계약함

4. 임대료지수

구분	2026.7.12.	2027.7.12.
임대료지수	100	98

5. 지역 및 개별요인 통합비교치

구분	대상	임대사례			
		1	2	3	4
평점	100	102	98	98	102

6. 대상부동산의 순영업소득(NOI) 등과 관련하여 전문AI프로그램에 가격자료와 관련 자료를 제시하고 계량분석을 실시한 결과 다음 결과를 얻었음
   1) 인근지역 업무시설의 최근 5년간 시계열 임대사례를 이용하여 대상부동산 순영업소득을 종속변수와 다수의 설명변수로 구축한 모형의 설명력은 0.306(R^2: 수정된 결정계수)이고, 모형과 설명변수들의 F값과 t값의 유의확률이 유의수준 보다 커서 추정된 모형이 유의하다는 가설을 기각하였음
   2) 인근지역 업무시설의 최근 5년간 시계열 임대사례를 이용하여 구축한 임대료변동률 추정모형의 설명력은 0.825(R^2: 수정된 결정계수)이고, 모형과 독립변수의 F값과 t값의 유의확률이 유의수준 보다 작아 추정된 모형이 유의하다는 가설을 채택하였으나 이를 장기간의 추이로 보기에는 어려움이 있다는 심사 감정평가사의 의견이 있었음

   $$ĝt = -0.002gt_{-1} + 5.125$$

   (ĝt: t시점의 임대료변동률 추정치, gt_{-1}: t-1기의 임대료변동률)

7. 자본환원표
   1) 이자율 연 4%

기간(년)	일시불 내가계수	연금 내가계수	감채기금 계수	일시불 현가계수	연금 현가계수	저당상수
1	1.040000	1.000000	1.000000	0.961538	0.961538	1.040000
5	1.216653	5.416323	0.184627	0.821927	4.451822	0.224627

   2) 이자율 연 5%

기간(년)	일시불 내가계수	연금 내가계수	감채기금 계수	일시불 현가계수	연금 현가계수	저당상수
1	1.050000	1.000000	1.000000	0.952381	0.952381	1.050000
5	1.276282	5.525631	0.180975	0.783526	4.329477	0.230975

8. 기타 사항
   소득수익율과 영업경비율은 2026.2분기 이후 변동이 없다고 봄

02

감정평가사 甲은 상품 판매업을 하는 개인기업 A의 법인전환에 따른 영업권 감정평가를 의뢰받았다. 관련 법규 및 이론을 참고하고, 제시된 자료를 활용하여 다음 물음에 답하시오. (30점)

물음(1) 대상기업 A의 영업관련 기업가치를 평가하시오. (20점)

물음(2) 대상기업 A의 영업권 가치를 평가하시오. (10점)

자료 1 대상기업 개요

상호	A	대표자	乙
개업일	2018.1.1.	사업의 종류	도매업, 소매업
종목	전자상거래업, 소매업	주요상품	각종 액세서리 등

자료 2 주요 가정

1. 대상기업의 특성 및 시장상황 등을 고려하여 고속성장기는 5년(1기 ~ 5기)이고, 6기부터는 안정성장기로 가정함. 안정성장기의 영구성장율은 0%를 적용하며, 5기와 동일한 현금흐름이 지속되는 것으로 가정함 (단, 고속성장기 1기는 2026.1.1. ~ 2026.12.31.임)

2. 대상기업의 결산일은 매년 말일이며, 현금흐름은 편의상 기말에 발생하는 것으로 가정함

3. 대상기업의 현금흐름 추정시 비영업용 자산에 의한 수익, 비용은 제외된 것으로 가정함

자료 3 재무상태표 및 손익계산서(2025.12.31. 현재)

1. 재무상태표

(단위: 원)

과목	금액	
자산		
Ⅰ. 유동자산		178,000,000
(1) 당좌자산		118,000,000
현금 및 현금성 자산	18,000,000	
매출채권	80,000,000	
선급비용	20,000,000	
(2) 재고자산		60,000,000
상품	60,000,000	
Ⅱ. 비유동자산		159,000,000
(1) 투자자산		8,000,000
매도가능증권	8,000,000	
(2) 유형자산		151,000,000
토지	100,000,000	
차량운반구	60,000,000	
감가상각누계액	(10,000,000)	
비품	5,000,000	
감가상각누계액	(4,000,000)	
(3) 무형자산		
(4) 기타 비유동자산		
자산총계		337,000,000
부채		
Ⅰ. 유동부채		155,000,000
매입채무	70,000,000	
미지급금	36,000,000	
예수금	31,000,000	
단기차입금	18,000,000	
Ⅱ. 비유동부채		62,000,000
장기차입금	62,000,000	
부채총계		217,000,000
자본		
Ⅰ. 자본금		120,000,000
자본금	120,000,000	
자본총계		120,000,000
부채 및 자본 총계		337,000,000

2. 손익계산서

(단위: 원)

과목	금액	
Ⅰ. 매출액		1,000,000,000
상품매출	1,000,000,000	
Ⅱ. 매출원가		600,000,000
기초상품재고액	50,000,000	
당기상품매입액	610,000,000	
기말상품재고액	60,000,000	
Ⅲ. 매출총이익		400,000,000
Ⅳ. 판매비와 관리비		176,000,000
직원급여	75,000,000	
상여금	12,000,000	
퇴직급여	8,000,000	
복리후생비	14,000,000	
여비교통비	5,000,000	
접대비	7,000,000	
통신비	1,000,000	
세금과공과금	11,000,000	
감가상각비	10,000,000	
보험료	4,000,000	
차량유지비	8,000,000	
운반비	3,000,000	
소모품비	10,000,000	
지급수수료	8,000,000	
Ⅴ. 영업이익		224,000,000
Ⅵ. 영업외 수익		2,000,000
잡이익	2,000,000	
Ⅶ. 영업외 비용		1,000,000
잡손실	1,000,000	
Ⅷ. 소득세차감전 이익		225,000,000

자료 4　매출액 및 매출원가 관련 자료

1. 매출액은 고속성장기에서는 과거 3년간의 매년 상승률 추세가 지속될 것으로 예측되며, 안정성장기에는 상승률 0%로 가정함. 상승률은 백분율로 소수점 첫째자리에서 반올림하고, 매출액은 십만원 단위에서 반올림함

(단위: 원)

구분	2022년	2023년	2024년
매출액	915,141,600	942,595,900	970,873,800

2. 매출원가는 2025년의 매출원가율과 동일한 매출원가율을 적용하여 추정함

자료 5　판매비와 관리비, 임차료, 대표자 급여(자가 노력비) 관련 자료

1. 판매비와 관리비는 2025년의 판매비와 관리비 비율과 동일한 비율을 적용하여 추정하되, 판매비와 관리비 비율에는 임차료가 포함되고, 대표자 급여(자가 노력비)는 포함되지 아니함

2. 대상기업은 특수관계자의 건물을 임차해서 영업에 사용하고 있어 임차료를 지급하지 않고 있으며, 적정한 임대차 조건은 2025.12.31. 현재 매월 임차료 2,000,000원과 보증금 20,000,000원으로 조사되었음

3. 乙은 실질적으로 영업활동에 기여하고 있으며, 관리자급 직원의 급여 수준은 2025.12.31. 현재 연간 70,000,000원이고, 고속성장기 동안 매년 1,000,000원씩 증가됨

자료 6　자본적지출 관련 자료

감가상각비와 동일한 금액이 자본적 지출로 재투자되는 것으로 가정함

자료 7　세금 관련 자료

1. 계산의 편의상 지방소득세를 포함하여 소득세율은 33%, 법인세율은 22%를 적용함(단, 누진세율은 적용하지 아니함)

2. 세금 계산시 제시된 자료 외의 감면 등은 없는 것으로 가정함

자료 8 추가운전자본 관련 자료

1. 추가운전자본은 운전자본소요율을 이용하여 산정함

$$운전자본소요율 = \frac{1}{매출채권회전율} + \frac{1}{재고자산회전율} - \frac{1}{매입채무회전율}$$

추가운전자본 = 매출액 증가분 × 운전자본소요율

2. 운전자본소요율 계산 자료

구분	매출채권회전율	재고자산회전율	매입채무회전율
회	10	10	20

자료 9 할인율 관련 자료

1. 할인율은 가중평균자본비용(WACC)을 사용하며, 백분율로 소수점 둘째자리에서 반올림함

2. 대상기업의 자본구조는 제시된 2025.12.31. 현재의 재무상태표를 기준으로 결정함

3. 자기자본비용은 자본자산가격결정모형(CAPM: Capital Asset Pricing Model)에 의하여 결정하며, 무위험자산의 수익률(Rf)은 국고채 수익률 등을 고려하여 4.0%, 시장의 기대수익률(E(Rm))은 10.0%를 적용함

4. β계수는 유사업종에 속한 기업들의 β계수 등을 고려하여 1.1로 결정함

5. 대상기업의 규모 등을 고려한 위험프리미엄은 7.4%임

6. 타인자본비용 결정시 차입이자율은 시장의 대출금리 등을 종합적으로 고려하여 8.2%를 적용함

7. 고속성장기와 안정성장기의 가중평균자본비용(WACC)은 동일하다고 가정함

자료 10 재무상태표 관련 자료

1. 재무상태표상 비영업용 항목은 매도가능증권임

2. 토지는 2018년에 취득한 영업 관련 자산으로, 현재가치(시가) 산정을 위해 감정평가한 결과는 160,000,000원임

3. 그 외 자산, 부채는 장부가액과 시가와의 차이가 없음

자료 11　기타 사항

1. 기준시점: 2026.1.1.

2. 영업권은 대상기업의 영업관련 기업가치에서 영업투하자본을 차감하는 방법으로 평가할 것

3. 영업관련 기업가치는 십만원 단위에서 반올림할 것

03

감정평가사 甲은 법원으로부터 피고가 시행한 도시계획시설사업(이하 "공익사업"이라함)에 편입된 토지에 대하여 원고의 환매권 상실로 인한 손해액을 증명하기 위한 감정평가를 의뢰받았다. 관련 법규 및 이론을 참고하고, 제시된 자료를 활용하여 다음 물음에 답하시오. (20점)

물음(1) 환매에 상실 당시를 기준으로 한 목적물의 감정평가액을 구하시오. (10점)

물음(2) 손해액 산정을 위한 인근 유사 토지의 지가변동률을 구하시오. (10점)

자료 1 ﹒ 감정평가 대상의 확정

일련번호	소재지	지번	면적(㎡)	비고
1	A시 B구 C동	100	700	토지
2	A시 B구 C동	200	900	토지

자료 2 ﹒ 법원 제시 기준일자

일련번호	소유권 상실일	환매권 발생일	환매권 상실일
1	2009.12.29.	2014.12.29.	2015.12.29.
2	2017.6.17.	2022.6.17.	2023.6.17.

자료 3 ﹒ 토지의 개황

1. 소유권 상실일 당시

일련번호	소재지	지번	지목	이용상황	용도지역	형상지세	도로접면
1	A시 B구 C동	100	전	주거기타	자연녹지	사다리형 평지	세로(가)
2	A시 B구 C동	200	전	주거나지	2종일주	가장형 평지	소로한면

2. 환매권 발생일 및 환매권 상실일 당시

일련번호	소재지	지번	지목	이용상황	용도지역	형상지세	도로접면
1	A시 B구 C동	100	전	주거기타	자연녹지	부정형 평지	소로한면
2	A시 B구 C동	200	전	주거나지	2종일주	부정형 평지	중로한면

3. 당해 공익사업으로 인해 토지 등의 가격이 변동된 것으로 조사됨

자료 4 표준지공시지가

1. 인근 표준지공시지가 특성항목

기호	소재지	지목	면적(㎡)	이용상황	용도지역	형상지세	도로접면
1	A시 B구 C동 60	전	700	전	자연녹지	부정형 평지	맹지
2	A시 B구 C동 80	전	500	전	자연녹지	부정형 평지	세로(가)
3	A시 B구 C동 120	전	400	주거기타	자연녹지	부정형 평지	세로(가)
4	A시 B구 C동 140	전	600	주거기타	자연녹지	부정형 평지	소로한면
5	A시 B구 C동 160	전	700	주거나지	2종일주	부정형 완경사	세로(불)
6	A시 B구 C동 180	전	600	주거나지	3종일주	가장형 평지	세로(가)
7	A시 B구 C동 220	전	900	주거기타	2종일주	부정형 평지	세로(가)
8	A시 B구 C동 240	전	800	주거나지	2종일주	부정형 평지	소로한면

주1) 기호 2, 4, 6, 8 표준지공시지가는 당해 공익사업에 따른 가격변동이 있는 것으로 조사됨
주2) 기호 1, 3, 5, 7 표준지공시지가는 당해 공익사업과 직접 관계가 없는 것으로 조사됨
주3) 기호 1, 2 표준지공시지가는 2014년, 기호 5, 8 표준지공시지가는 2022년 신규표준지임

2. 인근 표준지공시지가의 연도별 공시가격

1) 자연녹지지역 표준지공시지가

(단위: 원/㎡)

기호	소재지	2008.1.1.	2009.1.1.	2010.1.1.	2014.1.1.	2015.1.1.	2016.1.1.
1	A시 B구 C동 60	-	-	-	70,000	75,000	85,000
2	A시 B구 C동 80	-	-	-	45,000	50,000	55,000
3	A시 B구 C동 120	42,000	44,000	44,000	50,000	55,000	60,000
4	A시 B구 C동 140	100,000	102,000	102,000	110,000	115,000	120,000

2) 주거지역 표준지공시지가

(단위: 원/㎡)

기호	소재지	2016.1.1.	2017.1.1.	2018.1.1.	2022.1.1.	2023.1.1.	2024.1.1.
5	A시 B구 C동 160	-	-	-	450,000	460,000	460,000
6	A시 B구 C동 180	167,000	174,000	175,000	240,000	250,000	230,000
7	A시 B구 C동 220	143,000	146,000	147,000	185,000	189,000	173,000
8	A시 B구 C동 240	-	-	-	310,000	320,000	300,000

자료 5   지가변동률(A시 B구)

기간	지가변동률(%)	
	녹지지역(%)	주거지역(%)
2014.1.1. ~ 2014.12.29.	6.00	5.00
2014.1.1. ~ 2015.12.29.	10.00	8.00
2015.1.1. ~ 2015.12.29.	4.00	3.00
2022.1.1. ~ 2022.6.17.	5.00	4.00
2022.1.1. ~ 2023.6.17.	8.00	6.00
2023.1.1. ~ 2023.6.17.	3.00	2.00

자료 6   지역요인, 개별요인 및 그 밖의 요인

1. 본건 토지와 기호 1 ~ 8 표준지공시지가는 인근지역에 위치하므로 지역요인 대등함

2. 개별요인 및 그 밖의 요인

구분	표준지 1	표준지 2	표준지 3	표준지 4	표준지 5	표준지 6	표준지 7	표준지 8
개별요인	1.150	1.100	1.050	1.050	1.150	1.080	1.050	1.050
그 밖의 요인	2.00	2.00	2.00	2.00	3.00	3.00	3.00	3.00

주1) 개별요인과 관련된 수치(= 평가대상 ÷ 표준지)는 평가대상과 각각의 표준지를 비교하여 산정된 결과임
주2) 그 밖의 요인과 관련된 수치는 "표준지 기준 산정방식"에 의해 산정된 결과임
주3) 개별요인 및 그 밖의 요인과 관련된 수치는 본건 일련번호 1, 2 토지에 동일하게 적용됨

자료 7 기타

1. 윤년은 고려치 않음

2. 인근 표준지공시지가의 특성항목은 연도에 따른 변동은 없음

3. 법원 확인 결과 일련번호 "1"토지는 2009.12.29.에, 일련번호 "2" 토지는 2017.06.17.에 협의취득에 따른 매매대금이 지급되었고, 같은 날 소유권이전등기를 마침

4. 가격조사완료일: 2026.7.12.

5. 산정단가는 백원 단위에서 반올림함

6. 인근 유사 토지의 지가변동률은 %로 표시하되 소수점 첫째자리에서 반올림함
   (예: 11.4% 상승 → 11% 상승, 11.6% 상승 → 12% 상승)

7. 상기자료 등은 법원, 감정평가사, 원고, 피고가 모두 확인하고 동의한 사항임

04 감정평가사 甲은 법원으로부터 유연분묘가 소재하는 토지에 대한 경매평가를 의뢰받았다. 현장조사 결과 봉분 등이 외부에서 분묘의 존재로 인식될 수 있는 형태임을 확인하였고, 시신의 안장 여부 역시 확인된 경우 다음 물음에 답하시오. (10점)

물음(1) 타인의 토지 위에 있는 유연분묘에 "분묘기지권"이 성립될 수 있는 요건을 3가지만 설명하시오. (5점)

물음(2) "분묘기지권"이 성립되어 토지에 영향을 미치는 경우 유연분묘가 소재하는 토지의 감정평가 방법을 설명하시오. (5점)

해커스 감정평가사

여지훈
감정평가실무 2차 기출문제집

답안편

해커스 감정평가사
ca.Hackers.com

목차

답안편 [책 속의 책]

제10회	감정평가실무 기출	8
제11회	감정평가실무 기출	14
제12회	감정평가실무 기출	20
제13회	감정평가실무 기출	26
제14회	감정평가실무 기출	32
제15회	감정평가실무 기출	38
제16회	감정평가실무 기출	44
제17회	감정평가실무 기출	50
제18회	감정평가실무 기출	56
제19회	감정평가실무 기출	62
제20회	감정평가실무 기출	68
제21회	감정평가실무 기출	74
제22회	감정평가실무 기출	80
제23회	감정평가실무 기출	86
제24회	감정평가실무 기출	92
제25회	감정평가실무 기출	100
제26회	감정평가실무 기출	106
제27회	감정평가실무 기출	112
제28회	감정평가실무 기출	118
제29회	감정평가실무 기출	124
제30회	감정평가실무 기출	130
제31회	감정평가실무 기출	136
제32회	감정평가실무 기출	142
제33회	감정평가실무 기출	148
제34회	감정평가실무 기출	154
제35회	감정평가실무 기출	160
제36회	감정평가실무 기출	166

해커스 감정평가사
ca.Hackers.com

해커스 감정평가사
여지훈 감정평가실무
2차 기출문제집

답안편

해커스 감정평가사
ca.Hackers.com

제10회 감정평가실무 기출

문1)(40)

Ⅰ.개요
- 현재 대상토지의 가치와 분양시 토지가치, 임대시 토지가치를 평가하여, 투자우위 판단 및 의사결정을 행함.
- 기준시점: 2026.9.1

Ⅱ.(물음1)

1.면적 확정: 2,500㎡
건축부지에 가치 화체되었으며, 거래의 대상이 되지 않는다고 판단되는 기부채납 500㎡ 부분 제외함

2.공시지가기준법

610,000 × 1.01570 × 100/102 × 100/106
     시*)   지   개

× 1 = @573,000
 그

*)시점(26.1.1~9.1 주거·지가, 이하방식 同)
1.0075 × 1.0048 × (1 + 0.0048 × 63/91)

3.거래사례비교법

1)사례 선정
사례 정상화 가능한 <A, B> 모두 선택함

2)A기준
(1)사례토지 시장가치
1,200백만 × (0.2 + 0.3 × 0.980 + 0.5 × 0.971)*)

× 2/3 × 1/0.9 = 870,666,000
  토가구 건부감가

*)시장이자율 월1% 적용 (B동일)

(2)비준가액
'(1)' × 1.00973 × 100/95 × 100/112 ×
    시   지   개

1/1,500 = @550,000
 면

3)B기준
(1)사례토지 현금등가액
가.현금지급액
900백만 × 2/3 = 600,000,000
 1-저당비율

나.원금상환액
300백만 × 1/3 × (0.893 + 0.797 + 0.712)
       1.12^{-1} 1.12^{-2} 1.12^{-3}
= 240,200,000

다.이자지불액
300백만 × 0.144/12 × PVAF(1%, 12) ×
    월이자율

(1 + 2/3 × 0.893 + 1/3 × 0.797)
= 75,404,000

라.현금등가액
'가' + '나' + '다' = 915,604,000

(2)비준가액
'(1)' × 1 × 1.01570 × 100/104 × 100/125
   사 시   지   개

× 1/1,200 = @596,000
  면

4.토지 현재가치

1)합리성 검토(감칙12②)
공시지가기준가액과 비준가액이 유사범위 내에 있고, 각 비준가액 사이에 공시지가기준가액이 위치하여, 공시지가기준가액의 합리성 인정됨
따라서 감칙14 공시지가기준가액으로 결정

2)결정
@573,000 × 2,500 = 1,432,500,000

Ⅲ.(물음2)

1.할인율 선택
시장이자율을 요구수익률로 보아 12% 적용함

2.분양시 토지가치(개발법)

1)분양수입 현가
(1)명목 분양수입
650백만 × 18 = 11,700,000,000
  세대수

(2)현가
'(1)' × [0.2×0.961 + 0.3×0.933 + 0.5×0.887]
1.01^{-4} 1.01^{-7} 1.01^{-12}
=10,713,000,000

2)개발비용 현가
(1)건축비
1,200,000 × 6,500 × [0.3×0.971 + 0.3
                    1.01^{-3}

× 0.942 + 0.4×0.887] =   7,244,000,000
   1.01^{-6} 1.01^{-12}

(2)판매관리비
11,700백만 × 0.1 × 1/2 × [0.961 + 0.887]
                    1.01^{-4} 1.01^{-12}
                  =1,081,000,000

(3)합: 8,325,000,000

3)토지가치
'1)' - '2)' =   2,388,000,000

③손해보험료
7,800백만 × 0.0015 × [1 - 0.5 × FVAF(6%,5)
                   비소멸   보험약정이자율

× SFF(12%,5)] =   6,509,000
   시장이자율

④결정
'①' + '②' + '③' =   0.004X + 113,069,000

(3)순수익
'(1)' - '(2)' =   884,851,000 - 0.004X

2)대상토지 귀속순수익
'1)' - 7,800백만 × 0.09
     건물가치   건물R
           =182,851,000 - 0.004X

3)토지가치
(1)준공 시
'2)' ÷ 0.05 = X
  토지R
      ∴ X = 3,386,000,000

3.임대 시 토지가치(토지잔여법)
1)상각전 순수익
(1)유효총수익
(3백만 × 18 × 12 + 250백만 × 18 × 0.08) ×
     지급임대료   보증금운용익

(1-0.01) =   997,920,000
 대손

(2)운영경비(개발 후 토지가치를 X)
①유지수선비·관리비
7,800백만 × 0.007 + 3백만 × 18 × 12 × 0.02
  *)
                    =67,560,000
*)건물가치(26.9.1 ~ 27.8.31 건축비보함세로 봄)
1,200,000 × 1 × 6,500
      시   면

②제세공과금
X × 0.004 + 7,800백만 × 0.005
              =0.004X + 39,000,000

(2)의사결정시점 시
'(1)' × 0.887 =   3,003,000,000
 1.01^{-12}

4.투자우위 판단 및 의사결정
1)투자우위 판단
빌라 개발 후 토지가치가 더 큰 <임대방안>이 투자우위에 있음

2)의사결정
임대시 토지가치(3,003백만)가 현재 토지가치(1,432,500,000)보다 크므로, 현재 토지의 매도방안보다 <빌라트 건축 및 임대방안>으로 의사를 결정함이 타당함

-끝-

문2) (25)

Ⅰ. (물음1)

1. 할인현금흐름 분석표   (단위: 천원)

	1	2	3	4
매각수입	100,000[*1]	105,000	110,250	115,762
부대비용	5,000[*2]	5,250	5,512	5,788
유지비용	5,000	5,000	5,000	5,000
세금	10,000[*3]	10,000	10,000	10,000
관리비	2,000[*4]	2,000	2,000	2,000
순수익	78,000	82,750	87,738	92,974

- 1) 10백만 × 10 (분기당 40 × 0.25 = 10획지 매각)
- 2) 100백만 × 0.05
- 3) 1백만 × 10
- 4) 200,000 × 10

2. 현재가치

$78,000/1.01^3 + 82,750/1.01^6 + 87,738/1.01^9 + 92,974/1.01^{12} =$ 316,392,000

Ⅱ. (물음2)

1. 현금유입: 316,392,000

2. 현금유출: 300,000,000

3. NPV
   '1' − '2' =   (+)16,392,000

Ⅲ. (물음3)

1. NPV값 결정 측면

   내부수익률 > 요구수익률이면, NPV > 0이고
   내부수익률 < 요구수익률이면, NPV < 0이며
   내부수익률 = 요구수익률이면, NPV = 0임.
   따라서 내부수익률과 요구수익률은 NPV값 결정측면의 상관관계가 있음

2. 투자타당성 분석 측면

   내부수익률 > 요구수익률이면 투자의 타당성은 긍정되고, 내부수익률 < 요구수익률이면 부정됨. 따라서 내부수익률과 요구수익률은 투자타당성 분석 측면의 상관관계가 있음

Ⅳ. (물음4)

1. 내부수익률(X)

$[78,000/(1+X)^3 + 82,750/(1+X)^6 + 87,738/(1+X)^9 + 92,974/(1+X)^{12}] \times 10^3$
   =300백만
   ∴ X = 0.017 (연 20.4%)

2. 순현재가치: (+)16,392,000

3. 투자결과의 타당성
   내부수익률 > 요구수익률이고
   NPV > 0이므로,
   乙의 투자결과의 타당성은 긍정됨

   -끝-

문3) (15)

Ⅰ. (물음1)

1. 대상물건과 가치형성요인이 같거나 비슷한 거래사례를 수집·선정함

2. 사례의 거래시점 기준 재조달원가와 건물가치를 산정함

3. 재조달원가에서 건물가치를 차감하여 총감가액을 구하고, 총감가액을 경과연수로 나누어 연간 감가액을 구함

4. 연간 감가액을 재조달원가로 나누어 대상에 적용할 연간 감가율을 산출함

5. 대상의 재조달원가에 연간 감가율과 대상의 경과연수를 곱하여 발생감가액을 산출함

Ⅱ. (물음2)

1. 연간 감가율

1) 사례 재조달원가
   420백만 × (1 − 0.1) =   378,000,000
   *) 거래시점과 동일하다고 봄

2) 사례 건물가치
   540백만 − 700,000 × 360 − 420백만 × 0.1
   전체   토지   구축물
   × 0.5 =   267,000,000

3)연간 감가율

[('1)' - '2)'] × 1/10 ÷ '1)' =   0.0294
  총감가액   경과연수   재조달원가

2.연간 감가액
378백만 × 0.0294 =   11,113,000
*)
*)대상과 사례의 재조달원가는 동일하다고 봄
-끝-

문4)(10)
Ⅰ.감정평가 개요
토지보상法91 환매권 행사를 위한 2026. 8.22 기준 환매금액을 구함

Ⅱ.환매당시 적정가격
1.적용공시지가 선택
환매당시에 가장 가까운 시점인 <26년>

2.그 밖의 요인 보정치
시장가치 반영을 위해 인근의 최근 매매사례인 <26.8.1 #2> 참작함

$$\frac{160{,}000 \times 1.00290^{*)} \times 1 \times 1}{121{,}000 \times 1.02213^{*)} \times 1 \times 1.25} = 1.038$$
*)시점(지가변동률)

∴ 3.8%로 차이 미미하여 공시지가에 시장가치 반영 충분하다 보아 <1.000>으로 결정

3.환매당시 적정가격
121,000 × 1.02213 × 1 × 1.25 × 1 = @155,000
           시   지   개   그
(× 100 = 15,500,000)

Ⅲ.인근 유사토지 지가변동률
1.표본지 선정
해당 사업과 무관한 비교표준지를 선정함

2.지가변동률
$$\frac{121{,}000 \times 1.02213}{90{,}000 + 10{,}000 \times 91/365} - 1 = 0.33716$$

Ⅳ.환매금액
1.지가의 현저한 변동여부(슈48)
15,500,000 > 100,000 × 100 × 1.33716
 환매당시평가액   지가변동률 고려된 지급보상금
이므로 지가의 현저한 변동 인정됨

2.환매금액
100,000 × 100 + (15,500,000 - 100,000
 지급보상금   환매당시평가액
× 100 × 1.33716) =   12,128,000
지가변동률 고려된 지급보상금
-끝-

문5)(10)
Ⅰ.Feasibility Study (타당성 분석)
1.개념
투자대안의 수익이 비용을 감당할 수 있는가를 분석하는 것임. 특히 부동산 투자에 있어서는 기술적·법률적 분석을 토대로 경제적 측면에서 행해지는 분석을 말함

2.분석기법
NPV법, IRR법, PI법 및 기타 응용기법을 이용하여 타당성 분석이 행해짐. 이 때, 수익·비용의 산출에 있어서 감정평가액의 활용이 중요함 (개발 후 수익가치 도출, 적정 매입비용 추계 등)

3.감정평가활동으로서 타당성 분석
타당성 분석에 있어서 감정평가의 활용뿐만 아니라, 감정평가법10조7호·8호 및 감칙27에 근거하여 타당성 분석의 주체로서 감정평가사의 역할이 중시되고 있음

Ⅱ.REIT's (부동산투자회사)
1.개념
주식을 발행하여 다수의 투자자로부터 자금을 모아 부동산이나 부동산 관련 상품에 투자하고 투자수익을 투자자에게 배당하는 것을 목적으로 하는 상법상 주식회사임. 간접투자기구로서, 「부동산투자회사법」에 근거함

2.종류·기능

자기관리, 위탁관리, 기업구조조정 리츠가 있음. 최근에는 총자산 100%를 부동산 개발사업에 투자가능한 개발전문리츠가 등장하였음. 리츠는 조세감면, 관리용이, 자금조달 용이, 소규모 투자가능, 유동성 우수, 시장투명화의 기능을 갖음

3.감정평가와의 관련성

리츠와 관련하여 기초·보유자산의 평가, 리츠자체의 가치평가로서 주식평가를 위해 감정평가가 활용될 수 있음. 또한 리츠 활동의 원활화를 위해 부동산투자 타당성 분석의 수행도 가능함

-끝-

- 이하여백 -

제11회 감정평가실무 기출

문1) (30)

Ⅰ. 감정평가 개요
토지보상 法, 슈, 則 등 근거하여 보상평가에 관한 각 물음에 답함

Ⅱ. (물음1)
1. 방침
1) 보상기준
재배작물 종류에 상관없이 도별연간농가평균 단위경작면적당 농작물총수입 2년분 기준함

2) #2
현재 수확시기 이전이라도 농지법 제2조 제1호 가목의 농지이므로 농업손실보상대상임

3) #4
객관적 가치보상 또는 실비변상적 보상인 과수목 보상과 일실손실보상인 농업손실보상은 별개이므로 농업손실보상 대상임

2. 영농손실액(#1~4)
1,148 × 2 × 500 = 1,148,000
(총수입) (면적)

Ⅲ. (물음2)
1. 물적대상(則48①③)
1) 대상
농지법 제2조 제1호 가목 및 시행령 제2조 제3항 제2호 가목에 해당하는 토지임

2) 제외
사업인정고시일등 이후 농지로 이용되고 있는 토지, 일시적으로 농지로 이용되고 있는 토지, 타인소유토지를 불법으로 점유하여 경작하고 있는 토지, 농지법상 농민이 아닌 자가 경작하고 있는 토지, 토지취득보상 이후 사업시행자가 2년 이상 계속 경작하도록 허용하는 토지는 제외됨

2. 인적대상(則48④⑤)
1) 자경농지
농지소유자에게 보상함

2) 자경농지가 아닌 농지
농지소유자가 해당지역에 거주하는 경우, 농지소유자와 실제경작자의 협의내용에 따라 보상하되, 협의가 성립되지 않는 경우는 도별 총수입 기준 보상 시 50%씩 보상하고, 실제 소득에 따라 보상 시 농지소유자는 도별 총 수입의 50%를, 실제경작자는 실제소득에서 농지소유자 보상액을 제외한 금액을 보상함

다만, 실제경작자가 경작하고 있지 않는 경우는 농지소유자에게 보상하고, 농지 소유자가 해당지역에 거주하지 않는 경우는 실제경작자에게 보상함

Ⅳ. (물음3)
1. 개간비 보상 여부
1) 보상취지
자기의 비용을 투입하여 토지가치를 증진시킨 개간자에게 그 비용을 보상하고, 法 64 개인별 보상 원칙에 따라 개간자를 보호하기 위한 취지임. 따라서 보상은 개간한 자 또는 그의 상속인에 한정됨

2) 사안의 경우
현재 경작자 B는 개간한 자 또는 그의 상속인이 아니므로 개간비를 보상할 수 없음

2. 보상금 산정방법(則27)
1) 개간비
개간에 소요된 비용으로 보상하되, 개간 후의 토지가액에서 개간 전의 토지가액을 뺀 금액을 초과하지 못함

2) 개간지
개간 후의 토지가액에서 개간비를 뺀 금액으로 함

Ⅴ. (물음4)
1. 불법형질변경토지의 입증책임
1) 학설
法27③의 토지조서의 진실의 추정력에 의해 토지조서에 반하는 현황의 입증책임은 토지 소유자에게 있다는 견해, 法70②의

현황평가주의 원칙에 의해 그 예외인 불법형질변경 토지라는 입증책임은 사업시행자에게 있다는 견해가 있음

2) 판례

토지보상액은 현실적인 이용상황에 따라 산정하는 것이 원칙이므로 불법형질변경토지와 같은 예외적인 보상방법을 주장하는 쪽에서 입증해야 한다고 보아 <사업시행자 입증책임설>의 태도임

3) 검토

헌법23③ 정당보상을 구체화하기 위해 토지보상법은 현황평가주의 원칙을 취하므로, 이를 관철하기 위해 <사업시행자입증책임설>이 타당함

2. #6의 현실이용상황 판단: <조성된 나지>

단순히 공부상 지목과 현실 이용상황이 다르다는 사실만으로 사업시행자가 불법형질변경이라는 입증책임을 다한 것이라 볼 수 없으므로 현황평가 하여야 함   -끝-

---

문2)(25)

Ⅰ. 감정평가 개요

- 토지보상 法71, 則31① 등 근거하여 지하부분 사용에 따른 감정평가에 관한 물음에 답함
- 가격시점: 2026.8.1

Ⅱ. (물음1)

1. 토지의 단위면적당 적정가격

1) 그 밖의 요인 보정 전 가액

$2,540,000 \times 1.03676 \times 1 \times 1 = @2,633,370$

　　　*1)　　시*2)　　지　개*3)

*1) (法70③) 가격시점 이전 최근 <26년>

*2) 시점(26.1.1 ~ 8.1 상업·지가) (이하 방식 同)

$1.0127 \times 1.0175 \times (1 + 0.0175 \times 32/91)$

- 생산자물가지수 미제시

*3) (則23①단서) 도시철도 저촉 고려안함

---

2) 그 밖의 요인 보정치(거래사례 기준)

(1) 사례건물가치

$900,000 \times \dfrac{104 + 12 \times 8/12}{116} \times 1 \times 58/60 \times 2,460$

　시(건축비)　개　잔　면

$= 2,066,400,000$

(2) 거래사례 기준 가액

$[3,530백만 - '(1)'] \times 1 \times 1.02376 \times 1$

　　배분법　　사　시　지

$\times 100/95 \times 1/600 = @2,628,728$

　개　　면

(3) 그 밖의 요인 보정치

$2,628,728 \div 2,633,370 = 1.00$

∴ 표준지는 적정 시세 반영하고 있어 별도로 그 밖의 요인은 보정하지 아니함

3) 토지의 단위면적당 적정가격

$2,540,000 \times 1.03676 \times 1 \times 1 \times 1$

$= @2,633,000$

---

2. 보상평가액

1) 입체이용저해율

(1) 건축물 등 이용저해율 (중층시가지, A형)

$0.75 \times \dfrac{35 \times 7}{35 + 44 + \cdots + 35 \times 11} = 0.260$

(2) 지하부분 이용저해율

한계심도 35, 토피 18 기준해　0.057

(3) 그 밖의 이용저해율

$0.15 \times 1/2 = 0.075$

(4) 결정

'(1)' + '(2)' + '(3)' = 0.392

2) 보상평가액

$2,633,000 \times 0.392 \times 500 = 516,068,000$

Ⅲ. (물음2)

1. 비교표준지 선정 기준 (則22③)

용도지역 등 공법상 제한사항, 실제 이용상황, 주위환경 등이 같거나 비슷할 것, 지리적으로 가까이 있을 것

2.비교표준지 선정이유 1)선정: <2> 2)이유 용도지역(일반상업), 이용상황(상업나지), 주변환경(노선상가지대)이 같고, 인근에 위치해 지리적으로 가까워 선정기준 만족함 (#1·3: 용도지역 등 상이하여 배제) Ⅳ.(물음3) 1.최유효건물층수의 개념 해당 토지에 건물을 건축하여 가장 효율적으로 이용할 경우의 층수임 2.참작사항 ①인근토지의 이용상황·지가수준·성숙도·잠재력 등을 고려한 경제적 층수 ②토지의 입지조건·형태·지질 등을 고려한 건축가능한 층수 ③「건축법」,「국토법」등 관련 법령에서 규제하고 있는 범위내의 층수를 참작함	Ⅴ.(물음4) 1.저해층수 지하부분 사용으로 건축이 불가능해지는 층수로서, 최유효건물층수에서 건축가능층수를 차감하여 산정되는 층수임 2.본건의 저해층수 결정이유 1)결정: <지상9~15층부분> 2)이유 최유효건물층수가 지하2~지상15층이고 건축가능층수가 지하2~지상8층이므로, 나머지 부분이 저해층수가 됨 -끝- **문3)(20)** Ⅰ.감정평가 개요 • 비준가액과 수익가액을 적용하여 토지의 감정평가액을 결정함 • 기준시점: 2026.8.1

Ⅱ.비준가액(공시지가기준법)
1.비교표준지 선정
일반상업, 상업나지, A동으로 동일한 <1>
 	
2.비준가액
600,000 × 1.08838 × 1 × 100/90 × 1
       시*)   지   개   그
                            =@726,000
*)시점(지가변동률)
1.032 × 1.04 × (1 + 0.04 × 32/91)
 	
Ⅲ.수익가액(토지잔여법)
1.사례 상각 후 순수익
1)유효총수익
(500,000 × 0.08 + 2,400 × 12) × 169
      3층
+ (600,000 × 0.08 + 3,000 × 12) × 169
      2층
+ (2백만 × 0.08 + 20,000 × 12) × 150
      1층
- (1,600,000 + 800,000) =   83,423,000
     대손   공실
	2)운영경비
	(1)감가상각비
	320,091,840 × (0.8 × 1/40 + 0.2 × 1/20)
	     *)재 주체 부대
	                                 =9,603,000
	*)재조달원가: 500,000 × 1.11143 × 576
	                    시(건축비) 면
	
	(2)결정
	'(1)' + 3백만 + 1,100,000 = 13,703,000
	                유지 제세
	
	3)순수익
	'1)' - '2)' = 69,720,000
	
	2.사례토지 귀속순수익
	'1' - 310,489,000 × 0.15 = 23,147,000
	        *) 건물R
	*)건물가액
	320,091,840 × (0.8 × 39/40 + 0.2 × 19/20)

3. 대상토지 기대순수익

'2' × 1 × 1 × 1 × 100/95 × 1/320 = @76,141
　　사　시　지　개　　면

4. 수익가액

'3' ÷ 0.12 = @635,000
　토지R

Ⅳ. 감정평가액

1. 합리성 검토(감칙12②)

수익가액은 토지·건물의 수익력 분리의 이론적 한계 및 분리환원율 산정 오류 가능성의 실무적 한계가 존재하는 점에서 다소 설득력이 낮다고 판단됨

따라서 대상과 유사성 큰 비교표준지를 선정하여 설득력이 높은 감칙14 원칙인 공시지가 기준가액으로 결정함

2. 감정평가액

726,000 × 350 = 254,100,000

-끝-

(2) 건물

600,000 × 1,900 = 1,140,000,000

(3) 결정

'(1)' + '(2)' = 3,040,000,000

2) 층별 효용비율

$\frac{100}{100+68+56+49+45}$ = 0.314

3) 기초가액

'1)' × '2)' = 954,560,000

2. 적산임료

'1' × 0.08 × (1 + 0.1) = 84,001,000
　기대이율　　필요제경비　　(@288,000)

Ⅳ. 시장임대료

1. 합리성 검토(감칙12②)

비준임료와 적산임료가 유사하여 비준임료의 합리성이 지지되므로, 감칙22 원칙인 비준 임료로 결정함

문4)(15)

Ⅰ. 감정평가 개요

2026.8.1기준 사무실 1층의 시장임대료를 평가함

Ⅱ. 임대사례비교법

1. 사례 시장임대료

750백만 × 0.1 × (1 + 0.1) = 82,500,000
　보증금운용익　　필요제경비

2. 비준임료

'1' × 1 × $\frac{112+12×2/12}{100}$ × 0.9 × 1/300
　사　시(임대료)　가　면

= @282,000

Ⅲ. 적산법

1. 기초가액

1) 전체가액

(1) 토지

2,500,000 × 0.95000 × 1 × 1 × 1 × 800
　시(지가)　지　개　그　면

= 1,900,000,000

2. 시장 임대료

@282,000 × 292 = 82,344,000

-끝-

문5)(10)

Ⅰ. 수집자료

① 법인 등기사항전부증명서 및 정관
② 최근 3년간의 재무제표 및 부속명세서
③ 회계감사보고서
④ 법인세과세표준 및 세액신고서(조정계산서) 또는 종합소득과세표준확정신고서
⑤ 영업용 고정자산 및 재고자산 목록
⑥ 취업규칙·급여대장·근로소득세원천징수영수증
⑦ 부가가치세과세표준증명원
⑧ 그 밖에 필요한 자료

Ⅱ. 조사사항

① 영업장소의 소재지·업종·규모
② 수입 및 지출 등에 관한 사항
③ 과세표준액 및 납세실적

④영업용 고정자산 및 재고자산의 내용
⑤종업원 현황 및 인건비 등 지출내용
⑥그 밖의 필요한 사항

-끝-

- 이하여백 -

제12회 감정평가실무 기출

문1)(40)

I.개요
- 시장가치와 투자가치를 비교하여 A빌딩의 투자타당성을 검토함.

- 기준시점: 2026.8.26

II.(물음1)

1.개별물건 평가액 합

1)토지

(1)공시지가기준가액

$1,050,000 \times 1.05295 \times 1 \times 0.89 \times 1$
　　　　　　　시*1)　　　지 개(도) 그*2)
　　　　　　　　　　　　　　= @984,000

*1)시점(26.1.1 ~ 8.26 주거·지가, 이하방식 同)
$1.0274 \times 1.0152 \times (1 + 0.0152 \times 57/91)$

*2)그 밖의 요인: 평가선례 #2는 경제적 감가 존재로 배분법 불가능, #3은 이용상황 상이로 보정 자료로 활용하지 아니함

(2)비준가액

가.사례 선정

일반주거, 상업용, 배분법 가능한 <1>

나.사례건물가치

$800,000 \times 1 \times 3,000 = 2,400,000,000$
　　　　　시*)　면

*)건축비 보합세로 봄

다.비준가액

(3,300백만 - 2,400백만) $\times 1 \times 1.02487 \times$
　　　　배분법　　　　　사　　시

$1 \times 0.89 \times 1/800 = $ @1,026,000
지 개(도) 면

(3)토지가치

@$1,000,000 \times 1,000 = 1,000,000,000$

감칙14 공시지가기준가액 원칙이나 시장성 반영이 부족하여 매입목적에 부합하지 못해 합리성 다소 적다 판단됨. 따라서 시장성 반영에 유리한 비준가액과 균형 고려해 유사한 가중치 부여하여 결정함

2)건물

$800,000 \times 104/98 \times 45/50 \times 0.97$
　　　　　　개　　잔　*)기능적 감가
　　　　　　　　　　　= @741,000
　　　　　　　($\times 3,000 = 2,223,000,000$)

3)평가액 합

'1)' + '2)' = 3,223,000,000

2.수익가액

1)순수익

(1)유효총수익

가.보증금운용익·지급임대료

$[(100,000 \times 0.1 + 10,000 \times 12) \times 400$
$+ (70,000 \times 0.1 + 7,000 \times 12) \times 600$
$+ (50,000 \times 0.1 + 5,000 \times 12) \times 600 \times 3]$
$\times 1.1 = 245,960,000$
　*)시세보정

나.관리비

$6,000 \times 12 \times 2,800 = 201,600,000$

다.결정

인근 적정 공실률 적용함(대체·경쟁의 원칙)

('가' + '나') $\times (1 - 0.05) = 425,182,000$

(2)운영경비

$201,600,000 \times 0.83 = 167,328,000$

(3)순수익

'(1)' - '(2)' = 257,854,000

2)수익가액

'1)' ÷ 0.08 = 3,223,000,000
　환원율

3.감정평가액

1)합리성 검토(감칙12②)

양 시산가액 일치하여 수익성 부동산의 성격 및 일체 거래관행 잘 반영하는 수익가액에 의해 감칙7① 원칙인 개별물건 평가액 합의 합리성 지지됨. 따라서 개별물건 평가액 합으로 최종 결정함

2)감정평가액:　　　　　　　　3,220,000,000
　　　　　　　　　　　　　　　유효숫자 세자리

Ⅲ.(물음2)
1.A빌딩 투자가치(DCF법)
1)저당가치:　　　　　　　　　1,200,000,000

2)지분가치
 (1)기초 현금흐름
 가.보증금운용익·지급임대료
 (100,000 × 0.1 × 1.15 + 10,000 × 1.1 × 12)
 　　　　　　　　*)전환이율
 × 400 + (70,000 × 0.1 × 1.15 + 7,000
 × 1.1 × 12) × 600 + (50,000 × 0.1 × 1.15
 + 5,000 × 1.1 × 12) × 600 × 3
 　　　　　　　　　　　=246,820,000
 나.DS
 1,200백만 × 0.08 =　　　　　96,000,000
 다.감가상각비
 800,000 × 104/98 × 3,000 × 1/50
 　재조달원가　　　　　　　내용연수
 　　　　　　　　　　　　=50,939,000

(3)기말 지분복귀가치
 301,739,000 ÷ 0.08 × (1 - 0.05)
 　6기 NOI　　기출R*)　　매각비
 -1,200백만 =　　　　　　 2,383,151,000
 　저당잔금
 *)최종환원율은 환원율과 동일하다고 봄
 *)양도소득세 미제시로 고려하지 아니함

(4)지분가치
 140,324,000 × 0.909 + ⋯ + (167,415,000
 　　　　　　1.1^{-1}
 + 2,383,151,000) × 0.621 = 2,057,373,000
 　　　　　　　　　　1.1^{-5}

3)투자가치
 '1)' + '2)' =　　　　　　　3,260,000,000

2.투자타당성 검토
1)타당성: <긍정>

2)이유
시장가치 < 투자가치 이므로 투자타당성은
긍정됨(투자 시 40,000,000의 이익 예상됨)
　　　　　　　　　　　　　　　　-끝-

(2)기중 ATCF
　　　　　　　　　　　　　　　(단위:천원)

	1	2	3	4	5	6
보증금·지급	246,820	3.43%*1) 증가				
관리비	201,600	좌동				
PGI	448,420					
EGI	425,999					
(OE)	167,328	좌동				
NOI	258,671					301,739
(DS)	96,000	좌동				
BTCF	162,671					
(dep)	50,939	좌동				
(TAX)	22,346*2)					
ATCF	140,324	146,758	153,413	160,296	167,415	

*1)최근 임대료 변동추이 (임대료지수)
(102/100 - 1) × 12/7
26.7　25.12
*2)(BTCF - 감가상각비) × 0.2
　　　　　　　　　　　세율

문2)(25)

Ⅰ.(물음1)
1.가격시점:　　　　　　　　　<2026.7.1>

2.이유
(法67①)보상의 형평성 취지 및 수용재결
평가의 적정성 검토의 이의재결평가의 성
격상 이의재결평가라도 수용재결일 기준함

Ⅱ.(물음2)
1.비교표준지 선정:　　　　　　<121>

2.이유
(則23②)변경 전 자연녹지 기준하고, (則24,
부칙5)89.1.24 후 건축된 무허가 건축물
부지로 건축당시 전 기준함

Ⅲ.(물음3)
1.적용공시지가 선택:　　　　　<25년>

2.이유
(法70④)사업인정의제일 25.7.10 이전 최근

공시된 공시지가 선택하여 해당 사업에 의한 영향 배제함	Ⅵ.(물음6) 1.그 밖의 요인 보정률 $\quad 1/(1 - 0.1) = \qquad <1.111>$
Ⅳ.(물음4) 1.지가변동률(25.1.1 ~ 26.7.1 S시P구·녹지) $1.0483 \times 1.0073 \times 1.0137 \times (1 + 0.0137$ $\times 1/91) = \qquad 1.07058$	2.이유 (法67②,則23①단서) 해당 사업으로 인한 지가 변동은 고려하지 아니함. 따라서 개발이익뿐만 아니라 행위제한도 고려안함
2.생산자물가상승률 $26.6/24.12 = 123.1/119.6 = \qquad 1.02926$	Ⅶ.(물음7) $130,000 \times 1.07058 \times 1 \times 1.05 \times 1.111$ $\qquad$ 시 $\quad$ 지 $\quad$ 개 $\quad$ 그
3.시점수정률 토지가격 변동의 특성을 잘 반영하는 지가변동률 기준하여 $\qquad <1.07058>$	$\qquad = @162,400$ $\qquad (\times 1,200 = 194,880,000)$
Ⅴ.(물음5) 1.지역요인 격차율 인근지역에 표준지 소재하여 $\qquad <1.000>$	Ⅷ.(물음8) 1.보상대상인 이유 (法25반대해석,판례) 무허가건축물이나 행위제한일(23.5.25) 이전 건축되어 보상 대상임
2.개별요인 격차율 $1.02 \times 0.98 \times 1.05 = \qquad <1.050>$ $\qquad$ 가 $\qquad$ 접 $\qquad$ 획	

2.적정보상평가액 1)이전비 $6 + 2 + 1.5 + (33 - 10) + 4 + 5 = 41,500,000$ $\qquad$ 해 $\quad$ 운 $\quad$ 정 $\quad$ 재 $\quad$ *) $\quad$ 보 $\quad$ 부 *)(則2-4)시설개선비 제외	3)적정보상평가액 '1)' > '2)' 이므로, 한도액인 $\qquad @50,000$ $\qquad (\times 50 = 2,500,000)$
	2.#3
2)물건가격 $400,000 \times 16/20 \times 150 = \qquad 48,000,000$ $\qquad$ 잔 $\qquad$ 면	1)이전비 $(6 + 1 + 0.5 + 15 + 1.5 + 6) + 45 \times 0.1$ $\qquad$ 굴 $\quad$ 운 $\quad$ 상 $\quad$ 식 $\quad$ 재 $\quad$ 부 $\quad$ 고손액 $\qquad = @34,500$
3)결정 '1)' < '2)' 이므로, 이전비 원칙에 따라 $\qquad <41,500,000>$	2)물건가격: $\qquad @45,000$
Ⅸ.(물음9) 1.#2	3)적정보상평가액 '1)' < '2)' 이므로, 이전비 원칙에 따라 $@34,500 \times 30 = \qquad 1,035,000$
1)이전비 $(9 + 2 + 1 + 25 + 2 + 8) + 50 \times 0.1$ $\qquad$ 굴 $\quad$ 운 $\quad$ 상 $\quad$ 식 $\quad$ 재 $\quad$ 부 $\quad$ 고손액 $\qquad = @52,000$	Ⅹ.(물음10) 1.보상대상 영업인지 여부 (則45)89.1.24 후 무허가건축물 내 무허가 등 영업으로서 보상대상 영업으로 보지 않음
2)물건가격: $\qquad @50,000$	

2. 적정보상평가액
(則55) 다만 이전비·감손상당액은 보상가능함
3,600,000 + 700,000 = 4,300,000
-끝-

문3)(10)
Ⅰ.(물음1)
1. 보상평가 기준
(則44, 수산업법 시행령 별표10)
3년분의 평년수익액 + 시설물등의 잔존가액

2. 어선의 평가방법(감칙20③)
선체·기관·의장별로 구분하여 감정평가하되, 각각 원가법을 적용함

3. 어선평가를 위한 기초자료
선박등기부, 선박등록원부, 선박등록증, 선박국적증서, 선박검사증서, 선적증서, 어업허가증, 선박의장품 명세서, 사진·도면 등

Ⅱ.(물음2)
1. 평년수익액
1) 평균연간어획량(23·24·25년)
(114,000 + 110,000 + 112,000) × 1/3 = 112,000

2) 평균연간판매단가(25.8~26.7)
(5,300 + … + 5,300) × 1/12 = 5,300

3) 결정
['1)' × '2)'] × (1 - 0.85) = 89,040,000
　　　　　　　어업경비율

2. 시설물등 잔존가액
1) 선박
4,500,000 × 79 × 0.773 + 200,000 × 600
　강선　　톤　25:4　　　기관　마력
× 0.631 + 250백만 × 0.541 = 485,772,000
　20:4　　　의장품　　15:4

2) 어구
100백만 × 0.464 = 46,400,000
　　　　3:1

3) 결정
'1)' + '2)' = 532,172,000

3. 폐업지원금
'1' × 3 + '2' = 799,292,000
-끝-

문4)(10)
Ⅰ. 일단지의 개념
용도상 불가분 관계에 있는 2필지 이상의 일단의 토지를 말함

이때 용도상 불가분 관계란 일단지로 이용되고 있는 상황이 사회적·경제적·행정적 측면에서 합리적이고 해당 토지의 가치형성측면에서도 타당하다고 인정되는 관계에 있는 경우를 말함

Ⅱ. 판단기준
① 개발사업시행예정지는 사업계획승인, 사업인정이 있기 전에는 일단지로 보지 아니함

② 2필지 이상의 토지에 하나의 건축물이 건립되어 있거나, 건축 중에 있거나, 건축허가 등을 받고 공사에 착수한 때에는 토지소유자가 다른 경우에도 일단지로 판단함

③ 주위환경 등의 사정으로 보아 현재의 이용이 일시적인 이용상황으로 인정되는 경우에는 일단지로 보지 아니함

④ 일단지로 이용되고 있는 토지의 일부가 가치가 명확히 구분되는 경우에는 그 구분된 부분 각각을 일단지로 판단함

Ⅲ. 평가방법 등
일단지 중에서 대표성이 있는 1필지가 표준지로 선정된 때에는 그 일단지를 1필지의 토지로 보고 평가함

일단지 평가는 면적·이용상황·도로조건·형상 등 개별요인에 영향을 미쳐 토지가치를 상승시키는 영향을 미침

일단지 평가는 일단지로서 이용이 최유효이용이라는 점, 일단지로 거래가 이루어지는 관행에 근거함
-끝-

문5)(10)

I. 물적 불일치의 개념
기본적 사항의 확정에서 정해진 대상물건의 물적 사항이 실제 현황과 일치하지 않는 경우를 말함

II. 일반적 처리방법
사회통념상 인정되어 법원에서 원인무효판결이 나지 않을 것을 동일성 판단기준으로 하되, 물적 불일치가 근소, 경정가능하다면 물적 불일치의 사유, 제한정도를 감정평가서에 기재하고 평가함

물적 불일치가 동일성이 인정되지 않을 정도인 경우에는 평가를 반려하거나, 조건 부가를 통해 감정평가가 가능함

III. 토지의 경우 처리방법
면적·경계의 경우, 지적측량 자료 등을 통한 실제면적, 실제경계를 재확인함. 재확인 결과 실제면적과 토지대장상 면적이 현저하게 차이나는 경우에는 실제면적으로 평가할 수 있음

지목·이용상황의 경우, 현황기준 원칙에 따라 기준시점에서의 대상토지의 이용상황을 기준함

다만, 불법적·일시적 이용의 경우에는 적법·본래 이용을 기준함

IV. 건물의 경우 처리방법
공부상 경과연수와 실제 경과연수가 불일치하는 경우, 관찰감가법을 적용하여 처리함

타인소유의 제시 외 건물이 소재한다면 그 제시 외 건물을 평가 제외하거나 불리한 조건으로 매입하는 경우 등을 고려하는 방법으로 처리할 수 있음

-끝-

문6)(5)

1. 기준시점
사업시행인가고시(예정)일

2. 이용상황
현실적인 이용상황 기준

3. 도로 등의 경우
도로 등의 지목을 "대"로 변경하여 감정 평가를 의뢰한 경우에는 "대"를 기준으로 그 국·공유지의 위치·형상·환경 등 토지의 객관적 가치형성에 영향을 미치는 개별적인 요인을 고려한 가액으로 감정평가함

-끝-

- 이하여백 -

제13회 감정평가실무 기출

문1)(30)

I. 감정평가 개요
- 감칙7① 개별물건 평가액 합으로 복합 부동산의 감정평가액을 구함

- 기준시점: 2026.8.25

II. (물음1)

1. 확인자료의 의의
대상물건의 물적, 법적 사항의 확인에 필요한 자료를 말함

2. 종류
사안의 경우, 토지는 토지대장·지적도·토지 등기사항전부증명서·토지이용계획확인서, 건물은 일반건축물대장·건물 등기사항전부 증명서·도면·사진 등이 확인자료가 됨

III. (물음2)

1. 비교표준지 선정기준
용도지역 등 공법상 제한사항, 이용상황, 주변환경 등이 같거나 비슷하고, 인근지역에 위치하여 지리적으로 가능한 한 가까운 표준지를 선정함

2. 비교표준지 선정이유
1) 선정: <2>

2) 이유
일반주거지역, 상업용으로 용도지역, 이용상황이 같고, 인근지역에 위치함
 (#1:용도지역, #3:이용상황 상이로 배제)

IV. (물음3)

1. 토지가치

1) 공시지가기준가액
3백만 × 1.07566* × 1 × 1 × 1 = @3,230,000
          시*)   지   개   그

*) 시점(26.1.1 ~ 8.25 주거·지가 이하방식 同)
1.0254 × 1.03 × (1 + 0.03 × 56/91)

2) 비준가액
(1) 사례건물가치
720,000 × 125/130 × 1 × (0.75 × 49/50 +
              시   개   잔
0.25 × 14/15) × 8,100 = 5,430,000,000
                  면

(2) 비준가액
[11,205백만 - (1)] × 1 × 1.04902 ×
   배분법   사   시
100/102 × 1.1 × 1/1,980 = @3,300,000
  지   개(형)   면

3) 수익가액(토지잔여법)
(1) 사례 상각후 순수익
가. 유효총수익
100 + (85 + 15) × 12 - 20 = 1,280,000,000
 보   월   주   대손

나. 운영경비
218,459,520 + (50 + 80 + 20) × 10⁶
     감   유   제   손
        = 368,000,000*)

*) 임대와 무관한 장기차입금이자, 소득세 제외

다. 순수익
'가' - '나' = 912,000,000

(2) 사례토지 귀속순수익
가. 건물가치
720,000 × 1 × 97/100 × (0.75 × 45/50 +
         시   잔
0.25 × 10/15) × 9,200 = 5,408,000,000
                  면

나. 결정
912백만 - '가' × 0.12 = 263,040,000
              건물R

(3) 대상토지 기대순수익
'(2)' × 1 × 1 × 100/85 × (1.2 × 1.1 × 1.3)
       사   시   지   도   형   세
× 1/2,100 = @252,872
    면

(4) 수익가액
'(3)' ÷ 0.1 = @2,530,000
  토지R

4)토지가치 결정 및 그 이유
(1)결정
@3,230,000 × 2,000 = 6,460,000,000

(2)이유
수익가액은 임대사례가 대상과 지역·개별적 특성 차이가 큰 점에서 다소 설득력이 부족하다고 판단됨
따라서 매매목적 고려하여 시장성 잘 반영하는 비준가액 중시하고, 이에 의해 합리성 지지되는 감칙14 원칙인 공시지가기준가액으로 결정함

2.건물가치
1)재조달원가 산정 시 직접법 고려여부 사정보정 불가로 고려안함

2)결정
720,000 × 1 × 98/100 × (0.75 × 45/50 +
      시   개   잔
0.25 × 10/15) = @593,000
(× 11,200 = 6,641,600,000)

3.대상부동산의 토지와 건물가치
'1' + '2' = 13,101,600,000
-끝-

문2)(15)
Ⅰ.(물음1)
1.감정평가 개요
감칙19②, 23① 근거하여 광산 및 광업권을 평가함

2.광산
1)상각 전 연간 순수익
50,000 × 12 × 5,000 × (1 - 0.1) - (500 +
월간생산량   월   판매단가   판관   채광
350 + 150) × 10⁶ = 1,700,000,000
선광   운영

2)가행연수
$\frac{5,500,000 \times 0.7 + 8백만 \times 0.42}{50,000 \times 12}$ = 12년
석탄광산

3)광산 감정평가액
$\frac{1,700백만}{0.16 + \frac{0.1}{1.1^{12}-1}}$ - 1,450백만 = 6,771,961,000
광산수익가치   장래소요기업비

3.광업권
'2' - 3,300백만 = 3,471,961,000
자산

Ⅱ.(물음2)
1.사전조사 사항
①토지 및 건물에 대한 소재지·용도·구조·면적 등 ②기계·기구, 차량, 선박, 그 밖에 부속물에 대한 용도·용량·규격 등 ③광종, 광구면적 ④등록번호, 등록연월일 ⑤광업권의 존속기간 및 부대조건, 지상권, 토지의 사용권 등

2.실지조사 사항
①입지조건 ②지질 및 광상 ③채광 및 선광 ④설비 ⑤기술 및 그 밖의 참고사항

Ⅲ.(물음3)
1.수익·위험 반영 측면
환원율은 광산의 높은 수익성을 상정하며 이에 따라 높은 위험을 반영하는 이율임에 반해, 축적이율은 광산의 자원고갈 등을 감안하여 다른 사업으로 재투자를 가정하므로 비교적 낮은 수익·위험을 반영하는 점에서 비교됨

2.산정방법 측면
이러한 수익·위험 반영 정도를 고려하여 환원율은 광업 관련 산업 부문의 상장법인 시가배당율을 적용하여 산정되나, 축적이율은 1년 만기 정기예금금리를 적용하여 산정되는 점에서 비교됨
-끝-

문3)(20)
Ⅰ.감정평가 개요
가치다원론에 근거하여 평가목적, 기준시점 및 평가조건에 따른 감정평가액을 구함

Ⅱ.(물음1)
1.(가) 「25.3.31 기준」
1)대상물건 확정
　담보평가의 안정성에 따라 환가 곤란한 현황 도로 및 단독효용 희박한 토지는 <감정 평가 외>하여, 360 - 50 - 10 = 300㎡ 기준함

2)공시지가기준법
미지정지역, 답으로 유사한 <2>

18,000 × 1 × 1 × 100/90 × 1 = @20,000
　　　　시*) 지　 개　 그

*)시점: 녹지지역 기준

3)거래사례비교법
사정보정 가능한 <1>
12백만 × 1/1.21 × 1 × 1 × 100/90 × 1/500
　　　　사　　시　지　개　　면
= @22,000

4)담보감정평가액
@20,000 × 300 = 6,000,000

비준가액은 사정보정의 오류가능성 있는 점, 담보평가의 안정성을 고려해야 하는 점에서 감칙14 원칙인 공시지가기준가액으로 결정함

2.(나)
①감정평가서의 위산·오기 여부
②의뢰내용 및 공부와 현황의 일치 여부
③감정평가관계법규 및 협약서에 위배된 내용이 있는지 여부
④감정평가서 기재사항이 적절히 기재되었는지 여부
⑤감정평가액의 산출근거 및 결정 의견이 적절히 기재되었는지 여부

Ⅲ.(물음2) 「26.3.31 기준」
1.(가)
1)대상물건의 확정
①의뢰내용상 350㎡ 기준해 121, 121-1 포함하되 ②121-1은 저당권 효력이 보상금에 미치므로 보상금으로 결정함 ③경매 목적상 시가반영 위해 부지조성비 고려하고 ④일괄 경매되는 제시 외 건물 포함함

2)121 토지
자연녹지·답이며, 개별요인 동일한 <3>

22,000 × 1.02000 × 1 × 1 × 1 + 3백만/300
　　　　시　　　　지 개 그　　조성비
= @32,000
(× 300 = 9,600,000)

3)121-1 토지
8,500 × 50 = 425,000

4)제시 외 건물
(150,000 + 30,000) × 30 = 5,400,000

5)경매평가액
'2)' + '3)' + '4)' = 15,425,000

2.(나)
1)대상물건 확정
①타인소유인 제시 외 건물 평가 제외함

②이에 따라 30 ÷ 0.6 = 50㎡만큼 타인점유로 인한 지상권 가치 감가함

2)121 토지
32,000 × (250 + 50 × 0.7) = 9,120,000
　　　　　　　　타인점유

3)121-1 토지: 425,000

4)경매평가액
'2)' + '3)' = 9,545,000
-끝-

문4)(15)
Ⅰ.A투자수익률
1.운영수익률
1)NOI
$[5{,}000 \times 12 \times (100 \times 0.9) \times \frac{100+80+70}{80} \times$
　월　　　임대면적　　　2층→전체

$(1 - 0.03) + 3백만] \times (1 - 0.4) \times 1.02$
　공실　　　기타수익　　　경비　　*)시점수정

	=11,854,000
2)결정	
'1)' ÷ 150백만 = V_n	0.079
2.자본수익률:	0.020
3.투자수익률	
'1' + '2' =	0.099
Ⅱ.B투자수익률	
1.운영수익률	
1)Vn	
(1)토지	
300,000 × 1.02 × 100 =	30,600,000
(2)건물	
가.회귀식	
y = 605,448 - 10,690x (R² = 96%)	
(y: 건물가치 x: 경과연수)	

나.건물가치	
605,448 - 10,690 × 1 =	@595,000
(× 200 =	119,000,000)
(3)Vn	
'가' + '나' =	149,600,000
2)운영수익률	
10,500,000 × 1.04 ÷ '1)' = 시점	0.073
2.투자수익률	
'1' + 0.04 = 자본수익률	0.113
Ⅲ.투자의사결정	
1.결정:	\<B\>
2.이유	
①투자금액 제한에 따른 상호배타적 투자안으로서 ②투자수익률이 더 높은 B부동산으로 결정함 ③다만, 요구수익률은 11.3%	

를 하회한다고 봄
-끝-

문5)(10)

Ⅰ.개요
개발제한구역(이하 G·B)은 일반적인 계획제한으로서 G·B안 토지는 G·B의 공법상 제한을 받는 상태로 평가함

Ⅱ.표준지공시지가 평가
1.건축물이 있는 토지
건축물의 개축·재축·증축·대수선·용도변경 등이 가능한 토지의 나지상태를 상정하여 평가함

2.G·B지정 당시 지목 대인 건축물이 없는 토지 건축이 가능한 상태 기준하여 평가함

3.건축이 불가능한 지목이 대인 토지
현실의 이용상황을 고려하여 평가함

Ⅲ.보상평가
1.건축물이 있는 토지
인근지역에 있는 건축물이 있는 토지의 표준지공시지가를 기준으로 감정평가함

2.G·B지정 당시 지목 대인 건축물이 없는 토지 인근지역에 있는 건축물이 없는 토지의 표준지공시지가를 기준으로 감정평가하되, 농경지 등 다른 용도로 이용되고 있어 형질변경이 필요한 토지는 형질변경 등 대지조성비 등을 고려한 가액으로 감정평가하며, 주위환경이나 해당 토지의 상황 등에 비추어 "대"로 이용되는 것이 사실상 곤란하다고 인정되는 경우에는 현실적인 이용상황을 기준으로 감정평가함

Ⅳ.매수대상 토지의 평가
매수청구일에 가장 근접한 시점의 표준지공시지가를 기준으로 평가하되, G·B지정으로 해당 토지의 효용이 뚜렷하게 감소되기 전 또는 사용 수익이 사실상 불가능하게 되기 전의 토지의 상황을 기준으로 함.

공부상 지목이 대인 토지는 인근지역의 건축물이 없는 토지로서 실제용도가 대인 표준지를 비교표준지로 선정함

-끝-

문6)(5)

「감칙 제13조 제3항」
①적용한 감정평가방법 및 시산가액 조정 등 감정평가액 결정과정
②거래사례비교법으로 감정평가한 경우 비교 거래사례 선정내용, 사정보정한 경우 그 내용 및 가치형성요인을 비교한 경우 그 내용
③공시지가기준법으로 토지를 감정평가한 경우 비교표준지 선정내용, 표준지와 대상을 비교한 내용 및 그 밖의 요인을 보정한 경우 그 내용
④재조달원가 산정 및 감가수정 등의 내용
⑤적산법이나 수익환원법으로 감정평가한 경우 기대이율 또는 환원율(할인율)의 산출근거
⑥일괄, 구분, 부분감정평가를 한 경우 그 이유
⑦감정평가액 결정에 참고한 자료가 있는 경우 그 자료의 명칭, 출처와 내용
⑧대상물건 중 일부를 감정평가에서 제외한 경우 그 이유

-끝-

문7)(5)

1.그 밖의 요인 보정률 산출방법
①표준지 기준 대상토지가액과 보상선례 기준 대상토지가액의 비율로서 산출하는 방법,
②표준지공시지가 자체와 보상선례 기준 표준 지가액의 비율로서 산출하는 방법이 있음

2.보상선례의 참작
①용도지역등 공법상 제한, ②현실적인 이용상황 등, ③주위환경 등이 같거나 비슷하고 ④적용공시지가의 선택기준에 적합하며 ⑤해당 공익사업에 관한 것을 제외한 보상선례를 참작하되, 그 밖의 요인 보정에 대한 적정성을 검토해야 함

-끝-

- 이하여백 -

제14회 감정평가실무 기출

문1) (40)

Ⅰ. 개요
- 시장가치 판정, 현금등가액 산출 등에 유의하여 부동산 매입의 타당성 검토를 실시함
- 기준시점: 2026.8.31

Ⅱ. (물음1)

1. 원가방식

1) 토지

(1) 공시지가기준법

일반상업, 상업용으로 동일한 <1>

$3,800,000 \times 1.06325 \times 1 \times 90/100 \times 1$
　　　　　　시*)　　　지　개　그
　　　　　　　　　　　　　　= @3,636,000

*) 시점(26.1.1 ~ 8.31 상업·지가, 이하 방식 同)
$1.025 \times 1.022 \times (1 + 0.022 \times 62/91)$

(2) 거래사례비교법

가. 사례 선정
사정보정 가능한 <가>

다. 대상토지 기대순수익

'나' $\times 1 \times 127/110 \times 100/110 \times 90/100 \times$
　　　　사　시(임대료)　지　개

$1/550$ = @276,391
면

라. 수익가액
'다' ÷ 0.08 = @3,455,000
토지R

(4) 토지가치

@3,636,000 × 600 = 2,181,600,000

수익가액은 계약임대료의 지행성, 분리환원율 적용의 이론적·실무적 한계 등으로 설득력 적다 판단됨. 따라서 비준가액에 의해 합리성 지지되는 감칙14 공시지가기준가액으로 결정하며, 매입목적에도 부합한다 판단됨

2) 건물

(1) 재조달원가 산정 시 직접법 고려여부

나. 사례토지 시장가치

(2,100백만 + 50백만 - 20백만) × 1/1.05
　　　　　　철거비　　잔재가치　사정보정
　　　　　　　　　　　　= 2,028,571,000

다. 비준가액

'나' × 1.22362 × 100/102 × 90/100 ×
　　　　시　　　　지　　　개

$1/580$ = @3,776,000
면

(3) 토지잔여법(다 기준)

가. 사례 상각 후 순수익

430백만 × (1 - 0.2) = 344,000,000
　　　　　경비

나. 사례토지 귀속순수익

'가' - 1,830,736,000 × 0.1 = 160,926,000
　　　*)　　　　　　건물R

*) 건물가치(경제적 내용연수 기준)
$2,500,000 \times 121/400 \times 129/141 \times 1 \times 49/50 \times 2,700$
　　　　평→㎡　시(건축비)　개　잔　면

사정보정 불가로 고려하지 아니함

(2) 건물가치

$2,500,000 \times 121/400 \times 1 \times 98/100 \times$
　　　　평→㎡　　시　　개

$45/50$ = @667,000
잔
(× 3,200 = 2,134,400,000)

3) 개별물건 평가액 합

'1)' + '2)' = 4,316,000,000

2. 비교방식

1) 사례 선정
토지·건물 일체적 비교 가능한 <나>

2) 비준가액

4,150백만 × 1 × 1.1 × 100/105 × 1/1.05
　　　　　　사　시　　지　　개
　　　　　　　　　　= 4,140,589,000

3.수익방식(직접환원법)	$\frac{2,181.6}{4,316} : \frac{2,134.4}{4,316} = $ 　　　　0.505 : 0.495
1)상각 후 순수익	
(1)유효총수익	(2)결정
(50 + 384) - 10 　　　=424,000,000 　보증금 지급 대손	$0.505 \times 0.08 + 0.495 \times 0.1 = $ 　0.0899 　토지R 　　건물R
(2)운영경비(장기차입금 이자 제외)	3)수익가액
$2,134,400,000 \times 1/45 + (8 + 2.5 + 1) \times 10^6$ 　　감가상각비　　　유　제　손	'1)' ÷ '2)' = 　　　　　4,060,834,000
=58,931,000	4.시장가치
(3)순수익	1)합리성 검토 및 시산가액 조정(감칙12② ③)
'(1)' - '(2)' 　　　　=365,069,000	수익가액은 환원율 산정의 문제점으로 설득력이 낮다고 판단되어 배제함
2)환원율(물리적 투자결합법)	
(1)토지・건물가치 구성비율	감칙7①상 개별물건 평가액 합 원칙이나 이는 토지・건물 일체의 효용성 반영이 미흡한 점, 복합부동산의 일괄거래관행에 부합하지 못하는 점에서 합리성이 적다고 판단됨
논리상 오류(감정평가 3방식은 각기 별도의 방향에서 가치에 접근하는 것이므로 타방식의 결과를 원용할 수 없음) 있으나 주어진 자료의 한계에 따라 원가방식의 토지・건물가치 구성비율 적용함	
	따라서 매입가격 산출 목적에 부합하고, 일

괄 거래관행을 반영하며, 대상과 가치형성요인이 매우 유사한 사례자료를 활용하여 설득력 높은 비준가액을 기준하여 결정함	IV.(물음3)
	1.매입타당성: 　　　　　　　　　　　<긍정>
2)시장가치: 　　　　　　4,140,000,000	2.이유
III.(물음2)	시장가치 > 현금등가액이므로 타당성 긍정됨
1.저당대출액 현금등가액	
1)대출액	이러한 결과의 구체적 이유를 살펴보면, 우선 시장가치 > 매수제안금액이고, 나아가 시장이자율 > 대출이자율로 차입하여 정(+)의 지렛대 효과를 통해 추가적인 이익을 얻게 되기 때문임
4,140백만 × 0.6 = 　　　2,484,000,000 　감정평가액　대부비율	
2)현금등가액	
'1)' × 0.0726 × 8.0551 = 　1,452,644,000 　　MC(6%,30년) PVAF(12%,30년)	-끝-
2.현금지급액	**문2)(35)**
3,900백만 - 2,484백만 = 　1,416,000,000 　매수제안가격　　대출액	I.감정평가 개요
	• 토지보상 法, 令, 則 등 근거하여 세목별 보상평가액을 구함
3.Cash Equivalence	
'1' + '2' = 　　　　　　2,868,644,000	• 가격시점: 　　　　　　　　　2026.8.28.

Ⅱ. 토지

1. 적용공시지가 선택: <26년>
(法70④)실시계획고시일을 사업인정의제일로 보아 그 이전 최근 공시지가 선택함

2. 비교표준지 선정

1) #1·2·3 <나>
자연녹지, G·B, 이용상황 전으로 동일하며 인근지역인 I동 소재한 표준지 선정함

2) #4: <가>
G·B지정 당시부터 대인 토지로 형질변경 가능하여 주거나지 기준하되, 대지조성비 고려함

3) #5: <나>
(則26①2호)새마을도로는 사용수익제한이론, 화체이론 등 근거하여 사실상 사도부지로 봄. 따라서 인근토지인 전 기준 평가액의 1/3 이내로 평가함

3. 시점수정치

1) 지가변동률(26.1.1 ~ 8.28 녹지)
$1.0314 \times (1 + 0.0195 \times 59/91) = 1.04444$

2) 생산자물가상승률
$26.7/25.12 = 128.8/126.4 = 1.01899$

3) 결정
지가변동의 국지적 특성 잘 반영하는 지가변동률 기준함 (이하 방식 同)

4. 그 밖의 요인 보정치

1) 거래사례 기준
$$\frac{91,200,000 \times 1 \times 1.03239 \times 1 \times 0.97 \times 1/1,200}{58,000 \times 1.04444 \times 1 \times 1.05} = 1.197$$

2) 보상사례 기준
$$\frac{7,500,000 \times 1.20152 \times 0.9 \times 0.95 \times 1/100}{58,000 \times 1.04444 \times 1 \times 1.05} = 1.211$$

3) 결정: <1.20>
상기 각 결과 적정하다 판단되므로 양자 균형 고려하여 결정함

5. 보상평가액

1) #1
$58,000 \times 1.04444 \times 1 \times 1.05 \times 1.2 = @76,300$
        시   지   개(도)   그
$(\times 300 = 22,890,000)$

*) 잔여지 손실 없다고 봄 (이하 同)

2) #2(則29)

(1) 소유권 외 권리 없는 상태 감정평가액
$58,000 \times 1.04444 \times 1 \times 1 \times 1.2 = @72,700$
        시   지   개   그
$(\times 150 = 10,905,000)$

(2) 구분지상권 감정평가액

가. 권리설정계약 기준
$2,400,000 \times 80/200 = 960,000$
              편입면적

나. 감가율 기준 (농지, 영구사용)
$72,700 \times 80 \times (0.1 \times 4/5 + 0.16 + 0.04)$
                 기타   추가   영구
$= 1,628,000$

다. 결정: <960,000>
용익물권이 자산가치 상승을 누리는 것은 타당하지 않은 점, 則28② 중시해야 하는 점에서 권리설정계약 기준으로 결정함

(3) 보상평가액
'(1)' - '(2)' = 9,945,000

3) #3
$58,000 \times 1.04444 \times 1 \times (1.05 \times 1.15) \times 1.2$
        시   지   도   허가*)   그
$= @87,800$
$(\times 120 = 10,536,000)$

*) 개별요인: 행정적조건 또는 기타조건

4) #4
$150,000 \times 1.04444 \times 1 \times 1 \times 1.2 - 12,000$
   *1)   시   지   개   그*2) 조성비
$= @176,000$
$(\times 100 = 17,600,000)$

*1) 별도로 우선변제되는 근저당권 고려안함
*2) 보상형평성 위해 대 역시 그 밖의 요인 보정함

5) #5

[58,000 × 1.04444 × 1.2] × 1/3 = @24,200
　　　　　시　　　　　그　　　도로

(× 40 = 968,000)

*)인근토지 가치형성요인 기준하므로 추가감가요인 고려 안함

Ⅲ. 물건
1. #1·2
5,000 × 30 + 50,000 = 200,000
　이전비　　　보수비

2. #3
1) 보상여부 (法25반대해석, 판례)
무허가이나 사업인정 이전 건축으로 보상함

2) 이전비
2,700 + 500 + (10,500 - 1,000) + 1,800
　해　　　정　　　　재　　　　*)　　　부
= 14,500,000

*) (則2-4) 시설개선비인 난로교체비 제외

Ⅱ. 개발이익 배제방법
1. 적용공시지가 선택
(法70④) 사업인정 후 취득의 경우, 해당 사업인정고시일에 가장 가까운 시점에 공시된 공시지가를 선택하고 (法70⑤) 공익사업의 계획·시행의 공고·고시로 인하여 지가가 변동되었다고 인정되는 경우, 해당 공익사업의 공고·고시 일에 가장 가까운 시점에 공시된 공시지가를 선택하는 방법으로 개발이익을 배제함

2. 지가변동률 적용 (슈37②)
비교표준지가 소재하는 시군구의 지가가 해당 공익사업으로 인하여 변동된 경우에는 해당 공익사업과 관계없는 인근 시군구의 지가변동률을 적용하는 방법으로 개발이익을 배제함

3. 용도지역 등 변경 불고려 (則23②)
해당 공익사업의 시행을 직접 목적으로 하여 용도지역 등이 변경된 토지에 대하여는 변경되기 전의 용도지역 등을 기준으로 평가하는 방법으로 개발이익을 배제함

3) 물건가격
180,000 × 15/20 × 97.5 = 13,162,500
　　　　　　　　　　잔　　면

4) 보상평가액
'2)' > '3)' 이므로 한도액인 <13,162,500>
-끝-

문3) (10)
Ⅰ. 개발이익 배제의 의의·근거 (法67②)
토지보상법은 보상액의 산정에 있어서 해당 공익사업으로 인하여 토지등의 가격에 변동이 있는 때에는 이를 고려하지 아니한다고 하여 개발이익 배제 원칙을 규정함

이때 개발이익이란 공익사업의 계획·시행의 공고·고시 등으로 토지소유자가 자기의 노력에 관계없이 지가가 상승되어 뚜렷하게 받은 이익으로서 정상지가상승분을 초과하여 증가된 부분을 말함

4. 비교표준지 선정, 그 밖의 요인 보정
그 밖에 해당 공익사업지구 밖 비교표준지를 선정하는 방법이나, 그 밖의 요인 보정을 통한 개발이익 배제방법도 적용될 수 있음
-끝-

문4) (10)
Ⅰ. 감정평가 개요
감칙23③ 근거하여 초과수익환원법으로 25.12.31 기준 영업권 가치를 평가함

Ⅱ. 초과수익
1. 대상 영업이익
6,861 - 2,900 - 1,157 = 2,804,000,000
　매출액　매출원가　판관비

2. 정상 영업이익
1) 자기자본가치
(1) 자산

380 + 530 + (1,100 - 210) + 2,000 + 8,500
  현   유   외출   대손   이월   토
+ (6,500 - 650) + (3,500 - 1,876)
   건   감   기계   감
                             =19,774,000,000
(2)부채
1,950 + 9,500 + 2,120 =   13,570,000,000
  외입   차   퇴
(3)자기자본가치
'(1)' - '(2)' =   6,204,000,000
 	
2)정상 영업이익
'1)' × 0.1 =   620,400,000
  정상수익률
 	
3.초과수익
'1' - '2' =   2,183,600,000
 	
Ⅲ.영업권 가치
'Ⅱ' × PVAF(9%,3) =   5,527,000,000
      시장할인율
                                       -끝-
	문5)(5)
	Ⅰ.공동주택 개별요인의 정의
	호별 공동주택가치에 직접적인 영향을 미치는 층별·위치별·향별 효용 등의 요인을 말함 이는 외부요인·건물요인과 함께 공동주택의 객관적인 가치에 영향을 미치는 가치형성요인을 구성함
	
	Ⅱ.가격격차 발생요인(개별요인)
	①방범, 승강기 및 계단을 이용한 접근성 등의 층별 효용
	②조망, 개방감 등의 위치별 효용
	③일조, 채광 등의 향별 효용
	④간선도로, 철도 등에 의한 소음의 정도
	⑤1층 전용정원 및 최상층 추가공간 유무
	⑥전유부분의 면적 및 대지지분
	                                        -끝-
	
	- 이하여백 -

제15회 감정평가실무 기출

문1)(40)

I. 감정평가 개요
- 토지·건물의 3방식 적용, 개별물건 평가액 합과 일괄평가액의 시산가액 조정에 유의하여 감정평가액을 구함

- 기준시점: 감칙9② <2026.9.1>

II. (물음1)

1. 토지

1) 공시지가기준법

일반상업, 상업용, 도로 미저촉된 <5>
(#1: 규모, #2: 공법상제한, #3·4: 용도지역·이용상황 상이)

$2,500,000 × 1.03463 × 1 × (1.04 × 1.08) × 1$
　　　　　시·　　지　　도　　형　　그

　　　　　　　　　　　　　　= @2,905,000

*) 시점(26.1.1 ~ 9.1 상업·지가, 이하방식 同)
$1.0136 × 1.0122 × (1 + 0.0122 × 63/91)$

2) 거래사례비교법

(1) 사례 선정
인근지역에 위치한 　　　　　　　　<1>

(2) 사례토지 시장가치
$1,830백만 + 400백만 × 0.161 × 5.747$
　　　　　　　　　　MC(6%, 8)　PVAF(8%, 8)

　　　　　　　　　　　= 2,200,107,000

*) 매도인 부담 철거비 고려하지 아니함

(3) 비준가액
$'(2)' × 1 × 1.01250 × 1 × 1.08 × 1/750$
　　　　사　　시　　지　개(형)　면

　　　　　　　　　　　= @3,208,000

3) 조성원가법(조성사례)

(1) 준공시점 사례토지가치
가. 소지매입비
$[2백만 × 700 + (50,000 × 240 - 5백만)]$
　　　　토지면적　　예상철거비　　건물면적 폐재가치
$× 1.08 =$　　　　　　　　　　1,519,560,000

나. 조성공사비 등
$450백만 × 1/4 × (1.082 + 1.061 + 1.04 + 1.02) × (1 + 0.1 + 1.1 × 0.08) = 561,731,000$
　　　　　　　　　　　　　관리비　적정이윤

다. 사례토지가치: '가'+'나' = 2,081,291,000

(2) 적산가액
$'(1)' × 1 × 1.03463 × 1 × 1.06 × 1/700$
　　　사　　시　　지　개(형)　면

　　　　　　　　　　= @3,261,000

4) 토지가치

@3,200,000 × 820 = 2,624,000,000

감칙14 공시지가기준가액 원칙이나 현실화율 반영 미흡으로 매매참고용 가치로서 합리성 부족하다고 판단됨. 따라서 적산가액에 의해 합리성 인정되며 시장성 반영에 유리하여 평가목적에 부합하는 비준가액에 대부분의 가중치를 두어 결정함

2. 건물

1) 원가법(경제적 내용연수)

$2,500,000 × 121/400 × 48/50 × (287 ×$
　　　　　　　　평→㎡　　잔　　지하
$0.7 + 2,870) =$　　　　　　2,229,473,000
　　　　　　　　　　　　　　(@706,000)

2) 거래사례비교법

(1) 사례 선정
구조 등 동일, 배분법 가능한 <2>

(2) 사례토지가치(C동 위치한 <3>)
$2,350백만 × 1 × 1.03250 × 1 × (0.96 ×$
　　　　　사　　시　　지　　도
$1.01) × 900/780 = 2,714,554,000$
　형　　　　면

(3) 비준가액
$[4,800백만 × 1/0.95 - '(2)'] × \frac{117+3×2/6}{109+5×9/12} ×$
　　　　　사　　배분법　　시(건축비)
$100/97 × 48/49 × 1/(3,150 + 315)$
　개　　　잔　　　　　면

　　　　　　　　　　　　= @713,000

3)건물잔여법

(1)사례전체가치(직접환원법)

가.상각 전 순수익

(3,000백만 × 0.1 + 660백만 × 0.402) -
　　　　　　보증금운용익　　권리금상각액등 MC(10%,3)

[30백만 × (0.388 - 0.4 × 1.125 × 0.308)
　손해보험료　　MC(8%,3)　1.04³　　SFF(8%, 3)

+ 20백만 + 2,500,000 × 12 + 50백만]
　공조공과　　　공실손실상당액　　유지관리비

　　　　　　　　　　　=457,838,000

나.환원율(시장추출법)

(1/9.9 + … + 1/9.6) × 1/6 =　　0.1006
　가　　　　　바

다.결정: '가' ÷ '나' =　　　4,551,074,000

(2)사례토지가치(D동 위치한 <4>)

1,600백만 × 1 × 1.01548 × 1 × 0.92 ×
　　　　　　사　　시　　지　　개(도)

920/750 =　　　　　　1,833,605,000
　면

- 2,500,000) + 1,500,000 + (1,300,000 +
　비소멸성　　　　수선　　　　관리자

1백만)×12] =　　　　　　62,269,000
　기타

*)부가물설치비, 수도료·전기료·연료비, 소유자급여, 소득세, 저당이자 제외함

2)결정

'1)' × (100 + 60 + 42 + 38 + 36)/38
　　　　층별효용비(4층 → 전체)

　　　　　　　　　　=452,270,000

2.매기 순수익　　　　　　(단위: 천원)

1	2	3	4	5	6
452,270	474,884*1)	498,628	523,559	549,737	560,731*2)

*1) 5% 증가　*2) 2% 증가

3.기말 복귀가액

560,731,000 ÷ 0.12 =　　4,672,758,000
　　　　　　최종R

4.일괄평가액

(3)수익가액

[4,551,074,000 - '(2)'] × 1 × 1 × 100/105
　　　　　　　　　배분법　사　시　개

× 1 × 1/3,400 =　　　　　　@761,000
잔　면

4)건물가치

@706,000 × 3,157 =　　　2,228,842,000

수익가액은 수익·비용 산출 및 환원율 결정의 주관개입·오류가능성 있어 다소 설득력이 낮다고 판단됨. 따라서 시장성 잘 반영하는 비준가액에 의해 합리성 지지되는 감칙15 원칙인 적산가액으로 결정함

3.개별물건 평가액 합

'1' + '2' =　　　　　　4,852,842,000

Ⅲ.(물음2)

1.1기 순수익

1)4층순수익

165,000 × 574 × (1-0.03) - [(3백만
　　　　　　　공실　　　　　　보험

452,270,000 × 0.926 + … + (549,737,000
　　　　　　　　　　　　　　1.08⁻¹

+ 4,672,758,000) × 0.681= 5,163,023,000
　　　　　　　　1.08⁻⁵

Ⅳ.(물음3)

1.감정평가액 결정

1)합리성 검토 및 시산가액 조정(감칙12②③)

(1)개별물건 평가액 합의 특징

감칙7①상 원칙으로서 과세·기업회계에 부합하는 방법이며, 토지·건물 각각의 개별성 반영에 유리하다는 특징이 있음

(2)일괄평가액의 특징

감칙7② · 16에 근거하며, 토지·건물 일체의 수익·효용성 및 거래관행 반영에 유리한 특징이 있음

(3)결론

대상물건이 토지·건물 일체의 수익성 부동산인 점, 일반거래목적으로서 거래관행 반영이 요구되는 점에서 개별평가액 합의

합리성은 다소 부족하다 판단되므로 일괄평가액으로 결정함

2) 감정평가액: 5,163,000,000

2. 일괄평가확대 적용기법·유의사항
1) 거래사례비교법
토지·건물 일체의 거래사례를 정상화하여 일괄평가액을 구하는 방법. 토지·건물 일체의 가치형성요인 비교치 산출에 유의해야 함

2) 조건부가치평가법
대상물건에 대한 대중의 지불의사액 또는 보상요구액을 설문조사나 면담을 통해 추출하여 일괄평가액을 구하는 방법. 설문의 구성, 조사대상자 선정에 유의해야 함 -끝-

문2) (25)

I. (물음1)

1. R_E

1) 비관
$[500 × (1 - 0.08) × (1 - 0.42) - 255]/450$
(PGI, 공실, OER, 저당지분)
$= 0.026$

2) 일반
$[530 × (1 - 0.06) × (1 - 0.38) - 255]/450$
$= 0.120$

3) 낙관
$[560 × (1 - 0.05) × (1 - 0.35) - 255]/450$
$= 0.202$

4) R_E
$0.25 × \text{'1)'} + 0.5 × \text{'2)'} + 0.25 × \text{'3)'}$
$= 0.117$

2. 표준편차

$[0.25 × (0.026 - 0.117)^2 + 0.5 × (0.12 - 0.117)^2$
(비관R_E, 평균R_E, 일반R_E)
$+ 0.25 × (0.202 - 0.117)^2]^{1/2} = 0.062$
(낙관R_E)

II. (물음2)

1. 평균분산결정법
동일 수익이면 위험이 낮은 투자안을, 동일 위험이면 수익이 높은 투자안을 선택하는 투자의사결정기법임. 이때의 수익을 R_E, 위험을 표준편차로 볼 수 있음

2. A와 B
양자 수익은 거의 동일하나 위험은 A가 높으므로 B에 투자함이 바람직함

3. A와 C
양자 위험은 동일하나, 수익은 C가 높으므로 C에 투자함이 바람직함

4. B와 C
C가 B보다 수익·위험 모두 높으므로 투자자의 성향에 따라 바람직한 투자안은 달라짐

5. 소결
B 또는 C에 투자함이 바람직함

III. (물음3)

1. A의 R_E·표준편차

1) R_E
$0.1 × 0.026 + 0.6 × 0.12 + 0.3 × 0.202$
$= 0.135$

2) 표준편차
$[0.1 × (0.026 - 0.135)^2 + 0.6 × (0.12 - 0.135)^2$
$+ 0.3 × (0.202 - 0.135)^2]^{1/2} = 0.052$

2. 투자자의 선택 변화
A는 B와 비교해 수익·위험 모두 높고, C와 비교해 수익은 높으나 위험은 낮으므로, A 또는 B로 투자자의 선택이 변화됨

IV. (물음4)

1. A의 R_E·표준편차

1) R_E
$0.25 × 0.017 + 0.5 × 0.109 + 0.25 × 0.189$
$= 0.106$

2)표준편차
$[0.25 \times (0.017 - 0.106)^2 + 0.5 \times (0.109 - 0.106)^2 + 0.25 \times (0.189 - 0.106)^2]1/2 =$ 0.061

2.투자대안 검토
A가 D보다 수익은 높고 위험은 낮으므로, A를 투자대안으로 선택함이 바람직함
-끝-

문3)(20)
Ⅰ.(물음1)
1.무허가건축물
(法25 반대해석)사업인정고시일 이전 건축된 무허가건축물은 보상대상임

2.무허가건축물 부지
(則24)건축 또는 용도변경될 당시의 이용상황을 상정하여 평가함. (부칙5)다만 89.1.24 당시 무허가건축물의 부지였던 경우는 현실적인 이용상황에 따라 보상함

3.영업손실보상
(則45)소유자인 경우 영업보상대상이 아니며, 임차인인 경우 사업인정고시일등 1년 이전부터 사업자등록을 하고 행한다면 이전비·감손상당액 외 1천만원 한도로 보상대상임

(부칙5)다만 89.1.24 당시 무허가건축물인 경우는 영업보상 대상임

4.생활보상
주거용 건축물 비준가격 특례(則33②) 관계 법령고시일등 당시 1년 이상 거주한 세입자 주거이전비(則54) 외 이주대책·이주정착금(法78,슈40), 주거이전비(則54), 최저보상액(則58①), 재편입가산금(則58②③)은 제외됨.

(부칙5)다만 89.1.24 당시 무허가건축물인 경우에는 모든 생활보상대상에 해당함

Ⅱ.(물음2)
1.가설건축물
「국토법」에 의해 원상회복의무 부과되는 도시계획시설사업부지의 허가대상 가설건축물은 보상대상이 아닌 것으로 보아야 하나, 이러한 원상회복의무 없는 그 밖의 허가대상 가설건축물, 신고대상 가설건축물은 무허가 건축물 보상과 형평상 보상대상으로 함이 타당하다고 봄

2.가설건축물 부지
(法70②,슈38)허가·신고 불문하고 일시적 이용으로 보아 건축당시 이용상황 상정하여 보상함이 타당함

Ⅲ.(물음3)
1.판단기준
①공부상 지목과 현실적 이용상황의 일치 여부 ②형질변경시 관계법령에 의한 허가·신고 필요여부 및 허가·신고 이행여부 ③95.1.7당시 공익사업시행지구 편입여부 등

2.평가기준
(則24)토지가 형질변경될 당시의 이용상황을 상정하여 평가함. (부칙6)다만 95.1.7 당시 공익사업시행지구에 편입된 경우는 현실적인 이용상황에 따라 보상함
-끝-

문4)(15)
Ⅰ.(물음1)   「이하, 26.8.29기준」
1.적용공시지가 선택(法70④)
사업인정의제일 25.2.5 이전 최근인 <26년>

2.비교표준지 선정(則24,부칙5)
89.1.24이전 무허가건축물 부지로 상업용 80㎡(판례:바닥면적), 전270㎡ 기준해 <A·D>

3.그 밖의 요인 보정치
$\frac{1,250,000 \times 1.07931 \times 1 \times 1.25}{1,100,000 \times 1.05908 \times 1 \times 1.05} =$ 1.4

*)보상의 형평성 위해 상업용과 전의 현실화율 동일하다 보아 전 부분도 그 밖의 요인 보정함

4.보상감정평가액
  1) 상업용
    1,100,000 × 1.05908 × 1 × 1.05 × 1.4
              시   지   개(형)   그
                        = @1,713,000

  2) 전
    320,000 × 1.05908 × 1 × (1.25 × 1.25) × 1.4
              시   지   도   형   그
                        = @741,000

  3) 결정
    '1)' × 80 + '2)' × 270 =   337,110,000

Ⅱ. (물음2)
  1. 보상여부 및 직접법 고려여부
    무허가이나 보상대상이며(法25, 판례), 사정보정 불가로 재조달원가 산정 시 직접법 배제함

  2. 이전비
    45백만 × 0.45 =   20,250,000
      사례B

  3. 물건가격
    39백만 × 100/98 × 5/40 × 80/100
      사례A   개   잔   면
                        = 3,980,000

  4. 보상감정평가액
    '2' > '3'이므로, 한도액인   <3,980,000>

Ⅲ. (물음3)
  1. 보상여부
    (則45,부칙5) 89.1.24당시 무허가건축물로 적법장소 의제되어 보상대상임

  2. 영업이익
    성격상 과세표준은 낮게 신고되는 경향이 있으므로 인근업종 기준하여 결정함
    16백만 × 0.1 × 4 =   6,400,000
              이익률 월

  3. 영업이익 감소액
    '2' × 0.2 =   1,280,000
                        (천만원 이하)

  4. 고정적 비용 등
    5백만 × 0.1 + 1,200,000 + 850,000 +
      감손   운반   해체등
    200,000 + 200,000 × 4/12 =   2,817,000
      간판·1)   보험
    · 1)(法75①)한도액인 물건가격 기준
    ·)(則2-4)시설개선비인 진열대 증설비 제외

  5. 손실보상액
    '2' + '3' + '4' =   10,497,000
                        -끝-
                  - 이하여백 -

제16회 감정평가실무 기출

문1)(35)

I. 감정평가 개요
- 복합부동산의 현재가치와 전환비용 고려한 개발대안의 가치를 비교하는 복합부동산의 최유효이용 분석을 통해 시장가치를 결정함.
- 기준시점: 2026.8.1

II. (물음1)

1. 최유효이용의 개념·판단기준
①물리적으로 채택가능하고 ②합법적이고 ③합리적 이용이며 ④최대의 생산성을 창출하는 이용임

2. 개발방안의 타당성 분석

1) 물리적 채택가능성
연암지대로 지하2층~지상10층 가능하므로 지하3층 이용인 <5>는 타당성 없음

2) 합법적 이용
대지최소면적 150㎡으로 87.5÷0.7=125㎡인 <2>는 타당성 없음

건축물 최고층수 30 ÷ 3.5 = 8층으로 9층 이용인 <5>는 타당성 없음

3) 합리적 이용
해당지역은 주거지로서 기능이 상실되었으므로 아파트이용인 <3>은 타당성 없음

4) 최대의 생산성
상기 기준 만족하는 <1>, <4> 중 최대의 가치를 나타내는 이용이 최유효이용이며 최종 개발방안이 됨

3. 최종 개발방안

1) #1 가치

(1) 개발 후 가치

$[(1{,}000백만 \times 0.12 + 24백만 \times 12) \times 0.7 \times$
   보증금운용익   지급임대료   OER

$PVAF(10\%,5) + (350백만 \times 1.05^{10}$
  자본수익률   채권

$+ 2{,}100백만) \times 1/1.1^5 \times 1/(1+0.1/12)^{10}$
  현금   건축기간 총10개월

= 2,522,000,000

(2) 전환비용

$26{,}556{,}000 + 750{,}000 \times (280 + 340 \times 6)$
*) 철콘(상업·업무) 지하 지상

$\times 1/(1+0.1/12)^{10} = 1{,}628{,}000{,}000$

*) 철거비: $60{,}000 \times 450 \times 1/(1+0.1/12)^2$

(3) #1 가치
'(1)' - '(2)' = 894,000,000

2) #4 가치

(1) 개발 후 가치

$[(12백만 \times 12.12 + 2{,}000백만 \times 0.1) \times 0.75$
  지급임대료   지급시점   추정임대료   OER

$\times PVAF(10\%, 5) + 2{,}400백만 \times 1/1.1^5]$
                  매각금액

$\times 1/(1+0.1/12)^{14} = 2{,}201{,}000{,}000$
  건축기간 총14개월

(2) 전환비용

$480{,}000 \times (300 \times 2 + 180 + 320 \times 6) \times$
 철골(상업·업무) 지하   지상1층 지상2-7층

$[MC(8\%,10) \times PVAF(10\%,5) + \left(1 - \frac{1.08^5 - 1}{1.08^{10} - 1}\right)$
                                      미상환저당잔금

$\times 1/1.1^5] \times 1/(1+0.1/12)^{14} + 26{,}556{,}000$
                                   철거비

$+ 200백만 \times 1/(1+0.1/12)^{14}$
  광고스크린설치비

= 1,283,000,000

(3) #4 가치
'(1)' - '(2)' = 918,000,000

3) 최종 개발방안
'1)' < '2)' 이므로, 최유효이용 및 최종 개발방안은 <4>의 상업용 복합영화관 개발임

III. (물음2)

1. 현재 상태의 대상부동산 가치

1) 개별물건 평가액 합

(1) 토지
일반상업, 주상용, 표준적 규모인 <公4>
$1{,}300{,}000 \times 1.01982 \times 1 \times (1.08 \times 0.95) \times 1$
                시*)   지   도   형   그

= @1,360,000

(× 500 = 680,000,000)	(3)비준가액
•)시점(26.1.1 ~ 8.1 상업·지가, 이하방식同)	900백만 × 1 × (0.75 × 0.889 + 0.25 × 1.069)
1.0198 × (1 + 0.00075 × 1/31)	사 토가구 건가구
(2)건물	× 1 = 840,600,000
660,000 × 35/45 = @513,000	일체
(× 450 = 230,850,000)	3)수익가액(직접환원법)
(3)평가액 합	(1)순수익(현재 상태 기준)
'(1)' + '(2)' = 910,850,000	[(700백만 + 100백만) × 0.12 + (5백만 +
	보증금운용익 지급임대료
2)비준가액	500,000) × 12] × (1 − 0.03 − 0.2 − 0.01)
(1)사례 선정	위탁관리 유지 재산
건부감가 상태로 대상과 일체적 유사성 인정되는 <2>	=123,120,000
	•)소유자급여 제외
(2)요인비교치	(2)수익가액
가.토지	'(1)' ÷ 0.15 = 820,800,000
1.00187 × 1×95/103 × 500/520 = 0.889	
시 지 개(형) 면	4)현재 상태의 가치
나.건물	(1)합리성 검토 및 시산가액 조정(감칙12②③)
$1 \times 1 \times \frac{35/45}{36/44} \times 450/400 = 1.069$	감칙7① 개별물건 평가액 합 원칙이나 이는
시 개 잔 면	대상의 건부감가 상태를 반영하지 못하는

문제점이 있으므로 합리성이 부족하다고 판단됨	**문2)(30)**
	Ⅰ.감정평가 개요
따라서 일체적 효용성 및 거래관행 반영에 유리하고, 가액수준 유사하여 설득력 인정되는 비준가액·수익가액에 각각 50%씩 가중치를 부여하여 결정함	• 지역요인 분석, 그 밖의 요인 보정, 경제적 내용연수 확정에 유의하여 적정 시장가치를 제시함
	• 기준시점: 2026.6.30
(2)결정: 830,000,000	
	Ⅱ.(물음1)
2.시장가치	1.지역요인 분석
1)결정: 918,000,000	1)지역요인 격차율

	L	M	N	O	P
순수익	66,500[1]	74,240	77,000	80,840	101,300
격차율	0.864[2]	0.964	1.000	1.050	1.316

2)이유
개발방안 <4>의 가치가 현재상태의 가치를 상회하므로, 전환의 타당성 긍정되며, 전환을 전제한 가치를 대상의 시장가치로 결정함

-끝-

1) 125,000 × (1 − 0.1) − 46,000
      PGI   공실   OER

2) 66,500/77,000
   NOI$_{L동}$ NOI$_{N동}$

2)인근지역
대상이 속한   <N동>

3) 유사지역 PGI · 공실률 · 운영경비 수준이 유사하고, 격차율 차이가 가장 작은 <M동> 2. 비교표준지 공시지가 선정이유 1) 선정: <2> 2) 이유 준주거, 업무용으로 용도지역·이용상황이 동일하고, 유사지역에 위치한 표준지 (#3: 인근지역이나 용도지역 상이로 배제) Ⅲ. (물음2) 1. 방침 시장추출법으로 경제적 내용연수 확정함 2. 사례 선정 표준적 이용 및 건물상태 유사하다고 인정되는 <B> 3. 사례건물 재조달원가	$234,000 \times 2.7928 =$ @654,000 시(사용승인~거래) $(\times 1,100 = 719,400,000)$ 4. 사례건물가치 1) 전체시장가치 $700백만 + 225,490,000 \times [1 - \frac{(1+0.072/12)^{60}-1}{(1+0.072/12)^{120}-1}]$ 현금 미상환저당잔금 현가합 $\times MC(\frac{7.8}{12}\%, 60) \times PVAF(1\%, 60)$ $= 820,447,000$ 2) 토지가치 준주거, 업무용, 인근 M동인 <2> $640,000 \times 1.01380 \times 1 \times (1/0.95 \times 1.05 \times$ 시*) 지 도 각 $98/94) \times 1 =$ @748,000 형 그 $(\times 650 = 486,200,000)$ *) 지가(26.1.1 ~ 3.31) 3) 건물가치 '1)' - '2)' = 334,247,000
5. 경제적 내용연수 $\frac{3'}{(3'-'4')\times 1/17} = 31.75(32년)$ Ⅳ. (물음3) 1. 토지가치 $640,000 \times 1.03113 \times 1/0.964 \times (1/0.95 \times$ 시 지 도 $98/94) \times 1.05 =$ @789,000 형 그*) $(\times 780 = 615,420,000)$ *) 그 밖의 요인 보정치: 기준금리 인하 2. 건물가치 $321,000 \times 2.2437 \times 17/32 =$ @383,000 시 잔 $(\times 1,850 = 708,550,000)$ 3. 대상부동산 시장가치 '1' + '2' = 1,323,970,000 4. 추가의견(Q법인평가검토) ① 토지평가 시 기준금리 인하로 인한 토지	가치 영향을 그 밖의 요인으로 반영하지 않은 점 ② 경제적 내용연수 기준한 감가수정을 하지 않은 점에서 문제점이 있다고 판단됨 -끝- **문3) (20)** Ⅰ. 감정평가 개요 1. 공통사항 26.8.28, 토지: 532㎡ · 건물: 1,380㎡(대장), 경제적 내용연수 기준 2. 공법상 제한사항 ① 도시계획도로 - 담보·경매: 반영, 처분·보상: 반영안함 ② 문화재보호구역 - 모두 반영 3. 현황도로 담보·처분: 제외, 경매·보상: 1/3평가 4. 타인점유 담보: 제외, 경매: 감가평가, 처분·보상: 나지평가

5.제시 외 건물
담보: 제외, 경매·처분·보상: 평가

II.(물음1)
1.토지
2백만 × 1.03226 × 1 × ($\frac{0.7}{0.2 \times 0.7 + 0.8}$ × 0.9) × 1
시(주거·지가) 지   도로저촉   문화   그
= @1,384,000
(× 452 = 625,568,000)

*)그 밖의 개별요인은 동일한 것으로 봄

2.건물
750,000 × 0.7 × 38/45 =   @443,000
도로저촉   잔
(× 1,380 = 611,340,000)

3.담보감정평가액
'1' + '2' =   1,236,908,000

III.(물음2)
1.토지

2.건물·제시 외 건물
(611,340,000 + 5,040,000) × 1/0.7
도로저촉 보정
= 880,543,000

3.처분목적 감정평가액
'1' + '2' =   1,833,457,000

V.(물음4)
1.토지
1)그 밖의 요인 보정 전 가액
2백만 × 1.03226 × 1 × ($\frac{1}{0.2 \times 0.7 + 0.8}$ × 0.9)
시*)   지   도로저촉   문화
= @1,976,668

*)생산자물가상승률(109.9/108.4 = 1.01384)있으나
지가변동의 특성 잘 반영하는 지가변동률 기준

2)그 밖의 요인 보정치 (보상사례 기준)
$\frac{2,300,000 \times 1.00690 \times 1 \times 0.9}{1,976,668}$ =   1.05

3)토지평가액
'1)' × '2)' =   @2,076,000

1,384,000 × (452 + 50 × 1/3 + 30 × 0.95)
현황도로   타인점유
= 688,079,000

2.제시 외 건물
291,000 × 0.7 × 33/40 =   @168,000
도로저촉   잔
(× 30 = 5,040,000)

3.경매감정평가액
'1' + '2' + 611,340,000 =   1,304,459,000
건물

IV.(물음3)
1.토지
2백만 × 1.03226 × 1 × ($\frac{1}{0.2 \times 0.7 + 0.8}$ × 0.9) × 1
시   지   도로저촉   문화   그
= @1,977,000
(× [452 + 30] = 952,914,000)
타인점유

[× (482 + 50 × 1/3) = 1,035,232,000]
현황도로

2.보상목적 감정평가액
'1' + 880,543,000 =   1,915,775,000
건물·제시외건물

-끝-

문4)(10)
I.(물음1)
1.B군이 산정·통보한 농업손실보상액
2,118 × 900 =   1,906,000
도별 총수입 농지면적

2.실제소득산정기준에 의한 농업손실보상액
1)실제소득
(1)대상소득
(28,208,000 + 35,310,000) × 1/2 × 1/900
  24년   25년
× 0.56 =   19,761
소득률

(2)한도액
16,365,000 ÷ (100 × 400/121) × 2 = 99,008
　소득　　　　면적　　　평→㎡

(3)실제소득 결정
한도액 이내인 대상의 실제소득 <19,761>으로 결정함

2)보상액
19,761 × 900 × 4/12 + 1,806,000
실제소득　　　4개월분　　　이전비
= 7,734,300

Ⅱ.(물음2)
1.농업손실보상대상 판단
느타리버섯은 원목 등에 버섯종균을 파종하여 재배하는 버섯으로 농작물실제소득인정기준에서 직접 해당 농지의 지력을 이용하지 아니하고 재배 중인 작물을 이전하여 해당 영농을 계속하는 것이 가능하다고 인정하는 경우에 해당함

2.현행 법령에 따른 손실보상 처리방법
(則48②2호)단위경작면적당 실제소득의 4개월분을 곱하여 산정한 금액을 농업 손실보상액으로 하되, (則55①)이전에 소요되는 비용 및 그 이전에 따른 감손상당액 또한 보상함
-끝-

문5)(5)
Ⅰ.#1
대지는 약칭 「공간정보관리법」에 따라 각 필지로 나눈 토지를, 대는 「공간정보관리법」상 지목의 하나로서 영구적 건축물 중 주거시설 등의 부지를 말함. 대지는 일반적으로 건축이 가능한 토지로서 토지의 용도를 나타내는 대와 구별됨

Ⅱ.#2
다가구주택은 주택층수 3개층 이하, 바닥면적 660㎡ 이하, 19세대 이하가 거주하는 단독주택을, 다세대주택은 660㎡ 이하, 4개층 이하인 공동주택을 말함(건축법시행령). 다가구주택은 개별물건평가액 합을, 다세대주택은 거래사례비교법을 원칙으로 평가하는 점에서 구별됨

Ⅲ.#3
소재불명은 의뢰목록에 있으나 실지조사 시 존재하지 않는 경우를, 확인불능은 실지조사 시 존재하는 것으로 추정되나 동일성 인정이 어려운 경우를 말함. 제3자의 보호를 위해 감정평가 제외하는 점에서 공통됨
-끝-
- 이하여백 -

제17회 감정평가실무 기출

문1)(40)

I.개요
2026.8.27 기준시점으로 REITs 관련하여 감정평가사의 전문성을 제공함

II.(물음1)

1.사례 선정(거래·임대사례 동일)
규모, 잔존년수 등 가치형성요인이 유사한 사례 선정함
- A: <1·3>
- B: <2·4>

2.A

1)#1기준

(1)사례 현금등가액

9,900백만 × (0.2/1.02 + 0.3/1.04 + 0.3/1.06 + 0.2/1.08) = 9,432,166,000

*)시장할인율 8%

(2)비준가액

'(1)' × 1 × 1.06 × 100/105 × 1 = 9,521,996,000
    사 시(오피스) 지 개

(3)토지단가

'(2)' × 0.65 × 1/1,500 = @4,130,000
  토가구 A토지면적

(4)건물단가

'(2)' × 0.35 × 1/6,000 = @555,000
  건가구 A건물면적

2)#3기준

(1)비준가액

8,000백만 × 1 × (1 + 0.06 × 3/12) × 100/95
       사   시   지

× 100/105 = 8,140,351,000
  개

(2)토지단가

'(1)' × 0.65×1/1,500 = @3,530,000

(3)건물단가

'(1)' × 0.35 × 1/6,000 = @475,000

3)A매입가격

(4,130,000 + 3,530,000) × 1/2 × 1,500 + (555,000 + 475,000) × 1/2 × 6,000
= 8,835,000,000

3.B

1)#2기준

(1)사례 현금등가액

5,800백만 × [0.6 + 0.4 × 1/1.08^5 + 0.4 × 0.045 × PVAF(8%,5)] = 5,475,792,000

6.5% - 2%

(2)비준가액

'(1)' × 1 × (1 + 0.06 × 6/12) × 95/110 ×
    사   시   지

100/105 = 4,639,015,000
개

(3)토지단가

'(2)' × 0.65 × 1/1,200 = @2,510,000
  B토지면적

(4)건물단가

'(2)' × 0.35 × 1/3,600 = @451,000
  B건물면적

2)#4기준

(1)사례 현금등가액

4,800백만 × [0.2 + 0.8 × 1/1.08^3 + 0.8 × 0.085 × PVAF(8%,3)] = 4,849,480,000

6.5% + 2%

(2)비준가액

'(1)' × 1 × (1 + 0.06 × 9/12) × 95/90 ×
    사   시   지

100/95 = 5,630,785,000
개

(3)토지단가

'(2)' × 0.65 × 1/1,200 = @3,050,000

(4)건물단가

'(2)' × 0.35 × 1/3,600 = @547,000

3) B매입가격

(2,510,000 + 3,050,000) × 1/2 × 1,200 +
(451,000 + 547,000) × 1/2 × 3,600
=5,132,000,000

4. 예상 매입가격

'2' + '3' = 13,967,000,000

Ⅲ. (물음2)
1. 1차년도 현금흐름
1) 가능총수익
(1) 월 임대료
가. A
ㄱ. #1기준

17,500 × (1 + 0.01 × 2 + 0.03 × 8 - 0.05 × 0.3)
　　　　　　　공실률　　전용률　　지하철거리
=@21,800

ㄴ. #3기준

17,100 × (1 + 0.01 × 5 - 0.03 × 2 + 0.05 × 0.3)
　　　　　　　공실률　　전용률　　지하철거리
=@17,200

ㄷ. 결정: ('ㄱ' + 'ㄴ') × 1/2 = @19,500

(2) B
669,600,000 × (1 - 0.35 - 0.05 - 0.02)
　　　　　　　　　운영　　위탁　　기타
=388,368,000

(3) 결정: '(1)' + '(2)' = 1,125,468,000

3) 배당가능금액
(1) 지급이자
8,967백만 × 0.065 = 582,855,000
*)
*) L: 13,967백만 - 5,000 × 1백만
　　　예상매입가　액면가　주식수

(2) 결정
1,125,468,000 - '(1)' = 542,613,000

4) 배당액:
'3)' × 0.95 = 515,482,000

나. B
ㄱ. #2기준

17,800 × (1 + 0.01 × 3 - 0.05 × 0.1)
　　　　　공실률　　　지하철거리
=@18,200

ㄴ. #4기준

17,000 × (1 + 0.01 × 4 - 0.03 × 10 + 0.05
　　　　　공실률　　전용률　　지하철거리
× 0.2) = @12,800

ㄷ. 결정: ('ㄱ' + 'ㄴ') × 1/2 = @15,500

(2) 가능총수익
가. A: 19,500 × 12 × 6,000 =1,404,000,000
나. B: 15,500 × 12 × 3,600 = 669,600,000

2) 순수익
(1) A
1,404백만 × (1 - 0.4 - 0.05 - 0.025)
　　　　　　　운영　　위탁　　기타
=737,100,000

2. 1주당 예상배당수익률
(515,482,000 ÷ 1백만)/5,000 = 0.1031
　　　　　　　　주식수　　액면가

Ⅳ. (물음3)
1. A

$$\frac{737.1}{8,835} = \frac{5,000}{13,967} \times Re_A + \frac{8,967}{13,967} \times 0.065$$

A환원율　전체지분비율　　전체저당비율　저당이자율

$$\therefore Re_A = 0.1165$$

2. B

$$\frac{388.368}{5,132} = \frac{5,000}{13,967} \times Re_B + \frac{8,967}{13,967} \times 0.065$$

B환원율　전체지분비율　　전체저당비율　저당이자율

$$\therefore Re_B = 0.0948$$

Ⅴ. (물음4)
1. 2차년도 현금흐름
1) 순수익
737,100,000 × (0.4 × 1.1 + 0.4 × 1.05 +
　A순수익　　　　호황　　　　보통

```
           0.2× 0.97) + 388,368,000 × (0.4 × 1.08 +
          불황            B순수익         호황
          0.4 × 1.03 + 0.2 × 0.98) =    1,180,806,000
          보통           불황

       2)배당가능금액
          '1)' - 582,855,000 =            597,951,000
                            DS

       3)배당: '2)' × 0.95 =              568,053,000

   2.2차년도 이론적 주당가치
      (568,053,000 ÷ 1백만)/0.1031 =       @5,510
                   주식수  1차년도배당수익률
                                            -끝-
```

문2)(25)
Ⅰ.(물음1)
1.감정평가 개요
   사업시행계획인가고시일(25.8.1)을 기준시점
   으로 현황 평가함

```
   2.토지
   1)적용공시지가 선택:              <25년>
      사업시행계획인가 이전 최근 공시지가

   2)비교표준지 선정:                <1>
      사업지구 내, 2종일주, 단독주택

   3)토지가액
      2,400,000 × 1.01501 × 1 × 1 × 1
                         *)        =@2,440,000
                              (× 120 = 292,800,000)
      *)시점: 25.1.1 ~ 8.1 주거지역 지가변동률

   3.건물
   1)평가 포함 여부
      89.1.24 이전 무허가건축물이므로, 기존
      무허가건축물로 보아 평가 포함함

   2)건물가액
      3년/40년 < 10%로 잔존가치율 적용함
      880,000 × 0.1 =                   @88,000
                                 (× 90 = 7,920,000)
```

```
   4.P씨 종전자산가액
      '2' + '3' =                       300,720,000
```

Ⅱ.(물음2)
1.감정평가 개요
   의뢰인 제시일(26.7.2)을 기준시점으로 하여
   일반분양, 조합원분양분을 합산해 평가함

```
   2.일반분양분 가액
   1)10층 1호
      350백만 × 1 × (1 - 0.1) × (1.05 × 100/85)
                                    = 389,118,000

   2)전체 가액
      1) × (100 + 106 + 110 × 12 + 104)/110 ×
      2동 =                         11,532,000,000

   3.조합원 분양분 가액
      350백만 × 90 =                31,500,000,000

   4.조합 전체 분양예정자산가액
      '2' + '3' =                   43,032,000,000
```

Ⅲ.(물음3)
1.비례율
$$\frac{43,032백만 - 23,000백만}{300,720,000 \div 0.01} = 66.61\%$$

2.권리액
   300,720,000 × 0.6661 =   200,310,000

3.정산금
   350백만 - '2' =   149,690,000
   (P씨가 조합에 149,690,000원을 납부하여
   야 함)
                                            -끝-

문3)(10)
Ⅰ.감정평가 개요
   기초가액과 기대이율의 관계에 유의하여
   <실무적 적산법>으로 적정 토지사용료를
   평가함

Ⅱ.기초가액
1.비교표준지 선정

1)선정:　　　　　　　　　　　　　　　<4>

2)사유
　현황 아파트 모델하우스는 일시적 이용으로 판단됨. 이러한 일시적 이용을 반영하는 기초가액을 구하기 어려우므로 최유효이용 기준해 기초가액을 산정함

　최유효이용인 업무용이며, 도로조건 유사한 표준지 선정함

2.기초가액
1,400,000 × 1.01210*⁾ × 1 × 100/110 ×
　　　　　　　시　　　지　　개
$\dfrac{1}{0.3 \times 0.85 + 0.7} \times 1 =$　　　　　　@1,350,000
　도로저촉　　그

(× 600 = 810,000,000)

*)시점(26.1.1 ~ 8.27 지변율): 1.012 × (1 + 0.00005 × 58/30)

Ⅲ.기대이율
1.적용:　　　　　　　　　　　　　　<5%>

2.사유
　기초가액에 반영되지 못한 현실적 이용상황을 기대이율로서 고려함. 상업용지·업무시설·임시적이용·중앙값 적용함

Ⅳ.적정 토지사용료
810백만 × (0.05 + 0.003) =　　42,930,000
　기초가액　기대이율　필요제경비　　　-끝-

문4)(10)
Ⅰ.감정평가 개요
　감칙21② 의거 원가법으로 2026.8.27 기준 도입기계의 감정평가액을 구함

Ⅱ.재조달원가
1.도입가격
100,000 × 105.0198 × 0.9979 × 832.28/100
　　　　　$→¥　　기계가격지수　　¥→₩
　　　　　　　　　　　　　　　=87,222,000

*)원산지 일본, 도입시점 24.8.1, 일반기계

2.부대비용
'1' × (0.08 × 0.5 + 0.08 × 0.5 × 0.2 +
　　　관세　감면　농어촌특별세
0.015 + 0.03)　　　　　　　=8,112,000
　설치비　기타

*)공장재단저당을 위한 평가로 설치비 포함함

3.재조달원가
'1' + '2' =　　　　　　　　　95,334,000

Ⅲ.감정평가액
'Ⅱ' × 0.736 =　　　　　　　70,166,000
　정률법　　　　　　　　　　　　-끝-

문5)(10)
Ⅰ.주택
1.이전비
630,000 × (0.142 + 0.03 + 0.168 + 0.538)
　목조한식기와　해체　운반　보충　재축
× 100　　　　　　　　　　=55,314,000
　면

2.물건가격
1)적산가액
630,000 × 25/45 × 100 =　　35,000,000
　　　　　　잔　　　　면

2)비준가액
(80백만 - 30백만) × 1 × 1 × 1 × 0.95 ×
　　　　　　　　　　*)　사　시　지　개
100/105 =　　　　　　　　45,238,000
　면

*)주택입주권가치 제외(則33②)

3)물건가격
'1)' < '2)'이므로, 더 큰　　　45,238,000
(則58① 최저보상액 6백만원 이상임)

3.보상평가액
'1' > '2'이므로, 한도액인　　<45,238,000>

Ⅱ.배나무
1.이전비
1)이식비

[{45,000 × (0.3 + 0.4) + 30,000 × (0.04 +	
조경공 굴취 식재 보통인부 굴취	
0.25)} × (1 + 0.1) + 43,000 × 0.03 + 2,000]	
식재 재료 운반 상하차	
× (1 + 0.2) =57,012	
부대	

2) 고손액 · 감수액(이식부적기)

120,000 × 0.1 × 2 + 20,000 × (1 - 0.2) × 2.2
　　　　　　　　고손율
=59,200

3) 이전비

'1)' + '2)' = @116,000

2. 물건가격: @120,000

3. 보상평가액

'1' < '2' 이므로, 이전비 원칙에 따라
@116,000 × 50 = 5,800,000

-끝-

문6)(5)

Ⅰ. 평가 처리방법

대지권과 건물부분을 일괄하여 평가하되, 대지권과 건물부분의 가치를 구분하여 표시함

Ⅱ. 평가 처리이유

「집건법」상 대지권은 전유부분과 분리처분할 수 없고 구분건물은 토지·건물의 일체 효용성·거래관행이 있으므로 일괄평가함. <판례> 또한 대지권을 경매목적물로 포함시켜 감정평가액을 정해야한다고 판시한 바 있음

다만 토지·건물 각각에 대한 권리자의 배당을 원활하게 하기 위해 구분표시함

Ⅲ. 감정평가서 기재사항

대지권 포함 평가여부, 대지권 취득·수분양 여부, 대지권 미등기 사유, 대지권의 적법등기 가능성 등

-끝-

제18회 감정평가실무 기출

문1)(35)

I. 감정평가 개요
- 토지는 3방식 병용 및 합리성 검토 등(감칙12)
  건물은 구분평가(7②)에 유의하여, 개별물건
  평가액 합(7①)으로 감정평가액을 구함

- 기준시점: 2026.8.26

II. (물음1)

1. 비교표준지 선정

3종일주, 상업용지, 노선상가지대이며, 도로 조건 동일한 <3>

2. 공시지가기준가액

$1,100,000 \times 1.02304 \times 1 \times (0.93 \times$
           시*)   지   형

$\frac{465 + 35 \times 0.85}{500}) \times 1 =$ @1,036,000
 도로저촉   그

*) 시점(이하방식 同)
① 지가변동률: $1.00136 \times \cdots \times (1 + 0.00256 \times 57/30) = 1.02304$
② 생산자물가상승률: $109.6/108.4 = 1.01107$
③ 결정: 토지가격 변동의 특성을 잘 반영하는 지가변동률 기준

3. 비준가액

$(1,234백만 - \text{'2'} \times 1.1) \times 1 \times 1.02250$
           배분법   사 사 시

$\times 1.05 \times 1/505 =$ @990,000
    지·개*)   면

*) 지역·개별요인 일체비교치 (도시계획시설 저촉 포함)

IV. (물음3)

1. 사례 준공시점 가치

$900 \times 1.08^3 + 400 \times 1/2 \times (1.08^2 + 1.08)$
 토성   조성

$+ 400 \times 0.2 =$ 1,663,021,000
 판관

2. 적산가액

$\text{'1'} \times 1 \times 1.04512 \times 0.97 \times 1/1,770$
       사   시   지·개 면

= @952,000

V. (물음4)

1. 사례 상각 후 순수익

1) 유효총수익

III. (물음2)

1. 사례 선정

가치형성요인 보다 유사한 <1>
(#2: 규모 등 상이하여 배제)

2. 사례건물가치

1) 주체

$600,000 \times 1 \times (1 - 0.9 \times 8/40) \times 1,232$
      시*)   잔   면

= 606,144,000

*) 건축비 보합세로 봄

2) 부대

$(50,000 + 4,000 + 6,000 + 65,000) \times 12/20$
    승강기   화재   스프링클러 냉난방   잔*)

$\times 1,232 =$ 92,400,000
    면

*) 잔가율 없다고 봄

3) 건물가치

'1)' + '2)' = 698,544,000

$(10 + 144 + 14) - (15 + 2) =$ 151,000,000
  보증   지급 주차   대손 공실

2) 운영경비

(1) 감가상각비

$720백만 \times 0.9 \times 1/40 + 342백만 \times 1/20$
 *)   잔가율 전내용연수 *)   전내용연수

= 33,300,000

*) 재조달원가
① 주체: $600,000 \times 1,200$
② 부대: $(60,000 + 4,000 + 6,000 + 65,000) \times 1,200 + 180백만$
       승강기 화재 클러 냉난방   면   주차

(2) 결정

$\text{'(1)'} + (6 + 8 + 3) \times 10^6 =$ 50,300,000
               유지 제세 보험

3) 순수익

'1)' - '2)' = 100,700,000

2. 사례토지 귀속순수익

$\text{'1'} - [720백만 \times (1 - 0.9 \times 6/40) + 342백만$
         건물주체가치   건물부대가치

× 14/20] × 0.1 =   14,480,000

건물R

3.대상토지 기대순수익
'2' × 1 × 1 × 0.97 × 1/550 =   @25,537
   사   시 지·개   면

4.수익가액
'3' ÷ 0.08 =   @319,000
         토지R

Ⅵ.(물음5)
1.토지가치
1)합리성 검토(감칙12②)
수익가액은 대상과 유사한 건물규모에 비해 부대설비 과다하여 토지할당수익이 과소하게 산출된 점, 적산가액은 대상과 규모 차이가 과다한 점에서 설득력이 낮다고 판단됨

따라서 시장성 잘 반영하는 비준가액과 유사하여 합리성 지지되고 평가목적 잘 반영하는

감칙14 원칙 공시지가기준가액으로 결정함

2)결정
@1,036,000 × 500 =   518,000,000

2.건물가치
1)재조달원가 산정 시 직접법 고려여부
사정개입 및 시점수정 불가로 고려하지 않음

2)기존부분
(1)주체
$600,000 × (1 - 0.9 × \frac{10+3}{40}) × 1,200$
                             *)관찰감가
                        =509,400,000

(2)부대
(50,000 + 4,000 + 65,000) × 7/20 × 1,200
  승강기   화재   냉난방
                        =49,980,000

(3)합;   559,380,000

3)증축부분
(1)주체
$510,000 × (1 - 0.9 × \frac{4}{27+4}) × 60$
                  *)내용연수 조정
                      =27,046,000

(2)부대
(4,000 + 65,000) × 16/20 × 60=3,312,000
  화재   냉난방
*)숙소로서 화재탐지·냉난방설비 있다고 봄

(3)합;   30,358,000

4)건물가치
'2)' + '3)' =   589,738,000

3.대상부동산 감정평가액
'1' + '2' =   1,107,738,000
                               -끝-

문2)(30)

Ⅰ.(물음1)
①직업윤리에 따라 업무에 임할 것 ②관계법규와 협약서를 준수하여 업무에 임할 것 ③공정하게 업무에 임할 것
그 밖에 ④성실한 담보평가업무 수행, 정당한 이유 없이 평가 기피·반려 금지 ⑤처리기간 내 평가처리 ⑥감정평가서에 평가액 산출 근거를 명시하여 평가의 공정성·객관성 유지 ⑦이해관계물건 평가금지, 비밀누설 금지 ⑧자료제출 요청에 적극 응할 것 등

Ⅱ.(물음2)
1.권리내역 분석(토지·건물 동일)
1)소유권
소유자 박씨

2)소유권 이외의 권리(근저당권)
1순위 근저당권자 IBK은행, 채무자 홍길동, 채권최고액 336,000,000

2.대출가능금액 판단시 필요사항
①감정평가액
②LTV, DTI 규제사항
③선순위 근저당권

④임대차 내역
⑤주택·상가임대차보호법상 규제사항
⑥주택 방 개수 등

Ⅲ.(물음3) 「26.8.25기준」

1.토지가액 산정

1)대상물건 확정
대장 기준해 215.8㎡

2)비교표준지 선정
1종일주·주상용이며, 동일 노선 소재하여 도로조건 유사한 <2>
(남측 완충녹지 부분 접면도로로 보지않음)

3)그 밖의 요인 보정 여부
공시지가(225만)가 평가사례(217만) 지가수준(215만~225만)과 유사하여, 시가 반영 충분하므로 별도로 보정하지 아니함

4)토지가액
2,250,000 × 1.01839* × 1 × 100/105 × 1
           시*   지   개   그
*)지가변동률(1.1~8.25) = @2,182,000
(× 215.8 = 470,875,000)

2.건물가액 산정

1)대상물건 확정
①(감칙7②)층별 가치 달라 구분평가함
②대장기준 지하·1층: 106.7㎡, 2층: 107.48㎡
③(감칙6①)현황기준 원칙 및 담보평가 안정성 근거해 3층은 60㎡기준함
④사용승인일 1996.12.26 기준해 감가수정함

2)지하층
600,000 × 0.7 × 21/50 × 106.7
표준(상가) 지하 잔 면
                        =18,822,000

3)1층
(600,000 + 20,000) × 21/50 × 106.7
표준(상가) 위생 잔 면
                        =27,785,000

4)2·3층
(800,000 + 40,000 + 50,000) × 21/50 ×
표준(주택) 위생   난방   잔
(107.48 + 60) = 62,604,000
         면

5)건물가액
'2)' + '3)' + '4)' = 109,211,000

3.대상부동산 감정평가액
'1' + '2' = 580,086,000

Ⅳ.(물음4)

①감정평가서의 위산·오기 여부 ②의뢰내용 및 공부와 현황의 일치 여부 ③감정평가관계법규 및 협약서에 위배된 내용이 있는지 여부 ④감정평가서 기재사항이 적절히 기재되었는지 여부 ⑤감정평가액의 산출근거 및 결정 의견이 적절히 기재되었는지 여부

-끝-

문3) (20)

Ⅰ.감정평가 개요

개발이익 처리 및 생활보상에 유의하여 K씨의 26.1.20 기준 총보상금액을 산정함

Ⅱ.토지보상액

1.적용공시지가 선택: <24년>
(法70④)사업인정의제일 24.8.3이전 공시지가 선택해 개발이익 배제함

2.비교표준지 선정: <6>
①개발이익 배제 위해 사업지구 외 기준,
②자연녹지, 군사시설보호, 주거용지,
③(則23①단서)도시계획시설 저촉 고려안함

3.그 밖의 요인 보정치: <1.1>
(法67②,판례)해당사업과 무관한 도로사업으로 인한 개발이익은 반영함

4.토지보상액

$$150,000 \times 1.05999 \times 1 \times 0.973 \times 1.1$$
　　　　시*1)　　　지　개*2)　　그

$$= @170,000$$
$$(\times 500 = 85,000,000)$$

*1)시점(24.1.1 ~ 26.1.20 녹지·지가)
- 생산자물가지수 미제시
*2)개별: 1.07/1.1 × 1.05 × 1/1.05
　　　　도　　　형　　　세

Ⅲ. 지장물 보상액
1. 방침
　①#1은 현황기준 원칙 따르며
　②(法25,판례)#3은 무허가이나 행위제한일
　이전 건축으로 보상함

2. #1
1) 이전비
$$520,000 \times (0.207 + \cdots + 0.168 - 0.053) \times 45$$
　　　　노무　　　설치　　폐자재처분익
$$= 18,907,000$$

2) 물건가격
$$150,000 \times 10/20 \times 155 = \quad 11,625,000$$

3) 보상액
'1)' > '2)'이므로 한도액인 <11,625,000>

5. 지장물 보상액: 　　　　　　　　29,728,000

Ⅳ. 생활보상액
1. 재편입가산금(則58②③)
$$(85백만 + 12,703,000 + 6,144,000) \times 0.3$$
　　토지　　지장물#1　　지장물#2평가액
$$= 31,154,000$$
∴ 최대한도액인 <10,000,000>

2. 이주정착금(則53)
이주대책 미수립으로 봄
$$(12,703,000 + 6,144,000) \times 0.3 = 5,654,000$$
　　지장물#　　지장물#2평가액
∴ 최저한도액인 <12,000,000>

2) 물건가격
$$520,000 \times 19/35 \times 45 = \quad 12,703,000$$
(則58① 최저보상액 6백만 이상임)

3) 보상액
'1)' > '2)'이므로 한도액인 <12,703,000>

3. #2
1) 이전비
$$480,000 \times (0.12 + \cdots + 0.165 - 0.065) \times 18$$
$$= 5,400,000$$

2) 물건가격
$$480,000 \times 32/45 \times 18 = \quad 6,144,000$$
　　　　　　　　　(최저보상액 이상)

3) 보상액
'1)' < '2)'이므로 이전비 기준 <5,400,000>

4. #3
1) 이전비
$$150,000 \times (0.115 + \cdots + 0.169 - 0.014)$$
$$\times 155 = \quad 15,461,000$$

3. 생활보상액: 　　　　　　　　22,000,000
*)그 밖에 주거이전비(則54) 이사비(則55) 등 보상가능

Ⅴ. K씨 총보상금액
'Ⅱ' + 'Ⅲ' + 'Ⅳ' = 　　　　　　136,728,000
　　　　　　　　　　　　　　　-끝-

문4)(15)
Ⅰ. 감정평가 개요
감칙24①2호 근거하여 25.12.31 기준해
비상장주식을 평가함

Ⅱ. 자산재평가
1. 건물
$$500,000 \times 145/100 \times (1 - 0.9 \times 5/50)$$
　　시(건축비)　　　　　　　　잔
$$= @660,000$$
$$(\times 1,800 = 1,188,000,000)$$

2.기계기구

3,800백만 × 0.464 = 　　　1,763,200,000
　　　　　　　잔

Ⅲ.자기자본가치

1.자산

550 + 130 + (500 + 800) × (1 - 0.02)
　현　 유가　 외　 받　　　 대손

+ 200 + (50 + 20) + (100 - 50) + 1,260
　재고　선　보험　　부　부도　　토지

+ 1,188 + 1,763.2 =　　　6,485,200,000
　건　　기

2.부채

400 + 600 + (150 + 30) + 2,000 + 200
　외　　지　　미　이자　　단　　퇴직

　　　　　　　= 3,380,000,000

3.자기자본가치

'1' - '2' =　　　　　3,105,200,000

Ⅳ.비상장주식 가치

'Ⅲ' ÷ 300,000 =　　　　　@10,351
　　발행주식수

-끝-

- 이하여백 -

제19회 감정평가실무 기출

문1)(40)

I.(물음1)

1.가격시점:　　　　　　　　　　　<2026.8.25>
(法67①)보상의 형평성 취지 및 수용재결평가의 적정성 검토 성격상 수용재결일 기준함

2.비교표준지 선정사유
1)적용공시지가 선택
(1)#1·2·3:　　　　　　　　　　　<25년>
(法70④)사업인정의제일 25.10.24 이전 최근 공시지가 선택해 개발이익 배제함

(2)#4:　　　　　　　　　　　　　<26년>
사업구역 확장에 따른 추가편입으로, 추가 세목고시일을 사업인정의제일로 봄

2)공법상 제한사항 확정
①(則23②)변경 전 자연녹지, G·B 기준
②(則23①단서)도시계획도로저촉 고려안함

3)비교표준지 선정 및 사유
(1)#1:　　　　　　　　　　　　　<D>
주상용 표준지 없어 건부지로서 유사한 단독주택 기준

(2)#2:　　　　　　　　　　　　　<E>
(판례)착공 전 편입으로 건축허가 실효되어 주거나지 기준

(3)#3:　　　　　　　　　　　　　<G>
(則24,부칙6)95.1.7 후의 공익사업에 편입된 불법형질변경토지로 형질변경당시 임야 기준

(4)#4:　　　　　　　　　　　　　<F>
현황 전 기준

3.보상감정평가액
1)시점수정치
(1)지가변동률
가.令37② 적용
서초구 지가가 해당사업으로 변동되어 개발이익 배제 위해 인근시군구 지변률 적용함

나.26.1.1~8.25 녹지
ㄱ.강남구
$1.02373 \times 1.00335 \times (1 + 0.00385 \times 25/31)$
　　　　　　　　　　　　　= 1.03035
ㄴ.동작구:　　　　　　　　　　　1.01968
ㄷ.성남시 수정구:　　　　　　　　1.02019
ㄹ.결정:(ㄱ + ㄴ + ㄷ) × 1/3 =　<1.02341>

다.25.1.1 ~ 26.8.25 녹지
$(1.03555 \times 1.03035 + 1.0275 \times 1.01968 + 1.0218 \times 1.02019) \times 1/3 =$　　1.05238

(2)생산자물가상승률
가.26.8/25.12: 133.5/132.5 =　　1.00755
나.26.8/24.12: 133.5/130.2 =　　1.02535

(3)시점수정치
토지가격 변동의 특성을 잘 반영하는 <지가변동률>기준함

2)그 밖의 요인 보정치
(1)방침
①정상적인 시장가치 반영을 위해 사업인정 후나 해당 사업 영향 없는 것으로 보아 사례 적용 ②보상의 형평성 위해 #1 기준 그 밖의 요인 보정치 #2에도 적용함

(2)대(주상용인 #1과 424-5 비교)
$$\frac{700,000 \times 1.02100 \times 1 \times (1.15 \times 1.08)}{500,000 \times 1.05238 \times 1 \times (1.2 \times 1.05 \times 0.92 \times 0.9 \times 1.03)} = 1.57$$

(3)전(#4와 500 비교)
$$\frac{240,000 \times 1.02100 \times (1.2 \times 1.05 \times 1.11)}{180,000 \times 1.02341 \times 1 \times (1.11 \times 1.14)} = 1.47$$

3)보상감정평가액
(1)#1 (소로한면)
$500,000 \times 1.05238 \times 1 \times (1.2 \times 1.05 \times$
　　　　　　　　시　　지　　이　　용　　도
$0.92 \times 0.9 \times 1.03) \times 1.57 =$　@888,000
　　　　　　　형　세　도로저촉　그
　　　　　　　　　　(× 350 = 310,800,000)
*)잔여지 손실 없다고 봄 (#2 동일)

(2)#2 (세로불)
$300,000 \times 1.05238 \times 1 \times (0.95 \times 1.03) \times 1.57$
　　　　시　　　지　　도　　형　　　그

```
                                    =@485,000
                        (× 450 = 218,250,000)

(3)#4 (세로가)
180,000 × 1.02341 × 1 × (1.11 × 1.14) × 1.47
          시      지    도    형      그
                                    =@343,000
                        (× 900 = 308,700,000)
```

Ⅱ.(물음2)
1.가
1)일부편입 보상액
330,000 × 20 + 400,000 × 9.4 × 2 + 50,000
        *1)   보수   *2)   위생설비
× 30=   15,620,000
*1)550,000 × 27/45 *2)$\sqrt{8^2+5^2}$

2)전체 이전비
4 + 1.5 + 1.2 + (20 - 5) + 5 + 5 + 12
해체 운반 정지   재건축   보충 부대 허가
                                    =43,700,000
*)(則2-4)건축허가비 포함, 시설개량비 제외

②#2:(則45 1호단서, 47⑥)사업자등록 한 것으로 보아 이전비외 1천만원한도 보상함
③#3:(則52)가계지출비 및 이전비 보상함
④#4:(則55)이전비 보상함

2.#1
1)영업이익
(1)재무제표 기준
(58 + 65 + 77)백만 × 1/3 × 4/12
 '22*) '23   ''24   =22,200,000
*)180-87-35 / 해당 사업 영향 있는 25년도 제외(과세표준 同)

(2)과세표준액 기준
(110 + 120 + 150)백만 × 1/3 × 0.2 × 4/12
 '22   '23   '24   소득률
                                =8,400,000

(3)동종 업종 기준
200백만 × 0.3 × 4/12 =   20,000,000
         이익률

3)전체 물건가격
330,000 × 50 =   16,500,000
(則58① 최저보상액인 6백만원 이상임)

4)보상감정평가액
가장 작은 금액인   <15,620,000>

2.나
1)이전비
2 + 1.2 + 1 + (15 - 5) + 3 + 3 + 12
해체 운반 정지   재건축   보충 부대 허가
                                =32,200,000

2)물건가격
450,000 × 11/40 × 40 =   4,950,000

3)보상감정평가액
'1)' > '2)'이므로 한도액인   <4,950,000>

Ⅲ.(물음3)
1.보상방침
①#1:(則45,47)영업손실보상 대상임

(4)최저보상액
3백만 × 4 =   12,000,000
도시근로자 3인 가구 가계지출비

(5)결정: <22,200,000>
과세표준은 낮게 신고되는 경향이 있어 배제하고, 최저보상액 이상이며, 동종 업종 기준에 의해 합리성 지지되는 대상의 재무제표 기준으로 결정함

2)영업이익 감소액
'1)' × 0.2 =   4,440,000
                        (한도액 1천만원 이내)

3)고정적 비용·부대비용
소득세 원천징수 아니하는 인건비 제외
600,000 × 4/12 + 500,000 × 4 + 2백만
  자동차세   임대료   부대비용
                                =4,200,000

4)이전비·감손상당액
30 × 0.1 + 3 + 2 =   8,000,000
  감손   운반 이전

5)영업손실보상액	
'1)' + ⋯ + '4)' =	38,840,000
3.#2	
1)이전비 외 보상액	
38,840,000-8,000,000 > 10,000,000이므로 한도액인	<10,000,000>
2)영업손실보상액	
'1)' + 8백만 =	18,000,000
4.#3: 3백만 × 3 + 8백만 =	17,000,000
5.#4:	8,000,000
	-끝-

문2)(35)

Ⅰ.감정평가 개요	
가치다원론 근거하여 다음 각 물음에 답함	

Ⅱ.(물음1)	
1.대상물건 확정	
1)30	
①(감칙6①)현황 주차장은 일시적 이용으로 최유효이용인 전 기준	
②300㎡ · 세로가 · 장방형 · 평지	
2)30-1	
①지목 임야이나 수년전 개간된 전이며, 농경 지대 위치하여 형질변경허가 용이하다보아 현황 전 기준	
②별도 가치 없다고 인정되는 보존묘지 제외	
③300㎡ · 세로가 · 장방형 · 평지	
2.30(전인 公#1)	
62,000 × 1 × 1 × (1.04 × 1.03) × 1 =	@66,000
시 지 형 세 그	
(× 300 = 19,800,000)	
3.30-1:	19,800,000
4.시장가치: '2' + '3' =	39,600,000

Ⅲ.(물음2)	
1.대상물건 확정	
1)30	
계약내용 기초하여 주차장 부지 기준	
2)30-1	
계약상 전 · 330㎡ 기준, 부정형	
2.30(주차장인 公#4)	
68,000 × 1 × 1 × 1.04 × 1 =	@71,000
형	
(× 300 = 21,300,000)	
3.30-1(전인 公#1)	
62,000 × 1 × 1 × 1.03 × 1 =	@64,000
세	
(× 330 = 21,120,000)	
4.기초가액	
'2' + '3' =	42,420,000

Ⅳ.(물음3)	
1.투자조건 만족 여부	
1)NOI	
(1)PGI (객실수 30인 사례 기준)	
800,000 × 30 × 12 =	288,000,000
(2)EGI	
(1) × 0.7832 + 10,000 × 30 × 12 = 229,162,000	
점유율·) 기타수익	
·)객실수 30인 사례 사이에 조사시점(x)과 점유율(y) 간의 부의 선형관계 인정됨	
①회귀식	
$y = 82.74 - 0.34x$ ($R^2 = 98\%$)	
②점유율	
82.74 - 0.34 × 13 = 78.32%	
26년1월	
(3)NOI	
'(2)' - (1,200,000 + 0.4 × 288백만)	
운영경비	
=112,762,000	

2) V
(1)토지: 39,600,000
투입비용 성격으로서 전 상태의 시장가치로 제공된다고 보아 26.1.1 기준 시장가치 적용함

(2)건물
730백만 × (1 - 0.04 - 0.04 - 0.02)
　　　　　　*)　집기　개업　운영
　　　　　　　　　　　　=657,000,000
*)집기비품·개업준비금·운영자금 제외

(3)V
'(1)' + '(2)' = 696,600,000

3)투자조건 만족여부
'1)' ÷ '2)' = 0.162 > 0.15이므로 투자조건 만족함

2.투자가치(토지잔여법)
1)분리환원율
(1)토지

190,000 × 1.01000 × 1 × (0.93 × 1.04) × 1.3
　　　　시　　지　　도　　형　　그
　　　　　　　　　　　　=@241,000
　　　　　　　　(× 560 = 134,960,000)

VI.(물음5)
1.가치다원론
부동산가치는 평가목적, 평가조건 등에 따라 다양하게 형성된다는 이론. 이에 따라 앞선 세 가치도 다른 결과로 도출됨

2.교환가치, 사용가치
시장가치는 통상적인 시장에서 교환될 수 있는 교환가치이나, 기초가액은 계약내용에 근거하여 임대인이 제공하고 임차인이 누리는 사용가치라는 점에서 비교됨

3.객관적 가치, 주관적 가치
시장가치는 통상적인 시장의 당사자 사이에 성립하는 객관적 가치이나, 투자가치는 투자자에 의해 부여되는 주관적인 가치라는 점에서 비교됨　　　　　　-끝-

0.1 × 0.08 + 0.4 × 0.1 + 0.5 × 0.12 = 0.108
　낮음　　　　중립　　　　높음

(2)건물
0.1 × 0.1 + 0.4 × 0.11 + 0.5 × 0.12 = 0.114
　낮음　　　　중립　　　　높음

2)토지귀속 순수익
112,762,000 - 657백만 × 0.114 = 37,864,000
　　　　　　　　　건물R

3)투자가치
'2)' ÷ 0.108 = 350,593,000
　토지R

V.(물음4)
1.대상물건 확정
①부지조성 완료되어 상업용지, 대지면적 560㎡ 기준함
②세로가·장방형·평지

2.시장가치(상업용인 公#5)

문3)(15)

I.감정평가 개요
시장가역산법으로 입목의 취득가격을 결정함

II.시장가 (평균경급 기준하여 중등급)
1.활엽수
90,000 × [(1,653.8 - 826.9 - 330.8) +
　참나무　　　　　　　피해도'중' 피해도'경'
330.8 × 0.9] + 85,000 × 3,307.5
　피해도'경'　　　　기타활엽수
　　　　　　　　　　　=352,581,000

2.침엽수
95,000 × 551.3 + 90,000 × 1,047.4 +
　소나무　　　　　　잣나무
95,000 × 748.1 + 90,000 × 1,197
　낙엽송　　　　　　리기다
　　　　　　　　　　　=325,439,000

3.시장가
'1' + '2' = 678,020,000

Ⅲ. 생산비용

[851 × (80,000 + 80,000 + 80,000 +
  인부*)   벌목   조재   집재

80,000 + 110,000) + 30,000 + 90,000 ×
  상하차   운반   기계·연료   임도

2.1/0.3] × (1 + 0.1) = 403,249,000
                          잡

*) 8505.1/10 = 851명
총재적 1일작업량

Ⅳ. 입목 취득가격

$0.85 \times \dfrac{678,020,000}{1+0.07\times 6/12+(0.1+0.05)} - 403,249,000$

조재율 금리 기간   이윤 위험

= 83,094,000

-끝-

문4)(5)

1. 의뢰목록과 일치여부

기본적 사항에서 확정한 사항과 일치여부를 실지조사에서 확인해야 함에 유의함. 즉, 리스표지판, 실무담당자와 면담 등을 통해 대여시설이 존재하는지, 확정된 사항과 동일성이 인정되는지 확인해야 함에 유의함

2. 대여시설의 상태

대여시설의 가치를 정확히 추계하기 위해서는 그 상태를 실지조사로서 확인해야 함에 유의함

유지·관리에 관한 사항, 감가상태, 하자 보수 여부를 실지조사로서 파악함에 유의함

3. 대여시설의 기능

대여시설이 전체 대상물건(공장재단 등)의 일부로서 기능하는지, 그 자체로 독립된 기능을 하는지, 과잉유휴시설인지에 따라 감정평가액이 달라지므로 이를 실지조사로서 파악해야 함에 유의함

-끝-

문5)(5)

1. 개발이익의 정의

공익사업의 계획·시행의 공고·고시 등으로 인해 토지소유자가 자기의 노력과 관계없이 지가가 상승되어 뚜렷하게 받은 이익으로서 정상지가 상승분을 초과하여 증가된 부분을 말함

2. 개발이익 반영 여부

표준지 평가에 있어서 공익사업의 계획·시행의 공고·고시, 공익사업의 시행에 따른 절차로서 행하여진 토지이용계획의 설정·변경·해제 등, 기타 공익사업의 착수에서 준공까지 그 시행으로 인한 지가증가분의 개발이익은 반영함

다만 그 개발이익이 주위환경 등의 사정으로 보아 공시기준일 현재 현실화·구체화되지 아니 하였다고 인정되는 경우에는 반영하지 않음

-끝-

- 이하여백 -

제20회 감정평가실무 기출

문1) (40)

Ⅰ. 감정평가 개요
대상물건의 확정에 유의하여 시점별 담보평가를 실시함

Ⅱ. (물음1)

1. 대상물건 확정
① 기준시점 현재 공장신설승인을 신청한 것에 불과하므로 현황 임야 기준
② 23,955㎡ 중 지분 1/3
③ 소로한면·부정형·완경사

2. 거래사례 고려 여부
거래사례는 대상물건의 거래로서 거래사례비교법 또는 그 밖의 요인 보정 자료로 고려하지 아니함

3. 비교표준지 선정
평가시점 당시 공시된 <25년>
관리(계획관리 예정)·임야인 <1>

2) 그 밖의 요인 보정치(평가선례)
$$\frac{120,000 \times 0.99546 \times 1 \times (1.03 \times 1.03 \times 1/0.9)}{150,000 \times 0.99546 \times 1 \times (1.03 \times 1/1.1)} = 1.007$$

∴ 공시지가 현실화 충분하다고 판단되므로 별도 요인 보정하지 아니하여 <1.000>

3) 공시지가기준가액
$150,000 \times 0.99546 \times 1 \times (1.03 \times 1/1.1) \times 1$
      시   지   형   성숙도   그
= @140,000

3. 조성원가법

1) 소지매입비
(1) 직접법(거래사례)
$110,000 \times 0.99159 = $ @109,000
             시

(2) 간접법(임야인 公#1)
$50,000 \times 0.99546 \times 1 \times 1.2 \times 1 = $ @60,000
    시   지   개(도) 그

*) 조성 전 소로한면·부정형·완경사 기준

4. 토지감정평가액
$51,000 \times 0.98743 \times 1 \times 1.2 \times 1 = $ @60,000
  시*)   지   개(도) 그
(× 23,955 × 1/3 = 479,100,000)

*) 시점(관리·지가, 이하방식同)
$(1 - 0.01245) \times (1 - 0.00389 \times 1/31)$

Ⅲ. (물음2)

1. 대상물건 확정
① 공장신설승인으로 공장예정지 기준
② 분할 후 7,780㎡, 소로한면·사다리형·평지
③ 도로 600㎡ 중 지분 1/3은 담보물로 포함 하되, 환가성 낮으므로 평가외 함
④ 제시 외 건물은 공장신축을 위한 것으로서 철거 용이하여 토지에 대한 영향 없다고 봄

2. 공시지가기준법
1) 비교표준지 선정
기준시점 이전 최근 <26년>
계획관리·공업용인 <3>

(3) 결정: @109,000
개발이익 고려되어 부동산개발의 성격에 부합하고, 공장예정지로서 성숙도 반영한 <직접법>으로 결정함

2) 조성공사비(조경·바닥포장공사비 제외)
$(45 + 150 \times 1/1.5 + 30 + 72)백만 \times 1/7,780$
  가설   자재   사정보정   옹벽   기타
= @32,000

3) 적산가액
'1)' + '2)' = @141,000

4. 토지감정평가액
@140,000 × 7,780 = 1,089,200,000

양 가액수준 유사하여 감칙14원칙 공시지가 기준가액의 합리성 지지되어, 공시지가 기준 가액으로 결정함

Ⅳ. (물음3)

1. 대상물건 확정
1) 토지

조성완료되어 공장용지 기준, 도로 평가외, 7,780㎡ · 소로한면 · 사다리형 · 평지

2)건물
①미등기이나 사용승인 받은 적법건축물로 추후 등기 가능하여 평가 포함 ②토지에 화체되는 옹벽 제외 ③수배전설비 · 크레인설비는 기계기구로 평가

3)기계기구(의뢰목록 재작성)

구분	기계명	수량
1	CNC M/C	1[*]
2	선반	3
3	Air Compressor	1
4	수배전설비	1
5	크레인설비	1

*)담보목적상 환가 어려운 과잉유휴기계 감정평가 외

2.토지
기준시점 이전 최근   <26년>
계획관리 · 공업용인   <3>
150,000 × 1.00997 × 1 × 1.03 × 1 = @156,000
　　　시　　　지　　　개(형)　 그

(× 7,780 = 1,213,680,000)

3.건물
1)공장
30 + 250 + 120 + 100 + 170 + 50 + 100
기초　철골　조적　창호　미장　일반　설계
= 820,000,000

2)사무실
5 + 30 + 15 + 13 + 31 + 25 + 19 = 138,000,000
기초　철골　조적　창호　미장　일반　설계

3)合: 958,000,000

4.기계기구
1)CNC M/C
(1)도입가격
100,000 × 132.7669 × 1 × 1,405.22/100
　CIF　　　$→¥　　　시　　　¥→₩
= 186,567,000

(2)부대비용
'(1)' × (0.08 × 0.5 + 0.08 × 0.5 × 0.2 + 0.015
　　　　　관세　　감면　　　농특세　　　설치비
+ 0.03) = 17,351,000
　기타

(3)평가액
'(1)' + '(2)' = 203,918,000

2)선반
50백만 × 3 = 150,000,000

3)Air Compressor
12백만 × 0.858 = 10,296,000

4)수배전설비: 150,000,000

5)크레인설비: 15,000,000

6)合: 529,214,000

5.공장 감정평가액
'2' + '3' + '4' = 2,700,894,000
-끝-

문2)(25)

Ⅰ.개요
수익성과 위험을 반영한 각 토지의 수익가치를 추계하여 적절한 투자방안을 결정함

Ⅱ.A토지가치
1.개발 후 부동산가치(직접환원법)
1)순수익
(1)가능총수익
가.지급임대료
(30,000 + 15,000 × 2 + 12,000 × 2) × 400
　1층　　　2·3층　　　　4·5층　　　면적*)
× 12 = 403,200,000
*)2,000/5
연면적 층수

나.보증금운용익	
'가' × 0.08 =	32,256,000
다.관리비	
9,000 × 2,000 × 12 =	216,000,000
라.가능총수익	
'가' + '나' + '다' =	651,456,000
(2)순수익	
'(1)' -216백만 × 0.8 =	478,656,000
필요제경비	
2)환원율(요소구성법)	
(1)위험률	
가.평균	
$0.7 \times 0.12 + 0.15 \times 0.13 + 0.15 \times 0.11 = 0.12$	
나.위험률	
$[0.7 \times (0.12 - 0.12)^2 + 0.15 \times (0.13 - 0.12)^2$	
$+ 0.15 \times (0.11 - 0.12)^2]^{1/2} =$	0.0055

(2)환원율	
0.07 + 0.0055 =	0.0755
무위험 위험	
3)개발 후 부동산가치	
'1)' ÷ '2)' =	6,340,000,000
2.A토지가치	
'1' - 950,000 × 2,000 =	4,440,000,000
건물가치	
Ⅲ.B토지가치	
1.개발 후 부동산가치	
1)순수익	
(1)가능총수익	
가.지급임대료	
300,000 × 1/3.5 × 0.4 × 30백만 × 0.03 × 0.02	
가구 이용률 소득 매입률 지급률	
	=617,143,000
나.보증금운용익	
'가' × 0.08 =	49,371,000

다.가능총수익	
'가' + '나' =	666,514,000
(2)순수익	
'(1)' - 617,143,000 × 0.3 =	481,371,000
필요제경비	
2)환원율	
(1)위험률	
가.평균	
$0.7 \times 0.12 + 0.15 \times 0.14 + 0.15 \times 0.1 = 0.12$	
나.위험률	
$[0.7 \times (0.12 - 0.12)^2 + 0.15 \times (0.14 - 0.12)^2$	
$+ 0.15 \times (0.1 - 0.12)^2]^{1/2} =$	0.0110
(2)환원율	
0.07 + 0.011 =	0.081
무위험 위험	
3)개발 후 부동산가치	
'1)' ÷ '2)' =	5,943,000,000

2.B토지가치	
'1' - 700,000 × 2,000 =	4,543,000,000
건물가치	
Ⅳ.적절한 투자방안 결정 및 그 이유	
1.결정:	\<B\>
2.이유	
상기 투자안은 K씨 의사에 따른 상호배타적 투자안으로서, 토지가치가 더 큰 B부동산에 투자함이 적절함	
3.추가의견	
다만 토지매입비가 4,543백만원을 하회해야 할 것임	
또한 B부동산 투자의 위험이 높은 점, 인구 규모가 정체중인 점에서 신중한 판단을 요함	
	-끝-

문3)(20)

I. 감정평가 개요
대상부동산의 시장가치를 평가하여 26.9.6 기준 대상부실채권의 가치를 제시함

II. (물음1)
1. 개별물건 평가액 합

1) 토지
5백만 × 1.00300 × 1 × 1 × 1 × 250
　　　　　시　지　개　그　면
　　　　　　　　　　　　　= 1,253,750,000

2) 건물
700,000 × 21/50 × 200 = 58,800,000
　　　　　잔　　　면

3) 평가액 합
'1)' + '2)' = 1,312,550,000

2. 비준가액

1) 가치형성요인 비교
토지면적만을 기준으로 가치가 형성되는 거래관행에 비추어 일괄평가나 토지의 가치형성요인만을 비교함

2) 비준가액
1,455백만 × 1 × 1.01000 × 1 × 95/100 ×
　　　　　사　　시　　　지　　도
100/95 × 100/95 × 250/300
　형　　　세　　　면
　　　　　　　　　= 1,289,000,000

3. 수익가액
(50백만 × 0.06 + 1,400,000 × 12) × 2 ÷ 0.06
보증금운용익　　　지급임대료　　층　환원율
　　　　　　　　　= 660,000,000

4. 현재 대상부동산 가치: <1,289,000,000>
감칙7① 개별물건 평가액 합 원칙이나 거래 관행 및 대상의 건부감가 상태 반영에 미흡하여 합리성 다소 부족한 것으로 판단됨 수익가액 또한 건물의 노후화로 임대료가 토지·건물 일체의 자산가치를 반영해 형성되지 못하여 설득력 적다고 판단됨

따라서 토지·건물 일체효용성, 건부감가 상태 및 거래관행 반영에 우수한 비준가액에 100% 가중치를 두어 결정함

III. (물음2)
1. 예상 낙찰가

1) 낙찰가율 기준
1,289백만 × 0.7 = 902,300,000
　　　　　단독주택

2) 낙찰사례 기준
1,289백만 × 1,070/1,600 = 862,019,000
　　　　　낙찰가　　법사가

3) 결정: <882,000,000>
양자 유사하여 상호 신뢰성 인정되므로 이들 균형을 고려하여 결정함

2. 예상 현금흐름

낙찰가	882,000,000
(집행비용)	(-)7,000,000
(소액임차인)	(-)16,000,000
(1순위 근저당)	(-)400,000,000
대상 현금흐름	= 459,000,000

3. 추가의견(투자자문)
대상부실채권은 459백만원 이하로 매입·투자함이 타당함

-끝-

문4)(15)

I. 표준주택 중 건물의 선정기준

1. 건물가격의 대표성
표준주택선정단위구역(이하, 구역) 내에서 건물가격수준을 대표할 수 있는 건물 중 인근지역 내 가격의 층화를 반영할 수 있는 표준적인 건물

2. 건물특성의 중용성
구역 내 개별건물의 구조·용도·연면적 등이 동일·유사한 건물 중 건물특성빈도가 가장 높은 표준적인 건물

3. 건물용도의 안정성
구역 내에서 개별건물의 주변이용상황으로 보아 건물로서의 용도가 안정적이고 장래

상당기간 동일용도로 활용될 수 있는 표준적인 건물

4. 외관구별의 확정성
구역 내에서 다른 건물과 외관구분이 용이하고 위치를 쉽게 확인할 수 있는 표준적인 건물

Ⅱ. 공정가치
1. 정의(실무기준)
한국채택국제회계기준에 따라 자산 및 부채의 가치를 추정하기 위한 기본적 가치기준으로서 합리적인 판단력과 거래의사가 있는 독립된 당사자 사이의 거래에서 자산이 교환되거나 부채가 결제될 수 있는 금액을 말함

2. 활용
「주식회사의외부감사에관한법률」의 회계처리 기준에 따른 재무보고를 목적으로 하는 평가는 공정가치를 기준으로 감정평가함

3. 성격·특징
공정가치는 시장가치보다 넓은 개념으로서 일반적으로 감칙5조상 기준가치의 원칙인 시장가치로 평가되나, 특수(특별)가치나 시너지가치 등이 결부될 경우에는 감칙5조상 기준가치의 예외인 시장가치 외의 가치도 될 수 있음

Ⅲ. 새로이 하천구역에 편입되는 토지의 평가
1. 지방하천의 하천구역, 소하천구역
「하천법」에 따른 지방하천의 하천구역 및 「소하천정비법」에 따른 소하천구역 안에 있는 사유토지가 하천정비공사 등 공익사업에 편입되어 감정평가 의뢰가 있는 경우 가격시점 당시의 현실적인 이용상황을 기준으로 하며, 하천구역으로 결정 또는 변경에 따른 공법상 제한은 고려치 아니함

다만, 하천관리청의 하천공사로 현상변경이 이루어진 경우에는 그 하천공사 시행 직전의 이용상황을 기준으로 감정평가하되, 이 경우에는 미지급용지 규정을 준용함

2. 홍수관리구역
「하천법」에 따라 고시된 홍수관리구역 안의 토지에 대한 감정평가는 가격시점 당시의 현실적인 이용상황을 기준으로 하며, 홍수관리구역으로 고시된 것에 따른 공법상 제한은 고려하지 아니함

-끝-

- 이하여백 -

제21회 감정평가실무 기출

문1)(40)

I. 감정평가 개요
가치다원론 근거해 평가목적별로 감정평가를 실시하고, 명확하고 일관성 있는 감정평가서를 작성함

II. (물음1)

1. 담보

1) 토지

(1) #1

$1,100,000 \times 1.05500 \times 1 \times 0.95 \times \frac{210+40 \times 0.85}{250}$
시(26.1.1 ~ 9.2, 상업) 도 도로저촉

$\times 1.24 =$ @1,330,000
*)그

(× 250 = 332,500,000)

*)그 밖의 요인

$\frac{1,300,000 \times 1.05500 \times 1 \times (210+40 \times 0.85)/250}{1,100,000 \times 1.05500 \times 1 \times 0.95 \times (210+40 \times 0.85)/250} = 1.24$

(2) #2

$50,000 \times 1.07500 \times 1 \times 1.12 \times 1.24$
시(26.1.1 ~ 9.2, 녹지) 도 그

= @75,000

(2) #2

$38,000 \times 1.25500 \times 1 \times 1.12 \times 1.28$
시(24.1.1 ~ 26.9.2, 녹지) 도 그

= @68,000

(× 500 × 1/2 = 17,000,000)
지분

(3) 合: 143,000,000

2) 건물

(1) 가

① 편입부분 물건가격

$700,000 \times 42/50 \times 20 =$ 11,760,000
잔 면

② 보수비

5백만 - 2백만 = 3,000,000
시설개선비

(최고한도액 $700,000 \times 42/50 \times 60 =$ 35,280,000 이내임)

③ 보상액

'①' + '②' = 14,760,000

(× 2,800 × 1/2 = 105,000,000)
지분

(3) 合: 437,500,000

2) 건물(가)

$700,000 \times 42/50 \times \frac{60+20 \times 0.85}{80} =$ @566,000
잔 도로저촉

(× 80 = 45,280,000)

3) 담보평가액

'1' + '2' = 482,780,000

2. 보상

1) 토지

(1) #1

$900,000 \times 1.15500 \times 1 \times 0.95 \times 1.28$
시(24.1.1 ~ 26.9.2, 상업) 도 *)그

= @1,260,000

(× 100 = 126,000,000)

*)그 밖의 요인

$\frac{1,100,000 \times 1.15500 \times 1 \times 1}{900,000 \times 1.15500 \times 1 \times 0.95} = 1.28$

(2) ㉠

$350,000 \times 22/30 \times 10 =$ 2,570,000
잔 면

(3) 合: 17,330,000

3) 보상평가액

'1)' + '2)' = 160,330,000

III. (물음2)

1. 담보

1) 감정평가법인등: 공정감정평가법인

2) 의뢰인: 한강은행

3) 대상물건

① 토지

\#1: 甲구乙동54 · 대 · 250㎡

\#2: 甲구乙동산75 · 임야 · 2,800(대장)中지분1/2

② 건물

가: 甲구乙동54 · 점포 · 80㎡

4)표시근거 토지·건물 등기사항 전부증명서 토지·건축물대장, 토지이용계획확인서, 지적도 5)감정평가목적: 담보 6)기준시점(감칙9②): 2026.9.2 조사기간: 2026.8.30. ~ 9.2 작성일: 2026.9.4 7)감정평가액 ①토지 #1:332,500,000 #2:105,000,000 ②건물: 45,280,000 ③합계: 482,780,000 8)감정평가액의 산출근거 및 결정의견 (1)적용 감정평가방법, 감정평가액 결정과정 ①토지:(감칙14)공시지가기준법 ②건물:(감칙15)원가법 (2)비교표준지 선정·비교·그밖의 요인보정내용	①기준시점 이전 최근 <25년> ②#1:일반상업·상업용인 <A> #2:자연녹지·자연림인 <C> ③#1:도시계획시설 저촉 감가 반영 ④그 밖의 요인 보정 일반상업·상업용·담보·26.1.1·평가선례 <A> (3)재조달원가 산정, 감가수정 철근콘크리트·점포 재조달원가 기준하여 정액법으로 감가수정하되, 도로 저촉 반영 (4)구분감정평가의 이유(토지#1) (감칙7③)#1은 공유지분토지로서 합법적 건축물로 소유자별로 각각 점유하여, 가치를 달리하므로 이대한씨 지분만큼 구분평가함 일반상업·상업용·250㎡·광대한면·장방형·평지 (5)감정평가 제외이유 창고는 제시 외 건물로 환가성·안정성 적
다고 보아 감정평가 제외함 2.보상 1)의뢰인: 甲구청 2)대상물건 ①토지 #1: 甲구乙동54·대·100㎡ #2: 甲구乙동산75·임야·500㎡中지분1/2 ②건물 가: 甲구乙동54·점포·20㎡ ㉠: 甲구乙동54·창고·10㎡ (法25반대해석, 판례: 무허가이나 행위제한일 24.12.1 전 신축으로 평가포함) 3)감정평가목적: 보상 4)감정평가액 ①토지 #1: 126,000,000 #2: 17,000,000 ②건물 가: 14,760,000 ㉠: 2,570,000 ③합계: 160,330,000	5)감정평가액 산출근거 및 결정의견 (1)적용 감정평가방법, 감정평가액 결정과정 가: (法75의2,則35)일부편입 보상하되, 보수비는 잔여건축물 물건가격을 한도로 하고 시설개선비는 제외함 (2)비교표준지 선정·비교·그밖의 요인보정 내용 ①(法70⑤)개발이익 배제를 위해 공람·공고 이전 최근 공시된 <24년> ②(則23①단서)도시계획시설 저촉 고려안함 ③그 밖의 요인 보정 일반상업·상업용·보상·24.1.1·평가선례 <I> -끝- **문2)(20)** Ⅰ.(물음1) 1.(1-1) 1)잔여지 손실·공사비 보상(法73) ①동일 토지소유자 ②일단의 토지일부의

취득 또는 사용 ③잔여지 가격감소 그 밖의 손실 또는 공사가 필요한 때 2)잔여지 매수·수용보상(法74,令39) ①동일 토지소유자 ②일단의 토지일부의 매수 또는 수용 ③잔여지의 종래목적 사용이 현저히 곤란한 때로서, 구체적으로 ①대지로서 면적 과소 등으로 건축불능·곤란 ②농지로서 농기계의 진입·회전이 곤란할 정도로 폭이 좁고 길게 남는 등 영농곤란 ③교통두절로 사용·경작 불가능 등이 매수·수용청구 가능한 잔여지 요건으로 판단됨 2.(1-2) 1)잔여지 손실보상 종류·보상액 산정방법 (1)잔여지 손실·공사비 보상(則32①②) ①잔여지 가격하락분은 공익사업 편입전 잔여지 가격에서 편입후의 잔여지 가격을 뺀 금액으로 ②공사가 필요한 경우 손실은 통로·구거·담장 등 시설의 설치나 공사에 필요한 비용으로 산정함	(2)잔여지 매수·수용 보상(則32③) 일단의 토지 전체가격에서 공익사업 편입 토지 가격을 뺀 금액으로 산정함 2)이대한씨 청구가능 손실보상액 (1)잔여지 손실 보상 시 75백만 + (1,500,000 - 700,000) × 100 _{편입토지가격 편입전가격 편입후가격 잔여지면적} 　　　　　　　　　　　　　　　= 155,000,000 *)공사 불가능으로 봄 (2)잔여지 수용 보상 시 75백만 + (1,500,000 × 150 - 75백만) _{편입토지가격 전체가격 편입토지가격} 　　　　　　　　　　　　　　　= 225,000,000 *)맹지가 됨으로 인한 건축불능으로 매수·수용청구요건을 만족함 Ⅱ.(2-2) 1.수집자료 ①법인 등기사항전부증명서 및 정관 ②최근 3년간의 재무제표 및 부속명세서 ③회계감사보고서 ④법인세과세표준 및 세액신고서 또는
종합소득과세표준확정신고서 ⑤영업용 고정자산 및 재고자산 목록 ⑥취업규칙·급여대장·근로소득세원천징수영수증 ⑦부가가치세과세표준증명원 등 2.조사사항 ①영업장소의 소재지·업종·규모 ②수입 및 지출 등에 관한 사항 ③과세표준액 및 납세실적 ④영업용 고정자산 및 재고자산 내용 ⑤종업원 현황 및 인건비 등 지출내용 등 　　　　　　　　　　　　　　　-끝- **문3)(15)** Ⅰ.비례율 산정 1.1안 $\frac{(160 \times 3 + 200 \times 7) - (1{,}400 + 100)}{80 + 140 + 180} = 0.95$ 2.2안 $\frac{(140 \times 3 + 200 \times 7) - (1{,}400 + 100)}{80 + 140 + 180} = 0.80$	Ⅱ.2안으로 변경 시 유리한 조합원 순서 1.청산금 변화 1)김한국 (1)1안 160 - 80 × 0.95 = 　　　　　84,000,000 _{분양 종전 비례율} (2)2안 140 - 80 × 0.8 = 　　　　　　76,000,000 (3)변화: 　　　　　　　　8,000,000 유리 2)이대한 (1)1안 160 - 140 × 0.95 = 　　　　　27,000,000 (2)2안 140 - 140 × 0.8 = 　　　　　　28,000,000 (3)변화: 　　　　　　　　1,000,000 불리

3)박조선
　(1)1안
　　160 - 180 × 0.95 =　　　　(-)11,000,000

　(2)2안
　　140 - 180 × 0.8 =　　　　(-)4,000,000

　(3)변화:　　　　7,000,000 불리

2.유리한 조합원 순서 및 그 이유
1)순서
　김한국 - 이대한 - 박조선

2)이유
　2안으로 변경 시 비례율이 하락하고, 이에 따라 종전자산 평가액이 큰 순서대로 권리액이 큰 폭으로 하락하여 불리해지기 때문임
　　　　　　　　　　　　-끝-

문4)(15)
Ⅰ.다가구주택 수익가치

1.순수익
(10백만 × 0.04 + 800,000 × 12) × 18 × (1 - 0.08)
　보증금운용익　　지급임료　　　호　　공실
× (1 - 0.2) =　　　　132,480,000
　　OER

2.환원율(시장추출법)
0.5 × 180/1,800 + 0.25 × 180/2,000 + 0.25
　　사례3　　　　　　사례2
× 220/2,000 =　　　　0.1
　사례1

3.수익가치
'1' ÷ '2' =　　　　1,324,800,000

Ⅱ.단독주택 최대 매수가능가격
1.요구수익률
0.5 × 0.1 + 0.5 × 0.1 × 2 =　　　　0.15
　타인자본　　자기자본
*)금융적 투자결합법에 의한 요구수익률과 물리적 투자결합법에 의한 요구수익률은 동일하다고 봄

2.최대 매수가능가격(x)
$0.15 = \dfrac{1,324,800,000}{x + 550백만} - 1$
　　　　　　∴ x = 602,000,000
　　　　　　　　　　　　-끝-

문5)(10)
Ⅰ.(물음1)
1.범위
180,000 ~ 238,000
　최소값　　최대값

2.평균
(190,000 + … + 210,000) × 1/12 = 204,000
　26.1　　　　　　26.6

Ⅱ.(물음2)
1.중위값
6, 7번째 값의 평균인　　　<205,000>

2.최빈치
4회로 가장 많이 거래된　　　<210,000>

Ⅲ.(물음3)
1.적정가격의 정의(부공법 2조5호)
토지, 주택 및 비주거용 부동산에 대하여 통상적인 시장에서 정상적인 거래가 이루어지는 경우 성립될 가능성이 가장 높다고 인정되는 가격을 말함

2.적정가격 결정 및 사유
1)결정:　　　　210,000

2)사유
적정가격은 성립될 가능성이 가장 높다고 인정되는 가격으로서, 통계학적으로 최빈치를 의미함. 이는 적정가격이 시장에서 실제로 시장참가자가 선택할 시장가치를 지향하기 때문임. 따라서 범위 내에 있고, 평균·중위치와 유사하여 적정하다고 인정되는 최빈치인 210,000을 적정가격으로 결정함
　　　　　　　　　　　　-끝-
　　　　　　　- 이하여백 -

해커스 감정평가사
ca.Hackers.com

제22회 감정평가실무 기출

문1)(40)

I. 감정평가 개요
- 영업상황 악화에 따른 수익성 침체 및 최유효 이용 미달 상태를 반영하여 대상부동산의 일반 거래목적 감정평가액을 산출함

- 기준시점: 2026.9.4

II. 기본적 사항의 확정

1. 이용상황

(나)는 주택이나 숙박시설 용도에 부합하여 (가)의 종물로 판단됨. 따라서 전체 상업용 기준함

2. 일단지(감칙7②)

#1~6은 숙박시설·상업용 용도에 불가분 관계에 있는 일단지로 판단됨(전체 2,294㎡)

III. 원가방식

1. 토지

1) 공시지가기준법

기준시점 이전 최근 <26년>

$430,000 × 1 × 1 × 0.78 × 1 =$ @335,000
         시   지   개   그

2) 거래사례비교법

토지만의 사례인 <1>

$481,100,000 × 1 × 1 × 1 × 0.78/1.15 × 1/974$
         사   시   지   개   면
= @335,000

3) 토지가치

@335,000 × 2,294 = 768,490,000

양 시산가액 동일하고 진입도로 고려시 인근 가격수준과 균형 인정되므로, 감칙14 원칙인 공시지가기준가액의 합리성 지지됨
따라서 공시지가기준가액으로 결정함

2. 건물

1) 경제적 내용연수

(1) 사례 선정

숙박시설로서 유사성 있는 거래사례 #2·3·4 모두 선택함

(2) #2기준

① 사례건물 재조달원가

$1,060,000 × 1 × 1,349.74 = 1,430,724,000$
   철콘   개   면

② 사례건물가치

$903,500,000 - 425,000 × 1 × 1 × 1.07 ×$
         *)25년   시   지   개
$1,327 =$ 300,047,000
 면

③ 경제적 내용연수

$\frac{①}{(①-②) ÷ 5} =$ 6년
   경과연수

(3) #3기준

① 사례건물 재조달원가

$1,060,000 × 1.03 × 975.24 = 1,064,767,000$
   철콘   개   면

② 사례건물가치

$685,100,000 - 420,000 × 1 × 1 × 0.97 ×$
         *)24년   시   지   개
$1,405 =$ 112,703,000
 면

③ 경제적 내용연수

$\frac{①}{(①-②) ÷ 10} =$ 11년

(4) #4기준

① 사례건물 재조달원가

$1,060,000 × 1 × 2,410.27 = 2,554,886,000$
   철콘   개   면

② 사례건물가치

$850,100,000 - 430,000 × 1 × 1 × 0.95 ×$
         *)26년   시   지   개
$1,258 =$ 336,207,000
 면

③ 경제적 내용연수

$\frac{①}{(①-②) ÷ 8} =$ 9년

(5)경제적 내용연수 결정: <9년>
#2는 건물 규모가 유사하고, #3은 사용승인일이 유사하며, #4는 가장 최근 사례인 점에서 각각 신뢰성이 인정되므로, 제 사례 균형 고려하여 결정함
	3.요인 비교치
	1)토지
	  1 × 0.78/1.07 × 2,294/1,327 = 1.260
	     지 개 면

2)건물가치 및 처리
대상 (가,나) 모두 경과연수 14년으로 경제적 내용연수를 초과하였으므로 건물가치는 <0>이며, 철거비로서 건부감가 처리함
	2)건물
	  $1 × \frac{0.01}{1/6} × 1,326.54/1,349.74 =$ 0.059
	     개 잔 면

3.개별물건 평가액 합
'1' - 15,000 × (1,254.3 + 72.24)
    철거비   가   나
                          = 748,592,000
	4.비준가액
	903,500,000 × 1 × 1 × (0.668 × 1.26 + 0.332
	               사 시 토가구 건가구
	× 0.059) × 1 = 778,156,000

Ⅳ.비교방식 1.사례 선정 대상과 일체적 유사성 가장 큰 <2>	V.수익방식(직접환원법) 1.순수익 (5,500,000 - 4,500,000) × 12= 12,000,000 매출액 운영경비
2.사례 토지・건물가치 구성비율 $\frac{903.5-300.047}{903.5} : \frac{300.047}{903.5} =$ 0.668 : 0.332	2.환원율 1)금융적 투자결합법 0.55 × 0.12 + 0.45 × 0.0673 = 0.096 지분비율 R_E 저당비율 r
2)투자자조사법 0.15 + 0.35 × SFF(15%, 5) = 0.202 투자수익률 가치하락률	따라서 감칙7①원칙이며, 시장성에 근거한 경제적 내용연수 도출을 통해 적절히 건물가치를 처리하여 합리성 인정되는 개별물건 평가액 합으로 결정함
3)환원율: <0.202> 숙박시설 가치하락의 시장상황을 잘 반영하는 투자자조사법에 보다 비중을 두어 결정함	2.최종 감정평가액: 748,592,000 (인근지역 변화로 21.3.2 담보평가액 대비해 약 47% 하락함) -끝-

3.수익가액
'1' ÷ '2' - 600,000 × 29 =   42,006,000
                *)동산가치
	문2)(20)
	Ⅰ.감정평가 개요
	• 감정평가조건, 지적개황도 등에 따른 대상 물건 확정에 유의함
	• 기준시점(사업시행계획인가고시예정일)
	                                    <26.11.30>

Ⅵ.최종 감정평가액 1.합리성 검토(감칙12②) 대상은 영업상황 악화로 건물을 유지할 수 없을 정도의 최유효이용 미달 상태로서, 수익가액은 현재상태의 수익이 대상의 가치를 표방할 수 없는 점에서, 비준가액은 철거대상 건물의 비교로 문제가 있는 점에서 설득력이 적다고 판단됨	Ⅱ.기존 정비기반시설 부지 1.대상물건의 확정 1)용도지역 ①#1: 해당 정비사업의 영향 고려하지 아

니하여 변경 전 <1종일주>
②#2: 사업시행계획인가고시일 기준 현황인 <2종일주>

2)이용상황(#1,2 공통)
용도폐지 후 이용상황은 동일 소로변의 표준적 이용상황인 <주상용>

3)형상·지세
①#1: 소로각지, 사다리형
②#2: 소로한면(도로의 계통성), 부정형

2.비교표준지 선정 및 이유
1)적용공시지가 선택 및 이유
기준시점 이전 최근 공시된   <26년>
                              (이하 同)

2)비교표준지 선정 및 이유
①#1: 1종일주인 <380>
②#2: 2종일주, 주상용이며, 사업구역 내 동일 노선인 <372>

Ⅲ.정비기반시설 예정부지
1.대상물건 확정
①해당 정비사업의 영향 고려하지 아니하여 도시계획시설 저촉 감가 아님
②#3: 광대한면·가장형
③#4: 소로각지·정방형
④#5: 세로(가)·세장형

2.비교표준지 선정 및 이유
①#3: 2종일주·상업용, 사업지구 내, 동일 노선이며, 인접한 <371>
②#4: 대상토지가 표준지로서 <372>
③#5: 2종일주·단독주택, 사업지구 내, 동일 노선이며, 인접한 <373>

3.#3
2,350,000 × 1.02061 × 1 × 0.991 × 1
                                *)
                        =@2,380,000
                (× 95.6 = 227,528,000)

*)개별: 1/1.03 × 1/0.98

3.#1
990,000 × 1.02061 × 1 × 1.208 × 1
       *1)시   지   *2)개 그
                        =@1,220,000
                (× 3,216 = 3,923,520,000)

*1) 시점: 1.01584 × (1 + 0.0016 × 91/31)

*2) 개별: 0.85/0.75 × 1.03 × 1.08 × 0.92/0.96

4.#2
1,330,000 × 1.02061 × 1×0.773 × 1
              *1)   *2)
                        =@1,050,000
                (× 1,303.3 = 1,368,465,000)

*1) 정비구역 내 표준지는 해당 사업에 따른 도시계획시설 저촉 감가 반영되지 아니함(이하 同)

*2) 개별: 1/1.03 × 0.78/0.98

5.合: 5,291,985,000

4.#4
1,330,000 × 1.02061 × 1 × 1 × 1 = @1,360,000
                (× 91.5 = 124,440,000)

5.#5
1,180,000 × 1.02061 × 1 × 0.960 × 1
                        =@1,160,000
                (× 138.7 = 160,892,000)

6.合: 512,860,000
                                -끝-

문3)(20)

Ⅰ.감정평가 개요
감칙25 근거하여 26.8.1 기준 일조권 감소에 따른 환불액을 평가함

Ⅱ.환불대상세대
101동 301호, 101동 401호, 102동 602호
110동 602호

Ⅲ.최종 환불액

1. 101-301

1) 일조감소 전 시장가치

창면적 감소 없는 사례인 <107동 503호>
(이하 同)

$322\text{백만} \times 1 \times \frac{120+1}{120} \times 96/99 \times 1 \times 1 \times 1$
　　　　사 시(아파트)　　층　　위치 타입 면

$= 314,844,000$

2) 환불액

'1)' × 0.06 × (1 - 165/240) = 　5,903,000

2. 101-401

1) 일조시간 기준

(1) 일조감소 전 시장가치

$322\text{백만} \times 121/120 \times 98/99 \times 1 \times 1 \times 1$
　　　시　　층　　위치 타입 면

$= 321,404,000$

(2) 가치하락액

'(1)' × 0.06 × (1 - 170/240) = 　5,625,000

2) 거래사례 기준

(1) 일조감소 후 시장가치

창면적 감소있는 대상 사례 기준

$305\text{백만} \times 121/116 =$ 　318,147,000
　　　　시

(2) 가치하락액

$321,404,000 - (1) =$ 　3,257,000
일조감소 전 가치

3) 환불액

둘 중 더 적은 　<3,257,000>

3. 102-602

1) 일조감소 전 시장가치

$322\text{백만} \times 121/120 \times 100/99 \times 100/98 \times$
　　　시　　　　위치

$1 \times 1 =$ 　334,656,000
타입 면

2) 환불액

'1)' × 0.06 × (1 - 160/240) = 　6,693,000

4. 110-602

1) 일조감소 전 시장가치

$322\text{백만} \times 121/120 \times 100/99 \times 100/98 \times$
　　　　시　　　층　　　위치

$104/100 \times 110/85 =$ 　450,408,000
　타입　　면

2) 환불액

'1)' × 0.06 × (1 - 160/240) = 　9,008,000

-끝-

문4)(10)

Ⅰ.(물음1)

1. 원고주장의 타당성 여부

1) 영업이익의 과소 여부

전면상가 임대수익률(6호: 3.97%, 9호: 3.72%)과 후면상가 임대수익률(14호: 3.81%, 17호: 3.8%)이 유사하여 실제 영업이익이 기대에 미치지 못한다는 주장은 타당하지 않음

2) 목적물 시가의 분양가 하회 여부

경제동향(연4% ~ 7.5%)에 비해 후면상가의 가격상승률(14호: 연11%, 17호: 연8%)이 높아 목적물의 시가가 분양가에 미치지 못한다는 주장도 타당하지 않음

2. 분양가격의 적정성 여부

전면상가의 가격상승률 5.7%에 비해 후면상가의 가격상승률이 높다는 점, 전면상가 평균 분양가격 18,628,000과 비교해 후면상가 평균분양가격 14,562,000으로 약 22% 저렴하다는 점에서 분양가격이 적정하다고 판단됨

Ⅱ.(물음2)

①원고의 주장과 같이 분양광고와 다른 구조가 후면상가에 대해 매우 불리한 가치형성요인으로 작용한다면 후면상가는 전면상가에 비해 열세한 임대수익률, 가격상승률을 보여야 할 것이나 그러하지 않은 점, ②비록 고객이 외부에서 출입이 불편한 구조이나 내부통로로 충분히 고객확보가 가

능한 점,
③다만 전면가로의 폭·계통성으로 인해 외부 고객의 유치, 가시성에 따른 광고효과 등을 고려할 때 다소 후면상가의 가치형성 요인이 열세하다는 점을 근거로 22%정도의 분양가격 차이는 적정하다고 판단됨

-끝-

문5)(5)

1. 장래 환가성

시장선호도, 낙찰가률 등을 고려한 회수가능한 금액을 고려해야 함

2. 장래 수익성

대상 상가의 매출 변화, 임대시 임대차 계약 갱신상황 변화, 운영경비 변동을 고려해야 함

3. 설비갱신 필요여부

상가로서 리모델링, 대수선 등이 장래에 필요할 것인지 고려해야 함

4. 장래 시장상황

경기변동 등의 예측을 통하여 장래의 시장상황을 고려해야 함

5. 법·행정적 규제 변동가능성

용도지역, 용적률 등 변동가능성을 추가로 고려해야 함

-끝-

문6)(5)

Ⅰ. 부적정 담보평가의 개념

담보물건의 시장가치를 벗어나 과소 또는 과다한 가치로 평가하는 것을 말함

Ⅱ. 국민경제에 미치는 영향

과소평가는 개인·기업의 자금조달 어려움 및 부동산 경기침체를, 과대평가는 금융기관의 대출액 회수곤란 및 부동산가격거품을 야기함 결국 차입자·대출자의 재무건전성 악화 및 부동산 시장불안을 불러옴으로써 국민경제에 악영향을 미침

Ⅲ. 적정 담보평가 저해요인

①감정평가사 개인의 직업윤리 미준수 (가격경쟁, 수수료 할인 등 불공정 경쟁)
②감정평가업계 차원의 공정경쟁 체제 미확립(협회의 중재, 지도·감독 부실)
③제도적 측면의 지원 미흡
(적정 담보평가를 위한 규정·지침 마련 및 교육 부실)

-끝-

- 이하여백 -

제23회 감정평가실무 기출

문1)(40)

I. 개요
- 가치추계로서 감정평가액 결정과 함께 비가치추계로서 적정거래금액 결정에 전문성을 제공함

- 기준시점: 2026.9.30

II. (물음1)

1. 할인율 등

1) 할인율(대상물건 기준)

110/275 × 0.0625 + 165/275 × 0.05 = 0.055
  자기자본구성비율 수익률 타인자본구성비율 수익률

2) 최종환원율

'1)' + 0.005 = 0.060

2. 현금흐름

1) 기초 현금흐름

(1) EGI

(240,000 × 0.05 + 24,000 × 12 + 10,000 × 12)
   보증금   운용이율   월임대료   월관리비

× 49,587 × (1 - 0.035) = 20,098,000,000
  면적*)   공실등

*) 연면적을 임대면적으로 봄

(2) OE

10,000 × 12 × 49,587 × [0.4 + (1 - 0.035)
 월관리비   면적   고정   공실등*)

× 0.3] = 4,103,000,000
  변동

*) 변동경비: 임대부분 기준

2) 기중 NOI   (단위: 백만)

	1	2	3	4	5	6
EGI	20,098	20,801*)	21,529	22,283	23,063	23,870
(OE)	4,103	4,347	4,395	4,699	4,708	4,873
고정·변동	4,103	4,247*)	4,395	4,549	4,708	4,873
대체		100		150		
NOI	15,995	16,454	17,134	17,584	18,355	18,997

*) 3.5%(낮은율) 증가

3) 기말 복귀가액

18,997백만 ÷ 0.06 × (1 - 0.02)
 6기 NOI   최종R   재매도비용

= 310,284,000,000

3. 감정평가액

15,995 × 0.948 + ··· + (18,355 + 310,284)
          5.5% 1기

× 0.765 = 310,136,000,000
 5.5% 5기

III. (물음2)

1. 할인율 등

1) 할인율(하위시장 기준)

0.4 × 0.065 + 0.6 × 0.0567 = 0.060
 자기자본   타인자본

2) 최종환원율

1) + 0.005 = 0.065

2. 현금흐름

1) 기초 현금흐름

(1) EGI

(210,000 × 0.05 + 21,000 × 12 + 8,000 × 12)
  보증금   *1)   월임대료   월관리비

× 49,587 × (1 - 0.05) = 16,888,000,000
  면적   *2)

*1) 동일 하위시장(YS북부)·규모·사용승인일 유사한 <2> 기준
*2) 보수적으로 높은 율 적용

(2) OE

8,000 × 12 × 49,587 × [0.4 + (1 - 0.05) × 0.3]
 월관리비   면적   고정   공실등   변동

= 3,261,000,000

2) 기중 NOI

	1	2	3	4	5	6
EGI	16,888	17,732*1)	18,619	19,364*2)	20,138	20,944
(OE)	3,261	3,524	3,595	3,889	3,889	4,044
고정·변동	3,261	3,424*1)	3,595	3,739*2)	3,889	4,044
대체		100		150		
NOI	13,627	14,208	15,024	15,475	16,249	16,900

*1) 5%(높은율) 증가
*2) 4%(높은율) 증가

3) 기말 복귀가액

16,900백만 ÷ 0.065 × (1 - 0.02)
　6기 NOI　　최종R　　재매도비용
= 254,800,000,000

3. 감정평가액

13,627 × 0.943 + ⋯ + (16,249 + 254,800)
　　　　6% 1기

× 0.747 = 　　　　252,845,000,000
6% 5기

Ⅳ. (물음3)

1. 계약임대료 기준

1) NPV

310,136 - 275,000 = 　(+)35,136,000,000
감정평가액　거래예정금액

2) IRR(x_1)

$0 = \frac{15,995}{1+x_1} + \cdots + \frac{18,355 + 310,284}{(1+x_1)^5} - 275,000$

∴ $x_1 = 0.084$

2. 시장임대료 기준

1) NPV

252,845 - 275,000 = 　(-)22,145,000,000
감정평가액　거래예정금액

2) IRR(x_2)

$0 = \frac{13,627}{1+x_2} + \cdots + \frac{16,249 + 254,800}{(1+x_2)^5} - 275,000$

∴ $x_2 = 0.041$

Ⅴ. (물음4)

1. 현금흐름 및 할인율 결정

계약임대료를 기초로 판단된 거래예정금액의 타당성을 검토하는 것이므로 <시장임대료>를 적용한 현금흐름을 기준하며, 할인율은 대상이 속한 하위시장인 YS북부 7% 기준함

2. 시장임대료 기준 투자가치

13,627 × 0.935 + ⋯ + (16,249 + 220,827)
　　　　7% 1기　　　　　　　　　*)

× 0.713 = 　　　　218,247,000,000
7% 5기

*) 복귀가액: 16,900 ÷ (0.07 + 0.005) × (1 - 0.02)

3. 거래예정금액 결정

일반경기 회복지연의 시장상황에 기인하여 내부수익률(4.1%)이 요구수익률(7%)에 미치지 못하고, 투자가치(218,247)가 거래예정금액(275,000)에 미달함

따라서 거래예정금액은 과다하다 판단되므로 투자수익률을 실현할 수 있는 투자가치 <218,247,000,000>으로 거래예정금액을 결정함

-끝-

문2) (30)

Ⅰ. (물음1)

1. 감정평가 개요 부분

1) 감정평가조건 검토

(1) 부적정내용 및 구체적사유(이하, 내용·사유)

(감칙6③)의뢰인의 요청에 의해 평가조건 부가시 해야하는 합리성·적법성·실현가

능성을 검토하지 않아 부적정함

(2) 보완내용

㉠건물은 이미 사용승인을 득하였으므로 일반건축물대장에 등재 가능하다고 보아 평가조건은 합리성·적법성·실현가능성 있음

2) 도로의 담보취득

(1) 내용·사유

상업용으로 활용하기 위한 105번지 도로를 담보물건으로 취득하지 않아 부적정함

(2) 보완내용

105번지 중 지분1/2을 담보물건으로 포함하되, 환가성 낮아 '감정평가 외'함

2. 감정평가액 산출근거 부분

1) 개별요인 비교 산출근거 설시

(1) 내용·사유(감칙13③2호 미준수)

개별요인이 어떻게 참작되었는지 구체적인 이유를 설시하지 않은 점에서 부적정함

(2)보완내용
대상토지는 비교표준지에 비해 형상(대상: 사다리형, 표준지: 세장형) 등 획지조건에서 열세하여 전반적인 개별요인은 열세함

2)그 밖의 요인 산출근거 설시
(1)내용ㆍ사유(감칙13③2호 미준수)
①지상 부가물이 포함되어 배분법 불가능한 사례#1 배제하지 않아 부적정함
②보상평가사례를 평균단가 기준하지 않아 부적정함
③구체적인 산식으로 그 밖의 요인 보정치를 제시하지 않아 부적정함

(2)보완내용
①배분법 불가능한 #1배제함
②보상사례단가는 (504,000 + 505,000 + 506,000) × 1/3 = @505,000 적용함
③ $\frac{505,000 \times 1.00750 \times 1 \times 100/99}{420,000 \times 1.00750 \times 1 \times 0.99}$ = 1.22679
∴그 밖의 요인 20% 증액 보정하여<1.20> 적용, 인근가격 수준 범위 내로 적정함

200백만 + 550,000 × 50/50 × 300	
토지	건물
	=365,000,000

2.다른 방식의 평가액(유효총수익승수법)
1)유효총수익
59,000 × 300 × (1 - 0.05) =   16,815,000
    PGI   면   *)
*)대상의 개별성 고려해 확실시 되는 5% 적용

2)EGRM
$[\frac{304}{15 \times (1-0.15)} + \frac{345}{20 \times (1-0.15)}] \times 1/2 = 22$
    V/[PGI × (1 - OER)]

3)수익가액
1) × 2) =   369,930,000

3.합리성 검토
개별물건 평가액 합과 수익가액이 유사하여 보완된 개별물건 평가액 합의 합리성 인정됨

3)건물의 재조달원가 보정
(1)내용ㆍ사유
재조달원가에 토지가치 화체 또는 별도 구축물인 옹벽공사비ㆍ조경공사비와 동산인 집기비품비 포함되어 부적정함

(2)보완내용
195 - (8 + 14 + 8) =   165,000,000
        *)   (@550,000)
*)일반관리비 등에 영향 없다고 봄

4)합리성 검토
(1)내용ㆍ사유
감칙12②에 따라 개별 평가액 합을 다른 방식의 시산가액으로 합리성을 검토하지 않아 부적정함

(2)보완내용: (물음2)로 제시함

Ⅱ.(물음2)
1.보완된 <자료1> 평가액

Ⅲ.(물음3)
1.감정평가액
1)나지상정 시: 200,000,000

2)법정지상권 감안 시
(1)법정지상권 감안비율
$\frac{90,000}{250,000 \times (3 \times 6)} \times 10 =$ 0.2
지료/가격

(2)감정평가액
500,000 × (1 - 0.2) =   @400,000
        *)토지전체에 미친다고 봄

2.평가개요 중 달라지는 항목
(1)2)부분
①환가성, 안정성 부족한 제시 외 건물 평가 제외하여 토지만 평가함
②105번지 도로는 그 지분만큼 담보취득하되 '감정평가 외'함

(2)3)부분
①소유자동일ㆍ사용승인 득하여 제시 외

건물의 영향 없는 상태의 감정평가액을 제시함
②다만 소유자 진위 여부 등에 따른 법정지상권 설정가능성으로 제시 외 건물로 인한 영향을 감안한 단가를 비고란에 제시함

(3)4)부분
삭제

3.감정평가명세표

기호	소재지	지목·용도	용도지역·구조	면적 공부	면적 사정
①	K시H구A동 103-1	잡종지	준공업지역	400	400
	K시H구A동 105	도로	준공업지역	180×1/2	90

기호	평가액 단가	평가액 금액	비고
①	500,000	200,000,000	현황 대 (법정지상권성립시 @400,000)
	-	감정평가 외	乙씨 지분 현황도로

-끝-

문3)(20)

I.감정평가 개요
「개발이익환수에관한법률」근거하여 개시시점(개발사업인가일 25.10.1)지가와 종료시점(개발사업준공인가일 26.8.30)지가를 산정함

II.(물음1)
1.개시시점지가
개시시점 이전 최근 <25년>
개발 전 이용상황 유사한 <公#1>
기부채납 부분 제외(이하 同)
$50,000 × 1.075 × 1 × (0.96 × 0.97 × 1.03)$
   시·1) 지 형 세 용
$× 1.35 =$ @70,000
  그·2)
  (× 3,000 = 210,000,000)

*1)시점(25.1.1 ~ 10.1 B시 계획관리)
*2)그 밖의 요인 보정치
개시시점 이전 최근이며 답인 <사례#1>
$$\frac{65,000 × 1.075 × 1 × 1}{50,000 × 1.075 × 1 × (0.96 × 0.97 × 1.03)} = 1.35$$

2.종료시점지가
종료시점 이전 최근 <26년>
개발 후 공업용인 <公#2>
$210,000 × 1.09500 × 1 × 1.07 × 1.20$
   *1)B시계관 지 개 그·2)
       =@295,000
    (× 3,000 = 885,000,000)

*2)그 밖의 요인 보정치
종료시점 이전 최근이며 공업용인 <사례#4>
$$\frac{270,000 × 1.09500 × 1 × 1}{210,000 × 1.09500 × 1 × 1.07} = 1.20$$

III.(물음2)
1.개시시점지가
25년도 개별공시지가 기준
$45,000 × 1.1 =$ @50,000
  *)B시평균
  (× 3,000 = 150,000,000)

2.종료시점지가
개발 후 공업용인 <公#2>
$210,000 × 1.07 × 1.105 =$ @248,000
  *)비준표 *)B시평균
  (× 3,000 = 744,000,000)

IV.(물음3)
1.개시시점지가
경매 낙찰가(매입가격) 기준
$60,000 × 1.025 =$ @62,000
  *)B시평균 (×1,000 = 62,000,000)

2.종료시점지가
(물음1)과 동일함
$@295,000 × 1,000 =$ 295,000,000

-끝-

문4)(10)

I.(물음1)
1.적용공시지가 선택
(토지보상法70④)사업인정 이전 및 (法70⑤)공익사업 계획·시행의 공고·고시일 이전 공시지가 선택하여 개발이익 배제함

2.지가변동률 적용 (칙37②)인근 시군구의 지가변동률 적용하여 개발이익 배제함 3.용도지역 등 변경 불고려 (則23②)변경 전 용도지역 등을 적용하여 개발이익 배제함 4.비교표준지 선정, 그 밖의 요인 보정 그 밖에 해당 사업지구 밖에서 비교표준지를 선정하거나, 그 밖의 요인 보정을 통하여 개발이익 배제가 가능함 Ⅱ.(물음2) 1.개념 Earning Before Interest, Taxes, Depreciation and Amortization, 즉 이자·법인세·감가(감모)상각비 차감 전 순이익을 말함 2.구하는 방법	①EBIT에 감가(감모)상각비를 더하는 방법으로 구함 ②매출원가와 판매관리비에서 감가(감모)상각비를 포함하지 않은 영업이익을 산출하는 방법으로 구함 ③FCFF에 법인세, 자본적 지출, 감가(감모)상각비, 순운전자본 증감을 조정하는 방법으로 구함 -끝- - 이하여백 -

제24회 감정평가실무 기출

문1)(35)

Ⅰ.(물음1)

1.토지가치

1)대상물건 확정
①준공된 골프장은 사업승인면적 1,450,000㎡ 기준 일단지로서 일괄평가하며(감칙7②), ②나머지 임야 제외지(1,521,250 - 1,450,000 = 71,250㎡)는 구분평가함(감칙7③)

2)골프장 부지

(1)공시지가기준법
이용상황 골프장인 <1>
$50,000 \times 1 \times 1.02 \times 1 =$ @51,000

(2)조성원가법

가.소지가액

가)방침
지목상 전, 답, 임야로 매입한 것으로 보아 동일 이용상황 기준 공시지가기준법 적용

나)전(표준지#2)
$30,000 \times 1 \times 1.03 \times 1.1 =$ @34,000

다)답(표준지#3)
$20,000 \times 1 \times 1.02 \times 1.1 =$ @22,000

라)임야(표준지#4)
$12,000 \times 1 \times 1.01 \times 1.2 =$ @15,000

마)소지가액
$34,000 \times 10,700 + 22,000 \times 6,050 + 15,000 \times 1,433,250 =$ 21,995,650,000

*)소지면적
①전: 1,000 + 2,600 + 1,550 + 1,300 + 1,600 + 1,750 + 900
②답: 2,350 + 3,700
③임야: 4,500 + 1,500,000 - 71,250

나.개발비용
75억 + 14억 × 27 = 45,300,000,000

다.적산가액
'가' + '나' = 67,295,650,000(@46,000)

(3)DCF법

가.매기 순수익 현가 합
$20억 \times 3 \times 1.07 \times [1 - 1.1046 \times 0.5083]$
$\div (0.07 - 0.01) =$ 46,922,905,000

나.기말 복귀가액 현가
$(22억 \times 3 \div 0.08) \times 0.5083 = 41,934,750,000$
*)
*)20억 × 1.1046 = 2,209백만이므로 한계인 22억 적용

다.수익가액
'가' + '나' = 88,857,655,000
(@61,000)

(4)토지가치

가.합리성 검토(감칙12②)
적산가액은 투입비용 기준의 성격과 개발업자 이윤 반영 불확실 등에 따라 낮게 산출되었으며, 수익가액은 건물·시설 등의 기여가 포함된 수익이므로 높게 산출된 것으로 분석됨

이 점을 고려하면 적산가액과 수익가액 사이에 위치한 공시지가기준가액은 합리성 인정되므로, 주된 방법에 의한 가액으로 결정함

나.토지가치
$51,000 \times 1,450,000 =$ 73,950,000,000

3)제외지
이용상황 임야인 <4>
$12,000 \times 1 \times 1.01 \times 1.2 =$ @15,000
(× 71,250 = 1,068,750,000)

4)토지가치
'2)' + '3)' = 75,018,750,000

2.감정평가방법

1)근거 규정
감정평가법§3, 감칙§14, §12, §11

2)대상물건의 감정평가방법
주된 방법으로 공시지가기준법을 적용하되,

합리성 검토를 위한 다른 방법으로 (조성)원가법, 수익환원법(DCF법) 적용함

3) 그 밖의 방법
거래사례비교법, 수익환원법 중 직접환원법, 토지잔여법, 개발법 등 적용 가능함

Ⅱ. (물음2)
1. 甲법인 기준 NPV
1) Inflow
(1) 매기 임대료 현가 합
10억 × 1.07 × [1 - 1.2190 × 0.5083]
÷ (0.07 - 0.02) = 8,140,181,000

(2) 기말 토지가치 현가
75,018,750,000 × 1.1 × 0.5083
= 41,945,234,000

(3) Inflow
'(1)' + '(2)' = 50,085,415,000

2) Outflow
8,140,181,000 + 14억 × 27
·)매기 임대료 현가 합 ·)개발비용
= 45,940,181,000

3) NPV
'1)' - '2)' = (+)6,746,846,000

3. 합리적 의사결정 여부
1) 甲법인
NPV > 0으로 합리적 의사결정으로 <인정됨>
기말 복귀가액으로서 골프장 개발이익과 자본이득 모두를 누리는 점에서 정(+)의 순현가 발생하여 경제적 합리성 인정됨
다만, 복귀가액은 10년 후에나 실현되는 높은 위험·불확실성이 결부되므로, 미래 골프장 가치에 대한 지속적 검토 요구됨

2) 乙법인
NPV > 0으로 합리적 의사결정으로 <인정됨>
임대료 대비 높은 영업이익을 모두 가져감으로서 정(+)의 순현가 발생하여 경제적 합리성 인정됨

2) Outflow
(1) 인허가 관련 비용: 7,500,000,000

(2) 소지가액 = 23,064,400,000
21,995,650,000 + 1,068,750,000

(3) 개발비용 환급분
14억 × 27 × 0.3 × 0.5083 = 5,764,122,000

(4) Outflow
'(1)' + '(2)' + '(3)' = 36,328,522,000

3) NPV
'1)' - '2)' = (+)13,756,893,000

2. 乙법인 기준 NPV
1) Inflow
46,922,905,000 + 5,764,122,000
·)영업이익 현가 합   ·)개발비용 환급분
= 52,687,027,000

다만, 투입비용 대비 NPV의 규모가 작으므로 매기 운영이익에 대한 지속적 검토 요구됨

-끝-

문2)(30)
Ⅰ. (물음1)
1. 토지
1) 적용공시지가 선택: <2025>
사업승인 이전 최근 공시된 공시지가

2) 비교표준지 선정: <1>
① 개별적 제한인 도로 저촉 고려치 아니함
② 도로 미저촉으로 공법상 제한 동일, 광대소각으로 도로조건 동일한 표준지 선정

3) 그 밖의 요인 보정
(1) 사례 선정: <C>
상업용·광대소각으로 유사, 사업승인 이전이며, 보상사례임(도로 저촉 미반영)

(2)사례 기준 가액
9,500,000 × 1.02796 × 1 × 100/102
                                    *)
                                        =@9,574,137
*)시점수정(25.4.2 ~ 26.7.31, 지변율): 1.0224 ÷ [1.00572 ×
(1 + 0.0018 × 1/30)] × 1.00512 × (1 + 0.00155 × 122/31)

(3)표준지 기준 가액
6,000,000 × 1.03390*) × 1 × 1 =@6,203,400
*)시점수정(25.1.1~26.7.31):
1.0224 × 1.00512 × (1 + 0.00155 × 122/31)

(4)보정치: '(2)' ÷ '(3)' =   1.54

4)토지보상액
6,000,000 × 1.03390 × 1 × 1 × 1.54
                                    =@9,550,000
                            (× 820 = 7,831,000,000)

2.지장물
1)보상방침
①수목 외 이전비 미제시로 이전 불가, 물건

가격으로 보상 ②건물면적은 실측(650㎡) 기준 ③제시외 건물은 사업승인 전 신축으로 보상 ④개별적 제한인 도로 저촉 고려치 아니함

2)건물
950,000 × 18/50 × 650 =   222,300,000

3)제시 외 건물 =   12,740,000
320,000 × 13/40 × 10 + 600,000 × 13/40 × 60

4)기타 지장물
(1)담장·포장·축대
40,000 × 110 + 90,000 × 530 + 120,000 × 54
                                    =58,580,000

(2)소나무
이전비(4,200,000 + 15,000,000 × 0.2 =
7,200,000) < 취득비로서, 이전비로 결정
∴7,200,000 × 3 =   <21,600,000>

(3)감나무
이전비(800,000+500,000×0.15=875,000)
> 취득비이므로, 취득비로 결정
∴500,000 × 5 =   <2,500,000>

(4)대추나무
이전비(180,000+200,000×0.15=210,000)
> 취득비이므로, 취득비로 결정
∴200,000 × 5 =   <1,000,000>

5)지장물 보상액: 318,720,000

3.보상평가액: '1' + '2' =   8,149,720,000

Ⅱ.(물음2)
1.분양상가 시장가치
1)거래사례 선정
동일 층(1층)인   <F>

2)시장가치
(7,040백만 ÷ 640) × 1 × 1.02^5 × 1 × 100/95
× 720 =   9,204,547,000

※일반분양가(8백만 × 1.45 = @11,600,000, 70% 분양) 대비
적정성 인정됨

2.현금정산액
1)분양상가 분양가격
8백만 × 720 =   5,760,000,000

2)권리가액
7,956,400,000 × 0.95 =   7,558,580,000

3)정산액
'1)' - '2)' =   (-)1,798,580,000
                            (H전력이 지급 받음)

3.현금정산액을 포함한 종후자산 가치
'1' + '2' =   11,003,127,000

Ⅲ.(물음3)
1.3가지 방안의 비교 검토
1)매각방안의 가치: 8,000,000,000

2)보상방안의 가치
  $8,149,720,000 \times 1/1.0005^{4*} = 7,989,000,000$
  *)26.8.31 지급

3)분양방안의 가치
  $11,003,127,000 \times 1/1.06^5 = 8,222,000,000$

4)비교·검토
  분양방안 가치 > 매각방안 가치 > 보상 방안 가치 순으로 가치가 크게 나타남

2.적절한 방안
1)제시: <분양방안>

2)이유
  ①가치가 가장 큰 방안인 분양방안을 선택하는 것이 적절함
  ②이는 현재시점의 분양상가의 시장가치가 충분히 높게 형성되는 점, 조합원 분양가가 낮게 책정되어 상당한 시세차액이 발생하는 점, 100%에 가까운 비례율에 따라 권리 가액이 높게 결정되어 지급받을 정산금이 높게 책정된 점 등에서 비롯됨
  ③다만 현재 동대문구 Y동 일대의 부동산 경기가 침체 상태인 점, 상당히 먼 장래시점인 5년 후의 입주 시 분양상가의 시장가치가 현재시점의 예상과 달리 형성될 수 있는 점에서 신중한 결정이 요구됨

-끝-

문3)(20)

Ⅰ.감정평가 개요
  미보상용지에 대한 감정평가로서, 토지보상법 則25 미지급용지 규정을 준용하여 각 물음에 답함

Ⅱ.(물음1)
1.비교표준지 선정: <2026년도 #1>

2.선정사유
  ①적용공시지가는 가격시점 이전 최근 공시지가 선택
  ②이용상황은 종전사업 편입당시 기준하여, (則24, 부칙)89.1.24 당시 건축된 무허가 건축물부지로서 <단독주택부지> 기준
  ③용도지역은 가격시점 기준이나, (則23②) 종전사업에 의해 변경되었으므로 변경 전 <일반주거지역> 기준

Ⅲ.(물음2)
1.종전사업 편입당시 이용상황의 범위
  이용상황을 포함한 물적 상태와 관련된 모든 개별요인을 범위로 하므로, 이하 적시할 지목 등은 종전사업 편입 당시 기준

2.지목·실제용도 등 정리
1)지목: 임야

2)실제용도: 단독주택부지

3)지형·지세: 완경사, 부정형

4)면적
  10,000㎡ 규모 토지 중 1,000㎡ 부분평가

5)도로: 세로

6)주위환경: 미개발지대
  해당 사업으로 인한 주위환경 변경 미고려

Ⅳ.(물음3)
1.가로조건
1)산정: 1/1.05 =   <0.95>

2)사유: 대상은 세로로서, 표준지 소로한면 대비 열세

2.접근조건: 대등하여   <1.00>

3.환경조건
1)산정: (1-0.4)/1 =   <0.60>

2)사유: 대상은 미개발지대로서 구획정리된 주거지대 내 표준지 대비 열세

4.획지조건
1)산정: 0.85 + 0.95 + 1/1.1 - 2 =   <0.71>

2)사유: 대상은 10,000㎡ · 부정형 · 완경사
지로서, 표준지 1,000㎡ · 장방형 · 평지 대
비 열세

5.행정적 조건: 대등하여 <1.00>

6.기타 조건: 별도 요인 없어 <1.00>

7.개별요인 비교치
'1' × … × '6' = <0.405>

V.(물음4)
1.시점수정
1)지가변동률
26.1.1 ~ 26.4.1 기준하여 <1.00000>

2)생산자물가상승률
25.12 ~ 26.3 기준하여 <1.01000>

3)수정치: <1.00000>
토지가격 변동을 반영하는 지가변동률 기준

(3)토지가액
가.단가
4,000,000 × 1.00000 × 1.000 × 1.222 × 1.00
　　　　　　　　*1)　　　　*2)　　　　　*3)
= @4,890,000

*1)시점: 최근 2년 가격변동 추이 보합
*2)지역요인: 동일 노선 위치, 지리적 근접으로 인근지역
*3)그 밖의 요인: 별도 반영할 요인 없음

나.총액
4,890,000 × (200 × 3) = 2,934,000,000

2)건물
(1)단가
1,400,000 × 40/50 = @1,120,000
　　　　　　　　　*)
*)경제적 내용연수: 1970년대 신축 건물의 철거 후 재건축 사례로
보아 물리적 내용연수와 경제적 내용연수는 동일한 것으로 봄

(2)총액
1,120,000 × (480 × 4) = 2,150,400,000

2.그 밖의 요인 보정: <1.00>
공시지가가 인근 지가수준과 같은 수준으
로 별도의 그 밖의 요인 보정은 불필요함

3.보상감정평가액
1,000,000 × 1.00000 × 1.000 × 0.405 × 1.00
= @405,000
(× 1,000㎡ = 405,000,000)
-끝-

문4)(15)
Ⅰ.시장가치 및 예상낙찰가
1.시장가치
1)토지
(1)비교표준지 선정
준주거지역·상업용으로 동일하며, 전·후면
지에 걸쳐 있어 대상과 가장 유사한 <3>

(2)개별요인 비교
1.05 × 1/0.95 × 1.05/0.95 = 1.222

3)시장가치
'1)' + '2)' = 5,084,400,000

2.예상낙찰가
(1)지료 지급분 미고려 시 예상낙찰가
5,084,400,000 × 0.75 = 3,813,300,000

(2)100번지 지료 지급분 현재가치 합
4,890,000 × 200 × 0.3 = 293,400,000

(3)예상낙찰가
'(1)' - '(2)' = 3,519,900,000

Ⅱ.산출방법
1.시장가치
①(감칙7①)개별평가 원칙 적용하며, 토지
는 공시지가기준법(감칙14), 건물은 원가법
(감칙15)으로 평가함 ②(감칙7②)1동의 건
물이 4필지상에 소재하여 용도상 불가분
관계가 성립하므로, 4필지를 일단지로 평
가하되, (감칙7④)대상토지 3필지만 부분평
가함

2. 예상낙찰가

① 시장가치에 낙찰가율을 곱하여 산출하되

② 대상은 소유자가 다른 1필지 토지에 대해 지료를 지불하여야 하므로, 낙찰가율 외 추가로 적정지료 지급분을 고려하여야 함

③ 장래 적정지료 지급분의 현재가치의 합은 곧 지상권 가치와 유사해진다고 보아 토지 시장가치의 30%로 결정함

-끝-

- 이하여백 -

해커스 감정평가사
ca.Hackers.com

제25회 감정평가실무 기출

문1)(30)

I. 감정평가 개요

1. 감정평가기준
(실무기준)사업시행인가고시일 3년 후 주택 재개발사업지구 내 공유지의 감정평가로서 <가격조사완료일 현황> 기준

2. 기준시점
가격조사완료일인 <2026.9.5>

3. 대상물건
가격조사완료일 현황인 공용주차장 용도 폐지 상태로서, <일단의 사업부지> 기준하며, 면적은 485㎡임

4. 감정평가방법
(감칙12, 14)공시지가기준법을 주된 방법으로 적용하되, 거래사례비교법으로 주된 방법에 의한 시산가액의 합리성을 검토함

II. 공시지가기준법

1. 적용공시지가 선택
기준시점 이전 최근 공시지가인 <26.1.1>

2. 비교표준지 선정
대상토지와 일단지인 <2>

3. 그 밖의 요인 보정

1) 사례 선정
택지비 평가사례로서 이용상황의 유사성 인정되는 <㉠, ㉡>

2) ㉠ 기준 보정치
(1) 사례 기준 가액
5,700,000 × 1.00221 × 1 × 1/1.18
= @4,841,184
(2) 표준지 가액
3,220,000 × 1.00057 = @3,221,835
(3) 보정치
'(1)' ÷ '(2)' = 1.50

3) ㉡ 기준 보정치
(1) 사례 기준 가액
5,160,000 × 1.01926 × 1 × 1/1.07
= @4,915,310
(2) 표준지 기준 가액
3,220,000 × 1.00057 = @3,221,835
(3) 보정치
'(1)' ÷ '(2)' = 1.52

4) 그 밖의 요인 보정치 결정: <1.50>
상기 보정치가 유사범위 내 있어 상호 적정성 인정되며, 보다 최근 사례로서 면적의 유사성이 더 큰 <사례㉠> 보정치로 결정함

4. 공시지가기준가액
3,220,000 × 1.00057 × 1 × 1 × 1.5
= @4,830,000

III. 거래사례비교법

1. 거래사례 선정
정상사례로서, 시점수정, 가치형성요인 비교 가능한 <가, 나>

2. (가) 기준 비준가액
4억/92 × 1 × 1.00999 × 1 × 1/0.9
= @4,880,000

3. (나) 기준 비준가액
1) 사례 토지단가(배분법)
(683백만 - 1백만 × 156.2) ÷ 103
= @5,114,563
2) 비준가액
'1)' × 1 × 1.00022 × 1 × 1/1.06
= @4,830,000

IV. 감정평가액

1. 시산가액

공시지가기준가액	(가) 기준 비준가액	(나) 기준 비준가액
@4,830,000	@4,880,000	@4,830,000

2. 합리성 검토
상기와 같이 각 시산가액 유사가격 수준 범위 내에 있어 비준가액이 공시지가기준가액의 합리성을 지지하므로, 주된 방법에 의한 가액으로 결정함

3.감정평가액
@4,830,000 × 485 =　　　　2,342,550,000

Ⅴ.추가의견(매각가액)
1.산정 기준
공유재산 및 물품 관리법상 매각 당시의 개량한 상태의 가액에서 개량비를 빼고 남은 금액을 매각대금으로 함

2.개량비
(15,682백만 + 8,560백만 × 0.48)
× 485/65,826 =　　　　145,820,000

3.매각가액
2,342,550,000 - '2' =　　　　2,196,730,000
-끝-

문2)(30)
Ⅰ.(물음1)
1.비교표준지 기호:　　　　<5>

2.적용공시지가:　　　　<2019>

3.선정이유
1)감정평가기준
(실무기준)환매토지가 다른 공익사업에 편입되는 경우 비교표준지 선정, 적용공시지가 선택은 그 사업에 편입되는 경우와 같이 함

2)비교표준지 선정의 구체적 이유
①(則23②)택지개발사업과 무관한 용도지역 변경으로 변경 후 2종일주 ②도로개설사업 가격변동 포함 ③인근 표준적 이용 다가구 주택 기준

3)적용공시지가 선정의 구체적 이유
(法70④)사업인정(19.10.27) 전 최근 공시된 공시지가

Ⅱ.(물음2)
1.기준시점:　　　　<2024.9.20>
(法91①)환매권 상실 당시로서, 폐지·변경 고시일로부터 10년이 되는 날

2.토지 평가금액
530,000 × 1.05 × 1 × 1.05 × 1.3
　　　　=@760,000
　　　　(× 315 = 239,400,000)

Ⅲ.(물음3)
1.인근 유사토지의 지가변동률
1)표본지 선정:　　　　<6>
대상토지와 용도지역 등 변경과정 유사

2)환매 당시(24.9.20) 표본지 가액
550,000 + (600,000 - 550,000) × 264/366
　　　　=586,066

3)취득 당시(13.9.20) 표본지 가액
360,000 + (380,000 - 360,000) × 263/365
　　　　=374,411

4)지가변동률
'2)' ÷ '3)' =　　　　1.565

2.환매금액
1)지가의 현저한 변동 여부(슈48)
(1)지급보상금 결정
환매는 토지만 대상이므로 지장물 보상 금액은 제외하여　　　　<56,700,000>

(2)환매 당시 가액:　　　　239,400,000

(3)지가변동률 고려한 지급보상금
56,700,000 × 1.565 =　　　　88,736,000

(4)현저한 변동 여부
'(2)' > '(3)'이므로, <지가의 현저한 변동 인정됨>

2)환매금액
56,700,000 + (239,400,000 - 88,736,000)
　　　　=207,364,000

Ⅳ.(물음4)
1.평가기준
환매권 상실 당시 토지평가금액에서 환매

금액을 차감하여 결정함

2.손해액
239,400,000 - 207,364,000 = 32,036,000
-끝-

문3)(20)
Ⅰ.(물음1)
1.방침
(감칙5②)B토지의 적정매입금액은 시장 가치로서 B토지가치에 합병에 따른 증분 가치 배분액을 더하여 산정되므로, <시장 가치 외의 가치인 한정가치>로 결정함

2.증분가치
180억 - (90억 + 40억) = 5,000,000,000

3.적정매입금액
1)배분비율(차액배분법)
$$\frac{180억 - 90억}{(180억 - 90억) + (180억 - 40억)} = 0.39$$

2)증분가치 중 B토지 배분액
50억 × 0.39 = 1,950,000,000

3)적정매입금액
40억 + 19.5억 = 5,950,000,000

Ⅱ.(물음2)
1.방침(실무기준)
①재조달원가는 일반적인 방법에 따른 비용으로 산정하므로 적정 관리비, 이윤 포함에 유의해야 함
②감가수정은 특수설비로 구성된 정밀공장의 특성을 잘 반영하여 초기감가가 큰 방법인 정률법을 가장 적합한 방법으로 봄

2.재조달원가
1)재료비, 노무비, 경비
20억 + 10억 + 10억 = 4,000,000,000

2)일반관리비
계약예규 의거 재료비 + 노무비 + 경비 기준
40억 × 0.05 = 2억 < 4억이므로, 적정 비율에 따른 <200,000,000>

3)이윤
계약예규 의거 노무비 + 경비 + 일반관리비 기준 (10억 + 10억 + 2억) × 0.15 = 3.3억 <4억이므로, 적정 비율에 따른
<330,000,000>

4)재조달원가
'1)' + '2)' + '3)' = 4,530,000,000

3.공장의 적정한 가액
45.3억 × $\sqrt[20]{0.1}$ = 4,037,000,000
-끝-

문4)(20)
Ⅰ.(물음1)
1.수익률의 합리적 채택
1)채택: <기하평균수익률>

2)이유
①산술평균수익률은 수익률의 단순평균으로서, 실투자금액을 고려하지 못하고, 실제 자산가치 변동과 괴리될 수 있는 한계가 있는 반면,
②기하평균수익률은 연간 복리 변동을 고려하고, 실제 자산가치 변동을 잘 반영하므로, 경제수학에서는 기하평균수익률을 채택하는 것이 합리적임

2.자료A 특징의 이유
1)시장가치로서 성격
자료A는 표준편차가 낮아 일정 범위 내에 수렴하고, 변동성이 작은 특징이 있는데 이는 일반적으로 자료A가 사정개입을 배제하고, 성립될 가능성이 가장 높은 가액인 시장가치를 전제로 하기 때문임

2)감정평가사례, 통계의 영향을 받는 성격 자료A는 시계열 상관계수가 높아 시간의 변화에 따라 일정한 추세를 보이는 특징이 있는데, 이는 자료A가 일반적으로 앞서 평가된 감정평가사례, 지가변동률 등 통계자료를 참작하는 과정을 거쳐 결정되기 때문임

II. (물음2)

1. 임차권 수익률

1) 임대권 가치

9백만 × PVAF(9%, 10) + 120백만/1.09^{10}
= 108,448,000

2) 임차권 가치

120백만 - '1)' = 11,552,000

3) 임차권 수익률(X)

'2)' = (12백만 - 9백만) × PVAF(X%, 10)

∴ x = 22.7%

2. 등식이 성립하지 않는 경우

①각 권익에 적용되는 환원율(할인율)이 다른 경우 ②최유효이용으로 이용되지 않는 경우 ③보편적이지 않은 임차인인 경우 즉, 소유권과 임대차 각 권익에 결부되는 위험의 정도가 다른 경우에 등식이 성립하지 아니함

-끝-

- 이하여백 -

해커스 감정평가사
ca.Hackers.com

제26회 감정평가실무 기출

문1) (40)

I. (물음1)

1. 자료 선택

1) 헤도닉가격모형에 따른 층별효용지수

층	가격	층별효용지수
1	3,500,000	100
2	3,090,000	88
3	3,205,000	92
4	3,115,000	89
5	3,150,000	90
6 이상	3,100,000	89
지하1	2,620,000*1)	75*2)

*1) 3,500,000 - 880,000
*2) (2,620,000 ÷ 3,500,000) × 100
(주석1, 2 다른 층 동일방식 적용)

2) 자료 선택

① 실무기준해설서상 효용지수는 지역성 및 개별성 반영에 미흡하여 적용하기 곤란하며, 헤도닉모형 또한 지상층 사이의 역전현상이 나타남에 따라 그대로 적용하기 곤란하므로, <평가사례>를 기준함

② 업무시설 특성상 2층 이상의 층별효용은 유사하게 형성되는 것이 일반적인 점, 상기 헤도닉모형상 2층 이상의 층별효용지수는 88~92 사이로 유사하게 나타나는 점을 고려하여,

③ 2층 이상이 동일한 효용지수를 나타내고, 헤도닉모형상 효용지수와 가장 유사하며, 가장 최근 사례로서 시간적 유사성 또한 갖추고 있는 <평가사례3>을 기준하되, 사례는 지하 부분의 효용지수가 없으므로 <지하1층은 헤도닉가격모형>을 기준함

2. 층별효용지수

층	1	2 이상	지하1
지수	100	90	75

II. (물음2)

1. 거래사례비교법

1) 거래사례 선정: <B>
용도지역(준주거), 용도(사무소) 동일하며, 지하철역까지 거리(0.62km), 전용률(약45%) 측면에서 가장 유사

2) 시점수정(오피스 자본수익률, 26.2.10~8.20)
(1 + 0.0035 × 50/90) × 1.003 × (1 + 0.003 × 51/91) = 1.00664

3) 비준가액

(1) #1
6,026,667 × 1 × 1.00664 × (1 × 1 × 1 × *1) *2) *3) *4)
100/90) × 1,350 = 9,100,000,000

*1) 사례 전용면적당 단가: 6,780백만 ÷ 1,125
*2) 지하철역까지의 거리: 대체로 유사
*3) 전용률: 동일(45%)
*4) 전체면적: 동일 구간(4,000㎡ 미만)

(2) #2, #3, #5
6,026,667 × 1 × 1.00664 × (1 × 1 × 1 × 1) × 1,215 = 7,371,000,000

(3) #4
6,026,667 × 1 × 1.00664 × (1 × 0.97*) × 1 × 1) × 1,100 = 6,473,000,000
*) 전용률: 대상층 40.7%

(4) #6
6,026,667 × 1 × 1.00664 × (1 × 1 × 1 × 1) × 900 = 5,460,000,000

(5) #7
6,026,667 × 1 × 1.00664 × (1 × 1 × 0.95*) × 75/90) × 2,250 = 10,806,000,000
*) 전체면적: 대상층 4,000㎡ 이상 구간

(6) 비준가액 합계: 53,952,000,000

2. 수익환원법

1) 임대사례 전체면적당 순수익
[100,000 × 0.03 + (10,000 + 6,000) × 12] × (1 - 0.1) - 6,000 × 12 × 0.8 = @117,900

2) 수익가액

(1) #1
[117,900 × 1 × 1 × (1 × 1 × 1 × 1) × 3,000] ÷ 0.04 = 8,843,000,000

(2)#2, #3, #5
[117,900 × 1 × 1 × (1 × 1 × 1 × 90/100) × 2,700] ÷ 0.04 =　　　　　　　7,162,000,000

(3)#4
[117,900 × 1 × 1 × (1 × 0.97 × 1 × 90/100) × 2,700] ÷ 0.04 =　　　　　　6,948,000,000

(4)#6
[117,900 × 1 × 1 × (1 × 1 × 1 × 90/100) × 2,000] ÷ 0.04 =　　　　　　　5,306,000,000

(5)#7
[117,900 × 1 × 1 × (1 × 1 × 0.95 × 75/100) × 5,000] ÷ 0.04 =　　　　　　10,500,000,000

(6)수익가액 합계:　　　　　　　53,083,000,000

3.원가법
1)전체 집합건물가액
(1)토지
가.비교표준지 선정:　　　　　　　<다>

(2)건물(철골철콘 기준)
1,540,000 × 53/55 =　　　　　　　@1,484,000
　　　　　　　(× 20,800 = 30,867,200,000)

(3)전체 집합건물가액:　　　　51,925,430,000

2)적산가액

기호	층별효용비율	적산가액
1	0.1663[1)	8,635,000,000[2)
2	0.1347	6,994,000,000
3	0.1347	6,994,000,000
4	0.1220	6,335,000,000
5	0.1347	6,994,000,000
6	0.0998	5,182,000,000
7	0.2079	10,795,000,000

*1) $\frac{100 \times 1,350}{100 \times 1,350 + 90 \times (1,215 \times 3 + 1,100 + 900) + 75 \times 2,250}$

*2) 51,925,430,000 × 0.1663 (주석1,2 다른 층 동일방식 적용)

4.감정평가액
1)시산가액 조정(합리성 검토, 감칙12)
①상기와 같이 각 시산가액이 유사한 수준으로 도출된 점 ②거래사례가 풍부한 대상

준주거지역, 지하철역과의 거리 유사

나.그 밖의 요인 보정
가)거래사례 기준 가액
5,800,000 × 1 × 1.00027 × 1 × 1 = 5,801,566
　　　　　　*1)　　　　*2)

*1)시점(26.7.10 ~ 8.20, 지변율, 주거지역)
(1 + 0.0002 × 22/31) × (1 + 0.0002 × 20/31)

*2)개별: 대상은 5,000㎡ 미만, 지하철0.5~1km, 광대소각, 정방형
1(면적) × 0.97(지하철) × 1.01(도로) × 1/0.98(형상)

나)표준지 기준 가액
2,800,000 × 1.00448 × 1 × 1.010 = 2,840,669
　　　　　　*1)　　　　*2)

*1)시점(26.1.1 ~ 8.20): 1.00435 × (1 + 0.0002 × 20/31)
*2)개별: 1/1.1 × 1 × 1/0.9 × 1

다)보정치: '가)' ÷ '나)' =　　　　　　　2.04

다.토지가액
2,800,000 × 1.00448 × 1 × 1.010 × 2.04
　　　　　　　　　　　=@5,790,000
　　　　　(× 3,637 = 21,058,230,000)

지역은 거래사례비교법의 신뢰성이 높은 점 ③시장성에 근거한 방법으로 일반거래 목적에 부합하는 점에서, 비준가액의 합리성 인정됨
따라서 감칙16 주된 방법에 의한 비준가액으로 결정함

2)감정평가액

기호	감정평가액
1	9,100,000,000
2	7,371,000,000
3	7,371,000,000
4	6,473,000,000
5	7,371,000,000
6	5,460,000,000
7	10,806,000,000
합계	53,952,000,000

-끝-

문2)(30)

Ⅰ.(물음1)
1.거래사례비교법
(則28②본문)구분지상권 거래사례를 기준으로 사정보정, 시점수정, 가치형성요인 비교 등을 거쳐 평가하는 방법임. 시장성에 근거하여 가장 설득력이 높은 장점이 있으나, 통상 거래사례 수집이 곤란하다는 단점이 있음

2.권리 유무에 따른 토지가액 차이 기준법
(則28②단서)구분지상권이 설정되지 않은 토지가액과 구분지상권이 설정된 토지가액의 차이로 평가하는 방법임. 이론적으로 타당하다는 장점이 있으나, 구분지상권 설정 토지사례의 수집이 곤란한 단점이 있음

3.권리설정계약 기준법
(則28②단서)구분지상권 설정 시 지급된 보상금을 기준으로 경과연수 등을 고려하여 평가하는 방법임. 최근 설정된 구분지상권의 경우 타당하다는 장점이 있으나, 장기간 경과된 구분지상권을 평가하는 경우 적정한 가치의 평가가 곤란하다는 단점이 있음

4.장래기대이익의 현재가치 기준법
(실무기준)시장지료와 실제지료의 차이의 구분지상권 존속기간동안의 현가 합으로 평가하는 방법임. 이론적으로 타당하다는 장점이 있으나, 최근 설정된 구분지상권의 경우 가치가 '0'이 될 수 있는 단점이 있음

5.가격시점의 구분지상권 설정가액 기준법
가격시점의 토지가액에 감가율을 적용하여 평가하는 방법임. 가격시점의 구분지상권 가치를 가장 정확하게 반영할 수 있고, 현업 실무상 적용이 용이하다는 장점이 있으나 용익물권인 구분지상권 가치에 자본가치의 변동이 반영된다는 단점이 있음

Ⅱ.(물음2)
1.가격시점의 구분지상권 설정가액 기준법
1)토지가액

(1)적용공시지가 선택: <2022>
(法70④)개발이익 배제 위해 사업인정(22.9.9) 이전 최근 공시지가 선택

(2)비교표준지 선정: <가>
(則23②)해당사업으로 인한 용도지역 변경으로 변경 전 자연녹지지역 기준하며, 해당 사업지구 내, 유사 이용상황 선정

(3)시점수정(지변율, 녹지, 22.1.1~26.9.2)
1.03085 × … × (1 - 0.0012) × (1 + 0.00072 × 33/31) = 1.10677
※ 생산자물가지수 미제시로 고려하지 아니함

(4)토지가액
300,000 × 1.10677 × 1 × 1.1 × 1.3 = @475,000
                                    *)
*)개별요인: 도시계획시설도로 저촉 등 행정적 요인 포함

2)감가율(택지후보지지대 기준)
(1)입체이용저해율
가.건축물 등 이용저해율

나)건축가능층수
$[15 - (3 + \frac{154-35}{10} \times 0.15)] \div 3.5 =$ 2.9

나)저해율
2층 건축가능으로 건축물 등 이용저해 없음

나.지하부분 이용저해율
지상공간 사용으로 지하부분 이용저해 없음

다.그 밖의 이용저해율
0.15 × 3/4 = 0.1125

라.입체이용저해율: 0.1125

(2)추가보정률
0.075 + 0.1 + 0.1 = 0.275
  *1)   *2)   *3)
*1)쾌적성: 높이 15m, 154kV로 '중'
*2)시장성: 필지의 중앙통과로 '상'
*3)기타: 존속기간 30년 초과로 '상'

(3)감가율
'(1)' + '(2)' = 0.3875

3)구분지상권 가치 '1)' × '2)' × 300 =　　　　　　　　55,219,000	있으나, 가격시점의 구분지상권의 가치를 가장 정확하게 산출할 수 있는 점에서 합리성이 가장 높다고 판단되므로, 이를 기준으로 보상액을 결정함
2.권리설정계약 기준법 32백만 × 1.13212 =　　　　　　　　36,228,000 　　　　　*) *)시점(21.3.3 ~ 26.9.2): (1 + 0.02758 × 304/366) × 1.10677	2)보상액:　　　　　　　　　　　55,219,000 　　　　　　　　　　　　　　　　-끝-
3.보상사례비교법 (37,400,000 ÷ 280) × 1.00079 × 1.1 × 1 × 300 　　　　　*) 　　　　　　　　　　　　　　　　=44,113,000 *)시점(26.7.31~9.2): (1+0.00072×1/31)×(1 + 0.00072×33/31)	**문3)(20)** Ⅰ.(물음1) 1.가격시점 (法67①)수용재결일인　　　　　　<26.8.25>
4.대상물건의 보상액 1)시산가액 조정(則18) 권리설정계약 기준법은 장기간 경과된 대상의 경우 적절하기 못한 방법인 점, 보상사례기준법은 일반적으로 인정되지 않는 평가방법으로서 한계가 있어 배제함 가격시점의 구분지상권 설정가액 기준법은 비록 자본가치가 반영될 수 있는 한계가	2.적용공시지가 선택 1)法70⑤ 적용 요건 검토(슈38의2) (1)사업·면적 요건 도로·철도·하천사업 외의 사업으로서, 면적 24.5만㎡ > 20만㎡로 '요건충족' (2)변동률 요건 해당사업지구와 P시의 24.1.1~25.1.1의
표준지 평균변동률 비교 0.1056*) - 0.0351 = 0.0705 ≥ 3%이고, 0.1056/0.0351 = 3 ≥ 1.3이므로 '요건충족' *)해당사업지구 표준지 평균변동률 $\left(\frac{74,000}{68,000} + \frac{23,000}{21,000} + \frac{17,000}{15,000}\right) \div 3 - 1 = 0.10560$	※ 생산자물가지수 미제시로 고려하지 아니함 2)개별: 대상은 세로(불), 부정형, 완경사 (0.75/0.72 × 1 × 1) Ⅱ.(물음2) 1.(물음2-1)
2)적용공시지가 선택:　　　　　　　<2024> 각 요건 충족되어 공고·고시일(24.6.19) 전 최근 공시지가 선택하여 '개발이익 배제'함	(則48①)불법형질변경토지로서 농지법 2조 1호 가목 단서에 따라 농지에 해당하지 않으므로 <농업손실보상 대상이 아님>
3.비교표준지 선정:　　　　　　　　<나> 계획관리 기준하되, (則24)불법형질변경 토지로서 형질변경 당시 임야 기준	2.(물음2-2) 1)보상기준 협의가 불성립한 경우로서, 농지 소유자는 도별 연간 농가평균 농작물총수입 2년분의 50%를 보상하고, 실제 경작자는 실제소득 기준한 금액에서 농지 소유자에게 지급한 금액을 제외한 나머지를 보상함
4.토지 보상액 21,000 × 1.08499 × 1 × 1.042 × 1.80 　　　　*1)　　　　　　*2) 　　　　　　　　　　　　　=@43,000 　　　　　　　　　　(× 1,200 = 51,600,000) *1)시점(지변율, 24.1.1 ~ 26.8.25) 1.04213 × 1.02765 × 1.01175 × (1 + 0.00167 × 25/31)	2)이대한(농지 소유자) 농업손실보상액 3,402 × 1,200 × 0.5 =　　　　　2,041,200 3)김민국(실제 경작자) 농업손실보상액 (1)단위경작면적당 실제소득

가. 실제소득
6,847,050 ÷ 1,200 × 0.542 = @3,093

나. 작목별 평균소득의 2배
1,885,742 ÷ 1,000 × 2 = @3,771

다. 결정: @3,093
'가' < '나'이므로, 실제소득 기준함

(2) 농업손실보상액
3,093 × 1,200 × 2 - 2,041,200 = 5,382,000
-끝-

문4) (10)
Ⅰ. 토지(#1) 감정평가액
1. 제시 외 건물의 토지에 대한 영향 판단
1) ㉠
토지영향 1%로 미미하고, 보일러실로서 (가)의 부합물·종물로 판단되므로, 별도로 토지에 미치는 영향 고려하지 아니함

2) ㉡
12%로 토지영향이 상당하며, 방·주방·화장실을 갖춘 주택으로 독립적인 이용가능하므로, 토지에 미치는 영향 고려하여 평가함

2. 감정평가액
6,530,000 × (1 - 0.12) × 200 = 1,149,280,000

Ⅱ. 건물 감정평가액
1. 가
1) 1층
750,000 × 45/50 × 100 = 67,500,000
*)완공일과 무관하게 사용승인일 기준 감가수정함

2) 2층
증축 부분이나 2층 잔존연수가 1층 잔존연수 내이므로 내용연수 조정하지 아니함
600,000 × 42/45 × 12 = 6,720,000

3) 가 감정평가액: 74,220,000

2. ㉠
100,000 × 4 = 400,000

3. ㉡
600,000 × 20/45 × 48 = 12,800,000

4. 건물 감정평가액: 87,420,000

Ⅲ. 경매 감정평가액
'Ⅰ' + 'Ⅱ' = 1,236,700,000
-끝-

- 이하여백 -

제27회 감정평가실무 기출

문1)(40)

Ⅰ.(물음1)

1. 대상물건의 확정

1) 일단지
- 1동 건물이 2필지상에 소재하여 업무(상업)용으로 불가분 관계 인정, 일단지 평가
- 소로한면, 부정형, 800㎡ 기준

2) 노선상가지대
상업용(표준지), 소로한면(지역요인 자료) 비추어 용도지대는 노선상가지대로 확정

2. 비교방식

1) 사례 선정
토·건 일괄 거래사례인 <#1>

2) 시점수정치(자본수익률)
1.02113 × 1.00356 = 1.02477

3) 토지요인 비교치
$1/1.03^{*)}$ × 1 × 800/900 = 0.863
*) 지역요인: W동/V동

4) 건물요인 비교치

(1) 내용연수 결정

가. 거래사례#1 기준
770,000 × (1 − 0.9 × 9/N) × 3,200
= 5,600백만 × 0.4   ∴ N = <89.1년>

나. 거래사례#3 기준
건물 철거시점 기준하여 <31년>

다. 일반적 내용연수 기준
철근콘크리트구조의 경우 <50년>

라. 결정
거래사례 기준은 일반적 경제적 내용연수와 괴리가 크므로 건물신축단가표 등 기준해 <50년>으로 추정함

(2) 비교치
$1^{*)} \times \frac{1 - 0.9 \times 11/50}{1 - 0.9 \times 9/50} \times 2{,}740/3{,}200 = 0.819$
*) 동일 등급 신축; 재조달원가 평점 동일

5) 비준가액
56억 × 1 × 1.02477 × (0.6 × 0.863 + 0.4 × 0.819) × 1 = 4,852,000,000

3. 수익방식

1) NOI

(1) PGI
현임대차 만료, 임대사례 기준 간접법 적용
[(160 + 120 + 100 × 2) × 520 + 90 × 400]
× 천 × 1 × 1 × 1/1.1 = 259,636,000

(2) EGI: (1) × (1 − 0.05) = 246,654,000

(3) OE: 25,000 × 2,480 = 62,000,000

(4) NOI: (2) − (3) = 184,654,000

2) R
사정개입된 #3 제외, <#1, #2> 선정

#1 기준	140/3,500 = 0.04
#2 기준	88/2,200 = 0.04
결정	양자 동일하게 산출되어 <0.04>

3) 수익가액: 1) ÷ 2) = 4,616,000,000

4. 개별 감정평가액 합

1) 토지

(1) 비교표준지 선정: <4>
일반상업, 상업용, 노선상가지대, 인근 지역이며 지리적으로 가까운 W동 위치

(2) 시점수정치(지가변동률)
1.01687 × 1.00323 = 1.02015

(3) 그 밖의 요인 보정치

가. 평가사례 선정
지역·개별요인 유사, 일반거래 목적 <#2>

나. 보정치(표준지 기준 산정방식)
$\frac{3{,}400{,}000 \times 1.02015 \times 1 \times 1}{3{,}000{,}000 \times 1.02015} = 1.13$

(4) 토지가액
3,000,000 × 1.02015 × 1 × 0.97 × 1.13
= @3,350,000(× 800 = 2,680,000,000)

2)건물
770,000 × (1 - 0.9 × 11/50) =   @618,000
(× 2,740 = 1,693,000,000)

3)가액 합
'1)' + '2)' =   4,373,000,000

5.대상부동산 시장가치: 4,734,000,000
일체적 효용,시장·수익성 반영에 유리하며 가액 수준 유사해 합리성 인정되는 비준·수익가액에 50%씩 가중치를 두어 결정함

Ⅱ.(물음2)
1.NPV
1)Inflow(투자가치)
(1)매기 NOI

	1	2	3	4
EGI[*1]	246,654	258,987	271,936	285,533
OE[*2]	62,000	64,480	67,059	69,742
NOI	184,654	194,507	204,877	215,791

*1) 연5% 상승   *2) 연4% 상승

(2)복귀가액
215,791,000 ÷ (0.04 + 0.005) × (1 - 0.03)
*)최종R
=4,651,000,000

(3)Inflow
$\frac{184,654}{1.06} + \frac{194,507}{1.06^2} + \frac{204,877 + 4,651,000}{1.06^3}$ = 4,424,000,000

2)Outflow(투자금액):   4,200,000,000

3)NPV
'1)' - '2)' =   (+)224,000,000

2.의견
①정의 NPV, 요구수익률 이상 IRR(7.9%) 산출되므로 투자의 타당성 긍정됨 ②시장가치(47억) 대비 저가의 투자금액(42억)으로 유리함 있으며, 기존 저당의 인수 및 추가대출 활용에 따른 레버리지 효과로 추가적인 수익 창출 가능함 ③3년 보유이나 수익·비용상승률 등 비추어 장기보유 또한 타당성 긍정될 수 있음   -끝-

문2)(30)

Ⅰ.(물음1)
1.투자수익률
1)Inflow
(1)매기 순수익(계약임대료 기준)
관리비 임차인 지불로 PGI=NOI로 봄
100백만 × 0.02 + 1,500,000 × 12
=20,000,000

(2)기말 복귀가액
가.기준시점 시장가치(거래사례비교법)
가)사례 선정
동일 층, 면적 유사한 매매사례#3 선정
(#1: 실제 층 상이, #2: 면적 상이)

나)시장가치
540백만 × 1 × 1 × 1 × 1/1.03 × 100/92
=570,000,000

나.복귀가액
'가' × (1 - 0.05) =   541,500,000

2)Outflow: 570,000,000
기준시점 시장가치를 투자비용으로 봄

3)투자수익률(x, 단위: 백만)
보유기간은 임대차 잔존기간으로 함
$\frac{20}{1+x} + \frac{20}{(1+x)^2} + \frac{20}{(1+x)^3} + \frac{20+541.5}{(1+x)^4}$ = 570

∴ x = 2.30%

2.매매가격
1)요구수익률
무위험률은 국고채금리 적용
1.39 + 1.2 =   2.59%

2)매매가격(단위: 백만)
$\frac{20}{1.0259} + \frac{20}{1.0259^2} + \frac{20}{1.0259^3} + \frac{20+541.5}{1.0259^4}$ = 564,000,000

Ⅱ.(물음2)
1.완전소유권 기초 수익률(요소구성법)
1)매년 자산가치 하락률(g)
$(1 + g)^4 = 0.95$ ∴ g = (-)1.27%

2)수익률
1.39 + 1.2 - (-1.27) =   3.86%

2.수익가치
1)시장임대료 기준 NOI
(1,100,000 × 0.02 + 16,500 × 12) × 100
                                        =22,000,000

2)수익가치
완전소유권 기초 수익률을 환원율로 적용
22백만 ÷ 0.0386 =   570,000,000

Ⅲ.(물음3)
1.임차권 수익률
1)방침
'매년 임차권 귀속순수익의 현가 합'과 '임차권 가치'를 일치시키는 내부수익률을 임차권 수익률로 산출함

2)매년 임차권 귀속순수익
(1)방침
시장임대료와 계약임대료의 차이를 귀속 순수익으로 봄

(2)귀속순수익
22백만 - 20백만 =   2,000,000

3)임차권 가치
'임차권가치 = 완전소유권가치 - 임대권가치'로 산출함
570 - 564 =   6,000,000

4)임차권 수익률(z, 단위: 백만)
$\frac{2}{1+z} + \frac{2}{(1+z)^2} + \frac{2}{(1+z)^3} + \frac{2}{(1+z)^4} = 6$
                                 ∴ z = 12.59%

2.임차권 수익률이 큰 이유
①임대권보다 임차권에 수반되는 위험이 더 크기 때문임
②임대권 수익률의 기반인 i)계약임대료는 사전적으로 결정되고 ii)복귀가액은 비교적 변동성이 낮아 임대권은 위험이 작으며, iii)특히 대상은 시장임대료 대비 낮은 임대료 수취로 안정성이 더 큼

③반면 임차권 수익률의 기반인 시장-계약 임대료의 차액은 시장상황의 변동, 계약 조건의 조정 등으로 사라지거나 음(-)이 될 수 있는 가능성이 높아 임차권에 더 큰 위험이 존재한다고 볼 수 있음
                                        -끝-

문3)(20)
Ⅰ.(물음1)
1.대상물건 개요
• 국산 사출기 10대(1라인)
• 경제적 내용연수 경과한 전용 불가능 과잉유휴기계

2.감정평가 개요
1)감정평가 기준 및 근거
(약칭)「감정평가법」,「감칙」,「실무기준」등 제반 규정에 근거함

2)기준시점: 2026.7.1

3)기준가치 및 감정평가조건
시장가치 기준, 감정평가조건 없음

3.감정평가액 산출근거
1)감정평가방법의 적용
「감칙」21조 1항 단서,「실무기준」근거하여, 전용불가능한 과잉유휴기계로서 해체·철거·운반비 등 고려해 처분가능금액으로 감정평가함

2)감정평가액 산출과정
(1)매각가능가격
가.재조달원가
• 공장자산의 일부인 현재의 가액을 산출해야 하므로 설치비·시운전비 포함
• 자본적 지출은 포함하되, 수익적 지출 및 부가세는 제외
[(50 + 20 + 5 + 5) × 1.1 + 20] × 백만
 *)시점
                                =108,000,000

나.매각가능가격

'가' × 0.1 = 10,800,000

*)잔가율

(2)해체비 등

수출업자가 부담하지 않는 설치비 제외

(1 + 1 + 1) × 백만 = 3,000,000

(3)감정평가액

'(1)' - '(2)' = @7,800,000

(× 10대 = 78,000,000)

4.감정평가액 결정 의견

대상기계기구는 「감칙」, 「실무기준」 등 근거하여 적정하게 감정평가하였음

Ⅱ.(물음2)

1.대상물건 개요
- 국산 사출기 10대(2라인)
- 정상가동기계

[(80 + 30 + 5 + 5) + 10] × 백만
= 130,000,000

(2)감정평가액

(1) × $\sqrt[10]{0.1^5}$ = @41,110,000

(× 10대 = 411,100,000)

4.감정평가액 결정 의견

대상기계기구는 「감칙」, 「실무기준」 등 근거하여 적정하게 감정평가하였음 -끝-

문4)(10)

Ⅰ.개요

일부 편입에 따른 휴업손실을 보상하되, 영업장소 이전에 따른 휴업보상액을 최고 한도액으로 비교 후 보상함

Ⅱ.일부 편입 보상액

1.방침(則47③)

'영업이익 · 고정적비용 · 보수비 · 매각손실액' 보상함

2.감정평가 개요

1)감정평가 기준 및 근거

(약칭) 「감정평가법」, 「감칙」, 「실무기준」 등 제반 규정에 근거함

2)기준시점: 2026.7.1

3)기준가치 및 감정평가조건

시장가치 기준, 감정평가조건 없음

3.감정평가액 산출근거

1)감정평가방법의 적용

「감칙」 21조 2항, 「실무기준」 근거하여

①주된 방법인 <원가법> 선정하고

②감가수정은 원칙적 방법인 <정률법> 적용하며, 경제적 내용연수 기준

2)감정평가액 산출과정

(1)재조달원가
- 공장자산의 일부로 설치비·시운전비 포함
- 자본적 지출은 포함하되, 수익적 지출 및 부가세는 제외

2.보상액

(60 × 4/12 + 2 × 4 + 18 + 5) × 백만
= 51,000,000

Ⅲ.영업장소 이전 보상액

1.방침(則47①)

영업이익 · 영업이익 감소액 · 고정적 비용 · 이전비 등 · 부대비용 합산함

2.보상액

[60 × 4/12 × (1 + 0.2*)] + 2 × 4 + 4 + 1] × 백만 = 37,000,000

*)(則47⑦)실제 10%이나, 법상 20% 적용

1천만원 한도 이내임

Ⅳ.보상평가액

'Ⅱ > Ⅲ'이므로 최대한도액인 영업장소 이전에 따른 휴업손실보상액으로 결정함

<37,000,000>

-끝-

- 이하여백 -

해커스 감정평가사
ca.Hackers.com

제28회 감정평가실무 기출

문1)(40)

I. 공통사항 확정

1. 가격시점(法67①)

사업인정 후 협의보상평가로서, 협의예정일로 제시받은 <26.7.1>

2. 적용공시지가 선택(法70④)

사업인정의제일인 실시계획인가고시일 이전 최근 공시된 <25년>

II. (물음1)

1. 미지급용지의 개념, 평가기준(則25)

1) 개념

종전에 시행된 공익사업의 부지로서 보상금이 지급되지 아니한 토지

2) 평가기준

①이용상황 및 형상·도로조건 등은 종전 공익사업에 편입될 당시 기준 ②공법상 제한은 가격시점 기준이 원칙이되, 종전 또는 해당 공익사업으로 용도지역 등이 변경된 경우에는 변경 전 기준

2. 대상토지의 감정평가액

1) 대상토지 확정

①종전 공익사업 편입 당시 <주거나지>, <부정형>, <맹지> 기준 ②종전 공익사업에 의한 용도지역 변경으로 변경 전 <2종일주> 기준

2) 비교표준지 선정

2종일주, 주거나지인 <A>

3) 그 밖의 요인 보정(표준지기준방식, 이하 同)

(1) 사례 선정

2종일주, 주거나지인 <ㅂ>

(2) 보정치

$$\frac{1,000,000 \times 1.01863^{*1)} \times 1 \times (1.03 \times 0.95)}{770,000 \times 1.05181^{*2)}} = 1.23$$

※ 시점수정

*1) 26.1.1 ~ 26.7.1: $1.01426 \times (1 + 0.00431 \times 31/31)$

*2) 25.1.1 ~ 26.7.1: $1.03257 \times 1.01426 \times (1 + 0.00431 \times 31/31)$

4) 대상토지 감정평가액

$770,000 \times 1.05181 \times 1 \times 0.856^{*)} \times 1.23$
$= @853,000$
$(\times 381 = 324,993,000)$

*) 개별요인 비교치: 0.92×0.93

III. (물음2)

1. 사실상 사도의 개념, 평가기준

1) 개념(則26②)

사도법상 사도외의 도로로서 ①토지소유자가 자기토지 편익을 위해 스스로 설치한 도로 ②토지소유자가 그 의사로 타인의 통행을 제한할 수 없는 도로 ③건축법45조상 건축허가권자가 위치를 지정·공고한 도로 ④토지소유자가 대지·공장용지 등 조성을 위해 설치한 도로를 말함

2) 평가기준(則26①2호)

①인근토지 평가액의 1/3 이내로 평가
②인근토지란 대상토지가 도로로 미이용시 예상되는 표준적인 이용상황과 유사한 토지로서 대상토지와 위치상 가까운 토지

2. 대상토지의 감정평가액

1) 인근토지 확정

①화체이론설 등 근거하여 대상토지가 그 효용증진에 기여하는 <100-2번지>를 인근토지로 판단

②100-2번지는 지적현황, 표준지(B) 등 근거하여 <준주거, 다세대, 가장형, 세로(가)> 기준

2) 인근토지 평가액

(1) 비교표준지 선정

준주거, 다세대인 <B>

(2) 그 밖의 요인 보정

가. 사례 선정

준주거, 다세대인 <ㄴ>

나. 보정치

$$\frac{1,500,000 \times 1.01863 \times 1 \times 1}{1,050,000 \times 1.05181} = 1.38$$

(3) 인근토지 평가액

$1,050,000 \times 1.05181 \times 1 \times 1.020 \times 1.38$

| = @1,554,554

3)대상토지 감정평가액
 1,554,554 × 1/3 =   @518,000(절사)
                    (× 381 = 197,358,000)

Ⅳ.(물음3)
 1.예정공도의 개념, 평가기준
 1)개념
  도시·군관리계획에 의하여 도로로 결정된 후부터 도로로 사용되고 있는 토지

 2)평가기준(則26①3호)
  공도부지 평가기준을 준용하므로, 則22에서 정하는 방법으로 평가함. 즉, 도로로 이용되지 아니하였을 경우에 예상되는 인근지역의 표준적인 이용상황 기준

 2.대상토지의 감정평가액
 1)인근지역 표준적 이용상황 확정
  주변토지 이용상황, 지적현황에 비추어, 대상토지 인근지역은 서측 2종·주거지대,

동측 소로변 주상지대가 아닌 중앙부분 준주거·주거지대로서, 인근지역의 표준적 이용상황은 <준주거·주거용>임

2)비교표준지 선정
 준주거, 다세대인   <B>

3)그 밖의 요인 보정
 표준지(B) 기준 보정치인   <1.38>

4)대상토지 감정평가액
 1,050,000 × 1.05181 × 1 × 0.693 × 1.38
                                *)
                            = @1,060,000
                    (× 381 = 403,860,000)

*)개별요인 비교: 0.99 × 0.7
①물적사항의 확정
 이용상황 외 물적사항은 대상토지 및 분할 전 기준하므로 지적현황 고려 <사다리, 세로(가)> 기준
②해당 도로개설에 따른 개발이익 배제

                                      -끝-

문2)(30)

Ⅰ.(물음1)
 1.거래사례 선정
  토양오염 없는 사례로서, 준공업지역·공업용으로 동일한   <3>
  (대상토지 거래금액은 비교방식 적용 불가)

 2.시점수정
  사례 소재 C구 공업지역 기준
  (1 + 0.0002 × 25/30) × … × 1.0075 ×
  (1 + 0.0075 × 31/31) =   1.08133

 3.지역요인 비교
  100/115 =   0.870

 4.개별요인 비교
  100/135 =   0.741

 5.오염 전의 토지가액
 1)단가
  4,666,000 × 1.00 × 1.08133 × 0.870 × 0.741
                               = @3,252,000

2)금액
 3,252,000 × 9,999 =   32,516,000,000
※ 매입금액 29,997,000,000원(매도인 부담 건물철거비 미포함)
비추어 금액 수준 적정성 인정됨

Ⅱ.(물음2)
 1.원가방식
 1)가치하락분
 (1)조사비용
  1,000,000 × 2,000 =   2,000,000,000

 (2)정화비용
  600,000 × 2,000 × 2.673012
                         = 3,207,000,000

 (3)임대료 손실
  (30억 × 0.02 + 6억) × 2.673012
                         = 1,764,000,000

 (4)스티그마 감가액
 가.보고서 기준
  32,516백만 × 0.3 =   9,754,800,000

나.시장자료 기준 32,516백만 × 0.2 =　　　　6,503,200,000 다.스티그마 감가액 ['가' + '나'] × 1/2 =　　　　8,129,000,000 (5)장OO 대표의 정신적 손실 반영 여부 가치하락분은 객관적인 가치하락만 대상으로 하므로, 주관적 가치 하락에 불과한 정신적 손실은 반영하지 아니함 (6)가치하락분 '(1)' + ⋯ + '(4)' =　　　　15,100,000,000 2)원가방식에 의한 토지가액 32,516백만 - 15,100백만 = 17,416,000,000 2.비교방식 1)거래사례 선정 　대상과 인근에 위치하여 토양오염상태가 유사하다고 판단되는　　　　　　　<1>	2)시점수정(사례 소재 A구 공업지역 기준) (1 - 0.00041 × 8/30) × ⋯ × (1 + 0.00051 × 31/31) =　　　　　　　1.03126 3)개별요인 비교 100/95 =　　　　　　　　　　　　1.053 4)비교방식에 의한 토지가액 1,722,000 × 1 × 1.03126 × 1 × 1.053 　　　　　　　　　　　=@1,869,000 　　　　　　　(× 9,999 = 18,688,000,000) 3.오염 후의 토지가액 　비교방식은 대상토지와 사례토지의 오염면적 상이로 합리성이 다소 부족하다고 판단되므로, 각종 회복비용 및 스티그마 등을 명시적으로 반영하여 합리성이 인정되는 원가방식에 의한 가액으로 결정함 　　　　　　　　　　<17,416,000,000> Ⅲ.(물음3) 1.거래사례비교법
오염 전 비준가액에서 정화공사가 완료되어 스티그마만 존재하는 오염토지 거래사례를 기준한 비준가액을 차감하여 스티그마를 평가함 2.수익환원법 오염 전 수익가액에서 정화공사가 완료되어 스티그마만 존재하는 오염토지 임대료를 기준한 수익가액을 차감하여 스티그마를 평가함 3.그 밖의 통계적 기법 헤도닉가격기법, 회피행동분석법, 조건부가치접근법, 다속성효용평가법 등을 활용하여 스티그마를 평가할 수 있음 　　　　　　　　　　　　　　　　-끝- **문3)(20)** Ⅰ.(물음1) 1.대상토지의 확정 　• 실무적 적산법으로서 시장가치 평가	• 2종, 단독, 주상지대, 세각(가), 세장형 2.22.7.1 기초가액 1)비교표준지 선정 　22년도 공시, 주상지대, 단독주택　　<라> 2)그 밖의 요인 보정 　22년도 거래, 단독주택인　　　　　<2> 　$\frac{4,000,000 \times 1 \times 1 \times (0.88 \times 1.01)/0.85}{2,650,000 \times 1.02012^{*)}}$ =　1.54 　*)시점수정(22.1.1 ~ 22.7.1): 1.02 × (1 + 0.0035 × 1/31) 3)기초가액 2,650,000 × 1.02012 × 1 × (0.85 × 1.01) /(0.88 × 1.01) × 1.54 =　　　　@4,020,000 　　　　　　　　(× 200 = 804,000,000) 3.26.7.1 기초가액 1)비교표준지 선정 　26년도 공시, 주상지대, 단독주택　　<나> 2)그 밖의 요인 보정 　26년도 거래, 주상지대, 단독주택　　<4>

$$\frac{5,400,000 \times 1.00142^{*1)} \times 0.85/(0.88 \times 1.01)}{2,920,000 \times 1.01703^{*2)}} = 1.74$$

* 1) 26.6.10 ~ 26.7.1: 1 + 0.002 × 22/31
* 2) 26.1.1 ~ 26.7.1: 1.015 × (1 + 0.002 × 31/31)

3) 기초가액

2,920,000 × 1.01703 × 1 × 1.01 × 1.74
=@5,220,000
(× 200 = 1,044,000,000)

Ⅱ.(물음2)

1.기대이율 결정이유

1)결정

(1)22.7.1 적용: <4%>

(2)26.7.1 적용: <2.5%>

2)결정이유

(1)22.7.1 자료
가.적용기준율표Ⅱ
일반단독, 최유효이용, 중간값인 '4%'

나.CD금리 기준
단독, 표준적이용, 22.7.1 CD유통수익률 3% 기준 중간값인 '2.5%'

(2)26.7.1 자료
가.적용기준율표Ⅰ
단독, 표준적이용, 중간값인 '2.5%'

나.CD금리 기준
단독, 표준적이용, 26.7.1 CD유통수익률 2% 기준 중간값인 '1.5%'

(3)결정이유
①국고채·CD유통수익률이 매년 감소 추세인 점 ②기대이율은 2%를 초과해야 하는 점에 비추어, 22년도는 적용기준율표Ⅱ, 26년도는 적용기준율표Ⅰ 기준하여 기대이율을 결정함

2.본건 토지의 임대료

1)22.7.1부터 1년간
804,000,000 × 0.04 =   32,160,000

2)26.7.1부터 1년간
1,044,000,000 × 0.025 =   26,100,000

-끝-

문4)(10)

Ⅰ.대상물건의 확정 등
- 10동 17층 1706호 구분소유 부동산
- 발코니 확장<유>, 관리상태<하>, <남향>
- 감칙16 의거 거래사례비교법 적용

Ⅱ.거래사례 선정
정상사례이며, 시점수정 및 가치형성요인 비교 가능한   <3>
(#1: 시점수정 불가, #2: 향 비교 불가
#4, 5: 향, 동 비교 불가로 선정 제외)

Ⅲ.시점수정(전월 지수 적용 원칙)
$\frac{26.7.1 : 26.6지수}{26.3.25 : 26.2지수} = \frac{105.0}{104.4} = 1.00575$

Ⅳ.가치형성요인 비교

1.발코니 확장 유무 비교치

대쌍자료인 #4, 5 비교
$\frac{345,000,000 \times 102/101}{338,000,000} = 1.03$

2.가치형성요인 비교치
1.03 × 1 × 100/101 × 1 × 1 × 1 =   1.020

Ⅴ.감정평가액
350,000,000 × 1 × 1.00575 × 1.020
=359,000,000

-끝-

- 이하여백 -

해커스 감정평가사
ca.Hackers.com

제29회 감정평가실무 기출

문1)(40)

Ⅰ.(물음1)

1. 인근지역 개념, 판정기준

1) 개념(감칙 2조 13호)
대상부동산이 속한 지역으로서 부동산의 이용이 동질적이고 가치형성요인 중 지역요인을 공유하는 지역을 말함

2) 판정기준
(1) 형식적 기준
일차적으로 동일 행정구역인지 여부, 도로·철도·하천 등으로 분리되었는지 여부, 지리적으로 인접한지 여부 등으로 판정함

(2) 실질적 기준
그러나 토지 이용상황, 용도지역 등 공법상 제한의 동일·유사성을 바탕으로 같은 용도 지대에 속하는지를 통해 지역요인의 공유성 및 나아가 가격(가치) 수준의 동일성을 기준으로 최종적으로 판정함

2. 표준지, 보상사례의 인근지역 여부

1) 표준지 #1
대상토지와 동일한 B시 C동에 위치하고, 기타 형식적·실질적 기준 만족하므로 <인근지역>에 속하고 있음

2) 표준지 #2, 보상사례
형식적으로 대상과 달리 E시 F동에 소재하고 B시 C동과 국도로 분리되어 있으나, ①자연림·자연녹지지역으로 동일하고 ②같은 국도주변 야산지대·자연림지대로서 ③지역요인이 동일·유사하고 ④가격(가치) 수준이 동일하여, <인근지역>에 속하는 것으로 판정함

Ⅱ.(물음2)

1. 적용공시지가 선택
(法70③) 사업인정 전 협의로서, 가격시점 전 최근인 <2026년> 공시지가 선택함

2. 비교표준지 선정
자연녹지·자연림·국도주변 야산·자연림 지대로서, 동일 B시 C동 및 국도변 서측으로 지리적으로 보다 근접한 <1> 선정함

3. 개별요인 비교

1) 물적사항 개별요인 판단
접근조건, 자연조건상 다소 차이는 있으나 표준지 #1 및 #2의 공시지가 수준 등에 비추어 대체로 대등한 것으로 판단함

2) 법적사항 개별요인 판단
(1) 대상토지
①(則23①단서) 개별적 제한인 도시·군계획 시설 저촉 고려하지 아니함
②지하공간사용 보상금 산정을 위한 입체이용저해율은 사권의 제한이 없는 상태의 토지가액에 적용되므로, 구분지상권 감가는 고려하지 아니함

(2) 표준지
①공법상 제한상태 기준 평가로, 도시·군계획시설 저촉, 도시자연공원구역 저촉 모두 공시지가에 반영되어 있음
②나지상정 평가로, 사법상 제한인 구분지상권 감가는 공시지가에 반영되지 않음

(3) 보상사례
(則23①본문) 일반적 제한인 도시자연공원구역 감가는 보상액에 반영되어 있음

3) 개별요인 격차율
1 ÷ (1 - 0.4) = 1.667

4. 그 밖의 요인 보정

1) 보상사례 기준 대상토지가액
80,000 × 1.00002 × 1 × 1.667 = 133,363
        *1)   *2)

*1) 시점(E시, 자연녹지): 1 + 0.00002 × 32/30
*2) 도시자연공원구역 대상 미저촉/사례 저촉: 1 ÷ (1 - 0.4)

2) 표준지 기준 대상토지가액
66,000 × 1.00885 × 1 × 1.667 = 110,996
        *)

*) 시점(B시, 자연녹지): 1.0089 × (1 - 0.00005 × 32/30)

3)그 밖의 요인 보정치
'1)' ÷ '2)' =   1.20

5.대상토지 적정가격
66,000 × 1.00885 × 1 × 1.667 × 1.20
                              =@133,000

Ⅲ.(물음3)
1.개요
(則31①)구분지상권 설정을 통한 사실상 영구적으로 토지의 지하공간을 사용하는 것이므로 "대상토지 적정가격 × 입체이용저해율 × 구분지상권 설정면적"으로 보상금을 산정함(평균 토피 18m로서 한계심도 이내임)

2.입체이용저해율
1)건축물 등 이용저해율
  임지로 저해 없으므로   0.000

2)지하부분 이용저해율
  한계심도 20m, 토피 18m 기준   0.025

3)그 밖의 이용저해율
0.1 × 1/2 =   0.050

4)입체이용저해율
'1)' + '2)' + '3)' =   0.075

3.보상금
133,000 × 0.075 × 1,200 =   11,970,000

Ⅳ.(물음4)
1.관련 법규의 범위
「토지보상법」, 「도시철도법」, 「철도건설법」 및 그 하위규정 등이 관련 법규의 범위가 됨

2.토지 적정가격의 평가기준의 불명확성
관련 법규상 토지보상법 則22조에 의하여 산정한 토지가격 내지 토지 적정가격으로만 규정할 뿐, 개별적 제한 및 일반적 제한, 사권 등의 반영 여부에 관한 명확한 산출 기준이 없다는 문제점이 있음

3.입체이용저해율의 획일성
토지가 속한 지역에 따라, 각 토지의 개별적 특성에 따라 토지의 입체이용이 상이함에도 불구하고, 단순한 시가지, 한계심도 구분에 따라 입체이용저해율이 획일적으로 정해진다는 문제점이 있음

                              -끝-

문2)(30)
Ⅰ.감정평가 개요
<임대사례비교법의 문제점>에 유의하여, 대상물건의 임대료를 결정함

Ⅱ.(물음1)
1.1동 전체 가액
1)토지(감칙14① 공시지가기준법)
(1)비교표준지 선정
근린상업, 상업용으로 유사성 큰   <1>
(#2: 이용상황 상이, #3: 용도지역 상이)

(2)시점수정(지변율, 상업, 26.1.1~7.1)
1.01396 × (1 + 0.00227 × 31/31) = 1.01626

(3)개별요인 비교
1.03 × 0.96 × 1/(0.8 + 0.2 × 0.85) = 1.02

(4)그 밖의 요인 보정
가.평가사례 선정
근린상업, 상업용, 일반거래 목적인   <b>
(#a: 평가목적 상이, #c: 용도지역 상이)

나.평가사례 기준 표준지가액
7,000,000 × 1.02756 × 1 × 0.98 = 7,049,062
              *1)   *2)

*1)시점(지변율, 25.1.1 ~ 26.7.1): 1.01112 × 1.01626
*2)개별: 1.01 × (0.8 + 0.2 × 0.85)

다.기준시점 표준지가액
4,300,000 × 1.01626 =   4,369,918

라.그 밖의 요인 보정치
'나' ÷ '다' =   1.61

(5)토지가액	
4,300,000 × 1.01626 × 1 × 1.02 × 1.61	
	=@7,180,000
	(× 350 = 2,513,000,000)
2)건물(감칙15 원가법)	
(1)재조달원가	
가.사례 건축비 현가	
5억 + 15억 × [0.123291 × 4.329477	
·)MC(4%,10년) ·)PVAF(5%,5년)	
+ $\left(1-\frac{0.123291-0.04}{0.224627-0.04}\right)$ × 0.783526] × 0.952381	
·)MC(4%,10년) / MC(4%,5년) ·)PV(5%,5년) ·)PV(5%, 1년)	
	=1,876,912,247
나.단위면적당 재조달원가	
'가' ÷ 1,980 =	@948,000
·)	
·)사례건물 연면적: 300 + 180 + 250 × 6	
(2)건물가액	
'(1)' × 32/50 =	@607,000
	(× 1,740 = 1,056,000,000)

3)1동 전체 가액	
'1)' + '2)' =	3,569,000,000
2.기초가액	
1)층별효용비율	
(100 × 188) ÷ 69,166 =	0.272
2)호별효용비율	
(100 × 60) ÷ 17,795 =	0.337
3)기초가액	
3,569백만 × 0.272 × 0.337 = 327,149,000	
3.적산임대료	
'2' × 0.05 × (1 + 0.07) =	17,502,000
Ⅲ.(물음2)	
1.비준임대료	
1)사례 실질임대료	
부가가치세 제외	
(30백만 × 0.04 + 2,750,000 ÷ 1.1 × 12)	
÷ 70 =	445,714

2)시점수정	
자본수익률 적용	
(1 + 0.0293 × 333/365) × 1.00731 ×	
(1 + 0.00731 × 92/90) =	1.04196
3)개별요인 비교	
(1 - 0.25) × (1 - 0.1) × (1 - 0.09) × 1=	0.61
4)비준임대료	
(1)대상 임대면적	
대상임대면적 미제시로, 1층 공유면적을	
전유면적 비율로 안분해 임대면적 산정함	
60 + 62 × 60/188 =	80㎡
(2)비준임대료	
445,714 × 1 × 1.04196 × 1 × 0.61 × 80	
	=22,664,000
2.임대료 결정	
1)시산가액 조정(감칙12③)	
감칙22 임대사례비교법이 주된 방법이나	
①시점수정은 상업용부동산 임대가격지수를	

적용해야 함에도 자본수익률을 적용한 점	
②개별요인이 약 40% 차이나는 가치형성	
요인이 유사하지 않은 사례를 선정한 점	
③대상 임대면적 미제시로 자의적인 임대	
면적이 적용된 점에서 문제점이 있으므로	
기초가액, 기대이율, 필요제경비의 명확,	
간결한 적용으로 합리성 인정되는 <적산	
임대료>로 대상의 임대료를 최종 결정함	
2)임대료:	17,502,000
	-끝-

문3)(20)

Ⅰ.(물음1)
1.해체처분가격 성격
1)가액의 수렴성
동일한 처분방식을 전제하는 경우, 지역·매각처 등이 다르더라도 하나의 가액으로 수렴하는 성격이 있음

2)가액의 다양성 및 최고가액성
전용 여부 등 다른 처분방식을 전제하는 경우, 각 처분방식에 따른 다양한 가액이 도출되며, 최종적으로는 가장 큰 가액으로 결정되는 성격이 있음

2.시산가액
1)산식
고철 매입단가 × 경하중량 - 운송비

2)파키스탄
260,000 × 15,000 - 9억 =   3,000,000,000

3)한국
240,000 × 15,000 - 6억 =   3,000,000,000

4)싱가포르
200,000 × 15,000 =   3,000,000,000

Ⅱ.(물음2)
1.기관·저장품 분리매각 시 시산가액
1)해체처분수입

(1)기관
300,000 × 2,000 × 0.178 =   106,800,000
                        (×2=213,600,000)

(2)저장품
50억 × 0.2 =   1,000,000,000

(3)고철 매각수입
200,000 × (15,000 - 100 - 900)
                        =2,800,000,000

(4)합계
'(1)' + '(2)' + '(3)' =   4,013,600,000

2)해체처분비용(직접비용 외 정박료·대기비)
2억 × 4 =   800,000,000

3)시산가액
'1)' - '2)' =   3,213,600,000

2.가장 유리한 매각방식
1)매각방식: <분리 매각방식>

2)근거
전체 해체처분 전제 시(30억)보다 기관·저장품 분리 매각 시(약32억) 해체처분 가격이 크게 도출됨
                        -끝-

문4)(10)
Ⅰ.(물음1)
1.조소득승수(월)
1)매매사례(a) 기준
12억 ÷ (700,000 × 20호) =   85.7

2)매매사례(b) 기준
16억 ÷ (900,000 × 20호) =   88.9

3)조소득승수
(85.7 + 88.9) ÷ 2 =   87.3

2.甲의 가치산정결과 점검
1)甲의 시산가치: 800,000,000

2)조소득승수법에 의한 시산가치
500,000 × 20호 × 87.3 =   873,000,000

3)점검
조소득승수법에 의한 시산가치와 비교 시 73,000,000원 <저가 감정평가>된 것으로 판단됨

Ⅱ.(물음2)
1.甲의 가치산정논리
甲은 룸의 수를 가치형성의 핵심사항으로 판단하여 룸의 수를 기준으로 가치를 도출하였으며, 룸당 가액이 동일함을 전제함

2.평가 검토의견
호의 수가 고정된 상태에서 룸당 월세는 룸의 수가 증가할수록 감소하는 경향으로 (대상: 50만/2룸 = 25만, 사례(a): 70만/3룸 = 23.3만, 사례(b): 90만/4룸 = 22.5만) 이에 따른 룸당 가액을 동일하게 전제한 甲의 가치 산정논리는 다소 무리가 있는 것으로 판단됨
                        -끝-

해커스 감정평가사
ca.Hackers.com

제30회 감정평가실무 기출

문1)(40)

Ⅰ.(물음1)

1.감정평가방법

(감칙24③,실무기준)수익환원법 선정하되, FCFF 모형 DCF법 적용함(거래사례비교법, 원가법 적용 불가로 합리성 검토 생략함)

2.기업의 영업가치

1) FCFF

(1) 변수 확정

가.매출액 증가율

가) 대상 기준

2024 ~ 2025	2025 ~ 2026	결정
2,100/2,000 - 1 = 0.05	2,205/2,100 - 1 = 0.05	0.05

나) 동·유사업종 기준

(0.0492 + 0.0482 + 0.0524)/3 = 0.05

다) 매출액 증가율

(0.05 + 0.05)/2 = 0.05

나.매출원가율

2024	2025	2026	결정
1,000/2,000=0.5	1,050/2,100=0.5	1,102.5/2,205=0.5	0.5

다.판매·관리비율

2024	2025	2026	결정
200/2,000=0.1	210/2,100=0.1	220.5/2,205=0.1	0.1

라.운전자본 소요율

1/8 + 1/10 - 1/20 = 0.175

(2) FCFF (단위: 백만원)

	1	2	3	4	5
매출액*1)	2,315	2,431	2,553	2,680	2,814
세후 영업이익*2)	722	758	796	836	878
감가상각비*3)	115	120	125	130	135
(자본적지출)*4)	69	73	77	80	84
(순운전자본증감)*5)	19	20	21	22	23
FCFF	**749**	**785**	**823**	**864**	**906**

*1) 전기 매출액 × 1.05
*2) 매출액 × (1 - 매출원가율 - 판매·관리비율) × (1 - 법인세율 22%)
*3) 5백만원 증가 *4) 매출액 × 0.03
*5) 매출증가액 × 운전자본소요율

2) WACC

(1) 자기자본비용

$0.035 + 0.9767^{*)} \times (0.12 - 0.035) = 0.1180$

*) (0.9654 + 0.9885 + 0.9763) ÷ 3

(2) 타인자본비용

0.07 × (1 - 0.22) = 0.0546

(3) WACC

0.4 × 0.118 + 0.6 × 0.0546 = 0.08

3) 기업의 영업가치

(1) 추정기간 영업가치

$\left(\frac{749}{1.08} + \frac{785}{1.08^2} + \frac{823}{1.08^3} + \frac{864}{1.08^4} + \frac{906}{1.08^5}\right) \times 1백만$
= 3,272,000,000

(2) 추정기간 후 영구영업가치

$\frac{906백만 \div 0.08^{*)}}{1.08^5} =$ 7,708,000,000

*) WACC-g: 0.08 - 성장률 0%

(3) 기업의 영업가치: 10,980,000,000

3.기업가치

1) 비영업용자산가치:

7억 + 3억 = 1,000,000,000

2) 기업가치

10,980백만 + 1,000백만 = 1,980,000,000

Ⅱ.(물음2)

1.특허권의 유효 잔존수명

1) 기술수명 영향요인 평점

1 × 6 + 0 × 4 = 6

2) 경제적 수명기간

9 × (1 + 6/20) = 11.7년

*) 특허인용수명 중앙값

3) 경제적 수명 잔존기간

11.7년 - 6년*) = 5.7년

*) 특허 등록 이후 경과연수: 등록번호 후단(20) 고려하여 출원일과 동일하게 2020년도에 등록된 것으로 봄

4)경제적 수명
'5.7년 < 법적 잔존기간 13년'이므로 경제적 수명 잔존기간인 5.7년

5)특허권의 유효 잔존수명: <5년>
(연단위 미만 절사)

2.특허권 가치
1)감정평가방법
(감칙23③, 실무기준)수익환원법 선정하되, 기업전체 영업가치에 기술기여도를 곱하는 방법을 적용함

2)기술기여도
(1)산업기술요소
식료품제조업인 0.513

(2)개별기술강도
$[(4 \times 6 + 3 \times 4) + (4 \times 4 + 3 \times 6)]/100 = 0.7$

(3)기술기여도
$0.513 \times 0.7 =$ 0.3591

3)특허권 가치
(1)기업의 영업가치: 10,980,000,000
①기업가치의 추정기간과 특허권의 유효 잔존수명이 동일하므로, 물음1의 기업의 영업가치를 조정 없이 그대로 적용하며, ②자본회수 부분으로서 추정기간 후 영구 영업가치 또한 포함함

(2)특허권 가치
'(1)' × 0.3591 = 3,943,000,000

Ⅲ.(물음3)
1.감정평가방법
(감칙23③, 실무기준)수익환원법 선정하되, 영업관련 기업가치에서 영업투하자본을 차감하는 방법을 적용함

2.영업투하자본
1)영업자산
$(5 + 6 + 25 + 10 + 8) \times 1억 = 5,400,000,000$
•)비영업자산인 단기금융상품, 장기투자자산 제외

2)영업부채: 1,100,000,000
•)비영업부채인 장기차입금 제외
유동부채상 단기차입금 등 비영업부채는 없는 것으로 봄

3)영업투하자본: '1)' - '2)' = 4,300,000,000

3.영업권 가치
10,980백만 - 4,300백만 - 3,943백만
•)영업관련 기업가치   •)특허권가치
= 2,737,000,000
-끝-

문2) (30)

Ⅰ.감정평가 개요
(法67②)해당 공익사업에 따른 가격 변동 배제에 유의하여 토지보상평가를 행함

Ⅱ.적용공시지가 선택
1.원칙
(法70③)사업인정 전 협의 평가로서, 가격시점 전 최근 공시지가인 '26.1.1'

2.法70⑤ 적용 여부(슈38의2)
1)사업·면적 요건
①공원사업으로 도로 등 선적사업 아니며,
②면적 약 1백만㎡ ≥ 20만㎡으로 '요건충족'

2)변동률 요건
(1)사업지구 내 표준지공시지가 평균변동률
(25.1.1~26.1.1)
$[(\frac{160}{156}-1)+(\frac{171}{166}-1)+(\frac{29}{28}-1)] \div 3$ = 3.049%

(2)요건 검토
7.216 - 3.049 = 4.167% ≥ 3%이고,
3.049/7.216 = 42% ≤ 70%이므로 '요건충족'

3)적용 여부
지가변동이 인정되어 '法70⑤' 적용

3.적용공시지가 선택: <25.1.1>
해당 사업의 공고일인 25.1.10 전 최근 공시지가 선택하여 해당 사업에 따른 '개발손실 배제'함

Ⅲ. 비교표준지 선정 1. 선정: <1> 2. 근거 ①용도지역(자연녹지), 이용상황(전) 동일 ②사업구역 내, 특히 동일한 1구역 내로 지리적으로 가장 가까운 표준지 선정함 Ⅳ. 시점수정(지가변동률) 1. 원칙 (슈37①)비교표준지 소재 C시 용도지역별 기준하여 '1.04202' 2. 슈37② 적용 여부(슈37③) 1) 사업·면적 요건: '요건충족' 2) 변동률 요건 공고일부터 가격시점까지 C시 지가변동률 5% 미만이며, 사업인정 없는 사업으로서 '요건 불충족'	3) 적용 여부 지가의 변동 인정되지 않으므로 슈37②은 적용하지 아니함 3. 시점수정치: <1.04202> 슈37① 원칙 적용함 Ⅴ. 개별요인 비교 1. 공원 저촉 요인 비교치 1) 방침 공원 저촉과 미저촉 대쌍자료로서 매매 사례(가, 나) 선정함 2) 비교치(미저촉/저촉) $\frac{360,000 \times 1.03892 \times 1 \times 1.04/1.08}{280,000 \times 1.02847}$ = 1.25 ∴ 20% ~ 80% 범위 내 속하여 적정함 2. 개별요인 비교치 (則23①단서)대상의 공원 저촉은 해당 사업을 직접 목적으로 하므로 제한 없는 상태 상정함 1 × 1.25 = 1.25

Ⅵ. 그 밖의 요인 보정
1. 거래사례등 선정
1) 선정: 매매사례<나>
 	
2) 근거
해당 사업 공고일 전 사례로서 적용공시지가 선택기준에 적합하여, '해당 사업의 영향을 받지 아니한 사례' 선정함
 	
2. 거래사례등 기준 격차율 산정(1방식)
$\frac{360,000 \times 1.03892 \times 1 \times 1/1.08}{156,000 \times 1.04202 \times 1 \times 1.25}$ =   1.70
 	
3. 평가사례 분석을 통한 검증
평가사례 ㄱ(320,000), ㄴ(380,000) 등 고려 시 상기 격차율은 적정 범위 내에 있는 것으로 판단됨
 	
4. 그 밖의 요인 보정치 결정
상기 적정 사례를 통한 격차율, 평가사례 분석 등을 종합 고려하여 본건 감정평가에 적용할 격차율은 <1.70>으로 결정함
	Ⅶ. 감정평가액 결정
	156,000 × 1.04202 × 1 × 1.250 × 1.70
	             =@345,000
	          (× 1,235 = 426,075,000)
	               -끝-
	
	문3)(20)
	Ⅰ. 처리방침
	NPV법 및 PI법으로 개발계획의 타당성을 검토함
	
	Ⅱ. Inflow(개발 후 부동산 가치)
	1. 임대개시시점 부동산 가치(직접환원법)
	1) NOI
	145,000 × (2,700 × 0.7) = 274,050,000
	
	2) R(Ellwood법)
	(1) C계수
	$0.1 + \frac{(1+0.07/12)^{60}-1}{(1+0.07/12)^{240}-1} \times \frac{0.1}{1.1^5-1} - \frac{0.07/12 \times (1+0.07/12)^{240}}{(1+0.07/12)^{240}-1} \times 12$
	              =0.02948

(2)R

$0.1 - 0.6 \times 0.02948 - (1.02^5 - 1) \times$ SFF(10%,5년) = 0.0653

3)임대개시시점 부동산 가치

274,050,000 ÷ 0.0653 = 4,196,784,000

2.Inflow(기준시점 개발 후 부동산 가치)

'1' × 1/1.08 = 3,885,911,000

Ⅲ.Outflow

1.대상부동산 매수금액

1)토지 매수금액

(1)공시지가기준법

도로조건이 동일하여 보다 이용가치가 유사한 <2>

$1,870,000 \times 1.01752 \times 1 \times 0.99 \times 1.25$
= @2,350,000

(2)거래사례비교법

$1,150백만/490 \times (0.7 + 0.3/1.08) \times 1.00697 \times 1 \times 1.02 =$ @2,360,000

(3)토지 매수금액 결정

상기 가액 유사하여 각 가액의 합리성 인정되며, 개발계획의 타당성 검토 목적이므로 보다 시장성 잘 반영한 비준가액으로 결정함

@2,360,000 × 530 = 1,250,800,000

2)매수금액

'1)' + 150백만 = 1,400,800,000

2.건축공사비 등

$900,000 \times 2,700 \times (0.3 + 0.7/1.08)$
=2,304,000,000

3.Outflow

'1' + '2' = 3,704,800,000

Ⅳ.개발계획의 타당성 분석

1.분석기준

1)NPV

3,885,911,000 - 3,704,800,000
=(+)181,111,000

2)PI

3,885,911,000 ÷ 3,704,800,000 = 1.049

2.타당성 분석

NPV>0, PI>1이므로, 해당 개발계획의 타당성은 <긍정됨>

-끝-

문4)(10)

Ⅰ.(물음1)

1.매매사례 매매금액

계약임대료 기준

$2,200 \times PVAF(5\%, 4년) + 65,000/1.05^4$
=61,277만원

2.매매사례 시장가치

시장임대료 기준

$3,000 \times PVAF(5\%, 4년) + 65,000/1.05^4$
=64,114만원

3.사정보정률

'1' ÷ '2' - 1 = (-)4.43%

Ⅱ.(물음2)

1.환원율의 차이

1)계약임대료 기준 환원율

2,200/64,114 = 3.43%

2)시장임대료 기준 환원율

3,000/64,114 = 4.68%

3)환원율 차이

계약임대료 기준 3.43%, 시장임대료 기준 4.68%로서, <1.25%포인트 차이로 계약임대료 기준 환원율이 작음>

2.환원율 차이의 의미

일반적으로 상승시장인 경우에도 대손·공실의 위험을 회피하고, 안정적인 수익을 추구하는 경우, 시장임대료 보다 현저히 낮은 계약임대료가 발생할 수 있음

즉, 상기 환원율 차이는 수익률을 낮추는 대신 <위험 또한 낮춘 결과>를 의미함

-끝-

- 이하여백 -

, # 제31회 감정평가실무 기출

문1)(40)

I.(물음1)

1.비교방식

1)거래사례 선정

(1)근린생활시설: <2>

근생 1층 사례로 효용비 동일 및 비교 가능
(#3: 2층 사례로서 용도 상이로 배제)

(2)업무시설: <4>

업무 2층 이상 사례로 표준적 층별효용비 반영(#1: 용도지역 상이하며, 1층 대비 사례 가격이 표준적 층별효용비와 상이하여 배제)

2)시점수정(자본수익률)

(1)근린생활시설(집합상가 적용)

$(1 + 0.0035 \times 12/90) \times 1.0032 \times (1 + 0.0032 \times 81/91) = 1.00653$

(2)업무시설(오피스 적용)

$(1 + 0.0054 \times 71/90) \times 1.0048 \times (1 + 0.0048 \times 81/91) = 1.01339$

다)그 밖의 요인 보정(2방식)

(가)평가사례 선정: <ㄴ>

일반상업, 업무용이며, 평가목적 유사(#ㄱ: 도로조건, #ㄷ: 평가목적 상이로 배제)

(나)그 밖의 요인 보정치

$\dfrac{19,800,000 \times 1.01481^{*1)} \times 1 \times 0.98^{*2)}}{14,500,000 \times 1.01481} = 1.33$

- 1)시점(지변율, 상업): $1.01323 \times (1 + 0.00254 \times 19/31)$
- 2)개별요인: $1 \times 1 \times 0.98$
  - 획지: $1.02 \times 1.03/1.05 = 1.00$
  - 행정: $1 \times (0.15 \times 0.85 + 0.85) = 0.98$

라)공시지가기준가액

$14,500,000 \times 1.01481 \times 1 \times 1.04 \times 1.33$
$= @20,300,000$

나.거래사례비교법

가)거래사례 선정: <b>

일반상업, 상업용이며, 배분법 등 가능(#a: 무허가건축물 포함 거래로, 이행강제금 등 추가 부담 가능성에 따라 배분법 또는 가치형성요인 비교 곤란으로 배제)

3)비준가액

호	사례단가	사정보정	시점수정	가치형성요인 비교	전유면적	비준가액
B101	13,000,000		1.00653	0.350	1,200	5,495,000,000
101				1.000	950	12,430,000,000
201		1.000				7,904,000,000
301	6,500,000		1.01339	1.200		7,904,000,000
401				1.000		7,904,000,000
501					1,000	6,587,000,000
합계						48,224,000,000

2.원가방식

1)전체 집합건물 가액

(1)토지가액

가.공시지가기준법

가)비교표준지 선정: <A>

일반상업지역, 도로접면 등 유사
(#B: 용도지역 상이로 배제)

나)개별요인 비교

$1.00 \times 1.02 \times 1.02 = 1.040$

*1)광대소각 *2)공시기준일 후 저촉 해제 미고려

*1)획지: $1 \times 1.05/1.03$ *2)행정: $1 \times \dfrac{1}{0.15 \times 0.85 + 0.85}$

나)사례토지단가(배분법)

$[125억 - (1,300,000 \times 32/55 \times 3,250)] \div 520$

*)거래시점

$= @19,311,189$

다)비준가액

'나)' $\times 1 \times 1.03252 \times 1 \times 1.05 = @20,900,000$

*)시점: 1.01745×1.01481

다.토지가액 결정(시산가액 조정)

양 가액 수준 유사하여 비준가액에 의해 공시지가기준가액의 합리성이 인정되므로, 감칙14① 공시지가기준가액으로 결정함

$@20,300,000 \times 1,800 = 36,540,000,000$

(2)건물가액

호	산식	건물단가	바닥면적	건물가액
지하1,2층	$1,300,000 \times 0.7 \times 36/55$	@595,000	1,695×2	2,017,050,000
지상1층	$1,300,000 \times 36/55$	@850,000	1,150	977,500,000
지상2-4층	1,500,000×36/55	@981,000	1,500×3	4,414,500,000
지상5층			1,250	1,226,250,000
합계				8,635,000,000

(3)전체 집합건물 가액
36,540백만 + 8,635백만 = 45,175,000,000

2)적산가액

호	전체 집합건물 가액	층별효용비율	적산가액
B101		0.114*)	5,149,000,000*)
101		0.259	11,700,000,000
201	45,175,000,000		7,363,000,000
301		0.163	7,363,000,000
401			7,363,000,000
501		0.136	6,143,000,000
합 계			45,081,000,000

*1)B101 층효비: $\dfrac{35 \times 1,200}{35 \times 1,200 + 100 \times 950 + 50 \times (1,200 \times 3 + 1,000)}$

*2)B101 적산가액: 45,175백만 × 0.114

(이상, 층효비/적산가액 산출 101 ~ 501 방식 同)

3.수익방식
1)순수익

호	산식	NOI
B101	(150,000×0.02+15,000×12+3,000×12×0.25)×0.9×1,830	316,224,000
101	(450,000×0.02+45,000×12+5,000×12×0.25)×0.9×1,450	736,020,000
201~401	(190,000×0.02+19,000×12+5,000×12×0.25)×0.9×1,830	406,480,000
501	(190,000×0.02+19,000×12+5,000×12×0.25)×0.9×1,520	337,622,000

*) 301~501의 임대료 단가는 평균 임대료인 2층과 동일 적용

2)환원율
(1)사례 환원율 분석
가.근린생활시설 사례
#1: 7.5억/150억 = 0.05
#3: 6.6억/110억 = 0.06
나.업무시설 사례(#2): 6억/120억 = 0.05

(2)환원율 결정
업무시설 대비 근생의 높은 위험 반영하여 근생 <0.06> 업무시설 <0.05>로 결정함

3)수익가액

호	순수익	환원율	수익가액
B101	316,224,000	0.06	5,270,000,000
101	736,020,000		12,267,000,000
201			8,129,000,000
301	406,480,000	0.05	8,129,000,000
401			8,129,000,000
501	337,622,000		6,752,000,000
합 계			48,676,000,000

4.공정가치
1)시산가액 조정(합리성 검토, 감칙12)
아래와 같이 수익가액은 비준가액과 유사해 합리성 지지하며, 적산가액은 복합부동산 가액을 단순 배분하는 한계에 따라 낮은 금액 도출이 일반적인 점에 착안하면 비준 가액의 합리성을 지지하므로, 감칙16 주된 방법에 의한 비준가액으로 결정함

2)공정가치

호	비준가액	적산가액	수익가액	공정가치
B101	5,495,000,000	5,149,000,000	5,270,000,000	**5,495,000,000**
101	12,430,000,000	11,700,000,000	12,267,000,000	**12,430,000,000**
201	7,904,000,000	7,363,000,000	8,129,000,000	**7,904,000,000**
301	7,904,000,000	7,363,000,000	8,129,000,000	**7,904,000,000**
401	7,904,000,000	7,363,000,000	8,129,000,000	**7,904,000,000**
501	6,587,000,000	6,143,000,000	6,752,000,000	**6,587,000,000**
합계	48,224,000,000	45,081,000,000	48,676,000,000	**48,224,000,000**

Ⅱ.(물음2)
1.감정평가방법(감칙23③, 실무기준)
주된 방법 수익환원법 선정하여, "영업관련 기업가치 - 영업투하자본"으로 평가함

2.영업관련 기업가치
1)비영업용자산(투자자산)가치
임대수익용인 B101,101,201가액 적용함
5,495 + 12,430 + 7,904 = 25,829,000,000

2)영업관련 기업가치
70,000 - 25,829 = 44,171,000,000

3.영업투하자본
1)영업자산가치
(1)유형자산가치
자가사용인 301,401,501가액 적용함
7,904 × 2 + 6,587 = 22,395,000,000

(2)영업자산가치
35,000 + 22,395 = 57,395,000,000

2)영업부채가치: 20,000,000,000
차입금 제외, 외상매입금만 포함

3)영업투하자본: '1)' - '2)' = 37,395,000,000

4.영업권 가치: '2' - '3' =   6,776,000,000

-끝-

문2)(30)

I.(물음1)

1.공공기관 통계 분석

1)할인율(투자수익률)
  (1)A지역: (6.5 + 7.7)/2 =   7.1%
  (2)B지역: (5.8 + 7.1)/2 =   6.5%
  (3)C지역: (5.2 + 6.0)/2 =   5.6%

2)재매도환원율(소득수익률)
  (1)A지역: (5.0 + 6.2)/2 =   5.6%
  (2)B지역: (4.8 + 6.0)/2 =   5.4%
  (3)C지역: (4.7 + 5.6)/2 =   5.2%

2.자산운용사 자료 분석

1)할인율(장기 목표배당수익률)
  (1)A지역: 0.35 × 8.0 + 0.65 × 3.5 = 5.1%
  (2)B지역: 0.35 × 8.3 + 0.65 × 3.5 = 5.2%
  (3)C지역: 0.35 × 8.6 + 0.65 × 3.5 = 5.3%

2)재매도환원율(초기 목표배당수익률)
  (1)A지역: 0.35 × 6.8 + 0.65 × 3.5 = 4.7%
  (2)B지역: 0.35 × 7.5 + 0.65 × 3.5 = 4.9%
  (3)C지역: 0.35 × 7.8 + 0.65 × 3.5 = 5.0%

3.할인율 및 재매도환원율 결정

1)결정

구분	할인율	재매도환원율
A지역	5.1%	4.7%
B지역	5.2%	4.9%
C지역	5.3%	5.0%

2)결정 사유

(1)지역분석
소득 수준, 인근 경기 민감도, 거시경제 민감도 분석 등 결과 할인율과 환원율에 반영할 위험 수준은 "A < B < C" 순서임

(2)건물가치 회수율
건물가액 비율, 잔존연수가 "A < B < C" 순으로 높음에 따라 건물가치 하락이 예상되는 경우 위험으로 작용하는 건물가치 회수율은 "A < B < C" 순으로 분석됨

(3)결론
이처럼 "A < B < C" 순으로 위험이 높아짐에 따라 할인율과 환원율도 증가해야 하므로, 이러한 지역별 균형을 반영하는 <자산운용사 자료>를 기준으로 결정함

II.(물음2)

1.수익환원법 시산가액

1)a점포   (단위: 백만원)

구분	1	2	3	4	5	6
순영업 소득	3,800	3,857	3,915	3,974	4,034	4,095
순재매도가액*)					85,995	
이자지급 전 현금흐름	3,800	3,857	3,915	3,974	90,029	
현재가치율	0.951	0.905	0.861	0.820	0.780	
할인 현금흐름	3,614	3,491	3,371	3,259	70,223	
시산가액	83,958					

*)4,095백만/0.047 × (1 - 0.013)

2)b점포   (단위: 백만원)

구분	1	2	3	4	5	6
순영업 소득	3,600	3,654	3,709	3,765	3,821	3,878
순재매도가액*)					78,114	
이자지급 전 현금흐름	3,600	3,654	3,709	3,765	81,935	
현재가치율	0.951	0.904	0.859	0.816	0.776	
할인 현금흐름	3,424	3,303	3,186	3,072	63,582	
시산가액	76,567					

*)3,878백만/0.049 × (1 - 0.013)

3)c점포   (단위: 백만원)

구분	1	2	3	4	5	6
순영업 소득	3,500	3,552	3,605	3,659	3,714	3,770
순재매도가액*)					74,420	
이자지급 전 현금흐름	3,500	3,552	3,605	3,659	78,134	
현재가치율	0.950	0.902	0.856	0.813	0.772	
할인 현금흐름	3,325	3,204	3,086	2,975	60,319	
시산가액	72,909					

*)3,770백만/0.05 × (1 - 0.013)

2.원가법에 의한 시산가액과 비교·검토

1)각 시산가액

구분	수익가액(가)	적산가액(나)	격차율(가/나-1)
a점포	83,958,000,000	72,642,000,000	15.6%
b점포	76,567,000,000	63,688,000,000	20.2%
c점포	72,909,000,000	57,414,000,000	27.0%

2) 비교·검토

수익가액은 적산가액 대비 약 15%~27% 높은 금액으로 도출되었음. 이는 적산가액의 경우 수익과 위험을 기초로 하는 무형적 가치가 배제되어 있기 때문인 것으로 분석됨

이러한 수익과 위험을 잘 반영하고 특히 재매도가치를 명확하게 반영하여 본 평가목적에 타당한 수익가액은 합리성이 인정된다고 판단됨

3. 각 점포별 시산가액의 균형

담보가치는 특히 장래의 수익성, 위험성, 환가가능성에 따라 좌우됨. 이러한 관점에서 적산가액의 격차는 각 점포의 임대료, 재매도가치, 위험의 격차로 볼 때 과다한 것으로 판단되며, 수익가액이 각 점포별

(3) 비교표준지 선정: <B>
인근토지가 표준지임

(4) 개별요인 비교치

가. 가로조건: 1.00
(구)공특법상 규정 삭제되어, 대상토지의 도로개설로 인한 영향 반영해 광대한면 기준

나. 획지조건: 1.00
인근토지가 표준지로서 동일

다. 행정적조건
(則23①단서)대상토지의 도시철도 저촉은 제한받지 않은 상태 기준
$1 \div (0.3 \times 0.85 + 0.7) = 1.05$

라. 비교치: $1 \times 1 \times 1.05 = 1.050$

(5) 인근토지가액
$1,500,000 \times 1.09268 \times 1.000 \times 1.050 \times 1.50$
$= @2,581,000$

적정한 균형을 보인다고 판단됨

-끝-

문3)(20)

Ⅰ.(물음1)

1. 이용상황 검토: <사실상의 사도부지>
(法70②)피고는 현황평가 원칙에 따라 현황인 도로를 이용상황으로 주장하면서, (則26①2호)지목변경 시점 등에 비추어 자기토지 편익을 위해 스스로 설치한 도로임을 근거로 사실상의 사도임을 주장할 것으로 판단됨

2. 대상토지 감정평가

1) 인근토지가액

(1) 인근토지 확정
24.5.24 편입 당시 분할 전 10번지 기준

(2) 적용공시지가 선택: <2024.1.1>
(法70④)해당 사업의 사업인정의제일인 사업계획승인 이전 최근 공시지가

2) 대상토지가액
@2,581,000 × 1/3 = @860,000
(× 19 = 16,340,000)

*)수용·이의재결 보상액과 유사함

Ⅱ.(물음2)

1. 이용상황 검토: <예정공도부지>
(則26①3호)원고는 대상토지가 도시계획시설(도로)로 결정된 이후에 도로로 이용되고 있는 토지로서 예정공도를 주장할 것으로 판단됨(도면상 도로사업 제외)

2. 대상토지 감정평가

1) 적용공시지가 선택: <2024.1.1>

2) 비교표준지 선정: <B>
예정공도부지는 공도부지 평가 준용하여 인근지역 표준적 이용상황 기준하므로, 상업용 기준

3)개별요인 비교치

(1)가로조건: 0.91
공도부지는 해당 도로개설에 따른 가치 변동은 배제하므로 중로한면 기준

(2)획지조건: 1.00
도로사업으로 분할 전 세장형 기준

(3)행정적조건: 1.05
대상토지의 개별적 제한은 고려치 아니함

(4)비교치: 0.91 × 1 × 1.05 = 0.956

4)대상토지가액
1,500,000 × 1.09268 × 1.000 × 0.956 × 1.50
= @2,350,000
(× 19 = 44,650,000)
-끝-

문4)(10)
Ⅰ.감정평가 개요

(則47③)일부 편입에 따른 영업손실 보상액을 평가함

Ⅱ.일부 편입 보상액
1.설치기간 영업이익
법인 영업으로 최저한도액 고려안함
(3,650,000 + 3,950,000 + 4,250,000)/3
× 1개월 = 3,950,000

2.설치비용
발전기실은 지장물로 별도 보상되므로 제외하며, 설치에 통상 소요되는 시운전비 포함
3,500,000 + 500,000 = 4,000,000

3.일부 편입 보상액
'1' + '2' = 7,950,000

Ⅲ.영업손실 보상액
1.일부 편입 보상액: 7,950,000
2.최대한도액(휴업보상액): 25,000,000

3.영업손실 보상액: <7,950,000>
일부 편입 보상액이 최대한도액 이내로서 일부 편입 보상액으로 결정함
-끝-

- 이하여백 -

제32회 감정평가실무 기출

문1)(40)

Ⅰ.(물음1)

1.토지가액

1)공시지가기준법

(1)비교표준지 선정: <#2>
일반상업, 업무용, 일반업무지대
(#1: 용도지역·주위환경, #3: 주위환경 상이)

(2)그 밖의 요인 보정

가.평가사례 선정: <나>
일상, 업무용, 일반업무지대, 최근 사례
(#가: 용도지역·주위환경·평가목적 상이,
#다: 3년 전 사례로 시점 괴리, #라: 평가목적 상이, #마: 주위환경·평가목적 상이)

나.보정치

$$\frac{62백만 \times 1.02387^{*2)} \times 1 \times 1}{41백만 \times 1.03191^{*1)}} = 1.50$$

*1)시점(26.1.1~26.8.7, 지변율, 상업지역):
$1.02645 \times (1 + 0.0042 \times 38/30)$

*2)시점(26.3.1~26.8.7): $1.01845 \times (1 + 0.0042 \times 38/30)$

(3)공시지가기준가액
41백만 × 1.03191 × 1.000 × 1.017 × 1.50
　　　　　　　　　　　　　　*)
　　　　　　　　　　　　=@64,500,000

*)개별요인: $1.05 \times 0.95 \times 1.02$

2)거래사례비교법

(1)사례 선정: <#2>
일상, 업무용, 일반업무지대, 배분법 불요
(#1: 이용상황 상이, #3: 사정보정 불가,
#4: 주위환경 상이, #5: 일괄평가 적용사례,
#6: 물건종류 상이, #7: 사정보정 불가)

(2)비준가액
984억/1,600 × 1 × 1.02829 × 1.020
　　　　　　　　　　　　　　　　*)
　　　　　　　　　　　　=@64,500,000

*)시점(26.2.1 ~ 26.8.7): $1.02285 \times (1 + 0.0042 \times 38/30)$

3)토지가액
상기 가액 동일하여 주된 방법의 합리성 인정되므로 감평법3①, 감칙14①상 원칙인 공시지가기준가액으로 결정함

∴ @64,500,000 × 1,500 = 96,750,000,000

2.건물가액

1)지하1~4층
$[1,200,000 + (10,000 + 10,000 + 30,000)]$
　　　　　*)3급수　　　　　*)전기·소방·승강기
× 45/50 = @1,125,000
(× 950 × 4 = 4,275,000,000)

2)지상1~8층
$[1,200,000 + (10,000 + 10,000 + 50,000 + 140,000 + 30,000)] \times 45/50$
*)전기·소방·위생·냉난방·승강기
= @1,296,000
(× 1,000 × 8 = 10,368,000,000)

3)지상9,10층
$[1,200,000 + (10,000 + 10,000 + 50,000 + 140,000 + 30,000)] \times 45/(45+3)$
*)내용연수 조정
= @1,350,000
(× 1,000 × 2 = 2,700,000,000)

4)건물가액
'1)' + '2)' + '3)' = 17,343,000,000

3.시산가액(개별 평가액 합)
'1' + '2' = 114,100,000,000

Ⅱ.(물음2)

1.사례 선정: <#5>
일상, 업무용, 일반업무지대 및 철콘조, 유사 규모, 20년 사용승인 등 토지·건물 일체로서 유사성 인정됨
(제외사유: 토지 거래사례비교법과 同)

2.시산가액(일괄 비준가액)
111,573백만/14,700 × 1 × 1.01736 × 1
　　　　　　　　　　　　　　　*1)
× 1.071 = @8,270,000
　　*2)
(× 13,800 = 114,100,000,000)

*1)시점(25.10.1 ~ 26.8.7, 자본수익률):
$1.0046 \times 1.005 \times 1.0054 \times (1 + 0.0054 \times 38/91)$

*2)개별요인: $1.05 \times 1.02 \times 1$

Ⅲ.(물음3)
1.감정평가방법
  수익환원법 중 <직접환원법> 적용함

2.순수익
1)산정 방침
  ①사정 개입된 지상3~5층, 지상8,9층 월 임대료 및 시장수준과 차이 있는 관리비는 인근 표준임대자료 기준 ②공실은 대상의 일시적 공실(2층) 아닌 전형적 공실률 적용 ③월임대료는 11개월 적용(렌트프리)

2)가능총수익
  [(47,000 + 35,000 × 9) × 11 + (470,000 + 350,000 × 9) × 0.02 + (14,000 × 10) × 12] × 1,000 = 5,734,400,000

3)유효총수익
  '2)' × (1 - 0.05) = 5,447,680,000

4)순수익
  '3)' - 14,000 × 10 × 12 × 1,000 × 0.65
  = 4,355,680,000

3.환원율
1)산정 방침
  「실무기준」상 원칙인 시장추출법 적용

2)사례 선정: <#103>
  일반상업, 정상 거래 및 임대사례(2인 공유 소유권 취득은 정상 거래임)
  (#101: 유치권 행사 중의 거래 및 임대자료로서 사정보정 불가, #102: 장기 저가 임대 사례로 사정보정 불가, #104: 용도지역 상이)

3)환원율
(1)사례 순수익
  렌트프리 반영하여 새로이 산출함
  (350,000 × 0.02 + 350,000 × 0.1 × 11 + 14,000 × 12) × 12,000 × 0.95 - 14,000 × 12 × 12,000 × 0.65 = 5,073,600,000

(2)환원율
  '(1)' ÷ 132,960백만 = 0.038

4.시산가액(일괄 수익가액)
  '2' ÷ '3' = 114,600,000,000

Ⅴ.(물음4)
1.시산가액 조정(감칙12②)
  개별평가액 합(1,141억)이 비준가액(1,141억)과 동일 및 수익가액(1,146억)과 근소한 차이로서 합리성 인정되므로, 감칙7① 상 주된 방법인 개별평가액 합으로 결정함

2.감정평가액: <114,100,000,000>
                                    -끝-

문2)(30)
Ⅰ.(물음1)
1.피고 주장의 타당성 여부: <타당함>

2.근거
  임대료를 포함한 감정평가액은 「감칙」 5조 1항에 의거 <시장가치>를 원칙으로 하고 있고, 시장가치는 「감칙」2조 1호에 따라 통상적인 시장에서 "성립될 가능성이 가장 높은" 가액으로 정의하고 있음
  그러나 대상임대료는 시장에서 성립될 수 있는 임대료의 약 2.1배의 수준(1,582만/1,652㎡ = @9,600/9,600 ÷ 4,500 = 2.1배)으로서 시장가치와 괴리되므로, 감정결과를 신뢰할 수 없다는 피고의 주장은 타당함

Ⅱ.(물음2)
1.방침
1)산정방식 등
  ①「실무기준」의거 시장추출법을 통해 각 연도별로 적용할 기대이율을 산출함
  ②대상과 사례가 유사하여 필요제경비 및 기초가액은 대상자료를 동일하게 적용함

2)확정사항
(1)연 실질임대료 상승률(g)
가.3년간 총 상승률
  5,400 ÷ 4,500 - 1 = 0.2

(지가상승률과 동일)	
나.연 상승률 $(1+g)^3 = 1.2$ $\therefore g = 0.06266$	
(2)필요제경비	
가.23년도 360,000 × 0.7 × 0.0007 × 1.2 =	@212
나.24년도 382,000 × 0.7 × 0.0007 × 1.2 =	@225
다.25년도 406,000 × 0.7 × 0.0007 × 1.2 =	@239
2.23.5.1 기준 기대이율	
1)순임대료 4,500 - 212 =	@4,288
2)기대이율 '1)' ÷ 900,000 =	0.0048
3.24.5.1 기준 기대이율	
1)순임대료 4,500 × 1.06266 - 225 =	@4,557
2)기대이율 '1)' ÷ 956,000 =	0.0048
4.25.5.1 기준 기대이율	
1)순임대료 4,500 × 1.06266² - 239 =	@4,843
2)기대이율 '1)' ÷ 1,016,000 =	0.0048
Ⅲ.(물음3)	
1.23.5.1. ~ 24.4.30. 적산임료 1,486,800,000 × 0.0048 + 212 × 1,652 = 7,487,000	
2.24.5.1. ~ 25.4.30. 적산임료 1,579,312,000 × 0.0048 + 225 × 1,652 = 7,952,000	
3.25.5.1. ~ 26.4.30. 적산임료 1,678,432,000 × 0.0048 + 239 × 1,652 = 8,451,000	
Ⅳ.(물음4)	
1.적산법의 장·단점 ①적산법은 임대사례 수집이 곤란한 경우 및 과거임대료 평가에 있어 장점이 있으나 ②시장의 임대료에 직접 근거하지 않으므로 기대이율 등 산출에 정밀함을 기하지 않는 경우 시장가치와 쉽게 괴리되는 단점이 있음	
2.적산법 적용 시 유의사항 ①기대이율 산출 시, 시장의 평균적 자료인 기준율표에 전적으로 의존하지 말고, 시장추출법 등을 병용하여 해당 지역 및 물건특성을 반영하는 이율 산출에 유의해야 함 ②필요제경비는 정확한 적산임료 산출을 위해 기대이율에 포함시켜 불명확하게 반영하지 말고, 별도로 산출하여 명확하게 반영해야 함에 유의함 -끝-	

문3)(20)

Ⅰ.감정평가 개요
- (法64)피수용자별 적정보상액 산정함
- 가격시점(法67①):수용재결일인 <26.4.1>

Ⅱ.토지
1.비교표준지
1)#1
①개간비 평가를 위해 개간 후 토지단가 및 개간 전 토지단가를 모두 산출함
②개간 후: 자녹, 전인   <B>
③개간 전: 자녹, 임야, 환경사인   <C>

2)#2
①두 용도지역에 걸친 토지로서 용도지역별 면적비율에 따른 평균가액으로 평가함
②자녹, 임야, 환경사인   <C>
③보녹, 임야인   <D>

2.그 밖의 요인(표준지 기준 방식)
1)사례 선정

(1)선정

①B: 자녹, 전인 <ㅁ>

(개인과 법인간 거래는 사정개입 아님)

②C: 자녹, 임야, 배분법 가능한 <ㅅ>

③D: 보녹, 임야인 <ㄹ>

(임지상 잡목은 가치 미미해 고려안함)

(2)제외

ㄱ: 목적 상이, ㄴ: 해당 사업 관한 것, 적용 공시지가 선택기준 미적합, ㄷ: 목적 상이, 적용공시지가 선택기준 미적합, ㅂ: 사정 보정 불가, ㅇ:적용공시지가 선택기준 미적합

2)보정치

(1)B 적용 보정치

$\frac{399,360천/1,560 \times 1.02046^{*2} \times 1 \times 0.85}{120,000 \times 1.03745^{*1}}$ = 1.78

*1)시점(25.1.1~26.4.1, 지변율)(생산자물가지수 미제시)

$1.02972 \times 1.00282 \times 1.00221 \times 1.00235 \times (1 + 0.0031 \times 1/30)$

*2)시점(25.7.31~26.4.1)

$(1 + 0.00363 \times 1/31) \times 1.0023 \times \cdots \times 1.00235 \times (1 + 0.0031 \times 1/30)$

(2)C 적용 보정치

$\frac{110,000^{*1} \times 1.02405^{*2} \times 1 \times 1.25}{60,000 \times 1.03745}$ = 2.26

*1)사례 토지배분단가: (562,500,000 - 500,000 × 300)/3,750

*2)시점(25.7.1~26.4.1): $1.00363 \times \cdots \times (1 + 0.0031 \times 1/30)$

(3)D 적용 보정치

$\frac{75,000 \times 1.01800^{*1} \times 1 \times 0.9}{35,000 \times 1.03745}$ = 1.89

*)시점(25.9.1~26.4.1): $1.0028 \times \cdots \times (1 + 0.0031 \times 1/30)$

3.토지단가

1)#1

(1)개간 후 단가

$120,000 \times 1.03745 \times 1 \times 1.05 \times 1.78$

= @233,000

(2)개간 전 단가

$60,000 \times 1.03745 \times 1 \times 1.02 \times 2.26$

= @143,000

2)#2

(1)자연녹지 단가

$60,000 \times 1.03745 \times 1 \times 1.03 \times 2.26$

=144,899

(2)보전녹지 단가

$35,000 \times 1.03745 \times 1 \times 1.08 \times 1.89$

=74,118

(3)평균단가

'(1)' × 0.6 + '(2)' × 0.4 = @117,000

Ⅲ.지장물(則27①,② 개간비)

1.개간비: 가격시점 기준　　　300,000,000

2.최대한도액(개간 전/후 토지차액)

(233,000 - 143,000) × 3,000

= 270,000,000

3.개간비 보상액:　　　　　<270,000,000>

'2' > '3'이므로 최대한도액으로 결정함

Ⅳ.적정보상액

1.A군

(則27③)개간지로서 개간 후 토지가액에서 개간비를 뺀 금액을 보상함

233,000 × 3,000 - 270백만 = 429,000,000

2.乙: 117,000×5,000 × 1/2 = 292,500,000

3.丙: 개간비인　　　　　　<270,000,000>

-끝-

문4)(10)

Ⅰ.감정평가 개요

편입건물 가액과 잔여건물 보수비를 합산하여 적정보상액을 산정함

Ⅱ.편입건물 가액(法75,則33)

부대설비는 설치된 화재탐지, 위생·급배수, 소화설비만 반영함

$[(1,060,000 + 20,000 + 50,000 \times 0.8) \times 200$
$+ 6백만 \times 2] \times 30/45 \div 200 =$ @787,000

(× 6 = 4,722,000)

Ⅲ.잔여건물 보수비(法75의2,則35)

1. 보수비
① 보수비는 유용성 유지에 일반적으로 필요한 공사비 기준하므로, <시장조사 내역> 적용 ② 시설개선비 제외
(800,000 × 23.79 + 1,300,000 + 1백만) × 1.2
= 25,598,400

2. 최대한도액(잔여건물 가액)
@787,000 × (200 - 6) = 152,678,000

3. 잔여건물 보수비: <25,598,400>
'1' < '2'이므로, 보수비로 결정함

Ⅳ. 적정보상액
'Ⅱ' + 'Ⅲ' = 30,320,400

-끝-

- 이하여백 -

제33회 감정평가실무 기출

문1)(40)

Ⅰ.(물음1)

1.적용공시지가: <25.1.1>
(法70④)도로구역결정고시일이 사업인정의 제일로서 그 이전 최근 공시지가 선택

2.비교표준지: <다>
단독주택, 주택지대 소재

3.시점수정치(A군, 25.1.1~26.7.31)
$1.0834 \times 1.0527 \times (1 + 0.00132 \times 61/31)$
$= 1.14346$

4.지역요인 비교치: <1.000>
인근지역으로 대등(거래사례 동일)

5.개별요인 비교치
$0.85 \times 0.80 \times 0.90 \times 0.91 \times 1.04 = 0.579$
가로 접근 환경 획지 행정
※ 행정: $1/(0.25 \times 0.85 + 0.75)$

6.그 밖의 요인 보정치
1)거래사례: <B>
단독주택, 후면 주택지대 소재

2)보정치
$$\frac{390,000 \times 1 \times 1.05507^{*1)} \times 1 \times 1.645^{*2)}}{300,000 \times 1.14346} = 1.97$$

• 1) 시점수정치(D군, 25.12.1 ~ 26.7.31)
$1.0013 \times 1.0507 \times (1 + 0.00145 \times 61/31)$

• 2)개별요인 비교치: $1.18 \times 1.20 \times 1.10 \times 1.10 \times 0.96$
※ 행정: $(0.25 \times 0.85 + 0.75)/1$

7.토지보상액
$300,000 \times 1.14346 \times 1.000 \times 0.579 \times 1.97$
$= @391,000$
$(\times 330 = 129,030,000)$

Ⅱ.(물음2)

1.평가방침
①부속창고와 야외화장실은 주된 건물인 단독주택의 종물로서, 전체를 일체의 주거용 건축물로 봄

②(則33②)원가법 적용하되, 주거용 건축물로서 거래사례비교법 특례 검토하며, (則58①)최저보상액 이상이어야 함

2.원가법
1)단독주택
야외 화장실 있으나, 주택 내부에도 위생설비되어 있는 것으로 보며, 주거용이므로 난방설비 또한 되어 있는 것으로 봄
$(1,400,000 + 30,000 + 70,000) \times 45/50$
  상급
$= @1,350,000$
$(\times 88 = 118,800,000)$

2)부속창고
$360,000 \times 40/45 = @320,000$
  중급
$(\times 8 = 2,560,000)$

3)야외화장실
$1,100,000 \times 40/45 = @977,000$
  중급
$(\times 3 = 2,931,000)$

4)적산가액: 124,291,000

3.거래사례비교법
$130백만 \times 1 \times 1.01 \times 1.05 = 137,865,000$
•)시점: $1 + 0.06 \times 61/365$

4.건축물 보상액: <137,865,000>
'적산가액 < 비준가액'으로서 더 큰 비준가액으로 결정하며, 최저보상액 6백만원 이상으로 적정함

Ⅲ.(물음3)

1.수목의 보상평가방법
(法75①)이전비로 보상하되, 물건가격을 한도로 하며, (則37)이식이 가능한 과수는 이식비에 고손액, 감수액을 고려하여 이전비를 산정하되, 관상수의 경우에는 감수액을 고려하지 아니함

2.소나무 보상액
1)이전비
수목으로 고손액 고려하되, 관상수로서 감

수액은 고려하지 아니함
330,000 + 400,000 × 0.2 = 410,000

2) 보상액: <400,000>
이전비(410,000) > 물건가격(400,000)으로서 물건가격으로 결정함

Ⅳ. (물음4)
1. 이주정착금(則53)
1) 보상 여부
이주대책대상자이나, 이주대책을 수립·실시하지 않으므로 이주정착금 지급함

2) 보상액: <24,000,000>
137,865,000 × 0.3 = 41,360,000
∴ 최대한도액 24,000,000 초과하므로, 최대한도액으로 결정함

2. 주거이전비(則54)
1) 보상 여부
① 적법한 주거용 건축물 소유자로서 거주하고 있으므로 주거이전비 지급대상임

② (유권해석) 이주대책대상자 요건을 유추적용하는 것이 주거이전비 보상취지에 부합하므로 입영으로 부득이 미거주인 1인도 포함

2) 보상액 (3인 가구)
4,665,400 × 2 = <9,330,800>

3. 이사비(則55②)
1) 보상 여부
주거용 건축물 거주자로서 사업지구 밖으로 이사함에 따라 이사비 보상함

2) 보상액
99㎡ 이상이므로 <1,790,000>

4. 이농비·이어비 보상 검토 여부(則56)
乙은 이농비·이어비 지급 대상인 농민 또는 어민에 해당하지 않으므로, 이농비·이어비 보상은 검토하지 아니함

Ⅴ. (물음5)
1. 축산업 손실보상 대상 여부(則49②)
則별표3 기준마리 수 이상이므로 (꿀벌 30군 > 20군) 꿀벌과 닭 모두 포함하여 축산업 손실보상 대상임

2. 보상액
1) 보상기준
영업손실보상 규정을 준용하되, 최저영업이익 및 영업이익 감소액은 제외하며, 이전비에 폐사·산란율 저하 등 손실 포함함

2) 영업이익
(240,000 × 30 + 3,600 × 20) × 4/12
= 2,424,000

3) 이전비 등
(5,000 + 25,000) × 30 + (200 + 1,300) × 20
= 930,000

4) 보상액
'2)' + '3)' = 3,354,000
-끝-

문2) (30)

Ⅰ. (물음1)
1. 건물 공정률
1) 1~12 항목(6~12 미착수)
0.05 × 0.9 + 0.0125 × 0.8 + 0.175 + 0.0125 + 0.025 = 0.2675

2) 제경비
0.1625 × 0.2675/0.775 = 0.0561

3) 설계비, 감리비(전기설비 미착수)
0.015 + 0.01 × 0.5 = 0.02

4) 공정률
'1)' + '2)' + '3)' = 0.3436

2. 보정된 토지거래가격 및 단가
1) 거래가격
(1) 건물가격
1,600,000 × 0.3436 = @550,000
(× 1,000 = 550,000,000)

(2)거래가격	
14억 - '(1)' =	850,000,000
2)거래단가	
'1)' ÷ 500 =	@1,700,000
Ⅱ.(물음2)	
1.저당지불액 및 현가합	
1)저당지불액	
(1)저당대부액	
10억 × 0.7 =	700,000,000
(2)저당지불액	
'(1)' × 0.1174 =	82,180,000
MC(10%, 20년)	
2)저당지불액 현가합	
'1)' × 7.4694 =	613,835,000
PVAF(12%, 20년)	
2.보정된 토지거래가격 및 단가	
1)거래가격	

(1)저당대부액 부분:	613,835,000
(2)현금지급액 부분	
10억 × 0.3 =	300,000,000
(3)거래가격	
'(1)' + '(2)' =	913,835,000
2)거래단가	
'1)' ÷ 500 =	@1,827,670
Ⅲ.(물음3)	
1.보정된 토지가격 및 단가	
1)낙찰자 입장 보정가격	
5억 + 1.5억 =	650,000,000
2)평가선례 활용 통계적 보정가격	
10억 × 0.75 =	750,000,000
*)(0.7 + 0.8) ÷ 2	
3)보정가격	
['1)' + '2)']/2 =	700,000,000

4)보정단가	
'3)' ÷ 400 =	@1,750,000
2.가격의 성격 및 보정방식별 특징	
1)낙찰사례	
(1)가격의 성격	
낙찰자 본인의 투자상황, 요구수익률 등을 고려한 투자가치의 성격이 강함	
(2)보정방식 특징	
낙찰물건을 실제로 조사하여 인수조건과 명도비용을 명확하게 산출함에 따라, 보정 방식이 개별적·구체적이라는 특징이 있음	
2)평가선례	
(1)가격의 성격	
시장가치로 평가된 것으로서, 특정 개인이 아닌 일반 시장참가자가 부여하는 가치로서의 성격을 지님	
(2)보정방식 특징	
낙찰률이라는 통계 자료를 활용하여, 보정 방식이 일반적·평균적이라는 특징이 있음 -끝-	

문3)(20)

Ⅰ.(물음1)	
1.시점수정치(15.1.1 ~ 26.7.16)	
1.05001 × ⋯ × 1.01244 × (1 + 0.00198 × 46/31) =	1.72072
2.잔존가치율	
(1 - 138/600) =	0.77
*)11년 6월 경과 (만월 상각)	
3.매입금액 기준 시산가액	
120,000 × 1.72072 × 0.77 =	@159,000
Ⅱ.(물음2)	
1.거래사례 선정	
1)선정:	<나>
2)사유	
일반공업, 공업용으로 용도지역·이용상황 동일하며, 도로접면 등 물적 특성 유사하고, 최근 거래된 사례임	

(#가: 도로접면 상이, 과거 사례로 시점 괴리, #다: 이용상황 상이, #라: 용도지역 상이로 배제)

2.거래사례 기준 시산가액
1)시점수정치(26.7.1 ~ 7.16)
1 + 0.00198 × 16/31 = 1.00102

2)개별요인 비교치
1.02 × 1.01 × 0.77 = 0.793

3)시산가액
280,000 × 1 × 1.00102 × 1 × 0.793
=@222,000

Ⅲ.(물음3)
1.시산가액 검토
1)시산가액

매입금액 기준	거래사례 기준	격차율
@159,000	@222,000	222/159-1 = 약 40%

2)검토
상기 두 시산가액은 약 40% 격차로서 가격수준의 괴리가 발생하고 있음
매입금액 기준은 대상의 개별성을 정확하게 반영하나 11년 전 금액을 기준하여 현재시장상황을 반영하지 못하는 한계가 있음
따라서, 최근 사례로 현재의 시장가치를 잘 반영하는 거래사례 기준 시산가액에 100% 가중치를 두어 결정함

2.감정평가액 결정
@222,000 × 2,000 = 444,000,000

Ⅳ.(물음4)
1.복수감정평가의 의의
하나의 평가 건에 대하여 둘 이상의 감정평가법인등이 감정평가를 실시하고, 각 평가액의 평균으로 감정평가액을 결정하는 감정평가를 말하는 것으로, 1개 감정평가법인등이 평가하는 단수감정평가와 구별됨

2.장점
①하나를 둘 이상이 검토하므로, 보다 면밀하게 사안을 살피고, 실수를 방지할 수 있으며, ②다양한 이해관계자가 있는 경우 각 이해관계를 모두 반영하는 공정한 평가 결과가 도출될 수 있다는 장점이 있음

3.단점
①특정한 이해관계자의 의사만 주장하는 감정평가법인등이 있거나, ②장기임차권과 같은 특수물건 감정평가에 있어서 전문성 없는 감정평가법인등이 참여하는 경우 복수감정평가의 실익이 없다는 단점이 있음
-끝-

문4)(10)
Ⅰ.감정평가 개요
「감정평가 실무기준」의거 유형재산인 시설권리금은 <원가법>으로, 무형재산인 영업권리금은 <수익환원법>을 적용하여, 권리금 감정평가액을 제시함

Ⅱ.권리금 감정평가액
1.시설권리금
600,000 × 1.313 × 5/10 = @394,000
*)
(× 120 = 47,280,000)

*)건축공사비 변동률: 147/112 = 1.313

2.영업권리금
1)무형재산 귀속 영업이익
(1)수정 영업이익
자가인건비는 판매관리비로서 영업이익에서 공제함
23백만 - 19백만 = 4,000,000

(2)무형재산 귀속 영업이익
'(1)' × 0.5 = 2,000,000

2)영업권리금
2백만 × (0.899 + … + 0.587) = 7,346,000

3. 바닥권리금: <0>
주어진 상권 관행상 시설, 영업권리금이 존재하여 바닥권리금은 없음

4. 권리금 감정평가액
'1' + '2' + '3' = 54,626,000

-끝-

- 이하여백 -

제34회 감정평가실무 기출

문1)(40)

Ⅰ.(물음1)

1. 토지가액(공시지가기준법)

1) 비교표준지 선정: <#5>
일반상업·업무용, 인근지역·업무지대 소재
(#1: 주위환경 상이, #2·3·4: 용도지역 상이, #6: 용도지역 상이, 지역요인 비교 불가, #7: 주위환경 상이, 지역요인 비교 불가)

2) 그 밖의 요인 보정
(1) 평가사례 선정: <#라>
일반상업·업무용, 최근 사례, 물적특성 유사(#가·마: 도로접면 상이, #나: 면적 상이, #다: 면적 상이, 3년 경과)

(2) 보정치
$$\frac{90백만 \times 1.00075^{*1)} \times 1 \times 1.12^{*3)}}{90백만 \times 1.01371^{*2)}} = 1.10$$

*1) 시점(지변율, 상업, 26.7.1~7.15): 1 + 0.0015 × 15/30
*2) 시점(26.1.1~7.15): 1.01295 × (1 + 0.0015 × 15/30)
*3) 개별요인: 1.1 × 1.02

3) 토지가액
90백만 × 1.01371 × 1 × 0.97 × 1.1
= @97,300,000
(× 800 = 77,840,000,000)

2. 건물가액(원가법)
1,500,000 × 12/50 = @360,000
*) 3급수
(× 2,700 = 972,000,000)

3. 적산가액
'1' + '2' = <788억원>

Ⅱ.(물음2)

1. 거래사례 선정: <#2>
업무지대, 토·건 일체 유사성 가장 큼(#1·4: 주위환경 상이, #3: 건물 노후도 상이로 건부감가 발생 등 최유효미달 상이)

2. 시점수정: <1.01165>
토지면적 기준 거래관행 고려하여 지가변동률 적용

3. 비준가액
714억/840 × 1.01165 × 1 × 1.04 × 800
= <715억원>

Ⅲ.(물음3)

1. 가능총수익
시장가치 평가로서 시장임대료이며, B북부, 물적 특성 유사한 <임대사례 #2> 기준
(#1: 물적 특성 상이, #3: 지역요인 비교 불가, 대상: 계약임대료)
(270,000 × 0.03 + 27,000 × 12 + 12,000 × 12) × 2,700 = 1,285,470,000

2. 순수익
'1' × 0.95 - 12,000 × 12 × 2,700 × 0.95 × 0.7
= 962,644,500

3. 수익가액
'2' ÷ 0.045 = <213억원>

Ⅳ.(물음4)

1. 시산가액

공시지가기준법원가법	거래사례비교법	수익환원법
788억원	715억원	213억원

2. 대상부동산 감정평가액
788억 × 0.4 + 715억 × 0.3 + 213억 × 0.3
= <593억원>

Ⅴ.(물음5)

1. 1기 현금흐름

1) PGI
B북부, 물적 특성 유사한 <임대사례 #5>
(#4: 지역요인 비교 불가, #6: 물적 특성 상이)
(300,000 × 0.03 + 30,000 × 12 + 15,000 × 12) × 9,600 = 5,270,400,000

2) EGI
'1)' × 0.95 = 5,007,000,000

3) OE
15,000 × 12 × 9,600 × 0.95 × 0.6
=985,000,000

2. 최유효이용 부동산 감정평가액

현금흐름표(백만)

구분	1	2	3	4	5	6
EGI	5,007	5,107	5,209	5,313	5,420	5,528
OE	985	1,005	1,025	1,045	1,066	1,088
NOI	4,022	4,102	4,184	4,268	4,354	4,441
복귀가액*)					96,715	
현금흐름	4,022	4,102	4,184	4,268	101,069	
현가율	0.952	0.907	0.863	0.822	0.783	
할인현금	3,829	3,721	3,611	3,508	79,137	
감정평가액	938억원					

*)복귀가액: 4,441백만/(0.05 - 0.005) × 0.98

VI. (물음6)
1. 처리방침
최유효이용 부동산과 대상부동산의 감정평가액의 총 가치 차액에서 최유효이용으로 전환하기 위한 비용인 최유효이용 건물의 건축비를 차감하여 최유효이용 미달 부분의 가치를 산출함

2. 총 가치 차액
938억 − 593억 = 345억원

3. 최유효이용 건물의 건축비
2,300,000 × 9,600 = 220억원

*)철근철골 · 1급수

4. 최유효이용 미달 부분 가치
'2' - '3' = <125억원>

-끝-

문2)(30)
I.(물음1)
1. 기본적 사항 확정
1) 기준시점: <26.5.15>
「빈집 및 소규모주택 정비에 관한 특례법」33①5호 의거 건축심의 결과 통지서 수령일 기준

2) 감정평가방법(감칙12)
구분소유 부동산으로서 감칙16 의거 주된 방법인 <거래사례비교법> 선정하되, 주거용 건물의 특성, 자료의 한계 등으로 다른 방법에 의한 합리성 검토는 생략함

2. 비교사례 선정
1) 선정 및 사유: <#3>
기준시점 전 최근 사례, 대지권 비율 및 물적 특성 등 유사

2) 제외사유
#1: 시점 괴리, #2: 호별요인 비교 불가, #4: 대지권 비율 상이, #5: 기준시점 후 사례

3. 가치형성요인 비교

명부 연번	비교치
1	1.05×0.97×(0.95×1.04×1.05×0.92/0.97)=1.00
2	1.05×0.97×(0.95×1.04×1.05×0.93/0.97)=1.01
3	1.05×0.97×(1.00×1.04×1.05×0.95/0.97)=1.09
4	1.05×0.97×(1.00×1.04×1.05×0.96/0.97)=1.10
5	1.05×0.97×(0.98×1.04×1.05×0.98/0.97)=1.10
6	1.05×0.97×(0.98×1.04×1.05×0.99/0.97)=1.11
7	1.05×0.97×(0.95×1.02×1.05×0.94/0.97)=1.00
8	1.05×0.97×(0.95×1.02×1.05×0.95/0.97)=1.01
9	1.05×0.97×(1.00×1.02×1.05×0.97/0.97)=1.09
10	1.05×0.97×(1.00×1.02×1.05×1.00/0.97)=1.12
11	1.05×0.97×(0.98×1.02×1.05×1.02/0.97)=1.12
12	1.05×0.97×(0.98×1.02×1.05×1.05/0.97)=1.16

4. 종전자산 감정평가액

명부 연번	감정평가액
1-1	3억/29.5×1×0.99209×1×1.00×32.2=325,000,000
2-1	3억/29.5×1×0.99209×1×1.01×16.1=164,000,000
2-2	3억/29.5×1×0.99209×1×1.01×16.1=164,000,000
3-1	3억/29.5×1×0.99209×1×1.09×32.2=354,000,000
4-1	3억/29.5×1×0.99209×1×1.10×32.2=357,000,000
5-1	3억/29.5×1×0.99209×1×1.10×32.2=357,000,000
6-1	3억/29.5×1×0.99209×1×1.11×16.1=180,000,000
6-2	3억/29.5×1×0.99209×1×1.11×16.1=180,000,000
7-1	3억/29.5×1×0.99209×1×1.00×32.8=331,000,000
8-1	3억/29.5×1×0.99209×1×1.01×16.4=167,000,000
8-2	3억/29.5×1×0.99209×1×1.01×16.4=167,000,000
9-1	3억/29.5×1×0.99209×1×1.09×32.8=361,000,000
10-1	3억/29.5×1×0.99209×1×1.12×32.8=371,000,000
11-1	3억/29.5×1×0.99209×1×1.12×32.8=371,000,000
12-1	3억/29.5×1×0.99209×1×1.16×32.8=384,000,000
합계	4,233,000,000

Ⅱ.(물음2)
1. 비례율
총 사업비 산정 시 종전자산가액 제외
(11,323백만 - 6,635백만)/4,233백만 = 1.11

2. 권리가액
357백만 × 1.11 = 396,000,000

3. 분담금
457백만 - '2' = 61,000,000

Ⅲ.(물음3)
1. 상대적 가격균형 중시 측면 공통점
종전자산은 조합원별 출자 자산의 상대적 가치비율 산정의 기준이 되는 점, 종후자산은 사업 후 조합원 각각의 귀속 자산이 되는 점에서 종전자산 간, 종후자산 간 상대적 가격균형을 중시하여야 한다는 점에 공통적으로 유의해야 함

2. 기준시점 측면의 차이점
종후자산 평가는「도정법」상 재개발사업과 동일하게 분양신청기간 만료일 또는 의뢰인 제시일을 기준하나, 종전자산 평가는 신속한 사업 진행의「특례법」취지에 따라 재개발사업과 달리 건축심의 결과 통지수령일을 기준하는 점에 유의해야 함

3. 실지조사와 설계도서 분석 측면의 차이점
종전자산 평가는 현재 시점에 존재하는 물건을 대상으로 하여 실지조사에 유의해야 하나, 종후자산 평가는 현 시점에 존재하지 않는 물건을 대상으로 하므로 물적사항 확정에서 설계도서 분석에 유의해야 하는 점에서 차이가 있음

-끝-

문3)(20)

Ⅰ.(물음1)
1. 개발가능 임대료
1) 처리방침
개발비용을 산출하고 이에 대응하는 수익률을 고려하여 개발가능 임대료를 산출함

2) 개발비용
(1) 토지
6백만 × 3,000 = 18,000,000,000

(2) 건물
1,800,000 × 3,000 × 2.5 = 13,500,000,000

(3) 합계: 31,500,000,000

3) 개발가능 임대료
할인율을 개발비용에 대응하는 수익률로 봄
315억 × 0.07 = 2,205,000,000

2. 현재의 개발타당성
1) 사용승인시점 현 시장임대료 기준 NOI
(1) 현 시점 PGI
(400,000 × 0.09 + 40,000 × 12) × (3,000 × 2.5 × 0.6) = 2,322,000,000

(2) 현 시점 EGI
'(1)' × 0.94 = 2,182,680,000

(3)현 시점 OE	$2,182,680,000 \times 1.05^x - 224,884,000 \times 1.02^x$
315억 × 0.0025 + 135억 × 0.002 + 1.2억	$= 2,205,000,000$
/12 + '(2)' × 0.05 =　　　　224,884,000	∴ X = 2.3년 후(2년 4개월 후)
(4)사용승인시점 NOI	3.사업착수 시기
'(2)' × (1 + 0.05 × 9/12) - '(3)' × (1 + 0.02 × 9/12) =　　　　2,036,273,000	2년 4개월 - 9개월 =　　　1년 7개월 후
	-끝-
2)개발타당성	**문4)(10)**
개발가능 임대료 > 현 시장임대료이므로 현재의 개발은 <타당하지 아니함>	I.잔여지 손실보상 기준
	1.매수·수용청구(則32③)
	일단의 토지 전체가격에서 사업편입 토지 가격을 뺀 금액으로 보상함
Ⅱ.(물음2)	
1.처리방침	2.가격감소 및 공사비 보상(則32①②)
현 시장임대료 기준 순수익이 개발가능 임대료를 초과하는 순간을 개발가능 사용승인시점으로 보고, 이에 개발기간을 차감하여 사업착수 시기를 결정함	가격감소는 편입 전 잔여지가격에서 편입 후의 잔여지가격을 뺀 금액으로 보상하고, 공사가 필요하게 된 경우는 그 시설의 설치나 공사에 필요한 비용으로 보상하되, 가격감소분과 공사비용을 합한 금액이 잔여지가격보다 큰 경우에는 잔여지가격을
2.개발가능 사용승인시점	

최대한도로 보상함	2)최대한도액:　　　　　180,000,000
Ⅱ.적정한 보상액	3)보상액:　　　　　<180,000,000>
1.매수·수용청구 보상액	'1)' > '2)'이므로, 최대한도액으로 보상
(슈39①3호)맹지로서 교통두절 상태가 되는 경우 매수·수용청구 가능함	
600,000 × (2,000 - 1,700) = 180,000,000	3.적정 보상액
	두 경우의 보상액이 동일하므로 적정한 보상액은 <180,000,000>임
2.가격감소 및 공사비 보상액	-끝-
1)가격감소·공사비	- 이하여백 -
(1)가격감소분	
가.편입 후 잔여지가격	
개설비용 보상이 전제되므로, 통로 개설 후 상태인 "세로(가)·부정형·저지" 기준	
(600,000 × 0.9 × 0.94 × 0.9) =　@457,000	
(× 300 = 137,100,000)	
나.가격감소분	
180백만 - '가' =　　　42,900,000	
(2)공사비:　　　　　150,000,000	
(3)합계:　　　　　192,900,000	

해커스 감정평가사
ca.Hackers.com

제35회 감정평가실무 기출

문1)(40)

I.(물음1)

1.적정한 비교표준지: <#1>
일반공업·공업용이며, 지리적으로 가장 근접하고 물적 특성 유사(#2: 이용상황 상이, #3·4·5: 지리적 근접성 #1에 비해 열세, #4·5: 규모·도로 상이)

2.공시기준일
1)결정: <2015.1.1>

2)근거
(1)적용공시지가 선택의 원칙
(法70④)사업인정고시일이 17.12.30이므로 그 이전 최근 공시된 '2017.1.1'

(2)法70⑤ 적용 여부(슈38의2)
가.개요
지가의 변동이 인정되는 경우 계획등 고시일인 15.12.30 전 최근 공시된 '2015.1.1'

나.요건 검토
가)사업·면적 요건
①산단사업으로 도로 등 선적사업 아니며,
②면적 50만㎡ ≧ 20만㎡으로 '요건충족'

나)변동률 요건(기간: 15.1.1~17.1.1)
(가)사업지구 안 표준지(1~5) 평균변동률
(850/700 + 1,030/900 + 840/690
+ 750/610 + 990/850) ÷ 5 - 1 = 19.407%

(나)B구 표준지 평균변동률: 7.179%

(다)검토
19.407 - 7.179 = 12.228% ≧ 3%이고,
19.407 ÷ 7.179 - 1 = 170.330% ≧ 30%이므로 '요건충족'

다.적용 여부
모든 요건 만족되어 '法70⑤'

(3)적용공시지가 선택
(法70⑤)계획등 고시 전 15.1.1자 공시지가 선택하여 해당 사업의 '개발이익 배제'함

II.(물음2)

1.지가변동률 결정
계획등 고시일 이후에는 해당 공익사업과 관계없는 인근 시군구의 용도지역별 지가변동률 적용함

2.근거
1)지가변동률 적용의 원칙(슈37①)
비교표준지 소재 B구 용도지역별 기준

2)슈37② 적용 여부(슈37③)
(1)사업·면적 요건: '요건충족'

(2)변동률 요건
가.방침
B구 고시일~가격시점 지변률 검토 및 B구와 A시 사업인정일~가격시점 지변률 비교

나.검토
B구 자체는 36.158% ≧ 5%이고, A시와 비교 시 19.450 ÷ 10.850 - 1 = 79.263% ≧ 30%이므로 '요건충족'

다.적용 여부
모든 요건 만족되어 '슈37② 적용'

(3)지가변동률 적용
(슈37②)계획등 고시일 이후 해당 사업과 관계없는 인근 시군구의 지가변동률을 적용하여 해당 사업의 '개발이익 배제'함

III.(물음3)

1.지가변동률(15.1.1~26.7.1)
1)방침
계획등 고시일 전후 구분 적용함

2)고시일 전(B구): 1.03795

3)고시일 후(C, D, E구 평균)
1 + (0.29092 + 0.15355 + 0.17266) ÷ 3
= 1.20571

4)지가변동률

'2)' × '3)' =   1.25147

2.그 밖의 요인 보정

1)사례 선정: <#라>
일반공업·공업용인 적정 보상사례로서, 해당 사업과 무관한 사례(#가·나: 사정보정 불가, #다: 해당 사업 사례, #마: 평가목적 상이)

2)보정치(표준지 기준 방식)

$\frac{1,400,000 \times 1.02495 \times 1.260^{*1)} \times 1.050^{*2)}}{700,000 \times 1.25147}$ = 2.16

- 1)지역요인: 1.05 × 1.2
- 2)개별요인: 1 × 1.05

3.대상토지 보상평가액

700,000 × 1.25147 × 1 × 0.931 × 2.16
                                            =@1,762,000
                                   (× 990 = 1,744,380,000)

- 2)개별요인: 0.98 × 0.95

Ⅳ.(물음4)

1.감정평가 개요
(法75①, 則33②)건축물은 이전비 보상 원칙이나 이전 불가로 물건의 가격으로 보상하며, 물건의 가격은 원가법 적용함

2.재조달원가

1)사례 명목 단가

630백만/700 =   @900,000

2)계약금 및 중도금 현금등가액

'1)' × (0.1 + 0.2 × 0.970518) =   @264,693
                    PVF(6%,6월)

3)잔금 현금등가액

'1)' × [0.7 × 0.010607 × 42.580318 +
                      MC(5%, 120월) PVAF(6%, 48월)

0.7 × (1 − 0.220895/0.647009) × 0.787098]
             FVF(5%, 48월) FVF(5%, 120월) PVF(6%, 48월)

× 0.941905 =   @575,613
PVF(6%, 12월)

---

4)재조달원가

'2)' + '3)' =   @840,000
                                   (× 660 = 554,400,000)

3.감가수정(분해법)

1)물리적 감가

554,400,000 × 12/40 =   166,320,000

2)기능적 감가

50 × 12월 × 12 × 660 =   4,752,000

3)경제적 감가

[(100 × 12월 × 0.2) ÷ 0.06] × 660
                                    =2,640,000

※ 경제적 감가 중 토지분은 비교표준지도 경제적 감가 동일하여 대상토지 보상액에도 반영된 것으로 봄

4)감가수정액

'1)' + '2)' + '3)' =   173,712,000

4.대상건물 보상평가액

'2' − '3' =   380,688,000
                                              -끝-

문2)(30)

Ⅰ.개요
인근지역 변화에 따른 <건물의 경제적 감가>에 유의하여 물음에 답함

Ⅱ.(물음1)

1.시산가액 조정기준

1)주된 방법 적용 및 합리성 검토(감칙12①, ②)
감칙상 주된 방법 적용이 원칙이되, 다른 방식의 감정평가방법으로 산출한 시산가액과 비교하여 합리성을 검토해야 하며, 주된 방법에 의한 시산가액의 합리성이 인정되는 경우에는 이에 따른 가액을 감정평가액으로 결정함

2)시산가액 조정(감칙12③)
주된 방법에 의한 시산가액의 합리성이 인정되지 않는 경우에는 <감정평가 목적, 대상물건의 특성, 수집한 자료의 신뢰성, 시장상황 등>을 종합적으로 고려하여 각 시산가액에 적절한 <가중치>를 부여하여 감

정평가액을 결정함

2.본건 감정평가액 결정의 적정성
1)합리성 인정의 적정성 여부
원가방식과 수익방식의 시산가액은 약 17% 이상의 큰 격차가 발행했음에도 불구하고, 양 시산가액의 합리성을 인정한 것은 적정성이 인정되기 어렵다고 판단됨

2)시장상황 고려의 적정성 여부
각 시산가액이 시장상황을 반영하였다고 하나, 터널 개통에 따른 시장상황의 변화에 대하여 각 시산가액이 구체적으로 어떻게 잘 반영하였는지 제시하지 아니하여 적정성이 부족하다고 판단됨

3)최종 결정의 적정성 여부
주된 방법인 원가방식의 시산가액이 합리적인 경우는 이 가액으로 결정해야 하고, 그렇지 않은 경우에는 보다 합리적인 가액에 높은 가중치를 두어 결정해야 하나, 본 감정평가는 그러하지 아니하므로 적정성이 부족하다고 판단됨

Ⅲ.(물음2)
1.본건 적용 환원율의 부적정 가능성 사유
1)전체 가액 규모
대상물건의 토지·건물 전체 가액 수준에 비하여 매매사례 #2는 과소하고, #3은 과다하므로 규모 등의 차이가 큰 사례를 기준한 것으로 보임에 따라 환원율이 부적정할 가능성이 있음

2)가격구성비율
대상물건의 원가방식의 결과에 따르면 전체 가액 중 건물의 구성비율은 약 5%에 불과하나 매매사례는 36%~40%가 건물가격에 해당하므로, 상이한 가격구성비율을 가진 사례를 기준하여 환원율이 부적정할 가능성이 있음

3)건물가격 수준
원가방식상 대상건물은 4.5억에 불과하나 매매사례 건물은 21억~53억으로서 매매사례는 신축건물이거나 규모가 큰 건물일 가능성이 있어, 유사성 부족한 건물의 매매사례를 기준하여 환원율이 부적정할 가능성이 있음

2.추가적인 부적정 원인
1)매매사례 가치형성요인의 유사성 여부
용도지역은 동일하나, 이용상황·용도지대·접면도로의 유사성이 없는 사례일 수 있어, 매매사례를 통한 환원율이 적정하지 아니한 추가적 원인이 될 수 있음

2)환원율 산정방법의 다양한 병용 부족
시장추출법 외에도 요소구성법, 투자결합법, 유효총수익승수법, 할인율과 관계로부터 구하는 방법 등의 방법을 병용하거나, 시장발표 환원율 등을 참작하는 과정이 없어, 시장추출법 하나의 방법만으로 산출한 환원율이 적정하지 않을 가능성이 있음

Ⅳ.(물음3)
1.적정 환원율

1)방침
인근지역 시장조사 결과(투자수익률, 수익·가격변동률)를 토대로 할인율과 관계로부터 구하는 방법에 따라 환원율을 산출함

2)적정 환원율
8% - 3% =   5%

2.본건 건물의 유효잔존내용연수
1)적정 감정평가액(수익가액)
459백만/5% =   9,180,000,000

2)건물가액
원가방식상 토지가치를 차감
9,180백만 - 9,000백만 =   180,000,000
                                       (@200,000)

3)유효잔존내용연수(X)
1,500,000 × X/45 =   200,000
                                      ∴ X=6년
※ 추가의견
①원가방식에 의한 건물가액은 경제적 감가가 반영되지 못한 것으로 판단되며, ②본건의 잔존 임대차기간이 7년이므로 계약내용

의 조정이 필요한 것으로 사료됨

-끝-

문3) (20)

Ⅰ.(물음1)

1. 사정면적

1) 과도 또는 부족면적

청산 후로서 권리면적과 환지면적 차이는 정산되어 과도 또는 부족면적은 없음

2) 사정면적

공통적으로 환지면적 기준하여,

#1: <460㎡>, #2: <800㎡>

2. 현재의 가격 및 면적 차이 분석

1) 현재 가격

#1: 200,000 × 460 = 92,000,000

#2: 200,000 × 800 = 160,000,000

2) 면적 차이 분석

(1) 비례율과 권리면적

#1: 460 - 420 = (+)40 ∴과도면적 40㎡

#2: 800 - 840 = (-)40 ∴부족면적 40㎡

2) 사정면적

공통적으로 권리면적 기준하여,

#1: <420㎡>, #2: <840㎡>

2. 현재의 가격 및 면적 차이 분석

1) 현재 가격

#1: 200,000 × 420 = 84,000,000

#2: 200,000 × 840 = 168,000,000

2) 면적 차이 분석

청산 전으로서 비례율이 1.4임에 따라 권리면적이 각각 420㎡, 840㎡으로 확정되어 과도 및 부족면적에 따른 청산금 미납부, 미수령분 만큼 환지면적과 40㎡씩 차이가 발생함

-끝-

가. 비례율

[200천 × (420+840)] / [100천 × (600 + 1,200)]

·) 정리 후 토지가액 ·) 정리 전 토지가액

= 1.4

나. 권리면적

#1: (100,000 × 600 × 1.4) / 200,000 = 420㎡

#2: (100,000 × 1,200 × 1.4) / 200,000

= 840㎡

(2) 권리면적과 환지면적 차이

청산 후로서 ①#1은 청산금 200,000 × 40 = 80,000,000 납부하여 권리면적에서 40㎡ 늘어난 460㎡이 되고, ②#2는 청산금 200,000 × 40 = 80,000,000 수령하여 40㎡ 줄어든 800㎡가 됨

Ⅱ.(물음2)

1. 사정면적

1) 과도 또는 부족면적

청산 전으로서 권리면적과 환지면적 차이를 과도 또는 부족면적으로 봄

문4) (10)

Ⅰ.(물음1)

1. 우월성

영업권의 초과수익은 동종업계 유사기업의 정상수익률을 초과하는 부분을 말하므로 대상기업은 초과수익의 근간이 되는 경영상의 이점 등이 타 기업에 비해 명확하게 우월해야함

2. 지속가능성

영업권의 초과수익은 장래에 기대되는 수익이므로, 현재에 존재해야할 뿐만 아니라 향후의 시장상황 속에서도 지속적으로 존재해야 할 것을 요건으로 함

3. 이전가능성

상호·상표·입지조건·제조비결 등 초과수익의 요인이 외부로 드러나는 경우 초과수익도 이전될 수 있고, 우수한 영업권의 경우에는 이전가능성도 초과수익의 요건이 됨

Ⅱ.(물음2)

1. 유사기업 평균이익률 기준법

해당기업이 속한 산업군에서 영업위험과 재무위험 유사한 기업의 평균이익률을 기준하여 정상수익(률)을 산정할 수 있음

2. 해당산업 평균이익률 기준법

한국은행에서 발간하는 '기업경영분석' 등을 기준으로 해당기업이 속한 산업의 평균이익률을 기준하여 정상수익(률)을 산정할 수 있음

3. 자본비용 기준법

초과이익이 없는 정상이익은 산업별, 기업 간에 벌어지는 치열한 경쟁에 의하여 최소 요구수익인 자본비용만큼 이익을 창출하는 것이므로, 투자자 관점에서의 최소 요구수익률인 해당 기업의 자본비용을 기준하여 정상이익(률)을 산정할 수 있음

-끝-

- 이하여백 -

제36회 감정평가실무 기출

문1)(40)

I.(물음1)

1.감정평가방법
(감칙7①)토지가액과 건물가액을 합산하는 개별감정평가액 합으로 평가함

(감칙14①, 12)토지는 공시지가기준법을 주된 방법으로 선정하되, 거래사례비교법으로 그 합리성을 검토하고, (감칙15)건축중단 건축물은 원가법 선정함

2.현재 상태 적정 매수가격(26.7.12)

1)토지

(1)공시지가기준법

가.비교표준지 선정: <#5>
일상, 업무용, 대로변 위치하여 가장 유사
(#1, 2, 4: 용도지역, #3: 주변환경 상이)

나.그 밖의 요인 보정
가)평가선례 선정: <#a>
일상, 업무용으로 유사하며, 가장 최근 사례
(#b: 시점 괴리, #c: 용도지역 상이 및 3년 경과)

나)보정치

$$\frac{8,500,000 \times 1.01293^{*2} \times 1.000 \times 1.111^{*3}}{7,000,000 \times 1.00806^{*1}} = 1.35$$

*1)시점(지변율, 상업, 26.1.1 ~ 7.12)
*2)시점(지변율, 상업, 25.1.1 ~ 26.7.12)
*3)개별요인: 1.09 × 1.02

다.공시지가기준가액
7,000,000 × 1.00806 × 1.000 × 0.920 × 1.35
 *)인근지역
　　　　　　　　　　　　=@8,764,000

(2)거래사례비교법

가.거래사례 선정: <#마>
일상, 업무용, 규모 등 유사하며, 최근 사례
(#가: 주변환경 상이, #나: 용도지역 상이,
#다: 미신고 사례, #라: 3년 경과)

나.비준가액
8,500,000 × 1 × 1.00806 × 1.000 × 1.000
　　　　　　　　　　　　=@8,569,000

(3)토지가액

가.합리성 검토(감칙12②)
상기 양 가액 유사하여 주된 방법의 합리성이 인정되므로, 감칙14① 원칙인 공시지가기준가액으로 결정함

나.토지가액
@8,764,000 × 1,000 =　　8,764,000,000

2)건축중단 건물
95억 × 0.95 =　　　　　　9,025,000,000
　*)감가수정

3)현재 상태 적정 매수가격
1) + 2) =　　　　　　　17,789,000,000

2.개발 완료 시 적정매수가격(27.7.12)

1)공통사항
①지변율 보합세로 1년 후이나 26.7.12자 토지가액 그대로 적용하며, ②건축중단 해소로 감가수정사항은 없는 것으로 봄

2)추가공사 방안

(1)토지가액:　　　　　　8,764,000,000

(2)건물
95억 + (160억 - 95억) × 1.2
 *)기성공사　　　*)미성공사
　　　　　　　　　　= 17,300,000,000

(3)매수가격
(1) + (2) =　　　　　　26,064,000,000

3)철거 후 신축방안

(1)토지가액:　　　　　　8,764,000,000

(2)건물
95억 × 0.1 + 160억 × 1.25 = 20,950,000,000
 *)철거비　　*)신축공사비

(3)매수가격
(1) + (2) =　　　　　　29,714,000,000

4)적정매수가격: <26,064,000,000>
두 방안 중 보다 저렴한 추가 공사 방안을 적정매수가격으로 결정함

Ⅱ.(물음2)
1.감정평가방법
수익환원법 중 직접환원법 선정함

2.순수익
1)임대사례 선정: <#3>
서부권역, 규모 유사, 사용승인 최근 사례
(#1: 구조·규모 상이, #2: 사용승인시점 괴리, #4: 권역·구조·규모 상이)

2)가능총수익
213,000 × 1 × 0.98000 × 1.000 × 1.020
     *1)   *2)
= @213,000
(× 8,000 = 1,704,000,000)

*1)시점(27.7.12/26.7.12, 임대료지수): 98/100
*2)개별요인: 100/98

3)순수익
가장 최근 26.2분기 영업경비율 적용하며, 공실률 포함된 것으로 봄
'1)' × 0.5 = 852,000,000

3.환원율: <0.032>
소득수익률 적용하며, 가장 최근 26.2분기 적용함

4.개발 완료 전제 적정 수익가격
2 ÷ 3 = 26,625,000,000

Ⅲ.(물음3)
1.향후 시장동향
1)토지 및 건물가격
지가변동률은 향후 보합이나 개발방안에 비추어 건축공사비는 폭등하고 있는 것으로 파악됨

2)업무용 부동산 수익가격
최근 1년간 소득수익률과 영업경비율, 최근 5년 임대료변동률 계량분석상 소폭 하락 추세였으나, 장기간 추이로 보기 어려워 향후 보합세를 보일 것으로 분석됨

2.각 투자분석지표의 변화
1)투자분석지표 구조식
①PI = 현금유입 현가 ÷ 현금유출 현가
②IRR: $\frac{현금유입}{1+IRR}$ - 현금유출 = 0
③NPV = 현금유입 현가 - 현금유출 현가

2)분석 개요
①본 분석에 용이한 PI, NPV를 활용하되
②현금유입은 개발 완료 시 수익가격으로
③현금유출은 개발 완료 시 매수가격으로 하고, ④현가를 위한 이자율은 시장동향을 반영하여 보다 위험성이 큰 매수가격에 5%를 적용하고, 수익가격은 4%를 적용함

3)투자분석지표의 변화
(1)PI
가.27.7.12 기준 PI
26,625백만 ÷ 26,064백만 = 1.022

나.26.7.12 기준 PI
$\frac{26,625백만 × 0.961538^{*1)}}{26,064백만 × 0.952381^{*2)}}$ = 1.031

*1) 연 4% 일시불 현가계수
*2) 연 5% 일시불 현가계수

다.PI 변화
1.022 - 1.031 = (-)0.009
∴ PI 하락

(2)NPV
가.27.7.12 기준 NPV
26,625백만 - 26,064백만 = 561,000,000

나.26.7.12 기준 NPV
26,625백만 × 0.961538 - 26,064백만
× 0.952381 = 778,000,000

다.NPV 변화
561백만 - 778백만 = (-)217,000,000
∴ NPV 하락

-끝-

문2) (30)

I. 감정평가 개요

(감칙23③)수익환원법으로 영업권을 감정평가하되, (감칙12②)대상물건의 특성 등에 따라 다른 방법에 의한 합리성 검토는 생략함

II. (물음1)

1. 할인율(WACC)

1) 자본비율

(1) 자기자본: 120,000,000

(2) 타인자본(장단기 차입금)

18백만 + 62백만 = 80,000,000

(3) 비율(자기자본 : 타인자본)

$\frac{120}{120+80} : \frac{80}{120+80}$ = 0.6 : 0.4

2) 자기자본비용

$0.04 + 1.1 \times (0.10 - 0.04) + 0.074$ = 0.180

3) 타인자본비용

개인기업으로서 소득세율 적용함

$0.082 \times (1 - 0.33)$ = 0.055

4) WACC

$0.6 \times '2)' + 0.4 \times '3)'$ = 0.130

2. 현금흐름(FCFF)

1) 기초 영업이익 등

(1) 변동률, 비율 확정

가. 고속성장기 매출액 상승률

① 23 ~ 24: 10억/970,873,800 = 1.03

② 22~23: 970,873,800/942,595,900 = 1.03

③ 21~22: 942,595,900/915,141,600 = 1.03

∴ 3% 적용

나. 매출원가율

6억/10억 = 0.6

다. 판관비율

임차료 포함

(176백만 + 2백만 × 12)/10억 = 0.2

라. 운전자본소요율

1/10 + 1/10 - 1/20 = 0.15

(2) 1기 세후영업이익

[10억 × 1.03 × (1 - 0.6 - 0.2) - 71백만] × (1 - 0.33) = 90,450,000

(3) 1기 추가운전자본

(10억 × 1.03 - 10억) × 0.15 = 4,500,000

2) FCFF (단위:천)

구분	1	2	3	4	5
매출액	1,030,000	1,060,090	1,092,727	1,125,509	1,159,274
매출원가	618,000	636,540	655,636	675,305	695,564
판관비	206,000	212,180	218,545	225,102	231,855
대표자 급여	71,000	72,000	73,000	74,000	75,000
세후 영업이익	90,450	93,921	97,515	101,238	105,093
감가비 자본지출	-	-	-	-	-
(추가 운전자본)	4,500	4,635	4,774	4,917	5,065
FCFF	85,950	89,286	92,741	96,321	100,028

3. 영업관련 영업가치

$$\left[\frac{85,950}{1.13} + \frac{89,286}{1.13^2} + \frac{92,741}{1.13^3} + \frac{96,321}{1.13^4} + \frac{100,028 + (100,028 \div 0.13)}{1.13^5}\right] \times 10^3$$

= 741,000,000

III. (물음2)

1. 영업투하자본

1) 영업자산

투자자산 제외, 토지 시장가치 반영

337백만 - 8백만 + (160백만 - 100백만) = 389,000,000

2) 영업부채

장단기 차입금 제외

217백만 - 18백만 - 62백만 = 137,000,000

3) 영업투하자본

1) - 2) = 252,000,000

2. 영업권 가치

741백만 - 252백만 = 489,000,000

-끝-

문3)(20)

Ⅰ.(물음1)

1. 적용공시지가 선택
   환매권 상실일 전 최근 공시지가
   #1: <2015.1.1> #2: <2023.1.1>

2. 비교표준지 선정:
   당해 사업의 가격변동 있는 표준지로서,
   #1: 자녹, 주거인   <#4>
   #2: 2종, 주거인   <#8>

3. 환매권 상실 당시 감정평가액
   1) #1
   $115,000 \times 1.04 \times 1 \times 1.05 \times 2 = @251,000$
   *) 지변율(녹지, 15.1.1~12.29)
   (× 700 = 175,700,000)

   2) #2
   $320,000 \times 1.02 \times 1 \times 1.05 \times 3 = @1,028,000$
   *) 지변율(주거, 23.1.1~6.17)
   (× 900 = 925,200,000)

Ⅱ.(물음2)

1. 표본지 선정
   당해 사업과 관계 없는 표준지로서,
   #1: 자녹, 주거인   <#3>
   #2: 2종, 주거이며, 소유권 상실 당시에
   공시되어 있는   <#7>

2. 인근 유사 토지 지가변동률
   1) #1
   (1) 소유권 상실 당시 표본지가격
                                    @44,000

   (2) 환매권 상실 당시 표본지가격
   $55,000 + (60,000 - 55,000) \times 363/365$
                                    = @59,973

   (3) 지가변동률
   (2) ÷ (1) − 1 =   36%

   2) #2
   (1) 소유권 상실 당시 표본지가격
   $146,000 + (147,000 - 146,000) \times 168/365$
                                    = @146,460

   (2) 환매권 상실 당시 표본지가격
   $189,000 + (173,000 - 189,000) \times 168/365$
                                    = @181,636

   (3) 지가변동률
   (2) ÷ (1) − 1 =   24%

   -끝-

문4)(10)

Ⅰ.(물음1)

1. 승낙형 분묘기지권
   승낙형 분묘기지권의 경우에는 토지소유자의 승낙이 성립요건이 됨

2. 시효취득형 분묘기지권
   시효취득형 분묘기지권의 경우에는 분묘를 설치하고 20년 동안 평온, 공연하게 점유함으로써 시효를 취득하는 것이 성립요건이 됨

3. 양도형 분묘기지권
   양도형 분묘기지권의 경우에는 본인 소유의 토지에 분묘를 설치한 후 토지를 타인에게 매도하면서 묘지이전에 대한 특별한 약정을 하지 않는 것이 성립요건이 됨

Ⅱ.(물음2)

1. 개요
   유연분묘 소재 토지는 「감정평가 실무기준」상 지상 정착물과 소유자가 다른 토지, 제시 외 건물 등이 있는 토지, 지상권이 설정된 토지 규정을 준용하여 감정평가할 수 있음

2. 분묘가 토지에 미치는 영향 고려
   분묘가 없는 상태의 토지가액을 기준으로 분묘가 소재함으로 인한 토지의 사용제한 등을 고려하여 일정 비율 감가 등의 방법으로 감정평가할 수 있음

3. 분묘기지권에 따른 제한정도 고려
   분묘기지권이 설정되지 않은 상태의 토지가액에서 해당 분묘기지권에 따른 제한정

도 등을 고려하여 일정 비율 감가 등의 방법으로 감정평가할 수 있음

-끝-

- 이하여백 -

MEMO

MEMO

해커스 감정평가사 ca.Hackers.com

감정평가사 학원 · 감정평가사 인강 · 감정평가사 무료 특강 · 제9회~제1회(1998~1990년) 기출문제 및 답안

해커스 감정평가사

ca.Hackers.com